LA TÉCNICA DEL ACTOR ESPAÑOL
EN EL BARROCO
HIPÓTESIS Y DOCUMENTOS

EVANGELINA RODRÍGUEZ CUADROS

La técnica del actor español en el Barroco
Hipótesis y documentos

Editorial Castalia

© Evangelina Rodríguez Cuadros, 1998
Copyright © Editorial Castalia, S.A., 1998
Zurbano, 39 - 28010 Madrid - Tel. 91 319 58 57 - Fax 91 310 24 42

Ilustración de cubierta: Jean Bérain, *Boceto de vestuario
para Luis XIV en el papel de Plutón.*

Diseño de Víctor Sanz

Impreso en España - Printed in Spain
Talleres Gráficos Peñalara
Fuenlabrada (Madrid)

I.S.B.N.: 84-7039-798-2
Depósito Legal: M. 44.502-1998

ESTA OBRA HA SIDO PUBLICADA CON LA AYUDA DE LA DIRECCIÓN
GENERAL DEL LIBRO, ARCHIVOS Y BIBLIOTECAS DEL MINISTERIO DE
EDUCACIÓN Y CULTURA.

ÍNDICE GENERAL

Para José Martín, que puso amarras a un libro
libremente flotante,
y, de paso, a mi vida.

INTRODUCCIÓN

D IJ O Herman Broch que la escritura es siempre una impaciencia del conocimiento. Sin embargo, ahora que escribo la introducción a este trabajo
(como toda introducción se hace precisamente al final) tengo más bien
una sensación de desconcierto. Como si el largo trayecto (quizá demasiado) desde que pensé en escribir el libro hasta el momento en darlo por
acabado no hubiera supuesto aliviarme de casi ninguna de las dudas que
me asaltaban cuando me propuse reflexionar sobre cómo el actor del Barroco español pudo conformar una técnica determinada de actuación, sino más bien sentir que los interrogantes estaban mal formulados. Y que en
casi diez años, cada vez que me proponía reencontrarme con su escritura,
he tenido que estrenar nuevas preguntas, o, incluso, proyectarlas sobre
otros objetos. No ha sido, por tanto, reprimir una escritura para fortalecer
la seguridad del conocimiento. Ha sido una provisional y cotidiana derro-
ta ante la necesidad de reconocer que nuestra evolución intelectual depende demasiado de elementos ajenos, incluso, a la investigación o a la
docencia universitaria. Aunque, por supuesto, es de estas dos fuerzas o
causas de donde arranca este trabajo; fue en su curso donde iba a ir adquiriendo la conciencia de unos límites y de una libertad. La conciencia de los
límites de la literatura dramática si la consideramos simple letra escrita. Y
la conciencia de la libertad que esa misma escritura dramática proporciona al filólogo: su capacidad de convertirse en un prisma multiplicador de
perspectivas, de lecturas, de estratos documentales. La incertidumbre, sin
embargo, me la presta paradójicamente ese principio de la física cuántica
propuesto por Werner Heisenberg, quien sugiere que el observador (en
este caso quien desea examinar la historia del teatro y del actor), por el hecho mismo de la observación (procedimientos y etapas diferentes de la in-

9

vestigación), acaba temiendo alterar, modificar el fenómeno observado, y se encuentra que un único punto de vista puede ser parcial, insatisfactorio.

Pero si el objeto o, al menos, la justificación básica de este libro es el actor, valía la pena, más allá de toda subjetividad, ver qué función cumple para que el teatro clásico se convierta en su momento (como dijo Emilio Orozco) en el protoarte del Barroco. La técnica del actor español barroco (y, diríamos más, la técnica del actor desde la Edad Media hasta, al menos, el siglo XIX) es una historia, por lo que a nuestro ámbito concierne, escrita aún muy fragmentariamente. Pese a la más que evidente popularidad del teatro en España y a su prestigio social y académico desde el Neoclasicismo, es lo cierto que en nuestro país no se constituye (al menos tan tempranamente como en otros de Europa) una tradición de estudios teatrales definida, esencialmente, en términos de la práctica de la representación. Su percepción teórica se adscribía a definiciones contenidistas y a una suerte de reivindicación de lo propio. Lope aparecerá en los manuales como «creador del teatro nacional», y Calderón nos será descubierto por la crítica germánica como procurador de identidad casticista. Pero a mediados del siglo XX, con la quiebra de los *ismos* y las crisis estéticas, ninguno de los dos parecía ofrecer el vigor suficiente con que superar el naufragio que para la historia del teatro (en el sentido textual, filológico del término) supuso, primero, el advenimiento teórico de las ideas de Tadeus Kowzan para la metodología y el análisis teatral y luego la aplicación de la semiótica en sus diversas escuelas. La recuperación de los textos teatrales de los siglos XVI y XVII comenzó a convertirse en una aventura arqueológica o en una obligada ruptura de las convenciones que ofrecían unas puestas en escena cuyo resultado ha sido, a veces, imprevisible. La disyuntiva kowzaniana entre literatura y espectáculo había arrinconado los clásicos a una sola acepción documental: el contenido literal o simbólico de un texto escrito por un autor quién sabe si mutilado o perfeccionado por otros. En tal caso, con mayor razón aún, se ponía todo en manos de la ecdótica, de la colación y fijación de variantes. El filólogo era investido —con qué si no— del loable oficio de corrector de pruebas de la historia o, como mucho, restaurador de monumentos textuales leídos con una reverencia tan sincera como, probablemente, ineficaz a largo plazo.

Hacia 1980, con prejuicios que ahora confieso ser incapaz de racionalizar, me embarqué en lo que yo creí iba a ser un pasajero excurso de investigación por el teatro del Siglo de Oro. Fue una fructífera e impagable travesía por la obra menor (festiva y burlesca) de Pedro Calderón de la Barca, tanto más útil y gozosa cuanto que fue en compañía de un teórico del teatro, Antonio Tordera. Yo era entonces, por usar un término propuesto por Ortega y Gasset en uno de sus trabajos menos reivindicados (*Idea del teatro*), lo que el filósofo consideraba una *hiperpasiva* respecto al teatro. Sólo meras preferencias personales me hacían intuir en él, sirviéndome del zahorí de ideas venideras que fue el mismo Ortega, un «dentro», un «espacio vacío» y, sobre todo, «un monte Tabor donde se cumplen Transfiguraciones.» El intercambio de pareceres fue riguroso y produjo un trabajo mixto y complejo en el que ambos descubrimos que el verdadero horizonte de los estudios teatrales pasaba por componer un espléndido archipiélago de disciplinas en contacto. Porque aquellos frágiles textos de entremeses, jácaras y mojigangas no se sostenían desde la mera presencia de una escritura dramática (a veces cosida, a veces prestada o impúdicamente robada). Con frecuencia se sostenían sólo imaginando la capacidad de un actor transformándose, por obra y gracia de su voluntad, en negrillo, en alemán borracho, en italiano charlatán, en valentón de espátula. Otras veces azuzaban el traspiés teológico de un caminante borracho que hacía metateatro durante la digestión vaporosa de la siesta para decir, al contemplar los maltrechos actores de la legua, vestidos aún con los ropones de un auto viejo, que «la vida es sueño.» Desde entonces, cuando casi no ha pasado ni un solo curso en el que no me haya tenido que enfrentar en las aulas a la enseñanza del teatro barroco, la sensación de incomodidad tampoco ha dejado de acompañarme. Porque era incapaz de explicar a Lope, a Tirso o a Calderón como autores de simples repertorios de escenas escritas (aunque el valor literario de estos fragmentos apasionaría a cualquier estudioso de la belleza retórica). Pero convertirlos en funciones, mimemas, relaciones contractuales greimasianas o, en otro extremo, bandas asépticas de inventarios de utillaje y vestuario me parecía resignarse a una pobreza equivalente. De teóricos tan lúcidos como Cesare Segre aprendí que la semiótica debe acabar por suicidarse en la historia, y decidí que no había por qué justificarme por explicar *teatro* desde una clase de *literatura*.

Intento que se tomen estas ideas como el tramo que explica mi posición actual ante la perspectiva de investigar la técnica del actor barroco. Porque desde que, por ejemplo, a partir de los años ochenta, la creación de una Compañía Nacional de Teatro Clásico ha afirmado una nueva generación de investigadores del hecho teatral barroco mucho más en contacto con el proceso de creación de una tradición propia, no ha cesado el debate sobre la necesidad de una delimitación teórica que permita la convivencia de la banda puramente histórica del teatro áureo y su carácter de práctica cultural institucionalizada a través de la profesionalidad de unos actores. Y no se ha logrado superar el complejo de que, si lo primero puede sostenerse en la comodidad y sosiego del documento, lo segundo es una herida documental abierta; y mientras no la suturemos con hipótesis fundamentadas, nos encontraremos con que para lo único que ha servido el interés institucional de los últimos años por revisitar los clásicos es para mantener una agradable convivencia durante los congresos entre profesores de literatura (*hiperpasivos* del hecho teatral, que diría Ortega) y directores o actores (*hiperactivos*) que acuden a mesas redondas para recordar lo que a veces sofoca sostener un endecasílabo mientras se cruza el escenario. Entre tanto, algunos críticos teatrales, empeñados en olvidar que la vida no tiene libro de reclamaciones, protestan por doquier del menosprecio del prestigio del texto (aunque luego no duden de manifestar un solemne fastidio por las rimas de Calderón o de Tirso). Pero cierta es (aunque personalmente nunca me he escandalizado de ello) la imparable tendencia a considerar más «la memoria del espectáculo» que el texto mismo y casi más la firma del escenógrafo o del prestigioso adaptador literario que el del autor dramático.[1]

Creo que este planteamiento reduccionista proviene, claro está, de nuestra propia tradición en la forma de estudiar el teatro, derivada, como he dicho, o de planteamientos de contenidismo casticista o desde la consideración necesaria, pero insuficiente, del teatro español del siglo XVII como máquina ideológica conservadora, expresión sin fisuras de una mentalidad que, sin embargo, distaba mucho de ser homogénea. Este planteamiento teórico, formulado en términos peculiares de lo español, pudo haber sido compaginado con una mirada más horizontal, transversal, europea; ver no tanto lo que obviamente separaba nuestro teatro del teatro italiano, francés o inglés, sino justamente entrar en el asedio de los elementos que lo homologaban. ¿Para qué se utilizaba el teatro? ¿Qué me-

---

[1] Comparto (sólo en algunos aspectos) las observaciones al respecto de Eduardo Haro Tecglen en «El escenario vacío», en Rafael Conte (dir.), *Una cultura portátil. Cultura y sociedad en la España de hoy*, Madrid, Ediciones Temas de Hoy, 1990, pp. 40-41: «La intención primaria declarada es la de cambiar o traducir el lenguaje del Siglo de Oro por otro equivalente más comprensible para el público actual, y el de aproximar la acción a lo que necesita hoy el público. Por estas anomalías se han visto, por ejemplo, un Calderón o un Strindberg feministas. En realidad se ha tratado de conseguir público por vías bastardas para unir la recaudación a las subvenciones [...] De algunos de estos vicios no ha quedado ausente la Compañía Nacional de Teatro Clásico, creada por el Ministerio de Cultura precisamente para mantener la pureza y el nombre de nuestros autores del pasado. Adolfo Marsillach, que dirigió la compañía y que fue generalmente director de escena de las obras que se producían, ajeno indudablemente a problemas de aprovechamiento económico personal ha creído [...] que su deber era atraer al público al teatro clásico mediante la modificación de éste; ha cambiado, por ejemplo, la sensación de destino y de castigo de la mujer por sospechosa en *El médico de su honra*, de Calderón, y en *La Celestina,* de Fernando de Rojas, que, adaptada por el académico Gonzalo Torrente Ballester, tiene escenas cortadas y otras añadidas para que la muerte no llegue como castigo sino como obra de rufianes. La asistencia de un público numerosísimo de colegiales a estas obras puede destruir para siempre la idea de los clásicos en España, y la de la historia de la literatura. [...] No es fácil comprender cómo el Ministerio de Cultura, tan preocupado por la recuperación de un patrimonio nacional artístico, no ha podido tomar las medidas pertinentes para proteger a los autores clásicos, e incluso ha colaborado en su deformación.»

moria o, por el contrario, qué saltos de memoria en la historia de la práctica teatral se producen para que el teatro, sobre todo a partir de la Contrarreforma, adquiera la estructura cultural de debate moral y político? Es lo cierto que lo que homologa sustancialmente las formas teatrales europeas entre los siglos XVI y XVII es un debate construido por una ideología que desea vincular el teatro con la disputa que desde la antigüedad la cristiandad ha mantenido respecto a la legitimidad de las imágenes, cuyo estatuto de elemento sensual, inaprensible, no controlable, reciben la Patrística y su doctrina teológica de la tradición platónica: la consideración del grave peligro que para el alma y el espíritu ciudadano suponen esas imágenes, y la aprensión inmediata y sensual de su producción. Tal es la razón de la animadversión que anida en la controversia de la licitud sobre el teatro: la consideración de los *ídolos* de la *res scaenica*, de la eficaz superficie de gestos y movimientos que significan por sí mismos y más allá de la palabra. De ahí que se elija como el·punto de apoyo de la polémica el único cuerpo vivo del teatro: el de los actores. De ahí la explícita voluntad *iconoclasta* de la polémica teatral, en cuanto que el teatro trata de *imitar* y crear una realidad alternativa, no *rememorar* dócilmente un rito litúrgico. El teatro se hace problema (y, al mismo tiempo, arma política) cuando convierte a unos sujetos no en soporte de una gestualidad simbólica que representa una historia sacra, cuya estabilización inmóvil a través del tiempo asegura la permanencia de un dominio ideológico, sino cuando los hace sujetos de una gestualidad imitativa de historias efímeras y profanas, para distraer o para comunicar conciencia moral. Dichos sujetos anulan de un golpe la noción ritual de teatro, instauran una nueva condición mercantilista, de economía de intercambio en la profesión de crear imágenes libres y alternativas que no tengan significado predeterminado; crean, en fin, un público laico. Nace, o al menos se ponen sus bases, la profesión de actor y, con ello, el debate teológico se afirma en la tradición filosófica platónica e inventa una oscura memoria de mimos e histriones a partir de la borrosa y mal conocida realidad teatral de la antigüedad. Lo que asombra es que, ya en plenos siglos XVI y XVII, con la modernidad racionalista de por medio, los argumentos eclesiásticos permanezcan exactamente en el mismo estadio que los construidos por San Isidoro o San Agustín. Y que cuando hemos buscado durante tanto tiempo, más bien en vano, las homologaciones del teatro shakespeareano y el de Lope, el de Corneille o el de Calderón, la más radical y absoluta coincidencia de ideas se produce entre la violenta condena del teatro y los histriones de William Prynne en su *Histrio-màstix, the Players Scourge or Actor Tragoedie* (1633) y la del Padre José de Jesús María, *Primera parte de las excelencias de la virtud de la castidad* (1601); o entre las invectivas lanzadas por el arzobispo Carlos Borromeo en sus homilías en la diócesis de Milán en pleno siglo XVII y las del Padre Ignacio Camargo en su *Discurso theológico sobre los teatros y co-medias de este siglo* (1689). Con una salvedad que, por lo que concierne a la mentalidad de la Reforma y la Contrarreforma, ha subrayado Marc Fuma-roli: que mientras la obra de Prynne logró incluso que el puritano Parla-mento británico, constituido como «concilio eclesiástico», suprimiera el tea-tro en una requisitoria de 1642, en España, o incluso en el Milán de Carlos Borromeo, el poder político y civil se resistió fervientemente a hacerlo. Y, que se sepa documentalmente, en España los actores no fueron a la cárcel por ejercer su profesión, sino, precisamente, por negarse a hacerlo des-cuidando, por intereses propios bastante comprensibles, los muy civiles y laicos contratos para la representación de los autos del Corpus. Digamos también que en los territorios católicos e ideológicamente contrarreformis-tas la polémica se compensa, es cierto, con convincentes defensas del teatro; en España muy frecuentemente (es curioso) en textos anónimos y en los que la deseable continuidad de la comedia se pacta con la base de una reforma que pasa exclusivamente no por el territorio controlable del *texto*, sino de los gestos y supuesta mala vida (contrapuesta a toda noción profesional) de los actores o farsantes. La respuesta *civil* a la condena del teatro se reduce en España a esto. Pero en Italia no sólo pasa por un ale-gato razonable y moderado de la actividad del actor (al que se desea aproxi-mar a la frontera del *orador sacro*) —sería el caso, frente a ataques como los de Borromeo, de la interesante obra del jesuita Giovan Domenico Ot-toneli *Della Christiana Moderatione del Theatro*— sino por la reivindica-ción misma del cómico como intelectual y como ciudadano integrado; en Italia, y bien pronto, el actor se convierte en su propio escribiente y atien-de al deseo de permanencia y memoria: emotiva y excelente prueba de ello será ya *La Supplica* de Nicolò Barbieri, el libro que en 1634 intenta oponerse a aquellos que «scrivendo o parlando trattano dei comici trascu-rando i meritti delle azioni virtuose.» Y eso sí que no parece suceder en Es-paña.

Creí que este asedio por caminos múltiples y colaterales al teatro podía hacernos avanzar en nuestra materia; representaba un modo de abordar su enseñanza mucho más fiel a las humanidades y a la historia. ¿Quién era, cómo se formaba, qué tipo de conciencia profesional y técnica tiene el ac-tor español cuando el teatro, igual que en toda Europa, pero con algunas diferencias manifiestas, se convierte en *industria* y *economía* de placer y no sólo en mecanismo de control y manifestación de poder? ¿Con qué ele-mentos contábamos para poder responder a estas preguntas? No se trata-ba de volver al tópico circuito de la condena moral o de situarnos en unos conocimientos, ya bastante sólidos, de la sociología del actor español. Se trataba de verle con sus armas escuetas, con sus gestos, cuerpo, tono. Se trataba de saber cómo aprendía y cómo trasmitía lo aprendido, qué voces nos lo contaron, cómo lo tuvieron en cuenta los dramaturgos, quiénes nos mintieron o nos fantasearon al respecto. Qué fue de todo ello después. Sería mirar al actor casi con ese sentido de primitiva ascesis con que parece describirlo Lope en un verso del *Arte Nuevo de hacer comedias*: «sin coturno y teatro el recitante.» Desprovisto de éstos, su arte o técnica se convierten en un objeto de estudio apasionante, sobre todo porque éste viene generado por una actividad o disciplina que, a su vez, provoca actos y dichos de carácter completamente efímero. La actividad del actor, su energía física y vocal, por utilizar una bellísima expresión homérica, «se escapan para siempre del duro arco de los dientes.» Y, al menos por lo que concierne al periodo barroco, apenas deja a su alrededor territorio documental o, cuando éste existe, es un territorio colonizado por la distorsionada estrechez moral o se parapeta detrás de teorías interpuestas. Pero no era lógico (ni científico) resignarnos a esa romántica labilidad del hecho teatral encarnado por el actor. Shakespeare hacía decir a Macbeth que «la vida no es más que una sombra que pasa, un pobre cómico que se pavonea y agita una hora sobre la escena y después no se le oye más.» Sin embargo, al constituirse en el elemento conductor y vivo de la forma documental menos efímera que existe en el teatro (el *texto*), el actor actualiza perpetuamente el sentido de esos documentos y se convierte en polo de referencias y apuntes que, sin elaborarse de forma explícita como un *canon* del oficio, definen un amplio trecho de otra apasionante teoría: la de la representación en el Barroco. Y la escritura, conductora amable por este archipiélago de silencios, justifica —espero— el que alguien desde la literatura se ocupe (también) del hecho teatral.

Claro que ¿qué otra cosa me quedaba además de la literatura, de los textos? Aparentemente nada hay más hermético que un texto del teatro áureo para quien desee saber con cierto grado de eficacia cómo representaba un actor, cómo se movía, hasta dónde llegaba, cuál era su recorrido espacial, qué voz tenía que colocar. Desde luego el texto no habla por sí mismo. Cierta vez el hispanista Víctor Dixon adoptó en una conferencia la personalidad del comediante y autor Manuel Vallejo. Burla, burlando, tuvo la habilidad, en tono coloquial, de explicar el problema:

> La regla general a que se atiene el poeta al escribir un manuscrito como éste, es que a él normalmente no le incumbe meter en él nada más que las palabras mismas que han de oír los recitantes. Conoce como nadie, y explota cuando puede, si es un dramaturgo de verdad, los corrales de comedias y sus recursos, las condiciones y convenciones que lo rigen. Imagina y hasta cierto punto determina cómo ha de presentarse su obra en ellos. Pero por eso mismo no lo dice explícitamente. Señala —aunque no siempre— las entradas y salidas de los personajes. Añade, a veces, indicaciones escuetas en cuanto al decorado y a los muebles, a la indumentaria y a los accesorios, a la colocación

de los actores, sus movimientos, ademanes y gestos; se las ingenia, otras veces, para decirnos algo de todo esto sin decirlo, ya que las palabras que da a los personajes no tienen sentido si no se suple lo que él deja sobreentendido. Pero en muchísimos momentos no indica nada, no sólo porque se fía de nosotros, sino porque sabe lo que haremos y lo que el público convendrá. Lo que escribe, pues, y lo que los siglos venideros conservarán —tal vez en alguna biblioteca de ultramar— no es más que una parte —la mitad, digamos— del texto verdadero de la representación que él imagina. Claro que a esta mitad —que respetarán, según espero, como a una cosa sagrada— los actores del futuro podrán añadir otra mitad distinta de la nuestra.[2]

Por eso puede escribir Josef Oehrlein, autor de un ameno y dúctil libro sobre las condiciones generales del actor en el Siglo de Oro (y que sólo adquirió eficaz difusión al traducirse al castellano en 1993) que «aun faltándonos muchos datos, sabemos bastante más de la economía del actor que de su técnica de oficio, de la jerarquización profesional que del modo de decir el verso, de su Cofradía de la Novena que del modo en que gesticulaba, movía manos y cuerpo para encarnar personajes.»[3] Ya entonces consideraba Oehrlein cuestionable la suposición de José M.ª Díez Borque respecto a que pudiera existir en la época un libro de aprendizaje sobre dicha técnica del actor. Participo, básicamente, de ese escepticismo. Pero cabe decir que Díez Borque no habló nunca de «libro de aprendizaje» sino de «libro de declamación.»[4] Lo cual es distinto y entra en un recorrido teórico de razonable hipótesis como apuntaré en su momento. Ahora bien, para mí la dificultad era doble: por una parte debía perseguir un objeto inexistente, de acuerdo con el canon filológico clásico; por otra, estaba mi propio desfase crítico y metodológico, pues, un poco en contra de mi identidad intelectual, había de estudiar elementos sujetos en su mayor parte a la oralidad, a una visión efímera y a la identificación de unos documentos de nula tradición epistemológica y gnoseológica en la crítica teatral de mi entorno. Superaba, reconozco, mi formación básica (que no mi curiosidad). Y es inevitable partir de una afirmación que pone todo este libro bajo sospecha: reconozcamos que lo mejor (y lo peor) de lo que los actores y actrices del Siglo de Oro hacían o decían se quedó en los ojos y en los oídos de los espectadores y oidores. Me quedaba, por supuesto, esa vaga seguridad que da el pensar que los personajes clásicos están ya dota-

---

[2] «Manuel Vallejo. Un actor se prepara: un comediante del Siglo de Oro ante un texto (*El castigo sin venganza*)», en José M.ª Díez Borque (ed.), *Actor y técnica de representación del teatro clásico español*, Londres, Tamesis Books, 1989, p. 56.

[3] *El actor en el teatro español del Siglo de Oro* [1986], Madrid, Castalia, 1993, p. XIII.

[4] *Cf.* Oehrlein, Josef, *Ibid.*, p. 152. *Cf.* Díez Borque, José M.ª, *Sociedad y teatro en la España de Lope de Vega*, Barcelona, Antoni Bosch, 1978, p. 206.

dos de la vida y del movimiento que les han comunicado los actores que nos han precedido; como escribió Charles Dullin, «habitaciones que conservan los rastros del alma, del olor de los antiguos inquilinos.»[5] Ese olor es que el quizá permite al actor actual meterse sin demasiada aprensión en la piel del personaje, llenándolo con la substancia de los signos de su época. El (al menos para mí) desconocido actor que interpretó a Segismundo en un corral de comedias allá por 1635 o 1636 tenía dificultades evidentes para construir su personaje: tal vez le resultaría más extravagante de lo que en primera instancia pudiera parecernos vestirse de pieles, situarse en el hueco tras la cortina, aguardar allí al espectacular lucimiento de los iniciales y violentos versos de Rosaura. El actor (o aprendiz de actor) que en la película *Éxtasis* (dirigida en 1995 por Mariano Barroso y significativamente dedicada a William Layton) debe incorporar al príncipe polaco es obligado por el director a ponerse en situación haciéndole pronunciar su discurso trepando a pulso por una cuerda. Apuesto a que a ambos actores, separados por más de tres siglos, en ese momento, el usar o no del octosílabo y del peso retórico del héroe elocuente precornelliano les importaba un ardite. El caso es que a nosotros eso no nos impide (o acaso no debe impedirnos) proyectar lo que sabemos sobre esa imagen, sobre el sentido de las palabras que ambos actores reconstruyen: la vaga sensación de la estafa de la vida, claro, pero también que al actor del siglo xx le cuesta menos escalar por esa cuerda por el hecho de poder recitar el pasaje en los supuestamente modestos octosílabos castellanos y no en endecasílabos, alejandrinos fraceses o *blank verses* en inglés. En ambos casos estamos mirando algo más que un espectáculo que se cierra en sí mismo. Estamos mirando la historia del teatro. Y la historia del teatro, lo he aprendido, entre otros, de teóricos como Frabrizio Cruciani,[6] es una historia de fragmentos heterógeneos, de especulaciones diversas y en distinta dirección, que conducen a una posible memoria de aquello que, por naturaleza, nunca será enteramente ni fijo ni exacto. La historia del teatro no se opone así ni a textos ni a preceptivas, ni a imágenes ni a teorías plásticas, filosóficas, antropológicas, a ciencias heterodoxas como la fisiognómica o a prácticas tocadas por el estado de gracia de la antigüedad como la oratoria. El teatro tiene su continuidad en la historia en cuanto produce no tanto obras concretas como modos de indagar esas obras. Es, por tanto, una categoría, es

5 *Souvenirs et Notes de travail de'un acteur*, París, Odette Lieutier, 1946, p. 186.

6 *Teatro. Guide Bibliografiche*, Roma, Garzanti, 1991, p. 5: «Queste brevi annotazioni (alcune tra le molte possibili) sul teatro e sulla storiografia del teatro possono essere sufficienti per indicare la complessità irrisolta degli studi sul teatro e per giustificare l'affermazione che lo specifico della storiografia teatrale è il suo essere molteplice come il campo di indagine cui si applica.»

un modelo para reflexionar sobre la unidad del saber, sobre un conocimiento universal cuya esencia radica en la transversalidad y no en la mera verticalidad organicista o jerárquica. Porque es en las zonas fronterizas, en los límites entre conocimientos donde se localizan los posibles avances.

Pero aun así, era preciso que pusiera ciertos márgenes al objeto de mi trabajo. El primero, y esencial, el corte cronológico en el que fijaba el tipo de actor, ya profesional, del que podía permitirme especular. Para el ámbito español no resulta tan documentalmente cómodo como en el italiano determinar una fecha para el nacimiento del actor profesional. Así se ha hecho, pero probablemente no es más que un nuevo espejismo de la fascinación de documento, con el célebre protocolo notarial del 25 de febrero de 1545 por el que una serie de sujetos como Mafio Zanini de Padova, Vicentio de Venezia, Francesco de Lira, Francesco Moschini y otros acuerdan constituir una *fraternal compagnia* de teatro con el compromiso de permanecer juntos hasta 1546. Por supuesto que antes existen toda una serie de experiencias, ámbitos espectaculares diversificados, bailarines, aficionados cortesanos y académicos, bufones y charlatanes. Pero también a partir de ahora la sociedad tiene un organismo productivo más en su seno, un vínculo burgués de estabilidad económica con un grupo de constructores de una mercancía llamada espectáculo. La llamada *commedia dell'arte* será una realidad estructural elaborada desde la cultura humanística y pragmática que necesita teorizar y prestigiar una banda de *arte*, de *saber* para dejar en la trastienda de la memoria la vida efímera e inorgánica de bufones y *cerretani*. Cuando, ya en el siglo XVII, se trata, desde un revestimiento teórico de tolerancia, de salvar la utilidad del teatro, el jesuita Ottonelli afirma:

> Distinguo tutti i recitanti in due ordini: uno di coloro che si chiamano comunemente i commedianti, e questi fanno le loro azioni dentro le case, nelle camere o sale o stanzoni assegnati. L'altro ordine è di quelli che si nominano i ciarlatani, e questi fanno i loro trattenimenti e giuochi nelle pubbliche strade o piazze di concorso [...] i ciarlatani diventano commedianti e si servonno della commedia comme di mezzo efficace per alletare al banco, donde fanno lo spaccio delle loro mercanzie e bussolotti.[7]

Como dice muy bien Tessari, esta duplicidad puede conllevar cierta rigidez de interpretación cultural, en el sentido de establecer una dicotomía entre ambos grupos (*comediantes* establecidos y *cerretani* o *bufones* de la legua) en la que operen falsos elementos como contraponer dignidad *ver-*

---

7 *Della Christiana Moderatione del Theatro*, Florencia, 1652, p. 1. *Apud* Tessari, Roberto, *Commedia dell'Arte: la Maschera e l'Ombra*, Milán, Mursia, 1989, p. 35.

sus degeneración, modelo aristocratizante del actor *versus* modelo popular, como si en el seno de la *commedia dell'arte* pudiéramos constituir cómodamente el mito del *otro*, del *doble* (ese pirata, esas *brigate infami*, ese yo plebeyo y primitivo del actor). Pero es obvio que tal diferenciación es un término práctico y operativo en términos históricos, ya que «la lunga polemica contro gli attori (anche quelli *illustri*) potrebbe svelarsi come espediente didattico volto a favorire la genesi d'una prattica professionale del teatro priva di contatti con "Altro": anzi, in grado di formare un schema impenetrabile tra la Cultura e l'Altro.»[8] Operatividad histórica, en efecto, resuelta en la estabilización protocolaria de un conjunto de actores productivo económicamente y en la diferenciación con fórmulas apartadas de la norma técnica, del aprendizaje de un *mestiere*.

Este ejemplo me sirve de apoyo para manifestar que, como es más que lógico, no me encuentro entre los historiadores que ingenuamente piensan, al decir de Jean Sentaurens, «que el actor profesional sólo aparece con la apertura de los primeros corrales de comedias»;[9] nada, ni siquiera el teatro, admite la generación espontánea de centenares de cómicos para ocupar de repente los escenarios de las ciudades más pobladas de España. Es de Perogrullo que la demanda del público, gestionada por un nuevo empresariado que retoriza su inversión económica con la obra pía de los hospitales, y la abundancia del repertorio de textos que supuso la comedia nueva destinados, como consumidores inmediatos, a autores y comediantes, crean las condiciones adecuadas para la institucionalización oficial y urbana del teatro y la existencia de sus profesionales, no al revés. Paralelamente, Josep Lluís Canet, en un reciente trabajo,[10] establece una hipótesis válida, de puro lógica, para determinar el nacimiento de la profesión de actor en el siglo XVI: *a)* que debe existir un aprendizaje en un ambiente adecuado; y *b)* que suceda una praxis continuada para alcanzar la maestría en la profesión. Pero parte (y esto a mi modo de ver sí es matizable) de la definición del término *profesional* tal como es recogido en la actual edición del *Diccionario de la Academia*: «Dícese de quien practica habitualmente una actividad, incluso delictiva, de la que vive.» Más bien debiera haber partido de la noción de *profesión* que regía el contexto de la época, la dada por el *Diccionario de Autoridades*, que reza: «El modo de vida que

---

8 *Ibid.*, p. 36.

9 «De artesanos a histriones: la tradición gremial como escuela de formación de los primeros actores prefesionales. El ejemplo de Sevilla», *Edad de Oro*, XVI, 1997, pp. 297-298. Sintomáticamente Sentaurens no es capaz de citar ni un solo crítico o historiador que sostenga esta tesis que usa, como es lógico, para contraponer la suya, tan perfectamente razonable que no precisaría, a mi juicio, de esta hipótesis.

10 «El nacimiento de una nueva profesión: los autores-representantes», *Edad de Oro*, XVI, 1997, pp. 109-119.

cada uno tiene, y le usa y exerce públicamente.» Lo cual parece conducir, en síntesis, a lo mismo, pero deja abierto el verdadero problema: el modo de vivencia y cómo se plantea ese ejercicio *públicamente* quien realiza la actividad de representación teatral, el modo de autopercepción de esa actividad, sea o no *mercadería vendible* (como califica expresamente al teatro Cervantes en el *Quijote*). Una autopercepción o conciencia de *algo más* que actividad comercial, automixtificada en la medida que hace que algún actor, ya entrado el siglo XVII, califique su actividad de «*halagos e industrias / que es la magia que profeso.*» Lo cual parece exigir, además, un vago sentido reivindicador de un *arte* que se apoye en un público determinado, que acepte la convención expresa del teatro como *ficción*, y no como rito religioso o cortesano festivo.[11] En efecto, desde el punto de vista de la profesión como subsistencia económica, dice Josep Lluís Canet, y dice bien, que «gran parte de la actividad teatral de principios del siglo XVI no podemos considerarla como actividad profesional en sí, pues la mayoría de las representaciones, bien sean en la iglesia, en las fiestas ciudadanas o en el interior de los palacios nobiliarios, presentan a unos actores esporádicos que reciben retribuciones económicas por la puesta en escena de un montaje teatral o parateatral, pero que no les evita tener que realizar otra actividad como modo de subsistencia.» Y por eso, como ha demostrado Alfredo Hermenegildo, los llamados representantes no pueden adquirir enteramente la etiqueta social de *profesionales*, lo que se observa en los contratos que dan fe de una borrosa confusión en su inserción social. Lope de Rueda fue, ante todo, *batihoja*, y leeremos por ejemplo que Alonso de la Vega fue «calcetero» (1560); Juan de Figueroa, «clérigo presbítero» (1561); Luis de Cerdeña, «platero» (1561); Juan de Salazar, «dorador» (1571); Diego de Berrio, «sastre»; Diego de Pineda, «tejedor de telas de oro» (1582); frente a ellos, muy pocas excepciones como Alonso Rodríguez, «farsante», o Pedro de Saldaña, «representante farsante.»[12] Según Canet, se trataba de *técnicos* pioneros, que innovan y adaptan el teatro desde finales del siglo XVI hasta 1530 o 1540 o de unos primerizos profesionales a partir de dicha década (aunque se ve perfectamente que las dubitaciones de *etiqueta* profesional perduran visiblemente hasta los años 1580):

---

[11] Relación de halago y seducción que explica lúcidamente Josep Lluís Sirera en su trabajo «Actor seductor: técnicas de seducción en el teatro peninsular de los siglos XV y XVI», en Elena Real Ramos (ed.), *El arte de la seducción en el mundo románico medieval y renacentista,* Valencia, Universitat de València, 1995, pp. 323-336.

[12] *Vid.* «Registro de representantes: soporte escénico del personaje dramático en el siglo XVI», en Evangelina Rodríguez Cuadros (ed.), *Del oficio al mito: el actor en sus documentos,* Valencia, Universitat de València, 1997, pp. 153-154.

Así, pues, para nosotros caerían fuera del *profesionalismo* la casi totalidad de las propuestas teatrales de las primeras cuatro décadas del XVI, como son las representaciones del teato romano (Terencio y Plauto) desarrolladas en gran número de universidades españolas y en algunos ambientes nobiliarios; el teatro cortesano, realizado en su mayoría por secretarios y humanistas incluidos en las nóminas de los grandes señores [...] (caso de Encina, Gil Vicente, Torres Naharro, Lucas Fernández, etc.); y el teatro religioso, centrado en periodos concretos del ciclo litúrgico [...] Ahora bien, la suma de todas [estas modalidades] junto con el asentamiento de la burguesía ciudadana sí que propició la llegada del teatro profesional, al generar una demanda social suficiente para que los actores y autores vivan del oficio que representan.[13]

Los espectáculos religiosos y de autocelebración nobiliar, los entretenimientos organizados y realizados por los gremios u oficios (la clase media ciudadana), el aprendizaje académico, erudito y retórico de las universidades y centros escolares crean una expectativa hasta que, según Canet, alguno de estos *amateurs* encuentra rentables estos divertimentos y decide dar el paso a la definitiva profesionalización. Lógicamente, se infiere que el nacimiento de la misma tiene lugar con Lope de Rueda y la generación de autores-actores, entre 1540 y 1560; como consecuencia, concluye Canet Vallés, no hace falta «basar el nacimiento del profesionalismo (*sic*) teatral español por el influjo de las compañías italianas, caso del "Mutio" de Sevilla, a quien se le atribuye una estancia más que dudosa en dicha ciudad en 1538, como si los españoles necesitaran ver dichas representaciones para adquirir el oficio.»[14] Maria Grazia Profeti, con la meticulosidad crítica que le es habitual, viene a desmontar este último argumento, demostrando cómo los comediantes cuya presencia se documenta en Sevilla en 1638 bien pudieron ser comediantes *académicos*, al estilo de los que en 1548 montan el espectáculo *I Suppositi* de Ariosto en Valladolid, y que continuaban una tradición semiprofesional de actividad histriónica (una tradición previa) presente en Italia mucho antes de la mítica fecha de 1545, anterior por tanto a la existencia oficial de la *commedia dell'arte*.[15] No es

---

[13] Canet Vallés, Josep Lluís, *Op. cit.*, pp. 110-111. Sigue substancialmente la tesis manifestada también por Manuel V. Diago, «Lope de Rueda y los orígenes del teatro profesional», *Criticón*, 50, 1991, pp. 41-65.

[14] Cf. con la tesis sostenida por Jean Sentaurens, *Séville et le théâtre, de la fin du Moyen Âge à la fin du XVIIe siècle*, Burdeos, Presses Universitaires, 1984, tomo I, pp. 91-93. Curioso que esta fuerte reivindicación de la *originalidad* y el sentido genuino del realista estilo español de representar en Lope de Rueda y su escuela venga a coincidir retrospectivamente con la tesis de críticos decimonónicos como Enrique Funes, de lo que hablaremos en el lugar correspondiente.

[15] Véase su trabajo «La profesionalidad del actor: fiestas palaciegas y fiestas públicas», en VV.AA., *Los albores del teatro español. Actas de las XVII Jornadas de Teatro Clásico*, Almagro, Universidad de Castilla-La Mancha/Festival de Almagro, 1995, pp. 83 y ss.

esto, sin embargo, lo que me interesa subrayar ahora, sino el hecho de otros documentos comentados por Profeti y que demuestran cómo el sentido de la profesionalización entendida únicamente como mecanismo de subsistencia económica puede resultar matizable y, desde luego, complementado con otros puntos de vista. Así, en la *Farsa o Cuasicomedia de Prabos y Antona*, Lucas Fernández introduce la siguiente acotación:

> El primer pastor, llamado Prauos, entra *muy fatigado* de amores de una zagala llamada Antona. El cual pastor *arrojado* en el suelo *contemplando y hablando de su mal*, llega el soldado.

Testimonio preciso, en efecto, de la acotación de un autor cuya poética expresiva y plástica examinaremos en el capítulo correspondiente, y que marca cómo la mera referencia a la dicción o *remembranza* está dando paso, desde el texto convertido en prodigioso signo de potencial teatralidad y ficción, a la *imitación* de una realidad profana (la de un enamorado enajenado). El recitante no habrá de leer simplemente sino que deberá *imitar la realidad*, con unas técnicas de exigencia más allá de la ritualización del clérigo en el teatro religioso, de finalidad didáctica o del juego de convenciones pactadas del cortesano. La profesionalidad es esa conciencia de actuación ficticia y lo que el actor en ciernes toma cuenta de ello en aras de una posible autoestima de su menester. Algo que, por supuesto, no se produce (al menos no tenemos documentación de ello) en el teatro español y sí que sucederá, y pronto, en el teatro italiano. No se menoscaba en absoluto mi integridad intelectual de hispanista ni mi orgullo patrio por reconocer esto; al contrario, me señala una reflexión teórica que merece la pena aplicarse. En 1539, en la obra de Cristóbal de Villalón *Ingeniosa comparación entre lo antiguo y lo presente*, se lee:

> En la representación de comedias que en Castilla llaman farsas, nunca desde la creación del mundo *se representaron con tanta agudeza e industria* como agora, porque viven seis hombres asalariados por la Iglesia de Toledo, de los cuales son capitanes dos que se llaman los Correas, que en la representación *contrahazen* todos los descuidos e avisos de los hombres, *como si la Naturaleza*, nuestra universal madre, *los representase allí*. Estoy tan admirado de lo ver, que si alguno me pudiera *pintar con palabras* lo mucho que en ellos en este caso son, gastara yo grandes sumas de dinero.[16]

Y no es solamente que de los términos que he subrayado se derive la maestría en la acción y gestualidad de los llamados Correas (que *contra-*

---

[16] Edición de Madrid, Sociedad de Bibliófilos Españoles, 1898, vol. 33, pp. 179-180. *Apud* Profeti, Maria Grazia, *Op. cit.,* p. 76.

hacen imitando la naturaleza misma, con *agudeza* e *industria*), sino que el testigo o público que aquí razona no sólo está dispuesto a pagar, bajo la aprobación de una actividad salarial que compromete a la Iglesia, sino que está construyendo un vocabulario técnico y crítico para enjuiciar la *representación* de un texto, usando lexemas (*naturaleza, agudeza* o *industria, pintar con palabras*) que podrían integrarse en una teoría, en una aprendizaje reglado o, al menos, en una descripción bastante canónica de la actividad de un farsante profesional.

En consecuencia yo diría que es posible vincular la profesionalización a la existencia de una conciencia (aunque sea fragmentada y documentalmente dispersa) del ejercicio de una disciplina reglada que puede observarse, ser valorada y hasta exigida por un público. Lo cual nos sitúa ante la posibilidad de otra teoría complementaria para acabar de dilucidar la existencia de un actor resueltamente profesional en el Siglo de Oro, y es la que ofrece en algunos de sus trabajos más definitivos Alfredo Hermenegildo.[17] Éste utiliza, como un elemento clave para discernir la evolución del teatro peninsular del siglo XVI, la consideración de dos segmentos diferentes de público. Por una parte un público selecto, cerrado, *cautivo,* que asiste a las representaciones dentro de un marco que condiciona su inserción social. A este espectador de una representación o bien festivo-cortesana, o bien la realizada en el marco académico y universitario de los colegios jesuitas, o bien en el marco de una catequesis activa y evangelizadora, no se le permite la divergencia ideológica. Su función está prevista y ritualizada y el mensaje le llega condicionado por una finalidad predeterminada (la autocelebración cómplice de la nobleza según la condición elitista de Juan del Encina o Torres Naharro, las representaciones en palacios esclesiásticos, las tragedias clasicistas de Pérez de Oliva). La liturgia catequética, erudita o cortesana se impone al público que participa de esa convención y no puede elegir una interpretación personal de la ficción, puesto que las representaciones cortesanas se nutren de sus mismos miembros para poner en escena las piezas teatrales,[18] los *roles* sociales

---

[17] Véase, por ejemplo, su *Introducción* a *El teatro español del Siglo XVI*, Madrid, Júcar, 1994, pp. 17 y ss.

[18] Josep Lluís Sirera centra muy lúcidamente esta condición de público cortesano como cautivo o preso por un ritual convencional: «¿Quién representó realmente la obra? ¿Los nobles, que se representarían entonces a ellos mismos? ¿Otro tipo de actores? Y, en este último caso, ¿no serían esos "personajes" reales espectadores de una ficción que les implicaba directamente? Tan directamente, al menos, como a los propios virreyes se les involucraba en los prólogos» («Espectáculo y teatralidad en la Valencia del Renacimiento», *Edad de Oro*, V, 1986, p. 257). La *contaminación* o *fascinación* de lo teatral por parte del público cortesano investido siempre de la tentación de asumir la función de *actores* del entretenimiento tendrá su indefectible continuación en el teatro barroco. No es infrecuente la documenta-

que cada individuo asume en la vida diaria son, con frecuencia, la base sobre la que se construye el *rol* teatral fingido. Y lo mismo sucede con el teatro erudito o catequético: se utilizan representantes salidos de su propio círculo cultural, estableciendo unos límites borrosos entre la figura del personaje y del actor. En cambio habrá, por otra parte, un público *abierto*, un destinatario no definido más que por su condición de impresivible, un público al que hay que buscar, convencer, atraer. Según Hermenegildo, es el público del teatro profesional que empieza a llenar los corrales, los teatros comerciales; pero, sobre todo, a mi juicio, es el público que adopta una visión del espectáculo al que ya considera *ficción* libre de trabas y convenciones pactadas por el rito. Un teatro que debe apostar por la *imitación*, por la excelente factura, maestría, *arte* en la interpretación de esa ficción. Frente a este público se define un actor ya moderno, sujeto a la necesidad de adaptarse a su personaje o adaptarlo a sus habilidades, que «halaga» al público, y al que ha de seducir con «industria», porque profesa una *magia* especial, no medida exclusivamente (aunque también) en intercambio de subsistencia económica. El nacimiento de unas prácticas teatrales, aunque éstas constituyan una incipiente zona de intercambio económico, no significa, por sí misma, el nacimiento de una conciencia profesional, o el que se esté trabajando con un oficio o *tejné* que debe reivindicarse; es preciso que, para que esto eventualmente suceda, la condición de actor se someta a debate, que el teatro se convierta en un elemento de controversia de poderes políticos y eclesiásticos y que se acuda a efectos de préstamo y prestigio de *artes* reconocidas (tal, en un momento dado, la oratoria). Y ese es el elemento históricamente difícil, crítico, en el que quiero situar mi indagación. Eso, a mi juicio, va a suceder de manera más sistemática y continuada en el Barroco. Y esa es la razón de la elección de mi objeto de estudio y, en consecuencia, del título del libro. Lo que no qui-

---

ción que habla de las comedias *de repente* improvisadas ante el Rey, sobre un asunto conocido que éste designaba. Emilio Cotarelo, en su estudio sobre «Luis Vélez de Guevara y sus obras dramáticas» (*Boletín de la Real Academia Española*, IV, 1917, pp. 161-163), cita el ms. 2339 de la BNM (fol. 202) donde se narra que el 11 de febrero de 1638 «hubo después de la máscara, comedias que hicieron los poetas, habiéndoles dado poco antes el tema de lo que habían de tratar. Dicen que fue de las cosas más ingeniosas que se ha visto; porque todos se esmeraron con emulación, procurando echar el resto, por salir con la gloria y aplausos de los circunstantes, que era la nata del reino lo que allí asistía». Al domingo siguiente hubo de nuevo comedia *de repente* en clave ridícula, por estar en Carnestolendas. Se trató de la parodia de una boda palaciega, en la que hizo de novia un viejo y feo ayuda de cámara y de novio el bufón Zapatilla. Algunos nobles como Jaime de Cárdenas y Francisco de Cisneros salieron de dueñas; el Conde de Grajal, el de Villaba y el Marqués de Aytona, de damas de honor. Los gentileshombres entraron todos en caballo de caña; y ofició de Patriarca casamentero nada menos que el Conde de la Monclova.

ta, por supuesto, que podamos y debamos reconocer la eficacísima función de *training* previo de todas las actividades teatrales organizadas a lo largo del siglo XVI por los gremios, por el teatro escolar o en el gozoso fasto cortesano perfectamente estudiado por algunos de mis colegas valencianos como Juan Oleza, Josep Lluís Sirera, Josep Lluís Canet, Teresa Ferrer o Julio Asensio.

Naturalmente ningún estudio parte de cero; y demarcado el objeto de indagación debe acotarse con la erudición que le corresponda. Con mayores o menores aciertos y, lógicamente, con una precisión de análisis cada vez más riguroso, sustanciado en el conocimiento *documental* más amplio de nuevos archivos, el método positivista es el que ha caracterizado la mayor parte de los trabajos sobre el actor aparecidos hasta bien recientemente. El protocolo notarial, los contratos extendidos y explicitados minuciosamente fueron objeto de rastreo por parte de los eméritos e insustituibles trabajos de Cristóbal Pérez Pastor o José Sánchez Arjona y, de manera más esporádica, de Francisco Rodríguez Marín y Ricardo del Arco.[19] De los documentos por ellos publicados o reseñados surgen los primeros listados y el modelo en forma de tradicional diccionario que aporta el trabajo de 1907 de Hugo Albert Rennert, para los años comprendidos entre 1560 y 1680. Simultáneamente, y gracias, sobre todo, a los anteriores y al arsenal de menciones dispersas que recogió Casiano Pellicer en su *Tratado histórico sobre el origen y progresos de la comedia y del histrionismo en España* (1804), aparecen los amenos y numerosos trabajos del infatigable gacetillero Narciso Díaz de Escovar, que crea un género que me atrevería a llamar, como su propio autor lo hizo, *silueta escénica*. Son retazos de anecdotario, muñones de biografías sin ordenar, pero que el tiempo nos enseña a no despreciar, si sabemos adoptar el punto de vista de *hacer hablar* el documento de otro modo. Y de otro modo hace asimismo hablar a los documentos Emilio Cotarelo y Mori, quien, en mi opinión, inaugura verdaderamente un género desgraciadamente no continuado desde la perspectiva moderna: la *biografía* auténtica del actor. Cotarelo, con su aseada y decimonónica erudición, entendida en el más elevado sentido de la palabra, y no sólo como *fregona* de erratas, es el primero en cruzar y colar los datos, de los que emergen, con un sentido narrativo de la historia aún no superado entre nosotros, espléndidos bocetos de biografías de, por ejemplo, Sebastián de Prado, Bernarda Ramírez, Cosme Pérez, Andrés de la Vega, María de Córdoba, «Amarilis», y el excelente y mucho más amplio trabajo sobre la actriz del siglo XVIII María Ladvenant y Quirante. No

---

[19] La reseña completa de estas contribuciones alargaría inútilmente esta Introducción. Remito a la Bibliografía y a los comentarios concretos de sus aportaciones que analizo en algunos capítulos.

eran, ni mucho menos, estudios satisfactorios o que nos procuraran el punto de vista que en este caso perseguimos (el *cómo* de su actuación, los modelos de *técnica* de los actores). Pero estaban orientados por la poderosa intuición crítica de quien sabía, y muy bien, poner en paralelo desde los datos de archivo la primera actividad *crítica* deducible de citas de costumbristas, poetas e, incluso, fabulaciones populares, a falta, claro está, de los excepcionales documentos con los que ya contaba el teatro europeo: testimonios, cartas, apologías de los propios actores reflexionando sobre su oficio y su sistema de enseñanza. La descripción minuciosa de estos testimonios permite, de hecho, que muchos años después, cuando los investigadores han insistido en el dato de archivo, éste ya sea el soporte de cruces críticos infinitamente más sólidos y teóricos, como muestran los trabajos que en la última década han aportado, entre otros, Agustín de la Granja (al rellenar los vacíos que en su entorno, en la práctica escénica de su tiempo, podían explicar Cosme de Oviedo, Alonso de Riquelme o Roque de Figueroa); Piedad Bolaños y Mercedes de los Reyes (con las interesantísimas deducciones extraídas de los datos del Patio de las Arcas de Lisboa y de la Casa de Comedias de Écija); o Jean Canavaggio, Miguel Ángel Pérez Priego y Bernardo García (sobre Alonso de Cisneros).

La sistematización de las fuentes, piedra fundacional de cualquier edificio teórico, alcanza su excelente modelo definitivo con los trabajos de John E. Varey, en colaboración, primero, con Norman E. Shergold y, más tarde, con Charles Davis. La trascripción de los documentos, sobre todo del Archivo Municipal de Madrid, y la construcción de índices que los hicieron efectivamente accesibles a los investigadores suponen el mejor y más completo *corpus* sobre datos de actores y representaciones (tanto de corral como cortesanas). Debo destacar la excepcional utilidad que para este libro (o para cualquier reflexión sobre la puesta en escena del teatro barroco) supusieron en su momento *Los autos sacramentales en Madrid en la época de Calderón. 1637-1681. Estudio y documentos* (1961) y la edición de la *Genealogía, origen y noticias de los comediantes de España* (1985). Siguiendo este modelo de volver a sistematizar las fuentes de archivo, Jean Sentaurens nos entregó reveladoras aportaciones del teatro en Sevilla en su exhaustivo trabajo publicado en 1984.

El aspecto sociológico, la vida cotidiana y contractual del actor e, incluso, algunos matices u observaciones de su modo de actuar en el escenario han sido sin duda ya planteados. José M.ª Díez Borque lo hace en su libro de 1978 sobre *Sociedad y teatro en la España de Lope de Vega*; Luis Fernández Martí en su trabajo de 1988 *Comediantes, esclavos y moriscos en Valladolid*; el ya citado Josef Oehrlein y, más recientemente, con un interesante elenco de acotaciones gestuales o de movimiento del actor, José M.ª Ruano de la Haza, en un breve apartado de su espléndido estudio sobre *Los teatros comerciales del Siglo de Oro y la escenificación de la comedia* (1994). Todos ellos ofertan al estudioso un buen cúmulo de datos susceptibles de ser analizados.

Pero, sin embargo (haciendo la salvedad de los numerosos tratados sobre la práctica de los actores que desgranaron, sucesivamente, los siglos XVIII y XIX, que ofrecen datos dispersos pero muy explícitos), hasta 1980 no conozco un trabajo monográfico que se ocupara de pertrecharnos de un hilo teórico acerca de la técnica del actor barroco. De ahí el insoslayable valor referencial del artículo de Juan Manuel Rozas «La técnica del actor barroco» convertido en grado cero de los, desde entonces, escasísimos estudios sobre la cuestión. En 1987, al ser invitada a las Jornadas de Estudio de Teatro Clásico de Almagro, su director, Luciano García Lorenzo, me pidió que basara mi ponencia en los aspectos paraverbales de la obra corta dramática, en relación tanto a los efectos de la tramoya como a la caracterización del actor. Basculé mis pesquisas fundamentalmente hacia este último aspecto, y, con ello, descubrí un amplio campo que explorar y el diseño teórico al que básicamente responden las páginas que siguen. El trabajo se publicó en 1989, cuando ya había aparecido en la *Revista de Literatura* el excelente artículo de Joaquín Álvarez Barrientos «El actor español en el siglo XVIII: formación, consideración social y profesionalidad» que tantas de mis suposiciones confirmaba y que tanta utilidad tuvo y ha tenido para mí posteriormente. En mayo de 1988 participé en un seminario auspiciado por la Fundación del Banco Exterior de España sobre «Actor y representación del teatro clásico español.» Ello me permitió sugerir algunas brechas metodológicas en los perfiles teórico y documental del tema. De algún modo, tanto en el título del seminario como en los epígrafes utilizados por el organizador y compilador de las posteriores actas (José M.ª Díez Borque) pude observar cómo la propia terminología que yo había puesto a prueba en mis trabajos (*técnica de representación, oficio, técnicas de actuación*) iba sembrando la posibilidad de una trama coherente, e, incluso, de una nueva tradición de estudios o de ensayos respecto a una materia tan difícil de delimitar y acotar en su objeto. De ningún modo me habría sentido estimulada a seguir indagando en éste si no hubiera sido por las interesantísimas colaboraciones que en dicha recopilación, publicada en 1989, aportaban, sobre todo, Agustín de la Granja, Rafael Maestre (sobre el actor en el teatro palaciego) y Antonio Tordera, ordenando teóricamente el difícil territorio en el que nos íbamos adentrando.

Por mi parte, tras observar cómo el estudio documental del actor seguía avanzando por los derroteros conocidos, y que el tema de su técnica iba quedando más o menos insinuado aunque sin continuidad teórica (por ejemplo los artículos de Antonia Martín Marcos «El actor en la representación barroca: verosimilitud, gesto y ademán», en 1989, repasando las in-

dicaciones de Alonso López Pinciano, o de Pablo Jauralde, en 1994, sobre la actriz en el teatro de Tirso de Molina, centrado en la creación de
personajes de ambiguo erotismo por parte del mercedario), decidí convocar un seminario específico en el que, en un seguimiento diacrónico,
transversal e interdisciplinar se observara los principales problemas meto-
dológicos a la hora de abordar la técnica del actor y su transmisión como
enseñanza. Se organizó en la sede de la Universidad Menéndez y Pelayo
de Valencia, en julio de 1995, bajo el título «Del oficio al mito: el actor en sus
documentos», y dos años después aparecieron editadas las distintas ponencias en dos volúmenes, a cargo de la Universitat de València. Se intentaba un recorrido completo desde el teatro griego antiguo hasta la ca-
nonización del teatro occidental en los siglos XVIII y XIX, a cargo de los
profesores Agustín García Calvo, Luis Quirante, Alfredo Hermenegildo,
Ferruccio Marotti, César Oliva, Joaquín Álvarez Barrientos, Antonio Tordera, Juan Vicente Martínez Luciano y Josep Lluís Sirera. Me siento, desde
luego, sumamente agradecida a todos ellos pero de una manera especial a
Carmen Gracia, a quien le rogué que realizara un trabajo específico, hasta
este momento nunca planteado en el contexto español, sobre la iconografía del actor y la presencia del teatro en la pintura. Ya había concluido yo
la recopilación y estudio previo de estas ponencias, ordenadas en dos volúmenes, cuando tuve la oportunidad de conocer el extenso artículo de
Agustín de la Granja, del mismo año 1995, «El actor barroco y el *Arte de hacer comedias*», inteligente y preciosa recolección de anotaciones y datos
que iban encajando las piezas de un trabajo que crecía desesperadamente
en mis manos sin atreverme a concluir. Pero ya no es posible dilatarlo más,
pese a que siempre quedará un estado de la cuestión abierto y discutible,
por ejemplo el hecho de que todavía no contemos con el gran diccionario
que hace tiempo se espera de los actores de los siglos XVI y XVII y que hoy
en día exige un cruce de datos y búsquedas que harían obsoleto de manera casi inmediata el tradicional soporte sobre papel. Sería, pues, prudente,
a medida que el torrente de nueva documentación se muestra imparable,
que ésta fuera siendo cribada y ordenada desde el asesoramiento profesional más eficaz, en los nuevos soportes informáticos que los tiempos
exigen. Esto, empero, nada tiene que ver con el objeto sustancial de este
libro, a no ser, claro está, que lo extendamos a una futura y más que deseable construcción de un *diccionario de la práctica escénica y del léxico del
actor*, trabajo que estoy preparando, con no pocas dificultades, desde hace tiempo, en colaboración con algunos profesores y becarios del Depar-
tamento de Filología Española de la Universitat de València.

    Mención aparte me merecen dos fuentes documentales que se me han
revelado excepcionalmente útiles. Por un lado las lecturas de la preceptiva y teoría teatrales de los siglos XVI y XVII, tanto a través de la cómoda an-

tología de Alberto Porqueras Mayo y Federico Sánchez Escribano como de la aproximación taxonómica por géneros de Margaret Newels en 1974, que proporcionan datos muy significativos desde el punto de vista de las poéticas sobre la parte activa de la representación puesta en manos de los actores. Por otro la *Bibliografía de las controversias sobre la licitud del teatro en España* de Emilio Cotarelo y Mori, publicada en 1904, y que ha constituido un punto de inflexión en mi forma de ver la historia de la teatralidad y del teatro barrocos, una forma de volver a leer los *documentos* y de convertirlos en haces de luz sobre terminología, sobre la construcción de un léxico y de un punto de vista crítico cuyas consecuencias, sinceramente, creo que no se han llevado hasta el final. Su reciente edición por parte de la Universidad de Granada (1996), de la mano de un lúcido estudio introductorio de José Luis Suárez, se ve enriquecida por el acopio de índices temáticos: su solo repaso, en orden a sistematizar las nociones sobre las que se construye lo que podríamos llamar teoría de la recepción del hecho escénico desde el siglo XVI hasta entrado el siglo XIX, permite abrir fundamentadas hipótesis sobre el debate técnico, estético, político (y no sólo moral) del teatro en esa época.

Sin embargo, al repasar algunas contribuciones a las citadas actas sobre *Actor y técnica de representación del teatro clásico español* o en los volúmenes que dan cuenta de los *Diálogos Hispánicos de Amsterdam. El teatro español a fines del siglo XVII. Historia, cultura y teatro en la España de Carlos II* advierto que subsiste una notoria tendencia a sublimar todo lo referente a la vida y circunstancias de los actores, que lleva a muchos críticos a adoptar un punto de vista grandilocuente, tendiendo a mixtificar al actor o a evocarlo (y cito literalmente) como «ciudadano de una raza cuyo origen se pierde o se encuentra en unos seres excepcionales», lo cual conduce a considerarlo «buen material para un hombre excepcional. Un poco nietzscheano, pero material en fin.»[20] Se comprende así que otra dirección de ese sentido sublimador sea la de considerar la fascinación narcisista del actor como una especie de casta totémica y sacerdotal:

En su contenido, en su mundo, se recrea y se mima como si fuera un inmenso gato relamiéndose su propio bigote. Esta es su narcisa energía. La historia lo señala imperativo, vanidoso, enamorado de sí mismo. Desafía bien pronto el poder misterioso de las cosas. Busca descubrir el tabú más complicado para tornarse más mágico, más poderoso. No se contenta con ser contemplador. Busca en todas las expresiones su correlato mímico: desde la la-

---

[20] *Cf.* Cunill Cabanellas, Antonio, *El teatro y el estilo del actor. Orígenes y fundamentos*, Buenos Aires, Marymar Ediciones, 1984, pp. 18 y 21, respectivamente.

gartija al rostro cómico de una nube. El animal es su tótem: si lo imita, si llega a descubrir su misterio mímico, se convertirá en hechicero. Así es. ¡No nos dejemos escapar de nuestras manos al hechicero! Como el trashumante de ciertas épocas más cercanas, también fue perseguido y calumniado. Fue en la superación unas veces mago y en el relajamiento llegó a ser brujo. Como el trashumante, fue unas veces comediante y otras veces hipócrita. El hechicero es el ser activo: el que domina el gesto y la línea; el que hace escenografía en su propia cara; el que utiliza los movimientos de la naturaleza para su voz y para su cuerpo. Grita, gesticula, enerva, hechiza. Esto es. Como de un gran actor se dirá por primera vez que hechiza.[21]

Nada más parecido a las metáforas y a la literatura de las cuales el actor, en principio, parecía, precisamente, estar llamado a salvar al teatro. Porque el actor (otro vector indudable de sublimación) es, según algunos, el negociador con el texto literario, el único que es capaz de superar o potenciar su posible mediocridad. Como decía Karl Vossler:

> La poesía dramática necesita del actor para invernar en los malos años de la decadencia literaria. En estos tiempos la poesía debe alegrarse de encontrar ese refugio, como ocurre, por ejemplo, en los años del último Renacimiento italiano en que los verdaderos poetas dramáticos eran los actores de la Comedia del Arte. ¿No empezó así Molière? ¿Y acaso también Shakespeare? ¿Qué hubiera sido de Lope de Vega y de Racine sin la inspiración que a ellos vino de actores y actrices? A los dramaturgos alemanes, incluso a los mejores, habría que desearles un poco de sangre de actor o por lo menos un poco de su espíritu.[22]

Por lo que se refiere a los actores del siglo XVII, durante años no ha cesado el chorreo de tópicos en torno a su supuesta situación de marginalidad, que es cierta aunque, como veremos, quizá en una dimensión mucho más ideológica que la que aparentemente mostraba el hecho, casi anecdótico, de que se les negara para su entierro el territorio sagrado. La frase «los actores constituían un grupo social marginado y admirado»[23] resume esta actitud vacilante y ambivalente de los actores aunque tiende peligrosamente, de nuevo, a la mixtificación permanente de una cotidianidad juzgada como disoluta por los próceres de la teología. Sospechamos, claro está, que la admiración y la probada protección de los Austrias a actores

[21] *Ibid.*, p. 27.

[22] Cit. por Cunill Cabanellas, Antonio, *Op. cit.*, p. 66.

[23] *Cf.* García Valdecasas, Amelia, «Concepción de los actores en la sociedad de la época», en Javier Huerta Calvo, Harm den Boer y Fermín Sierra Martínez (eds.), *El teatro español a finales del siglo XVII. Historia, cultura y teatro en la España de Carlos II*, «Diálogos Hispánicos de Amsterdam», 8/3, Amsterdam, Rodopi, 1989, p. 843.

y actrices obedecían a algo más que a la aséptica pericia que les atribuye Josef Oehrlein:

> Hay que concederle al actor [...] una función extraordinaria: la de guía de un mundo a otro, o de *un perito en el rito de la representación*. Él conoce todas las reglas y las aplica soberanamente, siendo él la persona que concibe y organiza el espectáculo, que lo celebra, que sabe todos los elementos y trucos para garantizar la realización adecuada del rito teatral [...] La representación comparada con una misa, teniendo en ella el actor, más o menos, la misma función que el sacerdote que celebra el misterio eucarístico.[24]

Este es un camino tan ineficaz para el estudio de lo que nos interesa sobre el actor (su técnica) como lo fueran en su momento, bien que en otra dirección distinta, las evocaciones entre costumbristas y románticas de las *siluetas escénicas* que dibujaba un Díaz de Escovar. El actor se convierte en un abstracto símbolo de un concepto extendido como filosofía cultural del Barroco: lo que Emilio Orozco Díaz llamará, en una apelación total e interdisciplinar de la cultura, *teatralidad* del Barroco, es decir, la general participación o comunión en la vida de todos y cada uno de los estamentos sociales de los siglos XVI y XVII en una desbordante escena en la que se confundieran actores y públicos, la contemplación y el sentirse contemplados.[25] El actor, asegurado su significado de *experto ritual*, llega a perder su identidad individual, se convertía en una función simbólica de una vida marginada que, por situarse al margen, reforzaba la homogeneidad del centro, de las clases dominantes. Los intereses, matizados pero nunca radicalmente distintos, de cuerpos o segmentos sociales se debatían en el cuerpo del actor y su función. Porque la realidad es, como ya enunciaba Josef Oehrlein, que

> el actorado profesional no se enfrentó nunca a la sociedad de la Iglesia, ni tuvo que soportar ataques por parte del Estado, el Municipio o la Iglesia (con excepción de las órdenes religiosas); más bien prosperó bajo la vigilancia e, incluso, apoyo de los gremios correspondientes. El actorado profesional del Siglo de Oro no era precisamente una multitud amorfa de comediantes desorganizados, sino un grupo, cerrado en sí mismo, altamente profesional y estupendamente organizado, de personas del teatro muy consideradas en amplios círculos de la sociedad que tuvieron una participación decisiva en el desarrollo del mismo.[26]

---

[24] «El actor en el Siglo de Oro: imagen de la profesión y reputación social», en José M.ª Díez Borque (ed.), *Actor y técnica de respresentación del teatro clásico español*, Londres, Tamesis Books, 1989, p. 25.

[25] *El teatro y la teatralidad del Barroco*, Barcelona, Planeta, 1969, p. 102.

[26] *El actor en el teatro español del Siglo de Oro*, Madrid, Castalia, 1993, p. 282.

En efecto, la sociedad estructura un microclima de seguridad y coartada retórico-moral en la Cofradía de la Novena que sirve al actor para organizar su particular inserción social. Constituye con su cuerpo otro cuerpo diseñado por las instituciones ideológicas con unas paredes no tan impenetrables ni impermeables como para que, alguna vez incluso, además de la clásica endogamia familiar que caracterizará su microsociedad y que alentará la visión bohemia de un actorado reclutado en los bajos fondos, acabemos sabiendo que algunos actores provenían de cierta escala social cualificada. Sería el caso de Alonso de Olmedo Tofiño y Agüero, descendiente del mayordomo del Conde de Oropesa, que enamorado de la actriz Luisa de Robles ingresa en el gremio para fundar, a su vez, su propia saga familiar de comediantes. No es más que un síntoma de los intereses cruzados en la polémica sobre el teatro, espacio en el que tanto el poder político como el eclesial desean inscribir sus propios objetivos, unos conformando reglamentos, órdenes, controles; otros aplicando una retórica moral esclerotizada desde la época de la Patrística. A unos el actor, como *experto ritual,* les convenía en la medida que aseguraba la propagación y consolidación de un ideario (hablar de la comedia como *indiferente en lo cristiano* y *conveniente en lo político* será una máxima habitual en los defensores de las representaciones públicas); a los otros el actor, como chivo expiatorio, les servía de singular objeto de teologización de la realidad.[27] Los primeros extreman el cuidado en la moderación que debe presidir la pregnante fenomenología sensual y gestual del espectáculo; los segundos la condenan sin paliativos. En los dos casos, intentando ocultar, evidencian. La mirada de apologistas y detractores coincide y es el documento más interesante y complejo que para reconstruir la técnica del actor nos ha quedado. Pero tampoco esto es el único camino que explica o daría cuenta de en qué consistía, cómo se conformaba o sobre qué correspondencias culturales discurría el trabajo, técnica o *tejné* del actor.

¿Qué entiendo por *tejné* (que algunos escriben *technê*) o técnica? Agnes Heller sitúa como una de las fronteras de la modernidad la revindicación por parte del hombre de su actividad liberal como sistema de saberes susceptibles de convertirse en ciencia. Se impone así el sentido de *ars, tejné* o *retórica* al modo aristotélico: «un sistema de reglas extraídas de la experiencia, pensadas después lógicamente, que nos enseñan la manera de realizar una acción tendente a su perfeccionamiento [...] acción que no forma parte del curso natural del acontecer.»[28] De acuerdo con Quintiliano,

___

[27] Léase al respecto Alfredo Hermenegildo, «Norma moral y conveniencia política. La controversia sobre la licitud de la comedia», *Revista de Literatura*, tomo XLVII, núm. 93, 1985, pp. 5-21.

[28] *Ética a Nicómaco*, 6, 4, 1140a, 10.

toda *tejné* será después una materia para ser enseñada, y aprendida, para convertirse en ciencia o saber. La cuestión, claro está, es que de ningún modo el contexto cultural español y su debate en torno al teatro parecen permitir la constitución oficial de ese saber y tampoco la autoestima del actor es capaz de teorizar su oficio en la medida en que, siempre por causas de defensa de su condición, lo hacen algunos italianos, bien como reacción frente al ataque moral (*La Supplica* de Nicolò Barbieri), bien como *contrafacta* irónica de los saberes de la época, como hiciera Tristano Martinelli al escribir sus célebres *Compositions de Rhétorique* (Lyon, 1601) recogiendo los principios del *arte* de los cómicos italianos. Y, sin embargo, aunque sea desde la visión negativa del moralista, se registran expresiones inequívocas como *el actor finge el método que le da el arte*; o bien, al describir la inequívoca formación oral de los actores, *es ciencia que se trasmiten unos a otros*. En el discurso de los detractores del teatro el concepto de escuela no enlaza más que con la desdichada cita de Macrobio, según la cual ya en época de Escipión existieron en Roma escuelas de teatro y música en las que se formaban indiferentemente los jóvenes que iban a dedicarse a representar o a la prostitución. Paradójicamente, parece que en la época moderna la primera escuela de teatro europea se abrió en Moscú, en 1672, a cargo del pastor luterano alemán Johann Gottfried Gregori. La necesidad de acercar el teatro a un canon enlazando la utilidad moral y la conveniencia política surgirá, precisamente, de puritanos y jesuitas. Pero, entre tanto, para el siglo XVII, ¿qué tipo de léxico, de elementos culturales están conformando lo que ya en el siglo XVIII será la materia enseñable y trasmisible por y para el actor?

La necesidad intelectual de ordenación de los conocimientos forma parte del mundo cultural en el que se desenvuelve el actor, aunque este sea ajeno a ello y la intuición autodidacta o, todo lo más, elementos automáticos de la cultura plástica, oral o colectiva vayan adhiriéndose a su forma de trabajar. Las especiales circunstancias de inserción o encarte social del actor (a través de la única rendija posible, la Cofradía) y, en consecuencia, la inexistente problemática respecto a posibles pleitos económicos que gravaran especialmente su oficio como mecánico nos impiden tomar como modelo de la reivindicación de su *ars* el que afectó, por ejemplo, a los pintores. Pero en la polémica del reconocimiento de la pintura como arte liberal podemos intuir algunos de los elementos paralelos que pudieron llevar a la necesidad de reglar un arte. Por un lado, el desprecio hacia la pintura como oficio bajo y servil se genera en las actividades paralelas que el pintor se ve obligado a realizar para subsistir; tareas bajas o serviles de acuerdo con la mentalidad aristocrática de la época: desde hacer malas copias de pinturas a pintar carrozas o decoraciones para las fiestas. Por eso, la profesionalidad del verdadero actor no se valora sino cuando, como hará Pinciano, se pone en relación con el estudio, con la actividad espiritual («de lo intelectual»), que lleva a la emoción y transformación de los sentimientos y a la imitación canónica de la naturaleza con el prestigioso recuerdo de las reglas o preceptiva oratoria de Quintiliano, frente a los saltimbanquis, volatineros, etc. Por otro, el desatender la preparación intelectual, la necesidad de estudio. Todavía Antonio Palomino decía en *El Museo Pictórico y Escala Óptica*: «¡Oh desventurados los que *aprenden* tan ilustre *facultad sin más estudio y especulación que el verlo hacer*, como se manifiesta en el oficio más mecánico!»[29] Y, siguiendo la tradición que arranca de Alberti, aconseja al pintor, sobre todo, aprender la Historia, sus avatares y sus protagonistas, seguir los papeles y reglas, observar a los hombres y sus costumbres, construir una realidad imitada del natural mediante el aprendizaje, el procedimiento.[30] Consejos todos muy semejantes a los que se ofrecen al actor y al modo perfecto de la imitación, y a la propia materia teatral que debe ser, sobre todo, remedo y ejemplo de la historia. Así, pues, la falta de teorización explícita o continuada no significa que no se esté elaborando desde unos márgenes y en unos espacios alternativos concretos. El reto es reunir y tratar de explicar esas referencias que, ya más tarde, ingresarán de manera oficial y ordenada en la enciclopedia oficial del saber.

Semejante falta inmediata de datos sería, en otra disciplina, causa y coartada para el abandono. Un físico, G. Toroldo, escribió en 1990, en su libro *Un universo troppo semplice,* que «la storia si risolve nella storiografia.»[31] Cierto; pero ya más arriba me referí al especial problema que la *historiografía* representa para una materia como el teatro, para el que existen diversas bandas de hechos observables. Podemos establecer con concreción el nacimiento, desarrollo y declinar de un género dramático y del estilo de composición de sus textos; podemos, incluso, con un alto grado de razonabilidad, apreciar la evolución de la arquitectura del edificio teatral. Pero la base fenoménica que da razón de ser a las formas dramáticas, la actuación, carece de referentes directos. Un historiador del arte, o de la literatura, habla de época barroca o de estilo manierista y se le comprende. No tendrá más que defender o probar una argumentación, puesto que los documentos sobre los que la propone son generalmente asumidos. Si hablamos del actor, por el contrario, tendremos primero que argumentar y construir el concepto de documento y referirnos incluso a lo trivial: una referencia metateatral, unas acotaciones de sospechosa autoría, la exage-

---

[29] *Vid*. ed. de Antonio Ceán Bermúdez, Madrid, Aguilar, 1988, tomo I, p. 638. La cursiva es mía.

[30] *Cf.* Morán Turina, Miguel y Portús Pérez, Javier, *El arte de mirar. La pintura y su público en la España de Velázquez*, Madrid, Istmo, 1997, pp. 182-183.

[31] *Apud* Molinari, Cesare, *L'attore e la recitazione*, Roma, Laterza, 1993, p. 24.

rada o viciada mirada del censor, unas *lexicalizaciones* que, a la postre, se revelan tópicos transmitidos de manera inconsciente, dos o tres imágenes, grabados o pinturas de autoría cuestionable o apenas salvables en su calidad. César Oliva argumentaba en un debate sobre el actor hace unos años:

> Los actores de ayer, como los de hoy, se llevan a la tumba su arte. Incluso teniendo conciencia de todas las limitaciones, hay que empezar diciendo que los actores hacían algo, hacían cosas que no estaban en el texto, y de ahí, a partir de indicios, anotar sus posibilidades de accionar y fundar en la repetición de ciertos elementos las hipótesis indispensables.[32]

El trabajo inmediato habría de ser, por tanto, convertir los *indicios*, los elementos sucesivamente repetidos en *documentos* sobre los que reflexionar. Su evaluación, sin embargo, no podrá ser ni meramente intuitiva ni arqueológica, sino, recordando de nuevo a Cruciani, tendremos que unir a nuestra inevitable valoración cultural e ideológica del material documental «una analisi filologica dei valori proposti.»[33] La suposición o recreación arqueológica acaba construyendo esa forma pseudorromántica en la que se nos ha transmitido las imágenes de los actores. Bretón de los Herreros en su obra *Progresos y estado actual de la declamación en los teatros de España* (1852) se apoyaba en el pintoresquismo tipista que el Barroco, desde su óptica cultural, le ofrecía, al decir:

> Es de suponer que impregnados del espíritu de la época, también los actores propendiesen más a lo fantástico que a lo verdadero, más a deslumbrar que a persuadir, más a halagar el oído y la vista que a cautivar el corazón de los espectadores. Por eso el vestir, ya que no con propiedad, con todo el lujo que sus medios y los de sus protectores permitían, emulando unos con otros, las actrices especialmente, en gala y bizarría [...] (por eso la buena figura) cierta elegancia convencional en los modales, algo de rígida majestad en ocasiones y de garbosa desenvoltura en otras para estar en la escena o para andar por ella, sano pulmón, voz simpática y sonora y un tono agradablemente cadencioso en la recitación, fueron, sin duda, requisitos de que en menor o mayor grado no podían carecer damas y galanes.

Bretón está pensando, claro está, en las interpretaciones de los clásicos que seguramente ve recitar a los actores en los teatros madrileños. Y lo mismo le sucede a Enrique Funes, que construye su teoría del actor barroco bajo la firme creencia de que sus valores literarios y líricos anularían el alma auténtica y nacional del naturalismo que él siempre intuyó en Lope de Rueda y sus inmediatos seguidores:

---

[32] *Criticón,* 42, 1988, pp. 77-78.
[33] *Op. cit.,* p. 5.

Y aquella dramática que viene arrollándolo todo, no sin envolverlo en la pompa lírica del verso castellano, y que, con riquísimas excepciones, reproduce constantemente un solo carácter, el carácter español de aquellas dos centurias, no podía engendrar sobre las tablas otros intérpretes que actores románticos, sólo disciplinados, tal vez, por un empirismo convencional que, a fuer de españoles y de comediantes, dejarían detrás de las cortinas cuanto se les pusiera en el entrecejo: recitadores de una declamación tan *lírica,* como imponían las exigencias de aquel verso, *cauce sonoro* [...] del torrente de nuestra poesía.

Los Figueroa, los Morales, los Prado, Rojas, Olmedo, Peñafiel, Garcés, Hernández, Cintor, Ortiz, y las Córdoba, las Bezón, Robles, Infante y las Coronel y Baltasaras, con tantos otros, representan este movimiento hacia la *lírica,* si bien habría algunos que, por la misma independencia a cuyo trono elevó el impulso romántico a la personalidad del sujeto del arte, no declamarán según era costumbre, sino que, dejándose guiar por el estro propio, iluminaban el decorado verso con matices de *naturalismo* en ciertos pasajes (que no abundan mucho en nuestro gran teatro), cuando la fuerza de la pasión y la energía de los movimientos del ánimo (no desfigurados ni ocultos por la opulencia del traje poético) llevaran al actor hacia la mímica y la recitación profundamente verdaderas, alejándole del lirismo calderoniano.[34]

Supongamos que aceptamos, por clarividentes o lúcidas, estas intuiciones. ¿Qué soporte crítico o filológico podemos darles? Ya que los vestigios documentales son parcos hay que evidenciar con seguridad las convenciones culturales en las que, indubitablemente, se apoyan y, más que eso, los construyen, los hacen. Y, para ello, tendremos que aceptar no la mera arqueología intuitiva, sino los caminos que han conducido a esas conclusiones, desmontar la *arqueología* de las miradas, las convenciones visuales, plásticas o de referencia a la dicción que sobre el hecho teatral en general y sobre el actor en particular convergieron para construir los indicios documentales. La mirada del censor eclesiástico se veía interferida y, literamente, construida sobre el calco de lo ya leído por el prejuicio del teatro antiguo, de lo transmitido por los teólogos desde el medioevo; pero, al hacerlo, nos ofrecen otro discurso nuevo, descaradamente visual y sensual, que permite recuperar por nuestra parte casi el *syllabus* de los gestos del actor; otro público acudía a la entrega sin prejuicios del banquete de los sentidos, a dejarse arrastrar por la técnica exagerada y colorista (como aquellos clientes no entendidos que compraban pinturas de pésima factura pero llenas de bermellón); los críticos y preceptistas deseaban, por contra, encontrar, sin perjuicio del *muy de veras* que exigían en la imitación dramática, el delineamiento de la compostura, del decoro y verosimilitud

---

[34] *La declamación española*, Sevilla, Tipografía de Díaz y Carballo, 1894, p. 233.

naturalista en las acciones. Un fogoso orador, Félix Paravicino (*Oraciones evangélicas*, 1640) pone en paralelo la visión de la pintura y del paso teatral de una manera clarividente: «... agradaos lo colorido del passo, fue sólo verlo; pero deteneos a ver si descubrís la imitación al natural, lo vivo de la acción y el decoro de la historia, o el ademán, el escorzo; aquello es considerarlo...»

Asumo, pues, el riesgo de, siguiendo la dirección crítica que han apuntado teóricos como Franco Ruffini, Cesare Molinari o Marco de Marinis, construir una historia, una narración de documentos dispersos. Bajo la clarividencia de Jacques Le Goff o de Michel Foucault, se tratará de documentos no reverenciados como monumentos sino criticados desde una coherencia con la cultura del entorno, anulando y reduciendo en lo posible la arbitrariedad, pero haciéndome responsable de mis propias percepciones subjetivas. Hace muchos años un excelente maestro, Juan Manuel Rozas, al contestar al envío de mi primer libro (del que me excusaba, pues hablaba de novelistas meramente secundarios), me pidió que no me sintiera avergonzada de ser una arqueóloga del papel. Proponerse buscar el hilo de Ariadna de cómo reconstruir la técnica del actor barroco me ha hecho sentirme profundamente agradecida de tal consejo. Por eso, tras dos capítulos de carácter esencialmente historicista (la consideración marginal del actor desde la antigüedad y el desarrollo de la *commedia dell'arte* como modelo hipotético de la profesionalización del actor en la Europa moderna), este trabajo aborda por extenso el concepto de *arte* construido a partir del Renacimiento y, sobre todo, realiza una propuesta o nueva consideración del documento teatral a través de una arqueología activa desde una lectura intencionada. Veremos así que junto a documentos sociológicos, voluntariamente producidos como tales, debemos considerar, para nuestro propósito, los ligados genéticamente al hecho teatral mismo. Y, en este sentido, la consideración de la acotación explícita o la incubada en el interior de los textos se convierte en fuente valiosísima para determinar no sólo posibles registros diferentes de acuerdo con el género que investiguemos sino, además, observar el cambio de tono (de cultura) de las diferentes fases de la historia del teatro. No es cierto que las didascalias pensadas para el actor estén totalmente ausentes en el siglo XVII. Y su presencia se revela muchas veces substancial. Estos documentos revelan la operatividad del análisis semiótico, o, al menos, del método semiótico; porque al agitar dichos textos/acotaciones sus flecos se enredan con la zona de sombras del entorno y, exploradas éstas, iluminan el sentido de lo que nos parecía una lexicalización tópica de tipo físico, kinésico, acústico, espacial. Claro que hay sobreabundancia de indicaciones del tipo *entra/sale/vase*. Pero también otras muchas con el *como si, hace que, hace como que*. La delineación de la imitación natural, convencional progresa hacia un estatuto expresivo, creador, más ficticio, elaborándose así, de modo progresivo, la modernidad del lenguaje teatral:

> Le similitudini sono naturali, i segni pendono dalla volontà nostra, le similitudini essendo naturali non si mutano en può fare l'uomo, che en lo specchio non apparisca l'imagine mia con le medesime delineationi, & colori che sono in me; ma che io significhi una cosa ò con altra è posto nel arbitrio dell'uomo.

Esta cita no pertenece a ningún semiótico del siglo XX, sino que está extraída de la obra de Francesco Buonamici *Discorsi Poetici nella Accademia Fiorentina in difesa di Aristotile* (1597) y que no trata sino del aparato escénico del teatro y de cómo el actor debe desenvolverse en él, una vez que el espacio del escenario se llene de perspectivas y telones escalonados y al estilo meramente *recitativo* deba unir el nuevo sentido creador del gesto, de la representación sígnica, expresiva, residenciada en su cuerpo para no verse absorbido por los puntos de fuga que le rodeaban. Poco a poco la acotación se llena de referentes auditivos pero también de proxémica. Angelo Ingegnieri en *Della Poesia rappresentativa e del modo di rappresentare le favole sceniche* (Ferrara, 1598) advierte que

> il Poeta, il quale si da a fare alcuna opera Dramatica, primieramente si figurasse dinanzi agli occhi la Scena, divisandone fra di se gli edifici, le prospettive, le strade, il proscenio, e ogni altra cosa opportuna per l'advenimento di quel caso, ch'ei si prende ad imitare; e ne facesse nella sua mente propia una cotal pratica, che non uscisse personaggio, che non gli sembrasse vedere onde essi si venisse, en si facese sul detto proscenio gesto, en vi si dicesse parola, ch'egli in certo modo non vedesse, e non la udisse, mutando, e migliorando, a guisa di buon Corago, e di perfetto Maestri, quegli atti, e quelle voci, che a lui non paressero bene a proposito.

Y, ciertamente, quizá no encontremos ningún texto español que delinee de manera tan concreta el movimiento escénico del actor sorteando los *telari*, bastidores, y colocando la voz, pero tenemos extensas acotaciones (lo de menos en este caso es que fueran de la mano de un dramaturgo o provinientes de un manuscrito que relacione retrospectivamente la celebración) que denotan esta nueva cultura del efecto teatral.

Pero, además, está el contundente documento teórico de las preceptivas y el riquísimo *corpus,* lleno de contradicciones, contramensajes y ruidos (por usar la terminología de la teoría de la información) de los documentos que abonan el inmenso edificio de la polémica sobre la licitud del teatro (y que se extienden desde el siglo XIII hasta el XIX). Están las nada escasas referencias metateatrales, las fuentes directamente literarias y, por fin, las teorías aparentemente ajenas al teatro pero en cuyo desarrollo, antes o después, tiene lugar el encuentro con modelos, calcos, metáforas especulares para el autor de comedias. De ahí la mención ineludible de las cartillas de fisiognómica, de los tratados de pintura, de las escasas, pero apasionantes, referencias iconográficas al mundo del actor español del siglo XVII, de los manuales de retórica forense o sagrada y de la oralidad en general, para acabar con algunas hipótesis en torno a la construcción del personaje y un particular homenaje a las actrices de la época. Sólo he dejado fuera, porque desbordaba totalmente los límites impuestos y por requerir unos conocimientos añadidos de los que carecía, la concreta problemática de la música y el danzado, centro en muchos casos de los principales ataques de los moralistas —aspecto que obviamente sí se ha anotado— y que, precisamente, sí genera, por su vertiente aristocrática y de formación cortesana, tratados específicos.[35] No podía ser menos si hasta los jesuitas como el Padre Jouvancy se preocuparán, solícitos, por escribir métodos de enseñanza de danza digna y moral a los jóvenes que educaban. Las actrices, en el trance de interpretar *sotillos, caponas, tarantelas* y *zarabandas*, son llamadas, en feliz innovación lingüística, *saltatrices* y recibimos el síntoma visual de sus deshonestos meneos que ocultan el elaborado y figurativo léxico coreográfico de los *cruzados, corridos, hechas* y *deshechas, corro* o *culebra hurtada*. Lo propio del teatro será, pues, el *baile*, degradación o trasposición efectista e incluso degradada de la *danza* cortesana, que, al decir de Jusepe Antonio de Salas, precisaba movimientos más mesurados y graves de los pies, sin apenas levantar los brazos, mientras que «los bailes admiten gestos más libres de los brazos y de los pies juntamente.» Alonso Cano y Urrea y su juicio sumarísimo sobre la cuestión nos basta para calibrar el valor de estas críticas cuyo exclusivo componente moral nada añade a los indicios técnicos que sí, en cambio, nos interesan (y que subrayo):

> Achacó Roma este mal [del baile] a Cádiz y el Andalucía; de quien, en vez del saltar varonil y fuerte mudó el baile su perfección en *vueltas de brazos y meneos lascivos*. Siendo quizá la que su Chironomía nuestra Zarabanda, la que

[35] Por ejemplo el notable libro de Juan de Esquivel Navarro *Discursos sobre el arte del Dançado y sus excelencias y primer origen, reprobando las acciones deshonestas* (Sevilla, Juan Gómez de Blas, 1642). Algunos de sus apartados constituyen un verdadero canon de la expresión corporal en la danza, con una preceptiva en la que se inocula asimismo la *naturalidad* y *no afectación* exigida en el teatro: «Mvchos diestros ay en obrar de pies, que lleuan mal el Cuerpo, con que desluzen toda su destreza. Y así porque no se ignore la conpostura que se deue tener, la escriuo en este Tratado. Ha de ir el Cuerpo dançando bien derecho sin artificio, con mucho descuido, del mesmo modo que se lleua por la calle, sin endereçarle más de aquello que su natural le da, ni doblarle por mirarse los pies, ni por otro accidente» (ed. cit., p. 21 v. y r.).

Halma nuestra Chacona y la que Lastima nuestro Escarramán. Pues la primera consistía en *gestos y movimientos de manos*; la segunda *estribaba en los pies* y la tercera en *quebrar el cuerpo y dar descompuestos saltos*. ¿Y qué mucho tenga Lucifer almacén de esta mercadería para renovarla a tiempos? [...] No sé quién dificulta el remedio en este siglo de monarca tan casto: ni sé quién mete en nuestro jardín esta conjura. Ténganla los maridos y padres que vuelven del teatro a sus mujeres y hijas embebidas en los huesos estas semillas y centellas infernales.[36]

La enciclopedia del saber barroca acrisola de este modo, a través de un discurso fragmentario, la hipótesis de una teoría axial que ofrecemos con seriedad pero sin perder la perspectiva abierta del ensayo. Individualizando cada una de las fuentes apuntadas, dedicándoles capítulos o subcapítulos aislados, me he permitido dar voz a los documentos secundarios, oblicuos, a veces borrosos, con el objeto de *hacernos una idea* de cómo se gesta la técnica del actor barroco. Y quiero recordar, con Taviani, que la expresión «hacerse la idea» no está tomada aquí en la acepción cotidiana de ceñirnos a una visión imprecisa, aproximada, vaga; significa, por el contrario, reconstruir algo que por sí solo tiene una consistencia material dispersa en fragmentos.[37] No había por tanto apenas una plantilla metodológica en la que apoyarse. Tampoco una tradición de estudios al respecto. Ello, de algún modo, justifica el amplio capítulo final de la Bibliografía y de su notorio sincretismo y pluridisciplinariedad. No ocultaré que la escuela semiótica italiana ha sido fundamental. La tradición, perfectamente consolidada, de los estudios de la *commedia dell'arte* (especialmente los realizados por Siro Ferrone, Ferdinando Taviani o Roberto Tessari) me han revelado estrategias y, probablemente, algún que otro atajo en el largo camino que, aún, estoy segura queda por recorrer. De algún modo este trabajo no será más que una tesela del amplio mosaico de la historia de la representación plástica en el Barroco y sus evidentes implicaciones en la historia del pensamiento y de la mentalidad de un periodo que, en este aspecto cultural, se adentra considerablemente en el siglo XVIII cuando, entonces sí, se generen explícitos tratados o métodos sobre el actor.

Porque, en efecto, en función del diseño de un mapa estético y filosófico (Descartes y sus pasiones, por ejemplo) no será hasta el siglo XVIII, con Diderot —entre otros— cuando asistamos a los primeros tratados sobre la

---

[36] *Días del jardín* (1619). *Apud* Cotarelo y Mori, Emilio, *Bibliografía de las Controversias sobre la licitud del teatro en España*, Madrid, Tipografía de la Revista de Archivos, Bibliotecas y Museos, 1904, p. 137a.

[37] Taviani, Ferdinando, «Un vivo contrasto. Seminario su attrici e attori della Commedia dell'Arte», *Teatro e Storia*, núm. 1, Bolonia, 1986, p. 27.

técnica del actor, cuando con unos criterios no sólo de modernidad sino más bien de utilidad público-burguesa se comience a considerar el valor del canon del drama y de sus intérpretes. De manera implícita Denis Diderot, por ejemplo, en su *Paradoja del comediante* ya está sugiriendo una *teatralogía*. Escrita sobre 1773, no se publica, como es sabido, hasta 1830. Este seguimiento del método ya no puede ser, claro está, nuestro objeto. Hasta 1790 no encontramos, entre los documentos recogidos por Emilio Cotarelo en su *Bibliografía sobre las controversias*, la voluntad de un crítico (Julián de Antón y Espeja) para escribir un *Arte del teatro* para la instrucción de los actores que confiesa estar escribiendo en su *Discurso apologético que por los teatros del España en una Junta de literatos de esta Corte pensó Don Julián de Antón y Espeja.*[38]

No consta que en España hubiera precedentes (ni coherentes imitaciones) de las fugaces ideas goetheanas respecto al arte de declamar, o de la *Dramartugia* de Lessing de 1767 o del trabajo de Johan Jakob Engel (*Ideen zu einer Mimik,* 1785-1786) sobre el gesto y la acción teatral, traducido al francés en 1788 y parcialmente al español en 1789 y 1790 (en el *Espíritu de los mejores diarios literarios que se publican en Europa*). Pero, al menos, podríamos aventurar plausibles teorías del actor dieciochesco con los tratados de Francesco Milizia, *El teatro* (Madrid, Imprenta Real, 1773), traducido por José Francisco Ortiz; de J. de Resma, *El arte del teatro, en que se manifiestan los verdaderos principios de la declamación teatral* (Madrid, Ibarra, 1783) o de F. Eduardo Zeglircosac, *Ensayo sobre el origen y naturaleza de las pasiones, del gesto y de la acción teatral* (Madrid, Sancha, 1800). Como estudia Joaquín Álvarez Barrientos,[39] dramaturgos como Ramón de

---

[38] Publicado en Madrid por Blas Román, 1790. *Vid.* Cotarelo y Mori, Emilio, *Op. cit.,* pp. 59-60.

[39] «El actor español en el siglo XVIII: formación, consideración social y profesionalidad», *Revista de Literatura*, núm. 100, 1988, p. 457. Véase al respecto Pablo Cabañas, «Moratín y la reforma del teatro de su tiempo», *Revista de Bibliografía Nacional*, V, 1944, pp. 63-102; Charles Emil Kany, «Plan de reforma de los teatros de Madrid aprobado en 1799», *Revista de Bibliotecas, Archivos y Museos*, VI, 1929, pp. 245-284. La identificación de las técnicas específicas de actuación recomendadas en los tratados a partir del siglo XVIII sigue el paradigma de la tratadística francesa. Primero porque dicha tratadística fue la más sistemática y específica en sus comentarios y descripción. En segundo lugar, porque las fuentes de información sobre la escena y la teoría teatral francesa son más abundantes y, como consecuencia, tuvo una influencia sustancial en Europa. Finalmente esta tratadística francesa es, a su vez, la más convencional y clásica, por lo que se facilita su concentración en una serie de reglas concretas que luego pueden ser glosadas o matizadas. Por la misma razón, la mayor parte de estos tratados del método del actor, que tanta huella de las convenciones barrocas van a arrastrar, pese a todo, se concentran mayoritariamente en las reglas y recomendaciones sobre el género trágico, puesto que éste hace un mayor uso de las convenciones clásicas de actuación que la comedia y, como consecuencia, sus especificaciones técnicas están sujetas a un menor grado de variabilidad.

la Cruz exigen en *La cómica inocente* (1780) que los actores sepan leer y escribir y los reformistas del teatro dieciochesco reclamarán que aprendan nuevas disciplinas como «geografía, historia, lengua, dicción, declamación, esgrima, canto, baile y esas cualidades que les faciliten comprender sus personajes.» Gaspar Melchor de Jovellanos apunta un panorama que en buena parte de su léxico constructivo, excepto por lo que la hace a la nueva noción de *ilusión escénica,* recompone un panorama ya dibujado por los probos dominicos o jesuitas sobre los farsantes del siglo XVII:

> No sería tampoco, a mi juicio, cuidado indigno del celo y la previsión del gobierno el buscar maestros extranjeros o enviar jóvenes a viajar e instruirse fuera del reino, y establecer después una escuela práctica para la educación de nuestros comediantes [...] Esta enseñanza haría desaparecer de nuestra escena tantos defectos y malos resabios como hoy la oscurecen: el soplo y acento del *apuntador*, tan cansado como contrario a la ilusión teatral, el tono vago e insignificante, los gritos y aullidos descompuestos, las violentas contorsiones y desplantes, los gestos y ademanes descompasados que son alternativamente la risa y el tormento de los espectadores, y finalmente aquella falta de estudio y de memoria, aquella perenne distracción, aquel impudente descaro, aquellas miradas libres, aquellos meneos indecentes, aquellos énfasis maliciosos, aquella falta de propiedad, de decoro, de pudor, de policía y de aire noble que se advierte en tantos de nuestros cómicos, que tanto alborota a la gente desmandada y procaz y tanto tedio causa a las personas cuerdas y bien criadas.[40]

Esta didáctica del actor, burguesa e ilustrada, se habrá expresado anteriormente en Europa, pero a cargo de los propios comediantes. Charles Gildon en *The Life of Mr. Betterton, the Late Eminent Tragedian. Wherein the Action and Itterance of the Stage, Bar and Pulpit are distinctly considered* (Londres, Robert Gosling, 1719) denuncia la desidia de los jóvenes actores y la necesidad del establecimiento de un *método*:

> Cuando yo era un joven actor bajo la dirección de Sir William Davenant, estábamos sujetos a una disciplina más férrea; el estudio era nuestra principal obligación, lo que en absoluto asumen los actores de hoy en día; apenas recitan su papel en los ensayos y llegan a éstos arrastrando la resaca de los excesos de la noche anterior; en lugar de reflexionar juiciosamente y penetrar en el papel que deben interpretar o considerar los diversos registros de voz, las miradas, los gestos con los que pueden conseguir la perfecta belleza, la mayoría sólo se esfuerzan por descubrir el truco o la nimiedad que agrade más a la audiencia [...] En todas las demás artes la gente recibe lecciones de verdaderos y

---

[40] *Memoria sobre espectáculos y diversiones públicas* (ed. de Guillermo Carnero), Madrid, Cátedra, 1997, pp, 207-208.

experimentados maestros, pero aquí domina la ignorancia que además se disfraza con una pedante autosuficiencia en la que se obstinan sin reprimenda alguna. Por eso con frecuencia he expresado mi deseo de que algunas personas sensibles y cualificadas en la acción y en la declamación escriban algunas reglas para que los jóvenes principiantes puedan usarlas en busca de su perfeccionamiento [...] de modo que a partir de ellas se pudiera establecer un *sistema o método de actuar*, unas reglas con las que aprendan a superarse no sólo a sí mismos sino a los que les precedieron.[41]

Ya en 1798 Juan Francisco Plano, autor del *Ensayo sobre la mejoría de nuestro teatro,* reclama la existencia de una escuela donde poder acudir los jóvenes con cualidades naturales y allí

bajo el gobierno de un Director hábil, deben aprender a decir con finura, y entender que cada pasión tiene su gesto y tono de voz propio, y que aun la misma pasión lo tiene diferente en cada persona. Aprenderán la pronunciación, en que tan atrasados están, porque sus defectos no se corrigen sino en la primera juventud, y sobre todo la dirección y la flexibilidad de la voz, en la que, y no en los gritos, reside lo afectuoso.[42]

Claro que, a finales del siglo XVIII, todavía parece tan consolidado el clima de prejuicio moral contra los actores que el bueno de Santos Díez González, en su *Idea de una reforma de los theatros públicos de Madrid que allane el camino para proceder después sin dificultad y embarazos hasta su perfección,* juzgaba que la opinión pública no iba a aceptar sin reticencias la creación de una escuela de teatro y que, en consecuencia, era preferible intentar instruir a los actores en su propio medio, los teatros y los lugares de ensayo:

Supuesto que nada se sabe ni se hace bien sin que preceda enseñanza, estudio y aplicación y que el destinar una casa en forma de colegio para los jóvenes que quisieren dedicarse a la escena, sería quizá ocasión de murmuración entre gentes que no distinguen un teatro detestable y corrompido de un

[41] *Apud* Cole, Toby y Krich Chinoy, Helen (eds.), *Actors on acting. The theories, techniques and practices of the world's great actors, told in their own words,* Nueva York, Crown Publishers, Inc., 1970, pp. 97-98. La traducción es mía. Mmlle. Clairon en sus *Reflexiones,* por el contrario, confiaba más en la práctica que en la formación teórica: «Las escuelas regulares deben ser únicamente las compañías de provincias [pues en ellas] con la precisión de ganar el salario, la vanidad de sobresalir entre los compañeros, el respeto del público, el ejercicio continuo de la memoria, el desembarazo y el aire que se adquiere saliendo cada día a las tablas, la facilidad de hacerse el oído a todos los tonos y desenvolverse las ideas viendo las piezas enteras y el efecto que producen en el público, [es] donde [...] se adelantará más en seis meses que en dos años de lecciones.»
[42] Álvarez Barrientos, Joaquín, *Op. cit.,* p. 458.

teatro honesto y arreglado para el recreo inocente de los ciudadanos, sería también obligación de este maestro tener un día en cada semana dedicado a la enseñanza de dicho arte en uno de los Coliseos.[43]

El *arte* del actor, ya reconocido, habrá de esperar a conformarse como sistema de enseñanza diez años más, cuando el *Reglamento general para la dirección y reforma de los teatros* que el Rey Carlos IV encarga al Ayuntamiento de Madrid y que se promulga el 16 de mayo de 1807 (con fecha del 17 de diciembre de 1806) así lo prevea:

> Nada adelantaría Madrid en la pefección de los dramas, si no tratase de mejorar su ejecución, cuya reforma debe empezar por los actores o representantes, porque en esta parte el mal está también en todo su colmo. Para esto cuidará la Junta de proponer a S.M. el plan correspondiente, a fin de que el Colegio de Niños Doctrinos titulado de San Ildefonso, propio de Madrid, se destine a un colegio de enseñanza de baile, declamación y música teatral (en lugar de la de canto llano que hoy en día se enseña), de forma que sea un colegio para el teatro como las escuelas de Francia y de Italia de donde han salido un gran número de educandos que dan honor a su nación y a la enseñanza en que fueron instruidos, y aprendan por principios diez y seis alumnos por mitad de uno y otro sexo, siendo preferidos los hijos de los actores. Y si esto no pareciere conveniente, la Junta buscará maestros nacionales o extranjeros, o enviará jovenes a viajar e instruirse fuera del reino, como lo ha hecho la Real Academia de San Fernando para las tres nobles artes; porque al fin si el teatro ha de ser lo que debe, esto es, una escuela de educación y cultura para la gente rica y acomodada, ningún objeto merecerá más sus desvelos que el de perfeccionar los medios de comunicarla y difundirla.[44]

El sentido burgués de la ilustración ha entrado tardíamente en España; pero además, como se ve, con notables precauciones censorias: la reforma del teatro debe verificarse a partir de la causa mayor de su desprestigio moral, aunque no sea el único mal del teatro (pero «en esta parte también está el mal en todo su colmo»); se acude de nuevo a la endogamia y al sistema tradicional genealógico (preferencia en que los pensionados sean «hijos de actores»); y se proponen alternativas como el enviar a los comediantes a estudiar fuera (Isidoro Máiquez será un ejemplo de ello, con su acelerado aprendizaje junto a Talma). El debate teológico, no obstante, está dejando paso al asentamiento académico. Pero lo interesante es que la verdadera integración social de los comediantes en la realidad y sistema sociales no va a provenir tanto de este reconocimiento de su arte como sis-

---

[43] Archivo Histórico Nacional, 3242, caja, 13, exp. 2 (Madrid, 30 de mayo de 1707).

[44] *Apud* Cotarelo y Mori, Emilio, *Bibliografía de las Controversias sobre la licitud del teatro en España,* citada, p. 702b.

tema compendiable en enseñanza como de un hecho, de nuevo, político. Durante el efímero reinado de José Bonaparte, este no sólo eleva el rango de los teatros madrileños y los confía, como es el caso del Teatro del Príncipe, a la dirección de Isidoro Máiquez, sino que intenta prestigiar por vez primera un teatro nacional y, al amparo de la llamada Constitución de Bayona, rehabilita a los comediantes y anula leyes asombrosamente todavía vigentes, como los célebres decretos de las *Partidas* alfonsinas que negaban entierro en sagrado y cualquier privilegio de nobleza a los actores. La paradoja histórica provendrá de la vuelta ideológica que sucederá a esta fase reformadora: la Guerra de la Independencia y las necesidades puramente dinerarias de autores y actores fortalecerán el llamado *teatro patriótico*, primero de tendencia constitucional, después claramente revisionista, al servicio de los conservadores. El breve panfleto del actor (especialista en graciosos) Mariano Querol *Un actor emigrado de Madrid, con el mayor respeto al público* (Madrid, 1811) activa la antigua reivindicación del actor bajo el amparo del viejo esquema teórico de la bondad ejemplarmente histórica del teatro reclamando que son los actores quienes han contribuido mejor a enfervorizar a las masas en los comediones heroicos del tipo *Los patriotas de Aragón* o *La defensa de Gerona*; gracias a ellos y a la recaudación de decenas de funciones se ha ayudado al ejército de Andalucía. Ni una palabra en todo el documento a la urgencia de reivindicar su oficio, su técnica, su valor académico de arte.[45] Poco después, con Fernando VII ya en el poder, los «profesores cómicos», patriotas o no, eran devueltos mezquinamente a la categoría de *farsantes* al anular todas las libertades hasta entonces conseguidas. Tendrá que reponerse la Constitución, en 1820, para que los actores sean reintegrados en una cierta dignidad, después de haberse recrudecido, en el mejor estilo seiscentista, la verborrea eclesiástica de los sermones en su contra.[46] No por casualidad aquel Isidoro Máiquez, apodado por algunos «Voz de cántaro», en 1818, había hecho vibrar de tal modo al público en la representación de *Nino II*, a fuerza de introducir intención política liberal en su interpretación, que las autoridades suspenden la obra y destierran al actor. Los actores españoles seguían haciendo su memoria en la leyenda.

La sensibilización —y la consiguiente sátira— hacia la menguada for-

[45] Puede leerse dicho documento en Cotarelo y Mori, Emilio, *Op. cit.*, pp. 514-516.

[46] Tanto, que los cómicos de Valencia, en 1818, solicitan exasperados ser dispensados del servicio militar: «Si por la nota de infamia son excluidos los carniceros y otros del honroso servicio militar con arreglo a lo prevenido en la Real Orden para el reemplazo del Estado, creo que también los cómicos deben serlo por idéntica razón.» *Archivo Histórico Nacional*. Documentos curiosos, Legajo 17.767. *Apud* Larranz, Emmanuel, «Le statut des comédiens dans la société espagnole du début du XIX siècle», *Culture et société en Espagne et en Amérique Latine au XIXe siècle*, Lille, Centre d'Études Ibériques et Ibero-Américaines de la Université, 1980, p. 36.

mación del actor alcanza sobradamente al siglo XIX. El durísimo artículo «Yo quiero ser cómico», de Mariano José de Larra, publicado en 1833, sólo dos años después de que la Reina María Cristina fundara la primera escuela oficial de declamación en España, parece estar congelado en las premisas verbales de la crítica de todo un siglo:

—Ya le entiendo a usted; usted quisiera ser cómico aquí, y así será preciso examinarle por la pauta del país. ¿Sabe usted castellano?

—Lo que usted ve..., para hablar; las gentes me entienden.

—Pero la gramática, y la propiedad, y...

—No, señor, no.

—Bien, ¡eso es muy bueno! Pero sabrá Vd. desgraciadamente el latín, y habrá estudiado humanidades, bellas letras...

—Perdone usted.

—Sabrá de memoria los poetas clásicos, y los comprenderá, y podrá verter sus ideas en las tablas.

—Perdone usted, señor. Nada, nada. ¿Tan poco favor me hace usted? Que me caiga muerto aquí si he leído una sola línea de todo eso, ni he oído hablar tampoco... mire usted...

—No jure usted. ¿Sabe usted pronunciar con afectación todas las letras de una palabra, y decir unas voces por otras, *actitud* por *aptitud* y *aptitud* por *actitud, diferiencia* por *diferencia, háyamos* por *hayamos, dracmático* por *dramático*, y otras semejantes?

—Si señor, sí, todo eso digo yo.

—Perfectamente, me parece que sirve usted para el caso. ¿Aprendió usted historia?

—No, señor, no sé lo que es.

—Por consiguiente no sabrá usted lo que son trajes, ni épocas, ni caracteres históricos...

—Nada, nada, no, señor.

—Perfectamente.

—Le diré a usted; en cuanto a trajes, ya sé que en siendo muy antiguo, siempre a la romana ...

—Esto es; aunque sea griego el asunto.

—Sí, señor: si no es tan antiguo, a la antigua francesa y a la antigua española; según... ropilla, trusas, capacete, acuchillados, etc. Si es más moderno o del día, levita a la Utrilla en los calaveras, y polvos, casacón y media en los padres. [...]

—¿Y cómo representará usted tantos caracteres distintos?

—Le diré a usted: si hago de rey, de príncipe o de magnate, ahuecaré la voz, miraré por encima del hombro a mis compañeros, mandaré con mucho imperio...

—Sin embargo, en el mundo esos personajes suelen ser muy afables y corteses, y como están acostumbrados, desde que nacen, a ser obedecidos a la menor indicación, mandan poco y sin dar gritos...

—Sí, pero, ¡ya ve usted!, en el teatro es otra cosa.

—Ya me hago cargo.

—Por ejemplo, si hago un papel de juez, aunque esté delante de señoras o en casa ajena, no me quitaré el sombrero, porque en el teatro la justicia está dispensada de tener crianza; daré fuertes golpes en el tablero con mi bastón de borlas, y pondré cara de caballo, como si los jueces no tuviesen entrañas...

—No se puede hacer más.

—Si hago de delincuente me haré el perseguido, porque en el teatro todos los reos son inocentes...

—Muy bien.

—Si hago un papel de pícaro, que ahora están en boga, cejas arqueadas, cara pálida, voz ronca, ojos travesados, aire misterioso, apartes melodramáticos... Si hago un calavera, muchos brincos y zapatetas, carreritas de pies y lengua, vueltas rápidas y habla ligera... Si hago un barba, andaré a compás, como un juego de escarpias, me temblarán siempre las manos como perlático o descoyuntado; y aunque el papel no apunte más de cincuenta años haré de tarado y decrépito, y apoyaré mucho la voz con intención marcada en la moraleja, como quien dice a los espectadores: «Allá va esto para ustedes.»

—¿Tiene usted grandes calcas para los barbas?

—¡Oh! Disformes; tengo una que me coge desde las narices hasta el colodrillo; bien que ésta la reservo para las grandes solemnidades [...].

—¿Y los graciosos?

—Esto es lo más fácil: estiraré mucho la pata, daré grandes voces, haré con la cara y el cuerpo todos los raros visajes y estupendas contorsiones que alcance, y saldré [siempre] vestido de arlequín... [...] Y especialmente, en toda clase de papeles, diré directamente al público todos los apartes, monólogos, gracias y parlamentos de intención o lucimiento que en mi parte se presenten.

—¿Y memoria?

—No es cosa la que tengo; y aun esa no la aprovecho porque no me gusta el estudio. Además que eso es cuenta del apuntador. [...]

—Esto es; de modo que el apuntador vaya tirando del papel como de una carreta, y sacándole a usted la relación del cuerpo como una cinta. De esa manera y hablando altito, tiene el público el placer de oír a un mismo tiempo dos ejemplares de un mismo papel.[47]

Observemos en esta extensa cita que si la primera parte es una efectiva denuncia de la falta de formación del comediante, la segunda muestra cómo la técnica de éste (o más bien sus déficits) se ha desarrollado y trasmitido *verbalmente*, que la tradición oral y los clichés (desde los incontrolados *visajes* hasta el vestido *a la romana*) generados en el Barroco se mantienen. Aunque ya no estamos seguros de que signifiquen exactamente lo mismo, la persistencia, el sentido conservador del léxico que

---

[47] *La Revista Española* (1 de marzo de 1833). Cito por la edición de Melchor de Almagro San Martín, *Artículos completos*, Madrid, Aguilar, 1961, pp. 626-631.

refleja, construye la imagen con la que *nos hacemos la idea* de la forma de producirse el actor, marcan una invisible línea de continuidad incluso cuando ya se han generado tratados pedagógicos explícitos sobre la materia. Me atrevo a decir que, de ese modo, en esos textos o expresiones canónicas se han configurado, como etiquetas retóricas que hemos de seguir desentrañando en el tiempo, los elogios, las descripciones con los que se nos ha convencido de la magia de su técnica. Los actores del siglo XVII fueron *famosos, insignes, apacibles, de agudo ingenio, admirables, adornados y afectuosos, versistas agradables.* Lope dirá de Baltasar de Pinedo, «príncipe en su arte», que es capaz de «altas metamorfosis en su rostro», sublime hallazgo si no fuera porque Thomas Heywood ya había escrito en su *Apology for the Actors* que Alleyn «could vary so well that he was Proteus for shapes» y que Richard Flecknoe utilizaría semejante fórmula para ponderar la capacidad del también actor isabelino Richard Burbage, llamado «magnífico Proteo en su completa transformación al interpretar cada papel asignado.»[48] De Damián Arias se nos trasmitió que «tenía la voz clara y pura y la memoria firme, la acción viva. Dijera lo que dijera, en cada movimiento de la lengua parece que tenía las gracias y en cada movimiento de la mano la musa. Concurrían a oírle excelentísimos predicadores para aprender la perfección de la pronunciación y la acción.» Pero casi con las mismas palabras se construía la etopeya admirativa, por parte de Tomaso Garzanti, de la actriz de la *commedia dell'arte* Vicenza, «che, imitando la facondia ciceroniana, ha posto l'arte comica in concorrenza con l'oratoria», o de Richard Burbage, que podía «con alto sentido artístico variar y modular la voz y sabía qué impulso de aliento colocar en cada sílaba. Contaba con todas las cualidades de un excelente orador, animando sus palabras con la perfecta dicción, pero también amoldándolas a sus gestos y movimientos de las manos.» Antonio de Prado es llamado «el Roscio español», como asimismo hicieron sus compatiotas con el actor isabelino Edward Alleyn. De la hermosa María Riquelme, Caramuel aseguraba estar dotada «de una imaginativa tan vehemente que, quando representaba, mudaba con la admiración de todos el color del rostro; porque si el poeta contaba en las tablas sucesos prósperos y felices, los oía con semblante todo sonrosado; y si algún caso infausto y desdichado, luego se ponía pálida; y en este cambiar de afectos era tan única que era inimitable.» Gran y emocionante prodigio que, sin embargo, como tendremos oportunidad de ver, se genera ya en Platón y recorre la biografía de numerosas actrices o actores, como el que cita Tomasso Garzoni en su *Piazza universale di tutte le professioni* (1585): «A' tempi nostri s'è visto un Fabio co-

---

[48] «The Acting of Richard Burbage», cit. por E.K. Chambers, *The Elizabethan Acting*, Oxford, Oxford and Clarendon Press, 1923, vol. IV, p. 370.

mico, il quale si trasmutava di rubicondo in pallido e di pallido in rubicondo come a lui pareva, e del suo modo, della sue grazia, del suo gentil discorrere dava ammirazione e stupore a tutta la sua audienza.»[49] De los actores, pues, siguen quedándonos imágenes de imágenes. Como el mimo Vitalis, un siglo antes de Cristo, explicaba en su epitafio:

> Ergo quot in nostro videbantur corpore formae
> tot mecum raptas abstuli atra dies.

«Así, el día funesto se ha llevado conmigo / todas las imágenes que se vieron en mi cuerpo.» Fueron otros los que las reconstruyeron y retuvieron. Como el mismo Lope, que a la muerte de aquella cómica que vistiera «de verdades la mentira» se admiraba emocionado de que, en su perfección, «aun la muerte pareció fingida.»

Este libro, realizado en parte a través del proyecto PB-94-0999 subvencionado por la Dirección General de Investigación Científica y Técnica, requirió la consulta de muchos materiales que tuve oportunidad de manejar en Bibliotecas como la Nacional de Madrid, la Alderman Library y la espléndida Fiske Kimball Fine Arts Library (ambas de la Universidad de Virginia); la Biblioteca Pública y la Pierpont Morgan de Nueva York; las Bibliotecas de la Université de Montréal y la de la Mc Gill University de la misma ciudad. Pero tampoco hubiera sido posible hacerlo sin la inteligencia, la sensibilidad, la comprensión y la ayuda de muchas personas a las que me resulta imprescindible dar las gracias. A algunos de mis estudiantes (Alicia Álvarez Sellers, Ahmed Haberdache, Raquel Pallás, Cristina Sánchez Ávila, Chayo Roig), por hacerme seguir creyendo en el sentido de la enseñanza; a Marta Haro, por su constante *memorabilia* de que acabara el trabajo; a Josep Lluís Sirera y Josep Lluís Canet, que me esperaron en muchos proyectos, por lo mismo; a Javier Vellón, con el que intercambié mucha información en el curso de la preparación de la tesis, que le dirigí, sobre las refundiciones de obras dramáticas del Siglo de Oro en el XVIII; a David T. Gies, Fernando Operé y Maria Grazia Profeti, que me buscaron la bibliografía que con premura les solicitaba; a Luciano García Lorenzo y Mercedes de los Reyes, cuyos encargos de ponencias me obligaron a escribir algunos capítulos; a Alfredo Hermenegildo y José M.ª Ruano, que conocieron algunas notas del libro durante mi estancia en Canadá; a Andrés Peláez, que siempre me prestó con generosidad los datos de la memoria de nuestros cómicos que él cuida en el Museo Nacional del Teatro

---

[49] *Apud* Tessari, Roberto, *Commedia dell'Arte. La Maschera e l'Ombra*, Milán, Mursia Editore, 1989, p. 118. Las citas más arriba señaladas, del mismo lugar.

de Almagro; a César Oliva, junto con quien, a la orilla del desierto de Tejas, topé con los fantasmas de Solana y Ríos puestos de nuevo en camino por Sanchis Sinisterra; a Antonio Tordera, que me enseñó que cualquier resto teatral tiene, como dijo Becket, la elocuencia del ruido de las cenizas; a Federico Ibáñez, que esperó, más allá de lo razonable, el manuscrito del libro; a mi familia, a la que hurté, sin cordura, tiempo y compañía por culpa de estas páginas; a José Martín, que vigiló y enderezó, con furiosa paciencia, sus renglones.

Mientras escribía las últimas páginas de esta Introducción, concluí asimismo la lectura de un libro ejemplar, la biografía que Enzo Traverso escribió sobre Siegfried Kracauer bajo el título *Itinerario de un intelectual nómada* (simbólicamente la última publicación de la Institució Valenciana d'Estudis i Investigació borrada de un plumazo por no se qué vesánico capricho de políticos neocanovistas). El nomadismo no es sólo una metáfora de los primeros y míticos cómicos de la legua cuya «elocuencia e ingenio» homenajeara Agustín de Rojas en su *Viaje*. En este caso, si se me permite, lo es de mi personal recorrido hasta concluir este libro, que acabo con la vaga sensación de una aventura intelectual extremadamente subjetiva, dedicada a la manera más viva en la que me he aproximado al teatro: la escena de su enseñanza. A ella debo esta reflexión sobre la emocionante condición proteica de un arte que tendrá siempre, como permanente punto de fuga, la silueta de un actor.

I. EL OFICIO DE LA NECESIDAD

Para el recto conocimiento de la secuencia histórica de un concepto, el filólogo, con la razonable certidumbre del camino escrito, suele remontar el cauce de las etimologías. Nada más útil y decisivo para el caso de la reconstrucción de la técnica del actor, porque para llegar a su hipotética codificación es necesario transitar, momentáneamente, por la prehistoria social que cualifica negativa o positivamente la profesión antes de alcanzar un estatuto autónomo. Cuando leemos que la palabra original griega para designar al actor era *hipocrités* no dejamos de sentir un ligero sobresalto histórico originado por el filtro de una etimología vinculada a una lectura actual. Lo cierto es que, en la época arcaica, el verbo griego *ipocrineszai* significaba «responder», el sustantivo *kirnós* aportaba el significado de «intérprete de sueños» y la acción *ipocrinomai* detentaba el sentido de «interpretar, declamar o jugar un papel.» Es cierto que otros términos como *tragoedos* o *komoedos* designaban asimismo a los miembros del coro trágico o cómico, al actor que participaba en una representación especializado sobre todo en la interpretación de pasajes líricos.[1] Pero el *hipocrités* era el actor activo en palabras y gestos que, ya en la época helenística, se ofrece como un actor con técnica moderna e individual, lejano del coro colectivo de las piezas antiguas, es decir, separado ya de la función de ser un instru-

---

[1] Para el actor y sus nombres en el teatro griego, junto con una teoría de la composición del personaje, véase, entre otros, Agustín García Calvo, «El actor: de la antigüedad a hoy», en Evangelina Rodríguez Cuadros (ed.), *Del oficio al mito. El actor en sus documentos,* Valencia, Universitat de València, 1997, pp. 35-54.

mento mecánico del diálogo dramático y con una misión «interpretativa», mediadora muchas veces de lo sagrado y, claro está, siempre de lo figurado y ficticio. El *hipocrités* es, pues, en una etimología contextualizada en el mundo griego, el mediador, intérprete o ficcionalizador, ya que, como enuncia Paulette Ghiron-Bistagne, en Grecia la definición del teatro «a naturellement habitué le public à faire la différence entre la fiction et la realité.»[2]

Pero la etimología aplicada a la secuencia histórica tiene también ciertas travesías del desierto que trazan equívocos. La carga negativa del término *hipócrita* se trasmite por vía moral e interesada (que no de rigurosa semántica) al vituperado término *histrión*, aunque San Isidoro en sus *Etimologías* (Libro XVIII, 48) vincule el vocablo a una zona geográfica (Histria) o a una función fabuladora:

[H]istriones sunt qui muliebri indumento gestus inpudicarum feminarum exprimebant; hi autem saltando etiam historias et res gestas demostrabant. Dicti autem histriones sive quod ab Histria id genus sit adductum, sive quod perplexas historiis fabulas exprimerent, quasi historiones.[3]

San Isidoro parece distribuir la riqueza semántica del término griego *hipocrités* entre el *histrión* y el *mimo*, el primero por la misión de conductor de lo ficticio, el segundo por su capacidad técnica de dominar la gesticulación y el movimiento corporal:

Mimi sunt dicti Graeca appellatione quod rerum humanarum sint imitatores; nam habebant suum auctorem, qui antequam mimum agerent, fabulam pronuntiare[n]t. Nam fabulae ita componebantur a poetis ut aptissimae essent motui corporis.[4]

---

[2] Ghiron-Bistagne, Paulette, *Recherches sur les acteurs dans la Grèce Antique*, París, Société d'Editions les Belles Lettres, 1976. San Isidoro en sus *Etimologías* (Lib. X) apura al máximo esta connotación siniestra que ha perseguido al actor como *hipócrita*: «Nomen autem hypocritae tractum est aecie eorum, qui in spectaculis contecta facie incedunt, distinguentes vultum ceruleo, minioque colore et caeteris pigmentis, habentes simulacra oris lintea gypsata, et vario colore distincta, nonnumquam et colla, et manus et creta perungentes: ut ad personae colorem pervenirent, et Populum dum in ludis agerent, fallerent, modo in specie viri, modo in foeminae, modo tonsi, modo criniti, anili, et virginali, caeteraque specie, aetate, sexuque diverso, ut fallant populum, dum in ludis agunt.»

[3] «Los histriones son los que, vestidos con ropas femeninas, imitaban los gestos de las mujeres impúdicas. Asimismo, con sus danzas representaban historias y hechos ocurridos. Se les llama *histriones* porque este tipo de actores fue traído de Histria; o porque representaban comedias urdidas con diferentes historias, como si se les dijera *historiones*.» *Cf.* ed. bilingüe de José Oroz Reta y Manuel-A. Marcos Casquero, Madrid, BAC, 1993, vol II, pp. 420-421.

[4] *Etimologías*, XVIII, 49: «A los mismos se les denomina así, con un término griego, porque son imitadores de las cosas humanas. Tenían su propio guionista; éste, antes de que se

Observemos que el tiempo histórico o el simple devenir temporal pueden, en su capacidad de traducir conceptos, traicionar también los significados. El actor, que en la cuna del teatro era el vértice que discriminaba la verdad y la ficción, casi como un palimpsesto del distanciamiento brechtiano, en la ortodoxia de la patrística medieval pasará a ser considerado un depósito negativo de la moral, reclutado de entre una hueste marginada del cuerpo social. Sin perjuicio del prestigio adquirido en su práctica artística durante la época clásica, la Edad Media significa la ubicación del actor en una franja social escasamente articulada con una función útil y positiva. Se convierte en lo que Juan de Salisbury llamaba en su *Poliycraticus* (s. XII) la raza de los *entretenedores*,[5] clase en la que se agrupan, sin apenas matización, profesiones calificadas de nocivas, como los *mimos, parásitos, gladiadores, luchadores, histriones,* y, en fin, «tota ioculatorum scaena», esto es, el amplio concepto encuadrado en el vago término de los *juglares*.[6] La estirpe ciertamente estigmatizada por el Concilio de Trullano, según testimonia Giovani Zonaras:

> La scena è falsità e ipocrisia, e per questo gli attori son chiamati hypocrites; essi fingono di essere schiavi, o padroni, o soldati o magistrati. Così come il canone ha condannato queste cose nei mimi, ha condannato anche la danza scenica, sia fatta da uomini che si comportano turpemente nel danzare sia da donne che incitano gli spettatori a pensieri licenziosi.[7]

La teoría dramática del propio siglo XVII seguirá atendiendo estos viejos testimonios para discriminar, incluso en aras de una revalorización del teatro,

---

representase la acción mímica, narraba el argumento. Y es que los poetas componían las comedias de tal modo que pudieran adaptarse perfectamente al movimiento del cuerpo.» *Op. cit.*

5 *Polycraticus,* I, 8. En J.P. Migne, *Patrologiae Cursus Completus,* Series Latina, CXIX, col. 406.

6 Juglares o *cantarinos,* que como dice Paul Zumthor (*La voz y la letra en la literatura medieval,* Madrid, Cátedra, 1989, pp. 71-72) mantienen su existencia casi épica en España hasta bien entrado el siglo XV, probablemente porque las costumbres españolas mantuvieron por más tiempo condiciones favorables para esta clase de profesión. Cuenta cómo sobre 1453 aparece en la corte de Juan II un juglar vagabundo, judío converso, hijo del pregonero de Valladolid, apodado "El Poeta". Menéndez Pidal reconstruye su biografía ciertamente *picaresca,* su periplo por España e Italia. El último de los juglares de Occidente pudo haber sido el morisco Román Ramírez, arrestado por la Inquisición en 1575, en cuyas cárceles muere sobre 1579, acusado de brujería, pues los jueces creían que necesitaba haber hecho un pacto con el diablo para recitar *de memoria,* como él aseguraba, novelas de caballería enteras. Nótese, pues, cómo se consolida el esquema de marginación social y de heterodoxia vinculado a hechos o cualidades meramente técnicas de los actores como, en este caso, la *memoria.*

7 *Cf.* Nicoll, Allardyce, «Attore e macchinerie del teatro medievale», en Johann Drumbl (ed.), *Il teatro medievale,* Bolonia, Società Editrice Il Mulino, 1989, p. 79.

lo nuevo y lo antiguo, las nuevas formas teatrales y las antiguallas paganas. Las palabras de Francisco Bances Candamo iluminan lo que quiero decir:

> Pedro Gregorio tholosano, hablando de los espectáculos antiguos, dice as-sí: Quanto a lo primero, las torpes artes lúdricas, así mímicas como histrioni-cas, risibles, satíricas, juglarescas y mágicas y de juegos de manos, indignas son de ser executadas ni vistas por hombres de entero juicio [...] El doctísimo Joan Sarisberiense dice: De aquí procedieron los Mimos, los que cantan los versos saliares, los aemilianos gladiatores y Atletas, los jugadores de manos y muchos hechiceros y toda la scena de los juglares [...] Después de los jugado-res de manos, contenía el nombre de histrión estas especies: Mimo, Pantomi-mo, Sátiro, Archimimo, Mesochoro y Chorago. Y las representaciones suyas se dividían en Mímicas, Archimímicas, Pantomímicas, Exordios, Attelanas, Co-medias, Tragedias, coros y danzas...[8]

Naturalmente, no es que desde el punto de vista de la condena moral sea fácil discriminar la cualificación técnica de los «entretenedores» res-pecto a «mimos», «histriones», «juglares», pero lo que parece claro es que, dentro del amplio grupo, estos últimos son los que, de manera habitual, trabajan con el gesto corporal y la modulación de la voz («gestus comicos rapraesentant, frangit verba») con el fin de dar esparcimiento a una inci-piente sociedad urbana.

Esta primitiva desvinculación del espectáculo de una función social, no ya únicamente de producción económica sino de construcción espiri-tual (lo que se imponía en el mapa jerárquico de la ética medieval) justifica el discurso represivo de la moral eclesiástica que se impone, casi desde el principio, sobre el teatro. El *solatium* se ciñe a la esfera de la gratuidad y del alivio corporal que se han descrito habitualmente como el modelo car-navalesco, aplicado por Mijáil Bajtín al discurso popular de Rabelais: la fiesta, la desestructuración heterodoxa, la negociación con la libertad y el placer, todo lo cual ofrece una sólida base para las primeras andanadas de los censores de la Iglesia. Sucede que si en la teoría bajtiniana[9] la función de la fiesta es, en cierto modo, una clausura, al menos limitada en el tiem-po, de las construcciones sociales, el actor primitivo —aún sin oficio insti-tucionalizado y casi como marginado social— procede a ser su agente más significativo. Se entiende por ello que, en sus originales manifestacio-nes como *juglares* o *entretenedores* sea objeto, en general, de una censu-ra que marca su amoralidad, su específico desclasamiento del cuerpo so-

---

[8] Bances Candamo, Francisco, *Theatro de los theatros de los passados y presentes siglos* (ed. de Duncan W. Moir), Londres, Tamesis Books, 1970, pp. 121-122.

[9] Bajtín, Mijáil, *La cultura popular en la Edad Media y el Renacimiento*, Madrid, Alian-za Editorial, 1995 (5.ª ed.).

cial. Precisamente por su posición externa respecto a la cultura dominante (pero interpretando, no obstante, sus claves) se apropia de una particular esfera cultural que es subversiva en tanto en cuanto posee capacidad de emigrar por diversas sensibilidades y expectativas (discurso popular o discurso dominante son capaces de contemplar su acción corporal que atraviesa, parodiando o interpretando, diferentes niveles culturales). Cuando el clérigo o el teólogo apelan a la «monstruosidad y al sentido diabólico» de las acciones del actor-juglar,[10] comienza una saga de condenas de larga andadura histórica hasta bien entrado el Barroco e incluso, como veremos, el siglo XVIII. Se produce así el temor ante una fuerza desestructuradora que se percibe muy vagamente (de ahí la irracionalidad de la respuesta eclesiástica) bien como una amenaza contra la moralidad pública, bien como un elemento perturbador del orden económico: el oficio del actor-juglar es improductivo y excedentario para un sistema económico basado en el aún primitivo intercambio. O bien, finalmente, porque estos *entretenedores* representan un modelo cultural intersocial y subversivo, precisamente en un momento de crisis de los sistemas sociales hasta ese momento establecidos. Este planteamiento, admitido por toda la crítica a la hora de estudiar los orígenes del teatro medieval, persiste todavía en el siglo XVII cuando, como dice Paul Zumthor,[11] el moralista pasa a situarse desde una línea crítica en la que se limita a quejarse de la *scurrilitas* o excesos del actor en la voz y en sus gestos, a una nueva posición en la que sus condenas se basan en la *inutilitas* de su trabajo, en el contexto del ascenso de las primeras burguesías.

La falta de fronteras o discriminación entre el territorio ético y el estético viene así de antiguo y es, a mi parecer, el origen de la dificultad de teorizar coherentemente la profesión del actor en el momento en el que la modernidad elaboró la mayor parte de los tratados técnicos o simplemente reivindicativos sobre los oficios o profesiones. Pero la marginalidad que alimentaba mayoritariamente la clase de los *entretenedores* (judíos o pícaros, como hemos visto en la opinión de Zumthor) no debe ocultar una diversificación de sus protagonistas; diversificación que, casi sin duda, proviene de una diferente cualificación de sus técnicas y cometidos. Algunas alusiones del propio Agustín de Rojas en *El viaje entretenido* muestran esa dubitación entre el actor incipiente y el pícaro vagabundo:

RAMÍREZ: Yo podré jurar que no he representado nunca en un lugar chico.
SOLANO: Luego ¿nunca habéis llevado el hato al hombro, tocado el tamborino, ni hecho el bobo?

---

[10] Casagrande, Carla y Vecchio, Silvana, «L'interdizione del giullare nel vocabulario clericale del XII e del XIII secolo», en Johann Drumbl (ed.), *Il teatro medievale*, citada, pp. 340-341.
[11] *La voz y la letra en la literatura medieval*, citada, p. 82.

[...]

Ríos: ¿Acordaisos cuando nos sucedió aquel cuento en Valencia y nos vinimos echando la gandaya hasta cerca de Zaragoza, aquella honrada compañía de Martinazos?[12]

Por otra parte Fabrizio Cruciani distingue, en la Roma de León X, una serie de «mestieri dello spectacolo» conocidos desde la cultura tardogótica del cuatrocientos: el *bufón*,[13] el *juglar* (como autor de farsas y breves piezas cómicas) y un tipo de actor especializado en comedias y tragedias, muy próximo a lo que la *Declaració* de Girant Riquier declaraba en 1275 como *trovadores*.[14] El interesado *totum revolutum* anterior comienza,

---

[12] Rojas Villandrando, Agustín de, *El viaje entretenido* (ed. de Jean-Pierre Ressot), Madrid, Castalia, 1972, pp. 131-132. *Echar la gandaya* equivale claramente, en el léxico de la época, a buscarse la vida el vagabundo que no tiene ocupación alguna. Otros fragmentos de la obra denotan claramente este estatuto pseudo-picaresco del actor: «Viéndome tan pícaro determiné servir a un pastelero, y como Solano no era tan largo, no se aplicaba a ningún oficio, cuando estando en esto, oímos tañer un tamborino y pregonar a un muchacho: "La buena comedia de los *Amigos trocados* se representa esta noche en las casas de cabildo". Como lo oí, abriéronseme tanto los ojos como un becerro. Hablamos al muchacho, y como nos conoció, soltó el tamborino y empezó a bailar de contento. Pregunté le si tenía algún dinerillo reservado; sacó lo que tenía en un cabo de la camisa envuelto. Compramos pan, queso y una tajada de bacallao (que lo había muy bueno), y después de comido, llevónos donde estaba el autor (que era Martinazos); como nos vio tan pícaros, no sé si le pesó el vernos. Al fin, nos abrazó, y después de darle cuenta de todos nuestros trabajos, comimos, y dijo que nos espulgásemos, porque habíamos de representar, y no se le pegasen muchos piojos a los vestidos. Aquella noche, en efecto, le ayudamos, y otro día conciértase con nosotros por tres cuartillos de cada representación a cada uno. Y dame con esto un papel que estudie en una comedia de *La resurrección de Lázaro*, y a Solano dale el santo resucitado. El día que se hubo de representar esta comedia, y siempre que se hacía, quitábase el autor en el vestuario un vestido y prestábasele a Solano, encargándole mucho que no le pegase ningún piojo. Y, en acabando, volvíasele allí a desnudar y a poner el suyo viejo; y a mí dábame medias, zapatos, sombrero con muchas plumas y un sayo de seda largo, y debajo de mis calzones de lienzo (que ya se habían lavado), y con esto y como yo soy tan hermoso, salía como un brinquiño» (ed. cit., p. 135). Este fragmento es epítome documental básico: vida bohemia y picaresca del pseudo-actor; establecimiento de concierto o contrato como elemento de intercambio material de supervivencia; escalafón o jerarquía del grupo de actores de acuerdo con las referencias básicas al *atrezzo* o vestuario.

[13] La tradición del *bufón* perdurará hasta la *commedia dell'arte*, como recuerda Ferruccio Marotti al hablar de bufones como Zuan Polo, que ofrecía los atractivos específicos de la bufonería, a saber: *piacevolecce, giocar di man sopra uno schagno, zogar ai bussoloti, far bufonerie, atizar* (esto es, dar expresión a una fábula o danza), *dire le lira*. Además representaba «poniéndose una máscara en la cara» y era experto en *dire all'improviso* según aseguraba Caravia en 1541. *Cf.* Marotti, Ferruccio, «El actor en la *Commedia dell'arte*», en Evangelina Rodríguez Cuadros (ed.), *Del oficio al mito: el actor en sus documentos*, citada, p. 70.

[14] Cruciani, Fabrizio, *Teatro nel Rinascimento. Roma 1450-1550*, Roma, Bulzoni, 1983, p. 474.

pues, a delimitarse frente al confuso marco en el que apenas se distinguían los *histriones*, los *pantomimos*, los *mimos* (de los que habla ya nuestro Bances Candamo) y los llamados *scaenicos ioculares*. Por lo que al ámbito español se refiere, la tradición juglaresca se vincula pronto a la saga de los *remedadores* o *momos* que, como su nombre indica, basaban su práctica artística en contrahacer las palabras o gestos de aquellos a los que pretendían imitar. Derivados del *mimus* latino, se conforma así una primera tipología de actor que, haciendo «falsos visajes» y usando máscaras, parece situarse en la tradición del teatro popular al que se adscribirán también los *mummimgs* ingleses (de *mum* o *mormorare*, «estar en silencio») y los *mumme* alemanes («máscara»).[15] Por ello no cabe duda de que las primeras fuentes documentales de los actores españoles revelan, primero, que conjugan el tipo más esencial y primitivo del teatro de línea populista, ya que el *bobo* de los misterios y de las farsas hispánicas parece asimilarse a la herencia del *mimus* o *stupidus* de la comedia latina. Y en segundo lugar que la tradición de la exacerbación gestual —tan duramente reprochada por los moralistas posteriores— ofrecerá claras reminiscencias hasta la época de la que nos ocuparemos primordialmente, a saber, el siglo XVII. Así lo testimonia Bandes Candamo en su *Theatro de los theatros*, asegurando que «este género de espectáculos permanece hoy en muchos lugares de nuestra España, y especialmente en el reino de Toledo, donde uno canta y los demás con gestos y movimientos representaban cada uno lo que va tocando el texto [...] No representan ni articulan palabra alguna, pero con acciones y gestos [...] van ellos significando quanto el Mússico canta, y haciendo cada personage los movimientos que le tocan del sucesso que se va cantando.»[16] El juicio de Bances Candamo, moderado en este caso, resume la tradición juglaresca en la connotación gesticulante e histriónica que obligó a Thomas de Chobham (subdiácono de Salisbury) a dividir a los histriones en tres géneros: los que transformaban su cuerpo «con gestos y saltos torpes, bien desnudándose, bien con horribles máscaras»; los que practicaban el puro chiste verbal y la crítica maldiciente de los que se encontraban ausentes; y, finalmente, los que echaban mano de instrumentos musicales.[17] En todo caso se revela que la actuación, voluntaria o definida, sobre el cuerpo determina el vínculo histrión/gesto/deformación grosera y negativa. Y el sentido marginal y transgresor con que se caracteriza tal cuerpo social comienza a confundirse con el soporte corporal individual desde el que se opera.

[15] *Cf*. Nicoll, Allardyce, *Op. cit.*, pp. 77-78.
[16] Bances Candamo, Francisco, *Theatro de los theatros de los passados y presentes siglos*, citada, pp. 10 y 124, respectivamente.
[17] *Apud* E.K. Chambers, *The Medieval Stage*, II, pp. 262-263, cit. por Nicoll, Allardyce, *Op. cit.*, pp. 71-72.

Hablo, sin intentar caer en la contradicción, de incorporación social y, al mismo tiempo, de marginalidad. Es cierto que desde 1300, como ha demostrado Paul Zumthor, se destaca (especialmente en Francia y en España) un movimiento que intenta aglutinar a los trovadores a través de la creación de una especie de reglamento corporativo que garantizaba tanto una estabilidad económica como una coherente integración en la estructura de la ciudad. Pero es significativo que nazcan ya como reacción corporativa de autodefensa, en una sociedad amurallada con reglamentos autoproteccionistas y que, desde luego, no conducen a una consideración positiva del trabajo del *actor, histrión, trovador* o *mimo* dentro de la restringida gama de saberes prestigiados. Y es que, en efecto, hay un aspecto sociológico que cabría situar en la base de la gestión histórica de la técnica del actor. Y ese aspecto no es sino el reconocimiento de un estatuto profesional o, para hablar con mayor propiedad cronológica, estatuto de oficio. En este sentido poco cambia, en términos ideológicos, la valoración estamental de las profesiones entre la Edad Media y el Barroco (anclado en España, pese a los inequívocos signos de modernidad, en ciertos brotes neogoticistas).[18] El oficio de *comediante* o *estrión*, desestimado en su aspecto moral por no contribuir al equilibrio de la salvación espiritual sobre el que se asentaba el dogmático esquema social tripartito de la alta Edad Media (a saber, *oratores, bellatores, laboratores*), no se beneficia de la ampliación positiva que la Iglesia realiza en el mismo, a partir del siglo XIII, debido sobre todo a la presión de medios profesionales ya protoburgueses. La Iglesia (elaboradora y gestora, en gran parte, de la ideología) organiza entonces la sociedad en una mecánica de *estados* definidos por una organización jerárquica no vertical sino horizontal (en función de su estricta utilidad para el cuerpo social). Y surge así la ignominia sobre determinados oficios no sólo por una cuestión o causa moral sino con la coartada pragmática de su nula aportación a la defensa y economía sociales. El oficio del actor se prepara para un largo viaje estigmatizado por la historia.[19] Una de sus jornadas más apasionantes será sin duda el Barroco. En

---

[18] *Cf.* mi artículo «Registros y modos de representación en el actor barroco: datos para una teoría fragmentaria», en José M.ª Díez Borque (ed.), *Actor y técnica de representación del teatro clásico español,* citada, p. 36.

[19] *Cf.* el interesante trabajo de Josep Hernando «Los moralistas frente a los espectáculos de la Edad Media», en Ricard Salvat (ed.), *El teatre durant l'Etat Mitjana i el Renaiximent,* Barcelona, Publicacions i Edicions de la Universitat, 1986, pp. 21-37. Estudia la figura del *estrión* a partir del *Libro de las Confesiones* de Martín Pérez (*ca.* 1316), en donde se dice de ellos que « Otrosí ay otro menester dañoso que llama la Escriptura estriones, e son en quatro maneras: vnos son que se transforman en otras semejanças, vistiendo caras e otras vestiduras en semejanças de diablos et de bestias et desnudan sus cuerpos et entíznansen et fazen en sy torpes saltos et torpes gestos et muy torpes et muy suzias joglerías et mudan las

una etapa de crisis, en la que se ha podido demostrar que «la expresión del ocio condenable y la reducción de la laboriosidad paradigmática no dependían de una inclinación, de unos hábitos, etc., sino de motivaciones económicas»,[20] los cómicos se sitúan, pese a todo, en la dudosa frontera de los marginados, insistiendo en la herencia de desamparo profesional venida desde la Edad Media.[21] Por ello el aspecto *hereditario, gremial* o *genealógico* pasa a ser no un elemento de encarte social (como los oficios medievales) sino de defensa y *ghetto* (las cofradías y la endogamia familiar). El moralista del siglo XVII, con cruel lucidez, sabrá que uno de los objetivos fundamentales de sus ataques al teatro ha de ser la desintegración del concepto de la profesión de actor o, cuanto menos, su reducción a una actividad pseudo-artesanal. Así, el Padre Pedro de Guzmán, en *Bienes del honesto trabajo, y daños de la ociosidad en ocho discursos* (Madrid, 1613), recomienda «que el representante atienda a algún otro oficio entre semana, como al principio hacían los primeros maestros desta arte.»[22] Es más, se trata de provocar una verdadera escisión del cuerpo social porque, como advierte Fray José de Jesús María:

> Concedamos que los representantes sean miembros de este cuerpo de la república, como los demás estados della, que es lo que ellos pretenden dar a

---

fablas [...] Et ellos fazen estas cosas por plazentear a los omnes et algunos por ganar algo. En esta manera suelen andar los que fazen los çaharrones por las villas e por los mercados, e detienen los omnes en vanidades e non han otro menester synon éste. Et non es ofiçio porque puedan saluar, ca non a en él por et ha en él danno de sí et de todos sus chistianos; donde conviene que los que ay que asy biuen que desanaren tales ofiçios si quisieren saluar sus almas e que biuan de otros buenos ofiçios e que fagan penitençia de quanto mal fizieron.» (*Op. cit.*, p. 34). La cita la usa también Ángel Gómez Moreno, en *El teatro medieval castellano en su marco románico*, Madrid, Taurus, 1991, p. 36. Al comentar esta cita Maria Grazia Profeti advierte una elemental precaución (que debe servirnos, en adelante, para puntualizar cualquier documento que empleemos en las conjeturas del tema que nos ocupa): que al ser un escrito emanado de un contexto moral y devoto no podemos distinguir hasta qué punto habla de modelos contemporáneos o anteriores, lugares comunes que se remontan, como era de esperar, a la literatura de los santos Padres (*cf.* «La profesionalidad del actor: fiestas palaciegas y fiestas públicas», en VV.AA., *Los albores del teatro español. Actas de las XVII Jornadas de Teatro Clásico*, Almagro, Universidad de Castilla-La Mancha/Festival de Almagro, 1995, p. 76).

[20] *Cf.* Maravall Casesnoves, José Antonio, *Estado moderno y mentalidad social*, Madrid, Alianza, 1986, t. II, p. 393.

[21] *Cf.* Le Goff, Jacques, «Métiers licites et métiers illicites dans l'Occident médiéval», en *Pour un autre Moyen Âge. Temps, travail et culture en Occident: 18 essais*, París, Gallimard, 1977, pp. 91-107.

[22] En Emilio Cotarelo y Mori, *Bibliografía de las controversias sobre la licitud del teatro en España*, Madrid, Tipografía de la Revista de Archivos, Bibliotecas y Museos, 1904, p. 350b.

entender aquí: conforme a lo qual conviene que se advierta, que quando algún miembro está ya podrido, se corta y entierra, porque no corrompa e inficione todo el cuerpo, y lo mismo es necesario que se haga en éste.[23]

Esta metáfora del cuerpo, tan apasionada y siniestra, tan reivindicativa y tan rígida es, tal vez, la clave. Pensemos en la diferente suerte que corrieron en el Barroco otras profesiones en un primer momento no valoradas como liberales, como fue el caso de la pintura. El proceso, espléndidamente estudiado por Julián Gállego,[24] nos muestra un extraordinario modelo hipotético de lo que pudo haber sido una defensa estructurada, de haberlo permitido las condiciones socio-culturales de España del momento, del teatro y de sus ejecutantes. Numerosos documentos a lo largo del siglo XVI y, sobre todo, del XVII defienden la pintura como una actividad liberal que requería, sobre todo, un empeño y aprendizaje intelectual y no un simple esfuerzo físico (lo que le acarreaba, de momento, el menosprecio y las desventajas económicas de ser considerada, exactamente en el mismo grado que el oficio de actor, como arte vil, perteneciente a la esfera de las *artes mecanichae*). Velázquez, como es bien sabido, hubo de esgrimir hasta el hartazgo estos argumentos para reivindicar su profesión, negar que había abierto talleres o tiendas con el objeto de ahorrar las *alcabalas*. En *Las Meninas* se autorretrata en el trance de ejecutar su oficio pero en una actitud intelectual, de artista pensante y no de artesano activo. Como dice Gállego, «no es de extrañar que Velázquez aparezca en la Corte entre barberos y bufones si en las nóminas del palacio Barbieri de Roma, Andrea Sacchi [su pintor de cámara] figura entre esclavos y jardineros».[25] Y todos los tratadistas argumentarán en torno a estas ideas siguiendo, claro está, los ejemplos italianos del Vasari o Lomazzo. No por otra causa, con mucha frecuencia, en sus reivindicaciones, los pintores entroncan su arte con el prestigio de la antigüedad que suponía la referencia a Apeles. Del mismo modo que el orador clásico será el referente de prestigio para el actor. A partir de tales fundamentos el desarrollo de teorías y tratados sobre el arte pictórico es tan amplio como conocido. ¿Cuáles serían, en este contexto, las ideas de esta polémica que encuentro válidas para la cuestión de los actores, además de la obvia insistencia en que se trata de una actividad intelectual, susceptible, por tanto, de organizarse en un *ars*? En primer lugar la reivindicación de la profesión de pintor como actividad con rango de nobleza o arte liberal halla una decisiva coartada en la metá-

[23] Fray José de Jesús María, *Primera Parte de la Excelencias de la virtud de la castidad*, Alcalá, 1601, *apud* Cotarelo y Mori, Emilio, *Op. cit.*, p. 372a.
[24] *El Pintor, de artesano a artista*, Granada, Diputación Provincial, 1995.
[25] *Op. cit.*, p. 47.

fora del *Deus Pictor* (Dios pintor del universo y hacedor de la imagen del hombre). Dado que la tradición de los antiguos *estriones*, como hemos visto, implica los *visajes* deformadores del rostro (creado a semejanza de Dios), la actividad normativa del actor habrá de volcarse hacia la teoría de la *imitación* de la naturaleza, de una aproximación, lo más perfecta posible, a lo natural; lo que cristalizará, como veremos en su momento, en la convención socio-cultural del *decoro*. Pero además, como se percibirá en las reivindicaciones positivas del teatro y de sus intérpretes (que también existen en las controversias de la licitud teatral del Barroco), «la nobleza de la pintura dependerá de lo que *representa*, y no de lo que *es*».[26] De ahí, por ejemplo, que maestros como Giovanni Andrea Giglio (*Diálogo sobre los errores y abusos de los pintores*, 1561) o, más tarde, el propio Pacheco excusen en la pintura la presencia de desnudos mitológicos, porque el *arte* es noble, aunque su ejecutante pueda tender a maneras libidinosas. ¿No será este el modelo retórico de defensores de la comedia que distinguen con claridad el *arte* del teatro, e incluso el buen hacer de los representantes frente a los ocasionales excesos de unos pocos?[27] En ambos casos (pintura/teatro) se desliza un problema teórico hacia el plano de la rigidez moral y ortodoxa del sistema. Lo mismo sucede cuando, tanto desde la teoría artística como desde los moralistas que sí defienden el teatro, se esgrimen razones de *ejemplaridad* política e histórica, en el sentido de convertir, al modo ciceroniano, la historia y el teatro en espejo de la vida donde refrendar las acciones nobles que dignificaron la antigüedad. Diego de Sagredo en sus *Medidas del romano* (Toledo, 1526) afirma que «no puede ser arte más noble que la Pintura que nos pone ante los ojos las hystorias y hazañas de los passados [tiempos]: las quales, cuando leemos, o hazemos leer, nos quiebran tan[to] las cabeças y nos perturban y fatigan la memoria.» A su vez, el anónimo autor de *Discurso apologético en aprobación de la comedia* escribirá en 1649:

> No es dudable que la comedia es más necesaria y conveniente que la historia [...] porque la historia refiere los sucesos como fueron, y en ella queda a

---

[26] *Ibid.*, p. 39.

[27] Sirva de ejemplo la denostada *Aprobación* de las Comedias de Calderón del Padre Manuel Guerra y Ribera: «La comedia, por más que pretendan estos autores viciarla, no es intrínsecamente mala, porque si así fuera, no podría excusarse ni una vez siquiera; y saben todos que la han excusado los mismos que la desfavorecen; con que es constante que en su opinión no es intrínsecamente mala, sino por el accidente de la mezcla de los sexos, que afirman que provocan, y por los afectos amatorios que juzgan, que encienden; y, siendo esta su opinión juzgaba yo que no debían oponerse a las comedias, sí al estilo dellas; censurar el estilo y procurar que fuese enteramente limpio, para que no perdiese, por el mal vestido, la bondad que pueda tener cuando sale con puro aliño al teatro». *Apud* Cotarelo y Mori, Emilio, *Bibliografía* citada, pp. 335ab.

veces el varón santo en miseria y aflicción, y el malo y protervo, en pompas y grandezas, donde sólo la fe del que espera el verdadero premio, después de la vida, conoce que el uno acabó bien y el otro vivió mal. Pero la comedia, que según Aristóteles, no debe referir el caso como fue, sino como debió ser, siempre nos propone los buenos premiados, y los malos castigados. Pues si la historia es necesaria porque persuade con lo que acuerda, ¿aún quanto más lo debe de ser la comedia, que persuade más y mejor lo que va de ser una, a veces mal acostumbrada y la otra no podrá serlo? Y que persuada, más se prueba con la experiencia; pues nadie puede igualar la distancia que hay de un libro muerto a un libro vivo que es el teatro, donde la acción del representante, que como dice Quintiliano es elocuencia del cuerpo, nos imprime con más eficacia la sentencia que refiere; y sea prueba desta verdad, el ver que Poetas que no merecen memoria en la librería, en el teatro suelen lograr generalísimos aplausos de la gente que los celebra en fe del representante, que significa tan eficaz y vivamente sus desmayados escritos [...] Y quién ve ahora en el tablado a nuestro Roscio español, Antonio de Prado, representar las victorias del invicto y grande emperador Carlos V, rematando en la humildad y virtud de renunciar sus reinos en su hijo el Prudentíssimo Rey D. Felipe II [...] que mirando al vivo tan poderoso príncipe en tanta humildad, tan valeroso capitán en tanta sujeción, esperando, como el obediente Isaac el cuchillo de la muerte, que no salga edificado y movido, si es bueno a ser mejor y si es malo a enmendar su vida; y otras infinitas comedias, si no de tan grande sujeto, de los mismo exemplares.[28]

Se encierra en esta cita otro de los elementos capitales del paralelismo de los modelos de debate teórico: el valor eficaz, proselitista y persuasivo de las artes visuales. Gutiérrez de los Ríos, otros contribuidor a la polémica suscitada en España respecto a la nobleza de la pintura, es claro al respecto:

Las Historias pintadas y relevadas bien se ve que vencen a las escritas en la facilidad y prestreza de darse a entender, y que es más cierto su provecho. Estas se veen casi sin querer, a un abrir y cerrar los ojos, y assí aprovechan más; las otras requieren voluntad y espacio para leerlas y oyrlas, lo cual se halla en pocas gentes, y mayormente en nuestra España, que tanto se aborrece el leer, y assí aprovecha menos. El leer cría melancolía y cansa. El ver, y particularmente en estas artes, nunca se harta.[29]

Por todo ello no me parece casual que cuando, en 1634, escriba el cómico italiano Nicolò Barbieri su obra *La Supplica*, una ferviente reivindi-

---

[28] *Ibid.*, pp. 239ab-240a.
[29] Gutiérrez de los Ríos, Gaspar, *Noticia general para la estimación de las artes y de la manera en la que se conocen las liberales de las que son mecánicas y serviles*, Madrid, Pedro Madrigal, 1600, pp. 175-176.

cación de su oficio, eche mano precisamente de la comparación con el pintor, para cuya defensa y exaltación, sugiere, poco cuenta la humildad deleznable de los materiales de su maestría y al que se juzga precisamente por la nobleza y ejecución perfecta de los contenidos de la obra:

> Dico dunque che l'arte comica è arte sempre, d'un istesso nome, ma non sempre d'un istesso merito; e la diversità de' meriti non deriva dalla comedia, ma da' professori di tal essercizio: poiché si come una tavola d'un dipintore, ove non sia ancor lineamento alcuno, non capisce in sè né merito né biasimo, ma doppo l'esser delineata e colorita riceve il grado di quell'onorato o di quel vil preggio che le conviene, non per la materia imperfetta, ma per l'eccellenza o inesperienza dell'ingegno del pittore, così la comedia è una tela in cui l'operazioni umane si rappresentano, le quali solamente meritano laude quando dal drammatico dipintore sono effiggiate di sentenze vaghe e profittevoli, di episodi non oziosi, d'ingegnose peripezie, d'agnizioni chiare e, sopra il tutto, di buonissimi costumi colorite.[30]

Hay otro elemento interesante más. Los defensores de la pintura insisten en no ser trabajo fatigoso (en el sentido de anular su posible condición física, mecánica), ya que sólo se emplea la mano y el pincel (como el gramático de la época clásica empleaba mano y pluma para su escritura). Cierto que los actores integran en su *arte* la totalidad del cuerpo, pero, a partir del prestigio de la oratoria, veremos cómo será el *gesto de la mano* (la *chironomia*) la principal reivindicación y mediación técnica para ejecutar con disciplina su oficio.

Volvamos, no obstante, al tema que nos ocupa ahora. El actor, escindido del cuerpo social, trabaja también desde un cuerpo diferenciado de metáforas místicas o estamentales. Trabaja desde su propio cuerpo usurpando el papel de un Dios creador de lo corporal, a cuya imagen y semejanza fue instalado en la realidad. Ya lo había dicho, en efecto, el confesor medieval Martín Pérez: «los estriones tienen ofiçio dannoso et primero de los que transforman sus cuerpos en otras muy viles semejanças.»[31] El actor se ofrece a que su cuerpo sea soporte de conductas significativas, inserta su carne en el conjunto de los significados admitidos en el siglo XVII. Proscrito, sí, pero estimado por el poder constituido porque ayuda a dar sentido a la construcción metafórica del cuerpo estamental y porque sirve de instrumento a una conciencia común. Pone en escena los modelos de

---

[30] Barbieri, Nicolò, *La Supplica. Discorso famigliare di Nicolò Barbieri, detto Beltrame, diretta à quelli che scriuendo o parlando trattano de Comici trascurando i meritti delle azzioni uirtuose. Lettura per què galanthuomini che non sono in tutto critici ne affato balordi,* Venecia, Marco Ginammi, 1634 (ed. de Ferdinando Taviani), Milán, Il Polifilo, 1971, p. 8. [ILUSTRACIÓN I]

[31] *Cf.* Hernando, Josep, *Op. cit.,* pp. 32 y 34.

conducta y de acciones *representables* los cuales, al menos mientras dura la representación, parecen «abolir las fronteras entre las agrupaciones de la sociedad total.» Y este hecho que lleva a los sociólogos a preguntarse «si los comediantes no han desempeñado el papel de intermediarios entre las clases, si no han ejercido una función de integración de las mentalidades y de los valores»,[32] tiene, paradójicamente, el soporte de un cuerpo que elabora mitos, símbolos, conductas sociológicamente significativas. Cuerpo que es sistemáticamente expulsado de la realidad oficial de la sociedad.

Entendiendo, pues, que nos movemos en este mapa de probabilidades sociales e históricas y con la certidumbre de la existencia de una técnica que sin duda dio solidez a las acciones físicas que han determinado siempre el hecho teatral, la persistente negativa al reconocimiento de un oficio no impide que éste evolucione precisamente dentro de unos cauces definidos por su propia marginalidad, pero, sobre todo, por el elemento más decisivo en la evolución de la historia del teatro: el público o destinatario del hecho teatral. Habría que partir de un modelo que va a servirnos como referente a lo largo de gran parte de este trabajo: la *commedia dell'arte*. Ésta, en su origen y desarrollo históricos, se manifiesta coherente y unitaria en una serie de componentes que constituyen sus señas de identidad (la llamada ambiguamente técnica de la improvisación, el uso de la máscara como estructura física añadida a una determinada composición corporal o su marcada vocación de teatro comercial o contractual).[33] Sin embargo, por lo que se refiere al destino social del espectáculo, hay una diversificación de la que parece derivarse una doble expresión del estatuto artístico y profesional del actor. Por eso Nicolò Barbieri, en la que será una de las primeras grandes reivindicaciones de la profesión actoral, escribe en su libro *La Supplica* acerca de la injusticia de la derivación negativa y despreciable del oficio del cómico de aquellos *strioni, satirici, mimi, pantomimi, giacolatori, forzanti* o *farsanti* bien diferentes de «li moderni virtuosi, chi fanno soggeti di favole modeste e nel recitarli le riempiono di filosofi concetti». Porque los *istrioni* —defenderá Barbieri— no deben entenderse antecesores indefectibles de los cómicos de principios del siglo XVII, que pueden asumir el nombre pero no las obras de los antiguos juglares y mimos «atesso che il nome non offende persone, ma le male operazioni del'uomo pravo» y que «la nobiltà comincia da opere illustri; se il padre di chi comincia a far opere illustri fosse un vil contadino, non sarebbe ingius-

---

[32] *Cf.* el trabajo de Jean Duvignaud, *El actor. Bosquejo de una sociología del comediante*, Madrid, Taurus, 1966, pp. 54 y ss.

[33] Véase sobre todo Siro Ferrone, *Attori, mercanti, corsari. La Commedia dell'Arte in Europa tra Cinque e Seicento*, Turín, Einaudi, 1993.

tizia a dir villano al nobile figliuolo che opera nobilmente?».[34] Más tarde
Giovanni Domenico Otonelli, en *Della Christiana Moderatione del Theatro* (Florencia, 1652), reconoce que

> distinguo tutti i recitanti in due ordini: uno di coloro che si chiamamo comu-
> nemente i commedianti, e questi fanno le loro azioni dentro le case, nelle ca-
> mere o sale o stanzoni assegnati. L'altro ordine è di quelli che si nominano i
> ciarlatani, e questi fanno i loro trattennimenti e giuochi nelle pubbliche stude
> o piazze di concorso. [...]

La diferenciación de dos estructuras o niveles paralelos en la incipiente profesionalización del actor parece clara. Los *zanni leggiadri* o *comediantes* constituyen una élite que trabaja de modo culto, casi aristocrático,
en salones y en una tipología probablemente cercana a lo que entendemos por comedia literaria. Los *zanni cerretani, charlatanes* o *cómicos de
la legua,* se adscriben a la esfera de los bufones, a la representación descuidada y callejera no ajustada a la seriedad profesional. Eran cómicos vagabundos que aliaban la improvisación con la exagerada gestualidad y
una mímica caricaturesca que derivará progresivamente hacia el estereotipo y la máscara.

Grupos, en fin, que se adscribían a cualquier manifestación individual
o colectiva que supusiera violentar el decoro físico y que algunos documentos no dudan en aproximar nada menos que a los *atarantados,* como
hace Raffaele Frianora en *Il vagabondo* (1621): «Vibrano e sbattono la testa,
tremano con le ginocchia, spesso al suono cantano o ballano, agotano le
labbra, stridono co' denti e fanno azioni da matti.»[35] Y grupos que, en la borrosa senda de *Il libro dei vagabondi* de Flavio Biondo (en torno a la mitad
del siglo xv), se dice que se organizaban en confraternidades, derivadas,
de acuerdo con la tradición, en una suerte de parodia de secta sacerdotal
(«cerretani», «sacerdoti di Cerere»). Roberto Tessari afirma que tanto el término *ciarlatano* como el de *cerretano* se someten, en medio de la inevitable fascinación de la heterodoxia marginal, a una nueva laicidad: tras la
confraternidad de impostura religiosa aflora progresivamente una industria de la persuasión y el comercio de las ilusiones cara al público: prestidigitadores, *burattini* y titiriteros, acróbatas y faranduleros (diversiones
que veremos aflorar en el marco español).[36] Cuando el verbo eclesiástico
se dispara contra la supuesta corrupción de los actores debemos entender

---

34 Barbieri, Nicolò, *La Supplica,* ed. cit., pp. 15 y 12-13, respectivamente.
35 *Cf.* Taviani, Ferdinando y Schino, Mirella, *Il segretto della Commedia dell'Arte. La memoria delle compagnie italiane del XVI, XVII e XVIII secolo,* Florencia, La Casa Usher, 1986, p. 142.
36 *Op. cit.,* pp. 38-41.

quizá también que hay factores más complejos (y no puramente morales) para esta animadversión (marginalidad, nula integración en las estructuras, confusión de la actividad/exhibición corporal como medio de subsistencia individual y no de aportación a la producción social, desacralización de las estructuras de poder de la Iglesia). Todo ello en una traslación metonímica a los dos tipos de comediantes (cómicos de salón, cómicos de la legua), pero que deja una zona teórica residual para dos consideraciones. Primero que la dificultad en la gestación del oficio del actor se justifica por la escasa comunión de éste con la sociedad organizada. Y, en segundo lugar, que se advierte una doble disposición en los actores, en función del grado de elaboración técnica de su labor y en función del destinatario de este espectáculo.

No creemos arriesgada la hipótesis de explicar la situación de la profesión del actor en el Barroco español partiendo de estos presupuestos. En los siglos XVI y XVII se recompone, bajo este rigor y el de la presión ideológica de la ortodoxia tridentina, la idea de unos márgenes morales y sociales que las gentes de teatro incumplen holgadamente. Pero no podemos caer en la trampa de esta pantalla de marginalidad, que, llevada a su total literalidad, equivaldría a admitir, como ha dicho José M.ª Díez Borque, «una mitificación que unía el mundo fastuoso con la negación del carácter normal de la vida de los actores adscribiéndoles a una prefabricada bohemia, a la que atribuían vicios y anormalidades.»[37] La existencia de márgenes refuerza y tranquiliza el centro. En el siglo XVII se ha asimilado por todos los tratados morales, hasta casi la vulgarización, la idea lapidaria de *teatro* que reproducen las *Etimologías* isidorianas:

> Teatro es el lugar en que se encuentra un escenario; tiene forma de semicírculo y en él todos los presentes observan. Su forma fue inicialmente circular, como el anfiteatro; después, de medio anfiteatro, se hizo un teatro. El nombre de *theatrum* le viene del espectáculo mismo, derivado de *theoria* porque en él el pueblo, colocado en los lugares elevados y asistiendo como espectadores, contemplaba los juegos. Al teatro se le denomina también «prostíbulo», porque, terminado el espectáculo, allí se prostituían (*prostrare*) las rameras. Se llama también *lupanar* por esas mismas meretrices, que, a causa de la frivolidad de su prostituido cuerpo, reciben el nombre de *lupae* (lobas), pues «lobas» son llamadas las prostitutas por su rapacidad, ya que atraen hacia ellas a los desdichados y los atrapan.[38]

---

[37] *Sociedad y teatro en la España de Lope de Vega*, Barcelona, Antoni Bosch, 1978, p. 80.
[38] *Etimologías*, XVIII, 42: «Theatrum est quo scena includitur, semicirculi figuram habens, in quo stantes omnes inspiciunt. Cuius forma primum rotunda erat, sicut et amphiteatri; postea ex medio amphiteatro theatrum factum est. Theatrum autem ab spectaculo nominatum *apó thes zeorias,* quod in eo populus stans desuper atque spectans ludos

Y aunque esto ya no es más que letra erudita, un tanto obsoleta en la cultura práctica de los siglos XVI y XVII, la voz del censor sigue construyendo, bajo un modelo inalterable, una zona *marginal, hampesca* donde situar al actor. Lupercio Leonardo de Argensola escribe en 1598:

> Las sabandijas que cría la comedia son hombres amancebados, glotones, ladrones, rufianes de sus mujeres y que así ellos como ellas con estas cosas son favorecidos y amparados de tal manera que para ellos no hay ley ni prohibición [...] hay hoy en España representantes que han hecho homicidios y no han padecido por ellos.[39]

Otros, sin demasiado escrúpulo, agregan a las compañías de la legua «hombres facinerosos, clérigos, frailes apóstatas y fugitivos, que se acogen como asilo de estas compañías para poder andar libres y desconocidos a la sombra de ellas». Por su parte, el severísimo Fray José de Jesús María al juzgar el teatro afirma que toda su gente es "holgazana, mal inclinada y viciosa, y que por no aplicarse al trabajo de alguno de los oficios útiles y loables de la república se hacen truhanes y chocarreros para gozar de la vida libre y ancha».[40] Testimonio que revela, por un lado, la adscripción de la actividad del actor a un oficio *no útil* (el interés político y proselitista ya veremos que le dará la vuelta al argumento); por otro, con el adjetivo *chocarrero* se hace notar una actividad *pseudohistriónica*, el decidor de chistes fáciles que vagamente caracteriza a algunos tipos de actores.

Todo es una suerte de esgrima retórica contra el teatro destinada a distorsionar una cierta realidad, a constituir un cuerpo marginal que refuerce otro cuerpo, desde el momento en que sólo el cuerpo del cómico es capaz de trasmitir el mundo de significantes míticos previstos sobre el escenario para representar una cultura homogénea y jerarquizada. Esto explica en buena parte la mixtificación admirativa hacia los actores y sobre todo hacia actores concretos. Cosme Pérez, conocido como «Juan Rana», sometido (más que protegido) por el poder real, es un ejemplo que abona esta

---

contemplaretur. Idem vero theatrum, idem est prostibulum, eo quod post ludos exactos meretrices ibi prostrarentur. Idem et lupanar vocatum ab eisdem meretricibus, quae propter vulgati corporis levitatem cupae nuncupabantur; nam lupae meretrices sunt a rapacitate vocatae, quod ad se rapiant miseros et aprehendant. Lupanaria enim a paganis constitua sunt ut pudor mulierum infelicium ibi publicaretur, et ludibrio haberentur tam hi qui facerent quam qui paterentur» (ed. cit., vol. II, pp. 418-419).

39 *Memorial sobre la representación de comedias dirigido al Rey Felipe II, apud* Cotarelo y Mori, Emilio, *Bibliografía*, citada, p. 68a.

40 *Primera Parte de las excelencias de la virtud de la castidad*, Alcalá, 1601. *Apud* Cotarelo y Mori, Emilio, *Op. cit.*, p. 370a.

tesis. Pero lo cierto es que, pese al desprecio corporativo que soportaron, es el símbolo corporal el que ayuda a entender la función integradora de un oficio que acabará por justificarse precisamente haciendo de la metáfora corporal su espacio de afirmación social.

2. EL CUERPO COMO ACCIÓN Y METÁFORA

Es evidente que para el teatro clásico español, como para cualquier otro teatro del que queramos hacer historia e interpretación, el actor (un cuerpo) debe ser considerado no ya como un mero soporte ilustrador sino como creador y generador de significados. Ahora bien, desde los orígenes del teatro, el actor ha sido un cuerpo sometido a la mediación; por él y a través de él transitan los deseos y los rechazos, la catarsis particular y ceremonial de los espectadores. Siempre estará reservada al actor la tarea de «rehacer» personajes en su cuerpo y en su lengua. El factor de simpatía (en el sentido etimológico de la palabra griega, es decir, *padecer con*) transciende lo específicamente civil o social y se instala en lo que de sacerdotal y celebrante (actuante) tiene el comediante. Una anécdota contada por Aulo Gelio respecto al cómico Polo (que vivió en tiempos de Demóstenes) parece explicar por sí sola este vínculo celebrativo y, quizá, cruel: cuando el citado actor tuvo que llevar su propio dolor al escenario por haber fallecido su primogénito, en el momento en el que, durante la representación de la *Electra* de Sófocles, debía mostrar al público los restos de Orestes, descubrió que alguien había colocado en la urna el cadáver de su propio hijo. Los espectadores, al comprender la situación, unieron su lamento al llanto desesperado del actor. Por su parte Lucio añade que la fuerza y riqueza expresiva del célebre actor Arquelao, representando durante el cálido verano de Ática la *Andrómeda* de Eurípides, sacudieron de tal modo el espíritu del público, que al salir del teatro todos fueron atacados por una violenta fiebre que, al séptimo día, se convirtió en epidemia. Toda la ciudad se llenó de pálidos y enjutos *tragoedos* que hablaban en yambos y gritaban arias de la *Andrómeda*. Hasta que el frío del invierno puso término a aquella suerte de locura.[41] La historia puede resultar verosímil o improbable. Pero nadie negará que recoge de manera bellísima la idea del cuerpo del actor como *sutura* de espacios y comportamientos sociales dando pie, por cierto, a esa decisiva teoría del teatro como peste en la ciudad que más tarde desarrollará Antonin Artaud en su obra *Le théâtre et son double*. A fin de cuentas, como ha apuntado Bruce Kelsey, «acting is not an exerci-

---

[41] Ambas anécdotas vienen referidas por Antonio Cunill Cabanellas, *El teatro y el estilo del actor. Orígenes y fundamentos*, Buenos Aires, Marymar Ediciones, 1984, p. 46.

se in analytical understanding, nor it is a flight of the imagination: it takes place in an actor's body, through an actor's voice, on a specific stage and with other actors. Minimally, the fussion must occurs between the actor's instrument and the character's sensibility».[42]

Hemos visto cómo, desde tiempos remotos, el actor, en un espacio reducido y marginado por la sociedad oficial, escribe en un lenguaje corporal provocando e incitando a una reflexión sobre la producción sígnica (por tanto semántica) del gesto. Precisamente por su capacidad perceptiva y reflexiva de imágenes de los otros, de *lo otro*, desde el Medioevo, con la laización del saber, el cuerpo se inscribe entre los elementos decisivos de las artes representativas y la escultura, por ejemplo, comienza a magnificar la figura humana. El cuerpo como templo o edificio, a la vez sagrado y profano, ingresa en las retóricas no específicamente sacras como las voluptuosas descripciones que los trovadores hacen de sus amadas. El movimiento, la acción corporal, en palabras de Hugo de San Víctor, serán «no sólo expresión de vida, sino, de alguna manera, surgimiento» («non solum imago vitae exprimitur, sed ipsa quodammodo inchoatur»). Y al convertir el gesto no sólo en movimiento sino en figuración de la totalidad del cuerpo («gestus est motus et figuratio membrorum corporis ad omnem agendi et habendi modum»), tiende un puente hacia una nueva lectura del cuerpo como productor de un lenguaje analógico, una escritura del cuerpo, que es continuidad y vínculo con el entorno social, el cual pone en común sus hábitos gestuales y mentales con el teatro que contempla. De ahí que sea posible afirmar, como hace Paul Zumthor respecto a los trovadores que

de los labios y de la garganta de todos aquellos hombres (y mucho más raramente, sin duda, de aquellas mujeres) brotaba la palabra necesaria para el mantenimiento del vínculo social, sosteniendo y alimentando lo imaginario, difundiendo y confirmando los mitos, que se revestía de una autoridad particular, aunque no claramente distinta de la que adquiere el discurso del juez, el predicador o el sabio. De ahí la utilización que de ella intentó hacer periódicamente el poder, asalariando como propagandistas a juglares o gente instruida que sabía leer.[43]

La construcción teórica viene, pues, de una época muy anterior al Barroco. La misión del actor ha sido, desde el origen, servir de *cuerpo* a conductas significativas y con incidencia descodificadora frente a otro cuerpo

---

[42] Kelsey, R. Bruce, «The actor's representation: gesture, play and language», *Philosophy and Literature*, vol. 8, núm. 1, 1998, p. 68.
[43] *Op. cit.*, p. 80.

social que interpreta. Pero cuando nos adentramos en la época barroca y el actor inserta su carne en el conjunto de los significados socialmente tolerados, encontramos en su función mediadora una de las claves para comprender la cohabitación de tres sólidas corporalidades. Las tres se frotan (al menos por lo que a España se refiere) en la gesticulante cultura barroca: el cuerpo fuertemente jerarquizado estamental o social, el cuerpo místico en su lectura más ortodoxa y eclesiástica y la materialidad del cuerpo físico o sensual, de lectura horizontal y profana. Digamos que los actores tienen su parte —y no poca— en crear una cultura mixta, una peculiar mezcla para entender la compleja fábrica del mundo barroco. Cuando Lope, encabezando la *Docena Parte* de sus comedias, recuerda al lector que «bien sé que en leyéndolas te acordarás de las acciones de aquellos que a este cuerpo sirvieron de alma», pone en juego esta compleja transacción de lo visible corporal, ostentoso y exhibicionista y de lo invisible, de lo oculto, de lo sólo escrito. De lo primero es testimonio, bien que bajo sospecha, la mirada del moralista que asegura que «la comedia así en la forma como en los entremeses está vomitando ponzoña a borbollones a los circunstantes y abrasándolos en sensualidad con sus acciones y palabras deshonestas.»[44] El teatro como arte visual se concreta en el *voyeurismo* fomentado y dirigido hacia el cuerpo a partir del que se estructura un escenario, en donde «se clavan todos los ojos con ansia en aquellas mujeres, las cuales saben bien el arte de añadir a la hermosura que la naturaleza les dio otras gracias postizas para robar la vista y tras ella el alma; mirándolas todos y remirándolas de alto a bajo, y haciendo anatomía de todas sus facciones de pies a cabeza.»[45] Aparte de la violencia engendrada por la propia mirada represora, no hay duda de que en el Barroco la escena está dominada por las relaciones de fuerza que van desde el cuerpo a su contexto inmediato, del actor a la exhibición de su técnica o gramática gestual y vocal, pero también desde el actor a su papel. Es en este sentido en el que cobra un segundo interés, más profundo si cabe, el discurso de lo corporal en el teatro. Al interpretar su *papel* o *parte* el actor pone su cuerpo al servicio de una descodificación de los modelos de sentimiento o de pasiones representables, es decir, que pueden y deben ser entendidos, en su dimensión de verosimilitud, por todos los espectadores. El actor, en una palabra, encarna la trama social que esa misma sociedad desea ver tanto en sus momentos de coherencia, de fuerte consolidación estructural, de homogeneidad de conciencias como en los momentos (que existen, y con gran brillantez por cierto) de desestructuración y de revolución, posibles

---

44 José de Jesús María, *Primera Parte de las excelencias de la virtud de la castidad*, 1600. *Cf.* Cotarelo y Mori, Emilio, *Bibliografía,* citada, p. 380b.
45 *Ibid.*, p. 475.

sólo, claro está, dentro de momentos encerrados en el breve paréntesis carnavalesco. La separación tajante de los estamentos, el rigor del *decoro* por lo que atañe al vestido o al gesto, la disolución de las contradicciones sociales resueltas en un mundo idealizado y aristocratizante separado del mundo cotidiano y popular pueden ajustar la función del actor a una labor de consolidación de la conciencia dominante frente a lo extraño, lo centrí-fugo de la cohesión social. Esto ocurre incluso cuando surgen en el esce-nario, bien por una motivación festiva bien por simples convenciones del género (el entremés o la mojiganga de la fiesta del Corpus), elementos he-terodoxos, marginales (negros, judíos, tropas de desarrapados, de gita-nos, tudescos o italianos) que, suspendiendo temporalmente la homoge-neidad social, tienden a reforzar la identidad colectiva defendida por el teatro oficial.[46] En el papel de encarnar esta doble condición de intérprete tanto de la conciencia solidaria como de los momentos de ruptura en-cuentra el actor un espacio para constituirse en símbolo del cuerpo esta-mental barroco. El actor, vehículo de un teatro público —nunca mejor usada esta expresión—, postula la participación de todos los grupos en un sistema único de valores y esta comunión de símbolos y mitos rescata a és-tos, precisamente, de su uso particularizado o privilegiado por sólo unos pocos. La dama o el galán, la despreocupación del gracioso o la severidad ideologizada del noble o del rey se transforman en la interpretación del actor en lo que ha llamado Jean Duvignaud «mitos consumibles para todos los grupos que participan en la vida social.»[47] Y si ello es así no hay duda de

---

[46] En nuestro libro *Calderón y la obra corta dramática del siglo XVIII,* Londres, Tamesis Books, 1983, pp. 63-65, Antonio Tordera y yo analizábamos como uno de los componentes esenciales de la mojiganga el paradigma de la *corporalidad,* entendida en el sentido ex-pansivo de la celebración sensual del cuerpo y que se escribe, como es lógico, fundamen-talmente sobre el soporte del actor. En efecto, la visceral lógica del cuerpo es llevada como *norma* hasta la exasperación. Las constantes encontradas por Mijáil Bajtín a propósito del festín pantagruélico reaparecen en la versión española del ritual por el que la comunica-ción se produce como devoración: engullir, tragar, ensartar, mascar (casi nunca el civiliza-do *comer*). Ello provoca fatalmente el desbordamiento en la somnolencia y en la aluci-nación de un caminante borracho que en *Las visiones de la muerte* confunde a los actores de un auto con una pesadilla real («viendo que la vida es sueño» —afirma—); en los *flatos* que una dama cursi confunde con una sofisticada orfebrería de última hora en *La garapi-ña*; en un guión estructurado como verdadero menú en *Los guisados* (en donde acaban combatiendo las huestes de doña Olla Podrida y don Estofado) o en la clara alusión esca-tológica del gracioso en *Las carnestolendas:* «Agora sale el Negrillo / requebrando aquestas damas, / con su cara de morcilla / y su bonete de grana. / ¿Quelemolé vuesancé, / Luisa, Ma-ría y Rufiana, / que le damo colacione / que aquí le traemo gualdada, / mucha de la casa-mueza, / mucha de la cagancaña, / cagalón e cochelate, / calamerdos, merdaelada, / turo para vuesancé.» Cf. *Entremeses, jácaras y mojigangas* de Pedro Calderón de la Barca (ed. crítica de Evangelina Rodríguez Cuadros y Antonio Tordera), Madrid, Castalia, 1983.

[47] *El actor. Bosquejo de una sociología del comediante,* Madrid, Taurus, 1966, p. 63.

que el comediante coadyuva a disolver, al mismo tiempo, las fronteras entre las agrupaciones de la sociedad, si es que admitimos, al menos momentáneamente, su capacidad utópica para unificar en una interpretación corporal la aspiración de unos a reivindicar un sentimiento o pasión o ideología representados como propios, y la ensoñación de otros de sentirse identificados con alguno de los modelos representados en un universo verosímil. Es esta la causa por la que el actor crea un mundo de prestigio ajeno a los profundos ataques de teólogos y predicadores. Lo que explica la extravagante protección de los grandes y de los regímenes monárquicos europeos en el siglo XVII y, por supuesto, del creciente interés de la burguesía por el teatro en el siglo siguiente. Anotamos una radical pero plausible conclusión de Jean Duvignaud al respecto:

> El actor se convierte en un personaje inseparable de la imagen de esta sociedad, bien porque la alteración de las antiguas conductas haya hecho posible la aparición de conductas imaginarias no directamente expresadas en la acción, o bien porque el prestigio del comediante esté ligado al prestigio del grande que lo defiende y cuyo valor acrecienta. De todos modos esas protecciones serían insuficientes si las nuevas clases, nacidas del desarrollo económico, no aportaran su contribución, frecuentemente apasionada, su dinero y su apoyo. Ese interés es inclusive tan marcado y tan vivo que induce a preguntar si los comediantes no han desempeñado el papel de intermediarios entre las clases, si no han ejercido una función de integración de las mentalidades y de los valores.[48]

Dentro de esta lógica no parece extraño que, desde el siglo XIII, cunda la costumbre de metaforizar la república, estado o ciudad como un *cuerpo*.[49] La acción del actor barroco en un arte como el teatro en el siglo XVII (que no puede explicarse fuera de una cultura ciudadana y crecientemente masificada) se constituye en una evidencia representativa de esta semántica corporal.

Quedaría por dilucidar si esta función de sutura del actor afecta asimismo a la estructura religiosa y espiritual (*cuerpo místico* lo hemos llamado) de la sociedad barroca. La cuestión es tan obvia que basta recordar la so-

---

[48] *Op. cit.*, p. 54.

[49] *Cf.*, por ejemplo, lo dicho en un discurso en las *Actas de la Academia de los Nocturnos*, vol. IV (ed. de Josep Lluís Canet, Evangelina Rodríguez y Josep Lluís Sirera), Valencia, IVEI, 1996, pp. 85-86: «Deven todos hazer un cuerpo, porque la republica es un cuerpo misto, que consta de su cabeça, que es el rey o príncipe; de sus braços, que son los regidores y demás magistrados [con los quales] reparte su magestad el govierno d'ella, y son los ciudadanos; y las demás partes d'este cuerpo misto, que son los pies, son la demás gente plebeya.» Véase asimismo Maravall Casesnoves, José Antonio, *Estado moderno y mentalidad social*, Madrid, Alianza Editorial, 1986, t. II, pp. 12 y ss.

ciología cotidiana que sostiene la existencia real —económicamente hablando— del teatro en el Siglo de Oro. La realidad urbana de los corrales y el carácter pseudoelitista y aristocrático de las representaciones de la Corte se complementan desde la oficialidad con la expresión proteccionista hacia una celebración, otra vez urbana y religiosa, que se llama *Corpus*. También el proselitismo eclesiástico (pese a sus protestas neoeruditas) hallaba su coartada en la profesionalidad de los actores que representaban los *sermones hablados* de los autos sacramentales. El cuerpo civil se constituía en mecenas urbano de un signo de identidad religioso y místico que, a su vez, eliminaba grietas de heterodoxia en la estructura social. El evento anual del Corpus intensificaba por otra parte la práctica cotidiana de los espectáculos de cuyo éxito comercial dependían, en buena parte, los ingresos de los Hospitales. La actuación de los representantes, blindada con la excusa del beneficio a las tareas sociales de la comunidad, gestionaba así su definitivo hueco o mediación para reincorporarse al cuerpo social total. Negada su profesionalidad, el perdón penitencial venía precisamente por esta especie de pacto entre la Iglesia y la sociedad civil, entre el cuerpo místico y el de las clases sociales, un hueco que será, al mismo tiempo, reducto corporativo e instrumento de control y que se llamará la *Cofradía de Nuestra Señora de la Novena*.[50]

De este modo la vida del propio actor en el Siglo de Oro no es ajena a la metáfora corporal a la que nos hemos venido refiriendo, si atendemos a la fuerte jerarquización que acabará imponiéndose dentro de las mismas compañías y en las relaciones entre el autor de aquellas y los comediantes. En el camino hacia un *cuerpo múltiple* pero paradójicamente cohesionado en la marginalidad, el actor (farsante, comediante, cómico de la legua) ha hecho un recorrido, por lo que al Siglo de Oro se refiere, desde el cuerpo solitario al gregario. La historia de su arte, o al menos de la conformación de resistencia profesional en su arte, se vincula a la progresiva suma de cuerpos y de elementos añadidos a él. Es desde esta perspectiva como me interesa ahora recordar la célebre relación que Rojas hace en *El viaje entretenido* de la evolución del cuerpo profesional desde el siglo XVI:

SOLANO. Habéis de saber que hay bululú, ñaque, gangarilla, cambaleo, garnacha, bojiganga, farándula y compañía. El bululú es un representante solo, que camina a pie y pasa su camino, y entra en el pueblo, habla al cura y dícele que sabe una comedia y alguna loa: que junte al barbero y sacristán y se la dirá porque le den alguna cosa para pasar adelante. Júntanse éstos y él súbese sobre un arca y va diciendo: «agora sale la dama», y dice esto y esto; y va representando, y el cura pidiendo limosna en un sombrero, y junta cuatro o cinco cuartos, algún pedazo de pan y escudilla de caldo que le da el cura, y con esto sigue su estrella y prosigue su camino hasta que halla remedio.

Ñaque es dos hombres (que es lo que Ríos decía agora ha poco de entrambos); éstos hacen un entremés, algún poco de un auto, dicen unas octavas, dos o tres loas, llevan una barba de zamarro, tocan el tamborino y cobran a ochavo y en esotros reinos a dinerillo (que es lo que hacíamos yo y Ríos); viven contentos, duermen vestidos, caminan desnudos, comen hambrientos y espúlganse el verano entre los trigos y en el invierno no sienten con el frío los piojos.

Gangarilla es compañía más gruesa; ya van aquí tres o cuatro hombres, uno que sabe tocar una locura; llevan un muchacho que hace la dama, hacen el auto de *La oveja perdida,* tienen barba y cabellera, buscan saya y toca prestada (y algunas veces se olvidan de volverla), hacen dos entremeses de bobo, cobran a cuarto, pedazo de pan, huevo y sardina y todo género de zarandaja (que se echa en una talega); éstos comen asado, duermen en el suelo, beben su trago de vino, caminan a menudo, representan en cualquier cortijo y traen siempre los brazos cruzados.

Ríos. ¿Por qué razón?

Solano. Porque jamás cae capa sobre sus hombros. Cambaleo es una mujer que canta y cinco hombres que lloran; éstos traen una comedia, dos autos, tres o cuatro entremeses, un lío de ropa que le puede llevar una araña; llevan a ratos a la mujer a cuestas y otras en silla de manos; representan en los cortijos por hogaza de pan, racimo de uvas y olla de berzas; cobran en los pueblos a seis maravedís, pedazo de longaniza, cerro de lino y todo lo demás que viene aventurero (sin que se deseche ripio); están en los lugares cuatro o seis días, alquilan para la mujer una cama y el que tiene amistad con la huéspeda dale un costal de paja, una manta y duerme en la cocina, y en el invierno el pajar es su habitación eterna. Estos, a mediodía, comen su olla de vaca y cada uno seis escudillas de caldo; siéntanse todos a una mesa y otras veces sobre la cama. Reparte la mujer la comida, dales el pan por tasa, el vino aguado y por medida, y cada uno se limpia donde halla: porque entre todos tienen una servilleta o los manteles están tan desviados que no alcanzan a la mesa con diez dedos.

Compañía de garnacha son cinco o seis hombres, una mujer que hace la dama primera y un muchacho la segunda; llevan un arca con dos sayos, una ropa, tres pellicos, barbas y cabelleras y algún vestido de la mujer, de tiritaña. Estos llevan cuatro comedias, tres autos y otros tantos entremeses; el arca en un pollino, la mujer a las ancas gruñendo, y todos los compañeros detrás arreando. Están ocho días en un pueblo, duermen en una cama cuatro, comen olla de vaca y carnero, y algunas noches su menudo muy bien aderezado. Tienen el vino por adarmes, la carne por onzas, el pan por libras y la hambre por arrobas. Hacen particulares a gallina asada, liebre cocida, cuatro reales en la bolsa, dos azumbres de vino en casa y a doce reales una fiesta con otra.

En la bojiganga, van dos mujeres y un muchacho, seis o siete compañeros, y aun suelen ganar muy buenos disgustos, porque nunca falta un hombre necio, un bravo, un mal sufrido, un porfiado, un tierno, un celoso ni un enamo-

rado: y habiendo cualquiera de éstos, no pueden andar seguros, vivir contentos, ni aun tener muchos ducados. Éstos traen seis comedias, tres o cuatro autos, cinco entremeses, dos arcas, una con hato de la comedia y otra de las mujeres. Alquilan cuatro jumentos, uno para las arcas y dos para las hembras, y
otro para remudar los compañeros a cuarto de legua (conforme hiciere cada
uno la figura y fuere de provecho en la chacota). Suelen traer, entre siete, dos
capas, y con éstas van entrando de dos en dos, como frailes. Y sucede muchas
veces, llevándosela el mozo, dejarlos a todos en cuerpo. Éstos comen bien,
duermen todos en cuatro camas, representan de noche, y las fiestas de día, ce-
nan las más veces ensalada, porque como acaban tarde la comedia, hallan
siempre la cena fría. Son grandes hombres de dormir de camino debajo de las
chimeneas, por si acaso están entapizadas de morcillas, solomos y longanizas,
gozar de ellas con los ojos, tocarlas con las manos y convidar a los amigos, ci-
ñéndose las longanizas al cuerpo, las morcillas al muslo y los solomos, pies de
puerco, gallinas y otras menudencias en unos hoyos en los corrales o caballe-
rizas; y si es en ventas en el campo (que es lo más seguro), poniendo su seña
para conocer dónde queda enterrado el tal difunto. Este género de bojiganga
es peligroso, porque hay entre ellos más mudanzas que en la luna y más peligros que en frontera (y esto es si no tienen cabeza que los rija).

Farándula es víspera de compañía; traen tres mujeres, ocho y diez comedias, dos arcas de hato; caminan en mulos de arrieros y otras veces en carros,
entran en buenos pueblos, comen apartados, tienen buenos vestidos, hacen
fiestas de Corpus a doscientos ducados, viven contentos (digo los que no son
enamorados). Traen unos plumas en los sombreros, otros veletas en los cascos, y otros en los pies, el mesón de Cristo con todos. Hay Laumedones de
«ojos, decídselo vos», que se enamoran por debajo de las faldas de los sombreros, haciendo señas con las manos y visajes con los rostros, torciéndose los
mostachos, dando la mano en el aprieto, la capa en el camino, el regalo en el
pueblo, y sin hablar palabra en todo el año.

En las compañías hay todo género de gusarapas y baratijas: entrevan cualquiera costura, saben de mucha cortesía; hay gente muy discreta, hombres
muy estimados, personas bien nacidas y aun mujeres muy honradas (que donde hay mucho, es fuerza que haya de todo), traen cincuenta comedias, tres-
cientas arrobas de hato, diez y seis personas que representan, treinta que comen, uno que cobra y Dios sabe el que hurta. Unos piden mulas, otros coches,
otros literas, otros palafrenes, y ningunos hay que se contenten con carros,
porque dicen que tienen malos estómagos. Sobre esto suele haber muchos
disgustos. Son sus trabajos excesivos, por ser los estudios tantos, los ensayos
tan continuos y los gustos tan diversos, aunque de esto Ríos y Ramírez saben
harto, y así es mejor dejarlo en silencio, que a fe que pudiera decir mucho.[51]

El cuadro esquemático de este precioso documento de la prehistoria
del teatro profesional en el Siglo de Oro sería algo así:

---

[51] Ed. cit., pp. 159-162.

CUERPO O CONJUNTO	NÚMERO DE MIEMBROS	REPERTORIO	VESTUARIO Y ATREZZO	CREACIÓN DE TIPOS TEATRALES
BULULÚ	1 representante solo.	Una comedia y alguna loa.	Un arca a modo de tablado.	La dama.
ÑAQUE	2 hombres.	Un entremés, partes de autos, algunas octavas, dos o tres loas.	Una barba de zamarro y un tamborino.	
GANGARILLA	3 ó 4 hombres (entre ellos un músico y un muchacho).	Auto de *La oveja perdida*. Dos entremeses.	Barba, cabellera, toca y saya.	La dama (la hace el muchacho), el bobo.
CAMBALEO	1 mujer y 5 hombres.	Una comedia, dos autos y tres o cuatro entremeses.	Un lío de ropa.	
GARNACHA	5 ó 6 hombres, 1 mujer y 1 muchacho.	Cuatro comedias, tres autos y tres o cuatro entremeses.	Dos sayos, una ropa, tres pellicos, barbas y cabelleras, un vestido de mujer de titiraña.	Dama 1.ª y dama 2.ª
BOJIGANGA	6 ó 7 hombres, 2 mujeres y 1 muchacho.	Seis comedias, tres autos y tres entremeses.	Un arca con hato de la comedia y otra arca de las mujeres.	Alusiones *metateatrales* a tipos como el necio, el bravo, el malsufrido, el porfiado, el celoso, el tierno o el enamorado.
FARÁNDULA	[x] hombres y 3 mujeres.	18 comedias.	Dos arcas de hato, buenos vestidos en los cascos, plumas en los sombreros.	Laumedones de ojos «decídselo vos».
COMPAÑÍA	16 representantes, 1 cobrador.	50 comedias.	300 arrobas de hato.	

El sentido *grupal*, corporal es no tanto un pacto contractual de institución profesional como un pacto de supervivencia material. Por ello todos los testimonios literarios que poseemos de la época heroica del teatro español y de Lope de Rueda subrayan esa ascética materialidad de la experiencia dramatúrgica del batihoja sevillano. Juan Rufo escribirá en 1596:

> Quien vio, apenas ha treinta años,
> de las farsas la pobreza,
> de su estilo la rudeza,
> y sus más que humildes paños;
> quien vio que Lope de Rueda
> inimitable varón,
> nunca salió de un mesón,
> ni alcanzó a vestir de seda;
> seis pellicos y cayados,
> dos flautas y un tamborino,
> tres vestidos de camino
> con sus fieltros jironados.[52]

Es esta corporalidad progresiva la que engendra, como vemos, los bastidores esenciales del teatro profesional áureo, creándose progresivamente las nociones estables de *repertorio* o de *reparto* de tipos fijos o *característicos*, por ejemplo. Sobre ese esquema nacerá la compañía *real* o *de título*, estabilizada por una relación contractual efectiva que reconstruye y fortalece la norma *corporativista*. Pero esta descripción (no exenta de reivindicación épica) de Agustín de Rojas no permite ni por asomo delimitar una línea de profesionalización técnica, de mayor abundamiento en una consciencia teórica del arte del actor, como afirma Josef Oehrlein.[53] Esta técnica se ve enriquecida en el vestuario, en la multiplicación del cuerpo de actores, pero no acentúa Rojas en el relato que tal evolución suponga una mayor reivindicación del sentido profesional del actor, puesto que éste se va a cimentar exclusivamente en términos de vinculación exclusiva a una relación de contrato. Lo que sí es cierto es que en esta extensa cita ase-

---

[52] *Los seiscientos apotegmas*, *apud* Sánchez Escribano, Federico y Porqueras Mayo, Alberto, *Preceptiva dramática española del Renacimiento y el Barroco*, Madrid, Gredos, 1972, p. 107.

[53] «En comparación con éstas, la *compañía* misma, o la compañía de título, constituye algo superior. Los actores que trabajan en ellas son, según Rojas, más estimados, delicados, estudiosos, en una palabra, más profesionales que los de la *legua*» («El actor en el Siglo de Oro: imagen de la profesión y reputación social», *Actor y técnica de representación del teatro clásico español*, en José M.ª Díez Borque, citada, p. 19). Véase también su libro posterior, traducido de la edición alemana de 1986, *El actor en el teatro español del Siglo de Oro*, Madrid, Castalia, 1993.

guramos documentalmente un hecho: que el cuerpo del actor y sus aledaños, en efecto, hacen historia del teatro, no simplemente la ilustran. Y lo
hace a un ritmo de mayor dinamismo y versatilidad que en el nuevo corpo-
rativismo, estable, institucionalizado y contractual de finales del siglo XVI y
todo el siglo XVII. Atendamos, por ejemplo, a la escueta pero válida caracterización que de las compañías del Seiscientos hace Josef Oehrlein:

> La compañía resistió, con su estructura sólida, eficaz y probada, muchas
> contrariedades e influencias desfavorables, pero se convirtió, al mismo tiem-
> po, en un aparato cada vez menos móvil y hostil a las innovaciones. A los poe-
> tas no les quedó nada más que escribir piezas siempre para las mismas cons-
> telaciones personales. Así, la compañía contribuyó no poco al esquematismo
> y fosilización del teatro en las últimas décadas de la época, de 1650 a 1680,
> aproximadamente.[54]

Jerarquización que facilita la fosilización pero también, como veremos
en el apartado correspondiente, la construcción del personaje y, con ello,
la gramática del *reparto* de las obras. Jerarquización natural, endogámica,
de saga familiar (autor y primera dama, que es su esposa, por ejemplo)
emanada de esa capacidad de supervivencia corporal o grupal que viene
a corroborar el mejor documento sociológico con el que contamos para la
historia del teatro barroco en España: el manuscrito *Genealogía, origen y
noticias de los comediantes de España*[55] y jerarquización, a su vez, que
procura una economía del gasto dramático y del gasto real del teatro como industria económica (control del *cuerpo múltiple* de los actores, del
número de miembros de la compañía), algo que preocupa, incluso, a los
meros preceptistas teóricos del teatro como Alonso López Pinciano:

> Lo que voy a decir no se entienda que es reprensión a la república, sino
> consejo para los actores principales de las compañías, los quales andan perdi-
> dos y rematados por no traer en sus compañías un exército de gastadores sin
> necessidad: que con siete y ocho personas se puede representar la mejor tra-
> gedia o comedia del mundo, y ellos traen, en cada compañía, catorce o diez y
> seis, los quales les comen quanto ellos sudan y trabajan, de manera que los ac-
> tores principales ganarían más.[56]

---

[54] *Op. cit.*, p. 21.

[55] *Cf.* ed. de N.D. Shergold y John E. Varey, London, Tamesis Books, 1985.

[56] *Philosophia Antigua Poética* (ed. de Alfredo Carballo Picazo), Madrid, CSIC, 1973, vol.
III, pp. 265-266. Sin embargo los documentos de la época llegan a atestiguar incluso, bien
que excepcionalmente, compañías de hasta veinte miembros, contando acaso también
personal auxiliar como el apuntador, el cobrador o el guardarropa. La media es, sin duda,
la que ofrece el Pinciano: unas dieciséis personas, aunque esto se testimonia ya a partir de
1659. Con anterioridad a esta fecha existen muchas compañías con diez o doce miembros.
Incluso menos, si atendemos al hecho de la duplicidad de papeles a cargo de un mismo

El texto citado de Rojas tiene para mí el valor indicial de manifestar como verdadero elemento dinamizador del progreso del actor la consolidación profesional por la expeditiva vía no del prestigio teórico, sino de la constitución de un cuerpo económico o industrial *de facto*. El actor establece en su relación contractual y de salario (*ración, parte*) su estabilidad dentro de un mundo de seguridad endogámica. Incluso vive en los límites urbanos de un barrio concreto. Y, junto a ello, el minucioso establecimiento de normas de microeconomía que aseguran la estabilidad de la compañía de título: una caja común en la que se ingresan 25 reales cada vez que se representa y que, custodiada con tres llaves en posesión de tres actores distintos, sólo se abrirá al final de la temporada.[57] Un sistema económico que discriminaba y jerarquizaba, evidentemente, desde los preciados papeles de primera dama (que a mitad de siglo podía ganar muy bien once reales por representación), a los galanes (diez reales), desde los segundones (segundas damas y galanes y barbas) con nueve reales hasta el guardarropa, que se llevaba sólo cinco reales. Pero esta documentación, examinada con detenimiento, ofrece una imagen de los actores bien distinta a la romántica y menesterosa que otros han imaginado por nosotros. Ningún actor llegó a percibir por su trabajo (y hablamos de representaciones ordinarias y no de las solemnes del Corpus, que podían procurarles, incluso, la célebre *joya* o gratificación especial) menos de unos dos reales y medio por ración. Y los historiadores de la economía han situado como mínimo vital para poder subsistir en la época un salario de unos 32,5 maravedís, es decir, prácticamente un real.[58] Sí, decididamente, y como dirá Nicolò Barbieri, estamos más ante corsarios que ante piratas. Experimentado como *farsante*, y en este camino de consolidación corporativa, no será extraño que el actor acabe con frecuencia siendo *autor*.

Elemento que integra y se integra (adoptando dentro de su propio ámbito la fuerte jerarquización de la sociedad barroca) pero que, a un tiempo, desestructura, el propio actor es, pues, cuerpo que, marginado por la retórica oficial que gestiona la tradición eclesiástica y sus autoridades, asume paradójicamente, para hacerse perdonar, la estructura corporativa, encastillándose en una *Cofradía* en la que, no nos engañemos, el actor no buscaba sólo el pueril reconocimiento del actor como miembro de pleno derecho de la comunidad religiosa (metonimia en este caso de la sociedad global) a través de la garantía de las «honras fúnebres» y el entierro cristiano a cuya privación los había condenado Juan de Mariana en su *Tra-*

---

actor que testimonian algunas copias. *Cf.* Oehrlein, Josef, *El actor en el teatro español del Siglo de Oro*, citada, pp. 70-71.

[57] *Cf.* Oehrlein, Josef, *Op. cit.*, p. 75.

[58] *Ibid.*, pp. 196-197.

tado contra los juegos públicos (1609). Buscaba algo tan elemental y humano como la percepción de haberes en caso de enfermedad, un seguro de retiro: aquel derecho que había consolidado al ir entregando a la *Cofradía* a lo largo de su vida profesional diez reales por cada representación, más las multas por faltar a los ensayos. Lo cual se unía, como es bien sabido, a los reales que el autor debía aportar por cada entrada vendida.

Pero el actor o la actriz, a veces arrastrados por la leyenda al arrepentimiento de anacoretas, se aseguraban con la *Cofradía* el ingreso en el cuerpo místico, habiendo gestionado previamente la interpenetración de lo civil y lo espiritual, y de lo espiritual con lo físico, con las consiguientes contradicciones y heridas surgidas de su frotamiento. No hay que tener pudor para volver, tal como hicimos al principio, a la historia clásica. Y, así, algunos tratadistas cuentan, citando a Tertuliano, que «los representantes en trage de Dioses, saltauan sobre los vientres de los cadáveres, y que los entremeses de estas fiestas era salir un Mimo en trage de Mercurio a cauterizar con un tizón ardiendo las llagas de los miserables que del combate habían quedado heridos.»[59] De alguna manera los actores, en el siglo XVII, seguían restañando contradicciones, convertidos en taumaturgos de una sociedad crispada.

3. LA GRIETA MORAL Y LA ENCICLOPEDIA DEL SABER

Cuando Niccolò Barbieri defiende a los actores en su libro, ya citado, *La Supplica. Discorso famigliare a quelli che trattano di comici*, editado en 1634 [ILUSTRACIÓN I], lo hará ya en términos de reivindicar no sólo una conducta individual, sino una profesión, un oficio socialmente *útil* incluso en términos de producción burguesa:

... se tutti fossero pittori, scultori, o d'altri esercizi simili, al mio conoscimento lontani dalla favole, vanità, e trattenimento, molti si morirebbero di fame, perché s'ogn'uno ha da vivere al mondo, vi vogliono diverse industrie a guadagnare il vitto, e basta che il guadagno sia lecito [...] il fine di comici qual è? Certo che non è altro che diletare e giovare per averne essi mercede da vivere... (ed. cit., p. 8).

Y es que el centro siempre reacciona asumiendo la marginalidad. Al final se tratará de establecer la permisividad dentro del paradigma del *mal*

[59] Bances Candamo, Francisco, *Theatro de los theatros de los passados y presentes siglos* (ed. de Duncan W. Moir), Londres, Tamesis Books, 1970, p. III.

Ilustración 1
Frontispicio de la obra de Nicolò Barbieri *La Supplica* (Venecia, 1634).

necesario. Asumir o permitir para seguir fortaleciendo las estructuras. La profesión teatral, hasta un cierto momento calificada como dañosa para la república, llega a ser admitida por el jesuita Juan Bautista Fragoso, quien tolera que del mismo modo que de las actividades de príncipes y magistrados pueden derivarse hechos morales reprobables («usurae, lupanaria et similia») pero que por ellos pueden evitarse males mayores, igualmente habría que consentir («bono tamen fine») los espectáculos de los histriones, «ne ad alia deteriora et graviora homines evolent.» La sustancia teórica de este cambio de mentalidad, que tendrá trascendental importancia para la consideración de la profesión o técnica del actor, viene, sin embargo, de mucho antes: de los propios textos de la Patrística y de los teólogos, que se habían mostrado tan inflexibles hacia la vida de los actores por lo que se refería a la moralidad. Será, por tomar sólo un ejemplo eficaz y concreto, Hugo de San Víctor quien, en su *Didascalion*, al desgranar el setenario de las *artes mechanicae,* no dude en incluir, entre las mismas, al teatro. El *ars theatrica* se instala así en una legalidad y dignidad nuevas, hasta entonces desconocidas, exentas de su adscripción a lo puramente material y físico y, aunque alejada todavía de la nobleza filosófica, ya alineada entre las actividades que precisan de un aprendizaje, de una *tejné* activa. Se trata de un proceso inseparable de la urgencia de la rehabilitación del gesto en la cultura eclesial, que veremos en su momento:

> Mechanica septem scientias continet: lanificium, armaturam, navigationem, agriculturam, venationem, medicinam, theatricam [...] Theatrica dicitur scientia ludorum a theatro quo populus ad ludendum convenire solebat, non quia in theatro tantum ludus fieret, sed quia celebrior locus fuerat caeteris. Fiebant autem ludi alii in theatris, alii in atriis, alii in gymnasiis, alii in amphicircis, alii in arenis, alii in conviviis, alii in fanis. In theatro gesta recitabantur, vel carminibus, vel larvis, vel personis, vel oscillis. In atriis choreas ducebant et saltabant. In gymnasiis luctabantur. In amphicircis cursu certabant vel pedum, vel equorum, vel currum. In arenis pugiles exercebantur. In conviviis, rhythmis et musicis instrumentis, et odis psallebant, et alea ludebant. In fanis tempore solemni deorum laudes canebant.[60]

De esta forma, a través de una grieta, las *theatrica* se insertan en la enciclopedia del saber medieval. Pretenden definir y connotar positivamente un objeto (*scientia ludorum,* el canto, el movimiento, el juego, la danza) hasta ese momento sujeto a connotaciones puramente negativas con

---

[60] Hugo de San Víctor, *Patrologiae Latinae*, 176, vv. 760 y 762-763. Cf. Wladyslaw Tatarkiewicz, «Theatrica, the science of entertainment from the XIIth to the XVIIth century», *Journal of History of Ideas*, XXVI, 1965, pp. 263-272, y Pierre Vallin, «Mechanica et philosophia selon Hugues de Saint-Victor», *Revue d'histoire de la spiritualité*, XLIX, 1973, pp. 257-288.

la evidente intención de que el espectáculo, y los oficios que lo sustentan, adquieran una función positiva en el edificio cultural de la época. La razón esgrimida (insistimos, la coartada o grieta) es la de la necesidad o el mal necesario. Para atender esta necesidad surgen las *artes mecánicas teatrales,* como se desprende del testimonio de otro teólogo y místico, esta vez Ricardo de San Víctor (escocés, casi contemporáneo de Hugo) en su *Liber Exceptionum:*

> Tria bona principalia dedit Deus homini in creatione. Primum bonum fuit quod eum Deus fecit ad imaginem suam; secundum donum fuit quod eum fecit ad similitudinem suam; tertium bonum fuit inmortalitas corporis [...] Sunt autem tria mala principalia quae corrumpunt tria bona procedentia, scilicet ignorantia, concupiscentia, infirmitas [...] Tria sunt remedia principalia contra tria predicta mala, ut per tria remedia tria mala repellantur, tria bona reformentur. Sunt autem haec: sapientia, virtus, necessitas [...] Propter ista autem tria remedia invenienda inventa est omnis ars et omnis disciplina. Propter inveniendam namque sapientiam inventa est theorica. Propter inveniendam virtutem inventa est practica. Propter inveniendam necessitatem inventa est mechanica.[61]

El interés de la teoría radica en que las diversas artes constituyen diferentes enciclopedias o saberes para limitar los males que afectan a los dones naturales conferidos al hombre por la divinidad. Contra la ignorancia se levantará la sabiduría, contra los actos reprobables la virtud y contra la enfermedad del cuerpo la necesidad o exigencia material que la cure y satisfaga. El teólogo observa los remedios o mediaciones para conseguir estos objetivos, los cuales se cifran en tres tipos de artes o disciplinas. Las artes teóricas procuran el conocimiento, mientras que la praxis filosófica ascética procura la virtud. Y las artes materiales o mecánicas (navegación, medicina, agricultura, caza) sostienen las necesidades corporales. Volvemos de nuevo a la metáfora del cuerpo como solución/disolución de la justificación del teatro. El *ars theatrica* atiende a una necesidad corporal no tanto porque su técnica exija, en primera instancia, el campo de acción de la corporalidad como porque la salud del cuerpo exige la *laetitia,* el placer procurado por los espectáculos. Como concluye Hugo de San Víctor en su *Didascalion:* «Ludus vero idcirco inter legitimas actiones connumerabant, quod temperato motu naturalis color nutritur in corpore; et laetitia eius reparabatur.»[62]

Estas diferencias entre artes liberales (proclives a la dignificación de los saberes oficiales o *ars*) y mecánicas son de origen quintiliano y se teo-

<hr/>

[61] *Liber Exceptionum* (ed. de Jean Châtillon), París, 1958, I, pp. 104-106. *Cf.* F. Alessio, «La filosofia e le "artes mechanicae" nel secolo XII», *Studi Medievali,* VI, 1965, pp. 71-161 y R. Bacon, *Science et sagesse chez Hugues de Saint-Victor,* París, 1957, pp. 36-37.

[62] *Op. cit.,* col. 763.

rizan con la escolástica. Posidonio (en una línea que nos hace entender mejor las aseveraciones de Hugo de San Víctor) entendía las artes divididas entre vulgares (que afectaban al cuerpo), deleitosas (que halagaban la vista o el oído), pueriles (que facilitaban el aprendizaje hacia la virtud) y liberales (que nos hacen virtuosos de modo inmediato). Galeno consideraba por un lado las artes serviles y abatidas (que se ejercen con la mera fuerza o destreza corporal) y las nobles, liberales y honrosas (que no la precisan). Lejos de querer diseñar un árbol genealógico de cómo el *teatro* puede comenzar a considerarse un sistema codificado o enseñable de saber, lo que me interesa subrayar es otro punto, en relación con el paréntesis abierto en un apartado anterior respecto al paralelo hipotético con la reivindicación del arte de la pintura en los Siglos de Oro. Como quiera que tampoco ésta había sido considerada una de las siete artes liberales, alguno exegetas de la misma, cuando se plantean el problema, deciden abrir, al modo de Hugo de San Víctor, un nuevo sistema clasificatorio de las artes. Así lo hace Gaspar Gutiérrez,[63] quien establece como nota discriminatoria de las artes *liberales* no meramente la aplicación o no del ejercicio corporal o la percepción dineraria, sino la aplicación del *entendimiento*, sea con participación subsidiaria de la destreza corporal o no. La pintura (y la escultura) se asentarían así, según el autor, en la categoría de un arte que sin dejar de ser práctica o activa y efectiva (es decir, productora de una obra visible) puede ser, también, contemplativa, intelectual, especulativa y, en consecuencia, plenamente liberal y ennoblecedora. Uso esta verbalización sólida de una teoría que, por esa época, muy poco antes, se ha comenzado a aplicar de manera inconsistente, aislada, al teatro. Y ya veremos las consecuencias bastante decisivas que tiene, al respecto, en Alonso López Pinciano, y en su modo de diferenciar entre el *actor* y el mero *saltimbanqui* o *volatinero*.

Por el momento, me interesa hacer notar cómo en plena Edad Media se ha ordenado un primer sentido del saber para las artes del espectáculo. Y poco importa que esto sea, en primera instancia, con una finalidad taumatúrgica o moral, pues lo esencial es que ya en el siglo XII se legitima como técnica o profesión. Los esfuerzos posteriores se limitan a negar su inclusión en la construcción activa de los conocimientos generales o teóricos señalando en todo caso que las artes de la *theatrica* sólo entran en el edificio cultural para denotar las imperiosas necesidades de la supervivencia material. El teatro no será un saber sino una *práctica*. Sus intentos de acogerse a la permanencia de la escritura teórica, de los tratados especulativos razonados quedan bloqueados. Pero cuando Santo Tomás de Aquino vuelva sobre

---

[63] *Noticia general para la estimación de las artes y de la manera en la que se conocen las liberales de las que son mecánicas y serviles*, citada, pp. 56 y ss. *Cf.* Gállego, Julián, pp. 65-66.

el tema en la *Summa Theologiae* producirá el trascendental *hiato* de disociar al hombre y su actividad, al actor de sus gestos y movimientos. En la
Summa 2, 2, q. 168, Santo Tomás, tras haberse extendido sobre el uso de la
virtud o razón en el ordenamiento de los movimientos exteriores y en el
dominio del gesto y sobre la necesidad de los entretenimientos y juegos
para distender el espíritu (con arreglo a la célebre metáfora del arco tensa-
do), en el artículo 3.3 recuerda las tópicas acusaciones a los histriones «que
se exceden en el juego»:

> Praeterea, maxime histriones in ludo videntur superabundare qui totam vi-
> tam suam ordinant ad ludendum. Si ergo superabundantia ludi esset pecca-
> tum, tunc omnes histriones essent in statu peccati. Peccarent etiam omnes qui
> eorum ministerio uterentur, vel qui eis aliqua largigerentur, tamquam peccati
> fautores. Quod vedetur esse falsum. Legitur enim in *Vitis Patrum* quod beato
> Paphnutio revelatum est quod quidam ioculator futuros erat sibi consors in vi-
> ta futura.[64]

La novedad teórica es sustancial: se habla de *omnes qui eorum ministerio uterentur*, es decir, de los que usan de un mester u oficio. Se *hace de
actor* (para vivir, para obtener un estipendio, para justificar la distensión
del cuerpo social), pero *no se es actor* como un estado original e inamovible de ignorancia y amoralidad. El reproche sólo se legitima en el exceso
de las acciones ejecutadas. Pero eso ya no tendrá nada que ver con el reconocimiento de una profesión, pues:

> Ludus est necessarius ad conversationem humanae vitae. Ad omnia autem
> quae sunt utilia conversationi humanae, deputari possunt aliqua officia licita.
> Et ideo etiam officium histrionum, quod ordinatur ad solatium hominibus ex-
> hibendum, non est secundum se illicitum, nec sunt in statu peccati: dummodo
> moderate ludo utantur, idest, non utendo aliquibus illicitis verbis vel factis ad
> ludum, et non adhibendo ludum negotiis et temporibus indebitis. Et quamvis
> in rebus humanis non utantur alio officio per comparationem ad alios homi-
> nes, tamen per comparationem ad seipsos et ad Deum, alias habent seriosas et
> virtuosas operationes: putandum orant, et suas passiones et operationes com-
> ponunt, et quandoque etiam pauperibus elemosynas largiantur.[65]

---

[64] «Los histriones, que pasan su vida en diversiones, parece que son los que más se exceden en el juego. Luego, si la superabundancia del juego fuera pecado, entonces todos
los histriones vivirían en estado de pecado; y también pecarían todos los que usasen del
ministerio de estos, o los que les diesen algo, como fautores del pecado: lo cual parece ser
falso, pues se lee en las *Vidas de los Padres* que al bienaventurado Pafnucio le fue revelado que tendría a cierto juglar por compañero en la vida futura.»

[65] «El juego es necesario para el comercio de la vida humana; y a todas las cosas que son
útiles al comercio de la vida pueden destinarse algunas ocupaciones lícitas; y por eso tam-

Tampoco es inocente el que la *Summa* recomiende que «las palabras o hechos divertidos o jocosos deben ser dirigidos por la razón» («quod ludrica sive iocosa verba vel facta sunt dirigibilia secundum rationem», *Summa*, 168, art. 3.3), pues en este caso, como las artes *theatricae*, también son susceptibles del sometimiento a una disciplina y a una teoría, aunque ésta todavía tardase mucho en ingresar en la enciclopedia oficial.

Entenderemos entonces el esfuerzo, sostenido aún por los cómicos *dell'arte* italianos en pleno siglo XVII, de hacer equiparar su *mestiere* a la *virtù,* y no en el sentido puramente moral sino técnico, profesional, artístico. Flaminio Scala, en el prólogo a su obra *Il finto marito* (Venecia, 1619), expone con meridiana claridad el debate entre la nobleza de la creación de la escritura dramática y el seguimiento de sus preceptos y la acción viva, *práctica* del comediante. Se trata de un diálogo entre un forastero y un actor, del que extraemos los pasajes más significativos:

> FORESTIERO.–E l'orazione rappresentativa e le parole propie espressive poi, ben concatenate et atte a mettere innanzi a gl'occhi per ottenere il fine d'imitare, senza le regole e senza i precetti né imparare né usare ni possano, ma né ancor s'arriva a conoscerle senza i proprii documenti, i quali sono il vero fondamento.
>
> COMICO.–Il vostro argumentare scolastico, se bene è con ingegno, credo che, essendo sofistico, resterà gettato a terra dalla mia naturalezza. [...] Avvien che molti litterati, e de' migliori, per non aver pratica della scena, distendano commedie con bello stile, buoni concetti e graziosi discorsi e nobili invenzioni, ma queste poi, messe su la scena, restan fredde, perché, mancando dell'imitazione del propio, con una insipidezza mirabile, e talora con l'inverosimile, per non dir coll'impossibile, fanno stomacare altrui, né conseguiscono perciò il fine di dilettare, e no del giovare; e non si gli porgendo però attenzione, si perde la memoria non che il gruto degl'auditori. Onde i buoni concetti si conoscano dalli effeti, e non da' precetti [...] L'azione, o coluzione ancora, e le parole sole, poca parte avranno in questo dell'imitazione, perché ogni minimo gesto a tempo et affetuoso farà più effeto che tutta la filosofia di Aristotile, o quanta retorica suppone Demostene e Cicerone. E che sa il vero che gl'affeti si muovono più agevolmente da' gesti che dalle parole...[66]

---

bién el oficio de los juglares, que se ordena a procurar solaz a los hombres, no es en sí ilícito; ni se hallan en el estado de pecado, mientras usan moderadamente del juego, esto es, no valiéndose de algunas palabras o acciones ilícitas para la diversión, y no aplicándola a negocios y en tiempos indebidos. Y, aunque en las cosas humanas no ejerzan otro oficio por comparación a sus semejantes, sin embargo por comparación a sí mismos y a Dios tienen otras serias y virtuosas operaciones, por ejemplo, cuando oran y arreglan sus pasiones y obras, y también cuando dan limosna a los pobres.»

[66] *Apud* Tessari, Roberto, *Commedia dell'Arte: La Maschera e l'Ombra*, Milán, Mursia Editore, 1989, pp. 122-123.

De modo más radical Barbieri se detendrá con precisión en delimitar el oficio servil (recordemos que *servil* era un término denigrado contra las artes mecánicas) del bufón, ligado a la chocarrería pueril y sin sentido, frente al cómico cuya ingeniosidad se liga al entendimiento, a las operaciones meditadas del intelecto:

> Il comico pone il riso per condimento de' be' discorsi, e lo sciocco buffone per fondamento della sua operazione [...] muove il riso il comico e non è buffone, poiché il fondamento del comico non è far ridere, ma dilettare con l'invenzzioni meravigliose, e con istoriche e poetiche fatiche. (Ed. cit., p. 24).

Niccolò Barbieri, para poner fronteras entre el actor-bufón y la nueva *virtus* renacentista del actor profesional, esgrime una bella metáfora.[67] En el mar del teatro y del espectáculo, el actor de la modernidad, marcando distancias respecto a la condena moral y de la marginalidad, deja de ser *pirata* y se convierte en *corsario*. Corsario es el pirata que reivindica sus acciones y adquiere conciencia de una suerte de ejercicio libre y digno, puesto que se sabe poseedor de unos conocimientos civilizadores, ennoblecedores, que exigen estudio y disciplina y, naturalmente, creación (la actividad del actor como *autor,* como creador de textos literarios para poner en escena). El pirata adquiere el carácter ilustre de quien justifica éste con una formación casi humanística:

> Non vi è buon libro che da loro non sia letto, né bel concetto che non sia da essi tolto, né descrizzione di cosa cha non sia imitata, e bella sentenza che non sia colta, perché molto leggono e sfiorano i libri. Molti di loro traducono i discorsi delle lingue straniere e se ne adornano, molti inventano, imitano, amplicano. Basta: che tutti studiano, come si può vedere dalle cose ch'essi hanno alle stampe: rime, discorsi, comedie, soggetti di comedie, lettere, prologhi, dialoghi, tragedie, pastorali ed altre cosette che per comici non sono sprezzabili, e si tovano quasi tutti, se non pieno l'ingegno di scienze, almeno adorni in superfizie di molte virtù. E, quando tutti non siano tali, hanno poi quegli altri una tal grazia en' loro personaggi, che serve loro per istudio, come sono certi di parte ridicola che danno gusto solamente col'comparire in scena [...] In quest'arte è di mestiere un talento naturale, a pochi conceduto, e di cento che si pongono a recitare, dieci non riescono buoni, ancor che siano Aristotili di sapere, poiché vi vuol elocuzione, pronunzia e grazia. (Ed. cit., p. 34).

Para Barbieri, pues, el corsario es el actor y el pirata el simple bufón. La diferencia estriba en la consciencia por parte del primero de la profesión y

---

[67] *Cf.* Roberto Tessari, *La Commedia dell'Arte nel Seicento. "Industria" e "arte iocosa" de la civiltà barocca*, Florencia, Olschki, 1969.

de la *virtud* (esto es, la técnica, la sabiduría necesarias) que le hace medir la distancia entre el *ser* bufón y el *fingir que se es*, fingir que se está representando: «¿Quién habrá tan necio que no sepa la diferencia que hay entre el ser y el fingir? El bufón es, realmente, bufón; pero el actor que representa la parte cómica finge ser un bufón [...] La comedia consiste en fingir: uno finge ser un anciano aunque ostente un mentón imberbe, y aquella mujer aparece como una doncella aunque tenga cuatro o seis hijos. Es todo burla. El actor es una cosa y el bufón otra: bufón es aquel que no tiene virtud...»[68]

Los tratados de Flaminio Scala o de Nicolò Barbieri, evocando sin reparos a Aristóteles y a los retóricos de la antigüedad, son una voz laica e interesada en la defensa del actor que, definitivamente, no se hará fuerte en España a lo largo del Barroco, por las razones que aventuraremos en su lugar. No aparecerá, al menos, aún de manera explícita e inserta, en una teoría generalizable. Se trata también de una prueba de la muy significativa, si no trascendental, aportación que, para la teoría del actor barroco, supondrá la *commedia dell'arte*, a la que se me antoja necesario dedicar un breve espacio en relación con la cuestión que nos ocupa.

---

[68] «Qual è colui così sciocco che non sappia chè differenza sia dall'esser al fingere? Il buffone è realmente buffone; ma il comico, che rappresenta la parte ridicola, finge el buffone [...] La comedia è tuta finzione: taluno finge il vecchio e non avrà peli al mento e tal donna finge la fanciulla che averà fatto quattro e sei figliuoli. Sono tutte burle. Il comico è una cosa e il buffone è un'altra: buffone è colui che non a virtù e che, per avere una natura pronta e safacciata, vuol viver col mezzo di quella, o alla diritta o a la storta, o, se pur ha qualche poca virtù, la converte in buffoneria, motteggiando i difetti noiosi eziandio delle persone gravi, dando occasione che siano dal volgo derisi; buffone è colui che sta col capello in capo avanti del suo principe, che dice parole ingiurose a' cavalieri, che scorre con motti pungenti nell'onore, che racconta casi non molto onesti, che per denari si fa talvolta rader tutto il capo, che prende la coperta, che sopporta il corbello, il gatto, la cera di Spagna, il balestrino, che tranguggia candele di sevo intiere, che mangia sporcherie, che si giuoca fin a' denti e insomma che si fa vigliaccamente malttratare per ingordigia d'aver denari» (ed. cit., pp. 24-25).

II. EL RIGOR DE LO EFÍMERO: LA INFLUENCIA DE LA *COMMEDIA DELL'ARTE* Y LA IMPROVISACIÓN EN LA HISTORIA DEL OFICIO

1. La conformación de un modelo de actor: una teatralidad no vinculada sólo al texto

No parece arriesgado defender que es el esquema teórico y práctico de la *commedia dell'arte* el que ha conformado, en buena parte, el modelo del actor del teatro occidental. Hasta el punto que los principales teóricos del teatro del siglo xx (de Vsevolod Meyerhold a Max Reinhardt, de Jacques Coupeau a Gordon Craig) o sus historiadores (partiendo del clásico estudio de Allardyce Nicoll[1]) parten del consenso de su evidente huella en el dominio técnico, aprendizaje y disciplina de los actores hasta, al menos, el siglo xix. No hay más que pensar en esa estilización del siervo fiel y melancólico, de vestido blanco y cara enharinada que da el *Pierrot* francés, o en esa maestría multidisciplinar y acrobática del *suonare, cantare, ballare* que dilucida el examen bioético del actor de este siglo y que se origina, entre otras figuras, en la *scaramuccia* (nombre tomado del actor Tiberio Fiorilli, en el *arte* «Scaramuzza»)[2] emblematizando el repertorio de saltos fu-

---

[1] *Masks, Mimes, and Miracles*, Nueva York, Harcourt Brace, 1931.
[2] Para ponderar la defensa del teatro Francisco Bances Candamo no dudará en recordar precisamente el virtuosismo de esta *máscara*: «Maestros de gestos y mouimientos, en quien fue más insigne que todos vn representante que en las tropas (como allá llaman) del Rey Luis XIV hacía los graciosos. Era italiano y se llamó Escaramuche» (*Theatro de los theatros de los passados y presentes siglos,* ed. cit., p. 125).

riosos y rápidos, volteretas, pasos *scaramuzzili*, grandes, largos, despro-
porcionados. Es la imagen, a la vez eficaz, veraz pero no menos tópica y
ambigua del actor de la *commedia dell'arte*.[3] Es evidente que todo lo que
después podamos deducir en este estudio de las influencias de la oratoria y
la retórica, con el prestigio, pero también las limitaciones, del modelo del
orador o del predicador, debe mediatizarse por esta influencia general. Estos modelos no circunscribían la técnica del actor al gesto como ilustrador
de la palabra, pero tampoco impedían la equivalencia *vis a vis* de ésta con
la acción expresiva o, desde otro punto de vista, propendía a la interpretación libre y personal del papel por parte del actor, aunque recibido de un
modelo tradicional. Por eso resulta revelador que, incluso cuando ya en el
siglo XVIII, comience a conformarse a través de teorías escritas la pedagogía
actoral, sin perjuicio de reclamar una retórica ajustada del gesto, autores como Diderot o Grimarest critiquen a los actores «qui continuellement immo-
biles de bras et de visages, se rendent fades aux spectateurs.» Por eso la *pantomima* italiana se convierte en elemento de debate y confrontación
cuando, en pleno Barroco, se tiende a constreñir el modelo solemne, cortesano del movimiento escénico y, en plena era del triunfo de la retórica (como oralidad y como enseñanza intelectual), se esgrimirá oportunamente el
modelo de Tristano Martinelli y su obra *Compositions de Rhétorique de M.
Don Arlequin* (1601) para argumentar ensayos como un *Chacoon for Harlequin composed by Mr. Rousseau* (1733) o la serie de Claude Guillot (*ca.* 1700)
que pretendería ilustrar cómo los actores italianos habían explotado los
menores gestos para expresar sus propias emociones. Gestos integrados en
una peculiar retórica, más allá de la del simple actor-declamador de textos.[4]

La influencia, general en toda Europa, resulta asimismo determinante en
lo que se refiere a España y a su permeabilidad a las corrientes italianas a lo
largo de todo el siglo XVI. Como subrayó en su momento Manuel Sito Alba:

> La manera italiana di recitare, di gesticolare, di muoversi, di sviluppare l'a-
> zione, che fu determinante nella nascita del teatro spagnolo, ha senza dubbio
> influito sulle successive generazioni di attori spagnoli. Gli attori e gli autori
> spagnoli del cinquecento si recavano a vedere recitare gli italiani per imparare
> a liberare il teatro dalla letteratura.[5]

Nótese cómo un preceptista del Barroco une de manera natural la esfera de la *commedia
dell'arte* a la del gracioso español.

   [3] *Cf.* Uribe, M.ª Luz, *La comedia del arte*, Barcelona, Destino, 1983, pp. 37-38.

   [4] *Cf.* Taylor, Samuel S., «Le geste chez les *maîtres* italiens de Molière», *XVIIᵉ Siècle*, 32,
1981, pp. 288-289.

   [5] «L'influenza italiana nella formazzione del modo spagnolo di rappresentare», en Rena-
to Tomasino (ed.), *Il suono del Teatro. Atti del Convegno Nazionale di Studi*, Palermo, Acquario, 1982, p. 124.

Pero no se trata, sin embargo, de una vaga influencia en un estilo recitativo. Podemos indagar, fundamentalmente, en cuatro direcciones:

a) La mencionada forma de recitar que podría definirse como un sistema de teatralidad no asimilable en exclusiva al texto, y la particular composición e incorporación de los textos literarios en la tradición de la llamada *improvisación*.

b) La organización administrativa de las compañías y la sociología del actor en general (al menos en los aspectos documentales, tanto literarios como de archivo, que han llegado hasta nosotros) y que llevan a que el modelo de defensa o autoestima del actor barroco derive de las formulaciones y sistema del actor de la *commedia dell'arte* (aspecto que hemos comenzado a apreciar en el capítulo anterior). Por eso Evaristo Gherardi, en el año 1700, apoya toda su reivindicación del actor en ese tipo de actor:

Cualquiera puede aprenderse un papel de memoria y recitarlo en escena tal como lo ha aprendido; pero para ser un *actor italiano* se requiere algo más [...] ser un buen actor italiano significa considerar a un hombre con una formación sólida, que actúa más desde su propia imaginación que desde una memoria mecánica; que, al actuar, compone y prepara cada una de las escenas que interpreta; es decir, aquel que acomoda tan felizmente sus palabras y su acción a lo que exigen las situaciones que entra de inmediato en ellas, en la comprensión de la obra y en los movimientos que se le exigen, de modo que hace pensar que todo está previamente concebido, premeditado. Ninguno de estos actores actúa simplemente de *memoria*; ninguno entra en escena para lanzar al aire lo que ha aprendido tan pronto como le es posible y está tan pendiente de ello que, sin atender a lo que hacen sus compañeros, es preso de la furia de soltar su parte como si quisiera liberarse de una pesada carga [...] como los párvulos que se apresuran a recitar impacientes la lección aprendida de memoria; o que, como el eco, son incapaces de hablar sin que antes se haya tenido que hablar por ellos [...] Hay comediantes que son sólo de nombre y que más bien son una inútil carga para una compañía. Comparo a esos actores con un brazo paralítico o lisiado al que, pese a carecer de movimiento, se le sigue llamando brazo [...] Distingamos claramente entre los comediantes de mero nombre y los actores de hecho, aquellos ilustres que buscan la verdad de corazón, pero que, como los pintores más excelentes, saben disimular discretamente el arte con el arte y seducen a los espectadores con la belleza de su voz, la sinceridad del gesto, la precisa flexibilidad del tono y con el cierto aire grácil, natural, relajado con el que acompañan sus movimientos y con el que envuelven sus palabras.[6]

---

[6] *Le théâtre Italien ou le recueil géneral de toutes les comédiens Italiens du Roi* (1700). Traducimos desde Toby Cole y Helen Krich Chinoy (eds.), *Actors on acting. The theories,*

Cita, por lo demás, que nos da ya claves esenciales: la técnica consciente (desplazando la mal llamada *improvisación*) y la consagración del *naturalismo* como modelo de la interpretación.

c) La existencia de un género español concreto, los *pasos* de Lope de Rueda, que suponen una escritura-testigo, bastante aproximada a la flexibilidad literaria y al guión poco o nada concluso del modelo italiano,[7] y sobre lo que habrá que volver más tarde.

d) El registro de un género posterior (el *entremés*), con la creación de una tipología de personajes (dueña, vejete, soldado, licenciado o sacristán ridículos) y la esfera privilegiada de la *graciosidad* abonan de manera verosímil esta hipótesis.

El tránsito desde un teatro popular supuestamente de calle a otro teatro popular, pero ya asimilado a un texto literario fijo, es un equipaje complejo y apasionante de la historia del espectáculo que va sedimentándose en la península desde 1538, cuando se testifican documentalmente las actuaciones de «il Mutio» en Madrid y Sevilla[8] (presencia que se ha vinculado

---

techniques and practices of the world's great actors, told in their own words, Nueva York, Crown Publishers, 1970 (1.ª ed. 1949), pp. 58-59.

7 *Cf.* Vian, Cesco, *Il teatro «chico» spagnuolo*, Milán-Varese, 1957, p. 15.

8 El documento en cuestión (publicado en su momento por José Sánchez Arjona, *Noticias referentes a los anales del teatro en Sevilla desde Lope de Rueda hasta finales del siglo XVII*, Sevilla, 1898, cito por la ed. de Sevilla, Ayuntamiento, 1994, p. 47) fue puesto en duda en su momento por Jean Sentaurens, *Seville et le théâtre, de la fin du Moyen Âge a la fin du XVIIe siècle* (Burdeos, Presses Universitaires, 1984, pp. 92-93), lo que ha servido para poner muchos matices a la supuesta influencia de los italianos sobre Lope de Rueda (*cf.*, por ejemplo, la ed. de sus *Pasos*, por Josep Lluís Canet, Madrid, Castalia, 1992, pp. 83-85). Pero sinceramente creo que Maria Grazia Profeti, con la eficaz puntillosidad que le es proverbial, pone las cosas en su sitio en su trabajo «La profesionalidad del actor: fiestas palaciegas y fiestas públicas», en VV.AA., *Los albores del teatro español. Actas de las XVII Jornadas de Teatro Clásico*, Almagro, Universidad de Castilla-La Mancha/Festival de Almagro, 1995, pp. 82 y ss. Puede tratarse de comediantes académicos semiprofesionales, como los miembros de la *Accademia degli Intronati* que actuarían en Valladolid en 1548. Y, en cualquier caso, está claro que antes de la mítica fecha de 1545 (que es la que habitualmente se conoce como la del nacimiento de la *commedia dell'arte* por coincidir con la constitución ante notario de una *fraternal compagnia* de actores en Padua) se testimonian actuaciones semiprofesionales en Venecia y otros lugares desde 1507. Profeti demuestra sagazmente que el nombre «Mutio» era habitual entre entre los apellidos académicos (loc. cit., p. 86). No puede vincularse así, de manera exclusiva, la influencia italiana a la técnica de los comediantes *dell'arte*. Y éste, como parece desprenderse de recientes estudios (tal el de Siro Ferrone que cito en la Bibliografía), no fue sólo un sistema o una técnica sino una operación comercial de venta de espectáculos. Remito a lo dicho en el capítulo anterior sobre la conformación progresiva del *cuerpo* escénico del teatro profesional en España, a partir del relato de Agustín de Rojas.

tradicionalmente a un sabio aprovechamiento de sus lecciones por parte de Lope de Rueda,[9] aunque también otros han rechazado abiertamente esta posibilidad)[10] hasta los éxitos de Alberto Naselli («Zan Ganassa») y la amistad cultivada por el propio Lope de Vega con célebres *zanni* como los Cortesi y los hermanos Martinelli.[11] «Ganassa» actúa en primera instancia en España desde 1574 hasta, al menos, 1584. Ciertas alusiones de Ricardo del Turia en su *Apologética de las comedias españolas* (1616) documentan esta presencia y el modelo que subsistió con ella (la dedicación al estudio de los cómicos):

> Suelen los muy críticos Terensiarcos y Plautistas destos tiempos condenar generalmente todas las comedias que en España se hacen y representan, así por monstruosas en la invención y disposición, como impropias en la elocución, diciendo que la poesía cómica no permite introducción de personas graves, como son reyes, emperadores, monarcas y aun pontífices, ni menos el estilo adecuado a semejantes interlocutores, porque el que se ciñe dentro de esta esfera es el más ínfimo, como lo vieron los que se acuerdan en España del famoso cómico Ganassa, que en la primera entrada que hizo en ella robó

---

[9] *Cf.* Baffi, Mariano, «Un comico dell'arte italiano in Spagna: Alberto Naselli, detto Ganassa», en VV.AA., *Actas del Coloquio Teoría y realidad en el teatro español del Siglo XVII. La influencia de Italia*, Roma, Instituto Español de Cultura, 1981, pp. 438-839.

[10] La posición de Enrique Funes es clara al respecto; al referirse a «las excursiones» que hiciera Ganassa por la península en 1574 o 1603 afirma que «no vino a otra cosa de Italia que a llevarse los cuartos; porque con sus títeres, volatines, momos y pantomímicos (que de todo ello eran más que verdaderos comediantes los que con él traía) ¿pudo contribuir poco ni mucho al adelanto del arte del actor? Pues tampoco a sus extravíos; que al par de sus ganancias crecería el menosprecio en que hubieron de tenerle nuestros orgullosos comediantes, por extranjero [...] y no acudirían a oírle, persuadidos de que nada podían aprender del *Arlequitín*, del *Dotore* ni del *Pantalone*, ni de monos ni volatineros. [...] Como el placer de la música supla el conocimiento del idioma [...] suplíalo entonces la viveza de la gesticulación en que eran extremados aquellos actores. [...] Más que verdaderos artistas de declamación, opino que serían *gesticuladores*, con cuyo nombre se distinguió a los mímicos italianos que dos siglos después hicieron las delicias de la distinguida y caprichosa sociedad de París [...] Pero los cómicos de Alberto Naselli no influirían ni poco ni mucho en nuestros *graciosos* de la buena raza de Lope de Rueda, y escuchando estoy a Cisneros y a Gálvez y a Manzanos, en ninguna hostería, reírse a mandíbula batiente del bueno de Ganassa, el cual tenía que hacer volatines, pantomimas y juegos de manos para gustar a un público, a quien ellos, con una mirada o con una *morcilla*, llevaba por delante» (*La declamación española*, Sevilla, Tipografía de Díaz y Carballo, 1894, pp. 321-322).

[11] *Cf.* Varey, John E., «Ganassa en la Península Ibérica en 1603», en José Manuel de Abida y Augusta López Bernasocchi (eds.), *De los romances-villancico a la poesía de Claudio Rodríguez. 22 ensayos sobre las literaturas españolas e hispanoamericanas en homenaje a Gustav Siebemann*, Madrid, José Esteban Editor, 1981, pp. 455-462; y Uribe, M.ª Luz, «Las influencias de la *Comedia del Arte* en España», en Ricard Salvat (ed.), *El teatre durant l'Edat Mitjana i el Renaiximent*, citada, pp. 13-20.

igualmente el aplauso y dinero de todos; y lo ven agora los que de nuestros españoles están en Italia, y aun los que, sin desamparar su patria, se aplican al estudio de letras humanas en todos los poetas cómicos.[12]

Que las actuaciones de «Ganassa» se vincularan a las bufonerías de personajes como el Arlequín, Pantaleone o el Dottore y que se entendiera la gestualidad cómica más que la declamación italiana poco importa por el momento. Lo interesante es vincular la presencia de los italianos con un nuevo modo de plantearse, sobre todo, la profesión del actor y su relación con la interpretación. Un nuevo modo que, como era de esperar, es interpretado interesadamente por los preceptistas (o moralistas) italianos, como reivindicadores de un arte propio. Un siglo después de haber estado en nuestro país «Ganassa», el jesuita Padre Ottonelli en su *Christiana Moderatione* (1648) recordaba:

> L'anno 1674 in Firenze intesi da un fiorentino di molto spirito e pratico della Spagna, che egli circa l'anno 1610, stando in Siviglia, seppe da certi suoi amici che il Ganassa, comico italiano, molto faceto nei detti, andò con una compagnia di comici italiani e cominciò a recitare con essi. E sebenne egli, come anche oggi suo compagno, non era perfettamente inteso, nondimeno, per quel poco che si intendeva, faceva ridere consolatamente la brigata, onde guadagnò molto in quella città, e dalla pratica sua impararono gli Spagnoli a fare le commedie all'uso ispanico, che prima non facevano [...] Egli cercava di apportare utile e dilleto con i suoi graziosi motti privi di oscenità, così che gli Spagnoli impararono a fare commedie modeste e non oscene [...] Abbondava di ridicoli graziosi in modo che ogni auditore virtuoso riceveva diletto nell'udirlo, e grandemente gli si affezionava.

¿Qué quiere decir el jesuita con una afirmación tan poco ambigua como que los españoles aprendieron de la tradición de Naselli a hacer la comedia «al uso hispano»? Sin duda desea establecer una tradición de continuidad, que en los últimos años ha podido documentarse de manera especial. No sólo en discípulos italianos como, por ejemplo, Abalardo Fiescobaldi (españolizado como Francisco Baldo), probablemente el llamado Stefanello Botarga, a partir de 1583,[13] sino reclutando actores españo-

---

[12] *Dramáticos contemporáneos a Lope de Vega* (ed. de Ramón Mesonero Romanos), BAE, XLIII, pp. 219-20.

[13] Parece ser que uno de los colaboradores de Nasselli, Abalardo Fiescobaldi, se separa de la compañía de aquél y junto a actores españoles como Juan de Contreras, Luis Menéndez de Nobles, Pedro de Nobles, Cristóbal de Herrera y Rodrigo Félix de Escalante marcha a Valencia, donde trabajará a partir de 1583 (*cf.* Merimée, Henri, *Spectacles et comédiens à Valencia (1580-1630)*, Toulouse-París, 1930, p. 237). Por otra parte en la Sesión de la Academia de los Nocturnos de Valencia correspondiente al 3 de marzo de 1593, en la que se

les en su propia compañía. Baffi cita a Pedro de Salcedo y Antonio Lasso[14] y Aurelia Leyva[15] recuerda los elogios de Lope a Pedro de Saldaña, que provocaba la risa con los efectos *all'improvisso* al estilo de «Ganassa». Finalmente, como bien notó en su momento, entre otros, Jean Canavaggio,[16] las influencias de este prototipo en actores como el célebre Cisneros —por reticente que se muestren críticos como Funes— pueden documentarse indirectamente en las precisas alusiones metateatrales de textos como el de la *Comedia de los Náufragos de Leopoldo* de Morales (1594), en la que se escenifica la representación de una comedia de las llamadas *privadas* o *caseras*, en la que el entremés («el entremés del pastel» se dice, aportando así un indicio de un repertorio ya conocido u objetivado entre el conocimiento del público, al modo también de las situaciones conocidas de la *commedia dell'arte*) es interpretado por el mencionado actor. La pieza es percibida, en principio, desde un *dentro*, es decir, se escucha la representación del entremés en el que habla, en prosa, el bobo:

BOBO: Vengo, señor, y álçole aquel chapitel y meto bonico la mano y topo con una cosa redonda y dije: «¡Bálame Dios! ¿Quién haçe por aquí bodoques?» Dile un pellizco: no me supo mal. Dile otro pellizco. Buelbo y doyle otro pellizco, y tampoco me supo mal.

En la propia escena, tres personajes (Damasio, el Infante y Leopoldo) ponderan la habilidad de Cisneros en el registro del entremés:

DAMASIO

¡A, buen mocillo!
¡No se verá otro jamás!

YNFANTE

Y fueron los entremeses,
uno de unos portugueses
que se atavan por detrás,
y aqueste que están haciendo
del pastel.

---

lee un discurso sobre el carnaval, se menciona la presencia en la fiesta de «un gran tropel de Ganassas y Botargas cantando madrigales macarrónicos». *Cf. Actas de la Academia de los Nocturnos de Valencia* (ed. de Josep Lluís Canet, Evangelina Rodríguez y Josep Lluís Sirera), Valencia, Institució Valenciana d'Estudis i Investigació, 1996, p. 141.

14 *Op. cit.,* p. 441.

15 «Juan Jorge Ganassa y los epígonos de la Commedia dell'arte en España», en Maria Grazia Profeti (ed.), *Percorsi europei. Commedia aurea spagnola e pubblico italiano*, vol. 3, Florencia, Alinea Editrice, 1997, pp. 13 y ss.

16 «Teatro y comediantes en el Siglo de Oro: algunos datos inéditos», *Libro-Homenaje a Antonio Pérez Gómez*, Cieza, Joaquín Pérez Gómez, 1978, tomo I, pp. 145-165. Publicado anteriormente en *Segismundo*, 23-24, 1976, pp. 27-51.

LEOPOLDO

Así me goçe,
que, a lo que diçes, doçe
y aun catorçe, a lo que entiendo.

DAMASIO

¿Qués es la causa aberiguada
de hacerse este entremés
tantos años a?

LEOPOLDO

Como es
tan bueno, jamás enfada:
como se suele haçer
que una muy buena presea
puesta en mayorazgo sea,
para el que a de suçeder.
Anda discreto Cisneros
en tener éste guardado
como jaez, binculado
para nietos y herederos.

YNFANTE

Aora, él es rica pieça:
el mejor hombre es de España
para esto.

LEOPOLDO

No se engaña
en loalle Vuestra Alteça.

YNFANTE

El Rey se pierde por él:
bien le oye.

DAMASIO

Aun si le oyera,
quando está por acá fuera,
gustaría al doble dél.

YNFANTE

Dícenme que es un encanto
quanto habla.

Pero la influencia italiana con su rabiosidad verbal y su capacidad de improvisación gestual venía a incluirse en una tradición autóctona que se desprende del mapa original sobre el que se formulará la técnica actoral del gracioso en el Barroco. Si en el primer capítulo hacía referencia a los juglares hispanos, no es menos importante el modelo que los *juegos de escarnio* medievales pudieron aportar a los diálogos de tono punzante y satírico y, sobre todo, a lo que se ha llamado *loca tradición oral* ininterrumpida que desembocará en los juegos de *pullas*, verdaderas creaciones literarias de la facundia burlesca en los entremeses del siglo XVII. La investigación de Monique Joly acerca del entorno cultural y lexicográfico de la burla en la tradición literaria española de los siglos XVI y XVII[17] revela la riqueza de *chistes, bromas, chanzas, chufletas* y *chilindrinas* de que podían pertrecharse los actores puestos en el trance de improvisar verbalmente. De aquellos tiempos se decía que la *chocarrería* era el aire de la patria (y «chocarreros» serán llamados con frecuencia los cómicos de la legua).

Cuando imaginamos la representación de una escena de cualquiera de los entremeses del Corpus, advertimos el grado de atletismo retórico (por usar una feliz expresión de Eugenio Asensio) que se precisa para que los actores, incluso contando con el notable freno de las pautas estróficas (muy flexibles, por otra parte, en la obra corta) se emplearan a fondo usando de su ingenuidad personal y de los denuestos de la imaginación servida por la capacidad improvisadora. Como ha señalado Eugenio Barba a propósito de su registro enérgico, el registro del actor de la *commedia dell'arte*[18] no comportaba únicamente una técnica corporal sino literaria, entendiendo por ésta la energía retórica y declamatoria, la deformación artificiosa del léxico mediante todo tipo de procedimientos cacofónicos o de paranomasia sobre la emisión de la voz, sobre su pronunciación y los acentos. Véase, por ejemplo, la escena inicial del entremés calderoniano de *Los instrumentos* que representa el encuentro de varios personajes identificados más tarde como ladrones:

TORRENTE

Sal aquí, viejecillo, injerto en mona,
sal aquí, papanduja con valona,
sal aquí, matalote,
pecado venial, ladrón a escote.

---

[17] *La bourle et son interprétation. Recherches sur le passage de la facetie au roman. (Espagne, XVIe-XVIIe siècles)*, Lille-Toulouse, Presses Universitaires, 1982.

[18] *La corsa dei contrari. Antropologia teatrale*, Milán, Feltrinelli, 1981.

CORTADILLA

Colegial de la Venta de Viveros,
ladrón, retal ganancia de mauleros,
sal aquí, monicaco,
tabaco viejo y viejo de tabaco.

MOSTRENCA

Sal aquí presa en mosto y pinta en zorra,
hueso de capa y gorra,
refresco de refrescos,
boca sin tabas y tabas sin gregüescos.

CHILINDRINA

Tú eres el «sal aquí», perro de granja,
barbas de letuario de naranja...[19]

Ofrecemos un ejemplo, claro está, fijado textualmente. Pero en otras
ocasiones toparemos con la característica labilidad textual del entremés,
obra sujeta precisamente a frecuentes manipulaciones por parte de las
compañías, cercenando o alargando el guión escrito en aras de las posibilidades de sus actores o de la espectacularidad de la representación. La
propia carcasa evanescente de semejante memorial de improperios implica, como aduciremos más adelante, el valor performativo de la ecuación
entre palabra/acción que determina una dramaturgia en buena medida
heredera de la *commedia dell'arte*, esto es, una dramaturgia que subordina la narratividad lógica a la acción y a la especial destreza del comediante emblematizado, en este caso, en la figura del gracioso. Nos referiremos
ahora a tres entremeses con escenas marcadamente significativas en este
sentido. Uno es *La maestra de gracias* de Luis de Belmonte,[20] precioso
fragmento para diseñar una preceptiva tipológica de los personajes del
entremés a partir, precisamente, de la pericia de una actriz, por lo que re-
mitimos al capítulo VI.3 del libro, donde lo cito y comento por extenso. El
segundo ejemplo es el entremés calderoniano *Las carnestolendas*, en el
que el gracioso Sebastián García de Prado, en una espléndida capacidad
de repentización, remeda a otro actor (o acaso se remeda a sí mismo en
sus años mozos) en la interpretación sucesiva de un *vejete*, un *negro*, un
tudesco, etc.:

[19] *Cf.* Calderón de la Barca, Pedro, *Entremeses, jácaras y mojigangas* (ed. de Evangelina
Rodríguez Cuadros y Antonio Tordera Sáez), Madrid, Castalia, 1983, pp. 227-228.
[20] *Ramillete de entremeses y bailes nuevamente recogidos de los antiguos poetas de España* (ed. de Hannah E. Bergman), Madrid, Castalia, 1970, pp. 159-161.

GRACIOSO

Nada me sobra.
Salga Prado y empiece aquesta obra.
(*Agora ha de remedar a Prado con
una décima o soneto.*)
Seca está la boca: quiero
echar una rociada,
que entre col y col, lechuga,
dice un adagio en España. (*Bebe.*)

VEJETE

Lindamente le remeda.

GRACIOSO

¡Muy bien!

RUFINA

¡Muy bien! ¡En mi alma
que le ha hurtado voz y acciones!

MARÍA

A Prado le harán gran falta.
(*Pónese una barbilla y gorra chata.*)

GRACIOSO

Sale un vejete arrugado,
con barbilla y gorra chata,
tan temblona la cabeza,
como papanduja el habla,
y dice a dos hijas suyas:
«Por San Lesmes, por la lanza
de Longinos, que esta fiesta
las retoza a las muchachas
en el cuerpo, y de cosquillas
se concome la criada.»

VEJETE

Esta habla es muy escura.

GRACIOSO

¿Tiénela vusté más clara?

La garganta tengo enjuta:
rociemos la garganta. (*Bebe.*)

RUFINA

No sé yo de qué está seca,
estando tan bien regada.

(*Pónese mascarilla y bonete colorado.*)

GRACIOSO

Agora sale el negrillo
requebrando aquestas damas,
con su cara de morcilla
y su bonete de grana.
[...]

RUFINA

¿A quién digo, camarada?
[...]
(*Toma una espada por el hombro y el jarro en
la mano, bebiendo a menudo.*)

GRACIOSO

Ahora sale un finflón,
o tudesco de la guarda,
hablando mucho, y aprisa,
y sin pronunciar palabra,
con su tizona en la cinta,
y en el jarro la colada,
dice echando treinta votos,
como quien no dice nada.

(*Habla lo que quisiere a lo tudesco, y bebe,
y luego hace que está borracho.*)

¡Jesús qué buchorno! Quiten
dese brasero las ascuas:
¿dónde van tantas linternas?
No mirarás como pasas,
judihuelo, hijo de puta,
¡por Cristo! si no mirara
que eres clérigo... (ed. cit., pp. 146-49).

Esto supone, y tendremos ocasión de volver sobre ello, la capacidad
del uso metonímico del disfraz, que reaparece en un ejemplo antológi-
co del entremés de *Las alforjas* de Luis Quiñones de Benavente, en donde
un estudiante es capaz de representar él solo toda una farsa:

(Sale GAZPACHO *muy a lo gracioso, de estudiante, con unas alforjas grandes, donde ha de caber una guitarra pequeña, una cabellera de demonio, un turbante de moro, unas tocas de viuda, un tamborilillo y una trompetilla.)*

[...]

ALCALDE

Mirad, las fiestas del Corpus
hacemos...

GAZPACHO

¿Pues qué les falta?

BERRUECO

Lo que no hay en las alforjas:
representantes.

GAZPACHO

¡Bobadas!
Veinte compañías [vienen]
dentro, sin faltar un alma.

ALCALDE.

Éste cargó delantero.

GAZPACHO

Esperen: ¿quieren que salga
a hacelles una comedia?

ALCALDE

Sí, por Dios.

GAZPACHO

Pues va de farsa.

CANTEROSO

¿Qué nombre?

GAZPACHO

La grande historia
de la viuda rebelada.

(Saca del alforja una guitarrilla pequeña.)

A cantar salen: silencio,
que es gran músico el que canta.

(*Canta.*)

«Niña de color quebrado,
¿qué tenéis, que tomáis el acero?»

(*Métela en la alforja.*)

ALCALDE

Hola, vos que sos poeta,
aquella copra no es mala.

(*Pónese la cabellera de demonio.*)

Callen, que un diablo ha salido.

GAZPACHO

Yo soy un diablo soez
que vengo a ver dende Fez
a la viuda Lanzarote,
porque dicen quel cogote
le tiene como una nuez.

(*Quítase el bonete y pónese un turbante.*)

Yo soy un moro en cuclillas
que el diablo me hace cosquillas
cuando me quita que coma
el perrigalgo Mahoma
pernil de las Garrobillas.

(*Quítase el bonete y pónese tocas de viuda.*)

Yo soy una viuda honrada
que representa en Granada
con Pinedo y con Heredia.
Y aquí acaba la comedia
de la viuda rebelada.

TODOS

¡Vítor, vítor; linda cosa!

ALCALDE

¿A quién digo? ¿Habrá una danza
al rincón de las alforjas,
porque nos hace gran falta?

GAZPACHO

Vuestedes han de danzar.

ALCALDE:

¿Nosotros?

GAZPACHO

Es cosa clara.

BERRUECO

No sabemos.

GAZPACHO

Pues para eso
tienen las alforjas gracia.

(*Saca un tamborilico y empieza a tañer y ellos a danzar.*)[21]

Los ejemplos aducidos nos sitúan en la esencia del problema que queremos debatir. La ambigua improvisación, la capacidad versátil del actor parece anular el que la profesión se singularice en una pericia adquirida en torno al aprendizaje técnico de un texto que contenga las claves de la actuación. Más bien nos encontramos, en esta fase del modelo, con que la teatralidad de las acciones determina el presunto *guión* o *narración* que articula la lógica de la representación. La *commedia dell'arte* y su plausible influencia en el teatro popular español de los Siglos de Oro constituyen así, en palabras de Roberto Tessari, la primera «rivendicazione moderna d'una azione teatrale ricondotta ad evento che instituisce una comunione non verbalmente mediata tra il gesto dell'attore e il corpo sensibile dello spettacolo.»[22]

Se trataría de un momento histórico en el que, a efectos de la historia de la técnica del actor, se procede a una subrogación del autor-dramaturgo por el actor-dramaturgo, operación en la cual el espectáculo se manifiesta como aparente improvisación y el texto artístico se escribe sobre la escena en el momento en que se produce con amplia espontaneidad. Cuando un satírico del siglo XVII describe a una actriz del modo siguiente:

La Niña con un garlo no aprendido,
sino el que allí le ministró el contento,
esto alargó ni necio ni fingido...

---

[21] *Ramillete de entremeses*, ed. cit., pp. 100-103.
[22] *Commedia dell'Arte: La Maschera e l'Ombra*, Milán, Mursia Editore, 1989.

cualifica documentalmente estas dotes de diestra facundia (*garlar,* de acuerdo con el léxico de la época, es hablar mucho y sin intermisión), que no es producto de un estudio erudito o académico (*aprendido*) sino de la campechanía de la situación teatral (dicho con no poca picardía, claro está, ya que *contento* significaba en germanía los *reales* o *monedas;* los actores eran ya menesterosos y, en definitiva, ejercían su trabajo por algo, era ya un oficio); ni tampoco de manera afectada o *ensayada.* A ello alude también, sin duda, el gracioso que, al ser juzgado, se defiende diciendo:

> A lo estudiado
> añado yo mis gestos y mis voces,
> mi mudanza de tono y mi despejo.[23]

El tratadista italiano Andrea Perrucci escribe en 1699 la obra *Dell'arte rappresentativa premeditata e all'improvviso* y, significativamente, tiende la frontera entre un arte del actor basado en un acercamiento a la construcción retórica y culta del texto teatral y el correspondiente a las cualidades que se poseen y que permiten ofrecer como aparentemente improvisado lo que de manera consciente, meditada o erudita hace el poeta:

> Bellisima, quanto difficile e pericolosa, è l'impresa, né vi si devono porre se non persone idonee ed intendenti, e che sappiano chè vuol dire regola di lingua, figure rettoriche, tropi e tutta l'arte rettorica, avendo da far all'improvisso ciò che premeditato fa il poeta [...] Non così le comedie all'improviso, dove la varietà di tanti personaggi, tra' quali per forza v'ha da essere che sia varietà di tanti personnaggi, tra' quali per forza v'ha da essere chi sia men perfetto e meno abile, fa che la irregolarità ne nasca, e il dire *quidquid in buccam venit* non può essere senza mancamento.[24]

Pero, junto a la repentización verbal (el *quidquid in buccam venit*) es evidente que la comedia nueva española, otra vez por influencia de la *commedia* italiana, diseña con frecuencia figuras o caracteres que imponen su actuación más por el gesto que por la palabra, hábito que arraiga en la generación de los actores-autores y que fue cualidad técnica preponderante cuando las compañías de cómicos *all'improvviso* comenzaron a desplazarse por Europa recitando en un idioma que los espectadores no italianos desconocían. Sea como fuere, lo cierto es que esta técnica

[23] Hurtado de Mendoza, Antonio, *El examinador Micer Palomo,* en *Antología del entremés (desde Lope de Rueda hasta Antonio de Zamora). Siglos XVI y XVII,* Madrid, Aguilar, 1965, p. 501.
[24] Perrucci, Andrea, *Dell'arte rappresentativa premeditata e all'improvviso,* 1699 (ed. de Anton Giuglio Bragaglia), Florencia, Sonsoni, 1961, pp. 159-160.

accional y declamativa (que Huarte de San Juan definirá como «soltura en
el decir o invención que facilite el encaje de las sentencias») se vincula en
el Siglo de Oro a la esfera del gracioso. Una anécdota relatada por el Padre
José Alcázar en su *Ortografía Castellana* (1690) ilustra, con cierto lujo, lo
que afirmamos:

> Hay cosas que una vez se toleran con gracia y no se permite que se repitan.
> Osorillo, célebre comediante, recreaba con sus ingeniosas gracias a los oyen-
> tes. Un día, al empezar la comedia, salió al tablado, y sacando un papel larguí-
> simo, empezó a murmurar de los comediantes, en hermoso verso, porque se
> quiebran la cabeza aprendiendo de memoria los versos que pudieran leer y
> añadir: «Yo quiero dormir y dejar a los demás que se estudien y cansen cuanto
> quisieren.» Hízose la comedia. Los demás dijeron sus versos de memoria y
> Osorio les iba respondiendo leyendo y mezclando bufonadas; v.g.: «Aguarda.
> Aquí hay una letra mal formada. Ahora he menester adivinar, porque el papel
> está roto.» Este modo desusado de representar lo recibió con gran risa y acla-
> mación el vulgo ignorante. Esto lo puede hacer el gracioso, mas no quien ha-
> ce al rey, o a otra persona grave, y basta que se declare una vez.[25]

La anécdota nos acerca considerablemente a la hipótesis de la ya mencionada correspondencia con la tradición de la *commedia dell'arte* y explica la extensión de estos recursos incluso a la oratoria sagrada, donde «la
improvisación indecorosa era tenida como toque de genialidad.»[26] La rápida reacción de la preceptiva y, por supuesto, de los moralistas, advierten
del peligro de la falta de *decoro* en que podía concurrir la improvisación,
testimonia la raíz popular, burda e incluso grosera (ausente de valoración
ético-moral) de los recursos cómicos de la pantomima y de la acrobacia,
armas fundamentales asimismo del mapa dramatúrgico del entremés. La
aparición en la pieza breve de *Las carnestolendas* de Calderón de la Barca
de un gracioso haciendo de *hombre al revés* puede ser indicativa de estas
habilidades paródicas y físicas: «Sale un HOMBRE, la mitad mujer, y la otra
mitad de hombre, puesto al revés y andando hacia atrás.» Y, por otro lado,
indica también esa partitura evanescente, falta de fijación escrita, pero sumamente eficaz en su resolución gestual, que acrecentaba la brillantez del
espectáculo con evidente descontento de autoridades y censores, los cuales preferían la tranquilizadora *letra* sobre la que aprestar su control. Por
eso ya advertía el jesuita Ottonelli:

---

[25] En el capítulo «Elocuencia y elección en las palabras», cit. por Federico Sánchez Escribano y Alberto Porqueras Mayo, *Preceptiva dramática española del Renacimiento y el Barroco*, Madrid, Gredos, 1972, p. 243.

[26] Martí, Antonio, *La preceptiva retórica en el Siglo de Oro*, Madrid, Gredos, 1972, p. 116.

Non è molto che un gentiluomo giudizioso e prattico non poco de' dra-
matici recitamenti, mi disse che gli spiaceva assai quando sentiva che certi
Accademici recitavano all'improviso, perché tal volta dicevano dell'oscenità e
poi ciascuno di loro si scusava con dire: «Mi è scapata.» Ma quella scusa, avviso
io, allegierisce ben sì il difetto, ma non fa che non sia difetto; e però, per non
ricadervi, si levi la cagione e non si reciti all'improvisso. Io ho detto altrove che
Beltrame ripprendeva qualche comico quando nella scena recitando aveva
detto qualche equivoco troppo impuro. E quello era l'efetto cattivo del recitare all'improviso. So che quella reprensione di Beltrame era buona ma più si-
curo e miglior rimedio sarebbe stato recitare *ex scripto*, secondo una totale re-
visione di parola in parola.[27]

Pero, aparte de esta ambigüedad, la seriación y tipificación de *gestos*
constituirán progresivamente los elementos de una gramática ordenadora
que integra todos los demás elementos del espectáculo que en la *commedia dell'arte* se llamaron *lazzi*. La materialización de figuras o significados
fácilmente reconocibles por un público suficientemente entrenado en la
complicidad gestual. M.ª Luz Uribe describe así este concepto:

Consistían en posturas, gestos, guiños y juegos de escena y de palabra que
efectuaban para provocar la risa a través de lo burlesco e inesperado o para
alegrar una escena y reanimar un juego.
Cada actor poseía una colección de *lazzi* que debían saber de memoria
para insertar en el momento oportuno. Los *lazzi* terminaban así por darle los
últimos elementos a su personaje, y la clave de ciertas posturas o actitudes; el
arte de cada actor para realizarlos oportunamente era lo que hacía que algunos personajes llegaran a dominar el escenario con su movimiento inquietante y su carácter directamente grosero a veces, y en otros casos eminentemente
poético.[28]

Los *lazzi*, de este modo, al no poder ser considerados obras breves aisladas sino situaciones bufonescas, de rápida y de eficaz preparación, para
que los actores pudieran incluirlas en la continuidad de la acción, han podido relacionarse (que no meramente ser identificadas) con el género español más directamente vinculado a los factores histriónicos de la supuesta improvisación: los pasos. Como ha propuesto César Oliva, los *lazzi* no
son equivalentes a los pasos, sino que los *constituyen*,[29] como parece desprenderse de la práctica escénica sugerida por los versos de Timoneda en
el *Registro de representantes*:

---

[27] *Della Christiana Moderatione del Theatro*, p. 520. *Apud* Tessari, Roberto, *Op. cit.*, p. 138.
[28] *La comedia del arte en España*, citada.
[29] «Tipología de los *lazzi* en los pasos de Lope de Rueda», *Criticón*, 42, 1988, p. 66.

> De aquí el representante que presuma
> haze que sus coloquios sean gustosos,
> puede tomar lo que le conviniere
> y el passo que mejor hazer supiere.

Es decir, se trata de un repertorio flexible de escenas autónomas, construidas a partir de un modelo conocido por las condiciones *in situ* del actor. De la influencia de este sistema en el género, cuajado en el teatro áureo, del entremés, son buena muestra los fragmentos citados, dentro de la concepción general de la improvisación (es decir, elección personal del actor de una situación sobre la cual puede trabajar a partir de su propia intuición y capacidades). César Oliva ha tratado de aislar dichas situaciones bajo la denominación más o menos precisa de ocho *lazzi* españoles que constituyen los *pasos* creados por Lope de Rueda: el *dar palos* un actor a otro (que será luego, como es notorio, el final ilógico y cómico de la mayor parte de nuestros entremeses); los *soliloquios gestuales* sin apenas apoyo textual, que puede realizar un actor que, con su actitud o breves sentencias, contrasta irónica o paródicamente la escena que se desarrolla en ese momento; el *rematar un cuadro* con una acción más o menos burlesca cuya comicidad estriba fundamentalmente en su repetición (caída, o amago de caída o, como sucederá con frecuencia en los más tardíos entremeses, la repetición de frases lapidarias para elevar un escalón irónico sobre la acción que se glosa);[30] la *información equívoca* o tergiversada que se trasmite a otro, enredando las palabras, para complicar la acción; el *efecto bululú*, es decir, un diálogo de múltiples personajes que son interpretados por un solo actor (que ya hemos visto ampliado y perfeccionado magistralmente a través de la metonimia del *disfraz*, en la técnica del entremés); el *disfraz endeble o falaz* que permite el pronto descubrimiento del personaje que lo emplea; los *titubeos expresivos*, bien dudando o tartamudeando en palabras difíciles de pronunciar, bien en determinados gestos; o, finalmente, el *temblar* exageradamente para mostrar un ánimo timorato o directamente pusilánime (invitamos a repasar las venturosísimas

---

[30] Tal situación, que supone la traslación al texto de este mecanismo, es estudiada por Evangelina Rodríguez y Antonio Tordera, *Calderón y la obra corta dramática del siglo XVII*, Londres, Tamesis Books, 1983, p. 95. Se trata casi siempre de retomar el discurso anterior de un personaje con intención burlescamente correctiva respecto a la situación desarrollada en escena; así cuando un personaje, que se supone acompaña a otro a vigilar la salida de una *casa sospechosa*, asiste impávido a los palos que debe recibir su amigo con el estribillo repetido: «Dejaos dar, que alerta estoy / que es lo que me toca a mí» (*La casa de los linajes* de Calderón); o la vecina que se guasea sobremanera de doña Blasa porque ésta, habiendo presumido de desahogo económico, ve llegar a su casa un largo desfile de acreedores, diciendo cada vez que se repite este hecho: «Dichosa tú que no debes, / amiga, a estas horas nada» (*La rabia* de Calderón).

interpretaciones de «Juan Rana», máscara creada, como veremos, por el actor Cosme Pérez, como valentón, marido ofendido o caballero toreador).

Sobre esta base, pues, supieron los actores españoles asimilar el modelo que constituía el *arte* de las compañías italianas, extendidas por toda Europa ejercitando técnicas paródicas y de improvisación que aplican muchas veces a la propia comedia erudita (de cuyos materiales a veces parten) para llegar a una estilización bufonesca de tipos o caracteres diferenciados en movimiento o voz. Y este modelo penetra en España, como dijimos, o a través de «Mutio» y «Ganassa», o a través de compañías como el grupo de actores de la Academia de los *Intronati* de Siena, que en 1548 representan en Valladolid *I Suppositi* de Ariosto. La misma palabra italiana *commedianti* hace ingresar en nuestro vocabulario una nueva voz (*comediante*) para llamar a histriones y farsantes. Y un excepcional actor y autor, Lope de Rueda, lo asume, en fin, si hemos de atender a los elogios con que le abruma el *Registro de representantes*, llamándole no sólo «luz y escuela de la lengua española», sino «padre de las sutiles invenciones, piélago de las honestísimas gracias y lindos descuidos, único sólo entre representantes, general en cualquier extraña figura.» Dicho lo cual y para restañar el honor ofendido de quienes siempre negaron que un bufón como «Ganassa» pudiera inspirar a Gálvez o a Cisneros, debe decirse que en la medida que los cómicos españoles importaron técnica, al parecer, también la exportaron. No en vano, hasta el propio Barbieri lo reconoce:

> La Spagna prima si serviva delle nostre italiane e i comici vi facevano assai bene: Arlichino, Ganassa ed altri hanno servito la felice memoria di Filippo secondo, e si fecero ricchi; ma doppo quel regno ha partorito tante che ne riempie tutti quei gran paesi e manda anche molte compagnie in Italia.[31]

Italia y todas las cortes europeas: entre 1614 y 1617 se ha documentado, sin ir más lejos, la presencia de comediantes españoles al frente de los cuales iba el autor Francisco López en la propia corte del emperador en Bruselas.[32]

---

[31] Barbieri, Nicolò, *La Supplica. Discorso famigliare di Nicolò Barbieri, detto Beltrame, diretta a quelli che scriuendo o parlando trattano de Comici trascurando i meritti delle azzioni uirtuose. Lettura per què galanthuomini che non sono in tutto critici ne affato balordi,* Venecia, Marco Ginammi, 1634 (ed. de Ferdinando Taviani), Milán, Il Polifilo, 1971, p. 54.

[32] *Cf.* Hoppe, Harry R., «Spanish Actors at the Court in Brussels 1614-1618, including Francisco López, Autor», *Bulletin of the Comediantes*, V, 1953, pp. 1-3.

2. La saga de Arlequín: graciosos, máscaras y matachines

Cabe realizar ahora una aproximación más detenida a la influencia italiana en la conformación del sistema actoral español en el periodo cronológico del llamado Siglo de Oro. Desde antiguo los estudios del teatro hispano observan una clara filiación entre el teatro lopesco y la máscara arlequinesca, recibida ésta, según se supone, a través del célebre «Zan Ganassa» o Alberto Nasseli, quien logrará la simbiosis del actor-persona con el actor-máscara (Arlequín) en una suerte de total identificación que recuperaremos en la península años más tarde con la figura de Cosme Pérez o «Juan Rana».[33] Entre su primera estancia en España desarrollada en 1574 y su presencia casi continua en el Corpus de Sevilla de los años 1575, 1578 y 1583, «Ganassa» sintoniza con la tradición o prehistoria del gracioso siglodorista (los episodios cómicos de Torres Naharro o Juan del Encina). Ahora bien, entre el *pastor bobo* o *criado* de éstos y el genuino gracioso lopesco opera un salto (diríamos casi un hiato) en la tradición, ya que tal figura o personaje —al menos en una primera aproximación— no aparecen en los inmediatos predecesores de Lope de Vega (Cervantes, Juan de la Cueva o Miguel Sánchez). Los antecedentes del gran protagonista realmente popular de la comedia barroca no serán exclusivamente el *simple* o el *soldado fanfarrón* del teatro del siglo XVI. Como estudia Edwin B. Place,[34] ni en *El verdadero amante* ni en *La pastoral de Jacinto* ni en *Los hechos de Garcilaso de la Vega y moro Tarfe* (obras todas escritas antes de 1585) aparece un mínimo borrador del gracioso. Y lo mismo cabe decir de obras fechadas en 1587 como *La ingratitud vengada* y *Belardo furioso* o en 1590 como *El Grao de Valencia*.[35] Sólo en 1594, en *El maestro de danzar*, las acotaciones revelan un intento de caracterizar a determinados personajes apuntando en dicha dirección:

---

[33] Dice Luigi Tonelli en *Il teatro italiano dalle origini ai giorni nostri* (Milán, 1914), p. 220: «... non bisogna dimenticare che un tipo comico diventa importante solo quando un attore lo ha reso tanto insigne, di farlo passare alla storia; e, per esempio, pel Pulchinella quando Silvio Fiotillo, comico napolitano, l'ebbe introdotto con grandissimo plauso, non più tarde del 1620, nella commedia dell'arte; pero Arclecchino, quando il comico Alberto Nasseli, celebre pure come Zan Ganassa, a Parigi, intorno al 1572, si presentò al pubblico come lo Zani Harlequin, ossia Zanni Diavolo...»

[34] «Does Lope de Vega's "gracioso" stem in part from Harlequin?», *Hispania*, XVII, 1914, pp. 257-270. La tesis de que la característica improvisación de la *commedia dell'arte* se formaliza en el gracioso viene a ser sostenida asimismo por William F. Forbes, «The *Gracioso*: Towards a Functional Reevaluation», *Hispania*, 61, 1978, p. 79.

[35] Véase, al respecto de Lobato, M.ª Luisa, «Ensayo de una bibliografía anotada del gracioso en el teatro español del Siglo de Oro», *Criticón*, 60, 1994, pp. 149-170.

Sale CORNEJO, escudero, *a lo gracioso*, y dice...
Salen ALDERNARO, BELARDO y CORNEJO, escudero armado *a lo gracioso*...

Me interesa la expresión *a lo gracioso* porque, lo mismo que la constante muletilla que aparecerá en el teatro breve (*a lo ridículo, de ridículo, muy a lo ridículo*), apuesta no sólo por la evocación de un tipo dramático sino, con toda probabilidad, por la fijación léxica de una composición gestual, verbal y de indumentaria en el sentido que se deriva de la inclusión de esta recomendación en una acotación *yusiva* o de advertencia al representante. Los calcos entre el Arlequín italiano y el gracioso barroco español organizan un archivo de rasgos más que evidente. Ya nos hemos referido a la enorme capacidad de improvisación verbal, a la fogosidad del discurso disparatado o sin sentido (que en ambos casos probablemente parodia la retórica del lenguaje amoroso cultista o conceptista). El caso del sacristán o licenciado en el trance de la seducción grotesca a su amada en los entremeses calderonianos puede ser un ejemplo efectivo, bien rebajando a lo indecible la retórica petrarquista:

> Dichosa fue la nube
> que concibió el vapor, que del mar sube
> donde el sol la rubia
> madeja hirviendo, desató la lluvia,
> cuyo cristal vivificado deja
> los romeros, que en flor libó la abeja,
> de cuyo humor golosa
> se fabricó la miel, que artificiosa
> echó de sí la cera,
> con que encerar pudiera
> el zapatero al fin, que no ingrato
> el ponleví cosió de tu zapato
> en cuya huella poca
> yo, indigno pecador, pongo la boca.[36]

bien forzando la rima burlesca de los sonetos, como comprobamos en el entremés calderoniano *Los sacristanes burlados*:

> Boca más sazonada que el arroz
> y más recta que un juez recta nariz,
> manos más blancas que la regaliz
> y ojos más segadores que una hoz,
> manos que, como patas, pegan coz,

---

[36] *Entremés de La pedidora* de Pedro Calderón de la Barca, ed. cit., pp. 244-245.

> ojos que echan de rayos un cahíz,
> boca que está de zape y dice miz,
> y nariz que le sirve de albornoz,
> nariz con el catarro pertinaz,
> ojos que miran sesgos cualquier vez,
> y boca que repudia el alcuzcuz.
> Si las manos me dais en sana paz
> como a una mona de Tetuán o Fez,
> las morderé un poquito y haré el buz.
> (Ed. cit., pp. 135-36).

Edwin B. Place[37] se refiere también a la característica rijosidad del gracioso, siempre inclinado a amoríos con criadas, por aquello de endulzar las esperas de su amo y, en cierto modo, para parangonarse, a la baja, con el galán al que sirve. Como el Arlequín de la *commedia,* su universo escatológico se configura entre el hambre y la glotonería y su compromiso social se desdice constantemente con su escepticismo frente a los compromisos de la honra. Finalmente, comparten dos cualidades que nos sitúan ya estrictamente en el horizonte de una técnica propia de actores experimentados: las *hablas* o *jergas* (incluidas, en el caso español, las desacralizaciones del latín macarrónico) y la pericia en la acrobacia y en la pantomima, de las que ya hemos dados algunos ejemplos en el epígrafe precedente.

Como he ido refiriendo, hay que hurgar esencialmente en un género, el *entremés*, para encontrar que la *commedia dell'arte* pudo ser, en efecto, una escuela de las técnicas de actuación para los cómicos españoles. Recapitulemos la panoplia de influencias referidas al principio de este capítulo:

a) La posibilidad de un teatro como creación colectiva de actores que elaboran un espectáculo improvisado (gestual y/o verbalmente) a partir de un boceto produciéndose, por ello mismo, la consiguiente falta de límites entre el espacio del actor y el del director de escena. Como asegura Juan Manuel Rozas: «La obra [...] se modula desde los actores, partiendo de un actor que ha llegado por su experiencia a ser el autor-director de la compañía. El cuerpo del actor es siempre la primera materia para mostrar la obra.»[38]

b) El esquema rector de la *commedia dell'arte* (las colecciones de *lazzi* o de proyectos narrativos o, más bien, *performativos*) se perfila

---

[37] *Op. cit.,* pp. 269-270.
[38] Rozas, Juan Manuel, «La técnica del actor barroco», *Anuario de Estudios Filológicos,* Universidad de Extremadura, 1980, p. 194.

en España con textos más completos, pero cuya integridad (sobre todo en el caso de los *entremeses*) quedaba, habitualmente, más que vulnerada. Ya hemos visto los esquemas que César Oliva investiga en los pasos de Lope de Rueda; pero en las propias colecciones de entremeses, el teatro intensificadamente popular por excelencia, percibimos rastros inequívocos de estos *lazzi*. Por ejemplo Flaminio Scala recoge en su obra *Il teatro delle favole rappresentative overo la ricreazione comica, boscareccia e tragica* (Venecia, 1611) el *lazzo* de *¡Dios os dé salud!* que supone que algún personaje como Franceschina o Pedrolino golpean al Capitán repitiendo tal frase. El Capitán, confuso, acaba marchándose de escena no sin antes haberse dirigido al público con las mismas palabras: tal situación se aproxima casi hasta la coincidencia con los *palos* repartidos a diestro y siniestro en los entremeses, como también sucede en el célebre *lazzo* de los bastones (recogido por Andrea Perrucci en su *Dell'arte rappresentativa*, 1699). En cuanto al *lazzo* de quitarle a uno la comida de la boca (recogido en el mss. de 1618 de Basilio Locatelli) o que aparezca misteriosamente un festín por obra del ensalmo aprendido en un libro mágico, o que la mesa del banquete se eleve por los aires, recuerdan extraordinariamente las situaciones frecuentes en el entremés de una comida fantasmática que aparece y desaparece por un conjuro mágico (recordemos *El dragoncillo* de Calderón, de inspiración en La *cueva de Salamanca* cervantina). Por no hablar del más que grotesco *lazzo* de las aguas, en la que la meretriz se desmaya y ante la petición de ayuda de sus criados Pulcinella le ofrece todo tipo de aguas (de rosas, de jazmín, de naranja, de menta, de lirios y... de orín). Sin llegar a esta nota escatológica, esta situación la vemos puesta en escena en el entremés calderoniano de *La pedidora* cuando esta caprichuda dama, que ha pedido a uno de sus amantes, el Vejete, unas *enaguas*, se ve sucesivamente rociada por pomos o frascos de agua de aguardiente, de malvas, de azahar, de guindas, de ámbar, etc.[39] Finalmente, aunque no se agotan todas las posibilidades, el tópico *lazzo* de *¡esta bella ciudad!* fortalece la rutinaria dramaturgia de las loas recitadas por el comediante antes de comenzar la representación cuando exalta, en una típica operación de *captatio benevolentiae*, las grandezas de la ciudad a la que se llega (y de la que muestra un inagotable repertorio Agustín de Rojas en *El viaje entretenido*). Por otra parte, no pocas veces es la amplia documentación iconográfica que de la *commedia dell'arte* poseemos la que nos testimonia algunas situaciones

---

[39] Ed. cit., pp. 246-247.

que aparecen en el teatro menor risible: escenas en las que algún galán recibe una ducha de agua desde el primer nivel del escenario o alguien que, sentado en una silla, es elevado bruscamente hacia el llamado *desván de las tramoyas*, lo que presenciamos como escarmiento del soldado gorrón en el entremés calderoniano de *El convidado*.[40]

c) La tradición familiar y gremial entre los actores.

d) El desarrollo de la acrobacia y de la destreza corporal, sustitutivos, muchas veces, del discurso verbal puro. Destreza y expresión corporal que, para el caso de la *commedia dell'arte* (que no, lamentablemente, para el caso del entremés español), ha producido una sólida tradición iconográfica y, con ello, la posibilidad de estudio de un *canon* compositivo, a veces pura estilización caricaturesca, pero que, en todo caso, más allá del testimonio del virtuosismo físico de la acrobacia, denota la tensión corporal del sistema técnico de la actuación, la posición de manos, piernas y pies, el logro de ese preciso equilibrio estático que denota, por ejemplo, la multiplicidad de imágenes del Arlequín o de otros personajes que hemos recibido gracias a una generosa transmisión de su memoria visual.[41]

Si hemos de estudiar la técnica del actor en el entremés, estas consideraciones pueden ser de gran riqueza y las podríamos incluir, como mínimo, en tres apartados:

a) La conciencia de provisoriedad o libertad (o, por el contrario, tal vez dependencia) de las posibilidades del actor o de la compañía que se advierten en muchas acotaciones de los entremeses:

> Traigan gaitas, *si puede ser.*
> Hagan la mudanza *que quisieren.*

O en *El encanto en la vigüela. Entremés famoso en diferentes lenguas* de Francisco de Ribera:[42]

> Sale Tábano, vestido *lo más gracioso que pueda.*
> Ahora tocará el pastor *lo que supiere.*

[40] *Cf.* Gordon, Mel, *Lazzi. The Comic Routine of the Commedia dell'Arte*, Nueva York, Performing Arts Journal Publications, 1983.

[41] *Cf.* Taviani, Ferdinando, «Un vivo contrasto. Seminario su attrici e attori della Commedia dell'Arte», *Teatro e Storia*, 1, 1986, p. 60.

[42] En *Entremeses Nuevos*, Zaragoza, 1640, pp. 105 y 107, respectivamente.

b) La *improvisación* practicada por el actor a partir de las propiedades *metonímicas* del vestuario o disfraz que ya hemos mencionado. Así, en el *Entremés famoso del Corpus de Madrid* (publicado en la colección *Teatro poético* en 1658) el Licenciado Turrón improvisará por sí solo nada menos que todo un auto:

> Quítase la sotana y ha de quedar como diablo.
> Quítase la túnica de demonio, y queda con otra blanca y pónese una cabellera rubia.[43]

c) Las *marcas directas* de la *commedia dell'arte*, bien en el atuendo del personaje o en el uso de la *máscara*:

> Descúbrase Francisca, y estará vestida de Arlequín y con barba.[44]
> Sale Pilonga con una máscara con narices largas, y por detrás del alcalde le hace cosquillas con ellas en los carrillos, y él se da de bofetadas creyendo que son moscas.[45]
> Salen León y Cáncer con mascarillas, y sus targetas en las manos.[46]
> Sale por una parte Juan Rana con una linterna, y por otra, vestido de la misma manera que él y con la máscara parecida, Torón con otra linterna.[47]

Por otra parte, existía una forma intensificada del género breve (un *modo* a partir de un *género*, como hemos enunciado alguna vez) derivada claramente de los mimos antiguos y de la *commedia dell'arte*. Me refiero a los *matachines*, registro exacerbado y gesticulante que se concreta las más de las veces en un original elemento coreográfico del entremés y, so-

---

[43] *Teatro poético*, 1658, pp. 82-83. La escuela de la *improvisación* es ilustrada numerosas veces en el delicioso *Viaje entretenido* de Agustín de Rojas: «Almorzamos, y fuimos aquella noche a otro lugar, donde ya llevábamos orden para ganar de comer. Pedí licencia, busqué dos sábanas, pregoné la égloga, procuré una guitarra, convidé a la huéspeda y díjele a Solana que cobrara. Y al fin, la casa llena, salgo a cantar el romance de *Afuera, afuera; aparta, aparta*, acabada una copla, métome y quédase la gente suspensa; y empieza luego Solano una loa, y con ella enmendó la falta de música. Vístome una sábana y empiezo mi obra, cuando salió Solano de Dios Padre, con otra sábana abierta por medio y toda junta a las barbas llena de orujo, y una vela en la mano; entendí de risa de ser muerto. El pobre vulgo no sabía lo que le había sucedido; pasó esto, y hice mi entremés de bobo, dije a coleta del huevo, y llegóse el punto de matar al triste Abel, y olvidáseme el cuchillo para degollarle, y quítome la barba y degüéllole con ella...» (ed. de Jean-Pierre Ressot, Madrid, Castalia, 1972, p. 134).

[44] *El Gabacho. Entremés famoso*, en *Entremeses Nuevos*, Zaragoza, 1640, p. 186.

[45] *Entremés famoso del Retablo de las Maravillas*, en *La mejor flor de entremeses*, Zaragoza, 1689, p. 95.

[46] *Loa de planetas y de signos*, en *Vergel de entremés*, 1675, p. 207.

[47] *Entremés de los dos Juan Rana, Ibid.*, p. 23.

bre todo, de la mojiganga, derivado de una baile pantomímico antiguo, parodia de danza guerrera, una suerte de irónica danza cómico-heroica. *Matachín* derivaría vagamente de distintos sentidos: del *matar* español (de donde *matado fingido* o *matafín*); o bien del italiano *mataccino*, un uso despectivo y diminutivo de *matto* (loco, bufón):

> Mattaccin tutti noi siamo,
> che correndo per piacere,
> vogliam farvi oggi vedere
> tutti i giuochi che facciamo.[48]

Covarrubias en su *Tesoro* habla de «unas danzas mímicas que responden a las de los matachines, que danzando representaban sin hablar, son solos ademanes, una comedia o una tragedia.» Y en *matachín* añade: «La danza de los matachines es muy semejante a la que antiguamente usaron los de Tracia [...] al son de flautas, salían saltando y al compás de ella, se daban fieros golpes.» El *Diccionario de Autoridades* se centra en la descripción pormenorizada de la extravagante figura, en la que la huella bufonesca es más que evidente:

> Hombre disfrazado ridículamente con carátula, y vestido ajustado al cuerpo desde la cabeza a los pies, hecho de varios colores y alternadas las piezas de que se compone: como un cuarto amarillo y otro colorado. Fórmanse destas figuras una danza entre cuatro, seis u ocho que llaman los Matachines, y al son de un tañido alegre hacen diferentes muecas, y se dan golpes con espadas de palos y vexigas de vaca llenas de aire.

De manera más específica ilustra tal tradición Francisco Bances Candamo en su *Theatro de los theatros*:

> La voz Mimos viene del verbo *mimeomai,* que significa imitar, y así éstos eran propiamente remedadores de las acciones de algunos personages conocidos, cuio rostro traían imitado en la mascarilla para que todos conociesen el papel que hacía. Y corresponden a los que ahora llamamos vulgarmente Matachines, porque sólo con gestos y danzas se explicauan, aunque todos sus mouimientos eran torpes, imitando cosas deshonestas [...] En su tiempo estauan ya las representaciones de otra suerte, pero su principal profesión era la de los gestos [...] Tampoco hacen estos de hoy [los matachines] mouimientos deshonestos sino los más ridículos que pueden, ya haciendo que se encuentren dos de noche y fingiéndose el uno temeroso del otro se apartan entrambos. Luego se van llegando como desengañándose, se acarician, se reconocen,

---

[48] *Cf.* el artículo «mataccino» en *Enciclopedia dello Spettacolo*, Roma, Casa Editrice Le Maschere, 1960, tomo VII, pp. 290b-291a.

bailan juntos, se bueluen a enojar, riñen con espada de palo, dando golpes al compás de la Mússica, se asombran graciosamente de una hinchada vejiga que acaso aparece entre los dos, se llegan a ella y se retiran, y en fin, saltando sobre ella la revientan y se fingen muertos al estruendo del estallido. Y de esta suerte otras invenciones entre dos, entre cuatro o entre más, conforme quieren, explicando en los gestos y en la danza alguna acción torpe, pero no ridícula.[49]

El consabido final «a palos» de los entremeses, sin perjuicio de otras explicaciones antropológicas, muestra una evidente semejanza con este género tan arraigado en un tipo de actor mucho más pragmático que teórico y más cómodo en la calle que en los salones principescos. Por ello se intercalaba en los entremeses, bailes y mojigangas o servía como conclusión de las piezas, sobre todo a finales del siglo XVII. Así lo insinúa, por ejemplo, el *Entremés famoso del Matachín,* donde el vocablo se ajusta aparentemente a un desordenado y burlesco final:

> Que aquí no [h]ay duende ni duendes,
> a pares andan las burlas,
> porque no me haga alcahueta,
> lleuados ya los porrazos,
> sólo tiene esto una enmienda,
> que en dos brauos Matachines
> aqueste duende se buelua
> y acabes aquesta burla
> porque con novedad sea,
> no en mudanças concertadas,
> sino en figuras risueñas.[50]

O en la *Loa* para la comedia de *Un bobo hace ciento* de Antonio de Solís, en donde el término ingresa en un contexto claramente coreográfico, de estribillo musical:

> ... matachín, que el Tiempo no es Tiempo;
> matachín, que el Tiempo es Juan Rana.[51]

En el uso de la máscara hallamos un impagable testimonio de la influencia de la técnica del actor italiano de la *commedia dell'arte* en el actor español del Siglo de Oro. Naturalmente sólo podemos documentar el uso

---

[49] Ed. de Duncan Moir, citada, 1970, p. 125.

[50] En *Verdores del Parnaso*, Madrid, 1668 (ed. de Rafael Benítez Claros), Madrid, CSIC, 1969, p. 158.

[51] En *Ramillete de entremeses y bailes*, ed. cit., pp. 176-177.

esporádico de mascarillas, sobre todo para subrayar la caracterización de tipos como el *negrillo*. Y esto nos lleva, al mismo tiempo, a limitar con cierta prudencia nuestra teoría de este tipo de influencias. Porque si se ha dicho que el uso de la máscara en el teatro ha evolucionado desde una fundamentación tipológica y técnica (modulación y tono de la voz, como sucedía en el drama griego) hasta una función psicológica o de investigación de las cualidades psíquicas y morales, el uso de la misma por los actores del Siglo de Oro parece situarse en un estadio intermedio. De hecho, para hablar propiamente de creación de máscaras habría que superar el concepto de la pura materialidad objetual extendiéndola a la totalidad corporal y a la personalidad propia del *gestus* de un actor concreto. Me sumo a lo escrito por M.ª Luz Uribe:

> La máscara del arte fija y determina las características psicológicas de un personaje, pero nunca lo limita, porque sus rasgos son sutiles; da al actor y al público la oportunidad de intuir ante quién está, pero oculta al mismo tiempo una serie de posibilidades e imposibilidades; define la expresión de un tipo y la hace intensa pero no sólo a través de los gestos del rostro, sino con la voz y la actitud de todo el cuerpo, haciendo de éste un nuevo rostro de movimiento incesante, estudiado, perfecto; y demuestra así que «los gestos tienen un lenguaje, las manos tienen una boca, los dedos tienen una voz», como ya pensó el poeta griego Nonnus en el siglo v después de Cristo.[52]

Con la *commedia dell'arte*, pues, la máscara pasa a ser una suerte de piel del personaje, en coordinación con la propia personalidad expresiva, corporal y gestual. Si el actor Quinto Roscio la utilizó en Roma, según se cuenta, para ocultar al público su estrabismo, la máscara griega servía para una *categorización* del personaje, al que dotaba de la fuerza simbólica que el rostro humano se sentía incapaz de soportar o expresar en su total trascendencia (el aciago destino de Edipo, la furia de Medea, la desesperación de Electra). En el caso de la *commedia* el actor operaba sobre todo con la *media máscara*, derivada probablemente de las *volti naxi* (narices) carnavalescas, que dejaba libre la boca a los *zanni* (con perfil negro animalesco), a Pantaleone (con nariz curvada), al Doctor (con la nariz hacia arriba) e incluso al personaje del Capitán; o bien el rostro pintado que, en todo caso, como dice Marotti, intenta que el actor trabaje sobre una estructura

---

[52] *La comedia del arte en España*, citada, p. 34. La autora añade al respecto: «Las máscaras estaban confeccionadas con un cuero delgado y liviano que privaba al actor de la movilidad de expresión, pero le permitía entregarse a un juego curioso: el de *mover la máscara*, o sea, mostrarse en diversos ángulos de modo que pudiera verse cómica, y luego pasar a ser inquietante, trágica o monstruosa. Le exigirá al mismo tiempo una gran precisión de movimientos y expresión corporal y le daba la posibilidad de cambiar de voz.»

dramatúrgica mucho más rápida y eficaz, sobre todo por el factor de inmediato reconocimiento por parte del público.[53] El objetivo perseguido por la concepción y uso de la máscara en el teatro áureo, además de la coyuntura metonímica de algunos graciosos (recuérdese el «Pónese mascarilla y bonete colorado» del gracioso de *Las carnestolendas* que hace de negro), es lograr la creación de un personaje entero que pueda transmigrar con libertad, eso sí, dentro de los límites del mapa de la graciosidad. En esta semántica se introduce en la particular historia de la técnica el caso de «Juan Rana», máscara creada por el actor Cosme Pérez, pero que, como veremos en su momento, fue posteriormente recuperada por otros muchos y llegó a constituir un caso insólito de tradición continuada.

Lo cierto es que la máscara, sea en su sentido de ocultación, sea en la de segunda piel o rostro del *doble* de la expresividad gestual, crea una frontera que es, al mismo tiempo, laboratorio en donde se gestiona la fractura entre la realidad y la ficción. Ese hiato se elabora indudablemente en términos de técnica sólo cuando alcanzamos el ejemplo de la *commedia dell'arte* y su posible huella, esporádica pero existente, como hemos podido comprobar, en su secuela española. Florence Dupont comenta que la máscara distinguía en el teatro greco-romano a los actores de una cierta nobleza de los histriones profesionales, dotando a aquéllos de una coartada contra la infamia.[54] Pero como si de un conjuro de reprobación moral se tratara, la máscara se incorpora a la historia de la marginación del actor como símbolo demoníaco o de subrogación por parte del comediante, histrión o juglar del papel de Dios como creador y conformador de la imagen corporal del hombre. Paul Zumthor documenta que, a partir del siglo IV, la tradición eclesiástica denuncia la presencia de máscaras en las fiestas de Carnaval, ritos funerarios o cencerradas:

> Materialmente, la máscara era una cara artificial monstruosa, a menudo animal, que cubría el rostro e iba asociada o no a un disfraz; a veces estaba pintada: clérigos de los siglos XII y XIII, como Santiago de Vitry o Étienne de Borbón, la evocan en términos referentes al afeite: *facies depictae, homo pictus.* ¿Pero quién la llevaba? Tomás de Cabhan trata de ella en su diatriba contra los juglares: *transformant et transfigurant corpora sua per turpes saltus et per turpes gestus, vel denudando se turpiter vel induendo horribiles larvas...* («transforman y hacen irreconocible su cuerpo mediante vergonzantes saltos,

[53] *Cf.* Marotti, Ferruccio, «El actor en la Commedia dell'Arte», en Evangelina Rodríguez Cuadros (ed.), *Del oficio al mito: el actor en sus documentos,* citada, t. I, p. 57.
[54] *L'acteur-roi ou le théâtre dans la Rome antique,* París, Société Les Belles Lettres, 1985, p. 80.

sus gestos vergonzosos, incluso desnudándose vergonzosamente o poniéndose ridículamente máscaras horribles»).[55]

El torpedeo moral, cuyos resabios advertimos incluso en textos del siglo XVI como el *Tratado del juego* de Fray Francisco Alcocer (Salamanca, 1559), hizo declinar posiblemente el uso de la máscara durante el Medioevo:

> En estas representaciones de farsas e invenciones y regocijos ordinariamente se sacan máscaras, de las cuales se duda si son lícitas y si se pueden traer sin pecado. Cerca de lo cual digo que hay opiniones diversas. Algunos doctores condenan las máscaras y dan para ello muchas razones, conviene saber: ser prohibido por Cristo nuestro Redentor; el autor haber sido vil persona; usar de ella personas viles; ser arte con que el demonio procura engañar; y ser ocasión de hacerse muchos pecados y males, con otras que se pueden en ellos ver. Otros doctores dicen que el traer máscaras de suyo no es prohibido ni malo de pecado, pues que en algunos casos se hace lícitamente, y estos casos son los siguientes: El primero en representaciones buenas y honestas y devotas. El segundo caso en que es lícito usar de máscara es para escapar de la muerte, injuria y afrenta que a alguno quieren hacer. El tercero caso en que no es pecado, a lo menos mortal, usar de máscaras es cuando la representación o cosa en que de ellas se usa no es pecado mortal. Cuando se usa de ellas en representaciones tan deshonestas que son pecado mortal, en tal caso es pecado mortal enmascararse por razón de la representación deshonesta y no de las máscaras.[56]

Pero la tradición de la pantomima y, por extensión, la familia léxica de las lenguas vulgares europeas que testimonian similares acciones (*momus, mome, momerie, mumum, mummery*) garantizaron, por un lado, la persistencia en la tradición de la *commedia* ya en el siglo XVI y la creación de un ambiguo sabor de transgresión en su uso (por oposición a la idea moral y cristiana del *homo =imago Dei* y a la preceptiva retórica de la literalidad y verdad de la poesía). Cuando en la baja Edad Media se usan profusamente en las fiestas de locos algunas máscaras semejantes a diablos (*larvas barbatas, cornutas, daemonibus consimiles*) y otras como cabezas

---

55 *La voz y la letra en la literatura medieval*, citada, p. 306.
56 *Apud* Cotarelo y Mori, Emilio, *Bibliografía*, citada, 1904, pp. 54b-55a. Más tarde, y como uso referido a la fiesta de carnaval, podemos leer en la *Plática o lección de las máscaras, en la qual se trata, si es pecado mortal o no el enmascararse...* (Barcelona, 1583), obra de Diego Pérez de Valdivia: «En tiempo de máscaras todos los bandoleros, los bandejados, toda la hez de la tierra viene a Barcelona, y anda a su placer por las calles y casas. Hase notado por muchos años de experiencia que, contando desde aquellos días de carnestolendas el tiempo que ha pasado, viene cuenta justa con una muchedumbre de niños que la Hospital lleva. De lo cual se colige la desdichada disolución de las máscaras, pues de ellas resultan tantos partos ocultos...» (*Apud* Cotarelo y Mori, Emilio, *Bibliografía*, citada, p. 502b.)

de animales (*capita bestiarum*) nos encontramos en los aledaños no sólo de una prehistoria de la técnica del uso profesionalizado de la máscara, sino en trance de asumir enteramente una de las bases que sustentan la teoría antropológica del teatro, entendiendo éste como resultante de una serie de ritos cotidianos singularizados en una función tribal. Cuando contemplamos algunas ilustraciones del *Roman d'Aleixandre*, para el caso del teatro hispano nos acercamos en muchos aspectos al fascinante género de la *mojiganga* (género carnavalesco, expansivo, cultivador gozoso de la corporalidad), un género definido precisamente en sus orígenes como «fiesta pública que se hace con varios disfraces ridículos, enmascarados los hombres principalmente en pieles de animales.»

3. DE LA IMPROVISACIÓN A LA *TEJNÉ*

Hablar de la *commedia dell'arte* y de su aportación a la técnica del actor supone, frecuentemente, recorrer el camino o viaje del mito de la improvisación. Sin duda en este tipo de teatro el cuerpo del actor se constituye en un laboratorio de fórmulas arrancadas de su propia expresividad. Pero si atendemos al complejo sistema de *personae*, de tipos y máscaras que se producen, la sospecha de un técnica previsible, consciente, se adueña de esta trayectoria puramente teórica. El actor es dueño de un personaje del que se le ofrece apenas un boceto sin ningún referente textual fijo. Todas sus acciones se ajustan entonces a adecuar su propia existencia física a un tipo dado y ello debe mostrarlo en signos evidentes como el tono de voz, un vestido, un sistema de gesticulación, un determinado discurso retórico. Es posible que él añadiera o compusiera de manera personal estos signos organizadores. Pero lo cierto es que el antes y el después de su momentánea encarnación de un personaje debe quedar asegurado: su improvisación debe limitarse a ciertos elementos poco sujetos a la convención. Y, para ello, son imprescindibles una suerte de referencias o preparación técnica.

Desde luego el carácter específico de la *commedia dell'arte* consiste, como asegura Roberto Tessari,[57] en hacer evidente la posibilidad de un teatro sin restringir la dimensión escénica a una exteriorización fónica de la palabra escrita, concebida ésta como guión preestablecido. Pero la *commedia dell'arte* ya es una práctica diferente, distinguible cualitativamente de la mera poesía popular. La *commedia dell'arte* no es, en principio, un concepto puramente artístico sino *profesional*, comercial, casi industrial. Críticos como Benedetto Croce han recordado el verdadero sentido eti-

57 *Op. cit.*, p. 49.

mológico del concepto: «*Commedia dell'arte*, ossia commedia trattata da gente di professione e di mestiere, che tale è il senso della parola *arte* nel vecchio italiano.»[58] Si a este sentido de oficio o de profesión añadimos el de «talento» o «habilidad especial» que reconoce Allardyce Nicoll,[59] se entenderá el relevante papel que el mundo de los cómicos italianos tendrá en la gestación de la técnica profesional de los actores europeos.

En el seno de la propia práctica teatral de la *commedia* se produce una clara tendencia a la depuración artística desde una tendencia bufonesca que caracterizaba a los vagabundos y charlatanes de espectáculos callejeros, en los que maduran, por otro lado, todos los componentes expresivos del espectáculo moderno. Probablemente se produce la reconducción de lo carnavalesco, de lo efímero, de la improvisación inorgánica hacia la organización de una estética coherente, de una realidad estructural abonada por la nueva realidad humanística y cortesana. Pero lo cierto es que, al menos para el caso español, este hiato entre lo carnavalesco y la estilización técnica no se produce desde el pensamiento intelectual y, desde luego, no funciona en lo moral, que, de este modo, se ve incapaz de reconocer la relevancia técnica y la existencia *de facto* de una profesión activa inserta en la sociedad.

Es, pues, la *praxis* profesional o el ejercicio de una técnica adquirida lo que permitía al actor de la *commedia* entregarse a una improvisación, y ésta era cautelarmente delimitada por aquella técnica que ayudaba a preservar una tradición y la experiencia de adecuar los propios recursos a una determinada saga de tipos o personajes. Era una técnica, aunque, en efecto, no lo parecía:[60] era una ciencia reservada, sin discursos ni reflexiones teóricas abiertas, pero que daba como resultado una suerte de segunda naturaleza con la que se identificaba a los personajes como si fueran sus propias máscaras. A fin de cuentas, como dice Taviani, «quello de la compagnia dell'Arte era uno spettacolo in cui si congiungevano, sensa fondersi, pratiche e saperi diversi, con criteri non dissimili da quelli che fondavano

---

58 «Intorno alla commedia dell'arte», *Poesia popolare e poesia d'arte*, Bari, Laterza, 1957, p. 507.

59 *Il mondo di Arlecchino*, Milán, Bompiani, 1969, pp. 39-40.

60 Conviene recordar este sentido de improvisación, porque así también se entenderá en el contexto de su posible uso en el caso español. Si se vincula la improvisación al respeto o no al texto podemos constatar juicios apresurados como el de Josef Oehrlein: «Hay que advertir que en el teatro español de comienzos del periodo estudiado los textos fijados por escrito tienen la mayor importancia y —al revés de la italiana *commedia dell'arte*— se deja poco lugar para la improvisación» (*El actor del Siglo de Oro*, Madrid, Castalia, 1993, p. 153). Para añadir, a continuación, que tal fidelidad al texto del autor no debe confundirse con el sentido moderno de «fidelidad a la obra», de modo que podía modificarse el texto en determinados pasajes o fundiendo papeles para que los interpretara un solo actor.

gli spettacoli eccezionali delle corti e delle accademie.»[61] Y, por otro lado, no sería posible observar, como de hecho se observa, una evidente evolución dinámica de la *commedia dell'arte*, sin que hubieran operado las reflexiones sobre la preparación intelectual y física. El *arte*, por tanto, no es un concepto estático sino dinámico, que transmigra y llega a España y se funde probablemente con modelos o sistemas ya practicados por actores locales. Una fusión que no puede realizarse de manera mecánica sino organizada por una retórica, por unas reglas elaboradas aunque sin los aspavientos de proclamas académicas. Cesare Molinari en su libro *L'attore e la recitazione*[62] recuerda que precisamente se conserva del periodo heroico de la *Commedia* el testimonio más consistente respecto a la preparación intelectual del actor. Se trata del *Prologo da fantesca* de Domenico Bruni, en el que una supuesta sirvienta, Racciolina, debe atender las sucesivas demandas de los cómicos. La señora le pide la *Fiammetta* para estudiar el papel de la *Innamorata*; Pantaleone, las cartas de Calmo; el Capitán, las hazañas del Capitán Spavento; el Zanni, las astucias de Bertoldo y la *Hora de Recreación*; Graziano, las *Sentencias* del Erborense y la *Novissima Polyantea*; Franceschina quiere la *Celestina* para aprender a hacer de puta. Y el enamorado reclama las obras de Platón. Aunque semejante hambruna intelectual no tuviera más objetivo que despejar el camino hacia la aparente improvisación, es un testimonio inequívoco de que los actores italianos, como aseguraba Barbieri, «leían y hojeaban» multitud de libros.

Superado el mito de la libre fantasía creadora, la crítica actual redefine el concepto de improvisación practicado por los profesionales italianos de los siglos XVI y XVII como un archivo o sistematización personal de *repertorios verbales* o *gestuales* previamente determinados. Por tanto una forma, aunque peculiar, de *retórica*. Los grandes actores del *Arte*, de los Cecichini a los Andreini, pusieron, además, todo su esfuerzo por inmortalizarse en el prestigio del dramaturgo puro, no en su gesto sino en la letra impresa de sus comedias y sus tratados de *actio retorica*, como las *Compositions de Rhétorique* de Tomasso Martinelli (Lyon, 1601). Como sugiere Marco de Marinis, se trataba de un arte para «far sembrare inventato sul momento quel che era invece in gran parte premeditato.»[63] Una técnica de esfuerzo para o por llegar a algo. Esto es, en nuestra opinión, un oficio. Los propios *lazzi* o embriones de guión, que, en principio, servían para regir básicamente la libertad de invención, se codifican, con el tiempo, en una

---

[61] «Un vivo contrasto...», citada, p. 30.

[62] Roma, Laterza, 1993, p. 86. Puede verse el fragmento de Bruni en *La commedia dell'arte* (ed. de Vito Pandolfi), Florencia, 1988, t. VI, pp. 59-60.

[63] *Cf.* De Marinis, Marco, *Capire il teatro. Lineamenti di una nuova tetralogia*, Florencia, La Casa Usher, 1989, p. 131.

retórica verbal y gestual en torno a los *roles* escénicos o *partes*: los *inna-morati*, los *vecchi*, los *zanni*, los *capitani*, los *dottori*, etc. Por eso son re-conocibles cuando reaparecen en formas teatrales y en contextos separa-dos en el tiempo y en el espacio, como son los pasos de Lope de Rueda o los entremeses del siglo XVII español.

Lo que sin embargo es imprescindible observar de esta codificación es que proviene, en todo caso, del propio ejercicio corporal y conceptual que surge del sujeto o comediante. La *tejné* del profesional italiano surge de una experiencia contruida en el tiempo y no de una normativa teórica escrita. Se enorgullecen de ser *dicendi periti,* aunque la sociedad no los acepte como *boni viri.* Por eso Nicolò Barbieri acepta su vivir en el mar-gen, pero como corsario y no como pirata, como actor y no como servil bufón sin disciplina. Vale la pena traducir a este respecto las palabras de Flaminio Scala en el prólogo a *Il finto marito* (Venecia, 1619):

> El verdadero arte de hacer bien la comedia pertenece, según creo, a quien la representa, porque si la experiencia es maestra de todas las cosas, éstas pue-den enseñar a quien tiene el deseo de componer y representar mejor los temas y los recitados [...] la experiencia hace el *arte* porque muchos actos repetidos constituyen la regla y si los preceptos de aquel se menoscaban, porque tales acciones alteran la norma, entonces se deduce que el cómico puede suminis-trar reglas a los compositores de comedia y no al revés.[64]

Es decir, la experiencia de las tablas y del escenario se sitúa por encima de la norma académica o teórica:

> Cualquier mínimo gesto persuasivo y a tiempo tendrá más efecto que toda la filosofía de Aristóteles, o cuanta Retórica puedan enseñar Demóstenes y Ci-cerón, y cierto es que los afectos se mueven más por las acciones y los gestos que por las palabras que dicta el intelecto; incluso los animales irracionales harán siempre más caso y atenderán mejor a quienes les levantan el palo que a quienes les alzan la voz, porque se dice en bergamesco que del dicho al he-cho media un gran trecho.[65]

La *tejné* queda apresada, así, en la cárcel del silencio de la propia expe-riencia o bien en la obsesiva represión moral de la teología. El hecho efí-mero apenas deja, aparentemente, una grieta o rendija donde investigar, eventualmente, indicios de una reflexión sobre aquella. Pero no hay gesto o acción que no genere, por medios varios y quizá oblicuos, un documento.

---

[64] *Apud* Tessari, Roberto, *Commedia dell'Arte: La Maschera e l'Ombra*, Milán, Mursia Editore, 1989, pp. 122-23. La traducción es mía.
[65] *Ibid.*, pp. 122-123.

Y la improvisación, como ya hemos visto, no se sostiene ni en la seriación de los elementos dramáticos que propiciaba ni en la codificación que regía en la tradición de los tipos cómicos. Dicho de otro modo, la improvisación sobrevive en forma de *tejné*. La improvisación era ya *tejné*.

III. LA NECESIDAD DEL OFICIO: ARTE Y *TEJNÉ* DEL ACTOR. HACIA UNA NUEVA CONSIDERACIÓN DEL DOCUMENTO TEATRAL

1. EL *ARS THEATRICA* COMO INFAMIA Y COMO DISCIPLINA

Al contemplar un espectáculo, si se hace el esfuerzo de analizar hasta el nivel más específico los elementos materiales sobre los que se construye su representación, éstos consisten en los recursos de los actores que lo interpretan y los usos concretos que de aquellos hacen. Este uso exige la aplicación de un esfuerzo o técnica para llevar a cabo la acción de una manera real o, y de ahí el sentido más recto de la *tejné*, de una manera simulada, es decir, concertando las estrategias de la representación mediante signos. La preparación y organización de sus recursos y de los materiales por ellos generados revelan a un sujeto —el actor— considerado como artesano[1] o como abnegado profesional,[2] sólo desde la crítica moderna.

---

[1] *Cf.* Hormigón, Juan Antonio, «El personaje y el director de escena», en Luciano García Lorenzo (ed.), *El personaje dramático. Ponencias y debates de las VII Jornadas de Teatro Clásico Español*, Madrid, Taurus, 1985, p. 233: «En la medida en que el actor, en tanto que artesano, controle bien los elementos de su oficio, es capaz de superar estados de ánimo totalmente diversos que le suceden en su trabajo, lo que no implica que la existencia de esos estados de ánimo refuerce un momento la punta de su trabajo o la rebaje; pero en la medida en que domine técnicamente su oficio, también va a conseguir un nivel medio que responda a todo ese periodo de preparación y organización de sus propios materiales que son los ensayos.»

[2] *Cf.* Jean-Louis Flecniakoska, *La Loa*, Madrid, SGEL, 1975, p. 121: «Si el espectáculo dura dos horas y media hay que considerar que su preparación requiere mucho más tiempo:

En el primer capítulo observamos cómo Hugo de San Víctor se ocupa en el *Didascalion* del *ars theatrica*, a propósito de una primera discriminación en su condena moral y del reconocimiento de una ejecución técnica de la actividad actoral. Admitidos como mal necesario, los hasta entonces considerados «vicios» de los histriones comienzan a valorarse como talento para conmover y ganarse la reputación de un virtuosismo artístico. Para ello, como veremos en su momento, será necesario un lento proceso de rehabilitación del arma más esencial común al histrión (pero también a otros saberes dignificados como la liturgia o la predicación): el gesto. Aunque eso no quiere decir que la condena moral del teatro deje de continuar elaborándose en un discurso diferente a la tradicional secuencia de la patrística («los felones, las meretrices, los histriones y los mimos»), lo cierto es que la estructura de las clasificaciones, hasta ese momento fundada en aspectos exclusivamente relativos a la vida moral, se basará ahora también en matices en los que median conceptos construidos en torno a una una virtud práctica, técnica.

La adquisición de dicha *virtud* opera, sobre todo, en la codificación de los recursos necesarios para construir tipos dramáticos; el caso de la *commedia dell'arte* y el testimonio de Andrea Perrucci en la obra *Dell'arte rappresentativa* ofrecen pocas dudas al respecto:

> Si deve sapere che [gli interpreti] [...] armati di certe composizioni generali, che si possino adattare ad ogni specie di commedia, come sono, per gli'innamorati e donne, di concetti, soliloqui e dialoghi; per li vecchi, consigli, discorsi, saluti, bisquizzi e qualche graziosità...³

Es precisamente de la necesidad de poseer, adquirir o ajustar pragmáticamente estas convenciones con la propia creación de donde surge la técnica del actor. El problema es detectar (y más aun documentar fiablemente) el momento en que ese proceso activo se refleja en la consideración real de una profesión y en la admisión de esta capacidad de ejercicio

---

hay que estudiar muchos textos, ya que se exigen comedias y entremeses nuevos, y hay que ensayar cada día en la posada del autor [...] Además los cómicos han de componer versos y arreglar ciertos textos para que se puedan representar [...] Muchas veces se subraya lo cansado y dificultoso que es para el farsante cambiar de papeles, para lo que necesita gran capacidad de adaptación y memoria.»

3 Cit. por Roberto Tessari, *Commedia dell'Arte: la Maschera e l'Ombra*, Milán, Mursia Editore, 1989, p. 161.

4 Rodríguez Cuadros, Evangelina, «El documento sobre el actor: la dificultad barroca del oficio de lo clásico», en *Del oficio al mito: el actor en sus documentos,* citada, 1997, t. I, pp. 163-200. Para algunas precisiones de las *lexías* con que se denominaba a los actores y persona-

profesional en un ámbito de saberes teóricos.[4] Sin caer en la superstición nominalista, es lo cierto que las sucesivas (a veces simultáneas) denominaciones del oficio revelan matizaciones en una tendencia cualitativamente ascendente hacia la virtud profesional. El léxico o vocabulario que almacena o define una época responde, también, a su archivo o enciclopedia crítica y a su capacidad de penetración en la realidad. Situados en el periodo que nos interesa, y con los referentes del *Tesoro de la lengua castellana* de Covarrubias y del *Diccionario de Autoridades*, cabe fijar nuestra atención sobre una serie de denominaciones o definiciones del oficio de *actor* o *cómico* que, suscitadas desde la antigüedad, se reactualizan semánticamente entre los siglos XVII y XVIII. La palabra *juglar*, por ejemplo, viene definida como «el que entretiene con burlas y donaires que más comúnmente se llama bufón. Fórmase de juego o jugar.»[5] Se observará que la palabra, sumida vagamente en una relación espectacular de diversión pública o social, no se connota específicamente de actividad dramática reglada, cosa que, sin embargo, sí sucede con *mimo* o *pantomimo*. *Mimo*, siempre según el *Diccionario de Autoridades*, es «el truhán o bufón que en las comedias antiguas, con visajes y ademanes ridículos, entretenía y recreaba al pueblo mientras descansaban los demás representantes.» Desde luego aquí la cuña de insumisión moral penetra sin rubor: la equivalencia entre *truhán* y *bufón* es manifiesta (el segundo puede ser todavía un término equívoco, el primero por supuesto que no). Pero además la definición procura un distanciamiento histórico evidente («en las comedias antiguas»), y una actividad dramática subordinada a un probable canon estético («visajes y ademanes ridículos») y a una escala profesional levemente insinuada («mientras descansaban los demás representantes»). En *pantomimo* la única novedad estriba en situar la definición en un presente ucrónico: «El truhán, bufón o representante que en los theatros remeda o imita todas las figuras.» Además de ampliar los géneros de imitación (se supone que el pantomimo no sólo se ocuparía de los «visajes ridículos»), la sinalefa truhán = bufón se extiende, no por casualidad, al término *representante* (nombre en pleno uso en el Barroco y, por tanto, receptáculo inevitable de una semántica descalificadora éticamente hablando).

---

jes en el teatro del siglo XVI, véase Hermenegildo, Alfredo, «Registro de representantes: soporte escénico del personaje dramático en el siglo XVI», *Del oficio al mito: el actor en sus documentos,* citada, 1997, t. I, pp. 124-130.

    5 La palabra *bufón* tiene un significado inequívoco tanto con el *Tesoro de la Lengua Castellana* de Covarrubias («El truhán, chocarrero, morrión o bobo»), como en el *Diccionario de Autoridades* («El truhán, juglar, o gracioso, que con sus palabras, acciones o chocarrerías tiene por oficio el hacer reír»).

Podemos entonces acudir a otro término que totaliza la perspectiva histórica de la profesión y que actuará a lo largo de los Siglos de Oro (y después, evidentemente) como contenedor de toda una filosofía del hombre de teatro. Me refiero a *histrión*, palabra de origen etrusco y, en consecuencia, ajena a la tradición romana (lo que explica el sentido de despecho inserto en el lexema por los oradores) usada, como hemos visto, a lo largo de toda la Edad Media con la ambigua intencionalidad de desempolvar un arcaísmo de la cultura antigua en sus connotaciones más peyorativas. De hecho, los primeros teorizadores de la escena como Leone di Somi confiesan preferir el término *recitante* sólo por el marcado sentido negativo del de *histrión* aunque con él (y esto es significativo) la antigüedad englobó indiferentemente la actividad teatral, tanto la ocasional como la de carácter permanente. Ahora bien, ya en el contexto español se nos dice que *histrión* «en su riguroso sentido latino significa el que representa disfrazado en las comedias o tragedias; pero por ampliación se suele tomar por el *volatín*, jugador de manos u otros que divierten al público con disfraces.» Se conecta esta acepción peyorativa con la antigua discriminación, conocida desde los griegos, de diferenciar a los *komoedos* y *tragoedos* de los simples *deiquelistai*, grupos de titiriteros que en ocasiones encontraron el patrocinio de ciudades florecientes y que desarrollaron actividades parateatrales pero nunca de prestigio.[6] Se trata del conjunto, ambiguo y a veces poco precisado, de los que llamaba Fray Francisco Alcocer en su *Tratado del juego* (Salamanca, 1559) «personas que con sus graciosos gestos y palabras de burla y risa que dizen, dan contento a las personas con quien tratan y conuersan» y que amparaba tanto a juglares y truhanes como a los llamados *titiriteros* o *titereros* (que montaban los *retablos* o *máquinas reales* o teatrillos de marionetas), los *prestidigitadores* o *jugadores de manos*, algunos que representaban «niñerías de danças y juguetes», los danzantes de espada (que hemos visto se llaman en otros lados *matachines*) y los acróbatas o *volteadores* que hacían sus ágiles piruetas o pasaban por los aros, con su panoplia de matices: *volantín, volatín, volatinero, bolantín, buratín* (que era sólo el que danzaba en la cuerda [ILUSTRACIÓN 2]).[7] Sin perjuicio de que estas habilidades, como ya vimos, en su conjunto o separadas, asistan al actor en su *tejné* práctica (recordemos la habilidad acrobática y el juego de manos de los actores de los entremeses), la condición del *titiritero* se aparta de toda visión reglada del *arte teatral*. Sin ir más lejos, y mientras, como veremos luego, el licenciado Vi-

    [6] *Vid.* García Calvo, Agustín, «El actor: de la antigüedad a hoy», *Del oficio al mito: el actor en sus documentos*, citada, t. I, p. 37.
    [7] *Vid.* el trabajo de John E. Varey, «Titiriteros y volatines en Valencia (1587-1785)», *Revista Valenciana de Filología*, tomo III, núm. 1-4, 1953, pp. 215-276.

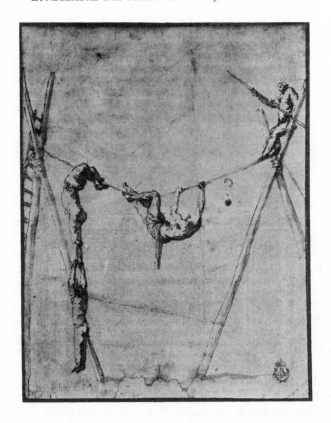

Ilustración 2
José Ribera. *Acróbatas*. Dibujo (s. XVII).
Academia de San Fernando (Madrid).

driera cervantino admira a los comediantes, se pronuncia claramente contra los llamados *titiriteros*:

> De los titiriteros decía mil males: decía que era gente vagamunda y que tra-
> taba con indecencia de las cosas divinas, porque con las figuras que mostra-
> ban en sus retablos volvían la devoción en risa, y que les acontecía envasar en
> un costal todas o las más figuras del Testamento Viejo y Nuevo y sentarse so-
> bre él a comer y beber en los bodegones y tabernas; en resolución, decía que
> se maravillaba de cómo quien podía no les ponía perpetuo silencio en sus re-
> tablos, o los desterraba del reino.[8]

Meridiano retrato, por otra parte, de los Chanfalla y Chirinos del *Retablo de las maravillas*, claro. Por supuesto esta condena dará forma con el
tiempo a una propuesta regeneracionista o de reforma del teatro (que es
lo que creo emana de la idea cervantina). Por eso reaparece en textos clave como el de Gaspar de Jovellanos:

> Acaso fuera mejor desterrar enteramente de nuestra escena un género ex-
> puesto de suyo a la corrupción y a la bajeza e incapaz de instruir y elevar el
> ánimo de los ciudadanos. Acaso deberían desaparecer con él los *títeres* y *ma-
> tachines*, los *payasos, arlequines* y *graciosos del baile de cuerda, las linternas
> mágicas* y *totilimundis* y otras invenciones que, aunque inocentes en sí, están
> depravadas y corrompidas por sus torpes accidentes. Porque ¿de qué servirá
> que en el teatro se oigan sólo ejemplos y documentos de virtud y honestidad
> si entre tanto, levantando su púlpito en medio de una plaza, predica *D. Cristó-
> bal de Polichinela* su lúbrica doctrina a un pueblo entero que con la boca
> abierta oye sus indecentes groserías?[9]

En la saga de los *cerretani*, charlatanes («chocarreros» hemos visto en
muchos textos españoles),[10] observamos cómo el *diccionario* de la época
(en el sentido de archivo que condensa los saberes admitidos oficialmente)

---

[8] *Cf. Novelas ejemplares* (ed. de Henry Sieber), Madrid, Cátedra, 1992, t. II, p. 66.

[9] Jovellanos, Melchor Gaspar de, *Espectáculos y diversiones públicas* (ed. de Guillermo
Carnero), Madrid, Cátedra, 1997, p. 203.

[10] Es la clara separación que establece, por ejemplo, Fray Juan de Pineda en su *Primera
Parte de los Treynta y cinco diálogos familiares de la Agricultura Cristiana* (1589): «Donde
habéis de hacer diferencia entre unos representantes y otros; porque los que por pasatiempo representan en sus pueblos, como se usan en las fiestas del Corpus Christi, no son
aquí condenados; sino los que como *chocarreros* se alquilan para representar indiferentemente lo bueno y lo malo, honesto y deshonesto» (*apud* Cotarelo y Mori, Emilio, *Bibliografía*, citada, p. 506a). Es decir, no se condena: primero a los que establecen unas ciertas
cualidades decorosas en su actuación; segundo a los que «son del lugar» (no de la legua); y
tercero «a los que lo hacen con fines piadosos o de pasatiempo.»

traza en los términos hasta ahora analizados la tinta invisible (pero persuasiva) del desorden moral y del apartamiento de la norma estética. Por recordar la afortunada metáfora de Nicolò Barbieri: son los *piratas* de una profesión por definir. Los matices que van estableciéndose son interesantes.

Atendamos ahora a los conceptos más próximos históricamente al Barroco. Además de las lexías derivadas directamente de la actividad como *representante* o *representador*[11] y *comediante* («el que representa o recita comedias en los theatros»), cuatro términos nos hacen entrar de lleno en la apreciación casi estatutaria de la profesión.[12] Se trata de, por un lado, *recitante*, palabra heredada del siglo XVI y que conserva el recuerdo, a mi juicio, de la concepción de un actor cuya actividad se liga todavía a la lectura en voz alta (que no a la interpretación) de textos. Lucas Fernández o Timoneda (por ejemplo cuando elogia a Alonso de la Vega) suelen llamar a los actores *recitantes*, lo que muestra un uso de la palabra, primeramente restringida a los ámbitos eruditos, progresivamente más generaliza. Por otro lado encontramos los nombres de *farsante, farandulero* y *actor*. El término *farsante* remite directamente a un ámbito de definición profesional («el que tiene por oficio representar comedias», se dice en el *Diccionario de Autoridades*), pero en este caso no se añade ninguna valoración modal del *cómo* representar. La historia posterior del término, para llegar a su significado actual, es elocuente respecto a la operación de deterioro moral al que se ve sometido el individuo que *sólo* tiene por oficio el representar. Veamos, en tercer lugar, la palabra *farandulero* que, en primera instancia, define Covarrubias en su *Tesoro* como «gente de la farándula» (apreciación colectiva lexicalizada pintoresca o peyorativamente). Pero los hace equivaler a «los recitantes de comedias, hombre y mujeres», añadiendo:

> Vale tanto *farandulero* como *recitador*, y es así que los comediantes no ponen de su casa más que sola la memoria y las acciones acomodadas a lo que van recitando, las cuales faltando se pierde la gracia de cuanto se dice. Díjose del verbo *for, faris*, por *hablar*, cuyo origen trae también la palabra *farsante* y *faraute*, que es el que hace al principio de la comedia el prólogo.

---

[11] Es variante admitida por Covarrubias, que da esta bella definición dramática de *representar*: «Hacernos presente alguna cosa con palabras o figuras que se fijan en nuestra imaginación; de ahí se dijeron *representantes* los comediantes, porque uno representa al rey, y hace su figura como si estuviera presente; otro el galán, otro la dama, etc.»

[12] Curiosamente la palabra *cómico* tiene en Covarrubias el significado de «autor de comedias», lo mismo que en el *Diccionario de Autoridades* («el poeta que compone y escribe comedias»), aunque aquí ya se precisa que «vulgarmente se toma esta palabra por el que las representa.»

De este definición parece derivarse el hecho de que, valiéndose de la etimología, Covarrubias separa a los antiguos *recitantes* (y *faranduleros* o *hablantes*) de los *comediantes*. Los primeros hablan y recitan, tal vez leen acompasando sus palabras con una cierta gestualidad, como se aprecia en muchos textos tardomedievales. Los segundos, sin embargo, están dotados de *memoria* (base esencial de la locución natural y expresiva) y añaden las *acciones* adecuadas, es decir, los gestos adquiridos por el aprendizaje o la experiencia. Recordemos que la voz *comediante*, enraizada en el griego *komoedos*, la empleará Cicerón en su tratado *Pro Roscio*, con evidente intención de valorar al actor, pero sin querer por ello ceñir su nombre a la etimología de la *actio* retórica. En todo caso el *Diccionario de Autoridades* ya no siente la necesidad de especificar esa diferencia, y a *farandulero*, además de la equivalencia de farsante, se le confiere el significado de «hablador, trapacero y que tira a engañar a los otros.»

Por fin llegamos al término *actor*, palabra documentada ya en el *Phroemio* de Terencio (161 a.C.), y que, hay que decirlo de entrada, no es especialmente frecuente en la terminología teatral áurea (tanto en la referida a la preceptiva teórica como a los mismos documentos literarios de otra especie). Literalmente, se dice, significa la *persona que hace*, «pero en este sentido no tiene uso sino entre los comediantes, que al que representa con primero se le llama *buen actor*.» Esta aportación del *diccionario* es importantísima. El *actor* es el resultante no de una operación histórica, no de un legado de tradiciones o de una historia de infamias. El actor sólo es aquel que, entre los comediantes (esto es, dentro del área de los definidores de una profesión) «representa con primor», o, como testimonia el más que fino observador Juan de Zabaleta, «los que *refinan* el acto que hacen.» En otras palabras, aquellos que verdaderamente actúan o representan con arreglo a una bondad técnica que les revela profesionales. Por ello Domenico Locatelli (1613-1671) sostiene que «il comico dev'essere l'accademico virtuoso e non l'histrione infame.»[13] Se ha cruzado el proceloso mar de la piratería para llegar al puerto de los corsarios: los antiguos infames que afirman su dignidad en la técnica y reclaman su inserción social.

Si el comediante o el cómico o el farsante o el histrión son un soporte de prejuicios morales para, al situarlos al margen, defender un orden social establecido, el actor es una *función*, es un concepto construido por una *tejné* para poner en pie, con coherencia, una estrategia imitativa de la realidad situada en el escenario. Se reivindica lo que, en definitiva, se corresponde con la etimología esencial de la palabra, de *ago, actum, agere*, el que acciona o dirige la acción, el que la lleva adelante. Como escribió Varrón

---

[13] *Della scena de' soggetti comici*, ms. Bib. Casanatae, *apud* Molinari, Cesare, *L'attore e la recitazione*, Roma, Laterza, 1993, p. 13.

en *De lingua latina* (VI, 8, 77): «A poeta fabula fit, non agitur; ab actore agitur, non fit.»

Retomando el inicio de este capítulo, sucede que, entrada la Edad Media, el pensamiento eclesiástico se encuentra con la necesidad de justificar, aunque sea como mal menor, la actividad de juglares e histriones, los cuales están protagonizando una nueva valoración de la poesía dramática como vehículo de intercambio social y de expresión carnavalesca temporalmente controlada. La instalación en el universo cultural de la sociedad de esta nueva sensibilidad, lo que llama Paul Zumthor «un sentido agudo de la significación de los gestos»,[14] llevará a superar las anteriores condenas, sin matices, de la gesticulación histriónica. Todavía a comienzos del siglo XIV, el Papa Juan XXII en su decretal *Docta Sanctorum patrum* condenaba el *ars nova* de músicos y juglares a causa del exceso de los gestos que sustituyen las palabras cantadas. Pero si el gesto, de cualquier forma, comienza a tener una utilidad social, preocupa —como preocupó a los tratadistas de oratoria clásica y preocupará a los teóricos de la predicación en la Contrarreforma— que se controle y someta a una *disciplina*. Quizá las autoridades eclesiásticas pretendían, por un lado, preservar la liturgia en su más puro protocolo ceremonial (a esto me referiré en el capítulo dedicado al gesto del actor); pero, por otro, si el teatro, incluso en su forma más primitiva, puede ser objeto de una apología (pues para cohesionar el cuerpo social había que rehabilitar también de manera controlada las expresiones básicas de la corporalidad de los individuos encargados de ilustrar los ideologemas de esa sociedad) era conveniente pasar de la irreductible condena moral a una dimensión disciplinada de la actividad.

Entramos entonces en un nuevo paso hacia la consideración de la necesidad de la *tejné* o disciplina en el ámbito del actor y conviene retomar con mayor precisión lo expuesto en el primer capítulo a propósito de la coartada moral por la que se incluye en la *enciclopedia del saber* un oficio infame, practicado por pícaros y excluidos del orden social. Sobre el 1140 Hugo de San Víctor en el capítulo XXXVIII del Libro II de *El Didascalion* elabora una clasificación de las *artes mechanicae* en la que, como dije, incluye las *theatrica*. La idea no es inocente ni siquiera en su leve *animun iniurandi*. El *ars theatrica* es un *ars mechanica* carente de nobleza (al contrario de lo que intentó Roscio al aupar a los actores al nivel de los maestros de la elocuencia oratoria), pero admitida porque unos sujetos recitan y gesticulan *pane lucrando* para realizar, de paso, una función socializada de esparcimiento. Pero lo cierto es que se marcan distancias definitivas respecto al Libro XVIII de las *Etymologiae* de San Isidoro, donde la idea de teatro y lupanar quedaba unida en una consciente amalgama.

---

[14] *La letra y la voz de la «literatura» medieval*, citada, p. 300.

Hugo de San Víctor recuerda estos pasajes como si se tratara de una teoría
históricamente superada y opta por no ignorar la influencia social de la
nueva teatralidad de la poesía y del conjunto de técnicas que ésta moviliza-
zaba.[15] No se trata, al menos todavía, de ver el oficio del actor como arte teórico o que capacite para las virtudes espirituales, sino de incluirlo entre las
artes que preservan a la naturaleza humana de las agresiones externas;
más específicamente se encuentra entre las cuatro artes (agricultura, caza,
medicina, *theatrica*) gracias a las que el hombre se distiende atendiendo a
su binestar corporal:

> La theatrica, conjunto de procedimientos de los que surge la teatralidad,
> no es mala en sí misma, a lo sumo, sus procedimientos son peligrosos, lo que
> justifica la severidad eclesiástica con respecto a los *mimi* e histriones. La voz
> viva del juglar, la palabra gesticulada de los poetas, la música, la danza, la in-
> terpretación escénica y verbal que constituyen el lenguaje del cuerpo y pues-
> ta en práctica de las sensualidades carnales: todo eso, aquí y ahora, es también
> medicina para las almas, equívoca aunque eficaz.[16]

Naturalmente que esto dista mucho de ser el grado cero de una teoría
sobre el actor. El pensamiento medieval, totalmente falto de memoria respecto al teatro griego o latino, no genera otros instrumentos epistemológi-
cos para conceptualizar cómo y en qué medida ha de ajustarse la técnica a
esta visión funcional del cuerpo como vehículo de la representación que
lo que le será más próximo: el ámbito eclesiástico de la liturgia y el recuerdo prestigioso de la retórica de los oradores. Pero por vez primera se adquiere la conciencia de una necesidad de *tejné*, necesidad derivada de la
misma descripción que se hace ahora de los histriones regidos, según Juan
de Salisbury en su *Policraticus*, por el «gestu corporis arteque verborum et
modulatione vocis»; gesto corporal, arte de la palabra y modulación de la
voz para recitar en público hechos o historias inventadas («factas et fictas
historias»). La cuestión, que planteó a nivel puramente teórico Santo Tomás de Aquino (*Summa Theologiae*, 2, 2, q. 168, art. 3) admitía la necesidad
de diversión para el hombre y la oportunidad de valorar la actividad del
histrión como trabajo. Recordemos de nuevo la cita:

> El juego es necesario para el comercio de la vida humana; y a todas las co-
> sas, que son útiles al comercio de la vida, pueden destinarse algunas ocupa-
> ciones lícitas; y por eso también el oficio de los juglares, que se ordena a pro-
> curar solaz a los hombres, no es en sí ilícito; ni se hallan en el estado de
> pecado, mientras usan moderadamente del juego, esto es, no valiéndose

---

[15] *Ibid.*, p. 315.
[16] *Ibid.*, p. 316.

de algunas palabras o acciones ilícitas para la diversión, y no aplicándola a negocios y en tiempos indebidos. Y, aunque en las cosas humanas no ejerzan otro oficio por comparación a sus semejantes; sin embargo por comparación a sí mismos y a Dios tienen otras serias y virtuosas operaciones, por ejemplo, cuando oran y arreglan sus pasiones y operaciones, y también cuando dan limosna a los pobres.

Esta justificación ha vuelto al revés la primera instancia del teatro: ya no es un oficio de marginados o necesitados, sino un trabajo u oficio que necesita aprenderse porque el gesto debe preservar la liturgia, y el teatro, como institución regida por el gesto simbólico, tendrá una función de consolidación social, aunque ésta se encubra con la dádiva del entretenimiento colectivo. La cuestión es fundamental y a ella volveremos a la hora de analizar el *gesto* en su proceso rehabilitador desde el Medioevo al Barroco. De momento cabe seguir observando cómo aparece en la modernidad el reconocimiento de un concepto de *ars* para el actor.

2. ARTE, *TEJNÉ* Y CIENCIA EN EL ACTOR BARROCO

Así, pues, el actor como tal excede al bufón, al *volatinero*, al farsante o al comediante, aunque estos nombres se usen de manera indiferenciada cuando no se trata de precisar reivindicación alguna. El actor compone sus acciones con *arte*, esta vez en el sentido de *tejné*, de conjunto de recursos aprendidos y dispuestos dentro de su propia capacidad, saber, experiencia y mínimas pero previsibles referencias teóricas. Para la época que nos ocupa (desde finales del siglo XVI) Platón[17] y su teoría de la *inspiración divina* frente a la disciplina y la formación para adquirir la pericia en un arte se ha superado, aunque todavía autores como Leone de Sommi parezcan aferrarse a la idea de la inspiración o habilidad innata de los ac-

---

[17] Por eso dice Sócrates al rapsoda Ión en el diálogo del mismo nombre: «El don que posees de recitar con tal excelencia a Homero no es un arte, sino, como acabo de decir, una inspiración; hay algo de divino, algo furioso que te conmueve, como ese algo que contiene una piedra que Eurípides llama magnética y que conocemos con el nombre de piedra de Heraclea. Esta piedra no sólo atrae anillas de hierro sino también otras anillas de otros metales [...] de manera similar la Musa misma inspira a los hombres y éstos, a su vez, inspiran a otros, todo es una cadena de magnética inspiración y conmoción. Todos los poetas, tanto épicos como líricos, componen sus bellos poemas gracias a ese arrebato divino y no a causa de un arte aprendido, ya que están poseídos por la inspiración.» *Cf. Obras Completas*, Madrid, Aguilar, 1977, p. 146a. Tal teoría es seguida todavía en el Barroco cuando se explica la necesaria «transformación» del actor o recitante en el arrebato de inspiración que ha asistido al poeta que ha escrito el texto y que debe transmigrar, mediante la *moción de los afectos*, al espectador.

tores, cuya profesión, en consecuencia, no puede trasmitirse mediante enseñanza. De ahí que uno de los personajes de sus *Dialoghi* (Verídico) recuerde que «aunque hay referencias entre los antiguos a la habilidad de muchos actores, y aunque debe reconocerse la singularidad de su arte, creo que no podemos establecer reglas acerca del mismo, de su profesión, ya que dicho arte, de existir, debe nacer con el individuo.»[18]

Por el contrario, a partir del Siglo de Oro encontramos una *tejné* reconocida, e incluso descrita indirectamente, desde las mismas apologías del teatro recopiladas en los textos de la *Bibliografía de las Controversias* de Cotarelo y Mori. Melchor Cabrera y Guzmán, por ejemplo, en su *Defensa por el uso de las comedias* (escrita en 1646 aunque publicada en 1650) señala la capacidad por parte del actor de profundizar en su personaje y prefigura no ya sólo el *como si* stanivslaskiano, sino la necesidad del *método*:

> En él se esmera el poeta, y quien le dice le da alma y perfección en las acciones y con la voz, con que da ser a lo que representa, diciéndolo como si lo sintiera, y sintiendo como si de verdad padeciera y obrara. Con que en el autor y representante se hallan los effetos del arte y del artificio que aquél, dice Séneca, obra con arbitrio, y éste dando fruto, porque finge el método que le dio el arte y hace lo que le toca por su oficio, reduciendo a obra lo que encomendó a la memoria, según Quintiliano.[19]

El anónimo autor del manuscrito *Diálogo de las comedias*, fechado en 1620, muestra su capacidad crítica para discriminar los buenos y los malos actores y la necesidad, para los primeros, del trabajo y del ejercicio para despuntar de la mediocridad general (hábilmente hilvanada, en este caso, con el desprecio moral):

> Habéis de suponer lo primero que en estas compañías de representantes, muy pocas veces anda la gente hábil y de buenos ingenios: cuál o cuál se halla, y éste hace raya y luce más a los otros, porque como no es gente que se ha cultivado el entendimiento con estudios ni buenas artes, y por otra parte es de la horrura y hez del mundo, muy raros son los buenos personajes que entran a representar. Vanse con el tiempo industriando y puliendo, y así sale uno u otro eminente, como Cisneros, Leoncillo, Granados, Morales, Villegas, Ríos y otros, los cuales a poder del ejercicio salieron diestros; mas para dos o tres que traen consigo, vienen cuatro o seis zancarrones que son notables desgraciados y aunque echan a perder la comedia, hacen que luzcan más los otros. Lo mismo digo de las mugeres, que para una que viene con una compañía hábil y lucida hay otras tres o cuatro broncas que no hay oíllas y la causa de esta manquedad

---

[18] Somni, Leone de, *Quattro dialoghi in materia di rappresentazione sceniche* (ed. de Ferruccio Marotti), Milán, 1967.

[19] Cotarelo y Mori, Emilio, *Bibliografía*, citada, p. 96b.

es que como los autores no pueden escoger los que quieren, han de tomar los que se les llegan al oficio, aunque sean unos picarones, como en hecho de verdad sucede cada día, que comenzaron por entierramuertos y a poder de maceallo hacen su papel como quiera.

Lo segundo que supongo es que estos representantes como muchas veces no saben leer ni ellos ni ellas, y, por otra parte, es gente viciosa que tiene aversión al trabajo y a lo que les ha de costar algo, y estar hechos a la ociosidad y gustos de sus antojos y sentidos y a la vida gallofa, no hay aplicallos a que decoren ni a que prueben, y así sacados aquellos pocos hábiles que digo, los demás es fuerza han de hacer mil gazafatones, y por esto los vicios en que viven, cada día riñen y se despiden unos de otros.[20]

Se reconoce, claro está, en el mismo documento la necesaria colaboración entre la naturaleza y el artificio, pero con la explícita discencia de unos actores respecto a otros (la tradición oral que va a caracterizar nuestro teatro clásico hasta tiempo bien reciente) y cierto grado de selección que hace prevalecer al actor urbano (de compañías fijas, establecidas) sobre el farandulero o cómico de la legua:

Digo, pues, el tercer presupuesto. Y es que esta ciencia de representar es tan fácil en algunos naturales que tienen *brío en el hablar* y *buen oído* y *fácil pronunciación*, que en los tales casi es natural el representar, y cosa que se desprende facilísimamente. Esto presupuesto, que *he visto en algunas villas grandes doblados más buenos representantes en ellas que los que andan con los faranduleros*, lo uno, *porque son mejores naturales y cultivados con algunos estudios* y mejor gente y demás buenas condiciones; lo otro, porque no están estragados con vicios como esotros. Lo cuarto, *porque es ciencia que fácilmente enseñan unos a otros*. Lo quinto, porque hay en una ciudad o villa grande más personas en qué escoger, más disciplinada y dócil, y que tendrán más en el ir a probar la comedia, [...]; y así quede llana la primera y mayor objeción que podía ponerse, que es si se hallarán personajes que sepan hacer este oficio tan bien como los representantes.[21]

Conclúyese, en fin, con una lúcida defensa del *arte* (citado explícitamente) o *tejné* del actor y la perfecta discriminación (muy poco frecuente) entre lo privado y la profesión pública:

Lo que ha hecho infame este oficio no ha sido él en su naturaleza, que, pues *es un arte, es noble como lo son todas las artes liberales*; sino el daño le ha venido de las circunstancias, cuales son la gente vil y mercenaria, los vicios

---

[20] *Ibid.*, p. 221b.
[21] *Ibid.*, p. 222a. Los subrayados son míos.

en que andan revueltos, el representar cosas torpes e infames: esas circunstancias y adherencias son las que han infamado el arte.[22]

Los apologistas del teatro no dudan en aducir su valor pedagógico
para la juventud, con el paradigma prestigioso de los antiguos oradores.
Así, el Padre José Tamayo en *El mostrador de la vida humana para el
curso de las edades* (Madrid, 1679) acierta a evocar esta importancia del
modelo retórico de la oratoria, como teoría alternativa o anexa al actor
barroco:

> Separando de las comedias cuanto pueda ofender al decoro de la honesti-
> dad, el uso de ellas es loable, y una recreación muy proporcionada para desa-
> hogar los ánimos fatigados con la tarea de los estudios, y así han sido permiti-
> das en las escuelas de más rígida observancia para que los mancebos que se
> ejercitan en la palestra literaria, se diviertan con provecho y sin ofensión de la
> modestia. Sean los argumentos graves y honestos, no se vea en las personas ni
> en la gesticulación cosa indecente o reprensible, y no sólo será lícito oírlas y
> representarlas, sino muy conveniente a todos. Sirve este ejercicio para cultivar
> la memoria; enséñanse en él los mancebos a hablar en público con despejo, a
> conformar los tonos de la voz con los afectos y lo que es de grande gala y her-
> mosura, *se ensayan en proporcionar las acciones y usar del ademán de las
> manos con tanta propiedad que no menos parezca que hablan con ellas que
> con los labios.*
> Hicieron los oradores antiguos tanto aprecio de esta perfección de las ac-
> ciones, que *entregaban a sus hijos al magisterio de los histriones o come-
> diantes* para que de ellos la aprendiesen. Por no haberse impuesto Procresio,
> sofista insigne, en el compás decoroso de las acciones las mostraba tan des-
> compasadas que, escribe Eurapio, causaba gran ofensión a los oyentes ver
> que remataba cada cláusula con una palmada. Aquel grande orador Demóste-
> nes mil veces fue echado con ignominia del teatro por lo ridículo de sus accio-
> nes con que afeaba lo admirable de su elocuencia, y se vio obligado (como di-
> ce Focio) para enmendar este defecto *a tomar por maestro un histrión que le
> enseñase a condecorar sus acciones.* Sin entregar la juventud al peligroso ma-
> gisterio de los farsantes se puede aprender todos los primeros de la representa-
> ción, y ejercitándose en ella, quedará atado para perorar seriamente, sirvién-
> dole de ayo este honesto entretenimiento.[23]

Nos encontramos frente a una de las grandes bandas documentales
anexas (en su momento habremos de tratarla directamente) que sirven como coartada para el oficio del actor y, al mismo tiempo, como teoría prestada: la oratoria. Esta es la causa por la que en el Barroco se va a reprodu-

---

[22] *Ibid.*, p. 222b. Los subrayados, como en la cita siguiente, son míos.
[23] *Ibid.*, pp. 562b-563a.

cir la *disputatio* que planteó el actor romano Roscio y que conocemos a través del tratado ciceroniano *De Oratore* (II) y de las noticias que recoge Macrobio sobre el tratado escrito por el actor para establecer un paralelo entre la acción oratoria y la teatral. Se trataba, claro, de resarcir un oficio vituperado, pues el actor pasaba a ser, en cierto modo, un orador del *otium*. Roscio discriminaba entre lo que en el actor debía haber de sometimiento a un aprendizaje y lo que revelaba un talento personal (*ingenium*). Según Cicerón, Roscio reunía en las acciones representadas el divertimento (*delectare*), la emoción (*movere*) y el tono y expresión adecuados (*decere*, i.e, *decorum* con el tiempo). Lo cual no suponía sino reproducir en el actor la tríada del orador modélico que debía *docere, delectare* y *movere*. La unión de los valores morales o intelectuales y de los estéticos (*decere, decorum*) suponía asimilar progresivamente una técnica, convirtiendo, según Roscio y Cicerón (y esto es decisivo), al simple *histrio* en *actor*, el cual habrá de asimilarse al ideal del *vir bonus dicendi peritus*, que puede llegar a ser maestro del propio orador. El intercambio léxico del ámbito judicial de la época romana se legitima de este modo: *actio* podrá designar tanto la interpretación del texto dramático como el procedimiento penal; el *actor* será tanto el acusador o fiscal como el actor ennoblecido por su introducción en el arte de la retórica; *agere* se aplicará igualmente a un procedimiento y a un papel o interpretación teatral. El objeto del teatro será, según Roscio, *actuar* de acuerdo con las exigencias del personaje y de la dramaturgia del género que se represente, implicando el genio y pericia personales en las técnicas mecánicas o físicas de los simples histriones. Ciertamente Roscio inaugura una etapa en la que los tratados sobre la técnica del actor se entretejen con las estrategias retóricas y oratorias. Parece, sin embargo, que la arena de la historia ha absorbido estos testimonios. Los escritos de Esopo, del propio Roscio, del astrólogo P. Nigidio Figulo, del retórico L. Plotino Gallo, de Plinio el Viejo, de Popilio Laenos, apenas han quedado dibujadas en la *De Institutione Oratoria* de Quintiliano. Pero la aportación de este problema a la historia de la técnica actoral es esencial en cuanto que viene planteada en términos de ejercicio pragmático y de adquisición reglada y científica de un método, sin perjuicio del *ingenium* particular. La relación con la oratoria se convierte en una arma reactivada desde la arqueología del conocimiento para hacer entrar al actor en el ámbito cortesano, académico (y, por ende, en el ámbito de las normas del decoro y de la perfecta adecuación en el *dramatis personae*) frente a histriones y saltimbanquis. Procura igualmente, como queda dicho, una teoría adyacente, consolidada y autorizada en la que alojar la propia concepción técnica del oficio, pues, como ya había dicho Aristóteles, la representación oratoria tiene «cuando se aplica, los mismos efectos que la representación teatral [...] Además, la representación teatral es un don de la naturaleza y bastante poco susceptible del arte, mientras que, en lo que concierne a la expresión, queda dentro del arte. Y por ellos, los que tienen esta habilidad consiguen premios en su turno, así como también algunos oradores por lo que se refiere a la representación. Pues, en efecto, hay discursos escritos que tienen más fuerza por su expresión que por su inteligencia.»[24]

Se trata, por tanto, de reconocer también un arte o técnica específica: la que comunica la diferencia entre lo escrito y la expresión hablada. Alonso López Pinciano en la Epístola XIII de su *Philosophia Antigua Poética* (1596), texto capital y casi único por lo que atañe a una preceptiva del gesto actoral, es contundente al afirmar:

> En hazie[n]do el poeta el poema actiuo, luego lo entrega a los actores para que hagan su oficio; de manera que, como muerto el enfermo, espira el officio del médico y empieça el del clérigo, hecho el poema actiuo, espira el officio del poeta y comiença el del actor...[25]

Más tarde, en 1638, cuando Juan Pérez de Montalbán edita sus obras de teatro, dice ofrecerlas impresas al público

> para que las censuréis en vuesto aposento, que aunque parecieron razonablemente en el tablado, no es crédito seguro; porque tal vez el ademán de la dama, la representación del héroe, la cadencia de las voces, el ruido de los consonantes y la suspensión de los afectos suelen engañar las orejas más atentas y hacer que pasen por rayos los relámpagos.[26]

La profesionalización, la experiencia, el oficio marcan la frontera entre el texto y el teatro vivo a juicio de la preceptiva, aunque todavía hayan de pasar algunos años para que se manifieste inequívocamente por parte de los teóricos la necesidad de *reglamentar* académicamente la técnica del actor. Empero, y no por casualidad, quizá la mayor abundancia de testimonios de aprecio de las cualidades técnicas de los comediantes provenga de los propios dramaturgos, ya desde el siglo XVI. El actor será el factor imprescindible para poner en pie una buena comedia. Una pieza podía fracasar —y el testimonio es del avisado Lope de Vega— por «mal gracioso, galán gordo y dama fría.»[27] O por flagrantes desaciertos en el reparto como

---

[24] *Retórica* (Lib. III, 1404a, 13-15) (ed. de Quintín Racionero), Madrid, Gredos, 1990, pp. 483-484.

[25] Ed. de Alfredo Carballo Picazo, Madrid, CSIC, 1973, tomo III, pp. 276-277.

[26] Cit. por Alberto Porqueras Mayo, *El prólogo en el Manierismo y Barroco españoles*, Madrid, CSIC, Anejos de la Revista de Literatura núm. 27, 1968, p. 156.

[27] «Carta a una persona desconocida», fechada el 4 de septiembre de 1633. Edición *Cartas* a cargo de Nicolás Marín, Madrid, Castalia, 1985, p. 292.

arguye uno de los personajes de Tirso de Molina en *Los cigarrales de Toledo*:

—Muchas comedias, dijo don Alejo, han corrido con nombre de disparatadas y pestilenciales, que siendo en sí maravillosas, las han desacreditado los malos representantes, ya por errarlas, ya por no vestirlas, y ya por ser despropositados los papeles para las personas que los estudian, las cuales, después que caen en otras manos o más cuidadosas o más acomodadas, vuelven a restaurar, con el logro, la fama que perdieron.

—La del *Vergonzoso en palacio*, dijo don Juan, pasó por esos naufragios; que no pareciendo en la Corte como parecía en poder del mejor autor y representante destos tiempos —porque ni sabía el papel ni eran a propósito sus años para la vergüenza y cortedad primeriza que en materia de amores trae de ordinario consigo la juventud—, después en las demás compañías (que hubo pocas que no la representasen), ganó renombre de las mejores de su tiempo.

[...]

—La segunda causa, prosiguió don Melchor, de perderse una comedia, es por lo mal que le entalla el papel al representante. ¿Quién ha de sufrir por extremada que sea ver que habiéndose su dueño desvelado en pintar una dama, hermosa, muchacha, y con tan gallardo talle que vestida de hombre persuade y enamore la más melindrosa dama de la Corte, salga a hacer esta figura una del infierno, con más carnes que un antruejo, más años que un solar del Montaña y más arrugas que una carga de repollos, y que se enamore la otra y le diga: «¡Ay, que don Gilito de Perlas!, ¡es un brinco, un dix, un juguete del amor!»

—En esa ocasión, dijo don Lorenzo, castigar podrían por vagamundos cuantos pepinos pueblan muladares si no las sacasen colores a la cara ya que no se las sacó la vergüenza.

[...]

—Pues, ¿qué hiciérades vos (prosiguió) si viésedes enamorar a una infanta un hombrón en la calva y barriga segundo Vespasiano, y decirle ella amores más tiernos que rábanos de Olmedo?

—Sacárele yo a ese por alquitara (respondió) y quedara en la disposición acomodada para ese papel con una cabellera postiza.

—¿Y si este tal, volvió a decir don Melchor, haciendo a un emperador, saliese vestido como un Gómez Arias, y queriendo dar un asalto a una fortaleza, subiendo por una escalera a vista de todos le viésedes la espada desnuda y subir con chinelas?

—¡Diéraselas yo a comer (respondió), como el otro señor a su zapatero, guisadas!

—Pues lo más intolerable (prosiguió) es ver errar los versos por instantes, estropeando pasos que merecieran a recitarlos con fidelidad y suma veneración.

—Sabed, dijo don Fernando, que después que se usan representantes, no ha menester el Pegaso de Apolo herradores, porque ellos hacen ese oficio clavándole por puntos. Pero castigáralos yo en la costa como albéitares que mancan las cabalgaduras.[28]

Por su parte Miguel de Cervantes, que describe la fatigosa vida del actor en *El Licenciado Vidriera*,[29] y que en *El rufián dichoso* se refiere claramente a la pericia del actor como *arte*,[30] expone a lo largo de la obra *Pedro de Urdemalas* distintos apuntes sobre las cualidades sobresalientes de los actores:

> ¿No le pareció, señor,
> muy bien el *talle* y el *brío*
> de uno y otro danzador?
>
> Pero Belica es extremo
> de *donaire, brío* y *gala*...[31]
>
> Vamos; que, si se mejora
> mi suerte de ser farsista,
> seréis testigo de vista
> del *ingenio* que en mí mora,
> principalmente en *jugar*
> *las tretas de un entremés*
> hasta do puede llegar...
>
>   (Ed. cit., p. 378)

Para llegar al célebre pasaje de la Jornada III en el que se enuncia espléndidamente el mapa de los requisitos que contribuyen a la naturaleza y formación de un comediante:

---

[28] *Cigarrales de Toledo* (1621), Cigarral IV. *Vid.* ed. de Luis Vázquez Fernández, Madrid, Castalia, 1996, pp. 449 y 451-452.

[29] «Acertó a pasar una vez por donde él estaba un comediante vestido como un príncipe, y en viéndole, dijo:

—Yo me acuerdo haber visto a éste salir al teatro enharinado el rostro y vestido un zamarro del revés, y con todo esto, a cada paso fuera del tablado, jura a fe de hijodalgo.

—Débelo de ser —respondió uno—, porque hay muchos comediantes que son muy bien nacidos y hijosdalgos.

—Así será verdad —replicó Vidriera—; pero lo que menos ha menester la farsa es personas bien nacidas; galanes sí, gentiles hombres y de expeditas lenguas. También sé decir dellos que en el sudor de su cara ganan su pan con inllevables trabajos, tomando continuo de memoria, hechos perpetuos gitanos de lugar en lugar y de mesón en venta, desvelándose en contestar a otros porque en el gusto ajeno consiste su bien previo. Tienen más, que con su oficio no engañan a nadie, pues por momentos sacan su mercaduría a pública plaza, al juicio y a la vista de todos...» *Cf. Novelas ejemplares*, ed. cit., Madrid, Cátedra, 1992, tomo II, pp. 66-67.

[30] «Yo estaba ahora en Sevilla, / representando con *arte* / la vida de un joven loco...» *Cf.* ed. de Jenaro Talens y Nicolás Spadaccini, Madrid, Cátedra, 1986, p. 179. Los subrayados de la cita son míos.

[31] *Ibid.*, pp. 344 y 311 respectivamente.

Sé todo aquello que cabe
en un general farsante;
sé todos los requisitos
que un farsante ha de tener
para serlo, que han de ser
tan raros como infinitos.
De gran memoria, primero;
segundo, de suelta lengua;
y que no padezca mengua
de galas es lo tercero.
Buen talle no le perdono
si es que ha de hazer los galanes;
no afectado en ademanes,
ni ha de recitar con tono.
Con descuido cuidadoso
grave anciano, joven presto,
enamorado compuesto,
con rabia si está celoso.
Ha de recitar de modo,
con tanta industria y cordura
que se vuelva en la figura
que hace de todo en todo.
A los versos ha de dar
valor con su lengua experta,
y a la fábula que es muerta
ha de hacer resucitar.
Ha de sacar con espanto
las lágrimas de la risa,
y hacer que vuelvan con prisa
otra vez al triste llanto.
Ha de hacer que aquel semblante
que él mostrare, todo oyente
le muestre, y será excelente
si hace aquesto el recitante.
(Ed. cit., pp.380-381).

Retengamos de estos ejemplos para extraer de ellos, más tarde, el *vo-cabulario* que conforma la norma y disciplina del actor, sus cualidades y matices. El *talle, brío* y *donaire* como traductores físicos,[32] del ingenio in-

---

[32] La objetivación de las cualidades físicas del actor estará presente en todas las épocas. Por *talle* debemos entender esto. Pierre Rémond de Sainte-Albine, en *Le comédien*, prescribirá, por ejemplo, el *justo medio* incluso en la altura del actor: «Sa taille en soit pas trop hors de l'ordre commun. Celles qui sont monstreuses par l'excès de leur grandeur ou de leur petitesse, ne sont pas les seules proscrites au Théâtre» (París, Vincent Fils, 1749). (Reproducción facsímil publicada en Ginebra, Slatkine Reprints, 1971, pp. 61-62.)

telectual o de la entrega emocional; el *ingenio* que seguramente remitía, como en el caso citado, al talento del actor por administrar los recursos en un género proclive a la improvisación sobre efectos, sin embargo, convencionales y esperados por el público, a lo que parece referirse con el *jugar las tretas de un entremés*. O ese mapa de precisiones exactas con las que se construye el actor ideal de Cervantes (el *general farsante*, es decir, quizá, el comediante o actor común); los requisitos *raros* (¿singulares?) e infinitos; la *memoria*, base esencial[33] que se toma prestada, como era de esperar, de las cualidades del orador; la *suelta, experta* o *expedita lengua*; el no recitar *con tono* que atiende a la elocución, a la dicción y probablemente también al evitar el énfasis excesivo en las pausas versales. Cervantes habla de *farsante*, pero también insiste en *recitante*, denotando un claro subrayado del actor próximo a la retórica oratoria. La *gala* o *galas*, cualidad que conduce a pensar en que un *comediante bien vestido* necesita algo más que un vestuario lujoso sino que necesitaba aportar una compostura física adecuada, sobre todo para la conformación de tipos fijos como el galán, o el grave anciano o el enamorado o el celoso. Construcción, eso sí, naturalista (no pueden *afectarse* los *ademanes*), y, como vimos para el caso de la supuesta *improvisación* de la *commedia dell'arte*, una tensión técnica mantenida hasta el extremo de hacer parecer natural y espontáneo lo que, en realidad, obedece a una consciente preparación (*con descuido cuidadoso*).[34] Se exige también un *recitado con industria y cordura* (sin exageración, pero poniendo intención, arrancando las cualidades del verso lírico) y asumiendo *entrar* en el personaje, encarnarlo, anulando el distanciamiento (*que se vuelva en la figura / que hace de todo en todo*), porque la letra escrita debe actualizarse en el escenario (la fábula *muerta* ha de hacerse *resucitar*). El actor cervantino se adueña de *todos los registros*, no sólo componiendo el *decoro* convencional de distintos personajes (desde el grave anciano hasta el enamorado) sino pasar de lo trágico a lo cómico, de la risa al llanto. Ha de conmover: no sólo transformarse a sí mismo sino transformar al espectador.

Por su parte, un dramaturgo como Lope, sensible catador de las tablas, testimonia inequívocamente su capacidad de observación de los perfiles y habilidades técnicas de los cómicos. Véase el fragmento completo de la

---

[33] «La seguridad de la memoria es muy necesaria en la comedia española. Porque si no se dicen los versos como están escritos, ni conseguirá el poeta gloria, ni los comediantes aplauso» (Alcázar, José de, *Ortografía Castellana, Op. cit.,* p. 243).

[34] Josef Oehrlein en *El actor en el teatro español del Siglo de Oro* (Madrid, Castalia, 1993, p. 178) hace equivaler este postulado («con descuido cuidadoso») a la máxima de Lope en su *Arte Nuevo*: «Guárdese de imposibles, por ques máxima / Que sólo ha de imitar lo verosímil», en el sentido de evitar la exageración. No lo creo: en ese contexto concreto Lope está hablando del *poeta,* no del actor.

carta mencionada más arriba, en la que glosa el dudoso quehacer de los componentes de la compañía de Vallejo, especialmente (juicio muy duro dadas las cualidades que de ella leemos en otra parte) la *desaseada* (es decir, sin aliño ni compostura) María Riquelme, linda pero sin galas extravagantes (tal vez Lope conocía a otras damas de la escena más caprichudas):

> Es la compañía de Vallejo como algunos rostros, que no teniendo facción perfecta, la armonía con que todas se juntan hacen el rostro hermoso.
> El cuidado del hombre en los teatros es nunca visto, tanto, que dos comedias mías de ahora treinta años las ha hecho durar a quince días. Pues ¿qué diremos de María de Riquelme, desaseada, no linda ni de galas estravagante? Cierto que hablo en esto por la boca del vulgo, que ya la pone en el primer lugar con *Amarilis* y, así, me persuado que la novedad puede más que la razón, pues yo lo he creído, con saber que miento.
> Es singular en los afectos, por camino que no imita a nadie, ni aun se podrá hallar quien la imite. Esto es haciendo salva a la señora Belera, con quien no se entiende comparación de ausentes, que siempre fue difícil de medir con la verdad.
> Fuese Avendaño a Toledo porque en su compañía, que no debe de ser dichosa, no se acaba comedia mía ni de otro. Efectos de mal gracioso, galán gordo y dama fría. Guarde Dios a V.m.

La *desenvoltura* (movimientos naturales y no afectados), la *dicción* o *elocución*, la *apostura física*, la *resolución* en el gesto o en la posible improvisación y la *memoria* se perfilan como las claves del edificio en el que se alberga el perfecto representante, como reclama Lope en *El guante de doña Blanca*:

> ... que ha de tener el buen representante
> [...]
> acción, memoria, lengua y osadía.[35]

La propia práctica escénica ofrece también su venero de testimonios. Sorprende la atención prestada ya al arte de la memoria por parte de los recitantes y sus antecesores, los trovadores. Zumthor, en su espléndido trabajo *La letra y la voz en la literatura medieval*, recuerda el arte de los *lectores*, a quienes se confiaba en las cortes europeas el recitado de composiciones y su extrema profesionalidad para convertirlos en espectáculos: «Muchas de las representaciones figurativas que tenemos de algunas "lecturas", sugieren que el libro, delante de ellos, sobre el atril, no era más

35 Ed. Biblioteca Autores Españoles, XLI, 1857, p. 27.

que una especie de accesorio que servía para dramatizar el discurso.»[36] Y al evocar el manuscrito del prólogo de *Doon de Maguncia* recuerda que el lector Román Ramírez *leía* en realidad un paquete de hojas en blanco. Dicho recitador, morisco, confiesa ante la Santa Inquisición que su técnica era aprender de memoria el número de capítulos, las grandes líneas de acción y los nombres de lugares y personajes, para, luego, condensar o añadir sin que lo esencial de la historia se viera afectado. La *memoria* es crucial en el desarrollo de la acción y no pocas veces las alusiones metateatrales aluden a esta urgencia de salir del paso, aunque sea a través del *traspunte*: «Apunta que va perdido» —leemos en *Lo fingido verdadero* de Lope— mientras que, al glosar la figura de la Magdalena, se remedian sus errores dándole Cristo «*el pie*» (es decir, el apunte del verso para que otro actor continúe).[37]

Este hilván de memoria e improvisación se gestionaba en los ensayos que el propio Cervantes reclama denunciando, de paso, la escasa profesionalidad de quien los rehuye:

> ¡Cuerpo de mí! ¿En veinte días
> no se pudiera haber puesto
> esta comedia? ¿Qué es esto?
> Ellas son venturas mías.
> Póneme esto en confusión,
> y en un rencor importuno,
> que nunca falte ninguno
> al pedir de la ración,
> y al ensayo es menester
> que con perros y hurones
> los busquen, y aun a pregones,
> y no querrán parecer.[38]

---

[36] *Op. cit.*, Madrid, Cátedra, 1989, p. 74.

[37] Ed. de Maria Teresa Cattaneo, Roma, Bulzoni, 1992, pp. 150 y 157, respectivamente. La *memoria* continuará siendo una cualidad innata imprescindible en el actor cuando, ya en el siglo XVIII, se formulen las teorías explícitas sobre el arte de la representación. Por no buscar más que un ejemplo, Rémond de Sainte-Albine recuerda en *Le comédien*: «Il faut que sa mémoire embrasse d'un seul coup d'oeil tout ce qu'il doit dire dans le moment actuel, même tout ce qu'il dira dans la scène entière, pour qu'il puisse régler ses mouvements, ses tons et son maintien, non seulement sur le discours présent, mais encore sur lui qui suivre. Je vais plus loin, et je déclare aux comédiens qu'il ne leur suffit pas de savoir ainssi leurs rôles, mais qu'ils doivent savoir, du moins en partie, les rôles des autres Acteurs avec lesquels ils sont en scène» (Rémond de Sainte-Albine, Pierre, *Le comédien*, París, Vincent Fils, 1749. Facsímil en Ginebra, Slatkine Reprints, 1971, pp. 184-185).

[38] *Pedro de Urdemalas*, Jornada III, ed. cit., pp. 379-380. Otros testimonios documentan la cotidianidad de los ensayos. Así Nicholas Breton en *Fantastiches* (1626): «A las siete de la mañana todo el mundo encuentra algo que hacer: el sabio a estudiar, el fuerte a trabajar, el fantástico a hacer el amor, el poeta a hacer versos, el actor a estudiar su papel y el

Pero, sin embargo, la literatura de ficción de la época testimonia una práctica continua, asimilada al aprendizaje cotidiano y vinculada estrechamente a la recepción del público al que se pretendía convencer. Merece la pena atender este pasaje de Jerónimo Alcalá Yáñez y Ribera en *El donado hablador. Alonso, mozo de muchos amos* (1624):

A todo me hube de poner: unas veces servía de dragón en algunas comedias de santos, otras veces de muerto si había representación de alguna tragedia; tal vez de bailarín cuando el baile era de seis, que metido entre otros razonablemente podía pasar con mis malas piernas. En los entremeses hacía también mi figura. [...]

Ya en los caminos porque habíamos de andar de quince en quince días de un pueblo en otro, hechos gitanos, con nieves y aguas, de venta en venta, pasando las incomodidades que en semejantes caminos se padecen. Y no era el peor haber de contentar a tantos, adonde hay tan diferentes pareceres y gustos: cuál decía mal de la música, cuál del verso y mala traza de la comedia, de la pobreza de conceptos, del estilo y modo de decir tan llano y ordinario; si las mujeres eran ya de días, poco airosas; los representantes mal aderezados, de poco cuerpo, arrogantes, de malas acciones; cuál recitaba llorando, cuál se turbaba por no acordarse del pie que le daban, sin haber falta que no se dijese, ni delito, por pequeño que fuese que no se sacase al tablado. [...]

ALONSO.—En eso, padre, lo que puedo decir es que, reinando el sabio y prudente rey don Felipe II, por evitar algunos inconvenientes y por mayor honestidad en las comedias, se quitó el representar las mujeres, por parecer que el verlas vestidas curiosamente, ya de su traje ya del varón, cuando se ofrecía, incitaba a torpes y deshonestos deseos; y así se mandó que en su lugar fuesen los representantes muchachos de mediana edad, y de este modo se representó algún tiempo. Después, pareciendo ser cosa tan impropia que a un varón se le dijesen palabras amorosas, se le tomase la mano o llegase al rostro, se volvió la representación a lo de antes, pero con algún límite; mandando a las mujeres, cuando se hubiesen de vestir de hombre, fuese el vestido de modo que cubriese la rodilla, guardando en todas sus acciones honestidad y compostura, poniendo, a las que tan justo mandamiento no obedeciesen, rigurosas y muy graves penas. Y me acuerdo haber quitado a una mujer que no saliese al tablado, porque se decía della que no representaba con aquella compostura y gravedad que era lícito en semejantes actos.

[...]

Me estuviera algunos años de este modo, porque ya me iba adelantando a salir al tablado, y hacía algún papel de embajador, paje o guarda; otras veces en acompañamiento tocaba el tambor si había guerra, y tal vez hubo que dije

músico a ensayar sus notas.» Cit. por Manuel Ángel Conejero Tomás, *El actor en la Inglaterra del siglo XVI y principios del siglo XVII*, Valencia, Universidad de Valencia, s.a. [1968], p. 12.

una columna entera, sin errarme, y de ver ensayar las comedias, cada día, casi las sabía de memoria.[39]

Aparte de las alusiones a la manera de representación de las actrices, que ocupará todo un capítulo, el testimonio me interesa como ejemplo del transcurrir cotidiano de una compañía de la legua (con un repertorio, al parecer, mudable cada quince días) y del arduo meritoriaje a que se sometía el actor novicio. Por otro lado, debe advertirse la crítica al actor, adoptando el punto de vista del exigente espectador: la alusión a la importancia de la elocución, condenando el «estilo y modo de decir tan llano y ordinario»; la edad (por tanto, poca belleza) de las actrices, lo que las hacía poco *airosas*; la pobreza y rutina del vestuario de los representantes (mal *aderezados*), su escasa envergadura física (*poco cuerpo*), o su exagerada y afectada arrogancia, con lo cual sus gestos, su expresión corporal se observa negativamente (*malas acciones*); finalmente, algunos actores parecen mostrar una lamentable tendencia a la declamación ininteligible, blanda, sin fuerza o excesivamente afectada (*recitar llorando*) y otros caen en el pecado de la falta de *memoria* («cuál se turbaba por no acordarse del pie que le daban»). Hay que pensar, claro, en el cincel de la creación literaria, pues probablemente el actor andaba más metido en trabajos y ejercicios que en grescas de novela. Y así lo da a entender Juan Martí (Mateo Luján de Saavedra) en la *Segunda Parte de la vida del pícaro Guzmán de Alfarache* (1602), cuando el protagonista sienta plaza en Valencia con la compañía de Heredia, para hacernos saber las excelentes *partes* (cualidades, posibilidades) en el *ejercicio cómico* (se siente, por tanto, como carrera profesional), entre las que presume, como era de esperar, no sólo de *memoria, donaire* y *talle* sino de una *lengua expeditísima*:

> Empezáronme a dar papeles de poco trabajo al principio, para que me fuesen ejercitando; probaba en esto maravillosamente, como si no naciera para otra cosa; sin duda tenía partes grandes para el ejercicio cómico, porque vergüenza había dos años que no habitaba en mí; era expeditísimo en el hablar, no mal talle ni donaire, memoria prodigiosa. Por momentos me iban dando otros papeles de mayor primor, de quien colgaba todo el peso y llave de la farsa; pero en Madrid no osé salir al teatro, porque mi amo no me hiciese salir de la librea.[40]

---

[39] *Novelistas posteriores a Cervantes,* BAE, t. XVIII, p. 532ab.

[40] Cotarelo y Mori, Emilio, *Op. cit.,* p. 441ab. Más adelante la compañía refleja su trabajo de academia literaria de entendidos donde atrapar y contrastar textos adecuados para la escena, como si de un montaje colectivo se tratara: «Acabada la farsa, salimos a nuestra posada, que teníamos en la misma plaza de la Olivera, y ya nos esperaban a la puerta della unos cuantos garzones; entráronse con nosotros: a la conversación hube de ensanchar el

La novela picaresca es asidua a estas descripciones de los protagonistas metidos a farsantes. El buscón don Pablos cuenta de este modo su experiencia, no exenta de datos interesantísimos para nuestro cometido:

> Yo, acaso, comencé a representar un pedazo de la comedia de San Alejo, que me acordaba de cuando muchacho y representélo de suerte que les di cudicia y sabiendo, por lo que yo le dije a mi amigo que iba en la compañía mis desgracias y descomodidades, díjome que si quería entrar en la danza con ellos. Encareciéronme tanto la vida de la farándula; y yo, que tenía necesidad de arrimo y me había parecido bien la moza, concertéme por dos años con el autor. Hícele escritura de estar con él, y diome mi ración y representaciones. Y con tanto, llegamos a Toledo.
>
> Diéronme que estudiase tres o cuatro loas y papeles de barba, que los acomodaba bien con mi voz. Yo puse cuidado en todo, y eché la primera loa en el lugar. Era de una nave —de lo que son todas— que venía destrozada y sin provisión; decía lo de «este es el puerto», llamaba a la gente «Senado», pedía perdón de las faltas y silencio y entréme. Hubo un víctor de rezado, y al fin parecí bien en el teatro.

---

corazón y soltalle las alhorzas, porque cupiesen estas pesadumbres, y aun hacelle de las tripas. Supe la condición de esta gente, que enfadándose no queda a vida representante, y han enviado muchos razonablemente acuchillados; apercibí mi paciencia, y aun me fui acohortando de tan mal cierto. Trabóse brava conversación, muchos ofrecimientos de paseo, y atajóla un gentil entremés de un señor poeta que, con una capa larga de bayeta, como portugués, preguntaba por el autor. Conociéronle los que allí estaban y como le sabían el humor, sospecharon que traería alguna maldita farsa, como era verdad. Advirtieron al autor que no dejase de vella, porque le mataría de risa, y la hiciese leer ante todos. Salió Heredia y díjole: "¿Pues qué nos manda vuesa merced en su servicio? Yo soy el autor, y si vuesa merced no trae algo de poesía, que ya sabemos que es famoso poeta, nos hará mucha merced porque hay falta de farsas que sean buenas, y señaladamente para un lugar de tales gustos como Valencia que hace temblar a cualquier autor." Hízose el buen hombre muy alegre con tal acogimiento, y dijo: "No repare vuestra merced en comedias, que le proveeré de todas las que hubiere menester; que dos tengo empezadas y esta que aquí traigo, que sólo el nombre della dirá quién es. —¿Cómo la intitula vuesa merced, dijo Heredia, que mucho importa el buen título? —Muchos nombres, dijo el poeta, se le pueden dar, pero me parece que le cuadra mucho *El cautivo engañoso*. —Bonísimo, le dijo Heredia, vuesas mercedes nos hagan merced de leella, que aquí está el señor Guzmán, que es hombre de buen gusto, y le cometo el ver este negocio, y estaré a lo que dijere, y creo que será extremada por ser de su mano de vuesa merced.— ¿Cómo buena?, dijo el poeta; ella lo dirá, que no pensaba dalla a ningún autor sino a Porras, que me tiene ofrecidos mil reales por cada farsa. —Léala vuesa merced, dijo Heredia, que siendo lo que pensamos, no llorará vuestra merced a Porras." Sacó su envoltorio el triste poeta, que no debiera, y empezó con unos versos que no les debió de sacar de botica de sedas, según les hubo tan mal medidos, y con todo, a cada redondilla levantaba los ojos y miraba a todos los oyentes, como si fuera un concepto milagroso; todos estábamos perdidos de risa, y no había orden de disimulalla, hasta que él lo echó de ver y muy corrido dijo: "Yo creo que vuesas mercedes tienen hecho el estómago al verso de Lope de Vega, y no les parece nada bueno"» (*Ibid.*, p. 442ab).

Representamos una comedia de un representante nuestro, que yo me admiré de que fuesen poetas, porque pensaba que el serlo era de hombres muy doctos y sabios, y no de gente tan sumamente lega. Y esta ya de manera esto, que no hay autor que no escriba comedias ni representante que no haga su farsa de moros y cristianos; que me acuerdo yo antes que si no eran comedias del buen Lope de Vega y Ramón no había otra cosa.

Al fin, hízose la comedia el primer día, y no la entendió nadie; al segundo empezámosla, y quiso Dios que empezaba por una guerra, y salía yo armado y con rodela, que, si no, a manos del mal membrillo, tronchos y badeas, acabo. No se ha visto tal torbellino y ello merecíalo la comedia; porque traía un rey de Normandía sin propósito en hábito de ermitaño y metía dos lacayos por hacer reír; y al desatar de la maraña, no había más de casarse todos y allá vas. Al fin tuvimos nuestro merecido.

Tratamos todos muy mal al compañero poeta, y yo principalmente, diciéndole que mirase de la que nos habíamos escapado y escarmentase. Díjome que jurado a Dios, que no era suyo nada de la comedia, sino de un paso tomado de uno, y otro de otro, había hecho aquella capa de pobre de remiendo y que el daño no había estado sino en lo mal zurcido. Confesóme que a los farsantes que hacían comedias todo les obligaba a restitución porque se aprovechaban de cuanto habían representado y que era muy fácil y que el interés de sacar trescientos o cuatrocientos reales les ponía a aquellos riesgos; lo otro, que como andaban por esos lugares les leen unos y otros comedias:

—Tomámoslas para verlas, llevámonoslas y, con añadir una necedad y quitar una cosa bien dicha, decimos que es nuestra.

Y declaróme como no había habido farsante jamás que supiese hacer una copla de otra manera.

No me pareció mal la traza, y yo confieso que me incliné a ello, por hallarme con algún natural a la poesía; y más, que tenía yo conocimiento con algunos poetas y había leído a Garcilaso; y así, determiné de dar en el arte. Y con esto y la farsanta y representar, pasaba la vida; que pasando un mes que hacía estábamos en Toledo, haciendo comedias buenas y enmendando el hierro pasado, ya yo tenía nombre y habían llegado a llamarme Alonsete, que yo había dicho llamarme Alonso; y por otro nombre me llamaban *el Cruel*, por serlo una figura que había hecho con gran aceptación de los mosqueteros y chusma vulgar. Tenía ya tres pares de vestidos, y autores que me pretendían sonsacar de la compañía. Hablaba ya de entender de la comedia, murmuraba de los famosos, reprehendía los gestos a Pinedo, daba mi voto en el reposo natural de Sánchez, llamaba bonico a Morales, pedíanme el parecer en el adorno de los teatros y trazar las apariencias. Si alguno venía a leer comedia, yo era el que la oía.[41]

[41] Quevedo y Villegas, Francisco de, *Vida del Buscón llamado Don Pablos* (ed. de Pablo Jauralde), Madrid, Castalia, 1990, pp. 240-242. También en la *Vida y hechos de Estebanillo González*, capítulo IV, el pícaro se acomoda de criado de una actriz, cuya casa comenta como «cátedra de representantes.» Las referencias, en este caso, son puramente costumbristas y de menor carácter indicial para el tema que nos ocupa. Además, como dice

El pasaje informa cumplidamente del sistema ya protocolizado del contrato con la compañía (el sueldo fijo o *ración* y lo estipulado por cada representación). Pablos se acomoda como *barba*, con lo que sabemos que las cualidades del actor (en este caso la voz) determinaban el reparto en muchas ocasiones, y tiene que ejercitar, de inmediato, el requisito de la *memoria*, para retener las *loas*, género, al parecer, molesto o de obligación que se adjudicaba al recién llegado o meritorio. Quevedo, eso sí, pronto se pierde en el punto del escritor exigente a quien le crispa el adulterado menester de los malos poetas, en este caso, los propios actores escribiendo *pane lucrando*; debe recordarse, en cualquier caso, que el *autor* de las compañías españolas no pocas veces echó mano de la pluma para prestigiarse y no sólo apañar o adaptar comedias, al modo que los cómicos del *Arte* italianos lo hicieron, como sistema de establecer su propia jerarquía nobiliar y académica. Pablos (o Alonsete en su vida de actor) medra pronto en la compañía: es bien aceptado por el público más difícil (mosqueteros); asciende en la jerarquía del colectivo —jerarquía marcada como vemos también por la posesión de vestuario propio—; y se convierte en crítico de otros actores (deplora los gestos del gran Baltasar Pinedo; admira, por el contrario, el sentido de imitación del natural de Sánchez; evoca al célebre Morales en uno de sus conocidos apodos); y hasta hace sus pinos en preparar las apariencias y *atrezzo* del teatro.

Claro que si hay que acudir a épicas y bernardinas para evocar el ejercicio y técnica del actor el excelente breviario *El viaje entretenido* de Agustín de Rojas Villandrando ofrece una crónica lúcida (entre la sociología y la vida lazarillesca que hemos comentado en otro lugar) que, no por conocida, deja de traslucir la más que férrea disciplina del oficio:

> ¿No sabéis de qué me espanto?
> ¿Cómo estos farsantes pueden,
> haciendo tanto como hacen,
> tener la fama que tienen?
> Porque no hay negro en España,
> ni esclavo en Argel se vende,
> que no tenga mejor vida
> que un farsante y se advierte.

Josef Oehrlein: «El gran número de episodios en las novelas picarescas en los que entran en juego los actores hay que atribuirlo más bien a la existencia de la legua, además de tener en cuenta que en este género no predomina un auténtico realismo; más bien las novelas picarescas tienden a la sátira» (*Op. cit.*, p. 190). Pero eso no le resta, aunque le matiza, su valor documental, como veremos más adelante.

El esclavo que es esclavo
quiero que trabaje siempre,
por la mañana y la tarde;
pero por la noche duerme.
No tiene a quien contentar,
sino a un amo o dos que tiene,
y haciendo lo que le mandan
ya cumple con lo que debe.
Pero estos representantes,
antes que Dios amanece,
escribiendo y estudiando
desde las cinco a las nueve,
y de las nueve a las doce
se están ensayando siempre;
comen, vanse a la comedia
y salen de allí a las siete
y cuando han de descansar,
los llaman el presidente,
los oidores, los alcaldes,
los fiscales, los regentes,
y a todos van a servir,
a cualquier hora que quieren.
¿Que es eso aire? Yo me admiro
cómo es posible que pueden
estudiar toda su vida
y andar caminando siempre,
pues no hay trabajo en el mundo
que puede igualarse a éste.
Con el agua, con el sol,
con el aire, con la nieve,
con el frío, con el hielo,
y comer y pagar fletes;
sufrir tantas necesidades,
oír tantos pareceres,
contentar a tantos gustos
y dar gusto a tantas gentes.[42]

Algunos años antes (1594), en la *Comedia de los náufragos de Leopoldo*, atribuida a Morales, la admiración por este tipo de vida dedicada al ejercicio teatral es patente:

---

[42] *El viaje entretenido* (ed. de Jean-Pierre Ressot), Madrid, Castalia, 1972, pp. 289-290.

Salen los represesentantes, bestidos como que ban a representar a otra parte, y
con sus guitarras y todo el ato, y dan una buelta y banse.

YNFANTE

No creo yo que me e holgado
tanto, desde que hombre soy.
¿de forma que éstos an oy
otra bez representado
sin ésta? ¿Y agora ban
a hacerla en otra parte?

LEOPOLDO

Sí, señor.

YNFANTE

            Pues, de ese harte
mal ynformado me an.

LEOPOLDO

¿Tanto así?

YNFANTE

            Allá no sé quién
me abía dicho que esa gente
era olgaçana, y miente,
porque trauajan muy bien.

LEOPOLDO

Los que de yngenio careçen
lo dirán, y en raçón fundo
que no ay trabajo en el mundo
ygual al que estos padeçen;
y no uno, sino tres.
¿Ay trabajo que igualar,
por bentura, al caminar?

YNFANTE

Si es mucho, trauajo es.

LEOPOLDO

¿Y el estudio?

YNFANTE

            El alto y bajo
es cosa muy trauajosa.

LEOPOLDO

Dar con una misma cosa
gusto a todos ¿no es travajo?

YNFANTE

No lo sufrirá un diamante,
el trabajo que eso es.

LEOPOLDO

Pues todos aquestos tres
los pasa el representante:
él anda de benta en benta,
noche y día caminando;
él está siempre estudiando
todo lo que representa;
él, en su arte sutil,
se pone sobre un teatro
a dar gusto a dos, a quatro,
a quatro cientos, a mill.
Pues, si así trauaja un hombre,
¿en qué ley hallado an
que le llamen olgaçán?[43]

El modelo de ambos pasajes (el de Rojas y el de Morales) parece ser el mismo. Pero el de la obra de 1594, llena de alusiones metateatrales, insiste en el factor intelectual del *estudio* y, por dos veces, en el *arte* de los representantes. Una exigencia de calidad técnica que, en fin, desde el punto de vista del espectador se ha solicitado universalmente, si hemos de atender a afortunados pasajes como el del *Hamlet* shakespeareano, cuando el príncipe de Elsinoor abandona su silencio saturnal para convertirse, como tantas veces se ha evocado, en director de escena:

(*Entra Hamlet con algunos cómicos.*)

HAMLET.–Te ruego que recites el pasaje tal como lo he declamado yo, con soltura y naturalidad, pues si lo haces a voz en grito, como acostumbran muchos de vuestros actores, valdría más que diera mis versos a que los voceara el pregonero. Guárdate también de aserrar demasiado el aire, así con la mano. Moderación en todo, pues hasta en medio del mismo torrente, tempestad y aun podría decir torbellino de tu pasión, debes tener y mostrar aquella templanza

43 En la edición de Jean Canavaggio, «Teatro y comediantes en el Siglo de Oro: algunos datos inéditos», *Libro Homenaje a Antonio Pérez Gómez*, citada, tomo I, pp. 163-164.

que hace suave y elegante la expresión. ¡Oh!, me hiere el alma oír a un robusto jayán con su enorme peluca, desgarrar una pasión hasta convertirle en girones y verdaderos guiñapos, hendiéndo los oídos de los mosqueteros, que, por lo general, son incapaces de apreciar otra cosa que incomprensibles pantomimas y barullo. De buena gana mandaría azotar a ese energúmeno por exagerar el tipo de Termagante. ¡Esto es ser más herodista que Herodes! ¡Evítalo tú, por favor!

CÓMICO 1.º–Lo prometo a Vuestra Alteza.

HAMLET.–No seas tampoco demasiado tímido; en esto tu propia discreción debe guiarte. Que la acción responda a la palabra y la palabra a la acción, poniendo un especial cuidado en no traspasar los límites de la sencillez de la Naturaleza, porque todo lo que a ella se opone se aparta igualmente del propio fin del arte dramático, cuyo objeto, tanto en su origen como en los tiempos que corren, ha sido y es presentar, por decirlo así, un espejo a la humanidad; mostrar a la virtud sus propios rasgos, al vicio su verdadera imagen y a cada edad y generación su fisionomía y sello característico. De donde resulta que si se recarga la expresión o si ésta languidece, por más que ello haga reír a los ignorantes, no podrá menos de disgustar a los discretos, cuyo dictamen, aunque se trate de un solo hombre, debe pesar más en vuestra estima que el de todo un público compuesto de los otros. ¡Oh!, cómicos hay a quienes he visto representar y a los que he oído elogiar, y en alto grado, que, por no decirlo en malos términos, no teniendo ni acento ni traza de cristianos, de gentiles, ni tan siquiera de hombres, se pavoneaban y vociferaban de tal modo, que llegué a pensar si proponiéndose algún mal artífice de la Naturaleza formar tal casta de hombres, me resultaron unos engendros: ¡tan abominablemente imitaban la humanidad![44]

Con relativa seguridad podemos asumir, pues, que la reivindicación de una *tejné* específica para el actor, en el sentido artístico del término, es temprana y, en todo caso, anterior a un reconocimiento oficial más tardío. La defensa comienza por dar pie a una autoestima basada en la coartada social del actor como *entretenedor* social, capaz así de romper espacios sociales compartimentados y acercarse al poder del mecenazgo. Bien es verdad que este vínculo (muchas veces adelgazado hasta la conversión del actor en un hábil suturador del arte y la ilusión de lo real, o la pura ficción sublimadora) no es formalmente un *mester* noble, liberal, ni en el Medioevo, ni en el Renacimiento ni en los aledaños del Barroco. Pero ya se advirtió en los italianos el afán de separar las *brigate infami* y los bufones de un práctica teatral con *arte*, *virtuosa* en el sentido técnico del término. Como subraya Roberto Tessari: «tecnica pura, eticamente non pericolosa; intrattenimento che diverte dalla inmediatezza; burla e non *essere*.»[45] Se

---

[44] *Hamlet*, Acto III, Escena II. Ofrecemos la traducción de las *Obras Completas* (ed. de F. Astrana Marín), Madrid, Aguilar, 1969, pp. 1361-1362.

[45] Tessari, Roberto, *Commedia dell'Arte: La Maschera e l'Ombra*, Milán, Mursia Editore, 1989, p. 59.

trata de dignificar, mediante la práctica virtuosa o artística de una técnica, la máscara de la interpretación (la postulación, el personaje o ficción construidas, no el ser moral del actor). De ahí la defensa de Niccolò Barbieri en *La Supplica* de los *comici virtuosi*, estudiosos de libros, imitadores de la belleza, citadores de sentencias («perché molto leggono e sfiorano i libri»). Y, frente a ellos, la despreciada turba de bufones gesticulantes que no saben ni han aprendido a ejercitar *virtuosamente* (vale decir, técnicamente) su *mestiere*. Volvemos al impecable paralelismo del italiano: el *corsario*, un actor y como tal marginado o al menos no privilegiado en la sociedad oficial, pero con altura intelectual y profesional, frente al *pirata* (cómico sin técnica ni estudio, bufón): «Il corsario è l'attore, il pirata è il mimo buffone [...]» No parece arriesgado hacer coincidir en esta sugerente *psicomaquia* la distinción que ya había realizado López Pinciano entre las acciones sutiles y espirituales de los *actores* y las acciones puramente corporales y groseras de *histriones* y *volatineros*:

> Ya lo veo, respondió Fadrique, que no la ánima anda, ni come, ni beue, ni discurre, consulta y elige, sino el hombre, que es dezir ánima y cuerpo vnidos, andan, comen, beuen, discurren, consultan y eligen; mas, porque vnas destas acciones tienen mucho de lo espiritual, y otras de lo corporal, dezimos a vnas obras de facultad espiritual, y a otras, de corporal; y en esto no haya dificultad, ni tampoco la haya por la razón ya dicha, que las operaciones del ánima no sean más altas y principales que las del cuerpo; lo qual supuesto, digo que las acciones dramáticas y de representantes tienen mucho más de lo sutil y espiritual que no las de volteadores; y, en quanto a este particular, son las obras de aquellos de más lustre y primor que no las déstos [...] Digo que las obras de los actores y representantes, en general, son más nobles quanto al eficiente, porque tienen más de lo intelectual; pero lo de estos volteadores, en particular, lo son más por la excelencia de lo que con el cuerpo hazen [...] assí que la raridad y extremación, por assí dezir, de la acción, aunque grosera y corporal, la alça sobre la espiritual en breves razones. Lo que desta plática siento es que los volteadores sobrepujan y vencen a los ordinarios y comunes representantes por la excelencia de su acción, mas que la obra de suyo mas vtil y más honesta es la de la representación por las causas alegadas.[46]

Con una terminología más precisa, casi semiótica, Barbieri diferencia claramente entre el *ser* y el *parecer ser*, el *ser construido* que es producto de acciones meditadas y conscientes del ejercicio actoral:

> Qual è colui così sciocco che non sappia ché differenza sia dall'esser al fingere? Il buffone è realmente buffone; ma il comico, che rappresenta la parte

---

[46] *Op. cit.*, tomo III, pp. 270-272.

ridicola, finge il buffone [...] La comedia è tutta finzione: tal uno finge il vecchio e non avrà peli al mento e tal donna finge la fanciulla che averà fatto quattro e sei figliuoli. Sono tutte burle. Il comico è una cosa e il buffone è un'altra:
buffone è colui che non ha virtù e che, per avere una natura pronta e sfacciata,
vuol viver con mezzo di quella o alla diritta o alla storta...[47]

La dificultad de reconocer enciclopédicamente esta diferenciación significa que la mayor parte de los textos que encontramos a finales del siglo XVI
o comienzos del XVII que postulan dignificar la profesión del actor acaban
por asumir, al modo platónico, como *gracia* o *talento natural*, lo que no
puede adquirirse con los saberes reglados por una preceptiva concreta.[48]
Pero frente a las intuiciones platónicas, el pragmatismo neoaristotélico con
el que se dota la modernidad barroca impone el sentido del *ars* o *tejné* como
«un sistema de reglas extraídas de la experiencia, pensadas después lógicamente, que nos enseñan la manera de realizar una acción tendente a su perfeccionamiento [...] acción que no forma parte del curso natural del acontecer» (*Ética a Nicómaco*, 6, 4, 1140a, 10). De acuerdo con Quintiliano (*De
Institutione Oratoria*, 2, 14, 5), «ars erit quae disciplina percipi debet», es decir, que toda *tejné* es susceptible de ser enseñada y aprendida para llegar así
a ser *scientia* o *saber* (según San Isidoro, «scientia est cum res aliqua certa
ratione percipitur»). En cierto modo, entre el siglo XVII y el XVIII se producirá,
para el oficio del actor, la yuxtaposición de estas dos fases (la aplicación
consciente, aunque contenida por el prejuicio moral, de una *tejné* en el Barroco, la inclusión en una enciclopedia del saber oficial en el siglo XVIII).
¿Qué es lo que impide que esta basculación se produzca ya de manera inequívoca en los siglos XVI y XVII? Como ya he dicho, probablemente el hecho
de no haber establecido la frontera entre un debate resueltamente teórico y
un debate moral; lo cual lleva a que términos como *areté* o *virtus*, que retóricamente se predicaban de la perfección conseguida en el ejercicio o práctica
de una actividad (recordemos los *comici virtuosi* de Barbieri), se consoliden
entre nosotros con una semántica exclusivamente moral.

Pero, al mismo tiempo, desde el Renacimiento se produce por parte
del pensamiento social una doble innovación respecto al concepto de
profesión o *tejné*.[49] Por un lado la ética de cualquier oficio queda subordi-

---

[47] Niccolò Barbieri, *La Supplica. Discorso famigliare a quelli che trattano de comici*,
Bologna, 1634 (ed. de Ferdinando Taviani), Milán, El Polifilo, 1971, p. 58.

[48] Veamos de nuevo el testimonio de Barbieri: «[I comici] danno gusto solamente col
comparir in scena e muovono il popolo a riso ad ogni loro semplice movimento. In
quest'arte è di mestiere un talento naturale a pochi concedutto, e, di cento che si pongono
a recitare, dieci non riescono buoni, ancorché siano Aristotili di sapere.»

[49] *Cf.* Heller, Agnes, «Trabajo, ciencia, tejné, arte», en *El hombre del Renacimiento*, Barcelona, Península, 1980, pp. 404-406.

nada a un planteamiento antropológico, en el que el valor del trabajo no iba a consistir tanto en el cumplimiento de un deber abstracto, de impronta moral, como en la potenciación de las facultades humanas activas, físicas, en orden a una autorrealización; por otro, el trabajo surgido de necesidades meramente prácticas no iba a seguir siendo considerado el más eficaz ni la base de la economía real de la sociedad establecida. Cabe observar que la profesión de actor se define justamente entre estos dos polos, y de ahí su dificultad, por un lado, de reconocimiento o prestigio social; y, por otro, de ubicación en un ámbito teórico específico del mundo barroco. Otra cosa es que desde el Renacimiento el ya citado concepto de *arte* (en el sentido de *ciencia* o *tejné*) se va a adscribir en el campo de lo artístico a los esfuerzos que puede hacer el humano por reflejar la realidad lo más ajustadamente posible. En este sentido entenderemos que la mayoría de las borrosas referencias a la teoría actoral giren, a lo largo del Siglo de Oro, en torno al concepto de *mimesis* o imitación del natural. O que, por ejemplo, el trabajo o el oficio desempeñados por el hombre pudieran interpretarse como «el intercambio de materia entre la naturaleza y el hombre, una actividad que desarrollaba las facultades de éste, una función que daba pie a una segunda naturaleza.»[50] Y que, finalmente, teóricos como Tomás de Campanella en *La ciudad del sol* reclamen el conocimiento del canon científico como requisito previo para la práctica correcta de un oficio, mecánico o no. Esta norma renacentista pudo haber madurado más en Italia, donde, como ya hemos visto, Niccolò Barbieri, en *La Supplica*, reconoce la dificultad y pericia de representar tanto el registro cómico como, sobre todo, el grave, donde se precisa no sólo «la parola o el gesto sproporzionato, quanto dallo studiatamente rappresentato.»[51]

Ahora bien, la aparición expresa de la regla o canon científicos en forma de operación ensayística no aparecerá entre nosotros hasta el siglo XVIII.

3. Una arqueología activa del documento teatral

Se hace por ello necesario que los documentos leídos hasta ahora se interpreten a la luz de una época en la que los dos conceptos que hemos

---

[50] *Ibid.*, p. 404.

[51] «I comici studiano e si muniscono la memoria di gran tarragone di cose, come sentenze, concetti, discorsi d'amore, rimproveri, disperazioni e deliri, per averli pronti all'occasioni, ed i loro studi sono conformi al costume de' personaggi che loro rappresentano le persone gravi che le ridicolose, così più parte di loro studiano più modi di far piangere che quelli di far ridere, perchè il riso può nascere dalla aprola o dal gesto sproporzionato, quanto dallo studiatamente rappresentato; ma il far piangere le persone di cosa ch'ognuno sa non esser vera è arte difficile» (ed. cit., pp. 21-22).

venido manejando (intuición, arte/*tejné*) puedan entrar en relación con diversos mapas retóricos o científicos. Se podría reprochar de falta de rigor histórico o filológico el extrapolar las conclusiones de algunos documentos (anteriores o posteriores al periodo áureo) al ámbito que es ahora objeto de nuestro estudio. Puedo proponer, sin embargo, otro tipo de disponibilidad hacia el documento real, su concepto y su uso. El discurso moral (que se resiste a ser desplazado por el discurso enciclopédico y científico) parece no dejar espacio para teorizaciones meramente disciplinares. Pero entonces hay que buscar los intersticios donde se ocultaban los borradores de la teoría del comediante. Hay que volver a los siglos XVI y XVII y concentrarnos en sus propios protocolos aportando una mirada en la que reunir una nueva arqueología del documento con el sano (pero siempre abierto) escepticismo del filólogo. Insisto en que hay que volver a los varios documentos que ofrece el teatro siglodorista. Pero haciendo el esfuerzo (trátese de un texto dramático, de una sátira moral, de la observación de un preceptista o de una acotación) de leerlos en el viaje de ida y vuelta del ayer al hoy que plantea de este modo Antonio Tordera:

> ¿Pero es tan descabellado volver sobre el pasado? En caso afirmativo tendríamos que renunciar a la memoria, lo que no parece negociable en un arte tan apoyado en esa virtud como lo es el teatro. Sólo nos quedan los textos dramáticos, algunos testimonios, bocetos dispersos, documentos sociales y como máximo algo tan etéreo, aunque admito forzar la expresión, como las memorias de apariencias. [...]
>
> En otros ámbitos del quehacer humano otros investigadores no se han resignado; por ejemplo la arqueología, que ha desplegado métodos verificables para recomponer el modo de vivir de nuestros antepasados, si bien es cierto que el cotejo de datos, la cala de terrenos, el contraste de hipótesis y el atenerse a los monumentos objetivos, en esta disciplina como en el resto de las ciencias históricas, la labor rigurosa más fecunda en resultados no ha estado exenta de una buena dosis de excelente y sabia imaginación. Todo consiste en que, en lugar de la resignación o el atenerse objetivamente a los datos, literarios o no (si es que esto es posible), asumamos que bucear en el pasado comporta para el investigador aceptar que está, quiérase o no, interpretando, verificando y confirmando, para luego otra vez reinterpretar.[52]

Habría que saber, sin embargo, en qué campos documentales buceamos e interpretamos. Teóricos como Marco de Marinis[53] han llamado la

[52] «El circuito de apariencias y afectos en el actor barroco», en José M.ª Díez Borque (ed.), *Actor y técnica de representación del teatro clásico español,* citada, pp. 121-140.

[53] *Capire il teatro. Lineamenti di una nuova teatralogia,* Florencia, La Casa Usher, 1989, p. 135.

atención sobre la escasez de documentos acerca de la técnica escénica y el adiestramiento de los actores, sus métodos de preparación física y vocal. Incluso tomando la *commedia dell'arte* como referencia los cuantifica como casi inexistentes: y eso que el teatro italiano fue esencialmente un teatro del actor y que los cómicos de aquel país no se caracterizaban por el temor a la escritura. Si hemos de compararlo con el estado de la cuestión del teatro español del mismo periodo, el problema se agudiza aún más. Existe, empero, un más que apreciable material sociológico y positivista (en el sentido más riguroso del término) si recordamos las colecciones infatigablemente exhumadas por John E. Varey o Norman D. Shergold, aunque, como es natural, se trate, en primera instancia, de una fase más acumulativa que interpretativa; o un material literario como las memorias epistolares, las referencias novelescas o ese documento vivo de las *loas* dramáticas. Pero no hallamos documentos virtualmente específicos sobre la técnica (al menos no en su totalidad). De Marinis pone de relieve otra causa importante de este silencio documental: faltaba un lenguaje teórico, un cauce científico y de saber autorizados para codificar la técnica actoral. De hecho, había que recurrir a otros discursos reconocidos y evidentes: el de los retóricos, el de los oradores, por ejemplo. El anunciado silencio se va poblando, así, de rumores subsidiarios. Porque no hay documento inútil ni podemos, desde la tierra aparentemente firme del positivismo, aparcar cualquier documento que, después, puede revelarse fundamental.[54]

Para aceptar esos documentos indirectos, oblicuos que permitan una nueva arqueología e interpretación, hemos de ayudar al documento a decirse a sí mismo, convertirlo en un monumento asequible y descodificable. Esta postura crítica exige, claro está, tomar otras precauciones: no existe un documento objetivo, inocuo o primario aun en su más rara esencialidad. La ilusión positivista del dato inocente, inamovible, enviado como seguro e inequívoco mensaje debe ser sustituida por otro tipo de lectura del documento que impida su rápida esclerosis como monumento, aquel que lo verifica como resultado de un encuentro a medio camino entre la

---

[54] A este respecto merece la pena reproducir la escéptica nota en la que Enrique Funes en su *Declamación española* (Sevilla, Tipografía de Díaz y Carballo, 1894, p. 85) muestra una ceguera de futuro que resulta, en la actualidad, feliz ironía: «Aunque, por el progreso de las ciencias experimentales, llegue a conseguirse fijar y reproducir la obra del actor, no adelantará mucho la crítica, cuya misión es ver lo permanente en lo fugaz, lo *filosófico* en lo *histórico* (siempre que lo que *pasa*, *quede* de algún modo en la memoria de los hombres); pues la reproducción, por medios mecánicos, de lo fugaz creado por el Arte resulta una parodia (véase en el Apéndice "La Crítica en el Arte del Actor"; publicóse en *La Ilustración Artística* de Barcelona, 5 de octubre de 1891). Es curioso que en *La Nación* del 16 de abril de 1892 se describa una *Fotografía parlante*, especie de *Foto-fotógrafo* a que se alude en el artículo citado, para reproducir sincrónicamente los tonos y los gestos.»

voluntad de quien ha generado el documento para imponerlo como una imagen lanzada al futuro y la lectura de quien lo recibe en la actualidad.[55] De inmediato veremos ejemplos de estas dos superficies legibles que pueden superponerse. Adelantemos, por ejemplo, la cuestión de los documentos de la *Bibliografía* recogidos por Emilio Cotarelo que se constituyen sobre la denuncia por parte de buen número de clérigos y que, sin embargo, pueden ser percibidos desde una lectura actual objetiva como el cauce de una velada descripción de gestos, acciones y palabras. O ejemplos de los tratados de oratoria o de predicación que acaban confundiendo el magisterio del comediante y del predicador. O la preceptiva de la experiencia dramatúrgica. O las reflexiones de un tratadista de la pintura como Carducho. O la propia acotación escénica, que se lee y define el texto dramático de modo singular en cada época. Todos, en cualquier caso, son documentos, resultado de un montaje consciente o inconsciente de la historia y de la sociedad que los ha producido y que, como sugiere Jacques Le Goff, son también el resultado de las lecturas de épocas sucesivas. Acaso podamos hoy conceder un valor peculiar a los textos, ya comentados, de Hugo de San Víctor o de Santo Tomás, porque pueden depositarse en nuestra propia organización mental, pero ésta, para asimilarlos, ha tenido que acudir a unas claves coherentes con el momento histórico que los produjo. El documento puede mantener su identidad como testimonio original de una época, pero para que nos sea realmente útil hemos de esforzarnos por que sirva de puente a los vacíos y silencios históricos, que nos separan de aquella realidad. En otras palabras, la historiografía más actual reelabora el concepto de hecho histórico (y su consiguiente reflejo documental) como un *objeto construido* tanto por el auténtico actor histórico como por el investigador.

Santo Tomás, con su referencia en la *Suma Teológica*, quizá sólo pretendía quitar hierro a la indiscriminada condena moral de juglares y actores. Nosotros podemos reactualizar su lectura como la primera admisión de un saber práctico teatral con rasgos de valor intelectual. Los teólogos de los siglos XVII y XVIII condenaban sin paliativos el teatro. Nosotros hallamos en sus escritos el primer archivo sistemático de precisiones técnicas para el actor. Esta epistemología dramatúrgica nos permite afrontar la historia del teatro en términos de una historia del documento teatral, en la cual, incluso, puede proponerse que el documento deje de ser el medio

---

[55] *Cf.* Le Goff, Jacques, «Documento/monumento», *Enciclopedia Einaudi*, vol. IV, Turín, Einaudi, 1978, pp. 44-46: «Al limite, non existe un documento-verità. Ogni documento è menzogna. Sta allo storico il non fare l'ingenuo.» Véase ahora el trabajo de Le Goff en *El orden de la memoria. El tiempo como imaginario*, Barcelona, Paidós, 1991, pp. 227-239. En España comienza a extenderse recientemente el concepto amplio de documento teatral. *Vid.* García Lorenzo, Luciano y Varey, John E. (eds.), *Teatros y vida teatral en el Siglo de Oro a través de sus fuentes documentales*, Londres, Tamesis Books, 1991.

auxiliar de la investigación para convertirse en el objeto mismo. En nuestro caso propongo seguir considerando el documento como medio, pero, al acceder a él con un nuevo planteamiento, ampliar la naturaleza del mismo, reconsiderando epistemológicamente su estatuto teórico y su variable soporte material. El documento para reconstruir la historia del actor barroco será así, más allá de una elemental precaución escéptica y crítica, un objeto de conocimiento construido por la fluencia histórica y por los aconteceres de la totalidad policultural de su época.

Ciertamente se ha reflexionado poco sobre el *corpus* documental con el que se ha construido la historiografía del teatro barroco. Como en tantas ocasiones, Juan Manuel Rozas se adelantó, con su envidiable lucidez, a esbozar un apretado resumen de los mismos:

> Sería muy conveniente juntar en un *corpus* general los tres grupos de textos coetáneos sobre el teatro barroco con que contamos y, naturalmente, hacerlos exhaustivos en lo posible. De un lado, tenemos la preceptiva dramática que empezó a reunir, en sus *Ideas Estéticas*, Menéndez Pelayo, que continuó Chaytor y que, en dos sucesivos impulsos o ediciones, han llevado a un caudaloso estado Sánchez Escribano y Porqueras. De otro, la labor de Cotarelo en torno a la licitud del teatro en su, ya antigua pero no superada, bibliografía comentada de las *Controversias*. Por último, la labor que sobre la documentación de la praxis teatral —superando los esfuerzos del propio Cotarelo, de Pérez Pastor y de otros— están llevando a cabo Varey y Shergold en los últimos años. A estros tres bloques había que añadir un apéndice: los textos propiamente literarios que, principalmente en la novela del siglo XVII, se encuentran sobre la materia. Me refiero a textos tan significativos como la representación en la que «actuó» *Estebanillo González.* [56]

De la relación de José Manuel Rozas, considerándola en su más amplio sentido (e incluyendo ineludiblemente los propios textos teatrales y sus acotaciones), se confirma la distinción que Marco de Marinis[57] realiza entre: *a) documentos directos*, es decir aquellos que se ajustan más al sentido tradicional de fuente o documento y *b) documentos indirectos o extrateatrales* (quizá debiéramos decir *parateatrales*), es decir, aquellos cuyo estudio implica una pluralidad metodológica entre lo filológico, lo teórico o lo semiótico. Este *corpus* entraría en la óptica del análisis cultural contextual formulada por Franco Ruffini,[58] que ya venía implícita en la

---

[56] «Textos olvidados sobre preceptiva y licitud del teatro barroco», en VV.AA., *Estudios sobre literatura y arte dedicados al Profesor Emilio Orozco Díaz*, Granada, Universidad de Granada, 1979, vol. III, pp. 149-150.

[57] *Cf. Semiotica del teatro. L'analisi testuale dello spettacolo*, Milán, Bompiani, 1982.

[58] «Semiotica del teatro: per un'epistemologia degli studi teatrali», *Biblioteca Teatrale*, 14, 1976.

teoría sociológica de Pierre Francastel y en la iconológica de Aby Warburg, Fritz Saxl o Erwin Panofsky, que persiguen la utilización de los testimonios gráficos como posibles fuentes históricas de la contrucción total
de la cultura. Como consecuencia, la documentación *visual* generada por
el teatro sería otro de los objetos de esta consideración documental.

Partiendo, pues, de una *gnoseología* más amplia y generosa, si hemos
de delimitar el *corpus* documental de reconstrucción de la técnica del actor en los Siglos de Oro, podríamos establecer, a mi juicio, una serie de
apartados.

3.1. *Los documentos notariales sobre el actor*

Se trata en este caso de documentos producidos intencionadamente
como tales, que pueden clasificarse dentro de una línea *sociológica* como
las noticias sobre las compañías, sus avatares contractuales, a veces tan sumamente pormenorizados como los transcritos por Cristóbal Pérez Pastor,[59] Francisco Rodríguez Marín[60] o, más extensamente, en una consciente ordenación en fuentes primarias, por Norman D. Shergold y John E.
Varey[61] para el Corpus u otras fiestas. La revisión de estos documentos, y
de otras noticias sucesivamente cruzadas de la dispersa bibliografía
existente[62] y de los listados de actores y su migración por diferentes compañías, permite, por ejemplo, aventurar no solamente hipótesis de fecha
de la representación de las obras, sino las dotaciones, sueldos o *racio-
nes*, y la constatación de la fuerte jerarquía y endogamia familiar de las

[59] Pérez Pastor, Cristóbal, *Nuevos datos acerca del histrionismo en los siglos XVI y XVII*,
Madrid [s.i.], 1901. Y «Nuevos datos acerca del histrionismo español en los siglos XVI y XVII»,
Bulletin Hispanique, VIII, Burdeos, 1906, pp. 71-78, 148-153, 363-373; IX, 1907, pp. 360-385; X,
1908, pp. 243-258; XII, 1910, pp. 303-316; XIII, 1911, pp. 47-60, 306-315; XIV, 1912, pp. 300-317,
408-432; XV, 1913, pp. 300-305, 428-444; 1914, pp. 209-224, 458-487.

[60] Rodríguez Marín, Francisco, «Nuevas aportaciones para la historia del histrionismo
español de los siglos XVI y XVII», *Boletín de la Real Academia Española*, I, Madrid, 1914, pp.
6-66, 171-182, 321-349.

[61] *Vid.*, entre otros, *Los autos sacramentales en Madrid en la época de Calderón. 1637-
1681. Estudio y documentos*, Madrid, Edhigar, 1961.

[62] Sánchez Arjona, José, *Noticias referentes a los Anales del teatro en Sevilla desde Lope
de Rueda hasta fines del siglo XVIII*, Sevilla, Imprenta de E. Rasco, 1898; y Rennert, Hugo Albert, «Spanish Actors and Actresses between 1560 and 1680», *Revue Hispanique*, XVI, 1907,
pp. 334-538. Complétese todo ello ahora con las aportaciones y noticias ofrecidas, entre
otros, por Manuel Sánchez Mariana, «Documentos sobre actores y teatros en la sección de
manuscritos de la Biblioteca Nacional», en José M.ª Ruano de la Haza (ed.), *El mundo del
teatro español en su Siglo de Oro. Ensayos dedicados a John Varey*, Ottawa, Dovehouse
Editions, 1989, pp. 409-432.

compañías. Permite también reconstruir en gran medida los conflictos contractuales, o los intereses económicos que se encontraban en ciertas condiciones, sin duda abusivas, que debían aceptar los actores, en sus contratos con la administración, en especial para las celebraciones del Corpus. Numerosos documentos nos muestran así la situación precaria e, incluso, el ingreso en prisión de determinados autores de compañías, por no haber procurado la lista, elenco o reparto cerrado de la misma para la representación. La carta de Simón Aguado y de Manuel Vallejo, fechada en 1675, explicando tal situación, no tiene desperdicio:

> Simón Aguado y Manuel Vallejo, representantes, vecinos desta villa, presos en la Cárcel Real della por mando de V.S. sobre mandarnos diésemos listas para formar compañías para este año, y respecto de auer quedado del pasado tan sumamente alcançados y empeñados que están imposibilitados de poder ser autores por no tener medios para poder prestar a los compañeros que [h]abían de tener, y antes bien lo que tienen dado el año pasado enteramente que se les está debiendo, y si a alguno [h]a faltado no [h]a dejado bienes de que poder darnos satisfación. Y como pareçe de las respuestas dadas a los autos que se nos [h]an notificado, estamos prontos a seruir a Madrid en la parte que nos juzgare a propósito de nuestro ejercicio, por lo qual a V.S. suplicamos se sirua de mandar soltarnos de la prisión en que estamos, respecto a ser la causa de no poder ser autores la falta de medios con que nos [h]allamos.[63]

Los actores sin duda veían mermados sus ingresos profesionales si accedían a quedarse en Madrid para las prestigiosas, pero seguramente poco rentables en términos económicos, representaciones de autos. Los documentos que ahora señalamos ofrecen testimonios de cómo intentan poner pies en polvorosa cuando eran requeridos notarialmente para integrar una compañía y de cómo el peso de la ley realizaba oficios para mayor gloria de la historia del teatro español. Así, el 12 de marzo de 1640 los Comisarios de la fiesta testifican que:

> Diego de Mencos, comediante, está preso en la Cárcel real desta villa porque ni él ni su muger no quieren representar en la compañía de Bartolomé Romero, autor de comedias, en las fiestas deste año, y porque, aunque está preso, no se allana ni cumple lo que le está mandado, mandaron que qualquier alguacil desta Corte y Villa remueua al dicho Diego de Mencos de la presión de la Cárcel desta villa y le ponga preso en la cárcel desta Corte a donde se le pongan dos pares de grillos; y asimismo se prenda en la dicha Cárcel de Corte a Francisca Paula, su mujer, y se requiera al Alcaide que los tenga presos y no consienta salgan de la cárcel, pena de 1.000 ducados en que se le condena si

---

[63] Cf. *Los autos sacramentales en Madrid en la época de Calderón. 1637-1681. Estudio y documentos*, citada, 1961, p. 285.

hiciere lo contrario; y se saquen y embarguen bienes a los susodichos hasta en cantidad de 200 ducados, los quales se vendan para dar la dicha cantidad a los hospitales desta villa.

Este testimonio acaba de sazonarse con dos documentos adjuntos: en uno se certifica que, mostrándose remiso el alcaide de la Corte en ponerle los grillos al pobre de Mencos, se le imponga una multa de 50 ducados. En otro se da cuenta del embargo a Francisca de Paula de «una calderilla de plata, más cinco vueltas de cordoncillos de oro de Portugal que pesaron 200 escudos de oro poco más o menos.»[64] Desde luego otros documentos muestran cómo la dedicación profesional al ensayo y al estudio de los actores era sagazmente estimulada por las autoridades. Un escrito del 30 de marzo de 1639 dice que:

> Ángela Francisca y Beatriz, su hermana, que llaman las portugues[a]s, anoche 29 deste mes quedaron con sus merzedes de acuerdo de asentar en la compañía de Manuel Vallejo para este presente año en la misma forma y por el mismo precio que el pasado y en orden al dicho conzierto que yrían a ensayar, estudiarían y harían todo lo demás que les toca, y porque a noticia de sus merzedes [h]a venido que las dichas Ángela Francisca y su hermana se sustraen de lo en que quedaron y no acuden a los ensayos aunque para ello las [h]an llamado, poniendo en ello el remedio que conuiene, mandaron se les notifique cumplan el dicho ofrezimiento y allanamiento y queden en la dicha compañía por el mismo periodo y en la forma que el año pasado y estudien los papeles que les dieren y acudan a los ensayos y lo cumplan, pena cada una de 200 ducados para los pobres de la cárzel, demás de lo qual, no [ha]biendo acudido a lo que el dicho Manuel de Vallejo les ordenare de aquí a mañana a el medio día se les encarzele en su casa y ponga una guarda a cada una en virtud de este auto.[65]

La huida de los comediantes al objeto de evitar quedarse en la capital para representar los autos les comportaba, con frecuencia, el verse privados de una de sus posesiones esenciales: el vestuario, que, como se sabe, corría de ordinario a su costa. El 27 de febrero de 1665 el actor Garcerán,

---

[64] *Ibid.*, p. 21.
[65] *Ibid.*, p. 16. Otras veces de los documentos se desprende, por el contrario, el reconocimiento y premio como cuando, con motivo del Corpus de 1637, ya en agosto, se acuerda el reparto de la *joya* (es decir, el premio por la excelencia de la representación) a las compañías de Rosa y Tomás Fernández, dando parte principal de la misma (25 ducados) a la actriz Antonia Manuel «por el lucimiento con que representó en la dicha fiesta», compensándola además con 200 ducados por los perjuicios subsiguientes a haber abandonado su compañía, que estaba en Segovia. Además recibió 20 ducados extras «por la ocupazión que tuvo en estudiar los papeles de Catalina de la Rosa que por estar preñada y en días de parir se le mandaron estudiar y preuenir por si paría al tiempo de las fiestas no hiziese falta» (*Ibid.*, p. 9).

que se dice en Valencia, sufre la requisa en su propia casa de varios baúles con «vestidos de representantes»:

> vestido de villana, verde, justillo y debantal; vestido de francés de [h]ombre, con çapatos y valona, todo de raso encarnado con guarnezión de cintillas blancas; vestido de [herbaje] para villana; vestido de estudiante, loba y manteos; vestido de [h]ombre de chamelote encarnado para villano, guarnezido con puntas de plata de Milán; vestido de jerguilla para villano.[66]

En otros casos es el detenido estudio de las llamadas *memorias de apariencias,* y las relaciones y cuentas de gastos para útiles del vestuario de los actores o de escenografía los que consolidan elementos de reflexión. En efecto, por medio de este amplio archivo proviniente de la meticulosidad burocrática que implicaba la cuantificación económica de una fiesta sufragada por los recursos municipales, vemos *vestirse* a los actores y construir la parafernalia emblemático-alegórica de ese vestuario, sujeta en no pocas ocasiones a enmiendas y disposiciones concretas. Así, en los autos de 1641 se prescribe al autor Pedro de la Rosa que «el Ýcaro saque espada dorada y zapatos de polvillo» y la muerte «guantes de gamuza negros.» Para la representación del auto se exige la sustitución «de una mujer que han metido para música» y que «pongan a otra en su lugar a satisfazión de sus mercedes.» Para el actor que debía interpretar el Deleite se pide «saque mejores calçones y espada dorada y tiros y pretina.» Para el auto *La ronda del mundo* no parece entusiasmar la idea de que el actor que ha de interpretar a David vista de negro y se comunica que «saque espada dorada y tiros y pretina de tela o bordados.» Por demás está decir que Cristo o el Salvador ha de sacar «espada plateada y manto blanco.»[67]

Asistimos a la misma puntillosidad en la descripción de los contratos de las danzas, apartado substancial de la fiesta del Corpus, que ofrecen un inenarrable depósito de descripciones del vestuario de los danzantes, extraño, abigarrado, siempre un festín para la imaginación y los sentidos. En la *Escritura de las danças* correspondientes al año 1652, el documento enviado por Gaspar Flores, Segundo de Morales y Francisco García («llamados autores de danças y alquiladores de librea»), leemos:

> Tres danzas de cascabel, queste presente año [h]an de ser una de folijones portugueses vestidos con sotanillas y copas de vayeta guarnecidas de plata, sombreros negros altos, barbas negras, cuellos pequeños, con ocho personas, siete [h]ombres y una muger, uno con un tambor colgado al cuello, otro con

---

[66] *Ibid.,* p. 186.
[67] *Ibid.,* p. 31.

una guitarra, otro con sonajas, la nouia con un pandero y las damas con diferentes instrumentos, borceguíes negros al uso de Portugal y los sombreros con toquillas según su traxe.

Otra danza de quatro negros y quatro negras vestidos con calçones largos y justos que [h]an de ser de colores encarnados y blancos o catalufas de plata falsa con una guarnición de plata y sombreros blancos pequeños, y las mugeres con manteos de lo mismo y jubones de cotonia blanca y mantellinas de bayeta blanca con guarnición negra y zestillas en los braços y ellos ceñidas toallas blancas, y todos con castañetas y un gaitero y los [h]ombres almohazas en la çintas como mozos de cauallos y tocadas las negras con sus cofias bien lucidas.[68]

Otra danza de 1654 prescribía la aparición de unos peregrinos que habían de ir «vestidos con sotanas y esclavinas de picote fino guarnecido de galones de plata al canto con bordones plateados y sombreros blancos con sus conchas y cajas de [h]oja de lata en la çinta.»[69] Para las danzas de 1656 se anota puntualmente la vistosa y extravagante apariencia de los locos, según la secular identificación de éstos con la combinación de colores vivos, y se prescribe la exacerbación gestual y de movimientos (incluido el azote o látigo de los *sots* y bufones) que se deduce de una coreografía con tales propósitos:

> Siete locos y un maestro de locos, ellos vestidos con sayos ajironados de diferentes colores con mangas largas y capirotes de locos con cartillas al cuello, y vayan a dar la lición al maestro que [h]a de ir vestido con calçillas y ropilla de color y gorra y capa corta con un açote en la mano. Y [h]an de ir los locos a dar lición y el maestro los açota al que yerra. Y un tamborilero. Cada uno con su instrumento diferente: una jinebra, una sonaja, una carroça, castañetas y tablillas.[70]

A veces la rigurosidad presupuestaria ponía en aprietos a estos autores de danzas. Felipe Sierra en escrito del 18 de abril de 1638 se queja en los siguientes términos:

> Porque los vestidos que sacan los dançantes de las pesadas son de lienço y se ensucian luego y se sudan de forma que aun para una fiesta no [h]ay, le [h]a parecido al Sr. D. Fernando Fariñas que se vistan de damasco de lana que [h]a [h]echo blanco y nácar y [h]ase concertado con ellos que ellos se vistan tan barato que es vergüenza, qu'es por 400 reales; se visten ellos a su costa y los obligados de las danzas dicen no los vistieran ellos por 100 ducados. Así, mi señor, Vm. [h]aga [h]açer la escritura con el que éste lleva en que se obligan a vestirse y danzar los tres días y como se les daua 1.200 reales, como constara de

---

68 *Ibid.*, p. 104.
69 *Ibid.*, p. 118.
70 *Ibid.*, p. 122.

la escritura, después de [h]echa la fiesta les darán 1.600 que son los 400 reales más para que se vistan.[71]

Junto a todo ello, la excepcional aportación, por una parte, de la *Genealogía, origen y noticias de los comediantes de España*;[72] y, por otra, los procesos microhistóricos derivados tanto de la trayectoria de los actores (memorias, cartas, testamentos u ofrecimientos a las Cofradías) como de sus relaciones frecuentes en memoriales o versos populares de época, que han permitido a veces más que estimables perfiles biográficos ya trazados por Emilio Cotarelo u otros.[73] Aunque consolidados, eso sí, más en la hipótesis y chascarrillo que en contrastes fehacientes, permiten, en todo caso, precisar acusadamente nuestra falta de tradición en la crítica de la lectura y aprovechamiento del documento teatral.[74]

3.2. *La acotación como documento y su posible influencia en el registro de género*

Si hemos adoptado el punto de vista de examinar con nueva perspectiva todos los posibles documentos existentes, el más cercano y próximo es

[71] *Ibid.*, pp. 10-11.

[72] *Cf.* la edición de N.D. Shergold y John E. Varey, Londres, Tamesis Books, 1985. El extenso manuscrito va más allá de una filiación genealógica. Al menos informa bastante sistemáticamente de los «papeles» que desempeñaron habitualmente los actores: «Hizo terceros galanes y quartos...»; «Haze segundos graciosos...», «Hace barbas en la compañía de Joseph Garzés...», «Haze quintos galanes en Madrid este año...», «Hizo segundas damas...», etc. A partir sobre todo de este material reconstruye en parte la imagen del actor Amelia García Valdecasas en «Concepción de los actores en la sociedad de la época», *Op cit.*, pp. 843-852. De cualquier manera no llegamos para el caso español a tener el acopio documental que ofrece por ejemplo el volumen de Émile Campardon, *Les comédiens du Roi de la troupe italienne pendant les deux derniers siècles. Documents inédits recueillis aux Archives Nationales*, Ginebra, 1970 (2 vols., 1.ª ed. en 1880).

[73] *Cf.* Cotarelo y Mori, Emilio, «Actores famosos del siglo XVII. Sebastián de Prado y su mujer Bernarda Ramírez», *BRAE*, II, Madrid, 1915, pp. 251-293; 425-457; 583-621; III, 1916, pp. 3-38, 151-185. Y del mismo autor: «Actores famosos del siglo XVII: María de Córdoba, Amarilis y su marido Andrés de la Vega», *Revista de Bibliotecas, Archivos y Museos*, X, 1933, pp. 1-33; *Estudios sobre la historia del arte escénico en España: María Ladvenant*, Madrid, Sucesores de Rivadeneira, 1896.

[74] El benemérito Narciso Díaz de Escovar nos ha legado así impagables noticias, que confesamos haber aprovechado extraídas de su colosal ámbito anecdótico: «Comediantes de otros siglos», *Boletín de la Real Academia de la Historia*, CI, 1932, pp. 149-183; «Comediantes del siglo XVII: Baltasar de Pinedo», *Boletín de la Real Academia de la Historia*, XCII, 1928, pp. 162-174; «La bella Amarilis. Estudio biográfico de la eminente comediante María de Córdoba», *La Alhambra*, XIX, 1916, pp. 532-535, 555-558, XX, 1917, pp. 4-7, 28-31, 51-54, 78-81, 100-103, 125-129. *Vid.* la Bibliografía para otros trabajos al respecto.

el *corpus* textual del que parte nuestra reflexión. En ésta se intenta superar el mero concepto de *literariedad* inserto (muchas veces de manera equívoca e interesada)[75] en la perspectiva filológica, puesto que esa perspectiva asume la evidencia de la doble partitura que se inscribe en un texto dramático. Por una parte el texto primario, escrito, visible pero también audible, de los textos de monólogos y soliloquios y de los textos repartidos en un diálogo; y, por otra, el texto secundario de las acotaciones (por usar de una simplificada pero eficaz terminología) que supone una remisión a lo visual puro o a la oralidad pura (movimiento, tono, gesto, marcados exactos de espacio, etc.). También se asume a estas alturas que la acotación puede ofrecerse tanto como texto *explícito* (señalado tipográficamente como tal) o como texto *implícito*, inserto en el espacio del texto primario.[76] Ahora bien, tomadas como objeto de estudio esas acotaciones (sobre todo las explícitas) para el caso del teatro del Siglo de Oro, el núcleo del problema se enuncia así, habitualmente:

> Los textos teatrales del siglo XVII (y ello en casi toda Europa) apenas contenían una breve *demonstratio actionum,* y cuando había manuscritos de dirección escénica con los papeles de los actores, éstos se mantenían en una pretendida inexactitud para dejar sitio a la improvisación y para conservar secreto el repertorio.[77]

Aunque podamos debatir sobre las causas que sobre el fenómeno se apuntan, tal aseveración es convincente. Pero ello no puede llevarnos a un conformismo conservador en la indagación de aquellas fuentes que puedan remitirnos, en mayor o menos grado, a razonables certidumbres sobre la técnica del actor. Porque tampoco me parece radicalmente cierto lo que enunciaba en 1978 José M.ª Díez Borque, respecto a que «el teatro español del Siglo de Oro carece de indicaciones escénicas sobre la actividad del actor y la reconstrucción del conjunto de signos que disponía, hemos de

---

[75] Puede ser correcto pero en todo caso muy simplista seguir abordando esta vieja querella al modo que lo hace Guillermo Heras: «Hasta ahora todavía no nos hemos planteado, salvo en raras ocasiones, el hecho de una historia del teatro como práctica específica; seguimos debiendo a la literalidad y al estudio de la literatura dramática casi un noventa por ciento de los estudios sobre teatro» (*El personaje dramático. Ponencias y debates de las VII Jornadas de Teatro Clásico Española,* citada, p. 80).

[76] Recuérdese, como es obvio, lo apuntado al respecto de *La Celestina* por María Rosa Lida de Malkiel, *La originalidad artística de la Celestina*, Buenos Aires, Eudeba, 1962, pp. 72-280.

[77] Franzbach, Martín, *El teatro de Calderón en Europa,* Madrid, Fundación Universitaria Española, 1982, pp. 16-17.

hacerla por medios indirectos, en consecuencia de forma incompleta.»[78]
Sin duda, desde entonces los estudios sobre el teatro áureo han evolucionado yo diría que vertiginosamente y no sólo en sus aspectos documentales sino en la obligada nueva mirada que ello ha supuesto. Y, así, no hay
más que recordar cómo José M.ª Ruano en el capítulo «Los actores en escena» de su extenso y precioso libro sobre la escenificación de la comedia
de corral[79] realiza una escueta pero muy práctica diferenciación entre acotaciones *kinésicas* (referidas resueltamente a la gestualidad y a ciertos aspectos del movimiento en el escenario), *gestuales* (que se asimilarían a
comportamientos abstractos de estados emocionales o pasionales) y las
relativas a la voz. Es una clasificación perfecta en cuanto a descripción de
efecto; pero interesa también analizarlas en cuanto al sentido del tipo de
construcción técnica que exigirían o propondrían al actor. En todo caso
este tipo de atención prestada a la acotación no hubiera sido posible hace
poco más de veinte años. Faltaba, y en cierta manera aún falta, una reflexión sobre las acotaciones en el sentido que podrían ya asumirse en los siglos XVI y XVII, cuando eran entendidas (aunque no con ese nombre, que
sólo aparece registrado como tal en el *Dicionario de Autoridades* y no en
el *Tesoro* de Covarrubias) como anotaciones, señales o apuntamientos al
margen de una escritura, ajena y pegadiza a la misma y que nunca, dada la
labilidad textual de las piezas dramáticas y su sistema de circulación y
transmisión manuscrita tan profundamente mediatizada por la institucionalización comercial del teatro, puede atribuirse con seguridad a la voluntad del dramaturgo sino a azarosas (aunque siempre significativas) intervenciones de los *autores* y cómicos. Sea cual fuese su origen o su
consolidación como elementos conformantes de un texto, la acotación escénica del teatro barroco continua la tradición *didascálica* de su origen,
su sentido instructivo, de mostración o enseñanza, es decir, su remisión a
un sentido pleno de *documento* en el valor etimológico que esta palabra
contiene de *enseñanza, ejemplo* o *muestra*; dicho de otro modo, su valor
documental respecto a otro texto que se pronuncia o dice, o su valor documental respecto a cómo debe decirse, o cómo debe ocuparse el espacio
en tanto que se dice. Estamos ante la evidente función metalingüística
de la acotación, que define el sentido o el modo en que un espectador (y
luego lector) debe recibir unos signos e interpretarlos, o en su función

---

[78] *Sociedad y teatro en la España de Lope de Vega*, Barcelona, Antoni Bosch, 1978, p. 221.
Por otro lado hasta ahora los pocos trabajos dedicados al análisis de las acotaciones no se
han fijado especialmente en la gestualidad del actor. *Vid.* Varey, John E., «Stage and Stage
Directions», en Frank P. Casa y Michael McGaha (eds.), *Editing the Comedia,* Michigan Romance Studies, s.a., pp. 146-161.

[79] *Los teatros comerciales del Siglo de Oro y la escenificación de la comedia*, Madrid,
Castalia, 1994, pp. 522 y ss.

referencial de explicar y dar sentido a otras palabras o a acciones que se traducen por medio de palabras.

La acotación contiene así un breve documento, una síntesis informativa de la época en que se produce el hecho teatral. Deja traslucir su concepción escénica y el modo como el actor es sujeto agente de esas concepciones. La poética o teoría de una acotación medieval difiere de una acotación de teatro barroco o de las acotaciones que orientaron el teatro con fines más resolutivos cara al personaje como fue el de los siglos XVIII y XIX; difiere substancialmente una acotación de Valle-Inclán, de Bertolt Brecht, de Strindberg. Luis Quirante, por ejemplo, ha estudiado minuciosamente la ductilidad y la progresiva complejidad de la acotación medieval, que si por un lado contienen indicaciones gestuales destinadas a resaltar acciones significativas de la historia sagrada que se cuenta (pues la verdad absoluta y eclesiástica de esa narración es el objetivo primordial del teatro y no los efectos sobre el escenario), por otro comienza a gestionar elementos de clara persuasión emocional, para construir un personaje ante el espectador. Cuando en la *Passió de Cervera* leemos la acotación «Llavarse ha Pilat les mans amb cerimonia gran», la vehemencia del gesto de Pilatos no estará en función de una exageración teatral sino en que se trata de un gesto episódicamente fundamental en el relato evangélico: no es un *gesto teatral*, sino un símbolo de la Iglesia universal. Igual que cuando se incluye la acotación «pegant la bufetada» a Jesús, donde no se dice *una* bofetada sino *la* bofetada, como gesto único, ceremonial, irrepetible, único en la *historia verdadera* que se escenifica.[80] Pero en otros casos las acotaciones apelan al actor para que dote al personaje de un componente emocional que se haga concreto ante los espectadores. En el *Misteri d'Adam i Eva*, ésta busca a Adán *cridant-lo amb veu amorosa*. En el *Misteri d'Elx* Santo Tomás, que llega tarde al entierro de la Virgen, ha de mostrar *gran sentiment per no haver-se trobat a la fi de Nostra Senyora*. Y, en fin, en otras aparece un principio recurrente del teatro plenamente moderno (que veremos lexicalizarse sabiamente en el teatro barroco) por el que el actor debe hacer patente un gesto, debe ilustrarlo, incluso sin sentirlo, como cuando los apóstoles (en el propio *Misteri d'Elx*) «fan demostracions *com qui plora*» (como el que llora), o como cuando en la *Consueta*

---

[80] «Sobre el actor en la Baja Edad Media», *Del oficio al mito: el actor en sus documentos,* citada, t. I, pp. 96-97): «El actor de la representación religiosa medieval tiene conciencia del hecho de que los gestos que produce y las palabras que produce no le pertenecen. El quid está en el hecho de que estos gestos no pertenecen, como en el teatro moderno, a un *personaje*, entidad abstracta, *forma* que hay que rellenar con la propia identidad, sino a una *persona*, histórica y real, de la cual el actor no hace sino repetir las acciones tal como testifican las Escrituras o la tradición» (pp. 96-97).

de Santa Ágata, al indicar que le han de *segar les mamelles* a la santa, debe hacerse *per cerimònia*, recurriendo a la reconstrucción de la experiencia histórica o cotidiana de aplicar un tormento, en este caso, o, en otros, haciendo *com qui mate, com qui és morta*, o se ponen a comer *solamente per cerimònies*.

Progresivamente las acotaciones comprometen al actor, se convierten en guión de la construcción externa o interna de su personaje. Los textos del siglo XVI, como la *Égloga de la Pasión* de Lucas Fernández, denotan un pronunciamiento más específicamente espectacular y retórico, incluyendo ocasionalmente una indicación o rotunda *deixis* temporal: «Aquí se sienta el pastor en el suelo y dize las siguientes coplas» o una expansión yusivo-performativa de sumo interés: «Aquí se ha de mostrar un eccehomo de improuisso para provocar la gente a deuoción, ansí como le mostró Pilatos a los judíos, y los recitadores híncanse de rodillas, cantando a quatro boces: Ecce homo, Ecce homo, Ecce homo.»[81] En otras ocasiones, como vemos en el teatro de Sebastián de Horozco, se comienza a elaborar explicaciones de apelación directa al lector (lector de la obra o lector oral en la obra) para resolver problemas escénicos, que afectan a la voz como mediación de la clara comprensión del texto:

> También advierta el lector que, aunque aquí se introducen segadores, que son de sustancia de la historia, por escusar de prolixidad y confusión, habla solamente uno.

Comprensión que se ve mediatizada por la ocupación del lugar escénico («Apártese el Bobo a un cabo»), y por el *tono*, en un claro precedente del *aparte* convencional («Dize el Bobo acullá, apartado, sin que ellos lo oyan.»)[82]

Cuando llegamos al siglo XVII las acotaciones han adquirido una cierta madurez en su estructura, en su manera de producirse. Obedecen, como ya hemos insinuado, a la doble exigencia del teatro comercial: formulaciones necesarias (pero reducidas al mínimo) en los textos impresos que provienen del control del dramaturgo; acotaciones que resuelven e iluminan de manera mucho más descodificada y precisa la situación escénica, si manejamos copias manuscritas destinadas al sentido inmediato y utilitario de una compañía de actores, pero que pueden ser fuente, asimismo, de muchas ediciones impresas. Por entonces la acotación ya muestra claramente

---

[81] *Farsas y Églogas* (ed. de María Josefa Canellada), Madrid, Castalia, 1976, pp. 181 y 22, respectivamente.
[82] *Representaciones* (ed. de Fernando González Ollé), Madrid, Castalia, 1976, pp. 176, 178 y 181, respectivamente.

un doble camino, de acuerdo con su funcionalidad dramatúrgica. O bien la que se define, en términos lingüísticos, como ilocutiva o performativa (producción de un efecto gestual cuando se dice o pronuncia), o bien *perlocución* (siempre asumiendo la terminología de John L. Austin), que persigue provocar una serie de efectos o referencias que describen, explican y modifican situaciones. Para el primer caso, y sin perjuicio de extendernos en ello en el estudio de la gestualidad que emana del texto barroco, tendríamos el ejemplo de la acotación del entremés *El encanto en la vigüela* de Francisco Ribera:

> *(El sacristán que se haga pedaços, él y las campanillas.)*
> Ay que me danço, ay que me cosquillas,
> *(Vaya diziendo estos a pausas.)*
> ay que no puedo, ay que me çambullo,
> ay que me ando, que me descapullo,
> sin ser rosa, azucena ni ser fraile:
> ¿quién demonios me haze aquí que baile?[83]

La correspondencia texto hablado/texto de la acotación, en orden a este reforzamiento ilocutivo del gesto, se ve también en *El mayor encanto, amor* de Calderón de la Barca, en donde, en un momento determinado, «Franchipán hace las señas que convenga con los versos.»[84] Para el caso del valor perlocutivo de las acotaciones hay que prestar atención a las de tipo más expansional y narrativo —podríamos decir distanciador desde el punto de vista del espectador—, las cuales adoptan en ocasiones la fórmula temporal de futuro (una suerte de modalidad yusivo-imperativa). Las usa, por ejemplo, don Diego Gobantes en el *Entremés del ensabanado de Náxera*:

> *(Advierto que trae un hombre las alforjas al [h]ombro; en este tiempo repara Esnefa, y ve un encamisado, y le dize que no canten.)*[85]

y en el *Entremés del soltero indiano*:

> Sale el gracioso y se sentará en una silla pequeña, y estará cosiendo en vnas medias, las peores que hallare, y sacará un retrato de papel y cantará.[86]

La *amplificatio* narrativa de las acotaciones, cuando hablamos de un teatro pensado para el corral de comedias, tiene que ver mucho, creo, con la

---

[83] *Entremeses nuevos*, Zaragoza, 1640, p. 107.
[84] *Obras Completas* (ed. de Antonio Valbuena Briones), Madrid, Aguilar, 1987, tomo I, p. 1598b.
[85] *Jardín Ameno*, ed. cit., p. 116.
[86] *Ibid.*, p. 121.

concepción que del espectáculo y de su control desea tener el dramaturgo. Cervantes es un caso palmario. Su plena conciencia de que se está construyendo un tipo de teatro basado en la representación, al arbitrio exclusivo de la habilidad de los representantes (aspecto del que se quejó explícitamente en el capítulo 48 de la primera parte del *Quijote*) le conduce muchas veces a conmovedores detalles, como advertir en *La guarda cuidadosa* que debe entrar un zapatero «con unas chinelas pequeñas, *nuevas*, en la mano» (¿podría de verdad constatarse este detalle desde el patio o los aposentos?, ¿a tanto llegaba su celo por la propiedad de la representación?). En *La entretenida* un personaje ha de aparecer «con una cadena de oro *o que lo parezca.*» Y en *La Numancia* se siente obligado incluso a matizar el modo en que alguien debe recoger un cuerpo que cae muerto «en las *faldas* o *regazo*»; mientras advierte de la tentación del anacronismo (impropiedad tan usual en los modos *bárbaros* de la comedia nueva) señalando que deben entrar «un alarde de soldados, *armados a lo antiguo, sin arcabuces.*» En otros casos esta demora en la acotación obedece al gusto por afirmar lo espectacular en la obra, como cuando subraya en *La casa de los celos*:

> ... y han de haber comenzado a entrar por el patio Angélica la bella, sobre un palafrén, embozada y *lo más ricamente que ser pudiere*; traen la rienda dos *salvajes vestidos de yedra o de cáñamo teñido de verde*; detrás viene una dueña sobre *una mula con gualdrapas*; trae delante de sí un rico cofrecillo y a una perrilla de falda.

Asimismo en algunas acotaciones de *La fundadora de la Sancta Concepción* de Blas Fernández de Mesa se aprecia una dimensión incluso narrativo-cinematográfica:

> Lo representando ha sido discurriendo por el tablado y a este tiempo se hallan cerca y *diciendo el verso siguiente se para la Reina y el Rey se acerca a ella y se han de hallar en el medio y adentro del tablado* [...] Deja caer el brazo en que tiene el puñal y llega el Rey adonde está la Reina llevando como a escuras las manos adelante y se encuentra con la Reina y discurriendo con las manos por la persona de la Reina *la toma la mano izquierda y la derecha cuando la ocasión lo pide* y encontrando el puñal se le quita.

La misma impresión se deduce de acotaciones como la inserta en *El laberinto de amor*:

> Sale Porcia cubierta con el manto [...] con la mitad del acompañamiento enlutado y la otra mitad de fiesta: el verdugo al lado izquierdo, desenvainando el cuchillo, y al siniestro el niño, con la corona de laurel; los atambores sonando triste y ronco, la mitad de la caja verde y la otra mitad de negro, que será un extraño espectáculo.

Los usos temporales de este tipo de acotación, larga y descriptiva, son sumamente interesantes. Especialmente en piezas de representación cortesana o palaciega, adoptan la perspectiva de pasado, de evocación de un fasto. Si de comedia mitológica se trata, la acotación se ordenará siempre en torno al concepto de narratividad/epización, partiendo muchas veces de la evocación de la acción en pasado (como si de una *relación*—y así es las más de las veces— se tratara) y dando cuenta de la suntuosidad o simbolismo del vestuario del personaje. He aquí un magnífico ejemplo de *La fiera, el rayo y la piedra* de Calderón, en la versión de la representación valenciana de 1690:

> (Abrióse la gruta y viéronse dentro, con sola la poca luz que bastasse distinguirlas, las tres Parcas vestidas con unas túnicas tristes, el cabello suelto y mal peynado, con medias mascarillas, que haziéndoles los semblantes ancianos y melancólicos, les dexavan desahogo para poder cantar. Tenía la una una rueca de la qual pasaua el hilo a la de la otra parte, que le iva recogiendo, teniendo la de en medio unas tigeras, como en libre acción de cortarle quando le pareciere. Y puestas de este modo cantaron respondiendo con tono muy triste.)[87]

Este manuscrito (BNM 14614) señala que, en los intermedios de la representación, se pusieron en escena algunos bailes y composiciones entremesadas de dramaturgos valencianos, cuyos textos vuelven a insistir en esta convención de una acotación que, una vez perdida su función de injerencia o de apelación a los actores, se formula como narración en pasado, para magnificar un acontecimiento a través de su relación. Como mero ejemplo, leemos en una de las que aparecen en la *Mojiganga de las Fiestas Valencianas en el Jardín de Flora* de Francisco de Figuerola:

> Salió Vulcano con vestido ridículo y oscuro con un farol sobre el sombrero, un círculo de candelillas por la falda, una bola de colores con haz por delante, y otra por detrás, una [h]acha en la mano, y un cohete en la otra, y cojeando al comenzar.[88]

Ya haremos mención, por otra parte, en el amplio capítulo dedicado al gesto, de la conformación específica de un icono gestual, muchas veces

---

[87] Edición de Manuel Sánchez Mariana y Javier Portús, Madrid, Ministerio de Cultura, 1987, p. 41. El manuscrito denota la presencia clara de un dramaturgo práctico, por la riqueza de indicaciones y precisiones plásticas de esta acotación, con evidentes influencias de la técnica pictórica.

[88] Véanse mis observaciones sobre esta representación en «Los epígonos del teatro barroco en Valencia: la coherencia con una tradición», en VV.AA., *Teatro y prácticas escénicas*. II. *La Comedia*, Londres, Tamesis Books-Institució Alfons el Magnànim, 1986, pp. 368 y ss.

autorreferencial, cuando se subrayan términos como *hacer la señal, mirar ese gesto, hacer señal de que es el ladrón*, que pueden, o no, aparecer junto a gestos que, reproduciendo analógicamente la realidad, se albergan en lexías codificadas; así escribe Andrés de Claramonte en *El nuevo rey Gallinato*: «Llega Oña *con el dedo en la boca*, toma la cesta y *hace señas*.» En otros casos este *como que* o el genérico *hace señas* se substituye por un gesto de inequívoco sentido:

> Deja caer Rosardo *con grande disimulación* una carta cerrada en el teatro (*La venganza honrosa*, de Gaspar de Aguilar).
> [Sale Nuño] *fisgando* (*El remedio en la desdicha*, de Lope de Vega).
> Sale Rufino, *quedito*,[89] a escucharlos (*El gran Duque de Moscovia*, de Lope de Vega).

Cuestión distinta es cuando la acotación reproduce un tipo de gesto que puede descodificarse desde el contexto social, bien por tratarse de una ceremonia de urbanidad (*bésale la mano, haciendo muchas cortesías*)[90] que, como veremos en su momento, puede identificarse gráficamente en determinados *chironogramas* estudiados por John Bulwer, bien porque se extraen de una convención cultural perfectamente reconocible: sería el caso de los torneos poéticos en tono burlesco de algunos entremeses en los que los sacristanes o licenciados proceden a *darse o tirarse los bonetes* que el actor habría de saber copiar de las justas y debates académicos o universitarios. En otros casos la acotación del dramaturgo se explaya en un circunloquio (haciendo mención a una imagen que forma parte del imaginario colectivo), lo que facilita y refuerza la caracterización del actor. Sería el caso de la que aparece en *La guarda cuidadosa* de Cervantes: «Entra un mozo con su *caja* y *ropa verde, como estos que piden limosna para alguna imagen*.» O cuando en *El mágico prodigioso* la acotación es coherente con la terminología de la época y, así, dos personajes que se aproximan con las espadas desnudas *quedan los dos afirmados*, un gesto proviniente del léxico de la esgrima.

Pero en otros casos denotan una enfatización subjetiva del *autor*, que involucra al actor o actriz, en la composición del personaje, como en estas acotaciones que corresponden, respectivamente, a *La serrana de la Vera* de Luis Vélez de Guevara y a *El mágico prodigioso* de Calderón:

---

[89] *Quedito*, que significa lo mismo que *quedo*, es definido por el *Diccionario de Autoridades* con idéntico sentido «aunque con alguna mayor energía».

[90] *Cortesía* es definida por el *Diccionario de Autoridades* como *acción* o *demostración atenta*.

Éntrase el Capitán retirándose y Gila poniéndose la escopeta a la vista, *y lo hará muy bien la señora Jusepa.*
Saca el manto, y ponésele; *que le vea con él la gente.*

Añadamos que las acotaciones de gestos, como un rasgo más de su formulación literaria, se constituyen con frecuencia mediante una lexicalización popular o figurada. Tales serían:

... *da de coces a la puerta* (El rufián dichoso).
... *se quedan con el bocado en la boca* (Entremés de las campanillas, de Agustín Moreto).
... *mírense los dos de gancho* (Los alcaldes cojos y tuertos, de Miguel de Lezcano).

La acotación, en tales casos, suele reproducir un traspunte ideológico. Cuando en *El galán de la Membrilla* de Lope, Félix y Tomás «pasan por delante [de Tello] *muy tiesos*», no se señala sólo un determinado comportamiento corporal sino un gesto social, puesto que se trata de pasar delante de él sin quitarse el sombrero, como señal de afrenta. Pero dicho tipo de icono gestual socializado puede ofrecer otras variantes. Si, por ejemplo, Cervantes en *El vizcaíno fingido* repara en una acotación «Salen doña Cristina y doña Brígida: Cristina *sin manto*, y Brígida *con él*», la traducción visual de la misma no sólo equivale a un detalle de *vestuario* sino que comporta el procedimiento escénico más económico para que el espectador, sin necesidad de prolijas explicaciones, comprenda que Brígida *viene de la calle* (en donde las mujeres solían llevar el manto o ir cubiertas) y que la aguarda en casa Cristina (que va sin él).[91] De manera más intencionada, en el curso de la acción de *El rufián dichoso* entra una dama «con el manto hasta la mitad del rostro», con lo que queda claro, en una breve operación sintagmática, pero de gran calado semántico, que la tal dama es más bien una *ojitapada*, o dama de *medio manto* (las mujeres, en definitiva, de vida más bien libre y casquivana). Las acotaciones gestuales o las que atañen a la combinación gesto/vestuario o gesto/maquillaje pueden ser, pues, extremadamente sobrias, pero denotan, cuando existen, una solemne precisión. Cuando de nuevo Cervantes en *El rufián dichoso* acota «Sale Antonia, con su manto, no muy aderezada, sino honesta», pone en juego todo el trasfondo de prejuicio moral de la oposición adorno/teatralidad *versus* honestidad/moralidad. La sobriedad o brevedad puede ser, así, una formulación o poética particular de la acotación que, con la misma efica-

---

[91] *Cf.* Granja, Agustín de la, «El actor y la elocuencia de lo espectacular», en José M.ª Díez Borque (ed.), *Actor y técnica de representación del teatro clásico español*, citada, p. 102.

cia de sentido inequívoco que pueden tener las clásicas expresiones *sale* o *vase*, adoptan un sistema que algunos estudiosos del teatro isabelino inglés han llamado, con notable expresividad, *shorthand of stage representation*[92], a saber, acotaciones casi taquigráficas que intentan, sin una excesiva demora (pues se trata de facilitar los ensayos y la puesta en escena final), anotar sintéticamente aspectos gestuales, figurativos o, incluso, estados emocionales que el actor, por su cuenta o instruido por el *autor* de la compañía, debía desarrollar. Andrew Gurr pone el ejemplo de la obra de John Marston *The Insatiate Countess* (1661), que repite con frecuencia la acotación «Isabella falls in love» («Isabela se enamora») ajustando así un implícito y seguramente amplio paquete de gestos, mímica y tonos de voz que aplicar al personaje. Lo mismo, a mi modo de ver, cabría deducir de la última acotación cervantina comentada (*no muy aderezada sino honesta*) o del modo como el mismo Cervantes, en *La guarda cuidadosa*, hace referencia constante a Pasillas en las acotaciones como el *mal sacristán* o el *sotasacristán*. Debe entenderse, desde luego, que existe un referente icónico claro, el sacristán, con su vestuario, atuendo, porte habitual que, en este caso, por el carácter falsario o picaresco del personaje debe ofrecer unos signos visuales que lo identifiquen. Es como cuando, en el espacio claramente carnavalizado del entremés, el sacristán o el licenciado o el hidalgo aparecen en la acotación caracterizados como *de ridículo*. Y, en la dirección contraria, respondiendo a una voluntad más dignificadora, puede apreciarse este esfuerzo sintético (de acotaciones de *atajo* o de *camino corto*) cuando Calderón hace aparecer a Curcio de *viejo venerable* en *La devoción de la cruz*; o cuando Lope en *Fuenteovejuna* saca a escena a Laurencia *desmelenada*, es decir, *en cabello*, sin manto, en una iconografía escénica que atiende no sólo al carácter frenético y desesperado del discurso que va a pronunciar, sino a una alusión puramente visual a la violencia a la que ha sido sometida por el Comendador.

La acotación puede construir asimismo valores de referencia espacial o sonora adoptando fórmulas diferenciadas. Para marcar puntualmente cuándo debe tener lugar una acción, Cervantes, por ejemplo, y apelando seguramente al actor para que dicha acción coincida bien con una pausa en el recitado o bien con los mismos versos, suele utilizar la fórmula *a esta sazón* («Entran a esta sazón el alguacil y el corchete», *El rufián dichoso*) o *en este instante* («Entran en este instante», *El rufián dichoso*). El mismo Cervantes puede utilizar la acotación para crear un *fuera* escénico: «Suena dentro como que hacen pasteles» (*El rufián dichoso*); «Suenan dentro platos, como que friegan, y cantan» (*La guarda cuidadosa*). Las acotaciones

---

[92] Gurr, Andrew, *The Shakespearean Stage (1574-1642)*, Cambridge, Cambridge University Press, 1992, p. 102.

de espacio reconstruyen, a su modo, el *locus scaenicus*: desde la habitual entrada o salida de los personajes *cada uno por su puerta*, o la ocupación del tablado *cada uno por su lado*, o el señalar que la acción tiene lugar en el primer corredor o *balcón*: «Cristina *a la ventana*» (*La guarda cuidadosa*). Y no faltan las que denotan una clara conciencia del espacio escénico en relación con la situación del espectador que ha de presenciar la escena, como en *El maestro de danzar* de Calderón: «Salen riñendo, *las espaldas al tablado*, don Félix y don Juan, *de cara*.»

Finalmente, cabe referirse a uno de los sentidos más modernos que introduce la poética de las acotaciones del teatro áureo: el efecto que producen algunas en las que se muestra cómo el dramaturgo que las ha escrito se distancia del texto, bien para marcar el desdoblamiento actor/personaje:

> Sale *la que hace a* Justina, como turbada... (*El mágico prodigioso,* de Calderón de la Barca),

bien para marcar ese sentido de la *epización* que ya advertíamos en ciertas formulaciones narrativas, pero que acentúan su expresión brechtiana en algunos ejemplos de *El rufián dichoso*:

> Todo esto es verdad de la historia.
> Todo esto desta máscara y visión fue verdad que así lo cuenta la historia del santo.
> Todo fue ansí.

Interesa, en esta dirección, recordar la abundancia de los *como si*. Es una referencia que, por un lado, nos sitúa frente a un actor que asume la conciencia de la artificialidad de las acciones que produce, a la par que sigue el guión del sistema naturalista, casi stanislavskiano que se le propone como modelo. En el listado de José M.ª Ruano (extremadamente útil por cuanto muchas veces acude a textos manuscritos provinientes de copias de compañías y no de textos impresos) se reiteran las lexicalizaciones que subrayan la intencionalidad de manifiesta simulación de la acción (los *como que, hace que, hacer acciones de, de manera que, parece que*):

> Saca un papel y dale al Rey don Alfonso y él lo pasa por la vista, *como que* lo lee (*El hijo por engaño,* de Lope de Vega).
> Sale don Juan *como a escuras* (*A secreto agravio,* de Calderón de la Barca).
> [Armesinda] *hace que* se entristece (*Cómo han de ser los amigos,* de Tirso de Molina).
> [Cosme] *hace muchas acciones de* miedo (*Los Médicis de Florencia,* de Jiménez de Enciso).

Se desmaya Leonora *de manera que parece que* le abraza (*La nuera humilde,* de Gaspar de Aguilar).

Por mi parte, ya en trabajos anteriores apunté a ese tipo de acotación formulada en términos de *como si:*

> Sale Domingo como que le echan de casa (*Entremés de Pelícano y Ratón,* de Jerónimo de Cáncer).
> Ha de lleuar una vota con agua *y hacer como que* mea (*Entremés famoso del alcalde ciego*).
> Siéntase *como que se desmaya* (*Loa que representó Antonio de Prado*).
> Corren todos, *como que hay toro* en el tablado.
> *Hazen como* que nadan echados.
> *Haze la acción de querer arrancar* las flechas del pavés.
> Sale el demonio mojado *como que sale del mar* (*El mágico prodigioso,* de Calderón).
> Fínjase un trueno, y él caiga en el suelo, *como que le hubiese dado el rayo* (*Lo fingido verdadero,* de Lope de Vega).
> Zagalas, con sus cantarillos, *como que van a la fuente* (*Pedro de Urdemalas,* de Cervantes).

Se trata de una fórmula en absoluto privativa del teatro español, pues aparece asimismo en los textos del teatro isabelino, como ha subrayado, al examinar la técnica del actor inglés, Bertram L. Joseph.[93] Estos *as if,* o *as he,* que veíamos también en las referencias documentales sobre los actores, cuando se señalaba que debían actuar *como si lo sintieran.* Algunas veces esta fórmula (*como, como si*), o bien una referencia directa, permite confrontar el sistema de las acotaciones barrocas con otro rasgo de modernidad: la manera de hacer aflorar la interioridad emocional del personaje:

> Sale Celia con la luz, que lleva *como con temor* (*Casa con dos puertas,* de Calderón de la Barca).
> Segismundo, que sale *como asombrado* (*La vida es sueño,* de Calderón de la Barca).
> Cae *como despreciado.*
> Abre la celda, aparece el Padre Cruz, *arrobado,* hincado de rodillas (*El rufián dichoso,* de Cervantes).

---

[93] *Elizabethan acting,* Oxford, Oxford University Press, 1964, pp. 2 y ss. En la obra de Champan *The Widow's Tears* (1612) el personaje de Hylus actuaba «preciously for accent and action, *as if* he felt the part he played». Y en *The Heir* (1620) se elogia en estos términos a un actor: «I have seen the knave paint grief / In such a lively colour, / that for false / And acted passion he hath drawn true tears / From the spectators. Ladies in the boxes / Kept time with sighs and tears to his sad accents, / *As he* had truly been the man he seem'd.»

Levántase Leonor *con furia* (*No hay mal que por bien no venga,* de Ruiz de Alarcón).

En definitiva, esto enlaza con el tipo de acotaciones que exigen unas acciones más *desde el interior* del actor (en el sentido de componer esas imágenes *mentales* para construir el personaje que reclamara Stanislavski):

Llora don García y Alfonso se *enternece* (*El hijo por engaño,* de Lope de Vega).
Sale Ginés *a la loca* (*Lo fingido verdadero,* de Lope de Vega).
Dale el Rey con la daga y *él vaya cayendo con las bascas de la muerte* (*El Duque de Viseo,* de Lope de Vega).
Sale Clarete *a lo rufo.*

Sería también el caso de determinadas proyecciones sígnicas emocionales aplicadas convencionalmente (con harta frecuencia, a las mujeres):

Sale Celia algo *descompuesta* (*Cuánto se estima el honor,* de Guillén de Castro).
Sale Leonarda *descabellada* [94] (*La serrana de la Vera,* de Luis Vélez de Guevara).
[Alejandro] *melancólico y pensativo* (*La casa del tahúr,* de Mira de Amescua).

Sería arriesgado proponer que las acotaciones contribuyen a determinar, de manera absoluta, el registro del género en el que aparecen. En principio, todas las lexicalizaciones y fórmulas propuestas aparecen, como hemos comprobado en los ejemplos, indistintamente en un entremés, en una comedia o en una tragedia o auto sacramental. Lo que no quita que en cada uno de estos géneros la acotación sea un elemento indicial más del particular registro que se le requería al actor o a la puesta en escena global. El registro gesticulante y exagerado del entremés es proverbial. Ya Agustín de Rojas en su *Loa a la comedia* (1603) enuncia, a su modo, la tradición gestual de los entremeses, esto es, lo risible y lo grotesco:

Bailaba a la postre el bobo
y sacaba tanta lengua
todo el vulgacho embobado
de ver cosa como aquélla.

94　Para *descabellada, en cabello, desmelenada, suelto el pelo* y su significado de mujer violentada, véase el cap. VI.3, dedicado a la actriz. Shakespeare usaba la misma convención (cabellos sueltos) para indicar la enajenación. *Cf.* Dessen, Alan C., *Elizabethan stage conventions and modern interpreters,* Cambridge, Cambridge University Press, 1984, p. 37.

Se trata de una tradición que afectaría tanto a la práctica como a la (por otra parte escasa) preceptiva sobre la obra corta, emparentada, desde las teorías dramáticas de los siglos XVI y XVII, con los *mimos* griegos y hasta con los *juglares*. Según Bances Candamo, «los cómicos, y quizá por eso el Rey Don Alfonso les llama juglares, eran aquellos personages correspondientes al entremés de ahora, porque su argumento deuía ser risible»; y, por otro lado, «los mimos imitaban las personas más viles, descriuiendo sus acciones con grandes estremos de gesticulación, y meneos mui luxuriosos, y desvergonzadamente.»[95]

La consecuencia es que la mirada del censor, que tan elocuentes testimonios nos dejará en el registro visual del vocabulario del actor, se detendrá especialmente en el entremés (el Padre José de Jesús María lo cita «como vomitando ponzoña en los circunstantes y abrasándolos en sensualidad con sus acciones y palabras»).[96] Lo que parece claro es que el entremés entra dentro del apego al teatro populista, en el modo de representación que el Padre José Alcázar llamaba *motorio*:

> *Motorio* es la representación turbulenta, que consiste más en hacer que hablar. El *estatorio*, la representación quieta, que se emplea más en hablar que en hacer. *Mixto*, el que tiene de uno y de otro.[97]

Pero, después de haber investigado diversos géneros, no veo diferencias de cualidad en sus acotaciones sino de cantidad y frecuencia. Dicha

---

[95] *Theatro de los theatros de los passados y presentes siglos,* ed. cit., pp. 14 y 9, respectivamente. También Casiano Pellicer en su *Tratado del Histrionismo* rememora este origen: «... mimos, y en castellano *momos* o *remedadores*, gente perdidísima y que, sin detenerse en lo honesto y deshonesto, remedaban y contrahacían todo cuanto se les antojaba; que salían a representar desnudos, y que sin ninguna reverencia ni temor del cielo ni de la tierra, ni respeto al auditorio, imitaban estupros y acciones desvergonzadas.»

[96] *Apud* Cotarelo y Mori, Emilio, *Bibliografía*, citada, p. 380b. Es este tipo de testimonios de contravención moral los que permiten suponer esa partitura no escrita de los textos, ni siquiera presentes, claro está, en las acotaciones. La censura previa de nada valía, a juicio de los moralistas, «porque siempre les quedan fuera los entremeses, los cuales ellos entremeten como quieren. Quedan también fuera los gestos y meneos impúdicos» (cit. por Agustín de la Granja, «Un documento inédito contra las comedias en el siglo XVI. Los *Fundamentos* del Padre Pedro de Fonseca», *Homenaje a Camoens. Estudios y ensayos hispanoportugueses*, Granada, Universidad, 1980, p. 178). En una nota del autógrafo de la comedia *El galán de la Membrilla* se lee: «Esta comedia [...] se podrá representar, *reservando a la vista lo que fuera de la lectura se ofreciere en la acción*, y lo mismo en los cantares y entremés» (ed. de Diego Marín y Evelyn Rugg, Madrid, RAE, 1962, p. 203).

[97] Antologado por Alberto Porqueras Mayo y Federico Sánchez Escribano, *Preceptiva dramática española del Renacimiento y del Barroco*, Madrid, Gredos, 1972, p. 336.

frecuencia e intensificación se vincula en el entremés a la rebajación grotesca y ridícula:

> Salen los dos hombres, que uno ha de hazer, remedándole, un Enano, y otro, una Mona.[98]

Ahora bien, para estudiar en toda su competencia la técnica del actor en la obra corta habría que ampliar el concepto de gesto captado en la acotación a un mayor campo semántico: serían las proyecciones del gesto desde el cuerpo del actor partiendo, claro está, de su apostura o disponibilidades físicas para llegar incluso a la indumentaria o vestuario. En primer lugar cabe señalar que es frecuente en los textos de los entremeses que se especifiquen los requisitos físicos del actor para interpretar determinados personajes (siempre en un contexto de grotesco feísmo):

> Sale el marido segundo y *ha de ser pequeño.*[99]
> Sale la Infanta Palancona, *que será el más feo de los representantes.*
> Sale Quinolilla, que *lo ha de hacer una niña, si la hay, y si no, no.*[100]

En cuanto al vestuario e indumentaria emanados del documento de la acotación del entremés aprecio diversos sistemas que conllevan otras tantas concepciones gestuales. En primer lugar un vestuario realista que opera por una fuerte selección de elementos emblemáticos para significar un tipo deformado, según las propias leyes estéticas de la obra burlesca breve. La acotación puede apoyarse en un conocimiento consensuado con el espectador, quien, con escasos elementos, habrá de reconocer sucintamente al personaje:

> Sale Bernardo, *de bobo.*[101]
> Sale uno vestido *de extranjero.*
> Sale Perales, *de galán.*
> Sale un mozo de figón, vestido *a lo gallego.*

Aunque otras veces, con la misma dirección emblemática, se desgranan unos mínimos elementos de disfraz:

---

[98] *Entremés del Colegio de Gorrones*, de Don Francisco Lanini, en *Migajas del ingenio* (ed. de Emilio Cotarelo), Madrid, 1903, p. 41.

[99] *La habladora y casamentero. Entremés famoso*, en *Entremeses nuevos*, Zaragoza, 1640, p. 100.

[100] *Entremés del degollado*, de Don Francisco Lanini, en *Migajas del ingenio*, citada, p. 96.

[101] *Baile entremesado sobre el tono de Señora Inés*, en *Jardín Ameno*, 1684, p. 191.

Sale el Vejete, con los paños sueltos y la barba encajada.

Sale un lindo, mirándose a un espejo, componiéndose el copete (*El licenciado Enero*, de Jacinto Alonso Maluenda).

Sale Godoy, con una linterna y unos antojos.[102]

En segundo lugar, el vestuario que conlleva una connotación rebajadora y burlesca. Hay en este grupo dos direcciones: la que opera con la brevedad y contundencia de la acotación *a lo ridículo*, tan propia del entremés en general, y la que pormenoriza la situación o indicación grotesca, muchas veces sujeta al desbordamiento del cuerpo del actor, propio de la morfología de la mojiganga. Veamos ejemplos del primer caso:

Sale un estudiante *ridículo*.

Sale un valiente *ridículo*.

Sale el Rey con corona y cetro muy *ridículo*.[103]

Sale la muger muy ridícula de novia y los hidalgos con ella, también ridículos.[104]

Sale Iuno, que también la hace un hombre muy andrajoso y *muy ridículo*.[105]

Sale Venus, que le hará un hombre vestido de *gallega ridícula* con arco y flecha.

La acotación *de ridículo* va unida con frecuencia a otro término potenciador: *de figura* o *de figurón* («Sale Galloso de figura», «Aparece Juanico de figurón ridículo»),[106] que posibilita la lectura de una serie de elementos perceptibles en la apariencia corporal, aunque todo ello no puede determinarse de manera precisa.[107]

Ejemplos de una caracterización rebajadora más pormenorizada serían:

Ha de salir el Gracioso con un capote grande, y debaxo vna sotana, en que estará pintado todo un recado de venta abierta por en medio, y en el sombrero la tortilla, y todo lo que dizen los versos.[108]

Sale la Infanta Palancona, que será el más feo de los representantes, con

---

[102] Esta acotación caracteriza a un astrólogo en *El entremés del Niño Caballero, Ramillete gracioso,* Valencia, 1643, p. 34

[103] *Mojiganga del Rey don Rodrigo y la Cava,* de Agustín Moreto, en *Entremeses varios,* Zaragoza, s.a., fol. 19.

[104] *Entremés de la hidalga* de Monteser, *Ibid.,* fol. 68.

[105] *Mojiganga de la manzana, Ibid.,* fol. 68.

[106] *La podrida. Entremés famoso,* de Juan de Ludeña, en *Ramillete gracioso,* Valencia, 1643, pp. 222-223.

[107] *Cf.* Lanot, Jean-Raymond, «Para una sociología del figurón», en VV.AA., *Risa y sociedad en el teatro español del Siglo de Oro,* Universidad de Toulouse-Le Mirail, 1980, pp. 132-133.

[108] *Entremés de la venta y ventero en una pieza,* en *Jardín ameno,* Madrid, 1684, p. 13.

vestido ridículo, moño de esparto, valona de papel almagrado, por banda una ristra de ajos, y por abanico una escoba vieja.[109]

Por fin, un signo o icono visual inserto en las acotaciones y que se constituye también en un elemento emblemático de la deformación burlesca es la aparición del gracioso con la *camisa sucia* o *llena de palominos*.[110] Un procedimiento cuyos precedentes acaso podrían remontarse al uso sistemático, en el teatro clásico romano, del vestido que caracterizaba al actor cómico, el *centunculus*, es decir, la ropa vieja llena de remiendos que se hacía a partir de las mantas sucias de las caballerías. En el propio teatro español el vestuario determinaba el inmediato reconocimiento del *vejete* (su *gorra chata*) o del rústico o pastor. Algún testimonio de ello prestan Alonso López Pinciano[111] y el propio Cervantes en *El Licenciado Vidriera*, cuando uno de los protagonistas dice haber visto a uno «salir al teatro *enharinado el rostro* y vestido de *zamarro* del revés.»[112] Al rasgo de maquillaje que respondería a un contexto carnavalesco o a una norma convencional (determinar al flemático, como veremos luego) se une la referencia a la vestidura de pieles delgadas y de pelo blando y corto. No se puede ignorar que hemos visto llamar a los malos actores, a los meramente aficionados histriones *zamarrones*, es decir, hombres toscos, rudos y lerdos.

No obstante, este vestuario burlesco no es exclusivo de un territorio genérico concreto, aunque siempre marca un determinado registro o tono. Por eso es interesante observar la acotación, minuciosa, como tantas veces, de Cervantes en *Pedro de Urdemalas,* que resume este extravagante atavío:

> Vuelve Tarugo, y trae consigo a Mostrenco, tocado a papos, con un trenzado que llegue hasta las orejas, sayo de bayeta verde guarnecida de amarillo, corta a la rodilla, y sus polainas con cascabeles, corpezuelo o camisa de pechos; y aunque toque el tamboril, no se ha de mover del lugar.

[109] *La Infanta Palancona. Entremés Famoso,* de Félix Persio Bertiro, en *Entremeses Nuevos*, Zaragoza, 1640, fol. 8.
[110] Otros ejemplos: «Levántanse los alcaldes desatacados y las camisas sucias» (*Los alcaldes cojos y tuertos*, ed. cit., p. 55);. «Pega con el Alcalde y échales a rodar y descubrirá el camisón de palominos» (*Entremés famoso de las sábanas y fiesta de toros,* de Francisco de Avellaneda, en *Floresta de entremeses*, Madrid, 1691, p. 127).
[111] «Quando começaron a templar los intrumentos dentro [...] por entre las cortinas, sacó la cabeza y parte de los hombros uno de los actores, con hábito de pastor, el zamarro con listas doradas, y una caperuça muy galana, y un cuello muy grande con la lechuguilla muy tiessa...» (*Philosophia Antigua Poética*, ed. cit., t. I, p. 274).
[112] *Novelas ejemplares,* ed. cit., tomo II, p. 66.

Los espectadores habrían de ver a Mostrenco en la guisa ridícula de ir tocada la cabeza con *bufos* o *bollos*, cubriendo la orejas, con trajes bicolor verde y amarillo, arrastrando cascabeles, con un jubón corto, lo que, junto con los papos, *afeminaría* burlescamente su apariencia y tocando el tambor: lo más parecido a un bufón o un juglar o truhán de la antigua usanza, si recordamos que, ya en el siglo XI, en la *Vida de San Bernardo* se describía como típico de aquéllos los vestidos hechos de distintos colores. En los entremeses, pues, aparecerán *viejos* enteramente vestidos o pintados de verde, personajes con *ropones colorados*, con jubones anchos, con *barbas y cabelleras rojas*, cuando no sin cabellera o «casco pelado», etc.

Finalmente, la acotación del género entremés puede reflejar un vestuario presidido por un sistema de *iconicidad*. Tal sistema de *iconicidad* (un paralelismo entre el signo/vestuario y lo que se trata de designar) podría presentarse de modo metafórico, en una fragmentación o descomposición simbólica del personaje, de acuerdo con la cultura de la época y sus propios sistemas de *representación*:

> Sale Bezón, de muerte, con vara de Alguacil y en ella una guadaña.[113]
> Sale Borja de viejo, con alas en los [h]ombros, antojos y muletilla, y otras alas en los pies, y un relox de arena en la mano, y canta.[114]

O por medio de una composición *metonímica* más o menos burlesca:

> Sale Palas [...] muy ridícula, con una pala en la mano, y en el vestido cosidas a trechos unas pelotas.[115]
> Sale el Gracioso lleno de copos de algodón, con una vara de alcalde.[116]

En cuanto a la comedia, ni focalizando nuestra atención exclusivamente en el género ni en autores concretos cabría presumir una diferencia cualitativa en el comportamiento de la acotación. Sólo en algunas, y confesaré que de modo muy subjetivo, puede valorarse una cierta sintomatología de la rapidez, el dinamismo y los frecuentes gestos de desplante del género, como puede advertirse en estos ejemplos de *Casa con dos puertas* de Calderón:

---

[113] *Entremés de la muerte*, en *La mejor flor de entremeses*, Zaragoza, 1689, p. 10.

[114] *Entremés cantado del Tiempo*, en *La mejor flor de entremeses*, citada, p. 12.

[115] *Mojiganga de la manzana*, de León Marchante, en *Entremeses varios*, Zaragoza, s.a., fol. 93.

[116] Se trata de caracterizar al Licenciado Enero, en el baile del mismo nombre de Jacinto Alonso Maluenda Infanzón, en *Ramillete gracioso*, ed. cit., p. 107. Este sistema puede conllevar gran riqueza plástica y visual sobre el escenario, en una dimensión trascendente y teológica; lo advertiremos inmediatamente en los autos.

Pasa por delante *tapada* [Laura], *como jurándosela* a Don Félix; él *quiere seguirla,* y Laura le detiene.
Paséase y ella tras él.
Llega y ásela.

También las acotaciones referidas al vestuario pueden convocar a la atmósfera de lo doméstico, o, por el contrario, de lo urbano, en la categoría breve y taquigráfica, que se descodifica desde el contexto cultural que hemos apuntado. En *El rufián dichoso* aparece Tello de Sandoval *en ropa de levantar.* Y en *Lo fingido verdadero* Lope muestra a Carino «*en Roma, en hábito de noche*» y, como era de esperar, a Rosarda, *en hábito de hombre,* con las consabidas complicidades de morbo erótico que tal atuendo comportará, como veremos, en la actriz.[117] Cabe considerar, como es natural, una acotación de vestuario más normativa y realista («Todos, *de caza*»; «Pedro *de ermitaño*»; «Pedro de Urdemales *en hábito de mozo de labrador*»). Pero esto no aporta nada específico, como tampoco lo hace la brevedad emblemática de que los personajes salgan *de gorrón* o *de galán.* Cervantes sí nos hace ver, de cuando en cuando, el énfasis del dramaturgo (que sigue queriendo sentirse dueño de lo representado) cuando acota en *Pedro de Urdemalas:*

> Inés y Belica, y otras dos muchachas, *de gitanas*; y en vestir a todas, principalmente a Belica, *se ha de echar el resto.*

Del mismo modo, sólo de algunas acotaciones concretas de la tragedia puede deducirse un registro específico por lo que hace a las indicaciones gestuales o de voz del actor. Acotaciones que en este caso deberemos considerar de un modo amplio, tanto las explícitas como las que pueden inscribirse en el texto y que afectan a la interiorización del personaje y su desdoblamiento (los paréntesis reveladores de un doble tono, o de una serie

---

[117] Lo veremos, en efecto, en el capítulo monográfico dedicado a la actriz. Condenas tópicas aparte, los defensores de la comedia (defensores políticos más que los afectados por el prejuicio religioso) llegan a excusar el uso del vestido masculino para la mujer (o al revés, en el travestismo masculino). En el *Memorial impreso dirigido al rey D. Felipe II, para que levante la suspensión en las representaciones de comedias* (Madrid, 1598), se dice que «en cuanto a que la muger que representa se vista el traje de hombre ni al revés, puede haber moderación mas no se puede del todo prohibir, pues es muy cierto que a veces es paso forzoso en la comedia que la muger huya en hábito de hombre, como en las sagradas y auténticas historias de estos reinos está escrito. Debe, pues, para esto permitirse, más con orden expresa que ni el hábito sea lascivo ni tan corto que del todo degenere del natural honesto de mujeres, pues puede la invención muy fácilmente hacer que el mismo sayo sea más largo y no tan costoso ni afectado de compostura lo que se hubiere de ver» (*apud* Cotarelo y Mori, Emilio, *Bibliografía*, citada, p. 424b).

de apartes pespunteados en el soliloquio) o las *tonales*, por concurrir habitualmente los signos de exclamación en el discurso del personaje. De manera explícita hay en las tragedias una mayor abundacia de acotaciones que revelan un sentimiento interior: los *turbado* o *turbada; como turbada, con miedo, admirado* o *con admiración, muy airado,* si bien no exclusivos de la tragedia, habitan preferentemente su territorio. Lo mismo que las acotaciones que podríamos llamar de gestualidad patética, muy ayudada, claro está, de efectos del maquillaje; estos ejemplos corresponden a *La Gran Cenobia* de Calderón:

> Cae a los pies del Duque.
> Arrójase a los pies y pónele el pie encima.
> Sácala en brazos, toda herida y llena de polvo, y el rostro lleno de sangre, como despeñada.
> Va Libio a darle con la daga y aterrorízase y detiene el brazo y Aureliano se estremece como dormido.

Y éste, a *El Purgatorio de San Patricio*:

> Saca la espada y acuchilla el viento.

Como se ocuparon de prescribir las retóricas barrocas que contribuyen, bajo la reforma teatral que impulsan los jesuitas, a crear un nuevo tipo de protagonista dramático (el *héroe orador*),[118] es evidente que la gestualidad, el tono emanados de los discursos de la tragedia se ordenan en torno a figuras como la *evidentia*, es decir, el poner de relieve visual y gestualmente determinadas imágenes mentales interiores que se trasladan al auditorio. De ahí la importancia que adquieren ojos, voz (labios), gesto y movimiento (o su negación) inscritos, como una *ekphrasis*, en el propio discurso, recursos que desvelan *lo otro* trágico, lo *prohibido* no mencionado. En todo caso, como una acotación cosida literalmente al discurso del actor, del que éste debe deducir sus códigos de interpretación, lo corporal se superpone o logra anticiparse a lo lingüístico; lo vemos en el extraordinario diálogo de Amón y Tamar en la versión escénica de su incesto que ofrece Calderón en *Los cabellos de Absalón*:

AMÓN

Es tal, que aun de mi silencio
vivo tal vez temeroso,

---

[118] *Cf.* Fumaroli, Marc, *Eroi e oratori. Retorica e drammaturgia settecentesche*, Bolonia, Il Mulino, 1990, p. 40.

porque me han dicho que saben
con silencio hablar los ojos.
[...]

TAMAR

Hagan su oficio tus labios,
harán el suyo mis ojos:
vea yo cómo tú sientes
verás tú cómo yo lloro.
[...]

AMÓN

Dices bien; mas de manera
labios y ojos en la fiera
aprensión de mis enojos
confundieron los despojos,
que, equívocamente sabios,
se arrebataron los labios
en lo que vieron los ojos.

O en el planto de Tamar ante David:

si lágrimas, si suspiros,
si mi compasiva voz
[...]
por los ojos vierto el alma,
luto traigo por mi honor,
suspiros al cielo arrojo,
de inocencia vengador.

Este «por los ojos vierto el alma» es, como veremos, una interiorización
léxico-kinésica proviniente de uno de los guiones o recetarios técnicos para el actor más antiguos, concurrencia de la palabra y el gesto, que es la situación paradigmática de los relatos de violaciones en las heroínas trágicas
o de los esquizoides soliloquios de los maridos en las tragedias de honra:

DON GUTIERRE

¡Ahora, ahora, valor,
salga repetido en quejas,
salga en lágrimas envuelto
el corazón a las puertas
del alma, que son los ojos!
Y en ocasión como ésta,
bien podéis, ojos, llorar:

> no lo dejéis de vergüenza.
> [...]
> ¿Quién vio en tantos enojos
> matar las manos y llorar los ojos?

Son también casos de *demonstratio* la evocación patética que convierte al hablante en héroe-víctima de la tragedia. Julia, en *La devoción de la Cruz* de Calderón, logra inscribir en sus palabras toda una elocuencia corporal de estatismo dramático:

> Apenas las plantas puedo
> mover, que el mismo temor
> grillos a mis pies ha puesto.
> Sobre mis hombros parece
> que carga un prolijo peso
> que me oprime, y toda yo
> estoy cubierta de hielo.

Lo mismo le sucede a Juan en *A secreto agravio, secreta venganza:*

> Aquí no puedo
> proseguir, porque la voz
> muda, la lengua turbada,
> frío el cuerpo, el corazón
> palpitante, los sentidos
> muertos y vivo el dolor,
> quedan repitiendo aquella
> afrenta.

El complejo sentimiento de rebeldía personal de doña Mencía en *El médico de su honra*, ahogado por el no menos personal suicidio de su identidad individual en la ley social, no parece encontrarse en acotaciones explícitas, sino en la consciente evacuación de lo verbal en lo corporal:

> Ya se fueron; ya he quedado
> sola. ¡Oh quién pudiera, cielos,
> con licencia de su honor
> hacer aquí sentimientos!
> ¡Oh quién pudiera dar voces,
> y romper con el silencio
> [...]
> «¡Aquí fue amor!» Mas ¿qué digo?
> ¿Qué es esto, cielos, qué es esto?
> Yo soy quien soy. Vuelva el aire
> los repetidos acentos

que llevó; porque aun perdidos,
no es bien que publiquen ellos
lo que yo debo callar;
porque ya, con más acuerdo,
ni para sentir soy mía...

También, claro, en las constantes exclamaciones que gusta incluir el personaje trágico en sus apartes: «(¡Oh, qué asombros!, ¡oh, qué extremos!)», como una muestra de la expresividad tonal del discurso trágico que puede ser traducido simultáneamente en términos kinésicos por las palabras del interlocutor, como sucede en el momento en que don Enrique sorprende a Mencía durmiendo en *El médico de su honra*:

DOÑA MENCÍA

(*Despierta.*) ¡Válgame Dios!

DON ENRIQUE

No te asustes.

DOÑA MENCÍA

¿Qué es esto?

DON ENRIQUE.

Un atrevimiento
a quien es bien que disculpen
tantos años de esperanza.

DOÑA MENCÍA

¿Pues, señor, vos...

DON ENRQIUE

No te turbes.

DOÑA MENCÍA

... desta suerte...

DON ENRIQUE

No te alteres.

DOÑA MENCÍA

... entrasteis...

DON ENRIQUE

No te disgustes.

Sin duda la incripción gestual y tonal más interesante en el registro trágico es la que se le procura al actor en los paréntesis de los monólogos en
los que debe incluirse un doble discurso que desdoble lo íntimo y lo privado, lo pasional y la necesidad social, la expresión exterior y el ahogo interior. Tales serían las pautas con las que debería componer su personaje
la actriz que interpretara a Julia en *La devoción de la Cruz:*

> Donde yo llorando muero,
> donde yo vivo penando,
> ¿qué quieres? —¡estoy temblando!—,
> ¿qué buscas? —¡estoy muriendo!—,
> ¿qué emprendes? —¡estoy temiendo!—,
> ¿qué intentas? —¡estoy dudando!—.

Veremos otros ejemplos en el capítulo dedicado a la actriz. Por demás
está decir que la indagación que acabo de apuntar es aplicable a otros géneros dramáticos, pero, una vez más, intento atenerme al predominio
cuantitativo, a los efectos más sintomáticos e indiciales.

¿Qué podremos decir del auto sacramental? Puede aventurarse, por supuesto, un cambio de relieve en los matices gestuales. Así, es de prever
que en el *auto* predominen el alargamiento de los gestos (*con admiración, con reverencia, con la mayor majestad que pueda dar de sí el adorno de rayos y luces, con turbación y sin cobrarse nunca*). Pero de las acotaciones lo más que podemos deducir es la subordinación de la propia
expresión física del actor al agobiante envoltorio del vestuario (fuertemente ideologizado) y de la tramoya. Los síntomas que esa estructura en-
volvente tendría sobre la declamación, el tono, la frecuente lentitud de los
movimientos acentuaría notablemente (y de modo eficaz) el caracter litúrgico, pedagógico, de los textos. Se implican en este vestuario, como ya he
mencionado alguna vez y ahora vuelve a estudiarse desde la terminología
semiótica,[119] un sistema de *iconicidad* que se reflejará igualmente en las
acotaciones de los entremeses que cuentan con cierta dimensión fantástica.
Del mismo modo algunas acotaciones de los autos contienen un sistema de
referencias metonímicas para caracterizar los actores, como sucede en el
auto calderoniano *El año santo en Madrid* cuando los personajes son
identificados por el procedimiento metonímico de un objeto emblemático
que enlaza con su significado o simbolismo:

---

[119] *Cf.* Cantalapiedra, Fernando, *Semiótica teatral del Siglo de Oro*, Kassel, Reichenberger, 1995, sobre todo en el capítulo IV, «Análisis figurativo de los actores», pp. 141 y ss. Realmente la novedad que aporta este trabajo se reduce mayormente a aspectos terminológicos, con fuentes referidas casi en exclusiva a tratados como los de Cesare Ripa o de Francisco
Pacheco.

Salen el Hombre, vistiéndole el Albedrío, y, después, cantando, la Soberbia, con el sombrero de plumas; la Avaricia, con joyas; la Lascivia, con el espejo; la Ira, con la espada; la Gula, con azafate de frutas; la Envidia, con la capa, y la Pereza, con báculo.[120]

Es evidente que Calderón, como otros dramaturgos o poetas de los autos, recoge un sistema de escritura en las acotaciones destinadas a una materialización plástica que se confecciona (y deberá posteriormente reconocerse) desde la herencia de un imaginario colectivo. Dicha herencia puede reconstruirse por medio de obras como la *Iconología* de Cesare Ripa, publicada en 1593.[121] Un arquetipo como el de la Justicia puede ilustrar esta consciente coincidencia. En *La inmunidad del sagrado* leemos: «Suenan chirimías y se ven sentadas en un trono la Justicia, con una espada en la mano derecha, y la Misericordia, con un ramo de oliva»,[122] y en *Los alimentos del hombre*: «... ábrese un carro, y se ve en él a la Justicia, dama bizarra, con una vara dorada en una mano, y en la otra un peso, sentada en un trono».[123] Ambas acotaciones parecen sintetizar varios atributos que la iconología confiere a la *Justicia Divina:* la «mujer de singular belleza» sosteniendo «con la diestra una espada desnuda, sujetando con la siniestra una balanza.»[124] Las acotaciones seleccionan de este modo unas condiciones materiales de la representación que logran la composición específica de figuras con carácter arquetípico, signos visuales estables de referencia didáctica para el espectador: quien lleve la *vara* poseerá la autoridad de un alcalde frente al bastón de mando o *bengala* que representa al general de artillería (encontraremos ambos símbolos enfrentando a Pedro Crespo

[120] *Obras Completas,* citada (ed. de Ángel Valbuena Briones), Madrid, Aguilar, 1987, tomo III, p. 542.

[121] Puede seguirse a través de la útil edición de Juan y Yago Barja, Madrid, Akal, 1987.

[122] *Obras completas,* p. 1121.

[123] *Ibid.,* p. 1627.

[124] *Cf.* el detenido trabajo de catalogación de Manuel Ruiz Lagos y Miguel Ángel Campos Blasco, «Idea e imagen pictórica en el teatro alegórico de Calderón», *Cauce. Revista de Filología,* 4, Sevilla, 1981, pp. 77-130. De Manuel Ruiz Lagos es necesario consultar los ya clásicos trabajos *Algunas relaciones pictóricas y literarias en el teatro alegórico de Calderón* (Madrid, C.A.L., 1965), *Estética de la pintura en el teatro de Calderón* (Granada, 1969) y «Una técnica dramática de Calderón: la pintura y el centro escénico» (*Segismundo,* 3, 1966). Sobre la capacidad de alegorización y de figuraciones *psychomáquicas* del auto mitológico, *cf.* Aurora Egido, *La fábrica de un auto sacramental: «Los encantos de la culpa»,* Salamanca, Universidad, 1982. Dos trabajos más recientes ayudan a diseñar (aunque no agoten el tema) las relaciones del arte calderoniano con la expresión plástica en general. El de Ana-Margarita Raposo Bravo, «Calderón y el arte», en *Hacia Calderón. Sexto Coloquio Anglogermano. Würzsburg. 1981* (ed. de Hans Flasche), Wiesbaden, 1983, pp. 41-48. Y el de Stelio Cro, «Calderón y la pintura», en Kurt Levy, Jesús Ara y Gethin Hughes (eds.), *Calderón and the Baroque Tradition,* Ontario, Wilfried Laurrier University Press, 1985, pp. 119-124.

y a don Lope de Figueroa en *El alcalde de Zalamea); el *cetro* y la *corona* corresponderán al rey; la *guadaña,* a la muerte, etc. Fernando Cantalapiedra los llama *figuremas materiales.*[125]

Pues bien, este valor icónico de las acotaciones de vestuario o de la caracterización de los personajes se produce, asimismo, en la dimensión más transgresiva de la fiesta sacramental, es decir, en los entremeses y mojigangas que acompañaban a los autos, sólo que en una dirección mucho más clarificadora y antierudita. Recordemos que esta *iconicidad* tiene tres comportamientos fundamentales. O bien muestra una dimensión diagramática o realista, como en *La garapiña* de Calderón, en donde aparece, entre otros personajes estrafalarios que representan bebidas de moda, una dama «con una túnica de lienzo hasta los pies, de color chocolate, pintada de jícaras, con una en la mano»,[126] o bien una dimensión arquetípica: «Sale Borja de viejo, con alas en los hombros, antojos y muletilla y otras alas en los pies, y un relox de arena en la mano»[127], o, finalmente, una iconicidad claramente metonímica, como en la serie, de gran riqueza plástica y visual, de *Entremés famoso de la Capeadora. 2.ª parte,*[128] en donde doce actores representan los meses del año: Enero saldrá «de viejo arrugado», Febrero «de loco», Marzo «de luto» (alusión a la cuaresma), Abril «con guirnaldas verdes», Mayo «con guirnaldas de flores», Junio «con plumas de gala» (por las fiestas del Corpus), Julio «de segador», Agosto «de villano», Octubre «de porquero» (por el tiempo de la matanza), Noviembre «de viudo» y Diciembre «de viejo, con barba larga y cabellera.[129]

La acotación en este caso es un documento contaminado de la iconografía visiva que habremos de estudiar más tarde. En el teatro español carecemos de la fortuna de poseer el amplio *corpus* de bocetos y dibujos que un investigador inglés tendría a mano para el estudio de las mascaradas reales del teatro isabelino con sólo acudir a contemplar las estampas

---

[125] *Op. cit.,* p. 171.

[126] Cf. *Entremeses, jácaras y mojigangas,* ed. cit., p. 393. Del mismo modo presumo que Cervantes propondría que vistieran en *La Numancia* los actores que interpretaban al río Duero «con otros tres ríos, que serán tres muchachos, vestidos como que son tres riachuelos.» Podemos establecer la hipótesis de túnicas o vestiduras largas con determinado color y dibujo que los identificarían fácilmente con las aguas del Duero.

[127] *Entremés cantado del Tiempo,* en *La mejor flor de entremeses,* Zaragoza, 1689, p. 12. Ripa caracteriza así el Tiempo: «Hombre viejo y alado que ha de llevar un círculo en la mano [...] Se pinta alado de acuerdo con el dicho *Volat irreparabile tempus.*»

[128] *La mejor flor de entremeses,* citada, pp. 70 y ss.

[129] Algunas aproximaciones a la *Iconología* de Ripa: Julio, Mayo («De oro será su traje, todo bordado de flores») o Agosto (Ripa lo representa como un hombre descuidado y borracho).

de la colección del Duque de Devonshire en Chatsworth. Pero poseemos espléndidos documentos embrionarios que remiten a imágenes culturales y que son, como hemos visto, buena parte de las acotaciones de los autos o de las comedias mitológicas pero también de obras en las que el autor ha inscrito en la categoría de lo alegórico la aparición de los personajes. Es lo que le sucede a Cervantes cuando en la *Numancia* describe la aparición de «España, *coronada con unas torres, y trae un castillo en la mano,* que significa España», en donde la metonimia simbólica (corona, castillo) consagra ya elementos reconocibles de un emblema nacional; o cuando en *El rufián dichoso* introduce personajes como la Comedia y la Curiosidad. En la acotación opta Cervantes por acudir a la brevedad indicativa de la *cartela,* seguramente porque presumía que era necesaria para la descodificación efectiva por parte del espectador: «Salen dos figuras de ninfas vestidas bizarramente, cada una con su tarjeta en el brazo; en la una viene escrito *Curiosidad,* en la otra *Comedia.*» Pero tal vez pudo Cervantes tropezar con un autor o unos actores lo suficientemente informados como para tomar la guía que suponía el libro de Cesare Ripa, ya citado, para representar la Curiosidad: «Mujer vestida de azul y rojo, sobre cuyo traje se verán diseminadas muchas ranas y orejas. Llevará tieso el cabello y las manos en alto, sacando hacia afuera la cabeza y con alas a la espalda.»[130]

Lo que se produce paradójicamente mediante la trasposición icónica y alegórica de las acotaciones es no sólo el efecto distanciador, en términos brechtianos, de lo alegórico, sino también la conversión de un vestuario realista, o fragmentado en elementos realistas, en algo teatral, ficticio; sin embargo, al mismo tiempo, tiene lugar la conversión de un vestuario trastocado por la fantasía alegórica en algo que no es verdadero ni realista pero que se cree como algo verdadero precisamente por la eficacia teológico-didáctica que se imprime en su representación, en una consciente política del signo, que es lo que, al parecer de Roland Barthes, ha caracterizado los teatros fuertes, populares, cívicos que han utilizado siempre un código indumentario preciso.[131]

---

[130] *Op. cit.,* tomo I, p. 248. La aparición de ranas obedece a la apertura inusitada de sus ojos, que casi se salen por curiosear el entorno.

[131] «Las enfermedades de la indumentaria teatral», *Ensayos críticos,* Barcelona, Seix Barral, 1973, pp. 71-72: «Sólo recordaré que entre los griegos la máscara y el color de los adornos manifestaban por anticipado la condición social o sentimental del personaje; que en el atrio medieval o en el escenario isabelino, los colores de los trajes, en ciertos casos simbólicos, permitían en cierto modo una lectura diacrítica del estado de los actores; y que, en fin, en la *Commedia dell'Arte,* cada tipo sicológico poseía una vestimenta convencional que le era propia. El romanticismo burgués fue el que, al disminuir su confianza en el poder intelectivo del público, disolvió el signo en una especie de verdad arqueológica del vestuario: el signo se degradó en detalle, se pusieron a dar trajes verídicos y ya no significantes.»

3.3. *Los documentos del dramaturgo: las referencias metateatrales*

Este apartado supone hacerse cargo no sólo de los testimonios o noticias de primera mano de los dramaturgos ofrecidas en sus cartas, prólogos o producción literaria en general (hemos manejado más arriba indicaciones substanciales de Lope de Vega o de Tirso de Molina) sino de aquellos documentos que sin haberse producido notarialmente como tales se encuentran genéticamente ligados al texto teatral mismo. Son los documentos generados como reflexiones metateatrales que o bien pueden producirse desde un género específico (la *loa*), o bien coincidir con reflexiones que proporcionan un mapa completo del modelo barroco de actor; ya hemos comentado más arriba el texto cervantino de *Pedro de Urdemalas*, al que deben unirse, por ejemplo, los muy mentados versos de Lope de Vega en *Lo fingido verdadero* para indicar la superación, en ocasiones, del modelo estrictamente naturalista de la imitación:

> El imitar es ser representante;
> pero como el poeta no es posible
> que escriba con afecto y con blandura
> sentimientos de amor si no le tiene,
> y entonces se descubren en sus versos,
> cuando el amor le enseña los que escribe,
> así el representante, si no siente
> las pasiones de amor, es imposible
> que pueda, gran señor, representarlas;
> una ausencia, unos celos, un agravio,
> un desdén riguroso y otras cosas
> que son de amor tiernísimos efectos,
> harálos, si los siente, tiernamente;
> mas no los sabrá hacer si no los siente.[132]

Dentro también de la metateatralidad cuentan numerosas alusiones dispersas que demuestran el grado con que los dramaturgos barrocos habían reflexionado sobre el *método* del actor y su sistema de interiorización o no del personaje. Calderón hace decir a uno de sus protagonistas en el primer acto de *El mayor encanto amor*:

---

[132] *Cf*. ed. de Maria Teresa Cattaneo, Roma, Bulzoni Editore, 1992, p. 100. Añádase la opinión del Pinciano: «Mueva a sí primero, el que huuiera de mouer a otro» (ed. cit., pp. 282-283). Bien lejanas estas aseveraciones de la de Diderot, un siglo después, cuando afirmaba, como es sabido, que las «lágrimas de un actor descienden de su cerebro y no de su corazón.» Compárese con los siguientes ejemplos de Calderón de la Barca.

Mayores afectos miente
el que siente un mal cruel
y le disimula, aquel
que le dice y no le siente.
Pruébase esto claramente,
si un representante a oír
vamos, porque persuadir
nos hace entonces que amó,
y un enamorado no:
luego más es el fingir.

Y en *Saber del mal y del bien*:

Porque si representando
una tragedia (escuchadme,
que en vuestro concepto mismo
quiero también explicarme),
si representando un hombre
en Roma en carros triunfales
una tragedia, mandó
que el cuerpo desenterrasen
de un grande amigo, y que siempre
se le tuviesen delante,
porque el sentimiento allí
tanto en él se transformase
que llevado del afecto
pudiese en acciones tales
mover el pueblo llorando...

Metateatro que, como era de esperar, hace objeto favorito de sus alusiones el sagrado valor de la memoria, como cualidad histriónica por excelencia que se permite guiños de complicidad en ciertos *apartes*:

Pues con eso, va de historia.
(Aquí, apuntador, memoria
tu anacardina me dé.)[133]

Puestos a jugar con la *memoria* no duda Calderón (*Lances de amor y fortuna*) en hacernos saber también cómo unos actores se echaban un capote en semejantes trances:

---

[133] *Las armas de la hermosura*, Acto III. Y en *El laurel de Apolo* (*Obras Completas*, ed. cit., p. 659b): «¿Podrá representar bien / uno un papel, cuando anda / ofuscada la memoria / con los versos de otra farsa?/ —Podrá atenerse al apunto, / que desde dentro le habla...»

> Como en el teatro suele
> errarse el que representa
> y otro, que los versos sabe
> decirlos por el que erró,
> así suspendido yo
> a tu enojo hermoso y grave,
> tardé en hablar siendo fiel,
> y enmendóme mi contrario;
> mas cuanto ha dicho Lotario
> son versos de mi papel...

3.4. *Los documentos emanados de preceptivas y poéticas*

Se trata de textos que están semántica e históricamente implicados en el hecho teatral y que adoptan una dimensión o estructura teóricas, con sus puntos de didáctica. Sin que existan documentos extensos sobre la preceptiva concreta del actor, de las poéticas del Siglo de Oro pueden extraerse referencias interesantes. No hay más que observar la atención que presta Lope de Vega, en un texto tan breve como el del *Arte nuevo de hacer comedias de este tiempo,* a los recursos retóricos (de acción, voz, compostura y decoro) del actor, versos sobre los que habremos de volver insistentemente a lo largo de este trabajo:

> Si hablare el rey, imite cuanto pueda
> la gravedad real; si el viejo hablare,
> procure una modestia sentenciosa;
> describa los amantes con afectos
> que muevan con extremo a quien escucha;
> los soliloquios pinte de manera
> que se transforme todo el recitante
> y, con mudarse a sí, mude al oyente;
> pregúntese y respóndase a sí mismo,
> y, si formare quejas, siempre guarde
> el debido decoro a las mujeres.

Como hay que volver sobre el documento más extenso e interesante que al respecto poseemos y que determina, al final del siglo XVI, el sistema de registro, decoro, modelos teóricos aledaños del actor del Siglo de Oro. Se trata, claro está, de la Epístola XIII («De los actores y representantes»), de la *Philosophia Antigua Poética* de Alonso López Pinciano (1596) y que merece transcribirse en los pasajes fundamentales:

[...] en el teatro nos enseñan muchas cosas de que somos ignorantes, que, como nos las dan con voz viua, hazen más impressión que si en casa se leyeran.

Assí es, respondió Fadrique, que, si las acciones son las que deuen, pueden y deuen ser oydas de qualquier varón, mas la naturaleza peruersa las va adulterando, de manera que, de honesto, haze deshonesto. [...]

Fadrique dixo: Ni vos, señor Pinciano, me auéys entendido. Lo que digo es que la Poética es arte noble y principal, mas la acción della en teatro no tiene nobleza alguna.

¡Mirad, dixo el Pinciano, de qué nos haze nueuos el señor Fadrique! Ay quien diga que los actores son gente infame y tanto, que no les deuían dar el Sanctíssimo Sacramento, como está decretado y ordenado por los sacros Cánones; ansí lo oy dezir a vn padre predicador.

Fadrique se rió mucho y dixo después: El padre predicador tenía mejor voluntad que entendimiento, y él erró con especie de acertar. Es la verdad que cierta manera de representantes son viles y infames, que, como agora los zarabandistas, con mouimientos torpes y deshonestos incitauan antiguamente a la torpeza y deshonestidad, a los quales los latinos dieron nombre de histriones, y de los quales se dize estar prohibidos de recebir el Sanctíssimo Sacramento de la Eucharistía; mas los representantes que los latinos dixeron actores, como los trágicos y cómicos, ¿por qué han de ser tenidos por infames?, ¿qué razón puede auer para vn disparate como ésse? [...] Pues, si la poesía es la que auemos dicho, obra honesta y vtil en el mundo, ¿por qué el que la pone en execución será vil y infame? ¿Vos no veys que es vn disparate? No digo yo que el oficio del actor es tan aprouado como otros —que, al fin, tiene algo de lo seruil y adulatorio—, pero digo que ni es infame ni vil, mas, en cierta manera, necessario; y, si no, mirad a la Sancta Madre Iglesia que dize en vna Antíphona a Nuestra Señora: «Delante desta Virgen, gozos espessos con cantares y representaciones...»

El Pinciano dixo entonces: Los cantares y representaciones que la Iglesia pide son muy buenos y vtiles.

Y luego Fadrique: ¿Pues digo yo que en los teatros los traygan malos y dañosos? Traygan los actores lo que está dicho que deuen hazer los poetas, y serán muy vtiles a la República.

Vos, señor Fadrique, dixo Vgo, auéys dicho vna cosa que si todos la aprouassen, auría más representantes de los que ay y más ociosos de lo que sería razón.

Fadrique respondió: También podría auer moderación en esso; y lo que voy a dezir no se entienda que es reprehensión a la república, sino consejo para los actores principales de las compañías, los quales andan perdidos y rematados por no se entender y traer en sus compañías vn exército de gastadores sin necessidad; que con siete y ocho personas se puede representar la mejor tragedia o comedia del mundo, y ellos traen, en cada compañía, catorze o diez y seys, los quales les comen quanto ellos sudan y trabajan, de manera que los actores principales ganarían más.

Vgo dixo: Y auría menos hombres ocupados en esse ministerio que podrían ocuparse y ser de prouecho en otro, que, aunque este oficio del representar no sea malo, si bastan quatro hombres, ¿para qué se han de ocupar ocho?

El Pinciano dixo entonces: Y aun a los que vienen a las comedias sería de prouecho, porque les bajarían el estipendio.

Esso es lo de menos, dixo Fadrique, y lo más importante lo que dixo el señor Vgo.

Y el Pinciano luego: Bien estoy con la mengua del número de los representantes, mas ¿cómo se formarán dos exércitos dellos en los teatros con siete o ocho personas?

Fadrique se rió y dixo: Para vna cosa como éssa, sacar vna dozena o dos de los que están más cerca mirando. [...]

Dicho, callaron por vn rato los compañeros, y despúes dixo Fadrique: Muy despacio vienen oy los oyentes para ser nueua la acción que oy se ha de representar y nunca en la Corte representada.

El Pinciano dio la causa diziendo: Y no sin razón, porque Buratín ha combidado oy a su boltear, possible, porque se mira con la vista, y no verisímil, por la dificultad de las cosas que haze.

Fadrique dixo: Poco deue de auer que esse hombre vino, pues no ha llegado a mis orejas, pero pregunto: ¿qué es lo que haze?

El Pinciano respondió: No se puede dezir todo, mas diré vna parte. Encima de vna soga tirante anda de pies. ¿Qué digo? Anda vnas vezes sobre chapines, otras, sobre vnos zancos más altos que vna tercia. ¡Poco digo! Dança sobre la soga y, haziendo las que dizen cabriolas en el ayre, torna a caer de pies sobre ella como si fuera vna sala muy llana y espaciosa. [...]

Lo qual supuesto, digo que las acciones dramáticas y de representantes tienen mucho más de lo sutil y espiritual que no las de los bolteadores; y, en quanto a este particular, son las obras de aquéllos de más lustre y primor que no las déstos; pero puede la obra corporal por la excelencia alçarse tanto, que iguale y sobrepuje a algunas espirituales, por ser baxas y comunes y no tener cosa de lo peregrino y nueuo. Ya me auéys entendido; passemos adelante.

Dicho esto, a Fadrique pareció que el Pinciano no lo auía acabado de entender, por el auerse quedado como pensatiuo, y prosiguió diziendo: Digo que las obras de los actores y representantes, en general, son más nobles quanto al eficiente, porque tienen más de lo intelectual; pero lo de estos bolteadores, en particular, lo son más por la excelencia de lo que con el cuerpo hazen [...] assí que la raridad y extremación, por assí dezir, de la acción, aunque grosera y corporal, la alça sobre la espiritual en breues razones. Lo que desta plática siento es que los bolteadores sobrepujan y vencen a los ordinarios y comunes representantes por la excelencia de su acción, mas que la obra de suyo vtil y más honesta es la de la representación por las causas alegadas.

Sí, dize el Pinciano, si todo fuesse vero lo que el pandero dize y los farsantes siempre obrassen con el entendimiento, mas yo los veo obrar con el cuerpo y sin buen juyzio muchas vezes y contrarios al juyzio bueno.

Esso será, respondió Vgo, quando representan algún loco, en la qual sazón obran con el entendimiento, y en la qual obra quiçá es menester mayor primor que en las demás.

No digo esso, dixo el Pinciano, sino quando hazen officio de histriones, y con mouimientos y palabras lasciuas y deshonestas quieren deleytar a los teatros.

Vgo respondió: Quien esso hiziere, echarle de la tierra y embiarle al mar, o, a lo menos, priuarle de su patria.

Bien me parece, respondió el Pinciano, y después añadió: Si tuuiera autoridad en la administración de la República, yo proueyera de vn comisario que viera todas las representaciones antes que salieran en plaça pública, el qual examinara las buenas costumbres dellas. [...]

¡Pues cómo!, dixo el Pinciano, ¿accidental es el ornato al actor y a la acción?

No digo tal, dixo Fadrique, sino que el ornato es essencial, mas estas faltas en el ornato no lo son, porque fuera possible que vn pastor se pusiera galano vn día de fiesta o en alguna boda; el ornato, digo otra vez, assí del theatro como de las personas, es essencial, casi tanto como el mouimiento y además que los latinos dizen vulto y gesto.

El Pinciano dixo: ¿Qué cosa es esto de vulto, gesto y además? [...] hecho el poema actiuo, espira el oficio del poeta y comiença el del actor, el qual está diuidido en las dos partes dichas, en el ornato o en el gesto y además; y, si no lo entendéys agora, escuchad: ornato se dize la compostura del teatro y de la persona, y además aquel mouimiento que haze el actor con el cuerpo, pies, braços, ojos y boca quando habla, y aun quando calla algunas vezes. [...]

Vgo dixo: Lo que sé, presto es dicho. En lo que es ornato tocante a la acción se deue considerar la persona, el tiempo y el lugar —que del género y sexo no ay que aduertir—. En la persona, después de considerado el estado, se deue considerar la edad, porque claro está que otro ornato y atauío o vestido conuiene al príncipe que al sieruo, y otro, al moço que al anciano; para lo qual es muy importante la segunda consideración del tiempo, porque vn ornato y atauío pide agora España y differente el de agora mil años; por esta causa conuiene mucho escudriñar las historias que dan luz de los tiempos en los trajes; assimismo se deue tener noticia de las regiones, que en cada vna suele hauer vso diferente de vestir, de manera que el actor deue hazer este escrutinio y diligencia dicha, porque el poeta, las más vezes, no hace cuenta desto, como quien escriue el poema para que sea leydo más que para que sea representado, y dexa las partes que atienden a la acción del actor, cuyo officio es representar; de a do se infiere que el buen actor, especial el que es cabeça, deue saber mucha fábula y historia mucha para que, según la distinción, dé el tiempo, dé el ornato a las personas de su acción. [...]

Digo ya de los ademanes y mouimientos, los quales son al actor más intrínsecos y essenciales quanto más muestra las entrañas del poema. Dicho, prosiguió: En manos del actor está la vida del poema, de tal manera que muchas acciones malas, por el buen actor, son buenas, y muchas buenas, malas por actor malo. Esto significó el poeta epigramático quando dixo:

> El libro que aora lees, Fidentino,
> Tú le lees y entiendes de manera
> Que dexa de ser mío y se haze tuyo.

Y, si queréys examinar bien un poema dramático, escudriñadle fuera de la representación, porque el actor bueno, de mala obra, hará buena, y al contra-

rio, el malo, de buena, mala; conuiene, pues, que el actor mire la persona que
va a imitar y de tal manera se transforme en ella, que a todos parezca no imitación, sino propiedad, porque, si va imitando a vna persona trágica y graue, y él
se rye, muy mal hará lo que pretende el poeta, que es el mouer, y, en lugar de
mouer a lloro y lágrimas, mouerá su contrario, la risa. [...] muea a sí primero,
conuiene, como auemos dicho, el que huuiere de mouer a otro. [...] mucho
que importa que el actor haga su officio con mucho primor y muy de veras;
que, pues nos lleuan nuestros dineros de veras y nos hazen esperar aquí dos
horas, razón es que hagan sus acciones con muchas veras; los quales solían
hazer de tal manera los actores griegos y latinos, que los oradores antiguos
aprendían de ellos, para, en el tiempo de sus oraciones públicas, mouer los affectos y ademanes con el mouimiento del cuerpo, piernas, braços, ojos, boca
y cabeça, porque, según el affecto que se pretende, es diferente el mouimiento que enseña la misma naturaleza y costumbre; y, en suma, assí como el poeta con su concepto declara la cosa, y con la palabra el concepto, el actor, con
el mouimiento de su persona, deue declarar y manifestar y dar fuerça a la palabra del poeta.

El Pinciano dixo: A mí paresce muy bien lo que dezís, y desseara yo harto
ver algunas reglas dello.

Fadrique respondió: No es menester más regla que seguir la naturaleza de
los hombres a quien se imita, los quales vemos mueuen diferentemente los
pies, las manos, la boca, los ojos y la cabeça, según la passión de que están
ocupados; que el tímido retira los pies, y el osado acomete, y el que tropieza
passa adelante con su voluntad; y assí, discurriendo por las personas y edades
y regiones, hallaréys gran distancia en el mouimiento de los pies, el qual se
deue imitar en el teatro, porque las personas graues y trágicas se mueuen muy
lentamente; las comunes y cómicas, con más ligereza; los viejos, más pesadamente; los moços, menos, y los niños no saben estar quedos. Y en las prouincias también ay gran diferencia, porque los septentrionales son tardos; los
franceses, demasiado ligeros, y los españoles y italianos, moderados. Y esto
digo como exemplos del mouimiento de los pies; y en el de las manos es de
aduertir la misma presteza y tardanza en las edades y regiones, y, más allende,
la variedad de los affectos: acerca de lo qual se considera que, o se mueue vna
mano sola, o ambas, que la sola deue ser la derecha, que la siniestra no hará
buena imitación, porque los hombres son diestros, o casi todos, y assí conuiene que el representante siniestro sea diestro en el teatro. Digo, pues, en general, que mire el actor la persona que va a imitar; si es graue, puede jugar
de mano, según y cómo es lo que trata; porque, si está desapassionado, puede
mouer la mano con blandura, agora alçándola, agora declinándola, agora
mouiéndola al vno y al otro lado; y, si está indignado, la mouerá más desordenadamente, apartando el dedo vezino al pulgar, llamado índize, de los demás,
como quien amenaça; y, si enseña o narra, podrá ajuntar al dedo dicho el medio y pulgar, los quales a tiempos apartará y ajuntará; y el índice solo extendido
y los demás hecho puño, alçado hazia el hombro derecho, es señal de afirmación y seguro de alguna cosa. El mouimiento de la mano se haze honestamente
y según la naturaleza, comenzando de la siniestra y declinando hazia abaxo, y,

después, alzándola hazia el lado diestro; y, quando reprehendemos a nosotros mismos de alguna cosa que auemos hecho, la mano hueca aplicamos al pecho; pero aduierto que el actor delante del mayor no le está bien jugar de mano razonando, porque es mala crianza; estando apassionado puede, porque la passión ciega razón; y en esto se mire y considere la naturaleza común, como en todo lo demás; las manos ambas se ayuntan algunas vezes para ciertos affectos, porque, quando abominamos de alguna cosa, ponemos en la palma de la mano siniestra la parte contraria, que dizen empeyne, de la diestra, y las apartamos con desdén; suplicamos y adoramos con las manos juntas y alçadas; con los braços cruzados se significará humildad. El labio muerde el que está muy apassionado de cólera, y el que está alegre dexa apartar el vno del otro labio vn poco; y en el ojo se vee vn marauilloso mouimiento, porque, siendo vn miembro tan pequeño, da solo él señales de ira, odio, venganza, amor, miedo, tristeza, alegría, aspereza y blandura; y, assí como el ojo sigue al affecto, los párpados y cejas siguen al ojo; sirue el sobrecejo caydo al ojo triste, y el leuantado, al alegre; el párpado abierto immouible, a la alienación y éxtasi y a la saña. En la cabeça toda junta ay también sus mouimientos, como el mouella al vno y otro lado para negar, y el declinalla, para afirmar, y la perseuerancia en estar declinada para significación de vergüença. Digo otra vez que estos dichos sean vnos exemplos pocos de lo mucho que ay que considerar en esta parte, que son casi infinitos. Y para abreuiar esta materia con vna red barredera: el actor esté desuelado en mirar los mouimientos que con las partes del cuerpo hazen los hombres en sus conuersaciones, dares y tomares y passiones del alma; assí seguirá a la naturaleza, a la qual sigue toda arte, y ésta, más que ninguna, digo la poética, de la qual los actores son los executores.[134]

Precioso y preciso documento que, por su fecha (1596), se adelanta a muchas reivindicaciones del actor en la tradición europea e italiana; que establece ya la clara separación del volatinero que ejercita únicamente acciones físicas, de acrobacia que, sin embargo, se ponderan,[135] y el *actor*, que supone un ejercicio, de suyo, más intelectual. No sólo está establecida ya aquí esa frontera que ya vimos trazar a Nicolò Barbieri entre los *bufones* y los verdaderos cómicos del *arte*, entre piratas y corsarios, sino que se observa cómo en la afirmación del arte histriónico se absorbe la filosofía de la defensa de las artes liberales (de ahí el paralelismo con la reivindicación

---

[134] Ed. cit., tomo III, pp. 515-529.
[135] Esta admiración por el ejercicio y la práctica corporal se valora, por parte de los apologistas de la comedia, incluso en los denostados *mimos*, precedente de las formas groseras, burdas y gesticulantes del teatro festivo, según hemos visto. Por eso Francisco Bances Candamo no tiene inconveniente en reconocer que «el Athelano hace gestos, el Mimo representa de muger, torpíssimamente, y el Pantomimo martiriza desde su infancia el cuerpo, para que sea más airoso en la danza con el artificio» (*Theatro de los theatros de los passados y presentes siglos*, ed. cit., p. 15).

de la pintura). Un prestigio que, de inmediato, se entronca con el documento más sólido de la antigüedad: el arte de la oratoria y el despliegue gestual que el Pinciano rastrea, como era de esperar, en *De Institutione Oratoria* de Quintiliano. La *kinésica*, precisa y rica, que propone, se emparenta con multitud de documentos, incluso visuales, que abundan en el contexto europeo poco después y ofrece también la concreción teórica del sistema del *decorum*, tan substancial en la práctica actoral. López Pinciano elabora asimismo unos primeros criterios básicos sobre la conformación idónea de las compañías, que propende a su asentamiento e institucionalización de cara, según él, a conseguir que el teatro sea también *industria comercial*, rentable. De nuevo no está alejado el pensamiento de los italianos. Naturalmente, esta larga cita la iremos descomponiendo en la medida que avancemos en la revisión de los aspectos esenciales de la teoría del actor que tratamos de reconstruir.

3.5. *Los documentos emanados de la literatura de viajes, costumbrista y novelesca*

Se trataría en este caso de los documentos conformantes de lo que podríamos llamar *enciclopedia* de los textos fijados literariamente en los siglos XVI y XVII: crónicas o memorias de viajeros extranjeros (escasos pero cuyas afirmaciones, muy poco afectas, por cierto, al sistema teatral español y a sus representantes, han producido una *imagen* muy tópica de nuestra escena);[136] y asimismo los testimonios de novelas cuyo interés hemos

---

[136] Los textos de François Bertaut, por ejemplo, o de la Condesa d'Aulnoy inciden sistemáticamente en señalar la libertad que nuestros dramaturgos imprimen en sus obras, despreciando las reglas clásicas; subrayan la pobreza del ornato de los teatros; deploran el estilo de la música y la escasa calidad de los actores en ese menester y se limitan a señalar chascarrillos sobre actrices. A Madame d'Aulnoy debemos, sin embargo, una breve descripción del modo de bailar de las actrices españolas, la *zarabanda*, en un estilo brillante y cortesano alejado del prejuicio moralista que nos ayuda a interpretar algunos documentos iconográficos como el del grabado francés del siglo XVII que retrata una actriz española, como veremos en el apartado correspondiente. El texto del Pinciano (traducido al inglés) se incluye en la valiosa recopilación de Toby Cole y Helen Krich Chinoy *Actor on acting*, Nueva York, 1970, pp. 67-68, así como el de Agustín de Rojas en *El viaje entretenido* y algún fragmento de Juan de Zabaleta. De Cervantes se acude a reproducir el fragmento del Prólogo de sus *Comedias* en el que se refiere al teatro en tiempo de Lope de Rueda. Por su parte Alois Maria Nagler, en *A source book in Theatrical History*, Nueva York, Dover Publications, 1952, pp. 57-67, recoge también, traducidos, los textos de Rojas y de Zabaleta, en aspectos pintorescos o costumbristas, así como algunos testimonios de Bertaut y la Condesa d'Aulnoy.

tenido oportunidad ya de contrastar,[137] o de misceláneas de temática teatral como el citado *Viaje entretenido* de Agustín de Rojas.

Mención especial merece la llamada literatura costumbrista puesta en valor en los últimos años como fuente de información teatral.[138] Francisco Santos en *El arca de Noé y campana de Velilla* evoca la fácil yuxtaposición en el imaginario colectivo del actor y de la figura que interpreta en las tablas en esa sinalefa constante, propia del Barroco, entre la ficción y la realidad:[139]

> El que en la comedia haya gracioso, bufón, tercera, alcahuete y vejete es permitido. Y digo la verdad que salen a las tablas como corridos, así el que hace un traidor como la que hace la alcahueta, temiéndose el silbo y bullicio de la gente. Yo vi que, representando Heredia a *La niña de Gómez Arias*, cuando llegaba a venderla a los moros de Benamejí, fue tanta la inquietud de las mujeres, que como si fuera el mismo Gómez Arias, le ultrajaron de palabras con muchos oprobios, y hubo hombre que dijo en voz alta: «¡Ah, pícaro, no la vendas!», obligándole a decir: «Señoras mías, esto es representar el caso como sucedió, que yo reverencio a las señoras mujeres.»[140]

Santos recurre también, al modo como había hecho antes Suárez de Figueroa en su *Plaza universal de todas las ciencias y artes* (1621),[141] al elogio de una serie de actores

---

[137] *Vid.*, por ejemplo, Henri Recoules, «Les allusions au théâtre et à la vie théâtrale dans le roman espagnol de la première moitié du xviie siècle», en VV.AA., *Dramaturgie et société. Rapports entre l'oeuvre théâtrale, son interprétation et son public aux xvie et xviie siècles*, París, Éditions du Centre National de la Recherche Scientifique, 1968, vol. I, pp. 133-159.

[138] *Vid.*, por ejemplo, el trabajo de Francisco Florit Durán, «Testimonios teatrales de los costumbristas barrocos», *En torno al teatro del Siglo de Oro. Actas Jornadas IX-X de Almería*, Almería, Instituto de Estudios Almerienses, 1995, pp. 183-191.

[139] El pasaje más recordado al respecto es el de Lope de Vega en su *Arte Nuevo*, para quien, como consecuencia de la maestría del actor en representar sus papeles, lleva a que «si acaso un recitante / hace un traidor, es tan odioso a todos / que lo que van a comprar no se lo venden, / y huye el vulgo de él cuando lo encuentra, / y si es leal, le prestan y convidan, / y hasta los principales le honra y aman, / le buscan, le regalan y le aclaman.» Años después el costumbrista Antonio Liñán y Verdugo pone reparos en las comedias porque «algunos hombres se apasionan tanto de las cosas que allí ven, que respetan las burlas como si fuesen veras, y tienen a grande felicidad y suerte ser amigos del representante que hizo al rey o al galán, o poder oír una palabra, o que se le oiga, la que hizo la reina» (*Guía y aviso de forasteros que vienen a la Corte*, ed. de Edisons Simons, Madrid, Editora Nacional, 1980, p. 172).

[140] Ed. de F. Gutiérrez, Barcelona, Selecciones Bibliófilas, 1959, pp. 146-147.

[141] Se trata de una traducción, con evidentes ampliaciones adaptadas de la obra de Tomás Garzoni, *La piazza universale di tutte le profesioni del mondo* (Venecia, 1585). El texto en cuestión es el siguiente: «España ha tenido y tiene prodigiosos hombres y mujeres en representación; entre otros, Cisneros, Gálvez, Morales el divino, Saldaña, Salcedo, Ríos, Villava,

prodigiosos hombres y mujeres, dignos de alabanza, en cuanto a su ejercicio cómico, como Cisneros, Gálvez, Morales el divino, Saldaña, Ríos, Villalba, Murillo, Segura, Rentería, Angulo, Solano, Tomás Gutiérrez, Avendaño, Villegas, Pinedo, Sánchez, Tomás de León, Miguel Ramírez, Granados, Miguel Salvador, Olmedo, Agustín Manuel y Carlos Vallejo. De mujeres es un pasmo las que ha habido en las tablas, en lo sentido y representado: Ana de Velasco, Mariana Páez, Mariana Ortiz, Mariana Vaca, Jerónima de Salcedo, Juana de Villalba, Mariflores, Micaela Luján, Ana Muñoz, Josefa Vaca, Jerónima de Burgos, Polonia Pérez, María de los Ángeles, María Martín mudó el nombre en María de Córdoba, celebrada por su hermosura, tanto como por la representación, llamada en común *Amarilis*, la Quiñones, al lado de Mejía, María de Navas y Sabina Pascual. Dejo otras muchas porque me canso, y sólo digo que jugaron las tablas con honestidad y decoro.[142]

Pero es Juan de Zabaleta el autor de los fragmentos más deliciosamente visuales, casi como una indiscreta cámara introducida en un corral de comedias. Como poeta dramático, y no malo, conoce y admira el mundo de la farándula y hablando de ella se desquita en parte del atrabiliario moralismo que muestra en *El día de fiesta por la tarde*. Ello no evita, claro está, que se encalabrine al reprender tópicamente los bailes («no ponga cuidado en los bailes, que será descuidarse mucho consigo mismo»).[143] Pero, sobre todo, testimonia, con suma brillantez, el poder de transferencia emocional de la lectura de las comedias (lectura, por supuesto oral) a la mujer:

> Empieza a leer blandamente. Vase encendiendo la comedia, y ella, revestida de aquel afecto, va leyendo y representando. Engólfase en una relación en que hay dos mil boberías de sonido agradable. Enamórase de ella y determina

---

Murillo, Segura, Rentería, Angulo, Solano, Tomás Gutiérrez, Avendaño, Villegas, Maynel, éstos ya difuntos. De los vivos, Pinedo, Sánchez, Melchor de León, Miguel Ramírez, Granados, Cristóbal, Salvador, Olmedo, Cintor, Jerónimo López. De mujeres, Ana de Velasco, Mariana Páez, Mariana Ortiz, Mariana Vaca, Jerónima de Salzedo, difuntas. De las que hoy viven, Juana de Villalba, Mari Flores, Micaela de Luxán, Ana Muñoz, Jusepa Vaca, Jerónima de Burgos, Polonia Pérez, María de los Ángeles, María de Morales, sin otras que por brevedad no pongo.» Añade Suárez de Figueroa una auténtica reivindicación del prestigio de la profesión dentro de un canon estético: «En esta conformidad se puede decir ser dignas de toda loa las personas que con honesto proceder se muestran insignes en semejante profesión. Mas los cómicos profanos que hoy la pervierten introduciendo en las comedias deshonestidades y escándalos, no pueden pasar sin manifiesto vituperio.» Se calla el autor en qué basaba su discriminación, aparte del pueril manifiesto de deshonestidades que suena a tan aburrido tópico. *Vid.* el fragmento *apud* Cotarelo y Mori, Emilio, *Op. cit.*, p. 557ab.

[142] *Op. cit.*, pp. 152-153.

[143] *El día de fiesta por la mañana y por la tarde* (ed. de Cristóbal Cuevas), Madrid, Castalia, 1983, p. 316.

tomarla de memoria para lucir las holguras recias. Llega a un paso tierno, en que la dama se despide de su galán porque su padre la casa violentamente con otro, y le dice que a él le lleva en el alma, que nada le podrá echar de ella. La doncella lo lee con el mismo deshacimiento que pudiera si le estuviera sucediendo el caso, y le está pareciendo que si le sucediera fuera razón hacer lo mismo.[144]

La joven lectora asume en sí las cualidades de *recitación* del actor: lee *blandamente*, como corresponde al romántico pasaje, se reviste del *afecto* (pasión) que le es preciso, según la norma del poner *alma* a la acción a la que se asiste; se *engolfa* (excelente aportación al vocabulario específico de la recepción de las cualidades líricas del teatro clásico por parte del público que es singular *oidor* del mismo) en los sonidos cálidos del verso. *Memoriza* el texto y la gestualidad de la escena para representarla en los momentos de soledad, y se *deshace*, pone todo el apasionamiento esperable de la sobreactuación barroca en la encarnación de aquello que evoca de la puesta en escena. Pero se concentra sobre todo en el duro trabajo (*ejercicio*) de los actores, expuestos al capricho del impaciente público tanto como al servil apego a los poderosos:

> Si los comediantes estuvieran durmiendo en sus posadas aun tendrían alguna razón, pero siempre están vestidos mucho antes que sea hora de empezar. Si se detienen es porque no hay la gente que es menester que haya para desquitar lo que se pierde los días de trabajo, o porque aguardan persona de tanta reverencia que, por no distinguirla, disgustan a quien ellos han menester tanto agradar como es el pueblo. [...]
> Tanta es la prolijidad con que ensayan una comedia que es tormento de muchos días ensayarla. El día que la estrenan diera cualquiera de ellos de muy buena gana la comida de un año por parecer bien aquel día. En saliendo al tablado ¿qué cansancio, qué pérdida rehúsan, por hacer con fineza lo que tienen a su cargo? Si es menester despeñarse, se arrojan por aquellas montañas que fingen con el mismo despecho que si estuvieran desesperados; pues cuerpos son humanos como los otros, y les duelen como a los otros los golpes. Si hay en la comedia un paso de agonizar, el representante a quien le toca se revuelca por aquellas tablas llenas de salivas y de astillas erizadas, tan sin dolerse de su vestido como si fuera de guadamacil, y las más veces vale mucho dinero.

Cuerpos son humanos: admirable uso de la metáfora corporal del actor que *con fineza*, con verismo, se arroja del monte o rampa que desciende desde una de las galerías de la fachada del teatro y que expone su ajuar más valioso sobre el lodazal que, al parecer, constituía el solar de las ta-

---

[144] *Ibid.*, pp. 384-385.

blas. En todo caso los documentos de los costumbristas en general (de Zabaleta en particular) aportan los datos más interesantes en cuanto a la reconstrucción de lo que podríamos denominar la *mirada* del espectador, su atención y exigente capacidad de juicio respecto al espectáculo ofrecido; primero en lo referente a la *elocutio:*

> Repare si los versos son bien fabricados, limpios y sentenciosos, que si son de esta manera le harán gusto y doctrina, que muchos, por estar más atentos, pierden la doctrina y el gusto.[145]

Después en lo que atañe a la construcción del personaje y a la *actio:*

> Vaya mirando si saca con gracia las figuras del poeta, y luego si las maneja con hermosura, que esto, hecho bien, suele causar gran deleite [...] Observe nuestro oyente con grande atención la propiedad de los trajes, que hay representantes que en vestir los papeles son muy primorosos. En las cintas de unos zapatos se suele hallar una naturaleza que admira. Repare si las acciones son las que piden las palabras, y le servirán de más palabras las acciones. Mire si los que representan ayudan con los ojos lo que dicen, que si lo hacen le llevarán los ojos.[146]

3.6. *Los documentos adyacentes a la teoría del actor*

Me refiero aquí a aquellos documentos que, por su propia naturaleza, representan algo ontológicamente distinto al objeto inmediato que estudiamos (la técnica del actor). Se trata de lo que podríamos denominar *teorías adyacentes*, subsidiarias a la no existencia efectiva de una teoría exenta en torno al problema. Habría, pues, que volver a ordenar el sistema de referencias y denominaciones del archivo o inventario de los documentos hasta ahora revisados. Y este replanteamiento ha de aplicar, como puede hacerse en las *Controversias* o en las preceptivas o en cualquier otro material, las nociones de enciclopedia,[147] de intertextualidad, de semiosis ilimitada. Son todos ellos procedimientos mediante los que la semiótica analiza la situación de un documento en el seno de una cultura dada para ver cómo la globalidad de esa cultura evidencia homologías (teoría de la pintura/maquillaje teatral; tratados de fisiognómica/compostura gestual; recetarios retóricos/declamación del actor, etc.). De gran utilidad teórica y

---

[145] *Ibid.*, p. 314.

[146] *Ibid.*, pp. 314-316.

[147] *Cf.* las reflexiones sobre esta noción, así como las de *diccionario* o *epistemé*, en Michel Foucault, *Las palabras y las cosas. Una arqueología de las ciencias humanas*, Buenos Aires, Siglo XXI, 1978.

operativa se revela el concepto de *intertextualidad* de Julia Kristeva, derivado del concepto bajtiniano del *dialoguismo*[148] para designar el juego dinámico de préstamos, citas, trasposiciones explícitas e implícitas que tejen lo que Iouri Lotman llamaba *policulturalidad*.[149] Si, además, los comportamientos del actor en el escenario reproducen muchas veces una normativa no sólo artística (a partir, por ejemplo, de los tratados de pintura) sino social (en función del decoro o de una *iconicidad* socializada), quizá el estudio de la técnica del actor barroco puede ofrecer la posibilidad de una reestructuración de la *enciclopedia* de la época, entendida, al modo de Umberto Eco,[150] como la «suma de los saberes socializados.» Esta noción de *saber socializado* es lo que explicaría la práctica inexistencia de documentos que revelen directamente las técnicas y el aprendizaje del actor. No es que los actores no quisieran revelar una técnica que ellos consideran secreta o, más bien, algo tan trivial que no merecía la pena trasmitirse. Al menos no era sólo eso. Era, sobre todo, que carecían de las condiciones culturales y lingüísticas indispensables para reflejar un *saber* distante o inexistente en la enciclopedia del discurso dominante en el Renacimiento y en el Barroco. Fuera del circuito oficial, el trabajo del actor (al menos en su dimensión profesional) hubo de ser divulgado por los saberes más asimilables a la cultura oficial: desde las andanadas del clérigo en libelos y sátiras hasta el trabajo del orador forense o sacro. Y a partir de esta enciclopedia dispersa, a partir de muñones de teorías, debemos entender, como intérpretes y filólogos, el documento como una construcción histórica en la que captar un potencial semántico, indagando sus márgenes de contradicción o ambigüedad.[151]

De ese modo el filólogo, el otrora positivista escéptico, transfigurado en un positivista humanista y apasionado, debe enfrentarse a testimonios y segmentos documentales que conformen una banda teórica paralela impregnada por elementos culturales comunes al teatro y a otras prácticas. Conviene, para ordenarlos, establecer diversos apartados.

---

[148] *Cf.* Bajtín, Mijáil, *La poétique de Dostoievski*, Paris, Édtions du Seuil, 1970, y Kristeva, Julia, *Semiotiké (Recherches pour une sémianalyse)*, París, Éditions du Seuil, 1969.

[149] *Cf.* Lotman, Iouri, «Problèmes de la tipologie de la culture», *apud* Kristeva, Julia; Rey-Debove, J. y Umiker, Donna J. (eds.), *Essays on Semiotics/Essais de Sémiotique*, La Haya, Mouton, 1971.

[150] En *Semiotica e filosofia del linguaggio*, Turín, Einaudi, 1984.

[151] *Cf.* Marco de Marinis, *Capire il teatro. Lineamenti di una nuova teatralogia*, Florencia, La Casa Usher, 1982, p. 48: «... ogni documento (al pari, del resto, di ogni altro "testo" verbale o iconico) costituisca piuttosto una pluralità indefinita di significati o, ancor meglio, una pura potenzialità di senso, che solo l'interprete può attualizare...» .

3.6.1. Los tratados de oratoria, predicación y elocución en general

Como elemento esencial de la técnica del actor dedicaremos todo un capítulo a los mismos, en su función de coadyuvar a una teoría general de la declamación y de la voz (la retórica en general, la oratoria forense o sagrada en particular). En este sentido, y como ya viene siendo puesto de relieve hace tiempo,[152] el actor toma prestada una *tejné* próxima, asimilada por la cultura oficial, de la puesta en escena del cuerpo en el acto enunciativo, que no es otra que el recuerdo prestigioso de la oratoria (a fin de cuentas Quintiliano escribió la quinta parte de su *De Institutione Oratoria* para evitar que los oradores hubieran de acudir a los teatros para informarse sobre los modos de la *actio* o la *pronunciatio*) y el sucedáneo de la oratoria sagrada, campo de saber enciclopédico ya constituido, verdadera tecnología profesional sobre la que estructurar la hipotética de aquellos que, paradójicamente, acabaron sirviendo de modelo a los predicadores: los comediantes en el escenario.

3.6.2. Los tratados científicos: del ingenio a la sistematización
de las pasiones y su manifestación externa

Cuando una época o sociedad no pueden generar, aunque sólo sea por razones de angostura moral, una teoría, se acude a concertar, más o menos coherentemente, pactos con otras teorías admitidas en la enciclopedia oficial de dicho periodo, lo que permitiría, con el tiempo, una verdadera *teatrología*, es decir, una emancipación del teatro respecto a lo exclusivamente literario. Junto a las posibilidades que ofrecía al actor la preceptiva para hallar un modelo de imitación, encontramos otra posible vía: el calco de las cualidades innatas (*ingenio*)[153] que impliquen un desarrollo posterior de calidades escénicas (*tejné*). La constitución natural del individuo alcanza su más notable sistematización científica o pseudocientífica en la época que estudiamos en el célebre *Examen de ingenios para las ciencias* (1575) de Juan Huarte de San Juan. El capítulo décimo de la obra (que se extiende sobre las cualidades que debe poseer el orador o predicador,

---

[152] *Vid.*, entre otros, el muy documentado artículo de Fernando Rodríguez de la Flor, «La oratoria sagrada del Siglo de Oro y el dominio corporal», en José M.ª Díez Borque (ed.), *Culturas de la Edad de Oro*, Madrid, Editorial Complutense, 1995, pp. 123-147.

[153] *Ingenio* para Covarrubias es «la fuerça natural del entendimiento, investigadora de lo que por razón y discurso se puede alcançar en todo género de ciencias, disciplinas, artes liberales y mecánicas.» Para el *Diccionario de Autoridades* se mantiene sustancialmente el signficado de «facultad o potencia para percibir y aprender fácilmente las ciencias».

todas ellas derivadas de la *imaginativa*) es una más que interesante contribución al croquis de un primer préstamo hipotético de técnicas (o requisitos previos a ellas) que se transfieren al actor.

En efecto, Huarte escribe que de la «buena imaginativa nacen todas la artes y ciencias que consisten en la figura, correspondencia, armonía y proporción. Estas son: poesía, elocuencia, música, saber predicar; pintar, trazar, escrebir, leer, ser un hombre gracioso, apodar, polido, agudo *in agilibus*, y todos los ingenios y maquinamientos que fingen los artífices.»[154] Es decir, abre un amplio marco para lo que podríamos denominar ciencias de la *representación* y de la *persuasión*. El predicar va a ser considerado la *práctica* de la teología (la teoría de ésta afectaría al entendimiento). Huarte resuelve así la vieja querella entre unas artes liberales más prestigiadas y otas derivadas de las primeras, con ciertas connotaciones de *praxis física,* ejecutiva, aunque haciéndoles participar ya de cierto dominio intelectual:

> Sólo quiero dar a entender que la gracia y donaire que tienen los buenos predicadores, con la cual atraen a sí al auditorio y lo tienen contento y suspenso, todo es obra de la imaginativa, y parte de ello de la buena memoria. (Ed. cit., p. 187.)

Esta conexión final es fundamental. Y no sólo porque establece el tópico, que ya hemos visto manoseado en numerosos testimonios, de la memoria inherente al buen actor, sino porque esa *memoria* era, precisamente, la cualidad del *ingenio* que podía aplicarse a artes de mayor prestigio que la mera imaginativa (gramática, latín, lenguas, pero también teología, jurisprudencia, cosmografía y aritmética).[155] Huarte confecciona así una síntesis deseable para la pragmática barroca del *ingenio* aplicado a la pintura, a la oratoria o a la predicación: «la copia de vocablos y sentencias [pertenece] a la memoria; el ornamento y atavío a la imaginativa; y recitar tantas cosas sin tropezar ni repararse se hace con la buena memoria.»[156] De modo que a partir del esperable modelo ciceroniano en *De oratore* y su emblemática sentencia: *instructus voce, actione et lepore* («dotado de voz, movimiento y donaire»), el predicador/actor debería ordenar sus conocimientos del modo siguiente:

a) Acumulando saberes intelectuales, pues el orador debe ser «omnibus artibus perpolitus» y extremar su formación (al modo como lo

---

[154] *Examen de ingenios para las ciencias* (ed. de Esteban Torres), Madrid, Editora Nacional, 1977, p. 164. De nuevo es interesante observar el posible paralelo con las cualidades que Huarte observa para el *genio* de la pintura.

[155] *Ibid.*, p. 164.

[156] *Ibid.*, p. 191.

exigirán las preceptivas actorales que comienzan a formularse en Italia, por ejemplo) de modo que su estudio particular sea:

> buscar un buen tema a quien puedan aplicar a propósito muchas sentencias galanas traídas de la divina Escritura, de los sagrados doctores, de poetas, historiadores, médicos y legistas, sin perdonar ciencia ninguna, hablando copiosamente, con elegancia y dulces palabras; con todo lo cual dilatan y ensanchan el tema una hora, y dos si es menester. (Ed. cit., p. 189).

En la reivindicación de Nicolò Barbieri se ofrecía una imagen de los actores «siempre hojeando los libros y anotando sentencias.» En la imagen que se transmite de algunos actores, al menos, en *El viaje entretenido* Rojas Villandrano ofrece el superficial pero dilatado enciclopedismo tópico de las loas y sus mil materias.

b) Pero, además, esta acumulación de saberes, que conforma la exigible soltura en el decir (Huarte recomienda vivamente el ejercicio de los donaires, apodos, motes y comparaciones), ha de componerse con una disciplinada *invención*, a saber, el buen propósito y encaje; la imaginativa del ingenio ha de ser «como perro ventor que le busque y traiga caza a la mano; y cuando faltare que decir, lo finja como si realmente fuera así» (ed. cit., p. 190).

c) Todo lo inventado se retiene gracias a la *memoria*, como se repite con frecuencia, siguiendo las recomendaciones quintilianas,[157] el *memoriter* ciceroniano.

d) Se transmitirá, sin embargo, en un lenguaje decoroso «propio y no afectado, polidos vocablos y muchas graciosas maneras de hablar, y no torpes.» (Ed. cit., p. 194).

e) Pero, sobre todo, atendiendo a la cualidad fundamental de la *acción* «con la cual dan ser y ánima a las cosas que se dicen; y con la mesma mueven al auditorio y lo enternecen a creer que es verdad lo que les quieren persuadir.» Y, volviendo a Cicerón: «la acción se ha de moderar haciendo los meneos y gestos que el dicho requiere; alzando la voz y bajándola; enojándose, y tornarse luego a apaciguar; unas veces hablar apriesa, otras a espacio; reñir y halagar; menear el cuerpo a una parte y a otra; coger los brazos y desplegarlos; reír y llorar; y dar una palmada en buena ocasión.»[158]

---

[157] *De Institutione Oratoria*, XI, 3, 12: «Nam certe bene pronuntiare non poterit, cui aut in scriptis memoria aut in iis quae subito dicenda erunt, facilitas prompta defuerit, nec si inemendabilia oris incommoda obstabunt.»

[158] Ed. cit., p. 193. Huarte vuelve al tópico de la separación entre los escrito y lo dicho: «Y es que los sermones que parecen bien por la mucha acción y espíritu [que es como Huarte llama a la *pronunciación*], puestos en el papel no valen nada ni se pueden leer; y es la causa

f) Para lo cual se requiere la propiedad de una voz «abultada y sonora, apacible al auditorio, no áspera, ronca ni delgada», capaz de transmitir «palabras dulces y sabrosas» y combinando diferentes tonalidades declamatorias y afirmando la excelencia de la dicción, pues «la acción pide algunas veces hablar alto y otras bajo, y los que son trabados de lengua no pueden orar sino a voces y gritos; y es una de las cosas que más cansa al auditorio.»[159]

Sin perjuicio de abordar en un capítulo posterior el evidente intercambio de los modelos del orador/predicador con el actor, me parece necesario observar cómo la cuestión se aborda previamente desde la reivindicación del llamado *ingenio,* es decir, de las partes, cualidades o propiedades intrínsecas que se reclaman para un ámbito concreto de la práctica artística y que constituyen la instancia previa platónica de un *ars* histriónica vinculada a la intuición o inspiración y no tanto al estudio adquirido. Todo lo que Huarte prevé para el predicador reaparecerá, como hemos visto, en el mapa de exigencias del actor que hemos configurado a través de diversos textos: dominar el *gesto, ademán* y *meneos,* y seleccionar la palabra a ellos adecuada siempre sin *afectación,* tener diestra o suelta lengua (*lengua experta,* decía Cervantes) para encajar sentencias y aproximarse, si es necesario, a la improvisación, pareciendo siempre todo *naturalmente fingido;* controlar la dicción, poseer voz fuerte y el tono declamativo con industria y cordura (lo alto y lo bajo, lo sonoro y lo persuasivo), combinando los registros adecuados. Como Cervantes pedía para la fábula, el predicador deberá «hacer resucitar» el sermón meramente enterrado en el texto de los cartapacios.

Ahora bien, faltan en todas estas referencias las implicaciones emocionales que pueden influir en los *afectos* y su traducción en efectivos gestos exteriores. Para encontrar un amplio tratado científico-filosófico que derive hacia estas cuestiones hemos de esperar a que, ya en pleno Barroco (1649), René Descartes escriba su *Traité des passions de l'âme,* donde se articulan dichas pasiones con sus correspondientes signos externos. Serán,

---

que con la pluma no es posible pintarse los meneos y gestos con los cuales parecieron bien al público» (p. 193). Con la pluma no es posible *pintar:* todo nos irá conduciendo al lenguaje plástico y visual.

[159] Ed. cit., pp. 191-197. La reciedumbre de la voz la hace derivar Huarte de otra teoría paracientífica que asiste tanto a su *Examen* como a los tratados sobre las pasiones que comentaremos luego: se trata de que, como cualidades todas ellas vinculadas a la *imaginativa,* la de la buena voz obedece al temperamento o humor *caliente* que le acompaña. De ahí, dice, que Galeno afirme que la mucha frialdad en el temperamento de «mujeres y eunucos» les dota de una voz delicada y débil.

sin embargo, los propios tratados de predicación los que nos permitan entroncar dentro de una teoría estética general de la *representación* las cualidades innatas del orador/predicador y la expresión de esos afectos. Hay que buscar ya fuera del magro tratado diseñado por Huarte de San Juan y encontrar numerosas referencias en esa, llamada por Marc Fumaroli, «edad de la elocuencia.» Y así el jesuita francés Nicolas Caussin, al incluir en su libro *Elloquentiae sacrae et humanae parella* (1619) el capítulo VIII denominado *De affectibus,* traza un verdadero tratado de las pasiones que debe conocer el orador sagrado con el fin de transmitirlas a su auditorio pero al objeto, también, de dominar técnicamente su expresión para no caer en los mismos afectos que él desea suscitar. Se preocupa de delimitar en un *decorum* adecuado la *dignitas* o *urbanitas* de lo que se representa (probablemente pensando en los excesos lúgubres y senequistas de la tragedia francesa del siglo XVI) e invitando a un consciente ejercio en la *mixtura affectuum,* en un natural matiz del registro gestual de las pasiones que consiga la *admiratio* sin llegar al patetismo; en resumen, dentro ya de un horizonte de correspondencia de las artes, Coussin determina una clara noción de *temperantia* estética que se encuentra en la raíz de buena parte de la teoría actoral del Barroco:

> Del mismo modo que las cuerdas de una guitarra no deben estar demasiado tensas ni tampoco demasiado sueltas por exceso de relajación, así también las pasiones; es necesario aplicar una medida en el modo, en el tema y en el cómo se habla; y es necesario asimismo huir tanto de la languidez, del desmayo desenervante como de la histeria dionisíaca. La excitación excesiva da la impresión de impericia y los *oratores* que caen en ella merecen el desprecio por su incapacidad de controlarse. En resumen, el sabio deberá tomar medidas para enjugar las lágimas apenas éstas despunten; apagar el ardor de sus humores; y no insistir tanto en la excitación fisiológica como en ocuparse de adiestrar el propio espíritu y la propia razón defendiéndolos con sólidas protecciones dentro de las cuales, sin embargo, puede mantener y nutrir la llama de las pasiones.[160]

Caussin orienta hacia una necesaria pedagogía que pasa, incluso, por una investigación de textos y obras de arte de la antigüedad donde obtener la gama de las pasiones que deben reconducirse a la *representación.* No en vano el propio Montaigne en sus *Essais* (Lib. III, Cap. XII) ha diseñado una *Physionomie* que defendía observar en los gestos espontáneos del cuerpo y en la mímica los signos que traducen las pulsiones interiores del alma. Otro moralista, Agostino Mascardi, publica en París, en 1639, sus *Dissertationes de affectibus, sive de perturbationibus animi earumque*

---

[160] *Op. cit.,* p. 327. Citada por Marc Fumaroli, *Eroi e oratori. Retorica e drammaturgia settecentesche,* Bolonia, Il Mulino, 1990, pp. 67-68. La traducción es mía.

characteribus para extenderse no sólo en los significados de las formas corporales sino en la capacidad expresiva del movimiento de las manos (la *chironomia*, de la que tendremos que hablar en su momento). Diez años después, desde el punto de vista filosófico, pero sobre todo biomecánico (estableciendo explicaciones científicas que articulen la reacción fisiológica y su *semiótica* corporal), Descartes estructura un sistema lógico de esas pasiones, determinando las que a su juicios son las primarias (admiración, amor, odio, deseo, alegría y tristeza) y las que de ellas se derivan: asombro, estimación, desprecio, generosidad, orgullo, humildad, veneración, desdén, esperanza, temor, celos o *celotipia*, desesperación, irresolución, valentía o audacia, cobardía o terror, remordimiento, burla, envidia, piedad, arrepentimiento, indignación o ira, vergüenza, hastío...[161] Pero lo más interesante, a nuestros efectos, es la inmediata vinculación del cuerpo y su significado con estas pasiones:

> No hay sujeto alguno alguno que actúe más inmediatamente sobre nuestra alma que el cuerpo al que ésta se halla unida y que, por consiguiente, debemos pensar que lo que en ella es una pasión en él resulta ser comúnmente una acción.

> Los principales signos externos son los gestos de los ojos y de la cara, los cambios de color, los temblores, la languidez, el desmayo, la risa, las lágrimas, los gemidos y los suspiros.[162]

Es evidente que más que una teoría del actor se está construyendo (y queremos que así se entienda) una codificación efectiva, un serie de correspondencias entre las artes que alcanza, y de eso creo estar segura, de manera directa a los sistemas teatrales. De la lectura del *Tratado de las pasiones* de Descartes extraemos, por ejemplo, concretas referencias figurativas que nos harán comprender, dentro de su exacto campo semántico y cronológico, acotaciones del tipo *mira con admiración*, o el *con admiración* que, como acotación inserta en el discurso lírico, salpica constantemente nuestro teatro áureo. Y ¿qué es la actitud gestual que se corresponde al *con admiración* o *con asombro* para Descartes? Lo explica en el artículo 73 de su *Tratado:*

> Y esta sopresa tiene tanto poder para hacer que los espíritus que se hallan en las cavidades del cerebro circulen hacia el lugar donde está la impresión del objeto admirado que a veces los empuja a todos hacia ese sitio y los obliga

---

[161] *Cf. Las pasiones del alma*, Barcelona, Península, 1972; para esta primera enumeración, pp. 48-50.
[162] *Ibid.*, p. 14 y art. 112, pp. 76-77, respectivamente.

a estar tan ocupados en conservar esa impresión que no hay ninguno que pa-
se de aquí a los músculos ni se desvíe en manera alguna de las primeras huellas que han seguido en el cerebro; esto da lugar a que todo el cuerpo perma-
nezca inmóvil como una estatua y a que no se pueda percibir del objeto más
que el primer aspecto que de él se presentó. (Ed. cit., p. 55).

Descartes, desde luego no por vez primera,[163] pero sí de un modo sistemático y con implicaciones estéticas, está intentando una coordinación
racional de la *kinésica* gestual, de la que se muestra totalmente consciente, como destaca en el artículo 113 dedicado a los gestos de los ojos y de la
cara:

No hay pasión alguna que no nos sea revelada por algún gesto de los ojos
y esto es en algunas tan manifiesto que hasta los criados más estúpidos pueden ver en los ojos de su amo si está enfadado con ellos o no lo está. Pero aunque estos gestos de los ojos se advierten fácilmente y se sepa lo que significan,
no por eso es fácil describirlos, debido a que cada uno se compone de muchos
cambios que se producen en el movimiento y en la figura de los ojos [...] Lo
mismo puede decirse de los gestos del rostro que acompañan también a las
pasiones, pues, aunque son más grandes que los de los ojos, resulta igualmente difícil distinguirlos [...] Es cierto que algunos gestos son bastante evidentes, como las arrugas de la frente en la cólera y ciertos movimientos de la
nariz y de los labios en la indignación y en la burla, pero parecen ser más vo-
luntarios que naturales. Y generalmente todos los gestos, tanto del rostro como de los ojos, pueden ser cambiados por el alma cuando, deseando ocultar
su pasión, imagina intensamente la contraria; de suerte que lo mismo podemos utilizar los gestos para disimular las pasiones que para declararlas. (Ed.
cit., p. 76).

---

[163] Evidentemente el seguimiento de la teoría de las pasiones o de los *afectos*, común,
desde mediados del siglo XVII, tanto a la teoría de la pintura como a las teorías actorales, se
deriva de los principos filosóficos del *De Anima* de Aristóteles, quien también en la *Retórica* aludió a las respuestas físicas a la producción de emociones. Traslación emocional que
Cicerón y Quintiliano recondujeron a la eficacia del orador. Ya en pleno Renacimiento Alberti no duda en ponderar el buen hacer de Giotto en el «representar los estados emocionales», y Leonardo da Vinci bosquejó una teoría de las emociones a través de sus *moti men-
tali*. Años antes que Descartes, el inglés Thomas Wright en *The Passions of the Minde* (1601)
ya había asegurado, respecto a los afectos, que «the passions of our minde worke diverse
effects in our face». Y John Bulwer (autor del que estudiaremos detenidamente su *Chironomia*) escribe en el mismo año de 1649 un tratado anatómico (*Pathomyotomia*) sobre los
músculos de la cabeza en el que, recordando a Quintiliano, hace un repaso sistemático a la
influencia de las cejas, por ejemplo, en la expresión de la tristeza, la melancolía, la ira, la
amenaza, etc. *Cf.* Hughes, Alan, «Art and Eighteenth-Century Acting Style. Part III: Passions»,
Theatre Notebook. A Journal of the History and technique of the British Theatre, vol. XLI,
núm. 3, 1987, p. 129.

Que la representación se ayudaba sustancialmente con el ojo ya lo manifestaba Alonso López Pinciano, mediante supuesta herencia quintiliana, en 1596 y lo hemos visto expresar, con impagable exactitud, en el *ayudar con el ojo* que pedía Zabaleta a los comediantes. Pero hay más: Descartes dedica extensos párrafos a comentar el origen y mecanismo de las lágrimas, su origen en vapores fisiológicos, su conversión en gesto esencial del abatimiento trágico y de la risa no controlada; y, sobre todo, se extiende sobre la explicación de determinados fenómenos del cambio de color del rostro o lo distintivo de sus matices, lo que nos abre la puerta a una teoría general del intercambio de códigos y fórmulas entre las artes plásticas y el teatro que se producen tanto por lo que hace a supuestas técnicas de maquillaje conscientemente expresivo y creador de tipos, como a evidentes *clichés* ponderativos sobre la capacidad de los actores (y de las actrices) que transmigra de una época a otra. Me detendré en dos ejemplos concretos que acabaremos de estudiar, en su dimensión plenamente dramática, en el apartado siguiente: la palidez del envidioso, del melancólico o del hipocondríaco y el rubor del rostro que acontece al personaje que debe manifestar una fuerte emoción. Descartes dedica el artículo 184 a explicar *A qué se debe el que los envidiosos sean propensos a tener la tez plomiza,* haciendo referencia implícita a la todavía no abandonada teoría de los humores hipocráticos:

> [Los envidiosos] habitualmente tienen la tez plomiza, es decir, entre amarillenta y negra y como de sangre coagulada. Por eso la envidia se llama *livor* en latín [estar lívido, amoratado]. Esto coincide perfectamente con lo que he dicho antes acerca de los movimientos de la sangre en la tristeza y en el odio, pues éste hace que la bilis amarilla, procedente de la parte inferior del hígado, y la negra, procedente del bazo, pasen desde el corazón a las venas a través de las arterias; y esto hace que la sangre de las venas tenga menos calor y circule más lentamente que de ordinario, lo cual basta para poner lívido el color. (Ed. cit., p. 119).

Descartes, recibiendo ya la herencia de los clásicos,[164] se ocupa también de explicar el mecanismo fisiológico de los cambios de color del rostro (artículos 114 y siguientes), que tienen su origen en el corazón, como fuente de las pasiones, «en cuanto que prepara la sangre y los espíritus para producirlas»:

---

[164] *Cf.* Quintiliano, *De Institutione Oratoria*, XI, 3, 78: «Multum et superciliis agitur; nam et oculos formant aliquatenus et fronti imperant. His contrahitur, attollitur, remittitur, ut una res in plura valeat, sanguis ille qui mentis habitu mouetur, et, cum informam uerecundia cutem accipit, effunditur in ruborem; cum metu refugit, abit omnis et pallore frigescit; temperatus medium quoddam serenum efficit.»

el color del rostro sólo es originado por la sangre que, circulando continua-
mente desde el corazón hacia todas las venas a través de las arterias y desde
todas las venas hacia el corazón, da más o menos color al rostro, según llene
más o menos las pequeñas venas que van a dar a la superficie [...] la alegría
produce un color más vivo y más rojo porque al abrir las esclusas del corazón
hace que la sangre acuda más de prisa a todas las venas y porque ésta, tornándose más caliente y más sutil, infla ligeramente todas las partes del rostro [...]
por el contrario, la tristeza, al contraer los orificios del corazón, hace que la
sangre acuda más lentamente a las venas y que, tornándose más fría y más es-
pesa, necesite ocupar menos sitio; de suerte que retirándose hacia las venas
más anchas, que son las más próximas al corazón, abandona las más lejanas,
las más visibles de las cuales son las del rostro, por lo que éste aparece pálido
y descarnado, principalmente cuando la tristeza es grande o sobreviene repentinamente, como se ve en el susto, cuya sorpresa aumenta la actividad que
encoge el corazón. (Ed. cit., p. 78).

De modo que los cambios de expresión facial con que la pasión se manifiesta, mediante la complicada acción de esos sutiles vapores conocidos
como *esprits animaux,* son el modelo seminconsciente de cómo ciertos
cronistas vieron la actuación de los actores casi como si de un cuadro u
obra artística se tratara.[165] Es el célebre caso, tantas veces referido, que
cuenta Caramuel de la actriz María Riquelme, que «mudaba el color del
rostro con admiración de todos. Si se contaba en las tablas cosas dichosas
y felices, las escuchaba bañada en color de rosa, y si ocurría alguna cir-
cunstacia infausta se ponía al punto pálida.» Aunque sobre ello volveremos en el capítulo dedicado a las actrices, es bueno advertir ya que se trata, a mi juicio, no tanto de un testimonio específico de la cualidad singular
de una actriz (en este caso la Riquelme) sino de la constitución, quizá ya
lexicalizada, de un sistema de ponderación o juicio crítico sobre el arte del
actor, cuya expresión se ha tomado prestada de esta teoría científica de las
pasiones. Por eso ese *canon* de la transformación del rostro (en el que podrían operar asimismo mecanismos artificiales como el maquillaje) aparece

---

[165] El cronista que pondera el espectáculo, pero también el observador que lo condena.
El tratado de las *Excelencias de la virtud de la castidad* de Fray José de Jesús María (1601)
protocoliza con extraordinaria pulcritud esta relación entre lo fisiológico y la acción exterior que, desde su punto de vista, se trasfunde en el espectador: «¿Qué espíritu de ponzoña
sensual arrojarán estas mujercillas desdichadas [las actrices] que andan en las comedias, en
los que tan de hito en hito las están mirando, cuando salen a hacer sus figuras lascivas? Si
preguntáramos esto a los corazones heridos de los que allí asisten y respondiesen fielmente, ellos dirían por experiencia qué efectos hace esa ponzoña [...] Y siguiendo más en particular este pensamiento, ¿qué efectos puede hacer el vapor de la sangre deshonestísima
destas infames arrojada entre los espíritus inficionados al corazón de personas honestas...?»
(*Apud* Cotarelo y Mori, Emilio, *Bibliografía*, citada, p. 368b).

en diversos casos y épocas en el teatro europeo. Lo hemos visto en la *Piazza universale* de Tomaso Garzoni (1585), citando al cómico llamado Fabio, «il quale si trasmutava di rubicondo in pallido e di pallido in rubicondo come a lui pareva, e del suo modo, della sua grazia, del suo gentil discorrere dava ammirazione e stupore a tutta la sua audienza.»[166] Ya en el siglo XVIII la teoría científica entra a formar parte de la explicación racional por la que deben medirse las cualidades del actor. Y Thomas Wilkes en su *A General View of the Stage* (1759) así lo explica:

> La sangre se pone en movimiento por la fuerza de los sentimientos de la mente, cubre de rubor las facciones del tímido o vergonzoso, huye despavorida frente al temor o el sobresalto, desaparece, se evapora y queda casi en mortal palidez y, bajo un estado tranquilo, proporciona una bella serenidad.[167]

La gran Hyppolite Clairon reconocía asimismo que el arte dramático se sustanciaba en poder reconocer en el rostro de una actriz las emociones interiores, el cambio de la palidez al enrojecimiento que provenía de la expansión de la sangre en las venas.[168] Y Luigi Riccoboni en sus *Pensées sur la Déclamation* (París, 1738) insiste en que el actor debe acompañar los matices de la palabra con las expresiones y mutaciones del color del rostro que le preste la sangre.[169] Como era de esperar, se refiere a ello también Henry Siddons en su adaptación de la obra de Jakob Engel *Practical Illustration of Rhetorical Gesture and Action Adapted to the English Drama* (1807), mencionando específicamente la teoría cartesiana del poder de la sangre sobre los músculos y sosteniendo, por tanto, un carácter fisiológico y ciertamente involuntario de estos súbitos empalidecer/enrojecer por cuanto «are not to be copied by a mere cold intention.» Más tarde se reafirma sobre la escasa capacidad del actor para reproducir en el dominio corporal estos mecanismos, remitiendo a la teoría de las pasiones de Aristóteles que explicaría el porqué físico del fenómeno pero no cómo convertirlo en mecanismo corporal aprendido.[170] No obstante lo cual no duda en dar

---

[166] Garzoni, Tomaso, *La piazza universale di tutte le professioni del mondo, nobili e ignobili*, Venecia, Zilieetti, 1585. *Apud* Tessari, Roberto, *Commedia dell'Arte: la Maschera e l'Ombra*, citada, p. 118.

[167] Cit. por Dene Barnett, «The Performance Practice of Acting: the Eighteenth Century. Part IV: The Eyes, the Face and the Head», *Theatre Research International*, V, 1979, p. 10. La traducción del inglés es mía.

[168] *Ibid.*, p. 17.

[169] *Ibid.*, p. 24.

[170] *Cf.* Siddons, Henry, *Practical Illustrations of Rethorical Gesture and Action Adapted to the English Drama. From a work of the subject by M. Engel* [sic] *[...] Embellished with numerous engraving, expressive of the various passions and representing the modern costume of the London Theatres*, Londres, Printed for Richard Phillips, 1807, pp. 23 y 169, respectivamente.

por cierta la anécdota sucedida al gran actor Michel Baron, el llamado Esopo francés, quien, tras veinte años retirado, regresó a los escenarios provocando no poca sorna de un público que lo recibió de uñas, sobre todo cuando hizo una discreta y naturalista entrada en escena, lejos del estilo pomposo y exagerado que se había impuesto en el teatro mientras permaneció alejado de él. Sin embargo, cuenta Siddons, comenzó a recitar los versos:

> Au seul Nom de César, d'August d'Empereur
> vous eussiez vu leurs yeux s'enflammer de fureur;
> et dans un même instant, par un effect contraire
> leur front palir d'horreur & rougir de colère.

Y, al decirlo, fue capaz de hacer palidecer su rostro y luego volver a su color sonrosado dejando estupefactos, como es de suponer, a los circunstantes.[171] Como vemos, lo de María de Riquelme venía de lejos y, claro, trajo cola. Etiqueta retórica de un canon descriptivo del actor: eso es exactamente lo que vemos nacer en la modernidad renacentista y barroca.

Lo cierto es que tanto la obra de Huarte de San Juan como, desde otra perspectiva, la de René Descartes conectan ya de manera apasionante con las teorías plásticas y de la antigua ciencia fisiognómica. El primero, aparte de las cualides del orador, aporta, en los capítulos II y IV de su obra (en apretada síntesis de ideas de Platón, Aristóteles y Galeno), las diferencias en la constitución corporal de los individuos y su influencia en el carácter de los diferentes pueblos (algo que encontraremos no sólo en la teoría de la propiedad en la *imitación* que defiende en su Epístola XIII el Pinciano, sino en muchos tratados ya sistemáticos de la práctica actoral del siglo XVIII). No pocos han visto en todo ello precedentes de las teorías, por ejemplo, de Johan Gaspar Lavater o del Dr. Gall.[172] Es evidente, por otro lado, que Descartes tuvo una influencia fundamental en el tratado de Charles Lebrun (1619-1690) *Méthode pour apprendre à dessiner les passions, proposée dans une conférence sur l'expression générale et particulière*[173]

---

[171] *Ibid.*, p. 206. En el poema «La déclamation théâtrale» de J.F. Dorat (*Colection complète des oeuvres de M. Dorat*, Neuchatel, 1771) también leemos: «Et dans le même instant, par un effet contraire / Sachez pâlir d'horreur et rougir de colère.»

[172] Pueden verse ambas obras editadas en castellano por M.J. Ottin, *Frenología* del Dr. Gall y *Fisiognómica* del Dr. Lavater, Madrid, Casa de Horus, 1992.

[173] Amsterdam, F. van der Plaats, 1702. Reprint Hildesheim-Zúrich-Nueva York, G. Olms, 1982. Lebrun describe de manera semejante la producción del terror u horror: «En l'horreur les mouvements doivent être bien plus violens dans l'Aversion, car le corps paroître fort retiré de l'objet qui cause de l'horreur, les mains seront fort ouvertes, et les doigts écartés, les bras fort serrées contre le corps, et les jambes dans l'action de courir» (p. 35). En cuanto a la admiración y veneración, «la tête sera panchée du côté du coeur, et les sourcils élevés en

compuesto sobre 1667 y que continuó la ruptura esencial de Descartes: dejar de clasificar las pasiones desde un punto de vista moral (irascibles, concupiscibles, etc.) y observarlas desde criterios estictamente biológicos y luego estéticos. A través de él, Descartes influye en toda una serie de aportaciones que culminarán en tratados específicos sobre la fisiognomía (Lebrun escribió también un *Traité de la Physionomie*) y, más tarde, en el gesto teatral. Y aunque no fue poco criticada su aplicación mecánica y abstracta para especificar las emociones, sea cual fuere la validez real de estos tratados científicos, estamos ante una verdadera propuesta de conjunto de semiología corporal.

3.6.3. De la *fisiognómica* a los tratados sobre pintura

La tradición cartesiana construye definitivamente la teoría de que una *emoción* o *pasión* produce un determinado desorden fisiológico y éste se traduce en un cambio gestual, en un signo que puede también componerse, producir lo que los críticos llaman una *conducta organizada*. Lo cual tendrá en el Barroco como teoría valedora, la llamada fisiognómica, que arrastra desde épocas anteriores un método pretendidamente objetivo y aséptico de tratadística en la que el cuerpo se convierte en el lugar donde la conciencia vive su turbamiento emocional, incluso un ensayo de comportamientos morales o éticos, traducidos en signos visibles. Por eso la fisiognómica se puede convertir también en la enciclopedia donde aprender a traducir esa inmediatez involuntaria de la emoción en una presencia adquirida, estudiada o, al menos, transmitida como tradición, «come il corpo del commediante che nella rappresentazione mima la gioia o la tristezza senza essere né contento né triste, perché quei modi di condotta si rivolgono a un modo fittizio.»[174]

Ya Teofrasto en sus *Caracteres morales*[175] (obra escrita en torno al año 319 antes de Cristo) describe una serie de modelos de conducta (disimulo, adulación, rusticidad, lisonja, impudor, locuacidad, chocarrería, torpeza, desagrado, vanidad, altanería, etc.) que se tienen por bocetos de los caracteres teatrales de la comedia antigua, pero que trazaron la composición de un modelo de tratado de *Ética* manejado durante mucho tiempo por maestros de Retórica. Esta imitación habría de culminar con la edición de su

---

haut, et la prunelle sera de même [la bouche est entr'ouverte], aiant les coins un peu élevés, ce qui témoigne une espèce de ravissement» (p. 34).

[174] *Cf.* Galimberti, Umberto, *Il corpo*, Milán, Feltrinelli, 1989, p. 153.

[175] *Vid.* la ed. bilingüe de Manuel Fernández Galiano, Madrid, Instituto de Estudios Políticos, 1956.

obra por parte de Jean de La Bruyère (1645-1696). Pero, al margen de esta fuente de construcción tópica de caracteres, y envuelta siempre en una cierta vaguedad de heterodoxia (entre arte adivinatoria y nigromántica), la fisiognómica ingresa en la modernidad como el sistema teórico más completo para expresar lo que esa modernidad reclama (singularmente en el campo visual de la pintura y del teatro): la emergencia de una nueva individualidad psicológica que se refuerza, al mismo tiempo, por la implicación en la misma de las fuertes convenciones culturales de la sociedad, y que puede rastrearse en una representacion icónica o discursiva[176] a través de índices corporales, de marcas, trazos o señales exteriores.[177]

Erasmo de Rotterdam en su *De civilitate morum puerilium* (1530)[178] es el primero en realizar un desplazamiento fundamental: el carácter o conducta ética no es un simple compuesto moral previo sino que se diversifica en el gesto, movimiento, en la expresividad del cuerpo, un elemento hasta ese momento marginal en los tratados de fisiognomía contemporáneos, enfrascados en un seguimiento tópico y excesivo de las lecciones de los antiguos o de los medievales. Más tarde la obra de Gian Battista Della Porta (*De humana Phisiognomica Libri IV*) de 1586, de decisiva influencia en la pintura española (y probablemente en el teatro), supone idéntico desplazamiento: la simple descripción morfológica de cualidades morales y físicas va a ir dando paso a la teoría de la expresión. El proyecto fisiognómico, como espacio de observación natural del hombre, funda no sólo una exotérica antropología sino, lo que nos atañe de modo más directo, un espacio de consensos civiles en los que la sociedad se afirma a través

---

[176] Subrayo lo de *icónico* o *discursivo*, porque interesa observar que para llevar hasta sus consecuencias más interesantes la correspondencia entre el arte teatral y los mecanismos de representación que atañen a las artes visuales debe señalarse la más que probable influencia de la técnica pictórica en una hipotética *tejné* del actor barroco. Este tema se entronca con el archivo fundamental de la emblemática que es la propia *Iconología* de Cesare Ripa. Ésta ha sido interpretada, desde su ingreso en la teoría artística, como el arte de personificar las pasiones y la expresión de los sujetos. Cuando desarrolla las cuatro complexiones o caracteres, singularmente la *melancolía*, es indudable que está sentando las bases de una teoría de la representación en la que se conjuguen la expresión de los afectos íntimos y el ordenamiento normativo de los mismos en la teoría del *decoro* (en el sentido de concreción de unos modelos estética y socialmente aceptados). El preceptista español Luis Alfonso de Carvallo en su *Cisne de Apolo* dice en 1602: «El [decoro] de los affectos, ¿cómo se guarda? Poniendo atención a la persona, si está puesta en cólera, si triste, si alegre, si enamorado, si temeroso, y si con esperança, conforme al affecto que tuviere, aplicar los dichos y hechos.»

[177] *Cf.* el más que interesante trabajo de Jean-Jacques Courtine y Claudine Haroche, *Histoire du visage. Exprimer et taire les émotions. xvie-xviie siècle*, París, Rivages/Histoire, 1988, p. 35.

[178] Puede verse la edición bilingüe *De la urbanidad en las maneras de los niños* de Julia Varela y Agustín García Calvo, Madrid, Ministerio de Educación y Ciencia, 1985.

del reconocimiento de gestos que pasarán a ser antropología política y social. Esta y no otra será la base de determinadas construcciones míticas en los tratados de educación regia como la impasibilidad y solemnidad gestual que compete a la figura del rey, etc. Nos encontramos, pues, en la época en la que la fisiognómica, sin despegarse del todo del carácter mixtificador (de «arte conjetural» la califica Covarrubias en su *Tesoro*) que determinará un cierto dogmatismo mecanicista, adoptará una tendencia filosófico-estética o, desde otro punto de vista, psicológica y artística, que la convertirá en ciencia estimada por Leonardo y los pintores.

Lejos, naturalmente, de trazar un bosquejo redundante sobre asunto que ha sido estudiado de manera tan curiosa como clara, entre otros, por Julio Caro Baroja,[179] lo que debe interesarnos es encontrar el vaso comunicante de esta teoría con la aplicación práctica a una *tejné* directamente visual o plástica. Me limitaré al ejemplo de los *Diálogos de la Pintura* de Vicente Carducho. Nuestro autor afirma que «en la Fisonomía inquirió lo lícito y no escusado» y la inspiración más cercana le viene de Gian Battista Della Porta (*De humana Physiognomica Libri IV*, 1586) y, sobre todo, de la de Galucci Solodiano (*Della Simmetria dei corpori humani libri Quattro*, Venecia, 1591),[180] para consignar que

se alteran las formas en mayor, o menor, y más o menos dilatadas; porque la admiración, espanto y afirmación, dilatan y abren, según la acelerada acción de aquel que la hace. Y el llanto, aflicción y temor, las recoge, retira y disminuye. Y los músculos, nervios, y arterias, se fortalecen y atenazan, según la acción y edad. Y los ojos, boca, narices, manos, hombros y otras partes del cuerpo hacen lo mismo, conforme a la correspondencia que tuvieron a las causas que las mueven: y todas estas alteraciones son de los propios interiores y exteriores.[181]

---

[179] Véase su *Historia de la fisiognómica. El rostro y su carácter*, Madrid, Istmo, 1988. Merece la pena revisar la edición más reciente de Madrid, Círculo de Lectores, 1993, por la ampliación y mucha mayor calidad de las ilustraciones. Sin agotar el tema, es también curioso leer las ideas (derivadas en parte de Lavater, en parte de Descartes) de Charles Darwin, en *La expresión de las emociones en los animales y en el hombre*, Madrid, Alianza, 1984. Como estudio de conjunto aplicado al territorio que ahora estudiamos, lo artístico, puede verse Carlos Plasencia Climent, *El rostro humano. Observación expresiva de la representación facial*, Valencia, Universidad Politécnica, 1993.

[180] A estos cuatro libros añadió un quinto en el que trataba, precisamente, de la fisiognómica y de la expresión de las emociones con el rostro: «E acresciuti del quinto libro, nel quale si tratta con quai modi possano i Pittori e scoltori mostrare la diversità della natura de gli huomini e donne, e con quali passioni che sentono per li diversi accidenti che li occorrono.»

[181] *Diálogos de la pintura. Su defensa, origen, esencia, definición, modos y diferencias* (ed. de Francisco Calvo Serraller), Madrid, Turner, 1979, p. 160. Más tarde Antonio Palomino, en *El Museo Pictórico y Escala Óptica* (1715-1724), juzga la *fisonomía* como instrumento

La fisiognómica (o *fisonomía, fisionomía* o *filosomía*) alcanza incluso una divulgación popular en el Siglo de Oro y no es de extrañar que en algunos dramaturgos se subraye, sobre todo, su carácter indicial, su valor de codificación de signos reconocibles, como en este ejemplo de *La cueva de Salamanca* de Ruiz de Alarcón:

> Supe la Fisonomía,
> muda voz que habla por señas,
> pues por las del rostro dice
> la inclinación más secreta.[182]

Pero, por lo que respecta a su posible influencia en la caracterización exterior de los personajes ideados para el teatro, interesa destacar un aspecto concreto de los *Diálogos de la Pintura*. Vicente Carducho, como más tarde Antonio Palomino,[183] ofrece un amplio repertorio de modelos/personajes, como construidos técnicos a partir de una ciencia de la observación. Me caben pocas dudas, dada la difusión de este tipo de conocimientos en la época, respecto a que los actores no advirtieran la utilidad de seguir las pautas que indica una teoría de la representación aneja como es la pintura para modelar tipos (en maquillaje, gesto y atavío) como los siguientes (y extraigo literalmente):[184] el justo, el homicida, el prudente, el piadoso, el lujurioso, el desvergonzado y mentiroso; o, bien, la avaricia, la

---

eficaz para el pintor, puesto que «es un principio constante de la filosofía natural, que la constitución del cuerpo humano, y la figuración del semblante, son unos índices infalibles de las pasiones e inclinaciones del hombre: pues aunque siempre tiene dominante el imperio de la razón, no por eso carece de aquella natural propensión, que inclina, ya que no violenta su genio». *Vid.* ed. de Juan A. Ceán Bermúdez, Madrid, Aguilar, 1988, tomo II, p. 295.

[182] *Comedias escogidas*, BAE, tomo XX, p. 88a. Los más son escépticos respecto a su eficacia; de ahí que Lope diga en *La hermosura de Angélica*: «Que puesto que se muestra mal decoro / de la exterior humana architectura, / muchas veces se engañan los juicios / hechos por physionómicos indicios» (*Obras de Lope de Vega*, BAE, tomo I, p. 1239). Francisco de Quevedo es resueltamente sarcástico con la misma; por ello la pone en solfa en su *Libro de todas las cosas*: «Todo hombre de frente chica y arrugada parecerá un mono y será ridículo para los que lo vieren [...] El que tuviere frente ancha, tendrá los ojos debajo de la frente, y vivirá todos los días de su vida [...] Quien tuviere nariz muy larga tendrá más que sonar y buen apodadero.» *Cf. Obras festivas* (ed. de Pablo Jauralde), Madrid, Castalia, 1981, p. 116.

[183] Antonio Palomino (1655-1735), que desde luego conoció el texto de Giovanni Della Porta, indica qué rasgos debe dar el artista al hombre fuerte y robusto, al tímido, al ingenuo y al prudente, al insensato y al simple, al sinvergüenza, modesto, animoso, cobarde, avaro, iracundo, pusilánime, injurioso, piadoso o lujurioso. *Cf. El Museo Pictórico y Escala Óptica*, ed. cit., t. II, pp. 297 y ss. Asimismo conoce las ideas de Leonardo respecto a la expresión de las pasiones.

[184] *Diálogos de la Pintura. Su defensa, origen, esencia, definición, modos y diferencias*, ed. cit., pp. 398 y ss.

crueldad, el temor, el llanto; o el melancólico (personaje tan atrabiliario y presente en entremeses e incluso tragedias calderonianas):

> Pensativos y llenos de tristeza, los ojos hundidos, fijos en la tierra, la cabeza baxa, el codo sobre la rodilla, la mano debaxo de la quixada, echado debaxo de cualque árbol, o entre piedras, o caverna, el color pálido y amarillo.[185]

Esta crecida galería ofrece otros recodos. Así, cuando se cita la tipología de la locura, la gestualidad es la correspondiente a la insana exacerbación del entremés:

> Las acciones que pide la locura, vanas y sin propósito, ridículas, bolviendo el cuerpo, manos, y piernas sin causa alguna, risa, burlas, saltos, vozes disonantes, y sin tiempo, boca abierta, cejas enarqueadas.[186]

La fortaleza puede diseñar al galán:

> La fortaleza de ánimo, constantes movimientos y generosos, magestad, las acciones feroces, robustos y poderosos, invictos, firmes de pies, y de plantas, y pocas veces los brazos en el aire y valdíos. (Ed. cit., p. 404).

Como la majestad, los movimientos graves y pausados que, por ejemplo, también reclamará el Pinciano[187] para los personajes trágicos:

> El semblante magnífico, las manos siempre ocupadas en cosas graves, altas y generosas; la planta firme y grave, y todo el cuerpo algo derecho, y no descompuesto, los ojos tardos, graves y despiertos. (Ed. cit., p. 405).

O, por acabar con los ejemplos, el modelo gestual del llanto o planto trágico:

---

[185] *Ibid.*, pp. 403-404. La descripción está directamente influida tanto por Galucci Solodiano como por Lomazzo en su *Tratatto dell'arte della pittura, scoltura e archittetura*, t. II, pp. 113-114. Respecto a la figura del melancólico y su presencia en el Amón de *Los cabellos de Absalón*, tragedia calderoniana, véase mi estudio introductorio a la edición en Madrid, Espasa Calpe, 1989, pp. 41 y ss.

[186] Ed. cit., p. 408. El citado *Tratatto* de Lomazzo parece otra vez estar presente: «La pazzia fa gl'atti stolti [...] salti fuori di proposito che muovono a riso le brigate, storcimenti di corpo, atti di mani, volgimenti di braccia, di testa e di tutta la vita, scherni et altri strani movimenti di boca e di occhi...» (Ed. cit., t. II, pp. 147-148). No olvidemos este tipo de descripciones tanto para examinar (aunque no sea posible en el caso españo) por ejemplo la *iconografía* de los *zanni* de la *commedia dell'arte*, como para las recomendacions en la creación de tipos fijos o caracteres.

[187] «Las personas graves y trágicas se mueuen muy lentamente; las comunes y cómicas con más ligereza», *Philosophia Antigua Poética*, ed. cit., t. III, p. 286.

El llanto de tristeza o de dolor será, apretando las manos, entretegidos los dedos, y bueltos abaxo, tendidos los brazos, otros arrimados al pecho, los cabos de la boca inclinados abaxo. (Ed. cit., p. 408).

Lo cual se ve traducido *kinésicamente* en el monólogo de la ofendida Isabel, ante su padre, en *El alcalde de Zalamea* momento en el que la actriz *desdobla* sus sentimientos y el recuerdo de la afrenta mediante un brillante procedimiento de apartes o matices tonales pero también *eidéticos*, gestuales:

> y si lo que la voz yerra
> tal vez con la acción se explica,
> de vergüenza cubro el rostro,
> de empacho lloro ofendida,
> de rabia tuerzo las manos,
> el pecho rompo de ira.[188]

Pero sobre todo un ejemplo siempre me ha llamado poderosamente la atención. Cuando Carducho bosqueja la figura del *insensato y rudo* no es demasiado temerario percibir un boceto aproximado del célebre retrato del actor Cosme Pérez, «Juan Rana», conservado en la Real Academia Española:

Al insensato le conviene [...] grande vaso cerca del cuello, y toda aquella parte carnosa junto a los hombros, el celebro cabo, y la frente redonda, grande y carnosa, los ojos pálidos, y caído el lacrimal, y que se muevan tardamente, el rostro carnoso, la cabeza grande y carnosa, las orejas mui redondas y mal esculpidas, los cabellos blanquecinos, la nariz ruda, los labios gruesos, el de arriba preeminente, las piernas [...] gordas, y redondas hacia el tobillo, los demás miembros breves, y las asentaderas gordas, la garganta de pierna toda ella gorda, carnosa y redonda, breve cuello, grueso, duro y firme, el movimiento y la figura estúpida, el color del cuerpo mui blanco o mui negro, el vientre levantado.[189]

---

[188] *Vid.* ed. de José M.ª Díez Borque, Madrid, Castalia, 1976, pp. 265-266.

[189] Ed. cit., p. 399. Galucci Solodiano en su *Della Simmetria* escribe: «Facciasi dunque la carne di questo, o bianca in tutto, o lo tutto nera pieno di carne in ogni sua parte, et il ventre specialmente sia pendente e grasso, le gambe piano lunghe, e presso'l talone siano grasse, e grosse, e rotonde, tutti gli altri membri siano brevi, e quasi paiano legati in un fasso della carne, ciò principalmente si scorga nel collo, che deve essere brevissimo...» Casi con las mismas palabras de Carducho, pues ambos parecen seguir a Della Porta, se expresa Palomino: «El hombre insensato ha de tener el rostro carnoso, y largo; la frente grande, y circular; los ojos azafranados; las mandíbulas o quijadas grandes y carnosas; el cuello grueso; los hombros elevados: lomos, muslos y rodillas carnosas; las piernas hacia los tobillos gruessas y redondas» (ed. cit., tomo II, p. 298).

Los tratados sobre fisiognómica aparecen hasta bien entrado el siglo XIX y las indicaciones se vuelcan reiteradamente, como puede apreciarse en ejemplos tardíos, pero de gran incidencia en las artes visuales como el de Thomas Cooke, *A practical and familiar view of the Science of Fisiognomy [...] with a Memoir and Observations on the temperaments*[190] o el más *teatralizado* y centrado en la mímica y gestualidad (sobre ello habremos de volver) de Paolo Mantegazza, *Fisonomia e mimica.*[191] Ya en ese momento se han constituido los *clichés* o codificaciones esperables de la práctica normativizada de dichas especulaciones. Más que ciencia de la observación es ya una tradición gestual asumida. Y esto se percibe claramente cuando, desde principios del siglo XVIII, sea habitual encontrar o libros teóricos o experiencias transmitidas como material pedagógico en cuanto a práctica actoral.

No puede negarse que todo un conjunto de obras publicadas entre los siglos XVII y XIX consolidarán en escritura lo que el siglo XVII estaba abocetando más en la práctica o a través de teorías paractorales como la tratadística pseudocientífica que estamos examinando: a todas competerá el haber asumido estas precondiciones fisiológicas y mecánicas como base para un lenguaje de signos corporales universalmente aceptados. La simple naturaleza puede ir siendo modificada por un *arte*, unas reglas o técnicas.[192] De 1747 proviene el tratado de Samuel Foote (publicado anónimamente) *Treatise on the Passions, so far as they Regard the Stage* (concluyendo la imposibilidad de que los filósofos determinen la complejidad de pasiones expresables por el actor). En 1750 publica Sir John Hill su obra *The Actor: A Treatise on the Art of Playing* (1750) y en 1755 Roger Pickering sus *Reflections upon Theatrical Expressions*. En 1753 Aaron Hill reproduce en sus obras completas su *An Essay on the Art of Acting* (fechado en 1749), donde simplificó la teoría cartesiana, describiendo las diez pasiones principales, fundamentando su sistema de expresión. Estamos todavía, naturalmente, en la estela de la obra de Lebrun, que vimos fue influida decisivamente por el *Traité des passions de l'âme* de Descartes, y que incluía, por vez primera, una serie de ilustraciones artísticas al objeto de precisar expresiones del rostro como el «dolor intenso» o el «pánico.» El dramaturgo alemán Johan Jakob Engel, en su convencional pero hermoso tratado *Idee zu einer Mimik* (1785-1786),[193] postula un seguimiento, bien que matizado, de Descartes, Lebrun y Lavater, e incluso se permite contradecir a

---

190 Londres, Printed by S. Curtis, Camberwell Press, 1819. Merece especial mención la descripción e ilustración que le acompaña sobre el personaje del melancólico (p. 227).

191 Milán, Fratelli Dumolard, 1881.

192 *Cf.* Shortland, Michael, «Unnatural Art and Passion on the Mid-Eighteeenth-Century Stage», *Theatre Research International*, vol. XII, núm. 2, 1987, pp. 93-110.

193 Johan Jakob Engel (1741-1802), filósofo y teólogo, preceptor de Alejandro y Guillermo Humboldt, aporta en su obra una vaga sensibilidad prerromántica y la evidente in-

Lebrun al defender (muy barrocamente, y siguendo a Plinio) el ojo y no el ceño o las cejas como el instrumento esencial de la expresividad del rostro.[194] Pero su valor esencial se basa en la inclusión de una amplia galería de ilustraciones para reproducir las emociones básicas que comenta (desprecio, piedad, celos, etc.). No es, pues, extraño que, años después, sobre 1827, el dramaturgo alemán Johannes Jelgerhuis se inspirara e incluso copiara las mismas para producir su *Theoretische Lessen over de Gesticulatie en Mimick*, uno de los ejemplos más considerables del intenso y consagrado intercambio de modelos entre el dibujo y la pintura y el teatro y obra de transcendental importancia para rastrear la indudable huella del Barroco en los modelos gestuales del actor posterior, especialmente en el canon, tan idealista y artístico, del actor neoclásico.

Entre nosotros, además de la tradición arrastrada en los tratados neoclásicos, todavía en el siglo XIX la teoría sobre el actor se ve impregnada por el descubrimiento de las pasiones como objeto de imitación artística. Antonio Capo Celada en sus *Consejos sobre la declamación*[195] llega a distinguir veinte pasiones distintas: nueves sociales (amor, orgullo, amabición, avaricia y sus derivadas); cinco intelectuales (estudio, música, coleccionismo, fanatismo político, afición artística); y seis animales (*borrachez*, gula, cólera, miedo, pereza, lujuria). De manera menos ambiciosa aunque también más sensata F. Eduardo Zeglircosac se plantea su *Ensayo sobre el origen y naturaleza de las pasiones, del gesto y de la acción teatral*.[196]

---

fluencia clásica de Lessing. Su libro fue traducido al italiano por G. Rasori (que es la edición que hemos podido usar) y Henry Siddons realizó una verdadera adaptación al inglés, con una mejora sustancial en la belleza y calidad de las ilustraciones. Por eso lo citaremos siempre como obra propia de Siddons. Las ideas de Engel sólo pudieron tener consecuencias prácticas cuando, entre 1787 y 1794, fue director del Königlisches Nationaltheater de Berlín, donde intentó devolver a los espectáculos la dignidad de la puesta en escena. Por supuesto combatió, según el ideal del justo medio, la declamación exagerada y rimbombante.

[194] Hemos usado la edición italiana, *Lettere intorno alla Mimica,* de G. Rasori, Milán, Batelli e Fanfani, 1820. Puede verse igualmente una edición moderna en *Idées sur le geste et l'action théâtrale*, París, Barrois, 1978. Pero, a mi juicio, resulta de imprescindible consulta la versión o adaptación (más que traducción) al inglés de Henry, Siddons, *Practical Illustrations of Rethorical Gesture and Action Adapted to the English Drama,* ya citada, de 1807. Las ilustraciones son soberbias. Estamos ya en la época del canon definitivo de la transmisión del saber actoral.

[195] Madrid, Imprenta del Colegio de Sordomudos y Ciegos, 1865, pp. 304-305.

[196] Madrid, Sancha, 1800. Para un repaso a la influencia de estos tratados en la literatura de la teoría del actor entre los siglos XVIII y XIX, por lo que hace, sobre todo, al caso español, véase Joaquín Álvarez Barrientos, «El actor español en el siglo XVIII: formación, consideración social y profesionalidad», *Revista de Literatura*, núm. 100, 1988, pp. 445-466.

El seguimiento de la *naturaleza* se ha convertido en un *cliché* de viejos recetarios fisiognómicos prestados a la pintura o al revés. Veamos, como muestra, el modo de concebir la construcción de los personajes por parte de Charles Gildon, quien, se supone, presta la palabra al célebre actor inglés Thomas Betterton (1635-1710) en *The Life of Mr. Betterton, the Late Eminent Tragedian*, obra que publica en 1719:

> Aunque un gran genio pueda hacer esto [dejarse llevar en la acción y en el gesto por la mera imitación de la naturaleza], sin embargo debe consultarse con el arte, al menos con el de los que son maestros en ese arte [...] porque para expresar certeramente la naturaleza debe dominar la expresión de las apariencias de esa naturaleza, lo cual sólo puede conseguirse con la observación, la cual nos dirá que las pasiones interiores de la mente se dejan ver en nuestras miradas, acciones y gestos.
>
> Así descubriremos que los ojos que miran de hito en hito, rápidos e inconstantes en su momento, son indicio de un genio vivo, aunque algo ligero; una complexión cálida y colérica se relaciona con una mente impaciente; y en una mujer esto da prueba de lascivia e inmodestia. Ojos lerdos, cargados y sin color denotan una mente obtusa y de poca capacidad de comprensión. Por esta razón observamos que casi todos los entrados en años o los enfermos o las personas de constitución flemática son muy lentos moviendo los ojos.
>
> La acusada propensión a guiñar los ojos procede de un ánimo pusilánime y temeroso y una disposición débil de los párpados.
>
> La mirada fija procede o de la estupidez, caso de los hombres rudos o rústicos, o de la desvergüenza, caso de las personas maliciosas; de la prudencia en aquellas que están revestidas de autoridad o de la incontinencia en una mujer pública.
>
> Los ojos inflamados y fieros son el auténtico efecto de la cólera y la ira...[197]

Cita interesante que denota un haz y un envés: por una parte la consistencia del documento, del elemento o modelo que generó una práctica actoral; por otra la esclerosis mecánica de ese modelo (implantado incluso, como vemos en el caso de Gildon, como elemento artificial o intelectual que debe unirse a la naturaleza, siguiendo un precepto absolutamente barroco). Y es que, ya en 1708, Roger de Piles en su *Cours de Peinture* había advertido los excesos mecanicistas y académicos de los pintores y actores que intentaban aprender con un exceso de literalidad los preceptos carte-

---

[197] Gildon, Charles, *The Life of Mr. Thomas Betterton, the Late Eminente Tragedian. Wherein the Action and Utterance of the Stage, Bar and Pulpit are distinctley considered*, Londres, Robert Gosling, 1719. *Apud* Cole, Toby y Krich Chinoy, Helen (eds.), *Actors on acting. The theories, techniques and practices of the world's great actors, told in their own words*, citada, p. 101.

sianos.[198] La imitación de la naturaleza como guía esencial de la nueva estética no puede evitar, sin embargo, dejar de aflorar la propia pasión expresiva (como si de un perpetuo regreso al Barroco se tratara). El anónimo *Essay on the Theatres* de 1750 no dudaba en afirmar que

> Art, rul'd by Nature, must direct the soul,
> and ev'ry gesture, look, and word control,

pero, al mismo tiempo, cuando un actor está en escena

> ... mind must lost in character be shown.
> Nor once betray a passion of his own.[199]

Esta necesaria ósmosis lleva al convencimiento de la excesiva rigidez del método fisiognómico, cuya eficacia será sucesivamente matizada y rebajada, para volver a primar el factor individual en la actuación. William Hogarth en su *The Analysis of Beauty* (1735) concuerda con Roger de Piles en la estrechez de encerrrar «that infinitive variety of human forms which always distinguishes the touch of nature from the limited and insuficient one of art.» Y el gran David Garrick en 1744 condenó rotundamente la mímica extraida de la fisiognómica como un procedimiento antinatural e inútil.[200] La artificial uniformidad de las reglas emanadas de la fisiognómica está condenada. Pero éstas nos han provisto de un impagable instrumento para reconstruir la posible técnica de los actores barrocos o, al menos, para formalizar y entender el léxico con el que se nos transmite. Porque la fisiognómica no será más que uno de los elementos con los que lo visual, la pintura en general, acude a prestar sus conceptos al teatro. La especulación sobre esta ciencia llegará hasta bien entrado el siglo XIX, como los tratados de Thomas Cooke[201] y la *Fisonomia e Mimica* de Paolo Mantegazza.[202] En cuanto a la llamada *chironomia* o estudio del significado del movimiento de las manos, norma esencial de la técnica del actor, le dedicaremos atención especial en el capítulo dedicado a la evolución del gesto.

[198] *Cf.* Lee, Rensselaer W., *Ut pictura poesis. La teoría humanística de la pintura*, Madrid, Cátedra, 1982, p. 50.

[199] Londres, 1812-1813. Cit. por M. Shortland, *Op. cit.*, p. 102.

[200] *An Essay on Acting in which will be considered the Mimical Behaviour of a Certain Fashionable Faulty Actor*, Londres, 1744. Cit. por Shortland, M., *Op. cit.*, p. 104.

[201] *A practical and familiar view of the Science of Physiognomy [...] with a Memoir and Observations on the temperaments [...]* Londres, Printed by S. Curtis, Camberwell Press, 1819.

[202] Mantegazza, Paolo, *Fisonomia e Mimica*, Milán, Fratelli Dumolard, 1881.

Quizá haya aventurado en exceso. Pero estoy persuadida de que todos estos ejemplos tienen un valor representativo. Y, como añade Julio Caro Baroja en su trabajo sobre los tratados fisiognómicos, «la imagen que se propone el artista pintar con arreglo a estos rasgos es algo que quiere hacer llegar por el *órgano de la vista,* con intención ejemplar, *como el actor en escena representa caracteres varios.*»[203]

Y porque se trata, al mismo tiempo, de advertir la compleja red cultural que en este momento se extiende por las artes visuales, la pintura es, asimismo, un mundo de posible indagación para encontrar bandas de semejanza con la técnica del actor.[204] Escribía Vicente Carducho en sus *Diálogos de la pintura,* hablando de Lope de Vega:

> Nota, advierte y repara, qué bien pinta, qué bien imita, con cuánto afecto y fuerza mueve su pintura las almas de los que oyen.[205]

Y, en un intercambio de efectos, al final del Barroco, Antonio Palomino observa muy bien en su *Museo Pictórico y Escala Óptica* esta comunidad de saberes visuales y persuasivos que hasta ahora hemos enunciado (retórica y elocuencia del gesto en la predicación, pintura y técnica del comediante):

> A la manera que un orador doctísimo, y de los que dicen ser un *pozo de ciencia,* si no tiene gracia (que es lo que se llaman *predicaderas*) no tiene séquito, ni aplauso ni se le puede oír con gusto. Y también al recitar un poema, uno le representa con tal arte, y tal expresión de afectos y acciones, que deleita, y suspende a los oyentes. A el paso que otro, siendo los versos unos mismos, lo dice con tal desaire, y siniestro sentido, que impacienta, y desazona al auditorio. Y así procure el perfecto pintor ser en sus obras músico elegante, orador elocuente y diestro representante, para lograr en ellas el más espacioso carácter de su última perfección.[206]

Últimamente, después de llevar algunos años planteando hipótesis en este sentido en algunos de mis trabajos sobre la representación teatral en

---

[203] *Historia de la fisiognómica. El rostro y el carácter,* citada, p. 180. Los subrayados son míos.

[204] Es el objeto que, en efecto, atribuye al metodo iconográfico-iconológico Ludovico Zorzi: «il metodo iconografico-iconologico ha messo a punto una complessa scienza del significato che chiama a raccolta le fonti della storia dell'arte, della filosofia, della letteratura e della musica per ricomporre il contesto strutturale in cui ogni lavoro d'arte si è prodotto nei termini del proprio valore expressivo. La sintesi culturologica che sta alla base di questo procedimiento consente di ricollocare l'oggetto artistico nella rete dei rimandi tra i vari campi del sapere di un determinato momento storico» («Figurazione pittorica e figurazione teatrale», *Storia dell'arte italiana. Parte Prima* (ed. de Giovanni Previtali), vol. I, Milán, Einaudi, 1979, p. 422).

[205] Ed. de Francisco Calvo Serraller, Madrid, Turner, 1979, p. 212.

[206] Ed. cit., tomo II, pp. 361-362.

el Barroco, la crítica parece asumir esta «interrelación cuyo estudio está todavía por hacer y que resultaría utilísimo para adentrarnos en el conocimiento de hábitos perceptivos y el vocabulario figurativo del español
del Barroco.»[207] De hecho, ya Keir Elam[208] reconocía en 1980 que los actores han utilizado sistemáticamente, por lo menos desde el Renacimiento, ciertos códigos y convenciones propios de las artes plásticas. Y
aún antes, si tenemos en cuenta que desde los primeros textos del teatro
medieval en latín se advierte la dificultad para describir con precisión el
aspecto visual y teatral de ciertas ceremonias, desde el cómo vestirse tres
sacerdotes o diáconos de mujeres para oficiar el *Quem quaeritis* (*in modum mulierum, sub typo mulierum, vicemulierum*) al modo de componer la escena del ángel en la *Regularis Concordia* del siglo X, en donde se
lee que éste debe sentarse en el sepulcro *ad imitationem angeli sedentis
in monumento.* Lo que da idea de que en la mente de oficiantes y espectadores ya existe una idea visual y emblemática de la escena y a ese referente plástico debe remitir la composición del actor.[209] Ya en plena época isabelina Sir Thomas Overbury, al referirse al célebre actor Richard
Burbage (muerto en 1619), que se sabe practicaba la pintura, se pregunta
«si esta afición es lo que lo convierte en un actor excelente o si es su modo
de actuar lo que le hace un excelente pintor.»[210] Ahora bien, no es este aspecto, relativamente anecdótico, el que debe interesarnos, sino la articulación de la referencia a la pintura como mecanismo o huella textual que haga posible la hipótesis de su aspecto realmente documental en la posible
conformación del modelo de actuación. Que tal mecanismo de intercambio existe lo prueba (y sobre esto ya he escrito en mis trabajos iniciales sobre el actor) una particular acotación lexicalizada: *como lo pintan* o *como
le pintan*, que funciona como muletilla para completar la descripción de
un personaje, una situación o una composición escénica con la que se
remite a una iconografía extendida en la cultura de la época. Que estas
remisiones operen, sobre todo, en las referencias a actores que deben en-

---

[207] «Esta interrelación formal tuvo también un alcance estilístico, pues la decantación de
la pintura barroca española hacia fórmulas decididamente coloristas y dinámicas —que se
produce a mediados de siglo— es sólo ligeramente posterior al paso de una escenografía
teatral estática y de gran simplicidad a unos decorados exuberantes y plenamente barrocos.» *Cf.* Morán Turina, Miguel y Portús Pérez, Javier, «Entre el divino artista y el retratista al-
cahuete: el pintor en el teatro», *El arte de mirar. La pintura y su público en la España de
Velázquez*, Madrid, Istmo, 1997, p. 132.

[208] Elam, Keir, *The Semiotics of Theatre and Drama*, Londres, Methuen, 1980, p. 67.

[209] *Vid.* Quirante Santacruz, Luis, «Sobre el actor en la Baja Edad Media», en *Del oficio al
mito. El actor en sus documentos,* citada, t. I, pp. 106-107.

[210] «An Excellent Actor», en *The Miscellaneous Works in Prose and Verse of Sir Thomas
Overbury* (ed. de Edward F. Rimbault), Londres, John Russell Smith, 1856, p. 147.

carnar personajes mitológicos o de comedias de santos no debe extrañarnos, puesto que precisamente la *logosfera* cultural se acentúa en esos campos: así, en *La limpieza no manchada* de Lope, Job es descrito como un «viejo, muy lleno de llagas, como le pintan» o en *La devoción del rosario* Santo Domingo aparece «con el perro y el hacha, como le pintan, y el azucena en la mano»; mientras que Guillén de Castro en *Las Hilanderas* acota que «aparece María de la manera que la pintan en la Anunciación.» Lope en otros casos no duda en conferir al demonio los atributos plásticos de un sátiro:

> Sale un demonio en forma de sátiro, media máscara hasta la boca, con cuernos; hasta la cintura, un desnudillo de cuerpo blanco, y de la cintura a los pies, de piel, a hechura de cabrón, como le pintan.

Mientras que Calderón (la perpectiva pictórica de cuyas acotaciones es proverbial, como vemos en los autos) escribe en *La fiera, el rayo y la piedra*:

> Ábrese la gruta y vense en lo más lejos della las tres Parcas, como las pintan: la primera con una rueca, cuyo hilo va a dar a la tercera que le devana, dejando en medio a la segunda, con unas tijeras en la mano.

Pero es que otras referencias en acotaciones explícitas o implícitas también contribuyen a esa posible (o necesaria) exégesis deductiva, arqueológica, a partir de lo que, en términos semióticos, algunos comienzan a llamar *figuremas* o *texturemas*.[211] Cuando Lope, en el contexto metateatral de *Lo fingido verdadero*, aconseja respecto a un personaje femenino: «*píntala* muy discreta, / y a mí muy necio y celoso» o respecto a uno masculino: «porque su ingenio famosos / te *pinte* amado e ingrato / y a mí de mil celos llena»; o cuando la acotación, esencialmente parca, reza: sale *de italiano, a lo tudesco,* etc. Se demuestra que existe una figuración emblemática, mental, a la que se acude, dentro de una teoría extremadamente lábil, claro está, de la composición de las figuras.

Aparte de esta lexicalización (que afecta, sobre todo, a la composición del vestuario y las apariencias), la indagación en la pintura va a cruzarse, como era de esperar, con las fuentes referidas sobre la fisiognómica o expresión de los afectos y emociones que implican determinado comportamiento gestual. Uno de los discípulos de Leonardo da Vinci, Giovanni Paolo Lomazzo, dedica una sección de su extenso libro, sin ilustraciones,

---

211 Cantalapiedra, Fernando, *Semiótica teatral del Siglo de Oro*, citada, p. 177.

Trattato dell'Arte della Pittura, Scoltura e Architettura (Milán, 1585) a la clasificación de las distintas emociones o caracteres con sus equivalente movimientos corporales. Aunque el libro, escrito catorce años después de haberse quedado ciego, es algo pedante, ofrece, por un lado, la vinculación con el postulado horaciano de que el pintor, como el actor trágico, para conmover al que contempla un cuadro que expresa emociones humanas, debe sentir en sí mismo esas emociones (el principio del *si vis flere, dolendum est primum ipse tibi* de su *Ars Poetica*). Por otra parte, ofrece una más que curiosa catalogación de *tipos* o *caracteres*. La figura del prudente debe moderar el movimiento de brazos y piernas y, como muestran los antiguos filósofos y sacerdotes que aparecen en algunos lienzos del Caravaggio, debe aparecer con aspecto grave, con algún libro y la mano en la barba; el dolor se indicará siempre mediante una contorsión o doblez del cuerpo, frunciendo los labios y alzando las cejas; un cuerpo muerto (y está pensando en los *Descendimientos*) debe manifestarse en un estado de total laxitud y no con la tensión vigorosa que auspiciaban muchos pintores.

Dos años antes de la aparición de la obra de Lomazzo se publica una obra destinada a tener una masiva difusión en el mundo cultural europeo. Se trataba de la *Iconología* de Cesare Ripa, fuente procedimental, como ahora es bien conocido, de la fuerte (aunque eficaz) esclerosis de representación sígnica de muchas figuras pictóricas y teatrales. De ella emanan no sólo buena parte de los *figuremas* a los que se ajusta la delineación de caracteres alegóricos (sobre todo del auto sacramental), sino también las referencias a los *patemas* o expresión de las emociones que se gestionarán, progresivamente, en la tratadística de pintura y que, con casi toda seguridad, constituyen parte importante de la cultura áurea, de modo que, en buena parte, los poetas, los actores y, al menos, cierto público podían ser capaces de una descodificación en términos intelectuales o en simples términos emocionales o de persuasión. Ripa, por ejemplo, recomienda la representación del *dolor*, además de con «unos ciertos signos que en el rostro y cuerpo se descubren, por ser éste como la plaza del alma» (a saber, lágrimas, ceños fruncido, retorcimiento de las manos), con el grabado de un hombre que es devorado por unas serpientes: reconocemos, evidentemente, la iconografía del *Laocoonte* que, no por casualidad, y lo ha demostrado Moshe Barash, representa, desde la antigüedad, el modelo de gestualidad de la máscara de la tragedia griega, sirviendo de referencia iconográfica a las figuras dolientes y trágicas desde la Edad Media.[212] Por el contrario, en la representación de la *locura* Ripa reúne ya todos los códigos con los que nos enfrentaremos a lo largo del Barroco para la visualiza-

---

[212] Véase Ripa, Cesare, *Iconología* (ed. de Juan Barja y Yago Barja), citada, t. I, p. 293-294.

ción de la necedad: el vestuario de colores, la descomposición de la figura, la gestualidad exacerbada y detalles como «el montar un caballo de caña y llevar en la diestra un molinillo» (ed. cit., tomo II, pp. 28-29). No cabe extrañarnos de que Calderón en el auto *La cena del Rey Baltasar* saque en escena al Pensamiento «vestido de loco de muchos colores», o que en el registro paródico de *Los sitios de recreación del Rey* la actriz Bernarda Ramírez, que hace de Casa de Campo, aparezca montada en un «caballito», mientras que el gracioso de *La pedidora* salga, dirigiendo una supuesta manada de toros del Jarama, «con caballo de caña, y vara larga, vestido ridículamente.» Todo tiene una explicación diáfana en el contexto indicial (y por tanto complejo) de la época.

La consideración de la pintura como documento adyacente para la conformación de la técnica de actuación debe seguirse, a mi juicio, en cinco direcciones diferentes: la de la recomendación tópica, y a veces simultánea, del estímulo a la persuasión y la propiedad del *decoro* (mecanismo sobre el que nos extenderemos en el estudio del gesto); las posibles técnicas de maquillaje; las coincidencias en determinados enfoques visuales de una escena; la inclusión de la pintura —y el arte en general— como un sistema de referencia didáctica a partir de la tratadística actoral del siglo XVIII; y, finalmente, la conformación de un tipo especial de composición pictórica a la que nos habremos de referir, aunque muy de pasada, por pertenecer a una época alejada de la que nos interesa.

La eficacia persuasiva de la pintura es lo suficientemente tópica para que tan sólo insista en que ofrece una terminología común con las artes suasorias del gesto y las emociones. Francisco Pacheco afirmaba que el pintor debe procurar «que sus figuran muevan los ánimos, algunas atribulándolos, otras alegrándolos, otras inclinándolos a la piedad, otras al desprecio, según la calidad de las historias. Y faltando en esto piense no haber hecho nada.»[213] Por centrarnos como ejemplo sólo en su *Arte de la Pintura* no sólo se extiende sobre la adecuada caracterización de las figuras religiosas, reclamando Vírgenes «no desnudas de pechos» o «ángeles no barbados», sino que cataloga con sumo cuidado los gestos más convenientes, con la minuciosidad del que se sabe componiendo una escena perfecta:

> No encamines la cabeza a la parte donde inclina el cuerpo en la figura plantada. [...]
> No se ha de encubrir con la ropa la gracia de los perfiles denudos. [...]
> No sigan las figuras de brazos y piernas un mismo movimiento.

---

[213] Pacheco, Francisco, *Arte de la Pintura* (ed. de Bonaventura Bassegoda i Hugas), Madrid, Cátedra, 1990, p. 400.

No tengan los movimientos demasiada violencia, porque no parescan las figuras desgonzadas.

Al brazo que sale afuera en la figura le ha de corresponder la pierna contraria, sacándola también afuera para mejor movimiento.

Pies y piernas en la mujer, estando plantada, no se han de apartar, porque es contra la honestidad. [...]

Represéntese en cada figura el movimiento y efecto que su edad pide, el viejo como viejo, y el mancebo como mancebo.

No se apliquen a la figura de mujer las fuerzas en el movimiento y acción como al varón, porque sus movimientos son más flacos. [...]

Y, generalmente, los movimientos de las mujeres han de ser *honestos y recogidos*, en cualquier plantado que tengan. [...]

Es cosa conveniente que cada figura haga el efecto que se pretende, y represente (*como sucede en una comedia*) la parte que le pertenece, o de grauedad o de humildad.[214]

Justifico los subrayados: los movimientos *honestos* remiten a una conceptualización cultural y plástica muy clara; por eso Cervantes también dirá en su acotación de *Pedro de Urdemalas* que Antonia salga *no muy aderezada sino honesta*, donde ahora comprendemos que la semántica *moral* se ve acompañada, y aun superada, por una semántica de referente plástico. Por otra parte, estas descripciones coinciden, claro está, con las cuidadosísimas recomendaciones que, ya en los siglos XVIII y XIX, observaremos en los tratados de acción escénica (desde Francisco Lang hasta Jakob Engel), hondamente influidos por la preceptiva oratoria pero, también, por una iconografía artística fuertemente recuperadora de lo clásico.

En segundo lugar creo que podría vincularse esta teoría de la fisiognómica, en sus rasgos más elementales y divulgativos, con los mecanismos del maquillaje de los actores, puesto que, al decir de Francisco Pacheco, «los colores demuestran las pasiones y afectos del ánimo con mayor viveza.» Desde el teatro griego, y junto a la máscara, el maquillaje determinaba estereotipos: la máscara empolvada de blanco para los personajes femeninos; teñida para los hombres; rubicunda para los esclavos.[215] Técnica que se muestra ya desde el siglo XVI en los tratados escénicos como el de Leone de Sommi, donde afirma Verídico:

---

[214] *Ibid.*, pp. 408-409. Por su parte Vicente Carducho en sus *Diálogos de la Pintura* recuerda la disposición eminenemente teatral de la pintura, recomendando a los pintores estén atentos a «las facciones y fisonomías, colores, trajes, adornos y galas, porque es fuerza que estas cosas tengan conveniencia y simpatía con la persona» (*vid.* ed. de Francisco Calvo Serraller, Madrid, Turner, 1979, p. 293).

[215] *Cf.* Dupont, Florence, *L'acteur roi*, París, Société d'Éditions Les Belles Lettres, 1985, p. 81.

No presto mucha atención a los rasgos naturales de su rostro [del actor] dado que éstos pueden cambiarse con la ayuda del maquillaje, alterando, por ejemplo, el color de la barba, simulando una cicatriz, volviendo las mejillas pálidas o amarillentas, o dotándolas de una apariencia de vigor, rudeza, debilidad o palidez, según lo demande la ocasión. No emplearía, sin embargo, máscaras o barbas postizas, puesto que impiden el uso correcto de la voz. Si me viera forzado a dar el papel de un anciano a un joven imberbe, simplemente maquillaría su barbilla o mentón para dar la sensación de haberse afeitado con apenas un flequillo asomando bajo su sombrero; le daría unos toques con la brocha del maquillaje en las mejillas y en la frente, con lo que conseguiría hacerle parecer de más edad, más decrépito y lleno de arrugas.[216]

Es materia que en el contexto español siempre se vio con precaución, incluso en un libro que reivindica el arte escénico, como es el caso de *El viaje entretenido* de Agustín de Rojas:

SOLANO. [...] Que algunas tienen tanta curiosidad en esto, que hay más botes en su casa que redomas en una botica, aprovechándose mil untos, aceites, aguas y mudas. [...] Las aguas son para lavarse y adelgazar el cuero, son de rasuras, agraz, zumo de limones, traguncia, cortezas de espantalobos, hieles, mostos y otras muchas cosas que no digo. [...] [Los untos] de gatos monteses, caballos, ballenas, gavilanes, osos, vacas, culebras, garzas, erizos, nutrias, tejones, gamos y alcavaranes; sin esto y la color que se ponen, pasas, solimán y otras cosas, tienen sus lustres, cerillas, clarimentes y unturas.[217]

La cita muestra la ancestral precaución contra los antiguos *mimos*, de los que Bances Candamo recuerda que salían a escena «tiznados los rostros de hollín, almagre y otras ridículas tintas.»[218] Pero Vicente Carducho, siguiendo al tratadista italiano, ya mencionado, Lomazzo, ratifica que «los accidentes mudan y alteran aquel mismo color, según la pasión, moción interior o movimiento exterior, encendiéndose o perdiendo el color, ya blanquecino y ya verdinegro, según la calidad de la causa, del humor, inquietado por ella; cólera, flema, sangre o melancolía.» El tono verdinegro,

---

[216] *Quattro dialoghi in materia di rappressentazioni sceniche* (ed. de F. Marotti), Milán, 1967. *Apud Acts on acting*, citada, pp. 46-47.

[217] Ed. cit., Castalia, 1972, p. 101. Síguese un amplio y casi enciclopédico recetario, extraído de *polyanteas* y sabiduría popular, de evidente utilidad escénica. Sobre ello me extiendo mucho más en el capítulo VI.3 dedicado a la técnica de la actriz. Difícil, en todo caso, discernir entre la efectividad práctica y el prejuicio moral y misógino de esta relación.

[218] *Theatro de los theatros de los passados y presentes siglos*, ed. cit., p. 127.

amarillento o blanquecino,[219] en efecto, caracteriza como *cromema* (al decir de Fernando Cantalapiedra)[220] tópicamente al hipocondríaco, según podemos ver en el entremés calderoniano *El relox y genios de la venta:* un personaje aconseja a otro —que representa precisamente la inclinación melancólica— ver bailes y mojigangas «para perder ese color verde y cetrino.» En *La casa holgona* al licenciado burlón se le tilda de flamenco por la extrema blancura de su rostro. Consultado, por ejemplo, el tratado del doctor Esteban Pujasol, *El Sol solo y para todos sol, de la Filosofía sagaz y Anatomía de Ingenios* (1637), en el capítulo «Fisonomía y significados del rostro, y de su color» leemos que «el color del rostro verdugado y cetrino [...] significa colérico y arrojado [...] a causa del melancólico humor.» Y que «el color que fuere blanco [...] significa que en el tal predomina la flema y la frialdad [...] como se aparece en la blancura de los Flamencos, que están en fría región.»[221] Y en la *Selva de Epictetos*, de finales del siglo XVI, se ensaya asimismo el juego fisiognomista del significado de los colores del rostro: «La color del rostro [...] significa [...] si es *blanco y colorado*, fuerte ánimo; muy blanco con amarilleza, defecto de virtud, superabundancia de flema; color de fuego o encendido significan locura...»[222] Adviértase aquí la referencia a la mezcla *blanco/rojo*, que con tanta frecuencia se citará como mecanismo reproductor de la capacidad de cambio súbito del rubor a la palidez y que, tomado como elogioso tópico de las actrices, ya hemos observado como una de las lexicalizaciones cimentadas por la tradición para

---

[219] Por ejemplo, Tirso en *La venganza de Tamar* refiere así la melancolía de Amón: «La *pálida* tristeza, que enfadosa / *gualdas* siembra en su cara, y hurta *rosa*.» O Lope en *Lo fingido verdadero*, para indicar la postración melancólica: «¡Qué *pálido*, qué *caído* / y qué *triste* está!» Este color amarillento y verdinegro sirve asimismo para caracterizar a los hombres de malas costumbres (según Vicente Carducho, *Op. cit.*, p. 398), como el blanco también al necio o al libidinoso (de ahí, como veremos, los sacristanes o vejetes enharinados). Sin embargo el color *rubicundo* o *rojizo* en los cabellos sólo lo atribuye Carducho al desvergonzado, no precisamente al *melancólico* (siempre amarillento y pálido). Lo digo porque mi buen amigo Agustín de la Granja («El actor barroco y el *Arte de hacer comedias*», en VV.AA., *En torno al teatro del Siglo de Oro. Actas Jornadas IX-X de Almería*, Almería, Instituto de Estudios Almerienses, 1995, p. 28) atribuye esta cualidad de melancólico por su *rubicundez* al actor Roque de Figueroa. En los textos citados (que remiten a Hanna E. Bergman, *Luis Quiñones de Benavente y sus entremeses*, Madrid, Castalia, 1965, p. 284) se habla de este actor como *mojigatico*, y que tiene *flema*, anotando además que era *guedejudo*, es decir, de cabello abundante. Parece una descripción que se asemeja más al tímido, al que Carducho atribuye además «blando pelo y voz remisa» (voz «dulcijona» tenía Figueroa). Puede ser, en efecto, una caracterización, a partir de rasgos físicos, del marido sufrido, pero no del melancólico. Pero ésta, como tantas otras cosas, no es, en absoluto ciencia exacta.

[220] *Op. cit.*, pp. 230-231.

[221] *Vid.* ed. en Madrid, Editorial Tres Catorce Diecisiete, 1980, pp. 106-107.

[222] Apéndice al *Cancionero de García Sánchez de Badajoz* (ed. de Julia Castillo), Madrid, Editora Nacional, 1980, p. 451.

la descripción de la técnica del actor un uso del vocabulario crítico, que pasa de una época a otra hasta convertirse en un *cliché*. Lo cual advertía ya, en 1565, Leone de Sommi:

> MASSIMIANO: Recuerdo haber oído decir de algunos actores que eran capaces de mudar el color pálido de sus mejillas al oír malas nuevas como si realmente experimentaran tales infortunios.
> VERÍDICO: Esto lo refiere el inmortal Platón en su diálogo *Ion* cuando habla del genio poético: «Cada vez que recito un poema trágico mis ojos se llenan de lágrimas; cada vez que llego a pasajes llenos de horror mis cabellos se erizan.»[223]

Maquillajes estereotipados de índole paródica o carnavalesca aparecen también en los entremeses, donde es frecuente la aparición del vejete o del sacristán[224] con el rostro totalmente enharinado (e, incluso, en ocasiones, totalmente pintado de verde para indicar su rijosidad). Lo que parece evidente es que las referencias explícitas al maquillaje en las acotaciones de los textos del teatro del Siglo de Oro o bien persiguen un marcado efecto distanciador, como ya hemos visto, o uno realista y rebajador, lo que es propio de géneros cómicos y paródicos («Descúbrese Lucrecia, como que está fregando, con muchos andrajos y *tiznada* la cara», leemos en el *Entremés del Nigromántico*). Pero también pueden aludir a un maquillaje que tiende a acentuar emocionalmente los efectos sobre el cuerpo: desde el «Sale el Cuerpo amortajado, con *un rostro de muerto*» o «Sale Marandro, lleno de sangre» de la *Numancia* (pieza en la que las *máscaras amarillas* del Hambre o la Enfermedad apuntan también a cierto distanciamiento brechtiano), hasta la acotación, cargada de signicidad, de *Los tratos de Argel*: «Entra el cautivo [...] los pies señalados como que trae muchos *rasgones*, de las espinas y zarzas por do ha pasado.»

Pintas o llagas *pintadas, señales de llagas, correr la sangre* en las piernas o cara son, asimismo, referencias de concreción sígnica muy efectiva. La *sangre* podía simularse de manera más o menos artificial. Me parece evidente, por un lado, el uso del *almagre*, bien para simularla (en el entremés de *El convidado* de Calderón al soldado se le *entrapaja* la cara y cabeza y se la llena de almagre para hacerle pensar que está herido); aunque por otra parte, igual que determinados efectos (enharinamiento de la cara), la cara *almagrada* (es decir, del color de tierra colorada) puede referirse a la exageración de los afeites de los actores. Covarrubias, en su *Tesoro de la lengua castellana*, señala que el nombre *almagre*, de origen

---

[223] *Op. cit.*, p. 48.
[224] Leemos en *La pícara Justina*: «También traían el entremés de los sacristanes enharinados que parecían puramente torrijas enalbardadas...»

arábigo, tiene en su terminación el lexema *magnetum*, del verbo *garre*, «que tiene el significado de engañar o teñir de otro color, disfraçando la natural. Y porque antiguamente los que representauan se teñían la cara con el almagre o bermellón, le dieron los árabes este nombre del que engaña.» Aparte de ello, no sabemos si por esta contaminación crítica hacia al teatro, el *almagre* se constituye en un símbolo de degradación estética, que orientaba a los zafios o poco entendidos a comprar, guiados del esnobismo y del mal gusto, pintura profusamente colorista; de ahí que se llegara a criticar a «los labradores, que prendados del subido *almazarón* o *almagra*, acuden a comprar semejantes cuadros con frecuencia, para adorno de su quarto.»[225]

Claro que para el *correr la sangre* el sistema más efectista —y todavía permanente en el teatro y el cine actuales— era el de llevar pequeñas esponjas, o, sobre todo, vejiguillas ocultas en el cuerpo o en la ropa del actor, llenas de ese elemento o pintura o, a veces, simplemente vino clarete. En *La fundadora de la Santa Concepción* de Fernández de Mesa leemos:

> Va doña Beatriz a entrarse y detiénese dentro de la puerta, el rostro al vestuario, y toma una vejiguilla llena de sangre que tenga una lazada con que la afiance en un dedo [...] Tira la Reina un golpe con el puñal a doña Beatriz y repárale con la mano, y apretando el puñal con ella revienta la vejiguilla y corre con la mano ensangrentada el puñal para que se ensangriente y con disimulo deja caer la vejiguilla y el puñal no ha de tener filos.[226]

Por otra parte, como un modelo prefigurador de lo que posteriormente, ya en los siglos XVIII y XIX con motivo del conocimiento directo de los talleres del pintor por parte de los actores, la puesta en escena de algunas obras del Siglo de Oro revela la composición de ciertos *tableaux vivants*,[227] una composición escénica que, mediante la congelación de los movimientos y la actitud estatuesca de los comediantes, intentaba suscitar una viva reacción emocional en el espectador, enraizada en la tradición, quizá, del horror de la tragedia senequista o, simplemente, en una técnica

---

[225] *Vid*. Morant Turina, Miguel y Portús Pérez, Javier, *Op. cit.*, p. 105.

[226] Ms. Res. 49 BNM, p. 87. *Apud* Ruano de la Haza, José M.ª, «Los actores en escena», en *Los teatros comerciales del siglo XVII y la escenificación de la comedia*, Madrid, Castalia, 1994, pp. 534-535. Lope de Vega en *Antonio Roca* (ms. BNM 15.205, *apud* Ruano de la Haza, José M.ª, *Op. cit.*, p. 535) ofrece otro ejemplo: «Desnudándose el brazo, pica con el puñal una vejiga y va saliendo la sangre de que ha de estar llena, que será clarete.»

[227] Holmström, Kirsten Gram, *Monodrama, Attitudes, Tableaux Vivants. Studies on some Trends of Theatrical Fashion (1770-1815)*, Estocolmo, Almqvist and Wisksell, 1967. *Vid*. asimismo Michael S. Wilson, «*Ut Pictura Tragoedia*: An Extrinsic Approach to British Neoclassic and Romantic Theater», *Theatre Research International*, vol. 12, núm. 3, 1987, pp. 211 y ss.

de contemplación pictórica para reforzar, mediante la presencia de un icono inmóvil, el significado simbólico o patético de la escena. Así sucedería con la visión de ciertas apariencias, tras el correspondiente abrirse la cortina del nicho o hueco de la fachada del teatro, como sucede al final de *El médico de su honra*, cuando se «descubre a doña Mencía, en una cama, desangrada.» O en *Los cabellos de Absalón* cuando, en la segunda jornada, una vez asesinado Amón, leemos:

> Descúbrese una mesa con un aparador de plata, y los manteles revueltos; Amón echado sobre ella con una servilleta, ensangrentado.

El recuerdo iconográfico de la muerte de Absalón, en la misma tragedia calderoniana, se percibe con claridad en su manera de representarla, cuando Joab, en el propio escenario, va arrojando las tres lanzas mientras que el público sólo escucha las quejas de Absalón, desde dentro del vestuario, para finalmente descubrirse «Absalón, como pendiente de los cabellos, con tres lanzas atravesadas.»

Ya en el siglo XVIII se oficializan en las preceptivas las interrelaciones entre la pintura, el teatro y la composición gestual del actor. Tanto Antoine Coypel[228] como, sobre todo, su hijo Charles-Antoine Coypel[229] academizaron esta necesidad de dotar a la composición pictórica de un tono de elocuencia teatral, a partir de la acción y el gesto tanto de la oratoria como de la propia movilidad y actitudes de los actores. La bibliografía sobre el tema es exhaustiva y no es objeto directo de nuestro estudio. Pero qué duda cabe que los plantemaientos implícitos del Barroco obran ya en toda su transparencia. El teatro y la técnica actoral, dentro de la común consideración de artes visuales, implican que la técnica del actor no se plantea ya desde un aislamiento estilístico. Tanto William Hogarth (*The Analysis of Beauty*, 1753) como Joshua Reynolds (*Discourse on Art*, 1769-1790) se ocupan de la cuestión y muchos críticos han observado en su propia pintura la huella de esa fascinación por el gesto clásico que debieron aprender en

---

[228] «Les spectacles me paroissent fort nécessaires à ceux qui veulent se perfectionner dans la peinture, et je ne suis pas surpris de ce que les peintres et les sculteurs de l'antiquité qui voulaient se distinguer par rapport à l'imitation des passions, dans les gestes et les attitudes, allaient toujours étudier dans les spectacles publics, et y dessinaient les attitudes et les gestes qui représentaient le plus vivement les mouvements de la nature, soit par les acteurs, les danseurs, ou les pantomimes [...]. Tout contribue dans les spectacles à l'instruction du peintre, les idées, les images, et les passions exprimées par la poésie et par les gestes des grands acteurs, les postures, les attitudes, la noblesse et la grâce du ballet et des danseurs» (*Discours prononcé dans les Conférences de l'Académie Royale de Peinture et Sculpture* (París, Jacques Collombat, 1721, pp. 163-167).

[229] «Parallèle de l'Éloquence et de la Peinture», *Mercure de France*, 1751, pp. 8-38 y 33-34.

la atmósfera cultural del «Gran Tour» o de la «Society of Dilettanti.» Y, como afirma Alan Hughes, «teatrises on acting and painting drew upon the same sources to such an extent that the gaps in the former can often be filled by turning to the latter and their common sources.»[230] Los elogios hacia los actores comienzan a formularse en términos que subrayan su «buen gusto hacia la escultura y pintura.»[231] Así William Cooke no duda en mencionar el *Apolo* de Belvedere y otras esculturas clásicas como los modelos para desarrollar una gestualidad solemne. Teóricos de la escena como Johannes Jelgerhuis, en la amplia iconografía que incluye en su obra (inspirada en la pintura de Karel van Mander), ilustran siempre sus ejemplos con gestos concretos de pinturas, dibujos o esculturas neoclásicas. El *beau ideal* adquiere su definitiva codificación kinésica: un hombre de pie, con el cuerpo erguido pero manteniendo la naturalidad ajustada al eje de su cabeza, los pies siempre perpendiculares respecto al tronco y el rostro en dirección exactamente al pie que se adelanta, coincidente con la mirada al espectador.[232] No es necesario advertir sobre la conveniencia de estudiar esta codificación respecto a la composición pictórica de algunos cuadros del Barroco (pienso, por ejemplo, en Velázquez). El jesuita Francisco Lang aconseja este seguimiento de pintores y escultores clásicos, al mismo nivel que los oradores sagrados, para imprimir viveza a la acción:

> Ad hoc tamen aio, plurimum conducere posse, siquis peritorum pictorum tabulas, vel sculptas artificium statuas (maxime vero peritos Actores, atque etiam Oratores sacros) frequenter, studiosque contempletur, ut earum contemplatione propriam phantasiam rite instruat, & sic impressus animo imagines viva quoque actione studeat imitari.[233]

Mientras, Jean-Nicolas Servandoni en su *Observations sur l'Art du Comédien* magnificaba la capacidad de expresión trágica de actores como

---

[230] «Art and Eighteenth-Century Acting Style. Part I: Aesthetics», *Theatre Notebook. A Journal of the History and technique of the British Theatre*, vol. XLI, núm.1, 1987, p. 27.

[231] Así lo hace Teófilo Cibber respecto al actor Barton Booth: «Their attitudes were all picturesques. He had a good taste for statuary and painting, and where he could not come at original pictures, he spared no pains or expense to get the best drawings and prints; these he frequently studied and sometimes borrows attidues from, which he so judiciously introduced, so finally executed, and fell into them with so easy a transition that these masterpieces of his art seemed but the effects of nature» (Cibber, Teófilo, *The Life and Character of that Excellent Actor, Barton Booth Eso,* Londres, 1753, p. 51).

[232] Escribe Rémond de Sainte-Albine en su tratado: «Dans les images que nous offre le Spectacle, de même que dans les Tableux, la Figure principale doit avoir toujours sur les autres le privilège de fixer principalement les regards» (*Le Comédien*, París, Vincent Fils, 1749). (Reproducción facsímil publicada en Ginebra, Slatkine Reprints, 1971, p. 187).

[233] *Dissertatio de Actione Scenica*, Múnich, 1727, p. 42.

De la Rive o Rosalide Dhan, de modo que servían de modelo a muchos pintores. Esta conversión de la pintura en un *metatexto* para los espectadores (algo que, en cierta escala, es evidente que se ha producido ya en el Barroco) es un elemento de ineludible reflexión para comprender lo que fue o lo que pudo ser su técnica. Porque, como mínimo, habría que plantearse los préstamos que comienzan a sucederse en el vocabulario de la técnica pictórica o actoral. Que, ya en el siglo XIX, William Hazlitt elogiara la interpretación de Edmund Kean como Ricardo III en una actitud gestual que «it would have done for Titian to paint»[234] no es más que el producto de esta lenta codificación de intercambio estético desde el siglo XVII, lo que hemos visto también, a través de otra vía documental, en la influencia de la fisiognómica y la expresión facial de las emociones. Ni por un momento afirmo que ese gusto neoclásico, adquirido en el muy británico «Grand Tour», deba considerarse adquirido previamente por la Calderona, la Riquelme o el gran Arias. Hablo de un proceso de construcción de codificaciones. A fin de cuentas, el Pinciano sí aconseja a los actores, siguiendo a los preceptistas del Renacimiento, que estudien la historia, costumbres y vestidos de cada nación, de manera casi idéntica a como Charles Gildon en *The Life of Mr. Thomas Betterton* (1719) aconseja la composición escénica con el mismo respeto y observación del natural que «the history painters» (los pintores de historia) han observado en el *decoro* de sus cuadros.[235]

Esto nos lleva a la última de las direcciones apuntadas: la creación de un género pictórico verdaderamente ligado a la historia y a su *teatralización.*[236] Algo ya estudiado en Inglaterra, con el género de composición de retrato llamado *theatrical conversation* y David Garrick[237] (con la estandarización, desde 1760, de temas nacionales en la pintura y en el drama), o en Francia, donde el tándem David/Talma[238] construye una marca cultural propia.[239] La pintura de gran formato no sólo recurre al teatro o la cultura clásica como fuente literaria sino que los toma como modelo de su composición figurativa, en una apuesta realmente innovadora respecto a la

---

[234] *Leigh Hunt's Dramatic Criticism,* 1808-31, ed. de Lawrence H. y Carolyn H. Houtchens (Nueva York, 1949), p. 105. *Apud* Wilson, Michael S., *Op. cit.,* pp. 206-207.

[235] *Apud Actors on Acting,* citada, p. 100.

[236] *Cf.* Lotman, Iouri, «Linguaggio teatrale e pittura», *Alfabeta,* 32, 1982, p. 16.

[237] *Cf.* Rogers, Pat, «David Garrick: the actor as culture hero», en VV.AA., *Drama and the Actor,* Cambridge, Cambridge University Press, 1984, pp. 63-83.

[238] *Cf.* Carroll, Stephanie, «Reciprocal Representations David & Theater», *Art in America,* Nueva York, 1990, pp. 198-206 y 259-261.

[239] *Vid.* una excelente puesta al día del problema, con abundante *corpus* bibliográfico en Carmen Gracia Beneyto, «La iconografía del actor como documento», en *Del oficio al mito: el actor en sus documentos,* citada, t. II, pp. 411-474.

tradición pictórica académica. Ahora el artista acepta como referente el punto de vista del espectador, para el que contaba, sobre todo, la expresividad teatral autónoma del actor o de los protagonistas del cuadro. Por demás está citar ejemplos como el *Brutus* de Jean-Louis David, inspirado en la obra de Voltaire del mismo título, o *El juramento de los Horacios*, para cuya composición el pintor francés se aconsejó del dramaturgo Michel-Jean Sedaine (1719-1797).

Años antes, partiendo del frotamiento de miradas y perspectivas entre la pintura y el teatro, Charles Gildon en su *The Life of Mr. Thomas Betterton* (1710) había codificado el método del actor con arreglo a la pintura de historia. Gildon recomendaba al actor

dirigir tus ojos a la persona o personas con las que estás implicado en la acción sobre el escenario, es decir, al mismo tiempo, mantener una posición que apele tanto al actor en el escenario como a la audiencia, la cual no debe dejar de percibir tal sutileza. Como en un cuadro de pintura de historia, aunque los personajes se miren entre sí fijamente, el observador, por la ventaja de su posición, poseerá una visión completa de la expresión anímica que se refleje en los ojos de los personajes allí incluidos.

Esta es la causa de la atención prestada habitualmente en las teorías actorales, a partir del siglo XVIII, al conjunto de actores que se ofrece en el escenario, el concepto de *jeu de théâtre* empleado por Riccoboni y sus seguidores: un sentirse repercutido el conjunto, un establecimiento de complicidades armónicas, pictóricas (pues habitualmente se saca a colación la pintura, el concepto de *tableau*) que, sin embargo, ofrezcan variedad y no uniformidad. El británico Thomas Wilkes lo asegura en 1759:

It is observable that in capital paintings, there are a few principal figures which more and more remarkably strike the eye, and by that means throw the attendant figures into their proper distance; in like manner, on the Stage, the leading figures or personages in a scene, should, by their dignity of action, throw the attenting characters into their proper shade of inferiority; and, then the whole, like a fine painting in perspective, will be all gracefull and harmonious.[240]

Con todo, incluso la estética neoclásica sabe situar los límites entre pintura y teatro, ponderando el mundo de apariencias de la primera y el mundo *real*, de pasiones vivas, del segundo. Escribe Pierre Rémond de Sainte-Albine:

---

[240] *A General View of the Stage*, Londres, 1759. Cit. por Barnett, Dene, *Op. cit.*, p. 184.

Mais quelque admirables que soient les ouvrages (tableaux de peinture) de cet Art merveilleux, ce ne sont que de simples apparences, et bientôt nous raconnaissons qu'il nous offre des phantomes pour des objects réels [...] Les yeux seuls sont séduits par la Peinture. Les prestiges du Théâtre subjuguent les yeux, les oreilles, l'esprit et le coeur. (Ed. cit., p. 14).

Lo cual recuerda mucho el debate, que veremos en el capítulo dedicado al gesto, sobre la *corporeidad* realista del teatro (o de artes como la escultura) frente a la pura superficie de apariencias de un cuadro. Y, desde luego, se advierte también la desconfianza de algunos teóricos sobre la idoneidad de los gestos *pictóricos*, es decir, de aquellos que el actor deduce de un estudio frío y académico de la observación de la pintura olvidando el vigor creativo del teatro:

But have you reflected on the very great difference which exists between the painter and the actor? The one has merely to modify the features of his own face —the other has to invent the face and all, besides the difficulty of conforming to all the rules and principles laid down in the art of physiognomy. Nature aids the one in expressing those passions with which he is affected; the other is forced, by the process of art, to exhibit, on a plain surface, the most happy object his imagination has been able to select out of a thousand [...] The matter is to know when is permitted to make use of painting in the play of the gestures.[241]

3.6.4. La iconografía del hecho teatral y la iconografía del actor

Una estrategia generosa en la consideración del documento abarcaría, asimismo, la iconografía. La apertura a documentos iconográficos proviene, como he dicho más arriba, del método de Aby Warburg y de Erwin Panofsky, para quienes la lectura de las obras de arte debe situarse en un continuo diálogo con el contexto histórico-cultural, pues, como afirma Ludovico Zorzi, «senza la storia dell'arte, la storia dello spettacolo rischierebbe di rimanere una disciplina senza oggeto.»[242] El documento es siempre fruto de interrelaciones, y como ya escribiera Fritz Saxl, la modernidad no es tanto (o al menos no sólo) la edad de la razón como la *edad visiva*. En consecuencia, los documentos de la iconografía teatral, desde la planta de un edificio teatral a los primorosos grabados que incluye la

---

[241] Siddons, Henry, *Practical Illustratios of Rhetorical Gesture and Action adapted to the English Drama. From a work on the same subject by M. Engel*, citada, pp. 198-199.
[242] «Figurazione pittorica e figurazione teatrale», en *Storia dell'arte italiana*, Turín, Einaudi, 1979, t. I, p. 419.

Enciclopedia Francesa de máquinas o tramoyas teatrales, desde el retrato de un actor a la ilustración de una representación teatral, no son únicamente monumentos materiales sino construcciones mentales de una comunidad o de una civilización determinadas. Como explica Renzo Guardenti, «il teatro, dunque, non lascia monumenti. Lascia però una serie eterogenea di tracce, tra cui anche di carattere iconografico.»[243] Caracteres que hay que desmenuzar críticamente en sus elementos constructivos, en las interrelaciones culturales que aporta porque, como aduce Jacques Le Goff, el documento nunca se produce de manera neutral o inocente.

Lógicamente el primer problema que puede planteársenos al examinar esta documentación, tanto o más que los otros testimonios que he venido analizando, es lo que llama Cesare Molinari el nivel de credibilidad que ofrecen.[244] Por supuesto que es evidente que la documentación iconográfica no refleja en ningún caso un específico hecho teatral (en su sentido inmediato, real), pero estaremos de acuerdo en que, al menos, sí reproducen el lenguaje en el que se transmite ese hecho teatral en un momento determinado de la historia. Los documentos o *monumentos figurativos* que determinados tratados escénicos de los siglos XVIII y XIX (franceses, italianos, ingleses principalmente) aportan para estudiar la mímica, la gestualidad o el vestuario del teatro, o, incluso, las pinturas de antiguos vasos, como el de Pronomos, para identificar los *sátiros* o figuras escénicas del teatro griego, pueden convertirse, desde una recepción ordenada por la prudencia y la precisión, en formas o estilemas de un hecho, de un acto teatral. Lo mismo cabría decir de imágenes repetidamente usadas para ilustrar el estudio de la composición escénica medieval, como el célebre grabado de Jean Fouquet *El martirio de Santa Apolonia*, aunque su cometido, lejos de una intención documental sobre una práctica teatra concreta, era servir de apoyo decorativo a un *Libro de Horas*. La escena, bien conocida, es, en opinión de Cesare Molinari, excesivamente *veraz* e intencionada para haber sido inspirada por una representación *auténtica*, pero ha acabado componiendo un sistema mental de reconstrucción de la escena medieval, con su acción mímico-coreográfica y con una de sus posibles fuentes: los tormentos y ejecuciones públicas. Como ya aludí al referirme a la consideración bufonesca de los histriones medievales, algunos dibujos de comienzos del siglo XIII (como es el caso de las miniaturas que muestran los *Decretalen* de Goffredo de Trani [ILUSTRACIÓN 3]) refuerzan

---

[243] «Il quadro e la cornice: iconografia e storia dello spettacolo», *Immagini di Teatro. Biblioteca Teatrale. Rivista trimestrale di studi e ricerche sullo spettacolo*, 37-38, Roma, Bulzoni Editore, 1996, p. 61.

[244] «Sull'iconografia come fonte della storia del teatro», *Immagini di Teatro,* citada, p. 23.

Ilustración 3
Actores medievales. Miniatura de una copia de los *Decretales* de Goffredo
de Trani (s. XII). Salzburgo. Studienbibliothek (VI, E.55).

esta visión negativa de la actividad teatral, pues los actores, caracterizados como verdaderas marionetas, al estilo de los mimos romanos o de los posteriores polichinelas renacentistas, se manifiestan en ingrávidas actitudes ridículas, llevando *bastones* o palos (como el gracioso carnavalesco español portará el *matapecados*) o insinuando la obscenidad de un prominente falo. Y el mismo valor sintomático, bien que en una dirección distinta, cabe decir de las ilustraciones gráficas que nos han llegado para reproducir la suntuosidad de las fiestas cortesanas y de las escenografías renacentistas y barrocas. Menciono todos estos ejemplos para afirmar que, desde una perspectiva histórica y filológica, cumple, lógicamente, verificar la autenticidad de tales documentos, pero sobre todo interpretar su significado.

Para el caso de otros países este tema ha sido bastante atendido,[245] pero en España está pendiente de una investigación que aporte, cuanto menos, una ordenación sistemática. En primer lugar sería posible estudiar, por la generalización tipológica que podría desprenderse de ellas, las imágenes de personajes-actores que aparecen, sobre todo a lo largo del siglo XVI, en el frontispicio de las ediciones de textos dramáticos, en una aproximación a lo que hoy, sin excesivo empacho, podríamos llamar *affiche* publicitario. En unos casos ilustra, de hecho, el inicio del texto, como el grabado de la portada de una de las ediciones de *La Celestina* de 1502 [ILUSTRACIÓN 4], o, posteriormente, de *Las mocedades del Cid* de Guillén de Castro (de factura mucho más tosca). Se trata de figuras carentes de cualquier intención realista y que, más bien, desean tipificar personajes en la reconstrucción de escenas concretas de las obras, como las que ilustran profusamente, por ejemplo, cada uno de los actos de las primeras ediciones de *La Celestina*, singularmente la impresa en Burgos en 1499. A veces orlan la parte superior del *dramatis personae* o, sencillamente, ayudan a componer la portada, quedando identificadas con la leyenda de una cartela o filacteria (Melibea, Calisto, Celestina, Sempronio, Elicia...); pero se añaden detalles iconográficos que identifican el personaje (Celestina con una bolsa de dinero en la mano, o con una madeja de hilos que ofrece a Melibea [ILUSTRACIÓN 5]) o el espacio (Calixto y Melibea en medio de un estilizado aunque simple *locus amoenus* [ILUSTRACIÓN 6]). En otros casos la iconografía denota un alto grado de topicidad y se limita a seriar tipos extraídos, probablemente, de los motivos o xilografías decorativas de las cajas de los impresores. Las que ilustran *Las mocedades del Cid* o la portada de la *Tesorina* de Jaime de Huete [ILUSTRACIÓN 7] o las tres figuras que apa-

---

[245] Podría ser una muestra el trabajo de Maria Inés Aliverti, *Il ritratto d'attore nel Settecento francese e inglese*, Pisa, ETS Editrice, 1986. Y la excelente recopilación de trabajos recogida en en el volumen especial de la revista *Biblioteca Teatrale. Immagini di Teatro*, ya citado más arriba.

Ilustración 4
Portada de la edición de *La Celestina* (1502).

Ilustración 5
La Celestina (Burgos, 1499). Acto III.

Ilustración 6
La Celestina (Burgos, 1499). Acto I.

recen entre el reparto y y la loa de *El mercader amante* de Gaspar de Aguilar [ILUSTRACIÓN 8] ofrecen el detalle de aparecer dibujadas sobre una especie de peana (a veces incluso un fragmento de tablas de un escenario o un trozo de tierra en la que se insinuan unas briznas de hierba) como si, en efecto, fueran *figuras* o piezas dispuestas sobre un tablero caracterizadas de modo tan simple como eficaz: un rey con cetro y corona; un caballero con capa y espada; una dama con vestido y tocado cortesanos levantando la mano derecha en un teatral gesto de admonición, apuntando el índice, etc. Como sucede con algunas representaciones de escenas y personajes de la *commedia dell'arte*, estos grabados no obedecen a una celebración o exaltación individual del actor, sino al deseo de marcar unas actitudes y un vestuario convencionales que iluminan muy toscamente la comprensión y el desarrollo argumental de la obra. En el caso de algunos autos antiguos, como el de *La primera edad del mundo*, se verifica un grado de convencionalidad manifiestamente anacrónica, irreal, respecto al tiempo de la acción, aunque se mezclan con la iconicidad intemporal de figuras como la del Cristo Salvador, reconocible desde la Edad Media. Otras veces las figuras representadas se reducen a los protagonistas, como sucede en la portada de la comedia *Eufemia* de Lope de Rueda, con la presencia de Leonardo y su hermana Eufemia. Pero en todos los casos se tratará, como han sugerido algunos investigadores,[246] de una especie de ideogramas o reflexiones sobre el actor como cuerpo de acción y sujeto de una retórica que fija situaciones y gestos absolutamente codificados, respondiendo a una síntesis de tradiciones entrecruzadas. Es lástima, así, que la calidad tipográfica y estética de estas ilustraciones no alcance la de otras semejantes del teatro inglés, pues les resta mucha de la exactitud documental que aportan las ediciones del teatro británico del siglo XVI, como el tipo del caballero o soldado con capa, espada, sombrero y barba o mostacho que recoge, el tipo del *miles gloriosus* plautino, reconvertido luego en el *capitano* de la *commedia dell'arte*, en el capitán *espagnolo*, por supuesto, puesto que en el vestuario se le identifica con el atuendo militar español [ILUSTRACIÓN 9]. El estatismo de las pequeñas figuras de la tipografía española contrasta con el delineado más enérgico, dinámico (espada desenvainada, pie adelantado en posición de caminar o de reto) en el propio frontispicio de la comedia *Soldadesca* de Torres Naharro [ILUSTRACIÓN 10]. He utilizado quizá impropiamente el nombre *affiche publicitario*, aunque entiendo que semejantes grabados encerraban el evidente interés de atraer la atención del lector desde el punto de vista comercial del librero o impresor. En cualquier caso no parece que esta iconografía, rudimentaria pero interesante, se trasladara o perviviera en los *carteles* y *rótulos* que, ya

---

[246] Por ejemplo, P. Arnold, *L'avenir du théâtre*, París, Savel, 1974, pp. 98-99.

Omedia intitulada Teſo
rina la materia dela qual es vnos amozes
de vn penado poz vna ſeñoza / y otras per-
ſonas adherentes. Hecha nueuamête poz
Jayme de Huete. Pero ſi / poz ſer ſu natural lengua Aragoneſa / no fuere poz muy cêdrados termi-
nos / quâto a eſto merece perdon Los Interlocutozes ſon
los infrapueſtos / y es de notar que el frayle es laſcadoz.

Literia.	Pinedo.	Lucina.	fray vegecio.	Teſorino.
moça de Lu.	moço de Te.	dama.	frayle.	cauallero.

Perogrillo.	Gilyzacho	Sircelo.	Tymbzeo.	Margariz.
paſtoz.	paſtoz de Tim.	moço de tim.	padre de Lu.	eſclaua de Tim.

Ilustración 7
Frontispicio de la comedia *Tesorina* de Jaime de Huete.

COMEDIA DEL

MERCADER AMANTE.

COMPUESTA POR EL FAMOSO
POETA GASPAR AGUILAR.

Son Interlocutores los siguientes.

Cabrera escudero viejo.	Padre de Labinia.	Dos Mercaderes.
Loaysa escudero viejo.	Labinia dama.	Vn Mensagero.
Belisario Mercader.	Lidora dama.	Vn Pregonero.
Astolfo su criado.	Don Garcia.	Tres Esclauos.

Prologo, o Loa.

Matilde Condesa hermosa   el Conde no lo estoruo,
del condado de Lunigo,   mas de acompañarla ha holgado.

Ilustración 8
Frontispicio de la comedia *El mercader amante* de Gaspar de Aguilar (1616).

antes de finalizar el siglo XVI (primero, al parecer, en Sevilla, después en todas partes), iban a servir para anunciar las comedias, como un método menos ruidoso, aunque no sabemos si más eficaz, que el clásico tirar de tambor y pregón.[247]

Esta primeriza iconografía actoral (desde luego no exclusiva del teatro español),[248] carente de toda intención celebrativa y, en consecuencia, carente también de individualización, se aleja asimismo también del sistema caricaturesco del retrato, que se formula, igualmente, en estilos muy seriados, tópicos. Pero esta carencia de voluntad individualizadora no les resta un fuerte componente de expresividad y el ofrecer indicios eficaces que nos ayudan a componer el personaje incorporado o construido por, también, el marco de referencia de cómo se actuaba o se vestía. El teatro inglés ofrece ejemplos en la célebre caricatura de Richard Tarlton, como bufón rústico, en un dibujo a sepia conservado en la Pepysian Library de Cambridge,[249] o en la de Robert Armin, con el característico vestido largo del *fool*, proviniente del frontispicio de la obra *History ot the Two Maids of Moreclocke* (1609) [ILUSTRACIÓN 11]. De mayor riqueza expresiva y documental es la serie de dibujos coloreados a pluma que realizó, sobre 1618, Dionisio Menaggio para identificar a una serie de personajes de la *commedia dell'arte* incorporados por actores conocidos. Es verdad que el realismo físico cede aquí también a la concreción pintoresca de la acción o apostura del actor: de ese modo vemos (aunque no reconozcamos) el retrato del actor Giovanni Rivani en el papel de Doctor Campanaccia (el personaje se identifica no sólo por el atuendo sino por la cartela correspondiente) [ILUSTRACIÓN 12] o al actor Francesco Gabrielli encarnando a Scappino que se dirige, cantando, a Spinetta (interpretada por su propia esposa [ILUSTRACIÓN 13]).[250] En estas ilustraciones de carácter seriado mere-

---

[247] *Cf.* Granja, Agustín de la, «Cosme, el que carteles puso. A propósito de un actor y de su entorno», en VV.AA., *Homenaje al Profesor Antonio Gallego Morell* (ed. de C. Argente del Castillo, A. de la Granja, J. Martínez Marín y A. Sánchez Trigueros), Granada, Universidad de Granada, 1989, vol. II, pp. 91-108. Para una documentación más precisa sobre el sentido y las características de estos carteles —un nuevo documento teatral poco estudiado— *vid.* también Mercedes de los Reyes Peña, «Dos carteles burlescos del siglo XVII», *Dicenda. Cuadernos de Filología Hispánica*, 3, 1984, pp. 247-261, y «Los carteles de teatro en el Siglo de Oro», *Criticón*, 59, 1993, pp. 99-118, precioso trabajo este último que ofrece ilustraciones interesantísimas de la letra y leyenda de un cartel conservado en el Archivo Municipal de Sevilla.

[248] Véanse, entre otros muchos ejemplos, las estilizadas figuras que aparecen en el frontispicio de la edición de *Fulgencio y Lucrecia* de Henry Medwall (*ca.* 1515), en la Henry E. Hungtington Library and Art Gallery de San Marino (California).

[249] Lo publiqué y estudié en «El documento sobre el actor: la dificultad barroca del oficio de lo clásico», *Del oficio al mito: el actor en sus documentos*, citada, p. 195.

[250] La serie de ilustraciones se encuentran insertas en el libro *Feather Book* de 1618, conservado en la Blacker-Wood Library of Zoology and Ornithology de la Mc Gill University

Ilustración 9
Il Capitano, personaje
de la *Commedia dell'Arte*,
inspirado en el *Miles
Gloriosus* plautino. París.
Bibliothèque Nationale.

Ilustración 10
(Sup. dcha.)
Frontispicio de la comedia
Soldadesca de Bartolomé de
Torres Naharro (1517).

Ilustración 11
Caricatura del actor inglés
Robert Armin con el vestido
de *Fool*. Frontiscipio de *The
History of the Two Maids of
Moreclocke* (1606).

Ilustración 12

Dionisio Menaggio. Dibujo del actor italiano Giovanni Rivani en el papel de *Doctor Campanaccio. The Feather Book* (1618). Blacker-Wood Library of Zoology and Ornithology. McGill University. Montreal.

Ilustración 13

Dionisio Menaggio. Dibujo del actor italiano Frano Gabrielli, en el papel de *Scappin. The Feather Book* (1618). Blacker-Wood Library of Zoology and Ornithology. Mc Gill University. Montreal.

cen destacarse, para el caso español, las que reproducen, respectivamente, a una actriz y a un actor españoles actuando en Francia. Los grabados en cuestión son los titulados «Castelane dansante à l'Opéra» (se supone que en el curso de la representación de la ópera *Amadís* de Jean-Baptiste Lully y Philippe Quinault, estrenada en París en 1684) [ILUSTRACIÓN 14] y «Castelane dansant la sarabande à l'Opéra» [ILUSTRACIÓN 15]. Las estampas las editó Nicholas Bonnard (1636-1718) y actualmente se encuentran en la colección de la Pierpont Morgan Library de Nueva York. Las figuras muestran un espectacular vestuario, propio de la magnificencia teatral de la corte francesa, y evidencian el gesto de determinados pasos coreográficos. La descripción que de la danza de la *zarabanda* hacía Madame d'Aulnoy en su *Relation du Voyage d'Espagne* (1693), en un estilo bastante alejado del prejuicio moralista, ayuda a interpretar esta iconografía de una actriz:

> Las actrices *traían castañuelas y usaban pequeños sombreros*. Es costumbre cuando bailan, y cuando danzan la zarabanda, parecer que no tocan el suelo, de lo ligero como se deslizan. El estilo es bastante diferente al nuestro; mueven sus brazos muchísimo y *con frecuencia elevan sus manos sobre su cabeza y el rostro* con arrebatadora gracia, *tocando las castañuelas* admirablemente.

La tipología que compone la mirada extranjera de Madame d'Aulnoy confirma la cuidada estilización de esta figura de 1684; estilización que se debe, probablemente, a la mediación ya de otros modelos, otros referentes (de los que no es el menos importante el fondo de jardín cortesano o palaciego que ofrecen ambas ilustraciones). Comparemos la citada imagen con la que se corresponde con la danzarina que diseña, con el preciosismo que le caracteriza, Jean Bérain, en torno a 1677 [ILUSTRACIÓN 16], en el que se observa el detalle de las castañuelas y un tocado, por supuesto, mucho más extravagante, que ya no es el sombrero típicamente español. Se supone que la figuración está mediatizada por el código cultural de la época, de la que la iconografía teatral (y la codificación a la que los bocetos de vestuario están dando lugar) indudablemente forma parte.[251] Pero

---

de Montreal (Canadá). *Vid.* Buratelli, Claudia, «I comici nelle tavole in piume d'uccello di Dionisio Menaggio (1618)», *Immagini di Teatro*, citada, pp. 197-212.

[251] A ello obedece el escepticismo de Franco Ruffini en el sentido de que «il riscontro tra l'iconografia dell'attore e l'arti figurative presenta analogie impressionanti: ma solo perche la dimostrazione è già contenuta nella premessa [...] L'iconografia dell'attore è fatalmente assimilata in una circolarità culturale che la produce e la riproduce.» *Vid.* Franco Ruffini, «Spessore alla storia: problemi degli attori e problematica sull'attore nel Settecento», *Quaderni di Teatro*, III, 11, febrero de 1981, pp. 89-90.

Ilustración 14
Nicholas Bonnard (ed.). Actriz y
bailarina española en la ópera *Amadís* de
Lully y Quinault (1684). Bibliothèque
Nationale. París.

Ilustración 15
Nicholas Bonnard (ed.). Actriz y bailarina
española bailando la *zarabanda*.
Bibliothèque Nationale. París.

en ninguno de los casos alcanzan estos dibujos, sean expresivas caricaturas, sean grabados realistas, el grado de efectividad y enérgica disposición de algunos conservados sobre la *commedia dell'arte* y que han producido, cuanto menos, un nivel de teorización sobre la cuestión realmente sustancial, especialmente por lo que hace a la serie de dibujos realizados magistralmente por Jacques Callot (1592-1635) en *I Balli di Stefania* (1621-1622) [ILUSTRACIÓN 17]. La primera impresión que producen estas imágenes es de un efecto realista que remitiría de algún modo a ciertos ejercicios biomecánicos al estilo de Meyerhold o del *gestus* brechtiano. Es evidente la intencionalidad expresiva, casi contorsionista, de Callot: llega a un grado de paroxismo bufonesco, por tanto irreal, como ha observado Ferdinando Taviani,[252] pero dispone así un modelo efectista que construye toda una tradición iconográfica cuando, después, se trate de individualizar las figuras de la *commedia*, especialmente al Arlequín: las piernas semiflexionadas, el torso doblado, las manos llevadas a la cabeza o, en los dibujos que reproducen las figuras de la *commedia dell'arte* en otros ambientes (por ejemplo su estancia en la corte de París), la aproximación ambiental de las mismas a los pasos y coreografía de los bailes cortesanos. Pero en todas permanece lo ligero y lo sinuoso como las instancias mentales y gráficas sobre las que hemos construido, históricamente, el gesto y la esencia de la *commedia* y que alcanzan probablemente su mejor expresión en el célebre *Recueil Fossard*, hoy conservado en la Biblioteca de Estocolmo; es decir, el conjunto de estampas o ilustraciones recogidas por el músico Fossard, al servicio de Luis XIV, y que nos han llegado como imágenes o siluetas de los cómicos que actuaron en la corte de Enrique III.[253] Todos ellos denotan esa traducción testimonial que ha permitido una valiosísima indagación sobre la puesta en escena del actor de la *commedia dell'arte* con la clave de la afortunada expresión del propio Taviani: la *lengua enérgica* (que no la mera contorsión bufonesca inventada por Callot), que nos capacita para observar el cuerpo del cómico apostando por el desequilibrio, los pasos artificialmente dilatados, una particular tensión del torso. Pero, junto a ello, el reposo estático, igualmente convencional, de tipos como los *innamorati*, dominados por la elegancia cortesana. Lo que se observa, en definitiva, es un testimonio de la actitud del actor dentro del espacio de su trabajo real: una controlada disciplina que convierte en natural lo artificial, un plus de energía respecto a lo cotidiano no con objeto

---

[252] «Un vivo contrasto. Seminario su attrici e attori della Commedia dell'Arte», *Teatro e Storia*, 1, Bolonia, 1986, p. 29.

[253] *La Recueil Fossard, présentée par Agne Beijer, suivi des Compositions de Rhétorique de M. Don Arlequin, présentées par P.L. Duchartre. Édition aumentée et précedée de «Vive et revive la Commedia dell'Arte»*, París, Librairie Théâtrale, 1982.

Ilustración 16
Jean Bérain. Boceto de
vestuario para bailarina
con castañuelas.
Bibliothèque Nationale.
París.

Ilustración 17
Jacques Callot. Personajes de la
Commedia dell'Arte para la serie
Balli di Stefania (1621-1622).

Ilustración 18
Fréderic o Gaspar Bouttas. Grabado que ilustra el episodio de la
carreta de la Muerte (*Quijote*, II, 11). Edición de Bruselas (1662).

de diseñar un imposible movimiento sino para la creación de una segunda naturaleza construida por las reglas de la acción.[254]

Por supuesto no podemos perder de vista la consideración de este tipo de documentos de una manera objetiva, ya que muy pocas imágenes o grabados reflejan literalmente representaciones o actuaciones *in situ* del actor, sino que las más de las veces son producto de invenciones idealizadas. Tal observación es aplicable sobre todo al grupo de documentos iconográficos que podríamos llamar *representaciones de la representación*, en los que el valor testimonial se mezcla y, a veces, puede subordinarse a los elementos de valor costumbrista, descriptivo o ingenuamente didáctico. Para el caso español voy a centrarme en algunos ejemplos. Uno es el grabado de Bouttats[255] que reproduce el conjunto de actores trasladándose en carro de una población a otra, después de representar un auto, vistiendo todavía los ropajes alegóricos que han usado en la puesta en escena, y que sirve para ilustrar el episodio de las carretas de la Muerte del *Quijote* (II, 11) en la edición de Bruselas de 1662 [ILUSTRACIÓN 18]. Parece que Cervantes desea evocar un hecho habitual en la vida profesional de los actores de la legua, en este caso[256] los de la compañía de Angulo el Malo, pero apenas queda en este caso, ni acaso nos interesa, un atisbo de realismo. El dibujo es convencional y tosco. Muestra en perspectiva un carro en el que se advierten, con bastante eficacia, las tipologías y atavíos convencionales de los personajes de los autos antiguos: un Demonio que conduce el carro (y que ha esgrimido, para defenderse, el clásico matapecados o palo con vejigas de las mojigangas); un Rey o Emperador (como se explica en el texto cervantino); un Ángel apenas perceptible en una mancha sombreada,

---

[254] *Cf.* Marotti, Ferruccio, «El actor en la *commedia dell'arte*», en *Del oficio al mito: el actor en sus documentos*, citada, pp. 60-63.

[255] Es más que probable que se trate de Fréderic Bouttats, el joven grabador y pintor de la escuela flamenca que muere alrededor de 1676. Uno de los grabadores más importantes del siglo, dejó retratos de los más importantes personajes de la época como Luis XIII, Felipe II o Cromwell. Sin embargo, algunos de sus hijos como Gaspar (nacido en 1640 y muerto hacia 1695) colaboraron mucho más estrechamente con diversos impresores y libreros. El apellido Bouttats pertenece, en todo caso, a una saga de artistas, aunque la fecha de la edición de Bruselas (1662) parece asegurarnos que se trata de uno de los dos mencionados. *Vid.* Bénezit, Emmanuel, *Dicctionaire des Peintres, Sculpteurs, Dessinateurs et Graveurs de tous les temps et de tous les pays*, París, Librairie Gründ, 1976, tomo II, pp. 249-250.

[256] No hay más que pensar, por ejemplo, en el episodio que, en clave de farsa y de regocijo, recoge Calderón de la Barca en la *Mojiganga de las visiones de la muerte*, en la que todo se ciñe, en efecto, al accidente del carro que transporta a un grupo de cómicos que, por las prisas de acudir a representar a otra población en la fiesta del Corpus, viajan con todo su vestuario puesto: el Cuerpo, el Alma, el Ángel o la Muerte desfilan así ante un caminante borracho que acaba persuadido de que «la vida es sueño.» *Cf. Entremeses, jácaras y mojigangas,* ed. cit., pp. 369-384.

igual que la Muerte, a la que se caracteriza con el perfil de una guadaña; un Cupidillo; una mujer que se identificará posteriormente en el texto como la Reina y, al fondo, la bien diseñada silueta de un caballero. La imagen adensa los significados de la descripción cervantina, pero busca estrictamente un sistema de representación acorde con el género al que se alude: una correspondencia alegórica e icónica, didáctica y ejemplificadora. Los detalles gráficos que hubiera podido detraer de la descripción están ausentes (rostro *humano* de la Muerte, las alas pintadas) o abocetados (corona, sombrero de plumas):

> Una carreta que salió al través del camino, cargada de los más diversos y extraños personajes y figuras que pueden imaginarse. El que guiaba las mulas y servía de carretero era un feo demonio. Venía la carreta descubierta al cielo abierto, sin toldo ni zarzo. La primera figura que se ofreció a los ojos de don Quijote fue la de la misma Muerte, con rostro humano; junto a ella venía un ángel con unas grandes y pintadas alas; a un lado estaba un emperador con una corona, al parecer de oro, en la cabeza; a los pies de la Muerte estaba el dios que llaman Cupido, sin venda en los ojos, pero con su arco, carcaj, y saetas. Venía también un caballero armado de punta en blanco, excepto que no traía morrión, ni celada, sino un sombrero lleno de plumas de diversos colores; con éstas venían otras personas de diferentes trajes y rostros.

Más tarde el propio Diablo menciona a la que hace de Reina, mujer de Angulo el Malo, y parece hacer equivaler el caballero «armado de punta y blanco» con un Soldado. El documento no remite tampoco a una individualización del actor sino que, en todo caso, su autor se comporta como portavoz delegado de una colectividad cultural que explicita así su universo de convenciones con las que diseñar ritualmente el teatro y su relación con la realidad. En esta línea trabajan algunas hipótesis de Franco Ruffini cuando afirma:

> Queste opere dell'arte del comportamento, queste opere-rituale, nelle qualli una collettività (relativamente al suo contesto spazio-temporale y sociale) si conosce e si riconosce vengano rappresentate da «esecutori» tacitamente delegati dalla collettività stessa: e questi «esecutori» per la collettività del teatro-spettacolo, sono gli attori.[257]

Otros ejemplos de estas *representaciones de la representación* son algunos de los dibujos que acompañaron el manuscrito en que se da cuenta (en forma de relación evocativa) de la puesta en escena que de *La fiera, el rayo y la piedra* de Calderón tiene lugar en Valencia en 1690. En el caso an-

---

[257] «Restauro e iconografia dell'attore», *Quaderni di Teatro*, VIII, 28, 1985, p. 17.

terior el autor del grabado actuaba por abstracción y legibilidad, para que los
personajes y su máscara fueran reconocidos por encima de la individualización del actor que permanece en el estatuto anónimo de un colectivo trashumante. Ahora, quien dibuja actúa igualmente por simplificación, para
facilitar una legibilidad esta vez retrospectiva (pues el manuscrito cuenta o
relaciona, no prescribe, en sus acotaciones). Siempre se ha puesto de relieve el interés de estos dibujos (realizados por una mano poco experta a
partir de las escenografías que diseñaron los discípulos de Josep Caudí,
Jusepe Gomar y Juan Bautista Bayuca) por su minuciosa reproducción de
las *mutaciones* de la obra. Pero yo quiero referirme ahora a su estricto valor documental por lo que hace a la iconografía del actor. Elijo para ello el
que intenta diseñar o reproducir la puesta en escena de la loa que Francisco de Figuerola escribió especialmente para la celebración, en el Palacio
Real de Valencia, de la fiesta cortesana que acompañó a la reposición de la
obra, con motivo del matrimonio del Rey Carlos II y la Princesa Ana de No-
eburg de Alemania [ILUSTRACIÓN 19]. Se percibe con eficacia los telones laterales en perspectiva y el telón de fondo («el domo de mar en bonança
con algunos navíos que denotavan los de la embarcación y armada que
asistió a su Mgd.»),[258] y la aparición de un coro de Ninfas (hasta cinco) cuya situación en el escenario revela, sintomáticamente, la disposición de
los actores en forma de abierto semicírculo tal como, desde finales del siglo
XVII, se prescribe en la tratacística sobre todo, y éste es el caso, cuando en
los *recitativos* acompañados de música se pretendía mejorar la acústica y
el sentido polifónico de las voces que habían de percibir los espectadores.
A la derecha de las Ninfas aparece, siguiendo la misma línea en semicírculo, el *Océano* («con una ropa de azul y plata hasta la rodilla, y lo demás como desnudo, coronado de pezes, barba larga y el tridente en la mano»).
Aquí se revela la deficiente factura estética del autor de los dibujos: ha desaparecido la ropa superior y se recurre a la representación metonímica
(detalles meramente efectivos para un reconocimiento o recuerdo de la
fiesta: tridente, corona). El valor documental se superpone al estético,
aunque no es más que pálido suspiro de la extrema efectividad que el dibujo, que aportamos, de un boceto de vestuario, cuidadosamente anotado por el mismo Jean Bérain para una fiesta cortesana francesa de unos
años antes [ILUSTRACIÓN 20]. A la izquierda del grupo de las Ninfas, y en
gusto que denota, como en el caso del vestuario que ellas mismas lucen, el
sincretismo típico de la fiesta cortesana barroca, aparece otro personaje
alegórico, el *Viento* («de azul y plata, con plumas sobre la cabeça y un vo-

---

[258] Cito por la edición de Manuel Sánchez Mariana y Javier Portús, Madrid, Ministerio de
Cultura, 1987, p. 11. Transcribe y reproduce en gran formato los dibujos del ms. 14.614 de la
Biblioteca Nacional de Madrid.

Ilustración 19
Dibujo que ilustra la puesta en escena de la loa de Francisco de Figuerola para
la representación de *La fiera, el rayo y la piedra* de Calderón (Valencia, 1690). Ms. 14.614.
Biblioteca Nacional. Madrid.

Ilustración 20
Jean Bérain. Boceto de vestuario para Luis XIV en el papel de Plutón, *ca.* 1677.
Bibliothèque Nationale. París.

lante por banda, pendiente de los hombros por las espaldas»). Vemos, pues, reunirse la evocación mitológica con la fantasía del lujoso código cortesano en línea con las mascaradas palaciegas que, para el caso de Inglaterra (con los dibujos de Inigo Jones) o Francia, están extraordinariamente documentadas. Poco después, en la loa citada, aparece la siguiente acotación:

> Salen Amor y Marte, quedando a las dos puntas del tablado, que será en los bastidores de tierra; los demás en el mar.

El dibujo ha sido en este caso extraordinariamente fiel por lo que se refiere a documentar el refuerzo ilusionístico de la perspectiva, creando dos espacios superpuestos (la tierra en el primer plano, el mar al fondo). La indumentaria de los actores se corresponde con la iconografía emblemática que era de esperar: un Cupidillo (con arco, carcaj y flechas, como retrataba Cervantes en el *Quijote*) y un caballero con cota y celada con plumas, muy *a la romana*, representado a Marte (quizá por eso la acotación no se extiende en su descripción).

El último aspecto que permite una reflexión en este apartado es la existencia de verdaderos (o supuestos) retratos de actores en el siglo XVII español. Una existencia notablemente escasa, si la comparamos con la constatación de un verdadero género pictórico autónomo en Italia, Francia o Inglaterra durante el siglo XVIII. Género que, en opinión de Maria Inés Aliverti, tiene una finalidad más precisa y ambiciosa que el retrato tradicional, ya que intenta, por un lado, establecer una lógica compositiva para atrapar el instante que inmortalice una interpretación del actor; pero, por otro, reflejar el hecho de una nueva consideración social del actor, con derecho a autoestima y a memoria gráfica.[259] La coincidencia de ambos propósitos es, sin duda, lo más interesante que, como documento, puede aportar la retratística del actor (cuya observación limitamos, claro está, a la época que nos ocupa). En ese sentido el retrato (de artista deconocido) del célebre actor inglés, especializado en papeles trágicos, Edward Alleyn (1566-1626) [ILUSTRACIÓN 21], de cuerpo entero con la mano derecha extendida sobre el pecho (en un gesto codificado por el teatro de la época como exponente de la superioridad personal y de la entrega del enamorado), se transmite, sin embargo, envuelto en la imponente presencia de un probo ciudadano de extrema sobriedad puritana. Exactamente con el mismo gesto, pero en una presencia más relajada, podemos observar el retrato, también anónimo, del excelente actor Nathan Field (1587-*ca.* 1620) [ILUS-

---

[259] *Op. cit.*, p. 22.

Ilustración 21
Anónimo. Retrato del actor Edward Alleyn (1566-1626). Dulwich College Collection. Londres.

TRACIÓN 22].[260] De algunos actores como Francesco Andreini poseemos no sólo grabados con su efigie, orlados por una filacteria en la que se manifiesta el orgullo de su profesión acompañando su nombre, como el que aparece al frente de su obra *Le Bravure del Capitan Spavento* (Somasco, Venecia, 1609, conservado actualmente en la Biblioteca Nacional de Florencia [ILUSTRACIÓN 23]), sino también soberbios retratos como el que le hace Domenico Fetti en torno a 1621-1622 [ILUSTRACIÓN 24], en el que aparece vestido noblemente, mirándonos fijamente, sosteniendo en la mano la máscara de Arlequín, en ese venturoso desdoblamiento actor/personaje, realidad/ficción, afirmación de una técnica y un arte que teoriza la profesión de los actores en el periodo de la *commedia dell'arte*, y que inscriben sus retratos en la línea iconográfica no sólo del ennoblecimiento aristocrático sino también de la afirmación burguesa de la técnica, del orgullo del artista.[261]

Por desgracia, respecto al Barroco español contamos con un exiguo elenco de actores (o supuestos actores) inmortalizados en la pintura. Y su instalación en la misma no obedece en absoluto a esos deseos de autoafirmación, o a la elaboración de un código ennoblecedor. Son tres las muestras que están a mi alcance y ninguna responde a la tipología arriba mencionada, aunque sí se observan detalles pictóricos conducentes al deseo de un retrato ajustado a la expresión de convenciones reconocibles por el público. El primero y más célebre es el anónimo retrato de Cosme Pérez, caracterizado como «Juan Rana» en traje de alcalde villano (su máscara más esencial), conservado en la Real Academia Española [ILUSTRACIÓN 25]. Ya más arriba lo he mencionado, con objeto de ajustar el grado de probabilidad de los testimonios fisiognómicos que Vicente Carducho recoge en sus *Diálogos de la Pintura* respecto al modo de representar al bobo, necio o simple. La lectura del fragmento acentúa la impresión casi caricaturesca que el anónimo pintor imprimió en el cuadro:

260 Ambos se encuentran en la Dulwich College Collection de Londres. Una miniatura de Nicholas Hilliard, fechada en torno a 1590, conservada en el Victorian and Albert Museum de Londres, muestra el tipo del galán del teatro isabelino que emblematiza al joven amante con la mano sobre el corazón. *Cf.* Gurr, Andrew, *The Shakespearean Stage (1547-1642)*, Cambridge, Cambridge University Press, 1992, p. 197. Sería el gesto que, como he explicado en otro lugar, resumiría la acotación abreviada *fall in love*.

261 Las líneas iconográficas del retrato del actor se refuerzan y amplían en el siglo XVIII. No hay más que pensar en los que realizara Joshua Reynolds de David Garrick afirmando siempre su perfil de estudioso intelectual que reflexiona sobre sus escritos; o el retrato aristocratizante, con tantos puntos de contacto con los que hiciera a la Duquesa de Alba, de «La Tirana» por parte de Francisco de Goya, o la moda del retrato recordatorio, en memoria de un actor o actriz fallecidos. *Vid.* Gracia Beneyto, Carmen, «La iconografía del actor como documento», en *Del oficio al mito: el actor en sus documentos*, citada, pp. 411-478.

Ilustración 22
Anónimo. Retrato del actor Nathan Field
(1587-*ca.* 1620). Dulwich College Collection.
Londres.

Ilustración 23
Retrato del actor italiano Francesco
Andreini. Grabado al frente de su obra
Bravure del Capitan Spavento (Venecia,
1609). Biblioteca Nacional. Florencia.

Ilustración 24
Domenico Fetti. Retrato del actor italiano Francesco Andreini (*ca*. 1621-1622).
Museo del Ermitage. San Petersburgo.

Ilustración 25
Anónimo. Retrato del actor Cosme Pérez, «Juan Rana», de alcalde villano. Siglo XVII.
Real Academia Española. Madrid.

Al insensato le conviene [...] grande vaso cerca del cuello, *y toda aquella parte carnosa junto a los hombros*, el celebro cabo, y la *frente redonda, grande y carnosa*, los ojos pálidos, y caído el lacrimal, y *que se muevan tardamente*, el *rostro carnoso*, la *cabeza grande y carnosa*, las orejas mui redondas y mal esculpidas, los cabellos blanquecinos, la *nariz ruda*, los *labios gruesos*, el de arriba preeminente, las *piernas* [...] *gordas, y redondas hacia el tobillo*, los demás miembros breves, y las *asentaderas gordas*, la garganta de la pierna toda ella gorda, carnosa y redonda, *breve cuello*, grueso, duro y firme, el *movimiento y la figura estúpida*, el color del cuerpo mui blanco o mui negro, el *vientre levantado*.[262]

Porque el retrato es más que convencional y caricaturesco, lógicamente no se trata de una trasposición pictórica de esta descripción, pero sí acentúa sus rasgos físicos esenciales (que subrayo en la cita dada más arriba): el hundimiento del cuello, los perfiles gruesos de toda la fisonomía que se acentúa en la curvatura del vientre, la cortedad de miembros, la mirada caída, los belfos insinuados. Giovanni Battista della Porta en su *Della Fisonomia dell'Uomo* (1599) había proporcionado a Carducho muchos elementos para elaborar ese boceto del necio, en el capítulo dedicado a la figura «del bestiale malizioso»: los cabellos lacios; el cuello y los hombros redondos, sin forma; ojos pequeños, hundidos o caídos; la mirada fija; curvo, ventrudo y de músculos gordos; las extremidades grasas y rudas; de color pálido y como en estado de somnolencia.[263] Añade, por lo demás, algo en absoluto testimoniable en el nivel iconográfico visual, como es «la voz de balido de cabra»; pero este rasgo tiene para nosotros un valor indicial de primer orden, si acudimos a los estudios existentes sobre el actor y cómo se ha querido subrayar el acentuado y consciente empleo de una voz atiplada que si, por un lado, ha servido para especular sobre su posible homosexualidad, por otro permitía a Cosme Pérez ajustar con precisión lo que cada vez es más evidente: que aprovechaba determinadas desventajas físicas para una habilísima construcción de una máscara. Como veremos en el capítulo correspondiente a los efectos y tonos de voz, este rasgo es constantemente cifrado directa o indirectamente en los textos, llenos de referencias metateatrales que se escribieron especialmente para él o su máscara.[264] Quien quiera que fuese el autor de este óleo de «Juan

---

[262] Ed. cit., p. 399.

[263] Della Porta, Giovanni Battista, *Della Fisonomia dell'Uomo* (ed. de Mario Cicognani), Parma, Guanda Editore, 1988, p. 595. En otros capítulos redunda en los rasgos del ignorante (brazos y extremidades cortas, p. 284), del rudo (manos pequeñas y carnosas, p. 297), de los estúpidos (mirada caída, p. 567; labios gruesos, cara carnosa, p. 520).

[264] En la mojiganga calderoniana *Los sitios de recreación del Rey* sale, por ejemplo, «Juan Rana», de moro, acompañado de instrumentos de chirimías: en esta condición de voz afeminada y chillona debe entenderse (lo observo ahora, después de haber editado la pieza

Rana» conoce o, más bien, ha vivido en un universo estilístico y de convenciones pictóricas o culturales que le invitan a sugerir mediante unos rasgos reconocibles (aunque no realistas) la *norma* del simple bufón puesto en escena. El retrato (por llamarlo de algún modo, aunque en absoluto responde a lo que por ese género se entendía en el Barroco español) ofrece los rasgos supuestamente realistas (siempre simplificados, puesto que la descodificación que se desea es de una evidente difusión popular) de llevar al hombro el mosquete de alcalde villano. En la mano izquierda cuelga una rana, en honor a su propio apodo. Que el bufón español por excelencia tenga por símbolo una *rana* es lógico, si advertirmos el comentario que Covarrubias ofrece en su *Tesoro* sobre esta palabra, a la que hace derivar del toscano y de la etimología latina *bufo/bufonis:* «por el sapo o escuerco, por otro nombre rana terrestre, venenata, que tales son estos chocarreros, por estar echando de su boca veneno de malicias y desvergüenzas, con que entretienen a los necios.» Así pues, el retrato de «Juan Rana» acentúa, con los préstamos o suturas culturales y léxicas del entorno, el tipo o máscara y no la realidad física del actor, aunque ésta seguramente diera soporte básico a aquella. Este retrato nos traslada, pues, la *máscara* y no el Cosme Pérez que históricamente hubiéramos podido o deseado identificar. Paradójicamente el retrato se estructura en una dimensión más auténtica, escénicamente realista, puesto que se trata de una *realización escénica*, un documento que sirve de soporte a las relaciones máscara/actor/personaje, punto álgido de la dramaturgia del actor, y único testimonio español parangonable con el Arlequín italiano. Haga de alcalde, de doctor, de marido consentido, de *marión,* de toreador, los rasgos que fragmenta el retrato permanecen. Y permanece el *nombre.* De hecho, cuando edité los entremeses calderonianos, al contar con dos versiones distintas, separadas en el tiempo, de *El toreador,* se observaba cómo en la versión que aparecía en la impresión de *Laurel de entremeses* (Zaragoza, 1660), a diferencia de la impresa en Madrid en 1663 (*Tardes entretenidas*), el actor que interpretaba a «Juan Rana» no era Cosme Pérez (que aún viviría probablemente hasta abril de 1672),[265] sino Simón Aguado. Pero en

---

hace muchos años) su alusión a que «soy Maestro de Capilla / de las Descalzas de Argel.» *Vid.* edición *Entremeses, jácaras y mojigangas* de Calderón de la Barca, citada, p. 349.

[265] *Cf.* Cotarelo y Mori, Emilio, *Colección de Entremeses, Loas, Jácaras y Mojigangas,* Madrid, 1911, NBAE, tomo 16, pp. CLVII-CLXIII, y Bergman, Hanna E., *Luis Quiñones de Benavente y sus entremeses. Con un catálogo biográfico de los actores citados en sus obras,* Madrid, Castalia, 1965. Esta autora reproduce por vez primera el retrato que comentamos y publica la nota de la Real Academia correspondiente al curso 1870-1871 en el que se citaba la donación de don Adolfo de Castro del citado retrato, «un cuadrito al óleo, que se supone ser retrato, o más bien caricatura, del célebre actor Pérez, conocido por el apodo de Juan Rana» (al dorso de la ilustración incluida en *Op. cit.,* tras la p. 449). Sobre las posibles

el reparto, y a lo largo de la obra, se llama a éste, con toda naturalidad, Cosme Aguado o Simón Rana. Algo semejante, casi siempre en el registro cómico, sucederá con algunos actores franceses del Hôtel de Borgogne: Robert Guérin recibió siempre el apodo de «Guillermo el Gordo» (por el nombre de su personaje predilecto); y Henri Legrand era llamado «Turlupin», y Hugues Guéru, «Gaultir Gargouille». Como en el caso del célebre bufón inglés Richard Tarlton (cuyas caricaturas acentúan precisamente su baja estatura, su nariz chata y su mirada estrábica, sus modos ridículos y su irrefrenable tendencia a la improvisación extemporánea), la mera presencia en las tablas de la máscara llevaba al jolgorio del público.[266]

Caso distinto es el supuesto retrato conservado de la actriz María Inés Calderón, llamada «la Calderona», que se conserva actualmente en el Museo de las Descalzas Reales de Madrid [ILUSTRACIÓN 26]; un retrato aparentemente alejado de lo que cabría esperar de la documentación, siempre mediatizada por el prejuicio moral, de las farsantas de la época. Quiero decir que, en principio, no aparece en él ningún elemento evidente que identifique a la protagonista del cuadro como una actriz. Lleva un vestido (*saya*) que parece ser de seda o raso claros, con un tejido adornado con rico brocado y pasamanerías en las orillas (parece de *cadeneta*, como entonces se llamaba) o, tal vez, con los laboriosos trabajos en relieve que tanto efecto de recargada suntuosidad otorgaba a los trajes, aun desafiando las leyes

---

implicaciones de este retrato en algunos entremeses véase, de la propia H.E. Bergman, «Juan Rana se retrata», en VV.AA., *Homenaje a Rodríguez Moñino*, Madrid, Castalia, 1966, tomo I, pp. 65-73, a la que siguen de cerca, con algunos comentarios adicionales sobre la naturaleza mágica del teatro que substituye a la realidad, Miguel Morán Turina y Javier Portús Pérez, *El arte de mirar. La pintura y su público en la España de Velázquez*, citada, pp. 152-154. Remito al capítulo VI.2 del libro para un mayor desarrollo de la construcción de la máscara de «Juan Rana».

[266] Todos los documentos sobre Richard Tarlton, en efecto, subrayan el aspecto extravagante y ridículo de su indumentaria incluso cuando se le confiaban papeles serios. Henry Peachman (*Truth of our Times*, 1638) recuerda su interpretación en una obra en la que un padre moribundo llama a sus hijos al lecho de muerte. Tarlton se presenta, como uno de los tres hijos, «como un pícaro, en una camisa suelta sin correa, con un ropón viejo al que faltaba una manga, las medias en los tobillos y la cabeza llena de plumas y paja.» *Cf.* Gurr, Andrew, *The Shakespearean Stage (1574-1642)*, citada, p. 87. Las imposiciones del aspecto físico eran, ciertamente, implacables para el actor. Colley Cibber recuerda el caso de Samuel Sanford (muerto en torno a 1700), excelente actor encasillado en caracteres de villano, por su figura siniestra, de baja estatura, y corcovado. De esta desventaja física nació, al parecer de Cibber, un actor genial, «admired by the judicious, while the crowd only praised him by their prejudice» (admirado por los juiciosos, mientras que la plebe sólo lo apreciaba por su prejuicio). *Cf.* Cibber, Colley, *Colley Cibber's Apology fo his Life*, *apud* Cole, Toby y Krich Chinoy, Helen, *Actors on Acting*, citada, p. 109.

Ilustración 26
Anónimo. Dama arreglándose. Posible retrato de la actriz María Inés Calderón,
«la Calderona». Siglo XVII. Museo de las Descalzas Reales. Madrid.

dictadas al efecto.[267] La saya presenta la novedad cortesana, introducida en la segunda mitad del siglo XVI, de ofrecer dos piezas independientes: un cuerpo (o *jubón*) y una falda (la típica *basquiña*), quizá con cola, aunque este detalle no pueda apreciarse al encontrarse la actriz sentada. Su cuerpo muestra la rigidez y esbelta tiesura que artificialmente construía el armazón de cartón que levantaba el busto; pero, en oposición a la severa moda del Seiscientos, conserva el generoso escote de la libertad renacentista. Liberada del aparatoso guardainfante o verdugado, el contorno curvo de sus piernas emerge poderoso y se adivina la estrecha cintura que ciñe la basquiña. Las mangas del conjunto del vestido, amplias y redondas, dejan entrever las llamadas *manguillas* transparentes de la camisa, que cubren, por debajo, los brazos. El escote deja ver así, tras la leve barrera de una puntilla, la gracia de unos senos poco más que adolescentes. A diferencia de los retratos de damas de la alta aristocracia que hemos podido contemplar, el primer detalle que delata la arrogancia de esta joven es que, al estar en la intimidad, aparece desprovista de los graves ropajes con que se mostraban o retrataban las aristócratas: la amplia *galera* ajustada a la cintura, pero abierta, que permitía ver la basquiña.[268] Nos mira, pero ensimismada en la intimidad de lo privado, con una mano hace navegar el peine por una ondulada melena, rubia y voluptuosa, préstamo de la Magdalena (que «la Calderona» acaso interpretó). Se peina contemplada por una criada o dueña (sumida en un exagerado recogimiento) en tanto el gesto de la joven se acentúa levemente con el índice levantado, señalando aquello que Francisco de Quevedo escribiría magistralmente en uno de sus sonetos:

> En crespa tempestad del oro undoso
> nada golfos de luz ardiente y pura
> mi corazón, sediento de hermosura,
> si el cabello deslazas generoso.

De la otra mano pende un fino cendal con diminutos adornos de puntillas colgantes. Del canon de un supuesto retrato aristocrático conserva su serenidad, su reposo: se retrata sentada, descansando el brazo izquierdo

[267] Se menciona, por ejemplo, en el anónimo *Diálogo de las comedias* (1620): «Entre las pregmáticas que ahora se trazan, algunas de las tocantes a los trajes, ordénase que los comediantes y comediantas no trajesen seda, ni la pudiesen vestir fuera del tablado, ni vestidos guarnecidos de seda, ni ellos trajesen espadas, ni ellas mantos ni chapines, sino mantellinas como las mugeres perdidas» (Cotarelo y Mori, Emilia, *Bibliografía*, citada, p. 230a).

[268] *Cf.* Bernís, Carmen, «La moda en la España de Felipe II a través del retrato de corte», en *Alonso Sánchez Coello y el teatro en la corte de Felipe II* [cat. exp.] 1, Madrid, Ministerio de Cultura, 1990, pp. 87 y ss.

en el sillón sosteniendo ingrávidamente un pañuelo. Pañuelo de menor riqueza, desde luego, que el que sostiene de manera igualmente displicente Ana de Austria, en el soberbio retrato que de ella nos dejara Sánchez Coello, o la reina doña Margarita de Austria en el que conservamos de Bartolomé González. Como en la pintura de la infanta Isabel Clara Eugenia, del mismo Sánchez Coello, está acompañada de una dama anciana que se mantiene en un discreto segundo plano. En el vestido de la joven se observa, por el contrario, la potente y sensual presencia de los abalorios y el lujo que gustaban mostrar las primeras actrices, así como la despreocupada manera de mostrar su cuerpo, liberado de las altas golillas. Y en sus muñecas y sobre la mesa el signo inequívoco de las joyas, recuerdos de favores nunca bien explicados. La undosa cabellera para nada remite, así, al recogido y severo tocado, rígido dentro de su suntuosidad, de las damas aristócratas. Remite a la voluptuosidad con que otros pintores se abandonan en el retrato de pecadoras penitentes o arrepentidas y que puede verse en las espléndidas Magdalenas de Luca Giordano o Elisabetta Sirani. Pero todo recogimiento se anula en el esplendor de esa mano que acaricia, más que peina, el cabello y en el oropel de las joyas que ahora comprendemos mira con cierta complicidad la dueña o criada, sumisa, a la espera de órdenes. Se sugieren así las notas de banalidad de una cortesana bajo el calco pictórico de las Venus renacentistas,[269] espléndidas, acicalándose en la intimidad o ayudadas por sirvientas. La figura que aparece en el cuadro muestra un rostro inequívocamente coloreado por los afeites. Son los únicos e indirectos reflejos de la imagen contradictoria de rechazo y fascinación social que envolvía a las comediantas. Nadie sabe si «la Calderona» se muestra aquí en su momento de esplendor o si se disponía a profesar abandonando las vanidades de su gastada vida. Nadie sabe ni siquiera si se trata realmente de «la Calderona». La historia de ese cuadro es la mirada de melancolía que nos atrae y acusa y cuenta cómo aquellas actrices y su cuerpo, centro intenso de percepción, sirvieron a la historia y al estado desviando las miradas de otros menesteres oscuros y críticos para que, con tal elocuencia específica, el cuerpo social se sostuviera. Y, como dice Veronique Nahoum-Grappe,[270] ya no se trata ni de sexualidad ni de erotismo, ni de prestigioso guión de diatribas morales. Se trata de simple utili-

---

[269] *Vid*. Orozco, Emilio, *Teatro y teatralidad del Barroco*, Barcelona, Planeta, 1969, p. 104: «La pintura nos [ofrece] retratos de damas con atuendo y atributos de divinidades paganas, o bien, de santas como se hizo frecuentemente en España. Ello es como la perpetuación en la pintura de esa real intervención de las damas en las fiestas de la corte como figuras del mundo mitológico y caballeresco.»

[270] «La estética, ¿máscara táctica, estrategia o identidad petrificada?», en Duby, Georges y Perrot, Michelle (dir.), *Historia de las mujeres*, Barcelona, Círculo de Lectores, 1992, tomo III, p. 121.

dad social. Es, pues, un retrato que empieza a rozar la psicología individual,[271] en el que la actriz o la protagonista llena el cuadro con su propia mirada: pero quien la ha pintado ha estilizado poéticamente cada detalle, ha aislado toda concurrencia turbulenta de máscara teatral. Es la actriz antes (o después) del instante de la representación. Esta consciente separación, esa lejanía de los emblemas de la profesión (a excepción del cuerpo, arma máxima de la representación) sitúa este retrato en las antípodas de la caricatura de «Juan Rana». Se incluye en la nueva retórica que caracterizará los retratos ennoblecedores de los actores: la actitud distante y pensativa. Sólo que las especiales condiciones socioculturales de la historia española la privan de la filacteria que hubiera envuelto, sin duda, la belleza, por ejemplo, de una Isabella Andreini. Permanencia sin nombre, pero presencia inmóvil. Al revés que «Juan Rana», que atraviesa la temporalidad del cuadro arrastrando su panoplia, aunque sea grotesca, de símbolos identificadores: la rana, la escopeta, el sombrerillo y el ropaje de villano.

El tercer ejemplo que deseaba mencionar se inscribe también en la hipótesis. Es el retrato de Velázquez que actualmente se conoce como *Pablo de Valladolid* (o *Pablos* o *Pablillo*), pintado, al parecer, sobre 1633 y que se encuentra en el Museo del Prado [ILUSTRACIÓN 27].[272] Se trata de un precioso lienzo de más de dos metros de altura y casi metro y medio de ancho en el que se representa un criado o, tal vez, «un hombre de placer» de los que frecuentaban la Corte madrileña de los Austrias. El cuadro, de hecho, ha recibido también el nombre de *El cómico*, pues durante mucho tiempo se le identificó con un actor. Ya veremos que la actitud y gestualidad lo ratifican ampliamente, y que esto no se contradice, sino que se refuerza, con la tesis de Bernardino de Pantorba,[273] según la cual «sería un hombre aficionado a recitados y comedias.» De hecho, el cuadro del personaje en cuestión (que sabemos estuvo, en efecto, al servicio del Rey y que murió en 1648) figura en el inventario de 1701 del Palacio del Buen Retiro como «Retrato de un bufón con golilla que se llamó Pablillos de Valladolid.» En los inventarios de 1772, 1794 y 1814 figura como «Retrato de bufón.» Cuando la obra pasa a la Academia de San Fernando se inventaría como «Retrato de un alcalde.» Y cuando llega al Museo del Prado, en el inventario correspondiente al año 1828, se inscribe como «Retrato desconocido.» Este cambio

---

[271] Para observar las diferencias con los retratos de actores o actrices de Goya, entre los siglos XVIII y XIX, ya asentados en la profundidad psicológica, véase Tordera, Antonio, «Historia e historias del teatro: la actriz Rita Luna», en *Del oficio al mito: el actor en sus documentos*, citada, 1997, vol. II, p. 354.

[272] *Vid*. Domínguez Ortiz, Antonio, Pérez Sánchez, Alfonso E. y Gállego, Julián, *Velázquez* [cat. exp.], Madrid, Ministerio de Cultura, 1990, pp. 338-341.

[273] *La vida y la obra de Velázquez. Estudio biográfico y crítico*, Madrid, 1955, p. 117, núm. 53.

Ilustración 27
Diego de Silva y Velázquez. *Pablo de Valladolid* (*ca.* 1633).
Museo del Prado. Madrid.

de nombre resulta, evidentemente, interesante. El anonimato y la falta de individualización se apodera de nuevo de la iconografía de un actor, o al menos del hombre de teatro. Es palmario que el arquetipo del bufón contradice lo que vemos. De ahí, pienso, que se planteen sucesivas hipótesis que no pasan nunca por el hecho de una identificación teatral; quizá porque el género del retrato, habitualmente de porte muy elegante, no se ajustaba con los cánones extraordinariamente populares que el imaginario colectivo había previsto para el teatro. Y éste es un retrato, aunque provenga de un *hombre de placer*, como los enanos y *meninas* que fueron objeto traslaticio del pincel velazqueño, de una dignidad asombrosa. Es un retrato elocuente en el pleno y magnificado sentido dramático del término. La vestidura negra, en el estilo sobrio y severo que exige la etiqueta de la Corte, con golilla blanca, mangas y jubón acuchillados y capa enérgicamente terciada, se rodea de un fondo claro, sin matices de espacios diferenciados. Deja tras sí, a la derecha, una leve sombra. El ojo ha focalizado, iluminado, un espléndido primer plano de alguien que, en efecto, parece dispuesto a declamar un monólogo teatral. Julián Gállego ha advertido esta novedad del retrato velazqueño: ese siluetado por el aire, rodeado de claridad, hasta ese momento hubiera sido normal sólo en una aparición celestial o mitológica. Ahora parece disponerse con el objeto de materializar la visión de alguien a punto de trasladarse al plano ilusionístico de una *representación*. Eduard Manet, cuando escribe en 1865 a su amigo Fantin-Latour, no duda en referirse a este singular retrato como «el de un actor célebre en tiempo de Felipe IV.»[274] Las piernas se abren en compás, adelantándose la izquierda, pero manteniendo el equilibrio que prescribirán todas las preceptivas del gesto del actor cuando éstos se codifiquen, a partir del siglo XVIII. Los brazos, en efecto, deben mantener el equilibrio: uno recogido, otro separado del torso pero en un ángulo descendente. Una de las manos está ocupada en recoger la capa, la otra queda liberada para secundar la acción declamatoria. La mano derecha, al extremo del brazo, imperativamente despegado del cuerpo, se observa en el momento exacto en que está abriéndose para individualizar el efecto de la separación de los dedos, estirándose progresivamente el índice.[275] La ma-

---

[274] Catálogo citado, p. 338.

[275] Como veremos más extensamente en el capítulo dedicado al gesto y, como asimismo se aprecia en algunas de las ilustraciones que aportamos en el libro, la gramática gestual de la mano y los dedos prescribe con gran aproximación esta actitud de Pablos de Valladolid. Recuérdese, por ejemplo, Francisco Lang y su *Dissertatio de Actio Scenica* (Múnich, 1727, pp. 30-31): «De manibus speciatim, tanquam potissimo actionis instrumento notamdum est primo, ut ad commissuram, ubi brachio junguntur, sint agiles & liberi. Tum digiti sic ordinentur, ut index plerumque rectur protendatur, reliqui vero sensim incurvari incipiant, magisque ac magis contrahi ad volam. Ita tamen res intelligenda, ut non uno eo

no izquierda en el pecho, exactamente como prescribirá el autor que con
mayor rigor habría de intercambiar los códigos de la pintura y del arte muchos años después, Johannes Jelgerhuis, en su *Theoretische Lessen Over de
Gesticulatie in Mimik* (Amsterdam, 1827), y las manos, tal como Jelgerhuis
también señala, aplicando la retórica de la antigüedad, mostradas una por el
dorso y la derecha abriéndose por la palma [ILUSTRACIÓN 28]. De hecho, el
gesto de esta mano derecha de Pablos de Valladolid reproduce con exactitud uno de los dibujos de Jelgerhuis con los que enseñaba a los actores a tomar como modelo la pintura,[276] y la privilegia como la portadora de las acciones de más digna y trascendente elocuencia. Goethe, en una de sus reglas,
canonizará totalmente la *pose* que advertimos en el cuadro: con el objeto de
que el torso se vuelva resueltamente hacia la audiencia, es conveniente para
el actor que descanse o apoye su pierna derecha mientras adelanta en compás la izquierda.[277] En el mapa gestual que diseña el Pinciano encuentra Pablos de Valladolid la recomendación de ese equilibrio en el ademán (moderación española e italiana que dice el crítico) de adelantar o acometer el pie
más por dignidad que osadía; de declamar o dirigir la acción con la mano derecha, quedando detenida la izquierda, pues cuando se mueve una mano sola «ha de ser la derecha»; de declinar la mano «hazia abaxo y después alzándola hazia el lado diestro»; de «apartar el dedo vecino al pulgar, llamado índice
de los demás.»[278] Lejos de la chocarrería esperable de un bufón, este Pablos
melancólico (gesto y mirada en los que coincide con el retrato de «la Calderona») parece prepararse para un solemne recitado. Tal como escribe con
enorme lucidez José Camón Aznar, despliega ante nosotros un ancho gesto
que parece requerir la más alta y trascendental elocución poética.[279] Sus piernas se abren en un gesto teatral, pero estilizado (no con la tosca muestra
de un grotesco caminar, como sucedía con «Juan Rana»). La inmovilidad le
imprime la majestad y lejanía de «la Calderona». Con la severidad del traje cortesano (pero también con la que le obligaban las leyes suntuarias impuestas
a los actores) Pablos presenta su cuerpo exento de aditamentos simbólicos,
de máscaras, de paisajes de fondo o cartelas destinadas al homenaje. Él es el
gesto, y su gesto es lo que ha garantizado la permanencia.

---

demque situ, velut lignei teneantur digiti, numquam in aliam formam mutabiles; sed de-
bent in suo motu diversimode inflecti, jam magis, jam minus eodem contrahendo, exten-
dendo, variando, prout videbitur res postulare ad concinnitatem, vel affectum.» Se insiste:
dedos ágiles y naturales, que no se articulen con la rigidez de la madera, que se muevan en
el aire aunque sin aspavientos ni contracciones violentas.

[276] *Cf.* Barnett, Dene, «The Performance Practice of Acting: the Eighteenth Century. Part
I: Ensemble Acting», *Theatre Research International*, II, 1977, pp. 9 y ss.

[277] *Ibid.*, p. 15.

[278] *Philosophia Antiqua Poética*, ed. cit., tomo III, pp. 286-287.

[279] *Velázquez*, Madrid, 1964. *Apud* catálogo citado, p. 241.

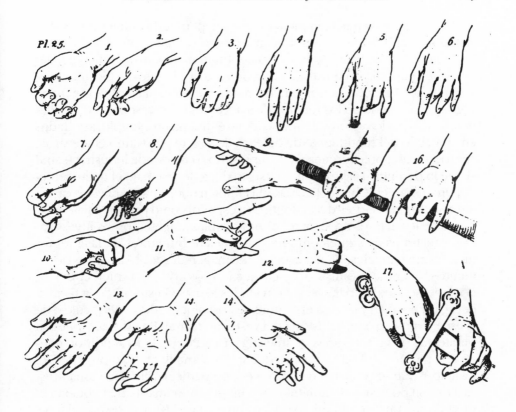

Ilustración 28
Johannes Jelgerhuis. *Theoretische Lessen Over de Gesticulatie in Mimik*
(Amsterdam, 1827). Diversas posiciones de la mano para enseñar al actor.

Ninguno de los tres ejemplos que me me permitido comentar pueden adscribirse al modelo de retrato canónico que exige la pintura española seiscentista, mediatizado por el carácter fuertemente aristocrático del género, que suponía un encargo, un comitente noble que auspiciara el deseo, justificado, de su permanencia en una memoria plásticamente física. Algo que sí sucede en los retratos de actores ingleses y, sobre todo, italianos, en los que los actores, Francisco Andreini sería un ejemplo, asentados en el orgullo del sentimiento de defensa de su arte pero también de su ascenso a la categoría burguesa del empresario o creador de industria teatral sí que lo permitía. Lástima que todo esto deba decirse bajo el documento, sí, pero meramente hipotético. De ahí también que, tanto para estos casos, tan aislados, de actores del Siglo de Oro español como para otros, las imágenes de los actores no se han utilizado habitualmente por los investigadores teatrales más que como ilustraciones redundantes de las fuentes meramente textuales,[280] una especie de imagen desdoblada de los documentos biográficos o históricos usados por los críticos, o bien como un documento auxiliar para otras actividades ajenas al estudio de la técnica del actor: por ejemplo para el estudio de la evolución del espectáculo o de la escenografía o para la historia del vestuario teatral. En este caso pueden plantearse dos direcciones de investigación. Por un lado acudir de nuevo a la pintura o al dibujo como documento ancillar. Del dibujo de Del Castillo[281] que se conserva en una colección particular de Barcelona [ILUSTRACIÓN 29] podemos documentar con un grado estimable de fiabilidad el modo como un actor anónimo pudo representar el Pedro Crespo calderoniano de *El alcalde de Zalamea*. Y de numerosas pinturas de Francesco Ricci (por ejemplo su retrato de un desconocido general de artillería [ILUSTRACIÓN 30]) colegir el modo como pudo componerse el personaje de don Lope de Figueroa. Por otro lado es necesario mencionar las espléndidas sugerencias que los bocetos de vestuario han aportado al conocimiento de la puesta en escena y de la caracterización del actor. No es éste, tampoco, el caso de nuestro teatro del Siglo de Oro, que, pese a haber levantado extraordinarias producciones de comedias mitológicas y de mascaradas cortesanas, de las que tenemos ocasional referencia escrita, no han producido la cantidad de bocetos y dibujos que para Inglaterra o Francia[282] dejaron au-

---

280 Maria Inés Aliverti, *Op. cit.*, p. 27.

281 Me resulta imposible precisar si se trata de Antonio del Castillo, pintor cordobés de la segunda mitad del siglo XVII, sobrino de Juan del Castillo, maestro de Murillo, o Antonio del Castillo y Saavedra, pintor, escultor y poeta nacido en Córdoba en 1603 y muerto en la misma ciudad en 1667, discípulo de Zurbarán y del que se conocen bastantes dibujos. *Cf.* Bénézit, Emmanuel, *Op. cit.*, pp. 590-91.

282 Véase, entre otros, los excelentes trabajos de Per Bjurström y B. Dahlbäck, «Témoignages sur l'éphémère», *L'Oeil*, 24, 1956, pp. 36-41; el de James Laver, *Costume in the thea-*

Ilustración 29
D. del Castillo. Dibujo representando probablemente un actor como Pedro
Crespo en *El alcalde de Zalamea*. Siglo XVII. Colección particular. Barcelona.

Ilustración 30
Francesco Ricci. *Un general de artillería*. Siglo XVII. Museo del Prado. Madrid.

tores como Inigo Jones,[283] Henry Gissey[284] y Jean Bérain.[285] Como ya hemos visto en los ejemplos conservados de *La fiera, el rayo y la piedra*, predomina la rudeza y el trazo de fuerte estereotipación simplificadora frente a ese vestuario brillante dibujado con vigoroso realismo por Jones o Bérain. Lo que no obsta para que de un simple cotejo de las imágenes encontremos razonables indicios de coincidencias. Por ejemplo, la predilección por un vestuario sofisticado cuya espectacularidad radica en la porosidad respecto a la lujosa moda aristocrática del entorno,[286] lo que permite suponer a unas actrices o cantantes actuando de ninfas clásicas pero

---

tre, Nueva York, Hill and Wang, 1965, y el de Theodore Komisarjevsky, *The costume of the theatre*, Nueva York, B. Blom, 1968.

[283] Pintor, arquitecto, escenógrafo, diseñador de máquinas teatrales y brillante figurinista de vestuario inglés (1573-1652). Fuertemente influido por el arte clásico (viajó a Italia muy joven y quedó profundamente impresionado por Palladio), ya en 1605 se documenta su primera colaboración para el teatro encargándose del aparato escénico de *The Maske of Blacknesse*. Tras otros viajes a Francia e Italia (donde entra en contacto con Vincenzo Scamozzi, Francesco Aleotti y Giulio Parigi), en 1615 es nombrado por el rey Jacobo I responsable de las fiestas y representaciones teatrales de la corte. Influido por pintores holandeses y flamencos, se mostró habilísimo y brillante director de escena, dejando deslumbrantes y exóticos bocetos de vestuario para obras de Ben Jonson y William Shakespeare. Produjo una espléndida colección de dibujos, diseños y bocetos tanto arquitectónicos como teatrales; de él se conserva, asimismo, una copia italiana de la *Arquitectura* de Vitrubio con anotaciones personales.

[284] Pintor y figurinista francés (1621-1673), ejerció en la corte del rey Luis XIV como «Ingenieur et dessinateur ordinaire des plaisirs et des ballets du roi.» Parece que llegó a colaborar en sus inicios de diseñador del vestuario en la célebre puesta en escena dirigida por Torelli de *Le Nozze di Pelo e di Theti*. Más tarde realizó el vestuario para la representación de les *Festes d'Amour* de Molière y Balli que tuvo lugar en Versalles. Genuino representante del gusto barroco en el vestuario, sus diseños ofrecen oníricas riquezas y extravagancias de forma, siempre con el eco de la reminiscencia clásica y la evocación exótica.

[285] Pintor y escenógrafo francés (1637-1711) que ostentó el cargo de Grabador y Diseñador de Cámara y del Gabinete Real, por el cual hubo de ocuparse durante treinta años del diseño y supervisión del aparato y vestuario ideados para todo tipo de acontecimientos y fiestas reales. Especial mención merecen los espléndidos bocetos diseñados para las fastuosas obras *Thésée* (1675), *Athys* (1676) e *Isis* (1677) de Balli, así como *Psyché* (1678), *Bellérophon* (1679) y *Proserpine* (1678). Como escenógrafo puede considerarse el introductor del estilo Luis XIV, aclimatando al gusto francés la escena a la italiana introducida por Torelli y Vigarany.

[286] Este sería el sentido, además de evitar dislates anacrónicos, de la propiedad que los observadores exigían al teatro. Juan de Zabaleta en su *El día de fiesta por la tarde* aconseja al oyente o espectador de la comedia que preste «grande atención a la *propiedad* de los trajes, que hay representantes que en vestir los papeles son muy primorosos. En las cintas de unos zapatos se suele hallar una naturaleza que admira» (ed. cit., p. 316). Por su parte José Alcázar en su *Ortografía Castellana* (*ca.* 1690) apuntaba que «en el traje se debe considerar la propiedad y la riqueza. No debe el turco vestirse de vestidos alemanes, ni el español de arábigos. Los pintores persas, en adornando la cabeza de un hombre con sombrero, afirman que han representado un francés con todos sus números» (*apud* Sánchez

con los ropajes y plumajes contemporáneos que el burdo dibujante del manuscrito citado de *La fiera, el rayo y la piedra* muestra. O las *citas* de prestigio clásico que supone la aparición, justificada o no, del célebre vestuario *a la romana*, para los actores de la comedia mitológica o, incluso, del auto sacramental,[287] especialmente el uso del yelmo y del peto de la armadura. Tendencia que había arrancado con las primeras codificaciones académicas sobre el vestuario en la pintura del siglo XVI (Vasari realiza los primeros repertorios de moda), poco después de que Leone de Sommi llegara a especificar el largo de las túnicas de las ninfas o diosas, de acuerdo con la edad y rango con que debían aparecer en escena. La tendencia al jeroglífico exotérico que preside muchos de los diseños de Jones (que utilizó sistemáticamente la palabra *extrañamiento* o *extranjeridad* para explicar los fines que perseguía con su vestuario) es, en definitiva, una equivalencia de la dimensión emblemática e icónica a la que hemos aludido en las referencias al vestuario de los autos sacramentales. Se trataba en este caso, con el añadido de una dimensión didáctica, de realizar la síntesis de la fantasía y capricho manieristas con el simbolismo barroco, antes de que la tendencia clasicista sustituyera dicho vigor simbolista con la pompa suntuosa de una tragedia poblada por pelucas, plumas, cascos, clámides antiguas y sandalias de lazo.[288] No era, pues, puro disparate irónico el que Lo-

---

Escribano, Federico y Porqueras Mayo, Alberto, *Preceptiva dramática española del Renacimiento y del Barroco*, citada, p. 245).

[287] En un documento de 1592 sobre la representación que la compañía de Gaspar Porres había de hacer de la obra *Santa Catalina* se dice que «habrá tres galanes *vestidos a lo romano*, con cotas y faldones y tocados con monteras de terçiopelo y raso en sus mantos y calçadillas y borceguíes» (Pérez Pastor, Cristóbal, *Nuevos datos acerca del histrionismo español en los siglos XVI y XVII [1.ª Serie]*, Madrid, Imprenta de la Revista Española, 1901, pp. 333-334).

[288] La crítica ilustrada aplicada a las representaciones de los autos sacramentales en el siglo XVIII rezuma del prejuicio contra este sistema. José Clavijo y Fajardo, en *El pensador matritense. Discursos críticos sobre todos los asuntos que comprende la sociedad civil* (1763), ataca «la impropiedad con que suelen vestirse los actores en sus respectivos papeles. ¿Quién dejará de reírse a carcajadas al ver que en *La primera edad del hombre* sale un levita y que este levita viene vestido de sacerdote con mitra a lo antiguo? [...] Cuando la representación de los autos no tuviese en sí otra ridiculez que la que suelen dar los mismos actores, sería sobrado motivo para subscribirla. Un Elías vestido muy pobremente, con mucha barba y zapatos encarnados con galón de oro ya lo habíamos visto en *Los tres prodigios del mundo*, pero Cristo peinado de ala de pichón, con potros y corbatín, esto está reservado para aumentar las deformidades de los autos» (Cotarelo y Mori, Emilio, *Bibliografía*, citada, pp. 159b-160a). Como es sabido, una de las *rupturas* que procura a la escena inglesa el nuevo naturalismo de David Garrick fue, precisamente, el abandono de las vestimentas romanas, que tan en boga habían estado durante la Restauración en la representación de tragedias heroicas, sustituyéndolas por un vestuario contemporáneo muchas veces diseñado por él mismo. *Cf.* Martínez Luciano, Juan Vicente, «El actor inglés en el siglo XVIII», en *Del oficio al mito: el actor en sus documentos*, citada, t. II, p. 277.

pe en su *Arte Nuevo* clamara contra el anacronismo de sacar un actor que hiciera de romano con «unas calzas atacadas.»[289] El vestuario barroco, desde sus inicios, marca el ideal del uso de elementos distintivos clásicos (de hecho Rubens pinta con toda naturalidad un soberbio Marte con las galas de un caballero del siglo XVI). Vemos la aparición de esta hipótesis de vestuario en la serie de comedias mitológicas que se desplegaron en el Coliseo del Buen Retiro, que debieron estar muy próximas a los diseños de Inigo Jones. En el boceto que éste plantea para Oberon en la mascarada de Ben Johnson *Oberon the Fairy Prince* (1611) se evidencian las influencias de Cesare Ripa y de la obra de Cesare Vecellio *Habiti antichi et moderni di tutto il mondo* (1598)[290] y el deseo de plasmar una tipología de héroe asentado en la iconografía clásica, con tanta fortuna que prevalecerá en las imágenes que, ya en la época neoclásica, se instalan como ilustraciones didácticas en los libros de práctica actoral (lo podemos comprobar al ver las ilustraciones incluidas en la obra de Francisco Lang).

Son este último tipo de obras, en fin, las que permiten sugerir otra de las direcciones por investigar: la iconografía sugerida por los tratados escénicos que se escriben principalmente en el siglo XVIII y que adoptan algunas veces, como eje de su especulación teórica, la referencia visual. Ya he citado las ilustraciones de Francisco Lang. Merece la pena recordar ahora las incluidas en la obra de Johan Jakob Engel *Ideen zur einer Mimik*, publicada en Berlín entre 1785-1786, en donde una serie de grabados acompañan algunas indicaciones de composiciones gestuales. Como ha subrayado Dene Barnett,[291] es difícil separar en estas ilustraciones lo que tienen

---

[289] Lope incluye esta alusión muy general sobre el vestuario, citando, de paso, a Julio Pólux, quien en su *Onomastikon* diseñó la tipología de personajes/máscaras en términos muy rígidos. Desde luego no deja lugar a dudas que la mezcla caprichosa de vestuario era práctica habitual en la puesta en escena: «Los trajes nos dijera Julio Pólux / si fuera necesario, que, en España, / es de las cosas bárbaras que tiene / la comedia presente recebidas: / sacar un turco un cuello de cristiano / y calzas atacadas un romano.»

[290] *Cf.* Marly, Diana de, *Costume on the Stage (1600-1940)*, Nueva Jersey, Barnes & Noble Books, 1982, p. 10. Véase asimismo el espléndido trabajo (aunque prescinde, por desgracia, del teatro español) de Newton, Stella Mary, *Renaissance theatre costume and the sense of the historic past*, Londres, Rapp & Whiting, 1975. ¿Pudo existir alguna obra española que recogiera esta tradición de diseño de vestuario de acuerdo con la mirada de prestigio del pasado? Se ha especulado con la referencia que Francisco Santos hace en su libro *El arca de Noé* a una obra «de Antonio de Salas en su *Libro de trajes y formas de los teatros.*» Si el autor citado es Jusepe Antonio de Salas nada de esto se dice en su *Nueva idea de la tragedia antigua.* Francisco Florit («Testimonios teatrales de los costumbristas barrocos», en VV.AA., *En torno al teatro del Siglo de Oro. Actas Jornadas IX-X,* citada, p. 189, nota 15) especula sobre un error del autor o una obra perdida.

[291] «The Performance Practice of Acting: the Eighteenth Century. Part I: Ensemble Acting», citada, p. 159.

de verdadera investigación gestual y lo que poseen de extremas y subjetivas razones estéticas o pictóricas. La eficacia didáctica estaría al servicio evidente de la composición. Eso se advierte con facilidad en las ilustraciones de Engel y en la más que determinante influencia del autor de los grabados cuando la obra se reedita o traduce. Yo he manejado la traducción o adaptación que Henry Siddons realiza para la escena inglesa (*Practical Illustrations of Rethorical Gesture and Action Adapted to the English Drama. From a work of the subject by M. Engel [...] Embellished with numerous engraving, expressive of the various passions and representing the modern costume of the London Theatres*, 1807) y la agudeza de los comentarios introducidos no me parece tan importante como la espléndida calidad de los nuevos grabados y su eficacia iconográfica para expresar determinadas pasiones (los celos, la ira, el desprecio [ILUSTRACIÓN 31], el terror o el horror, a través de la figura de Medea). La influencia de la pintura neoclásica, así como de las convenciones histórico-culturales del momento, es más que evidente.[292] ¿Cómo, si no, interpretar que la imagen que sirve de soporte a la explicación de la pasión del orgullo sea un esbelto oficial con sombrero napoléonico y con la mano derecha metida en la guerrera? Un gesto, por cierto, detestado por Goethe en su *Reglas* para el actor, que lo condena expresamente por afectado y artificial. Otras ilustraciones incluidas en el libro de Siddons, copiadas a su vez de las de Engel, derivan de la tradición y las convenciones de la fisiognómica, siguiendo el modelo de Lavater (así la figura del *flemático*). Pocas veces, sin embargo, se reproduce una situación teatral concreta, como sucede en las páginas 97-98, donde la trascripción de la escena del balcón de *Romeo y Julieta* se ve acompañada por una convencional ilustración de la misma. Pero este maridaje entre pintura y teatro ya está asegurado en la forma que hemos explicado y alcanza su expresión más perfecta en la obra de Johannes Jelgerhuis (*Theoretische Lessen over de Gesticulatie in Mimik*, Amsterdam, 1827), profundamente inspirada por el pintor Gérard de Lairesse (*Het groot Schilderbock*, Amsterdam, 1707). Este tratado ofrece el mayor rigor y preciosismo en el estudio del gesto y la motilidad general del actor junto con algunos dibujos espléndidos (por ejemplo el del actor alemán Andries Snoeck interpretando el papel de Aquiles [ILUSTRACIÓN 32]) que nos permitimos reproducir al reunir la herencia de la iconografía clásica con el vigoroso gesto de acometimiento tan substancialmente barroco. Poco después, en 1832, Antonio Morrocchesi en su *Lezioni di declamazione e d'arte teatrale* hace reaparecer el énfasis declamatorio y trágico, los valores plásticos prerro-

---

[292] *Cf.* el estudio introductorio de Luciano Mariti a la reproducción facsímil del libro de Engel traducido al italiano (*Lettere intorno alla mimica*, Roma, Editori & Associati, 1993, pp. VII-LXXIX: «Tra scienza del uomo e scienza dell'attore»).

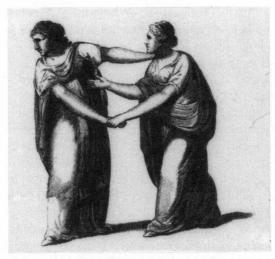

Ilustración 31

Henry Siddons. *Practical Illustrations of Rethorical Gesture and Action Adapted to the English Drama* (Londres, 1807). Adaptación de la obra de Jakob Engel *Ideen zum einer Mimik* (1785-1786). Ilustración para reflejar la pasión del desprecio o rechazo.

Ilustración 32

Johannes Jelgerhuis. *Theoretische Lessen Over de Gesticulatie in Mimik* (Amsterdam, 1827). Actor neoclásico, probablemente Andries Snoek, interpretando a Aquiles.

mánticos que asimilan la estilización de la iconografía clásica. Clámides y túnicas vuelven a la escena o, al menos, a las páginas de los libros, como lo hace todavía la vestidura *a la romana* en el tratado de Francisco Lang (1727), [ILUSTRACIÓN 33] o en tardíos tratados de declamación del siglo XIX como el de Andrew Comstock *A system of elocution with special reference to gesture* (1844) [ILUSTRACIÓN 34].

Pero pienso, como Ferdinando Taviani,[293] que la fiabilidad o interés de un documento iconográfico no depende ni de estos anacronismos ni, desde luego, de la posible (y no pocas veces frecuente) mediocridad de su realización (estoy pensando, sobre todo, en la simplicidad tosca de los dibujos de la escenografía y en los actores en escena de *La fiera, el rayo y la piedra*). Porque el ilustrador o el pintor es evidente que dibujan o pintan *lo que saben* (o les hace saber la cultura de su contexto) y no *lo que ven*. Son construcciones icónicas para la memoria, una radiografía más que una fotografía, que llegan hasta nosotros con tan pregnante y seductora inmediatez que puede deslumbrarnos en su ilusión de documento fidedigno. Por eso el retrato del actor, todas las manifestaciones documentales iconográficas que su técnica genera o, subsidiariamente, las representaciones del espectáculo reflejan no sólo lo que un público determinado creía ver sino también (y de ahí su inclusión en nuestro universo enciclopédico del estudio de la técnica del actor) todo lo que el sistema cultural en el cual se inscribía permitía o quería mostrar. La imagen teatral o incluso los mal llamados retratos de «la Calderona» o de «Juan Rana» o de Pablillos de Valladolid representan un pacto simbólico con la cultura del entorno, nos ofrecen simultáneamente un saber del actor y un saber del hombre que los ve y los pinta; y son, sin duda, el comienzo discreto e indirecto de una reivindicación individual que transgrede (o, al menos, supera) el sentido efímero de su profesión. Si el actor imita fielmente (o paródicamente) una realidad permanente trasladándola a una provisionalidad irrepetible, el pintor o el autor de ilustraciones y grabados canalizan la instantaneidad hacia una permanencia documental (lo mismo que la mordaz y morbosa mirada del censor) e incluso hacia la metodología didáctica (como sucede en algunos ejemplos de los manuales de oratoria o retórica forense).

Todo este conjunto de imágenes (que no hay por qué considerar cerrado en ningún momento) constituye parte del repertorio cultural de la *enciclopedia* barroca, con lo que hay que partir de que el estatuto esencial del documento que estudiemos es relativo y no dogmático y que su valor testimonial y el uso que hagamos de él están en función del análisis que pretendemos hacer, siempre y cuando la tesis a la que lleguemos sea coherente y filológicamente irreprochable. Entiendo por este término el he-

---

[293] «Immagini rivoltate», *Immagini di Teatro...*, citada, p. 53.

Ilustración 33
Francisco Lang. *Dissertatio de actione scoenica* (Múnich, 1727).
Pose del actor vestido *a la romana*.

Ilustración 34
Andrew Comstock. *A system of elocution with special reference to gesture* (1844).
Modo de declamar usando las manos y los brazos. Vestuario a la romana.

cho de evitar exactamente lo que Taviani llama, siguiendo a Robert Graves cuando éste comenta sus novelas históricas, *iconotropía*, es decir, mutilar o modificar el significado de las imágenes en un sentido opuesto, o simplemente interesado, respecto a su sentido original. Peligro o prevención que no puede paralizar nuestra exégesis, puesto que la cultura e historia teatral encuentran su máxima estabilización en la dialéctica pasado/presente.

Con este tipo de documentos nos aproximamos vertiginosamente a ese original archipiélago, con los cuales poder aventurar una reconstrucción de la técnica actoral barroca. Como decía James Boswell, haciéndose eco, precisamente, de lo que lamentara en 1766 David Garrick, mientras que la obra de un pintor o de un poeta se trasmite en el tiempo con la posibilidad de suscitar admiraciones sucesivas, el talento del actor, que puede levantar el clamor en un instante de la historia, no deja huella alguna tras él.[294] De la bella Isabella Andreini, a diferencia del reflejo de pura domesticidad, melancólica y remota, de la Calderona, nos han quedado profusos testimonios gráficos no sólo de su belleza como actriz, sino de una imagen pública instalada en la cultura aristocrática y académica de su tiempo. Medallas en su honor, por ejemplo, con un alto sentido de *monumento* conmemorativo, con su efigie en un lado y la imagen alegórica de la fama en el reverso. Conocemos, incluso, el emblema que la actriz eligió para personarse en la *Academia degli Intenti*. En él, bajo el lema *Elevat ardore*, una llama en alza, vemos el símbolo de un cohete disparado al aire que sube majestuoso, significando el alto compromiso del actor, de la actriz, por construir la ilusión mediante el artificio, aunque sea en el cielo efímero que después ha de fundirse, desplomado, con la realidad.[295] Lessing, al hablar del potencial expresivo del actor, lo incluye en el concepto teórico de *pintura transitoria* (*transitorische Malerei*). La documentación que nos ha quedado, estudiada y revitalizada desde la perspectiva que propongo, es una resistencia a esta poética de lo efímero y una saludable provocación a recorrer la historia del teatro con ojos nuevos.

4. Los documentos de las *Controversias* sobre la licitud del teatro:
   su ambigüedad y su aportación a la constitución del registro actoral

En otro apartado he mencionado la utilidad que puede tener para nuestro propósito el proceso ideológico y documental que, durante los

---

[294] James Boswell, *On the Proffession of the Player* [1770], Londres, Elkin, Matthews and Massot, 1929, pp. 16-17.

[295] Inserto en la edición de las *Lettere* de Isabella Andreini, Venecia, 1607. *Cf.* Taviani, Ferdinando y Schino, Mirella, *Il segreto della Commedia dell'Arte*, Florencia, La Casa Usher, 1986, p. 34, fig. 38-39.

siglos XVI y XVII, intenta reivindicar la profesión de pintor. De ese conjunto de testimonios uno de los aspectos más interesantes es la sedimentación de un léxico teórico en torno al arte, a la profesión y al oficio que se intenta defender. Como han observado Morán Turina y Portús Pérez,[296] el vocabulario que se va gestando (en sus aspectos técnicos, valorativos e, incluso, morales) y que nosotros, ahora, podemos descodificar desde una postura crítica, supone un intento de controlar, mediante el lenguaje, la práctica y el jucio crítico de un *arte* o sistema que quiere ser reconocido. La técnica de actuación es también una suerte de ciencia cuya naturaleza puede ser abarcada y comprendida por el lenguaje. Hemos observado una serie de vetas documentales que nos han ido procurando una manera de describir (inaugurando a veces, continuando otras), unos tópicos o verbalizaciones para aproximarse a un fenómeno como era la crítica al teatro desde el cuerpo y el gesto del actor, para subrayar su experiencia artística desde un sistema codificado. Pero la generación de ese *vocabulario*, para el caso del farsante, farandulero, representante, histrión, cómico o actor, puede venir no sólo desde una perspectiva de valoración positiva sino también, paradójicamente, del prejuicio moral que alberga un discurso tendencioso o teológico. Me refiero a muchos textos de la controversia sobre la licitud del teatro, algunos de los cuales ya he venido mencionando.

Las *controversias* no son, desde luego, un género privativo de España; el mismo modelo siguen en Inglaterra para el teatro isabelino obras como *A sermon preached at Pauless Cross* (1578) de Thomas White o *Anatomy of Abuses* (1583) de Philip Stubbes; por no hablar del marcado modelo puritano de obras como la célebre *Apology for the actors* de Thomas Heywood, publicada en 1612, agriamente contestada por el misterioso I. G. en su *A refutation of the Apology for the actors* (1615). En cuanto a Italia, el modelo de reacción contrarreformista de la Iglesia respecto al teatro es idéntico, como prueban los durísimos escritos de Carlos Borromeo, arzobispo de Milán, entre 1565 y 1584: *De actionibus et repraesentationibus sacris*, decreto emanado del Primer Concilio Provincial de 1565; *De histrionibus, cingaris, tabernis meritoriis et aleatoribus*, del mismo año y circunstancia; *De festorum dierum cultu*, decreto del Tercer Concilio Provincial de 1572, etc. Estos escritos suponen el inicio de una serie de tratados del mismo tenor: el de G. Baldesano, *Stimolo alle virtù proprie del giovane Christiano* (Roma, 1592), especialmente el capítulo IX («Del fuggire li theatri e la vanità de gli spettacoli»), o la traducción realizada, en 1599, por Giulio Zanchini del *Discorso del danno che cagionano le Comedie e lascivi spettacoli*, del franciscano español Juan de Pineda; y la de la obra, de enorme difusión en

---

[296] *Op. cit.*, p. 157.

todo el ámbito europeo, *Aprovechamiento espiritual* (Florencia, 1599) de Francisco Arias. Después, naturalmente, las obras del jesuita Juan de Mariana a partir de 1609 o la de Francesco Maria del Monaco, *In Actores et Spectatores commoediarum nostri temporis paranenesis* (Padua, 1621).[297] La diferencia estriba en que en Italia se suscita una verdadera polémica y que los propios actores, como Nicolò Barbieri (y más tarde el jesuita Giovan Domenico Ottonelli), reaccionan reivindicando no sólo moral sino intelectualmente la profesión.

Para el caso español la polémica se circunscribe a intereses muy concretos (más políticos o morales que pragmáticos, profesionales o puramente estéticos). El *corpus* más amplio y organizado que poseemos es, sin duda, la colección *Bibliografía de las controversias sobre la licitud del teatro en España*, elaborada por Emilio Cotarelo y Mori en 1904 y que hasta recientísimamente no ha sido reimpresa.[298] Tanto los apologistas como, sobre todo, los detractores del teatro aportan una buena parte del discurso almacenado por la tradición; sus argumentaciones se troquelan sobre la tupida red de escritos de la Patrística. Cuando no existe una crítica codificada anteriormente, se ha de hacer así. Pero, pese a las reticencias que han manifestado muchos investigadores sobre la utilidad real de estos documentos, aduciendo que estos moralistas (o simples burócratas redactores de memoriales y ordenanzas) no veían teatro y construían, en consecuencia, un discurso artificial empedrado de tópicos, es, hoy en día, el documento más sólido para investigar, en un seguimiento diacrónico, cómo se va pergeñando una teoría de la recepción teatral, encarnada en unos protagonistas concretos (los actores, las actrices, su actividad física).

Es evidente que para este caso hemos de aplicar el mismo rigor filológico que para otros documentos. Hay que observar sus limitaciones y definir exactamente qué punto de vista se adopta por parte de su emisor y, en consecuencia, advertir los *agujeros negros* que, por oposición y paradójicamente, pone en evidencia los textos del *corpus* de la *Bibliografía* de

---

[297] *Cf.* Taviani, Ferdinando, Introducción a la ed. de *La Supplica* de Nicolò Barbieri, citada, pp. XVII y ss.

[298] Contamos ahora, sin embargo, con la edición de José Luis Suárez García. Es una reproducción facsímil de la de 1904, pero con un suculento estudio introductorio, una excelente bibliografía sobre la cuestión, que actualiza en muchos casos aportaciones y unos meritorios índices. Cierto que no se ha optado por una verdadera reedición en la que se evitaran las numerosas mutilaciones y fragmentaciones de los textos practicadas por el bueno de Cotarelo, pero es algo no imputable a la precisa y preciosa labor de José Luis Suárez (que imagino lo hubiera deseado). Él mismo, en los últimos años, ha desempolvado y dado a conocer nuevos textos sobre la polémica e iluminado la importancia que estos escritos tienen para la comprensión del fenómeno teatral en la España de los siglos XVI y XVII. Véanse estos trabajos en la Bibliografía.

Cotarelo. Por una parte, y como advirtiera también Juan Manuel Rozas,[299] en muchos casos el venerable erudito mutilaba los textos sin motivos justificados. En numerosas ocasiones se advierte también que no hay una trascripción del documento en cuestión sino una breve glosa, un tanto imprecisa. Pero, y esto es quizá lo más importante, los documentos de la *Controversia*, en la mayor parte de los casos, ofrecen una interpretación sociológica notoriamente sesgada o filtrada por la mirada del censor. Si comparamos el extenso párrafo reproducido ya del *Viaje entretenido* de Agustín de Rojas (que podríamos calificar de sociológico y moralmente neutro) con la visión que de la vida cotidiana de los comediantes se da en un texto del Padre Pedro Fomperosa y Quintana fechado en 1683, se advertirá claramente una toma de postura sectaria:

> Éstos [los representantes] se reducen a tomar de memoria por la mayor parte versos amatorios, ocupando con estas especies los entendimientos. A las mujeres muchas veces se los leen los hombres, unas por no saber leer, otras por abreviar en este ejercicio con lo que han de tomar de memoria. Ensayan luego todos juntos, siéntanse promiscuamente, míranse y háblanse cara a cara sin reparo, ni nota, ni miedo. A estos ensayos, como son de cada día, es preciso estar las mujeres como de casa y medio desnudas. Concurren de todas edades, mozos, galanes y desahogados, y ellas muchas veces hermosas, agraciadas y no menos libres. Vense cada día ejercitar sus habilidades, no con descuido ni con medianía, sino con todo estudio y muchos primores, representar, cantar, bailar, tocar. En los bailes y sainetes, para dar más gusto al pueblo, fuera de lo que suele llevar de suyo el verso de alusiones torpes, etc., añaden ellos la mímica, estudiando acciones y ademanes livianos con que acompañar lo representado y lo cantado, inventando allí, y puliendo cada uno conforme a su gusto.[300]

[299] *Op. cit.*, p. 149, nota 4: «Como era lógico esperar, los resúmenes de Cotarelo dejan pasar, al lado de lo que recoge, numerosas noticias y aspectos. Un próximo *corpus* debería, por ello, ser más exigente y dar los textos completos, no resumidos, ni con puntos suspensivos. Pongo dos ejemplos indicadores de los fallos de Cotarelo. Al reseñar el libro de Diego de Guzmán, *Vida y muerte de D.ª Margarita de Austria* (Madrid, 1617), donde hay una digresión importante sobre teatro, Cotarelo, apurado por el enorme espacio de los textos, pone puntos suspensivos en un momento determinado y se salta nada menos que unas seis páginas del original. En ellas el autor, en el capítulo XI, hace una síntesis muy interesante de las opiniones de los antiguos y medievales sobre teatro. Cotarelo corta porque éstas no atañían directamente a la comedia nueva, pero no por eso dejan de interesar, especialmente porque el que las glosa y manipula es un barroco, coetáneo del teatro que nos interesa. El otro ejemplo es más grave. Del libro de Nicolás Blanco, *Examen teológico-moral sobre los teatros actuales de España* (1.ª ed., Zaragoza, 1766 [...]), Cotarelo, forzado por la extensión, resume un pasaje, pero se deja, naturalmente, otros de gran importancia. Y alguno tan importante como el que se lee en las pp. 9-13: una crítica desde el siglo XVIII de la "inmoralidad" de algunas obras concretas de Calderón, *El mayor encanto amor, El galán fantasma, Judas Macabeo*.»

[300] *Bibliografía*, citada, p. 267b.

Nótese que en la supuesta descripción de los ensayos la cualidad de la *memoria* se vincula a los «versos amatorios» y, sin mediar comentario alguno, con gran sutileza, se especifica el magisterio iniciático del hombre sobre la mujer, lo que, unido a la anterior referencia, no deja de bosquejar una vaga sensación de morbosidad, confirmada de inmediato con la vida promiscua de quienes «se miran y hablan cara a cara sin reparo.» La mujer «como de casa y medio desnuda» ejercita su no poca libertad «con estudio» para añadir «mímica y acciones» a la torpeza del texto; la capacidad de improvisación y la *tejné* personal («inventando y puliendo») sirven al mismo efecto. Convengamos que tal meticulosidad puede llevarnos a todo menos a minusvalorar la opinión de los moralistas —no en cuanto a moralistas sino en cuanto a suministradores de datos y precisiones que connotan y no simplemente describen—, es decir, lo contrario de lo que recomienda algún estudioso.[301] Es en casos como éste donde puede apreciarse la lectura escéptica y positivista del documento entendido como monumento de exacta literalidad, no situándolo en su *poética* particular, en su género o tradición. Pues, de hecho, la condena sistemática del espectáculo por parte del estamento eclesiástico es, como vimos, antigua y sustentada en algo más que concepciones teológicas. Paul Zumthor[302] recuerda los bailes comunes de juglares y juglaresas que representaban acciones simbólicas con no pocas dosis de acrobacia y que muy tempranamente se tenían asimismo por lascivas. Los diversos nombres connotaban su aparente exotismo: el «estilo francés», «el de Champaña», «el español», «el de Lorena», etc. Hacia el año 1400 —añade Zumthor— una graciosa originaria de Valencia hizo una gloriosa carrera de danzadora a través de España y Francia.[303]

De los siglos XIV y XV al siglo del *Quijote* las cosas no cambian substancialmente y el punto de vista sigue siendo inamovible: es decir, una fuerte reacción moral frente al gesto, la acción, la manifestación protocolaria del teatro. Lo leemos en el Padre Mariana (*De Spectaculis*, 1609): «No es menor maravilla ver *lo que hacen y dicen* sus *meneos* y *visajes*, gritería, aplauso y lágrimas de hombre.» Y lo leemos en el Padre Juan Ferrer en el *Tratado de las Comedias*, que escribe en 1618 bajo el seudónimo de Fructuoso Bisbe:

[301] Por ejemplo, Josef Oehrlein, «El actor en el Siglo de Oro: imagen de la profesión y reputación social», en José M.ª Díez Borque (ed.), *Actor y técnica de representación en el teatro clásico español*, citada, p. 30: «Hay que tomar en consideración que ellos [los autores de documentos] constituyen un grupo muy reducido; fueron exclusivamente miembros de órdenes religiosas, que además admitieron no haber ido nunca al teatro. Sus afirmaciones, al ser meramente técnicas, pierden mucha de su importancia.»

[302] *Op. cit.*, pp. 301-302.

[303] La noticia la recoge E. Faral, *Les jongleurs en France au Moyen Âge*, París, C. Champion, 1910.

[La comedia] que será oída y representada, dándole los vivos colores y subiéndola de punto con el donaire del dezir, con la desenvoltura en los meneos y gestos, con la suavidad de la música e instrumentos, con lustre de buenos y gallardos vestidos, en boca de una mugercilla de buena cara, de no buenas costumbres y mucha libertad. (Fol. 45v.-46r.)

Habría que insistir en la fuerte convencionalidad de este tipo de textos condenatorios porque, en ocasiones, un documento, considerado como un mensaje emitido dentro y desde una época concreta, supone para esta época una connivencia o pacto de entendimiento establecido, pero para los que leen ese documento desde otra época o cultura puede significar la apertura de lo que Franco Ruffini llama *zona de silencio*.[304] Y es en estas zonas de silencio donde debe aplicarse nuestro análisis, más allá de lo evidente (en este caso la exuberancia gestual de los actores).

Intentemos por tanto observar las zonas de silencio interpretables de las *Controversias* dejando a un lado la obviedad de sus reproches morales. Desde luego ni los moralistas dejaban de ir (y con harta frecuencia) al teatro ni sus declaraciones carecen de una singular construcción teórica. En primer lugar las *Controversias* son el *corpus* más importante (evidentemente no el único)[305] para establecer y determinar un *vocabulario* o *léxico* de la técnica del actor en el Barroco en lo que se refiere, sobre todo, al movimiento y al gesto como resortes activos y estéticos. Sin duda dicho vocabulario recogería términos a los que habría que asignar un específico sentido teatral: *palabras, cantares, gestos, meneos, mover, remedar, contrahacer, representar, acciones, desgarro, alma, vida, afecto, hacer el papel, conmover, perturbar, punzar el ánimo, visajes, mostrarse, acción propia, acción acomodada, acción viva, pronunciación suave, donaire,*

---

[304] *Teatri prima del Teatro. Visioni dell'edificio e della scena tra Umanesimo e Rinascimento,* Roma, Bulzoni, 1983, pp. 68-70.

[305] Un texto como *El viaje entretenido* de Agustín de Rojas muestra ya, desde otro punto de vista, la reiteración de muchos registros: *farsantes, galas, bríos, caras, talles, recitantes, comediantes,* entre otros. La literatura costumbrista, al abordar el tema teatral, desliza asimismo conceptos muy interesantes, como el *hacer con fineza* que atribuye Zabaleta a ciertas acciones veristas de los comediantes o el *jugar las tablas* de Francisco Santos para referirse a la actuación (el *play* o *jouer* del inglés o del francés, respectivamente). Por otro lado, como ha dicho Fernando Rodríguez de la Flor: «no contamos desafortunadamente con diccionarios gestuales generales sobre el lenguaje renacentista y barroco del gesto. Las fuentes del conocimiento sobre este campo son exiguas, pero no inexistentes, ya que tenemos, en todo caso, el *corpus* iconográfico, en donde de modo evidente quedan perennizados unos usos gestuales, que en numerosas ocasiones —y eso no será casual— son los del predicador» («La oratoria sagrada del Siglo de Oro y el dominio corporal», en José M.ª Díez Borque (ed.), *Culturas de la Edad de Oro,* citada, p. 139). En el capítulo V, abordando este tema concreto, estudio algunas muestras de este vocabulario gestual de la predicación.

gracias, gracias postizas, memoria, lengua, osadía, acierto, expeditíssimo, talle, ademán, parecer, adornado, cierto, afectuoso, hermosura, gala, brío, exercicios, trabajo. La sistematización de este léxico (y, sin duda, el de todos los campos dramáticos en el Siglo de Oro) habría que apurarlo de todos los tipos de documentación ya referidos y con el apoyo de los dos registros más autorizados para la época que nos ocupa: el *Tesoro de la lengua castellana* de Sebastián de Covarrubias (publicado en 1611) y el *Diccionario de Autoridades,* iniciado ya en 1726, pero convertido en el depósito o memoria más rico de las voces autorizadas o empleadas por los clásicos.[306]

Vamos a realizar una cala en una serie de términos especialmente susceptibles de reflexión. Quizá el concepto teatral por antonomasia en el estilo gestual del actor sea *acción,* que nos lleva a una vívida indicación semiótica del *Diccionario de Autoridades*: «El modo con que uno obra o semeja hacer alguna cosa, la postura, acto, ademán, y manera de accionar, obrar y executar lo que actualmente está haciendo: como el modo y acción de *predicar, representar* y *abogar.*» Estos tres últimos términos subrayados indican la inequívoca adscripción semántica de *acción* al concepto clásico de la *actio* retórica, que une en un solo término la sutura del gesto y de la voz.[307] Y en cuanto a su derivado *accionar:* «Mover los brazos, las manos o la cabeza, y hacer otros movimientos y posturas para dar a entender con más viveza y expresión lo que se dice, representa y se hace.»

Mayor entidad específica para la semiosis de la representación tendrá *afecto,* que describe Covarrubias como la «pasión del alma, que redundando en la voz, la altera y causa en el cuerpo un particular movimiento, con que movernos a compasión y misericordia, a ira y a venganza, a tristeza y alegría, cosa importante y necessaria en el orador.» Mientras que el *Diccionario de Autoridades* sitúa el vocablo en el ámbito de la representación

---

[306] En este sentido se orienta el *Diccionario de la práctica escénica en los Siglos de Oro,* en el que llevo trabajando hace años junto con Rosa María Álvarez Sellers. El trabajo es lento, porque buscamos, para cada uno de los términos, referencias textuales inequívocas de su sentido teatral en un momento determinado. Las nuevas tecnologías imponen, por otro lado, la necesidad de repensar el soporte material de un diccionario de esas características, por la ineludible utilidad de los cruces de referencias, si se desea que, de verdad, sea un instrumento útil para el investigador. Lo mismo debe aplicarse, a mi modo de ver, con cualquier otro trabajo *in fieri* de documentación teatral como diccionarios biográficos de actores, o un archivo de imágenes (absolutamente imprescindibles y elemento muy descuidado hasta ahora en la enseñanza del teatro clásico).

[307] Algo que se advierte en definiciones contemporáneas expresadas desde teorías filosóficas que desarrollan el tema de las pasiones y su representación. *Cf.* Whright, Thomas, *The Passions of the Mind in General* (1604): «Action, then, universally is a natural or artificial moderation, qualification, or composition of the voice, countenance and gesture, proceeding from some passion and apt to stir up the like.»

pictórica y de la expresión: «En la pintura es aquella viveza con que se representa la figura en el lienzo, la acción que intentó el pincel. Llámase también expresión.» La voz *alma* (recordemos la insistente recomendación de los preceptistas a los actores cifrada en el lema «con afecto, alma y acción») la cualifica Covarrubias dentro del mapa teatral: «Dar alma a lo que se dize, o se pinta, es darle espíritu, garbo, viveza y gracia.» Pero lo cierto es que el *Diccionario de Autoridades* concita mucha mayor precisión, tanto desde el punto de vista del actuante:

> Muchas veces se toma por viveza, espíritu y una cierta especie de aliento que da vigor, y hace sobresalir lo que se dize y habla. Dízese con propiedad del Orador que perora con energía y viveza, del Músico que canta con espíritu y aire, del Cómico que representa con afecto y gallardía, y acompaña con acciones propias lo que dize, y así de otros que animan con la expresión de lo accionado lo que la voz pronuncia.

como del posible espectador:

> El afectuoso cuidado, atención y espíritu con que uno mira u oye, y está percibiendo lo que otro dize o hace con todos sus sentidos y potencias.

Para el caso de *primor, destreza, donaire, gracia, despejo*[308] o, sobre todo, *brío* (cualidad que los censores comentan con mil y un remilgos),[309] tiene en Covarrubias una descripción altamente sígnica y gestual: «Esfuerço, ánimo, valor, corage, erguimiento y altiueza», mientras que en el *Diccionario*, en la misma línea, amplía connotativamente el comportamiento gestual que implica el *brío*: «Desembarazo, garbo, despejo y donaire en las personas, y en su modo de obrar.» Dos palabras (*contrahacer* y *remedar*) afectan a un problema sustancial de la representación como es la *mimesis*. La primera es registrada por Covarrubias sin aportar precisión teatral específica: «Imitar alguna cosa de lo natural o artificial», lo que subsana el *Diccionario* acentuando el énfasis en la operación imitativa: «Hacer una

---

[308] *Primor* es siempre buen hacer, propiedad, eficacia en la acción que se finge: «Representa tú la dama / con el *primor* de quien ama / y habla al César enojado», se dice en *Lo fingido verdadero* de Lope (ed. cit., p. 71). Y en otro momento: «¿Quién podrá hacer el Adonis / en la de Venus, que iguale / aquella *gracia* y *destreza* / aquel *despejo* y *donaire*» (*Ibid.*, p. 159). Finalmente en *Pedro de Urdemalas* se alaba el baile y las acciones de Belica, extremada «en *donaire, brío* y *gala*» (ed. cit, p. 344).

[309] También admiradores. He aquí los versos que un autor anónimo dedica a la actriz Ana de Barrios: «Quienquiera que dijere, Ana querida, / que a estas dos o tres no te aventajas / en *hermosura, gala, gracia* y *brío*. / A todas has de ser la preferida / tu beldad, Ninfa bella, porque / hácese en tu favor el verso mío.» *Apud* Hesse, José (ed.), *Vida teatral en el Siglo de Oro*, Madrid, Taurus, 1965, p. 104.

cosa semejante a otra, que dificultosamente se puede distinguir la verdadera de la falsa.» En cambio, *remedar* entra en una operación claramente mediatizada por la técnica del histrión, por una relación de semejanza o imitación fingida y no natural. En Covarrubias el sentido teatral se incluye mediante la metáfora translaticia del *eco* o del *espejo*: «Contrahacer una cosa con otra que le sea semejante, quasi *remedar*, del verbo latino *remeo*, por *tomar o volver otra vez*; y dízese propíssimamente del eco, que toma las mismas palabras, y del espejo, que vuelve el mesmo rostro.» En el *Diccionario* se inocula una derivación claramente burlesca: «Hacer las mismas acciones, visages y ademanes que otro haze. Tiénese por especie de burla.»

Con la emblemática palabra *gesto* se aprecia ya sensiblemente la diferente visión de cada uno de los registros léxicos (explicada esta diferencia probablemente por la diversa *enciclopedia del saber* de un siglo a otro). Sebastián de Covarrubias realiza una definición sintética sin apreciación de matices disciplinares, explicando el concepto aunque no la actividad que de él pudiera derivarse (hacer gestos o gesticulación). Así, *gesto* será:

> El rostro y la cara del hombre; díxose del verbo latino *gestio, gestis, gestivi et gestii*, que vale demostrar en el rostro y en su semblante el efeto que está en el ánima, de alegría y de tristeza, o por otro término dezimos semblante. No hazer buen gesto a una cosa es no haberle dado gusto. Ponerse a gesto, aderecarse y aliñarse. Mal agestado, de mala cara. Hazer gestos, mover el rostro descompuestamente.

En el *Diccionario de Autoridades* se practica una clarificación más científica y académica, con procedimientos ocasionalmente metonímicos (gesto equivale a *rostro* o *semblante* o al «movimiento del rostro en alguna parte suya significando el gesto o pesar, la complacencia o displicencia de alguna cosa») y deslizándose hacia la pura descripción visual: «semejanza, apariencia y parecer a la vista», con las derivaciones, claramente peyorativas de *gesticulación, gesticular* («acciones gesticulares y movimientos lascivos») o *hacer gestos* («vale lo mismo que hacer movimientos ridículos, provocativos a risa, con el rostro, manos y cuerpo»).

Para *meneo* desde Covarrubias contamos con la precisión semiótica («es mover, quasi *manear*, porque comúnmente lo que meneamos son las manos» o bien «el movimiento del cuerpo *con donaire o sin él*»). Sin embargo el *Diccionario* ofrece, además, una segunda acepción de *meneo* que explica las razones del énfasis negativo que contiene el término aplicado a los actores y, sobre todo, a las actrices: «Significaba, en lo antiguo, *trato y comercio*» («torpes meneos y hábitos deshonestos», subraya Luis Alfonso de Carvallo en su *Cisne de Apolo*, y el Padre Mariana usa hasta la sa-

ciedad la combinación léxica *meneos y posturas*). Entre los siglos XVII y
XVIII las nociones teatrales, o lo que de una manera genérica podríamos
llamar teoría de la representación, adquieren solidez semántica, como
puede observarse en el término *representar*, definido por Covarrubias en
una dimensión casi platónica: «Hazernos presente alguna cosa con palabras o figuras que se fixan en nuestra imaginación; de ay se dixeron representantes los comediantes, porque uno *representa* al rey, y haze su figura
como si estuviesse presente; otro el galán, otro la dama, etc.» El *Diccionario
de Autoridades* matizará de modo analítico: *a)* «manifestar en lo exterior
alguna cosa que hay o que le parece»; *b)* «recitar en público alguna historia
o tragedia, fingiendo sus verdaderas personas» y *c)* «ser imagen o símbolo
de alguna cosa, o imitarla perfectamente.»

Pero, en cambio, acepciones que para Covarrubias no son específicamente dramáticas como *mover* o *desgarro* se contemplan en el *Diccionario de Autoridades* a través de un amplio abanico de precisiones sígnicas y
emotivas. *Mover* será «causar o ocasionar dolor o lágrimas», o «ímpetu de
alguna passión con que empieza a manifestarse como zelos, ira, risa...»
Desgarro (palabra omnipresente en los textos de las *Controversias*) ofrece
valoraciones gestuales claramente peyorativas («arrojo, desvergüenza,
descaro» o «ademán de braveza, fanfarronada, afectación de valentía») y,
además de remitir al «movimiento airoso y agraciado de los ojos de las damas»,[310] descubre la veladura maliciosa y misógina que aplica la palabra,
con notable preferencia, a las actrices, pues *desgarrarse* significaba también «entregarse a una vida licenciosa.» Como vemos, el documento teatral
ni siquiera en la mecánica operación de vaciar diccionarios se muestra ingenuo o neutral.

Leídos desde este punto de vista los documentos, bien reivindicativos,
bien condenatorios de la mirada del censor, son una fuente indiscutible
desde la que vaciar términos que afectan tanto a lo que se ve como a lo
que se oye decir al actor:

> Éstos [los comediantes] se presentan rica y *airosamente* vestidos con *garbo*
> y *galantería*, *afectando las gracias* de la música de los instrumentos, de la *voz*
> en el canto, de la *destreza* en el baile, de la *energía y propiedad en dezir* y de to-
> das aquellas *artes* que pueden lisonjear a los oyentes. Las farsantes se exponen

---

[310] Respecto a los ojos la precisión léxica suele ser muy variada desde el citado *desgarro*
hasta la *travesura de ojos*. Pero, como gesto registrado directamente en una actriz (no mera referencia textual en el recitado de asuntos que no se refieren a la acción misma representada), no he encontrado ejemplos de la expresión *capote* o *capote de ojos* (el ceño que
se pone en el semblante o en los ojos para manifestar enojo), que resalta Agustín de la
Granja, en VV.AA., «El actor barroco y el *Arte de hacer comedias*», *En torno al teatro del Siglo de Oro. Actas Jornadas IX-X de Almería*, citada, pp. 23-24.

a los ojos del teatro muy *acicaladas* y muy bien *prendidas,* con más ricas y más vistosas galas que las princesas y *afectando el melindre y el donaire* y, sobre todo, el *desahogo en el cantar, en el dezir y en el bailar;* solicitan con mil *ademanes* agradar a los mirones.[311]

Entiendo así que determinar el vocabulario del actor en el Barroco permite tres conclusiones. La primera, observar los campos semánticos que, en torno al movimiento y al gesto, promueven una efectiva precisión accional y estética. En segundo lugar la incapacidad por parte del emisor del documento de discriminar y separar explícitamente la dimensión descriptivo-técnica de la perspectiva moral, usualmente condenatoria, del concepto que se emplea. Y así, con frecuencia, la óptica del censor verbaliza contundentemente frente a la precisión, diríamos, semiótica de la mirada más neutra u objetiva del apologista. Lo que para éste son *gestos,* para aquél constituyen *meneos;* lo que éste califica como *perturbar,* el defensor del teatro dice *mover;* lo que uno elogia como *conmover,* el otro critica como *punzar el ánimo,* y lo que para uno es *donaire,* para el puntilloso teólogo es *osadía.* Esta falta de límites es clamorosa cuando se trata de llegar al acre insulto. El anónimo autor del libelo *Arbitraje político-militar* (Salamanca, 1683) critica sin pudor al pobre abate Guerra que había cometido el desacato de aprobar las comedias de Calderón en la *Verdadera Quinta Parte de Comedias* (1682), recibiendo, entre otras, estas ocurrentes y teatrales andanadas: «tontillo en Re-Mi-Fa-Sol», «ministril de zampoñas»; «chirimía de danzantes», «arcipreste de títeres», «tamboril de engayta-bobos», «aborto de la Chacona»; «padre de la Zarabanda», «pretal de cascabelillos», «hermano de Zarambeque», «perendengue de abalorio», «joya de zarrapastrosos», «arquilla de los afeites de la mentira», «papagayo de entremés», «barberillo de periodos», «mordacidad sin gracia», «arrapiezo de matachines», «hablador de puntillas», «arlequín de presumidos», «verdura de la cazuela», «hijo de la Gigantona», «sonajilla de tinieblas» o «guitarrilla de ciegos.»[312]

Finalmente, como tercera cuestión, habrá que concluir que el documento teatral puede dinamizar y precisar el concepto de técnica teatral. Ya he señalado que los dos registros léxicos susceptibles de ser vaciados para la elaboración de un *vocabulario del actor* serían el *Tesoro de la lengua castellana* de Sebastián de Covarrubias (1611) y el *Diccionario de Autoridades* (1726-1739). Si, por otra parte, analizamos la extensísima antología de las *Controversias* recogida por Emilio Cotarelo encontramos que antes de 1611 sólo aparecen registrados 38 documentos (el más antiguo fechado

---

[311] Anónimo, *Arbitraje político-militar*, Salamanca (1683). *Apud* Cotarelo y Mori, Emilio, *Bibliografía,* p. 63b.

[312] *Op. cit.*, p. 64b.

en 1468, el *Speculum vitae humanae* de Rodrigo de Zamora, y el más próximo (en el mismo año de 1611), *El Gobernador Cristiano* de Fray Juan
Márquez. Desde 1611 hasta 1726, en cambio, Cotarelo recoge 105 documentos, los más tempranos de 1612 (*Plaza Universal* y *El Pasajero* de Suárez de
Figueroa) y el más contiguo temporalmente, *Los estragos de la luxuria* de
Fray Antonio de Arbiol, en 1726. La progresiva y mayor precisión dramática del *Diccionario de Autoridades* demuestra el factor dinamizador y teórico de estos documentos puestos en circulación en un indiviso trenza-
miento de lo técnico y lo moral, que ocasiona, por ejemplo, la descripción
de los actores con afortunados acuñamientos como «mozos libres y mugeres mozas con galas y sin decoro, *por el oficio y por sí.*»³¹³ Muy pocos son
los esfuerzos por disociar el estatuto moral de la técnica artística. Quizá un
testimonio que concreta el desdoblamiento actor/personaje es el de Andrés Rey de Artieda en sus *Discursos, epístolas y epigramas de Artemidoro*
(Zaragoza, 1605):

> ... y cuando bien se apure y adelgace,
> el comediante cuando representa,
> ¿es Pablos cuando a Pablos contrahace?
> ¿Si cuando rey, como señor asienta;
> si cobra, cuando Cid, tantos aceros
> que al parecer emprenderá a cincuenta,
> es a dicha Morales o Cisneros?
> ¿O es la triste Belerma Mariflores
> cuando a llanto y pasión puede moveros?
> Claro es que no son ellos. Pues, señores,
> ¿qué importa a la comedia que sean malos
> si para recitar son los mejores?

Pero son abrumadores los ejemplos contrarios, aquellos que confunden la actividad profesional y el ámbito privado:

> Son, pues, en quien los vicios capitales
> reciben alma y cobran mayor brío
> para hacer las heridas más mortales.
> Y así ¿qué importa que el cómico sea pío
> si es lascivo el cornudo y trae al lado
> sirenas que hacen gula del hastío?
> [...]
> ¿Qué importa que nos finja aquel tablado
> un santuario y que el lenguaje sea

³¹³ *Consulta del Consejo [de Castilla] del 6 de diciembre de 1666,* en Cotarelo y Mori, Emilio, *Bibliografía,* citada, p. 178b.

casto, modesto, puro y concertado,
y que en la historia que recitan vea
el que allí asiste un luchador constante,
si el mismo que la explica la malea?
A mí, cuando contemplo un recitante
que se viste de un santo anacoreta,
el yermo me da en rostro al mismo instante,
porque no pudo tanto allí el poeta
darle de bueno cuanto de profano,
él mismo de sí mismo se interpreta.[314]

Por encima de estas contradicciones, las *Controversias* muestran, con el rigor poliédrico de su archivo de miradas, que la esencia del teatro y de su producción documental es, precisamente, el espectador. Por algo los moralistas citan obsesivamente las palabras de San Juan Crisóstomo: «Si enim nullus esset talium spectator, aut factor, nec essent quidem, qui aut dicere illa, aut agere curarent» («Si no hubiera quien las viera [las representaciones] ninguno las compusiera o representara»). Algún día habremos de estudiar los textos de los santos Padres y teólogos desde el punto de vista de la estética de la recepción, sustanciada en la relación espectador-actor. San Agustín en su *Confesiones* centra de modo ejemplar esta perspectiva en la que, esta vez sí, se discrimina perfectamente la fruición estética de la técnica del cómico y el sentido moral privado que compete a quien le contempla:

> Pero ¿qué misericordia ha de ser la que se ordena a unas cosas puramente representadas y fingidas? Porque allí no se le excita al que está oyendo y mirando para que socorra o favorezca a alguno, sino solamente a que se duela de aquel fracaso, y cuanto más se mueve a dolor y sentimiento, tanto más favor le hace el actor de aquellas representaciones. Y si aquellas calamidades y desgracias (verdaderas o fingidas) se representan de modo que no causan sentimiento y dolor al que las mira, se sale de allí fastidiado y quejándose de los actores; pero si se conmueve y enternece, persevera con más intención y tiene gusto y alegría en llorar.
>
> [...]
>
> Yo, pobre de mí, amaba el compadecerme y buscaba tener de qué dolerme cuando en el trabajo ajeno, fingido y representado, aquella acción y lance con que el cómico me hacía saltar de lágrimas era lo que más me agradaba, y con mayor vehemencia me suspendía.

Lo importante es advertir cómo el actor se convierte en el instrumento de una visión fenoménica y sensual del teatro. Desde luego las *Controver-*

---

[314] *Sátiras contra las comedias, los representantes y los actores* (1646/1649), en Cotarelo y Mori, Emilio, *Op. cit.*, p. 551ab.

sias adoptan este punto de vista documental. En realidad todas las manifestaciones o epifanías documentales del teatro barroco español discurren por los cauces de esta teoría implícita. Jean Sentaurens[315] ha contado cuántas veces aparecen palabras o expresiones relativas al oído o a la vista en los documentos sobre el teatro sevillano y sus conclusiones sugieren que, hacia la mitad del siglo XVII, las referencias a la percepción visual predominan sobre las que implican percepción auditiva. Esta circunstancia se explica también, sin embargo, porque la palabra *oyente*, según ha estudiado Pedro Álvarez de Miranda,[316] se vio despojada a lo largo del Siglo de Oro de cualquier referente auditivo y era un término equivalente a *concurrente, asistente* o *circunstante*.

El Barroco, pues, propicia la moral de lo visual y el *voyeurismo* como método; propicia la cultura teatral (y documental) de la mirada. Los vocablos *mirador, mirante* o *mirón* se acreditan durante los siglos XVII y XVIII con este sentido inequívoco: «como en la comedia silvan y burlan los *miradores*» —dice un texto anónimo— «al que es malo en la persona que representa, aunque en la suya sea bueno, assí los hombres que se descuydan de sus officios, aunque en otras virtudes sean cuydadosos, no contentan a Dios.» En la *Exposición del Libro de Job* editada en Madrid en 1779 se define al teatro como «lugar de *mirantes* a donde están muchos que *miran*.» El autor del *Arbitraje político-militar* de 1683 comenta, como vimos más arriba, que las farsantas «solicitan con mil ademanes agradar a los *mirones*.» Después, en 1751, Francisco Moya y Correa advertirá que «una buena parte de los *mirones* registran en las comediantas lo que prohíbe la cristiana decencia.»[317] La palabra *espectador*, tan unida a la visión que nuestro siglo posee del teatro, no aparece, sin embargo, en los documentos barrocos, pese a que el *Diccionario de Autoridades* la definía ya como «el que mira con atención.» El uso esporádico que de la palabra hace Cervantes no tiene un relieve estrictamente teatral. En el *Quijote* (II, 19) se hace referencia a un duelo con esta frase: «sirvieron de *aspetatores* en la mortal tragedia.» Y en *Los trabajos de Persiles y Sigismunda*: «sus doce compañeros se pusieron a ser *aspetatores* de la carrera.»[318] El nacimiento de la palabra, con su valor teatral contemporáneo, se produce en la *Poética* de Luzán (1737) y en el *Diccionario* de Terreros de 1765: «el que ve y considera con atención algún espectáculo.» La conclusión que podemos

---

[315] *Seville et le théâtre de la fin du Moyen Âge à la fin du XVIIIe siècle*, 1984, t. I, pp. 496-497.
[316] «Una voz de tardía incorporación a la lengua: la palabra *espectador* en el siglo XVIII», en VV.AA., *Coloquio internacional sobre el teatro español del siglo XVIII*, Bolonia, Ipovan Editore, 1988, p. 64.
[317] Cotarelo y Mori, Emilio, *Bibliografía*, citada, p. 476a.
[318] Álvarez de Miranda, Pedro, *Op. cit.*, pp. 47-48.

extraer es que los documentos de las *Controversias* denuncian de nuevo la posición peyorativa, viciada por el subjetivismo del mirón-censor que traslada, sin ambages, esa pulsión escópica de la fascinación del público, a través de la cual describen un mapa gestual cuya precisión desmiente, cuanto menos, su remilgado escrúpulo moral. Así el extremado comentario de Ignacio Camargo en su *Discurso theológico sobre los theatros y comedias de este siglo* (Salamanca, 1689):

> Pero si estas cosas por sí mismas, por la *viveza de la representación*, por el *primor* de los artificios, por la agudeza y armonía de los versos, tienen la eficacia que hemos dicho para pervertir los corazones, ¿qué harán representadas con *vivísima expresión* por mujeres mozas y hermosas (por lo menos en la apariencia) vestidas rica y profanamente, *afeitadas y compuestas* con supersticioso aliño, en quienes es oprobio el *encogimiento*, gala la disolución, desgracia la modestia, cuidado el *garbo* y el *donaire*, *primor* la *desenvoltura*, estudio el *artificio*, oficio el dejarse ver y profesión el agradar a los hombres? ¿Qué hemos de decir de unos hombres que tienen una tarde entera desahogado el corazón por todos los puertos de los sentidos, asomado con temeraria osadía por las ventanas infieles de los ojos puestos con atención y cuidado en una mujer hermosa [...] que con un hombre mozo y galán [...] está *hablando rostro a rostro* y representando con *donaire* y *osadía* [...] y que con *acciones*, con *palabras*, con *gestos*, con *movimientos* está infundiendo lascivia [...] hacerse amorosas caricias: *darse las manos* y aun los brazos muchas veces [...] tomar los galanes a las damas de las manos y danzar en los saraos con ellas: *salir las mujeres a un jardín en guardapiés y justillo si la comedia lo manda*, cuando está mandando el Apóstol que ni en la Iglesia tengan la cabeza descubierta [...] Salen también muchas veces mal vestidas, por no decir mal desnudas, porque lo pide el papel de la Magdalena u de otra santa penitente [...] ¿Qué cosa más torpe y provocativa que ver a una mujer de esta calidad que estaba ahora en el tablado dama hermosa *afeitada y afectada*, salir dentro de un instante vestida de galán airoso, ofreciendo al *registro de los ojos* de tantos hombres todo el cuerpo que la naturaleza misma quiso que estuviese siempre casi todo retirado de la vista? [...] No tienen más deseo que agradar a los que las oyen y parecer bien a todos cuantos las miran: que con *donaire*, con *garbo*, con *gracia*, con *bizarría*, con la *expresión artificiosa de vivísimos afectos*, con palabras dulces y tiernas, con amorosas caricias, con *desdenes afectados*, con risas cariñosas, con *travesuras de ojos*, con *acciones*, con *meneos*, con *gestos*, con *ademanes* y con mil variedades de estudiados artificios están hacia todas partes arrojando fuego torpe de lascivia con el *inmodesto desgarro* de las mujeres vestidas de hombres [...] ¿Qué ímpetus, qué movimientos sensuales resultarán forzosamente en el apetito que se va sin libertad como bruto desbocado tras de cualquier objeto sensible que le deleita?[319]

[319] Cotarelo y Mori, Emilio, *Op. cit.*, pp. 121-125. Los subrayados son míos. Lo mismo en la siguiente cita.

Por su parte, el Padre Juan Ferrer, en su *Tratado de las comedias* (1613), anota desde esta preceptiva de la mirada:

Porque ¿qué ocasión más peligrosa estarse un mancebo mirando a una de estas mujeres cuando está con su guitarrilla en la mano porreando, *danzando con grande compostura*, cantando con *dulce voz y regalada*, bailando con *aire y donaire*, afeitada por el pensamiento, el cabello con mil lazos marañado, *el cuello a compás anivelado*, el vestido muy compuesto, la banda recamada, la basquiña corta, la media que salta al ojo...[320]

Tiempo después, en el siglo XVIII, Nipho, en un interesantísimo texto del *Diario estrangero*, echando mano de nuevo de la vieja retórica del mal ejemplo moral de los teatros, da a entender ya el definitivo triunfo de la mirada del espectador en la estética teatral. Una mirada fascinada (alucinada) por la técnica actoral, por el guión de gestos y complicidades corporales y no por el literario:

Las Comedias de España son lo mismo que otras muchas cosas. Se representan por el formulario de la preocupación, y va a ver las comedias una mal complexionada curiosidad; y por esto, y por aquello, y por otras mil circunstancias que callo, *no saldremos de la raya del alucinamiento mientras no haya ojos sin cataratas que vayan a ver nuestros espectáculos* y tengan algún poder cometido para precisar eficaces remedios que sin ningún ingrediente cáustico, antes bien, con suaves anodinos, gasten el mal humor de Representantes, Poetas y Mirones. En todos éstos está radicada la dolencia de nuestros Teatros [...] ¿Quién tiene la culpa de todos los pecados de nuestras Comedias? La impudicia y a veces la demasiada desenvoltura de los Cómicos, la inadvertencia y depravado gusto de los Espectadores, y la ninguna exactitud y viveza evaporada de los Ingenios [...] El Mirón (éste es el más culpado en los excesos de Poetas y Cómicos, porque se ha olvidado del poder de una voz y del portentoso efecto de un silvo), comúnmente hablando, poco instruido en los rigorosos preceptos del Teatro, va a la Comedia por todo menos por lo que es substancial en el Espectáculo: llámanle la atención los agenos accidentes o sus propios achaques; va a la comedia porque *Fulano* grita mucho; va porque *Zutano* exagera esto o aquello con vehemencia y estrépito; va porque *Mengano* añade a su papel, importuna y neciamente, algunas insulsas frialdades, y no será malo si se queda en insulsez el aditamento. Pasemos a otras ideas que son de peores avenidas. Vase a la comedia porque *Laura* saca un traje de tisú cuajado que le regaló... ¿y quién? La vanidad o el apetito. Y que sirve (¡éste es el mayor dolor de la modestia cristiana!) para encender la lascivia en algunas doncellas y casadas que quisieran tener parte en la generosidad, aunque fuera a costa de la pureza y del honor. Quién y quién va porque *Amphrisa* hace ciertos ademanes,

---

[320] Cotarelo y Mori, Emilio, *Bibliografía*, citada, p. 252a.

particularmente en las Tonadillas, que encienden suave y peligrosamente el fuego de la sensualidad, tanto en los más ardientes mancebos cuanto en los ateridos ancianos. Esta, y aquel, y ambos, van porque *Anarda* es Graciosa, más que de oficio, de rostro, y hace ciertos juguetes sobrepuestos al papel que excitan al interior cosquilleo de vuestra enfermiza y carnal complacencia.

Finalmente, por estas y otras cosas que callo y callaré yo, pero las publica y publicará el escándalo común, van muchos, y pues he de decir la verdad, van casi todos. Ahora bien, si los Jueces legítimos de las Comedias, que son los Mirones, van a ellas por otras causas que para verlas y sacar el fruto de la corrección y enseñanza para que son permitidas, ¿qué extraño será que el Cómico haga oficio del desacierto y el Poeta profesión del desatino y desaciertos? [...] Yo nunca afilaré la pluma contra Cómicos y Poetas, ni haré tinta de hiel para vituperar sus faltas, mientras no vea más racionales, instruidos, discretos, amantes de la rectitud y veneradores de la honestidad a los concurrentes del teatro.[321]

Lo que ha sucedido durante más de un siglo es que la mirada del espectador (*mirador*) ha sido trasladada, traducida e instrumentalizada por otra mirada, la del clérigo o la del apologista moral, gestionando una obscenidad que hoy, levantando las veladuras del documento, se advierte no tanto en la percepción del *mirón* como en el puntero que señala.[322] El re-

---

[321]　Citado por Álvarez de Barrientos, Joaquín, *Op. cit.*, pp. 56-58.

[322]　Ferdinando Taviani y Mirella Schino advierten esta morbosa propensión de los teólogos a describir con lujo de detalles la actuación de las compañías, motivado por la fascinación hacia un comportamiento desinhibido limitado por el decoro del propio estatus: «È facile vedere come nelle notazioni così poco teologiche [...] compaia un'idea in certo qual modo mitica delle compagnie di attori, che vengono condannate, ma su cui indugia la curiosità e l'attenzione descrittiva, catturante quasi dal fascino di una condotta di vita da cui sembrano essere del tutto assenti le remore e le inhibizioni proprie della gente per bene» (*Il segreto della Commedia dell'Arte. La memoria delle compagnie italiane del XVI, XVII e XVIII secolo*, Florencia, La Casa Usher, 1986, p. 173). El morboso reproche puede verse también en otros textos españoles con otro cometido que el estrictamente teatral. Así, Pedro Malón de Chaide, en *La conversión de la Magdalena*, al condenar los atavíos de la mujer, describe con excitante meticulosidad los vestidos y alhajas: «En aquel día las descompondrá el Señor, quitándoles los botines argentados y los zapatillos de carmesí y de raso azul cairelados de oro, y prendidas las cuchilladas con lazos de perlas, y los chapines bordados. Quitalles ha también los collares de diamantes y rubís, las manillas, las ajorcas, las guirnaldas y almirantes, el escarpidor de oro, las plumas y airones, los zarcillos y perlas de las orejas, los anillos y la argentería y fulletería y piedras de oriente, que les andan brillando delante de la frente; los arrojadillos y pañizuelos labrados de cadeneta, los alfileres de plata y los espejos de cristal, las pomas de ámbar gris y los guantes adobados. [...] Pues considera ahora tú, que te llamas cristiana, que profesas la ley de Dios, que dices que crees en el Evangelio, y haz cuenta que te sacan a una gran plaza adonde caen muchos ventanales, y todos llenos de gente, y que no cabiendo en la plaza se suben por los terrados y tejados, y otros se cuelgan de las rejas, y que los tablados están cargados de miradores, y que en medio de aquel teatro y a vista de tantos ojos te sacan a ti muy vestida y enjoyada [...] Y que, leído el proceso,

gistro visual subraya toda una teoría de la corporalidad puesta al servicio de la técnica de los actores:

> ... mirando a las Comediantas adornadas y sabroseándose y complaciéndose los hombres en sus vistas, meneos, bayles y palabras afectadas...[323]

> No podéis negar que el cuerpo rollizo y bien vestido de una muger, por sus ojos especialmente como por troneras brota fuego y vibra rayos de concuspiscencia y despide su cuerpo como un efluvio de cualidades atractivas que despiertan, encienden y tiran el apetito del hombre.[324]

Parece, pues, claro que la palabra del clérigo es parcial, cargada de significado moral pero por ello mismo cargada de un enorme potencial de descodificación semiológica. Sobre la visión o documento directos de la presencia del actor reconstruye el modelo del *histrio turpis*, adicionando veladuras de moralidad sobre la descripción del gesto físico. Desde la antigüedad el universo simbólico de esta condena se concentra en torno al campo semántico de la palabra *torpe: turpis, turpitudo, turpiter*.[325] Pero *turpeo* y sus significados de deforme, sucio, monstruoso, zoomórfico, términos relacionados en principio sólo con lo físico, se trasladan permanentemente al campo de lo indigno, obsceno, sórdido o afeminado. La imagen así producida del *histrio turpis* estaba destinada, por medio de invectivas o de silencios, a superar al *histrión*. En el siglo XVII la técnica permanece. Pero también lo hace la imagen real del actor, oscura pero persistentemente revelada a través del borbotón verbal. El documento impulsa imparablemente los muros de sillería de la teoría del comediante. Como aduciría años después Johan Jakob Engel, se trataría de encontrar, en esa indagación, el croquis o envoltura de un lenguaje científico y de una terminología derivados de las puras descripciones de la visión natural.[326]

---

manda el Juez con gran severidad y gravedad de palabras y semblante, que seas desnudada delante de toda aquella gente; y que luego llegan a ti y te comienzan a quitar la guirnaldilla y perlas y prendedero y todo el tocado y te dejan en cabello. Tras esto (y estando mirando todos con grandísimo silencio) te quitan la saya de raso encarnada bordada de cañutillo, la basquiña, jubón, gorgueras y faldellín y manteo, hasta la camisa, y que allí te descalzan y se comienzan a parecer tus carnes y tú a confundirte y desmayar de vergüenza» (ed. BAE, tomo XXVII, Parte II, cap. X, pp. 311-312).

[323] Fray Antonio de Arbiol, *Estragos de la luxuria*, Zaragoza, 1626, *apud* Cotarelo, Emilio, *Op. cit.*, p. 61b.

[324] Padre Pedro de Calatayud, *Doctrinas prácticas que suele explicar en sus missiones el Padre Pedro...*, Valencia, 1737, p. 117b.

[325] *Cf.* Carla Casagrande y Silvana Vecchio, «L'interdizione del giullare nel vocabulario clericale del XII e del XIII secolo», en Johann Drumbl (ed.), *Il teatro medievale,* Bolonia, Il Mulino, 1989, p. 327.

[326] *Cf. Lettere intorno alla Mimica*. Versión italiana de D. Rasori, Milán, Batelli e Fanfani, 1820, p. 49.

IV. EL TRATAMIENTO DEL GESTO Y DEL MOVIMIENTO: DE LA DISCIPLINA LITÚRGICA MEDIEVAL A LA MEDIACIÓN PLÁSTICA DE LA MODERNIDAD

1. El largo proceso de la rehabilitación del gesto: liturgia, disciplina, teatro

Una experiencia histórica (tomada esta expresión en su más amplio sentido) no se liquida nunca. Tampoco, claro está, la experiencia o noción de teatro, la de teatralidad o la de actor. Del hecho, sin embargo, que se haya hablado de refeudalización o neogoticismo de la sociedad barroca no pretendo derivar unas correspondencias directas entre el llamado *histrión* medieval y el llamado *actor* barroco que se basen en principios ambiguos. No es fácil, en el espacio que nos ocupa, hablar de restauración del medievalismo en el Barroco (especialmente en el siglo XVII) sólo porque una clase privilegiada intentara revivir esas formas medievales que reforzaron su estatus.[1] Ni siquiera porque pueda usarse, con efectiva solvencia, y para expresar el férreo orden social impuesto por la ortodoxia a las energías individuales, la imagen de esas figuras humanas que el escultor medieval contorsionó para que cupiesen en el espacio arquitectónico del

---

[1] Para una visión de la restauración medievalizante en toda Europa durante el siglo XVII, *vid*. R. Romano, «Tra XVI e XVII secolo: la crisi de 1619-1622», *Rivista Storica Italiana*, LXXIV, 2, 1962; Blunt, Anthony, *Artistic theory in Italy (1450-1600)*, Oxford, Oxford Clarendon Press, 1956. Sobre todo ello, y en relación con la cultura española del momento, *vid*. José Antonio Maravall, *La cultura del Barroco*, Barcelona, Ariel, 1975, pp. 301 y ss.

tímpano o de los capiteles de una iglesia románica.[2] Pero sí que procede afirmar que el ámbito de la teatralidad, sean los que fueren los límites que provisionalmente pongamos al término, tiene en ambas épocas un fuerte componente de persuasión y de compromiso con el sistema; por lo que acaso pueda hablarse de una catequesis civil como equivalente de una catequesis religiosa (pues ambas se integran) y, desde este punto de vista, el Barroco articuló definitivamente unos mecanismos o disciplinas o reglas que acabaron con lo que se ha llamado difusa teatralidad del Medioevo y, en consecuencia, con las ambigüedades sobre el concepto de actor. Y lo hará, como voy a intentar demostrar, fundiendo la memoria de la experiencia medieval con la recuperación, probablemente tendenciosa, de la tradición antigua del teatro.

Si intentamos identificar los espacios cívicos o sagrados en los que el gesto se produce desde la antigüedad hasta el Barroco, encontraremos, en esta última época, una fusión de los mismos. En la antigüedad el gesto se estructura, fundamentalmente, en cuatro espacios: el del *gimnasio* o *palestra* (donde el cuerpo muestra la totalidad de su fuerza y belleza), el del *tribunal*, el del *ágora* o *foro* (un lugar en el que se expande el intercambio oral y gestual en lo cotidiano) y, naturalmente, el espacio propio y más semánticamente cargado de intencionada gestualidad, que es el *teatro*. Hecha la lógica excepción del *foro* o *ágora* (en cierta manera asumible en el espacio forense de un tribunal), los protagonistas o, si se quiere, los profesionales del gesto serían el *mimo* (tal como es observado, ya lo hemos visto, en la interesada memoria posterior) en la palestra, el *orador* en el tribunal y el *actor* o *histrión* (sin carga peyorativa, de momento) en el teatro. Perdida en el Medioevo la referencia exacta de una edilicia teatral, esos espacios comienzan a difuminarse: el *tribunal* y el *teatro* se sustituyen por los referentes institucionales de la Iglesia y de la Corte, mientras que la *palestra* y el *foro* se reducen a un espacio que podríamos llamar abierto, indefinido, perteneciente a un espacio no oficial o a la calle. Los profesionales del gesto que ocupan esos espacios van a convertirse en una función: la del *oficiante*, sea litúrgico, sea cortesano en el trance de signicidad gestual que luego veremos. Mientras que el espacio inconcreto y abierto vendrá a ser ocupado por la *otredad* heterodoxa de los *mimos* gesticulantes y por la especie de los juglares, a medio camino entre la marginalidad y su establecimiento en torno al espacio cortesano.

¿Qué sucede en el último Renacimiento y en el Barroco? Pues que se reafirman los espacios de la Iglesia y de la Corte, consolidados en su dimensión gestual por la oratoria sagrada (predicación) y la ostentación del poder. Se recupera como plena institución el *teatro,* y el espacio de la ca-

    [2] Maravall Casesnoves, José Antonio, *Op. cit.*, p. 91.

lle, subsumido en el nuevo clima de exaltación urbana, se convierte en un gran teatro público ocupado no sólo por el paradigma teatral como tal sino por la Corte y la Iglesia con una teatralidad reconducida cultural y políticamente. La Iglesia y la Corte se vuelven a mostrar verdaderos *oficiantes* del gesto. Pero el teatro recupera asimismo la figura del profesional del gesto, aunque éste se verá sometido al acoso del prejucio moral. Y en este proceso de combinación de espacios que he descrito tiene lugar la difícil, pero progresiva, rehabilitación de la gestualidad, hasta el punto de que será el Barroco el que discrimine definitivamente, según una disciplina o *ars* del gesto aplicada al teatro, las categorías profesionales del simple mimo, saltimbanqui o titiritero y la del actor. El sincretismo de espacios se corresponderá entonces con un sincretismo o suma de normas o prácticas arrastradas desde la antigüedad, sea la oratoria, sea la expresión estética de la pintura.

Jean-Claude Schmitt[3] ha fijado con singular pulcritud la civilización gestual de la Edad Media, convenciéndonos de su significación política, histórica, ética y teológica, en una época en la que la escritura es tan prestigiosa como inaccesible a la mayoría y en la que la necesidad de representar, simbolizar y ser confiere al gesto y a los objetos con los que se acompaña (una espada, un cáliz, un trozo de pan) un potencial sacro. De esos gestos y no en buena medida de la memoria escrita depende en ese momento la cohesión social. Desde el punto de vista del observador, este universo gestual puede constituirse en *rito* y *convención* (reglas de órdenes monásticas, *ordines* litúrgicos, textos teológicos, tratados de oración o jurídicos y recetarios políticos del tipo *Espejo de Príncipes*). Pero también en formas de *imitación* o de *expresión* que intentan revelar o dramatizar el interior del individuo. Ni que decir tiene que para ambos casos la fuente es la misma: documentos muy fragmentarios, borrosas iconografías y esa teatralidad difusa con la que se ha caracterizado lo medieval que arrastra, no obstante, huellas claras de imágenes provinientes de ambos flancos. Pero para el caso que ahora nos interesa (detectar las causas de la progresiva necesidad de rehabilitar el gesto) es quizá más interesante observar cómo los gestos, generados por estos dos sistemas, pueden tener o bien una función primordialmente comunicativa y expresiva o bien una función simbólica. En la primera función subyace, desde antiguo, una noción de *movilidad* peyorativa, de algo efímero, terrenal e histórico, sujeto a lo temporal, a lo social, al arbitrio de la propia libertad, excesivamente muelle y suelta, del cuerpo. Este sistema se connotaba bajo la usual noción de *motus*. En la segunda, basada en la eficacia ritual de lo sacro o del poder político, se exigía una inequívoca comunión semántica entre los espectadores y los

---

3 *Il gesto nel Medioevo*, Roma, Laterza, 1990.

contemplados. En este caso se trata de un ciclo inmutable, atemporal, en el que la norma, la convención sin arbitrariedades individuales constituye el llamado *gestus* frente al *motus*. Por tanto se generaba el signo sacramental, la majestad pontificia o regia, basados las más de las veces en el hieratismo formal o en las palabras y colores emblemáticos. Esto significará dos dimensiones diferentes, si bien ambas palabras ofrecieron un único equivalente en griego (*kinesis*). El *gestus* (los *gesta*) supone la primacía ideológica de la mesura, hieratismo, majestad; la necesidad, en consecuencia, de controlar y disciplinar ese gesto para conferirle una clara utilidad positiva. Del *motus* derivarán los términos *gesticulus* y *gesticularius*, decantándose por las citadas significaciones de movilidad *torpe* y nefanda, descompuesta, el gesto pequeño y ridículo de quien hace *visajes* incoherentes, del *mimo* y, muy pronto, del *histrión*.[4]

Durante la alta Edad Media el *gestus* es producto de dos tradiciones o disciplinas. La primera, enmarcada en la ética política de los *Espejos de Príncipes*, busca el prestigioso antecedente del emperador cristiano ejemplificado en la iconografía de la majestad hierática. No es casualidad que, ya en el siglo VI, en la obra atribuida a San Isidoro de Sevilla *Institutionum Disciplinae*, se aconseje al joven noble «un movimiento del cuerpo lleno de gravedad y constancia, sin vanidosa ligereza y sin desorden, un caminar que no parezca imitar con su insolencia las contorsiones de los mimos y los gestos de los bufones que corren de aquí para allá.» En este caso, como en el de la *Disputatio de rethorica et de virtutibus* de Alcuino (siglo IX) no se trata simplemente de reglas morales, sino de una consciente disciplina del cuerpo y de la palabra que encuentra en la *modestia* (esto es, en la contención y medida) la vía de la gestualidad regia oficial: mantener el rostro sereno, evitar apretar los labios, no abrir la boca, no desviar la mirada ni girar la cabeza ni fruncir el ceño, caminar pausadamente y, por supuesto, desterrar la risa.[5] La segunda tradición es la disciplina gestual mo-

---

4 Schmitt, Jean-Claude, «Gestus/gesticulatio. Contribution à une étude du vocabulaire latin médiéval des gestes», *La lexicographie du latin médiéval et ses rapports avec les recherches actuelles sur la civilisation du Moyen Âge*, París, Editions du Centre National de la Recherche Scientifique, 1981, pp. 377-390. Lo que no obsta para la ponderación admirativa documentada muy tempranamente, como demuestra el célebre *Epitafio por el Mimo Vitalis* (siglo IX): «En el gesto y la palabra, incluso cuando hablaba con la gravedad que presta el arte / llevaba la alegría a la escena, iluminaba todo corazón apagado. / Cuando hablaba, mudaba tanto mi rostro, alteraba tanto mi gesto y mi tono / que la gente pensaba que había otros muchos en escena, estando yo solo. / ¡Cuántas veces rieron, cuando imitaba a una delicada esposa, / mis gestos tan armoniosamente femeninos, el tímido rubor en el rostro que me volvía a la vida!» Traducimos a partir de Nicoll, Allardyce, *Masks, Mimes and Miracles*, Nueva York, Cooper Square, 1963, p. 95.

5 *Cf.* Schmitt, Jean-Claude, *Op. cit.*, p. 78. Interesantísimos son también los ejemplos del monje benedictino Remigio de Auxerre (*ca.* 908) en sus comentarios a la obra de Marciano

nástica, sobre todo cuando la reforma gregoriana pretende subrayar la diferencia, incluso en los gestos, entre clérigos y laicos.

Tal sucede con el tratado (fechado a finales del siglo XII) atribuido a San Bernardo *Liber de modo bene vivendi* en el cual encontramos minuciosas indicaciones sobre el modo de caminar (*de incessu*), que debe ser la máxima manifestación exterior del alma racional y de la virtud. Y sucede, sobre todo, con las obras de Hugo de San Víctor *De institutione novitiorum* (París, *ca.* 1140) y el *Didascalion,* obra en la que ya advertimos radicaba un primer reconocimiento del *ars theatrica* y cuyo capítulo III contiene los principios de una teoría moral, antropológica y estética del gesto y los movimientos. La definición de gesto como «motus et figuratio membrorum corporis, ad omnem agendi et habendi modum» la extiende Hugo de San Víctor al vestido (*in habitu*) y al lenguaje (*in locutione*) con el propósito de que su disciplina sofoque los movimientos desordenados del ánimo. El gesto equivaldrá, pues, a un signo de dominio, mientras que el término *figuratio* denota, además, su valor simbólico, significativo, siempre que se someta al *modum,* es decir, a la moderación.

Es evidente que el gesto comienza a entenderse no ya como algo espontáneo sino como producto de un *ars,* de una disciplina (de ahí la palabra *institutio* que preside la obra): además de reflejar una ética implica una *técnica,* una práctica. Por eso Hugo de San Víctor bosquejará incluso una primera semántica moral de los gestos con una estructura *semiótica* de equivalencias. El gesto muelle (*mollis*) reflejaría la lascivia; el gesto relajado (*dissolutus*), la pereza; el gesto agitado (*turbidus*), la impaciencia; el gesto altivo (*procax, protervus*), el orgullo, etc. Adelantándose a la teoría estética del justo medio, nuestro autor establecerá la jerarquización de contrarios: entre el gesto muelle y el agitado se centrará el gesto virtuoso llamado *gratiosus* o *serenus*; entre el relajado y el altivo estará el maduro de la *quies*; entre el lento (*tardus*) y el precipitado (*citatus*), la virtud estará en el gesto grave o vivaz (*gravis, alacer*). No se trata sólo de una jerarquización ética o teológica, es también un mapa estético. Frente a todo ello, la descomposición antinormativa: plegar o torcer los labios; acariciarse la nariz; construir torpes máscaras (*larvae*) para destruir el principio de semejanza con Dios. No es de extrañar que Juan de Salisbury, en

---

Capella *De Nuptiis Philologiae et Mercuri* para discernir una noción occidental de gesto vinculada al uso mesurado de las manos (bajo una modulación musical) y una noción de movimiento que se vincula a la libertad, rapidez e intención perniciosa de los bailarines y juglares: «Inter motum et gestum hoc distat: quod motus est totius corporis, gestus proprie manuum vel ceterorum membrorum» (*Commentarium in Martianum Capellam,* I, 88).

su *Policraticus* (VIII, 12), y por la misma época, llame a los histriones *monstra hominum.*[6]

En cualquier caso queda patente que entre los siglos XII y XIII, y con la hegemonía cultural de la Iglesia, las propuestas que afectan al gesto comienzan a deslizarse hacia el debate antropológico y estético y a incluirse en una recuperación rehabilitadora. Hasta ese momento la cultura antigua había mantenido la desconfianza hacia la imitación gestual, al consolidarse la identificación cristiana de la *mimesis* con la idea de apariencia y falsedad. A fin de cuentas incluso Platón había rechazado el teatro debido a su prometeica truculencia evcoadora del mundo de los dioses frente a la necesidad de la mimesis razonable del bien que sustenta la *polis*. Con tal autoridad se desprecia al histrión o al juglar o al bufón, cuyos mecanismos imitativos, degradados hasta la animalización, se insertan en un conjunto de actividades performativas como la danza, la música, equilibristas, prestidigitadores, charlatanes y hasta encantadores de serpientes. Lo testimonian, ya lo vimos en su momento, moralistas como Martín Pérez en su *Libro de las Confesiones* de principios del siglo XIV: «Los estriones tienen ofiçio dannoso et primero de los que transforman sus cuerpos en otras muy viles semejanças.»[7] Lo testimonian con inequívoca iconografía los mimos o *mummers* que aparecen en figuras zoomórficas, sobre todo en la apariencia de *monos* imitadores, como miniaturas, dentro de los *topoi* figurativos de la época, al margen del manuscrito de *Le roman d'Alixandre* (*ca.* 1340) que se conserva en la Biblioteca Bodleian de Boston. O el *goliardo* que aparece en el *Roman de Fauvel* dirigiendo a un grupo de mimos o actores que llevan instrumentos musicales y máscaras [ILUSTRACIÓN 35]. Y, sobre todo, si de iconografía hablamos, la ilustración que acompaña a los *Moralia de Job* de Gregorio Magno (*ca.* IIII), que se encuentra en la Biblioteca Municipal de Dijon [ILUSTRACIÓN 36], en la que podemos observar a un anciano sosteniendo en la cabeza una mona (que encierra durante el Medioevo el simbolismo del hombre degenerado por el pecado) la cual, a su vez, imita al joven juglar de al lado, cuyas manos acentúan el gesto, exagerado, de la *adlocutio*. La deformación corporal y, a la vez, la analogía somática del mono (o mona) respecto al juglar es evidente. Para refrendar la intención, más

---

6　Véase el Capítulo I. Y *Cf.* Schmitt, Jean-Claude, *Op. cit.*, p. 165. Hugo de San Víctor, por otra parte había condenado muchos gestos codificados negativamente por la Biblia. Cf. *Proverbios*, 6, 13: «[El hombre perezoso] hace guiños con los ojos, refriega los pies, / habla con los dedos».

7　Cit. por Josep Hernando, «Los moralistas frente a los espectáculos de la Edad Media», en Ricard Salvat (ed.), *El Teatre durant l'Edat Mitjana i el Renaiximent,* citada, pp. 32-33. El *Libro de las Confesiones* (*ca.* 1316) dice en otro lugar: «Se transforman en otras semejanças de diablos et de bestias et desmayan sus cuerpos et entiznanse et fazen en sus cuerpos saltos et torpes gestos et muy torpes et muy suzias juglerias et mudan las fablas».

Ilustración 35
Un goliardo dirige a un grupo de *mimos* o actores. Miniatura del *Roman de Fauvel*
(*ca.* s. XIV). Bibliothèque Nationale. París.

Ilustración 36
Gregorio Magno. *Memoralia de Job* (*ca.* IIII). Una mona imita el gesto del juglar.
Bibliothèque Municipale. Dijon. Ms. 173, fol. 66.

que satírica, una liebre (símbolo de la homosexualidad) relaciona torpemente ambas figuras. La sátira envuelve y emborrona esta primera iconografía del actor, sobre la que ya se deposita el estigma de la burda transformación del rostro (obra de Dios) y su encubrimiento con el maquillaje (*facies depictae, homo pictus*) o con las máscaras (*larvae*). Paul Zumthor evoca expresivamente la diatriba contra los juglares de Thomas de Chobham: «transformant et transfigurant corpora sua per turpes saltus et per turpes gestus, vel denudando se turpiter vel induendo horribiles larvas.»[8]

Entre los siglos XII y XIII el cuerpo se convierte, ya lo vimos extensamente en otro lugar, en objeto de reflexión pedagógica. En este nuevo marco cultural se instaura la necesidad de poner el gesto al servicio de fines particulares. En realidad ya mucho antes San Agustín había advertido de su excelencia significativa comparándolo sin empacho con los gestos de los histriones. Dice en *De Magistro*:

Numquam vidisti ut homines cum surdi gestu quasi sermonicentur, ipsique surdi non minus gestu quaerant vel respondeant vel doceant vel indicent aut omnia quae volunt, aut certe plurima? Quod cum fit, non utique sola visibilia sine verbis ostenduntur, sed et soni et sapores et coetera huiusmodi; nam et histriones totas in theatris fabulas sine verbis saltando plerumque aperiunt et exponunt.

Y en *De Doctrina Christiana* (II, 3, 4) vuelve al ejemplo de los histriones que con sus manos, ojos y miembros construyen signos convencionales (y no puramente naturales o espontáneos) para comunicar y significar, no por medio de un simple lenguaje universal sino mediante unos códigos culturales que deben aprenderse.[9] Este substrato semiótico de la doctrina agustiniana es lo que que explica esa primera ordenación rigurosa de los gestos en el Occidente cristiano (recuérdese la codificación de Rabano Mauro en su *De Universo* del año 856); y que al reivindicar el gesto disci-

---

[8] *Apud* Zumthor, Paul, *La letra y la voz de la literatura medieval*, citada, p. 306. *Vid.* asimismo Sandra Pietrini, «Giullari e scimmie nell'iconografia medievale», *Immagini di Teatro. Biblioteca Teatrale*, Roma, Bulzoni, núm. 37-38, 1996, pp. 101-125.

[9] Es evidente el recuerdo de Cicerón: «Omnes autem hos motus subsequi debet gestus, non hic verba exprimens, scenicus, sed universam et scientiam non demostratione, sed significatione declarans.» Yo diría que desde aquí está marcada ya la semiótica gestual de la tratadística teatral. Sorprende, por ejemplo, que todavía Johan Jakob Engel en su célebre tratado, realice una diferenciación en los gestos, primero entre naturales o instintivos (por ejemplo frotarse los párpados por el sueño) y afectivos, en los que puede incluirse ya una voluntad expresiva. Después divide éstos en *imitativos* y *expresivos*. Los primeros equivaldrían a lo que la oratoria llama *demonstratio* y los segundos a los que la oratoria llamaría *significatio*. Cf. Engel, Johan Jakob, *Lettere intorno alla Mimica*. Versión italiana de D. Rasori, Milano, Batelli e Fanfani, 1820, pp. 32 y 42, respectivamente.

plinado como signo permite que se conviertan también en símbolos de algo sacro, con capacidad de *rememoración* (recuerdo de los actos de Cristo, por ejemplo). La palabra *liturgia* no se difunde hasta el siglo XVII, pero ya se ordena en este momento simultáneamente con el mapa gestual de la primera teatralidad medieval.

Dos serán los caminos para llegar a ese debate, en torno a los siglos XII-XIII. Uno es la acción rehabilitadora que para el juglar puede representar la *gesta*, es decir, la realización colectiva de gestos, hazaña grupal histórica de la épica. Y otro será el de la licitud catequética de la Iglesia. Atiendo al primer camino. No es casualidad que San Isidoro relacione en sus *Etimologías* (XVIII, 48) las *res gestae* y el *gestum* con la palabra histrión. Volvamos a recordar sus palabras:

> Los histriones son los que, vestidos con hábito mujeril, imitaban los gestos de las mujeres impúdicas y que, danzando, cantaban también las historias y gestas. Se les llamaba histriones porque venían de Istria o porque así explicaban, enmascarados, las fábulas, como los histriones.

Tampoco puede serlo el que, de nuevo en el siglo XIII, Pietro Cantore en su *Summa de sacramentis* establezca la distinción entre los «histriones, funambulistas, mimos y magos» (que merecen su condena) y los «juglares que cantan viejas historias para suscitar la piedad en los corazones.»[10] Juglares, en efecto: decidores, a veces performativos, de las *gesta principum*. Su gestualidad, pues, parece existir, ya no es el jeroglífico de un cuerpo individual sino social, gestos cuyos vestigios han de explorarse quizá en las llamadas fórmulas épicas o en descripciones indicativas de un gesto.[11] Es decir, no sólo elocuciones que pueden reflejar gestos naturalistas como las que aparecen en el *Cantar de Mio Cid*:

> Meçió mio Çid los ombros —y engrameó la tiesta.

> Enclinó las manos —la barba vellida
> a las sus fijas —en braço las prendía,
> llególas al coraçón —ca mucho las quería.

---

[10] Schmitt, Jean-Claude, *Op. cit.*, p. 245.

[11] *Cf.* Brault, Gérard, *The Song of Roland*, Filadelfia-Londres, 1978, 2 vols. Para las relaciones juglar/auditorio puede verse Thomas M. Capuano, «The Seasonal Labourer: audience and actor in the works of Gonzalo de Berceo», *La Crónica*, vol. 14, núm. 1 (1985), pp. 15-22. De hecho llega hasta la perspectiva brechtiana el hecho de la concepción del *gestus* tanto como el equivalente a una actuación física del actor como una cierta manera de un recitado del texto. De modo que una actitud corporal encontrará siempre su equivalente en una inflexión de la voz, y a la inversa.

sino fórmulas repetidas que evocan un gesto ritual del héroe («¡Ya Campeador, en buena cinxiestes espada!»).Y, por otro lado, una gestualidad ligada a signos de respeto o *humiliatio* feudal:

> Lléganse todos, —la mano ban besar.
> Besaros los piedes — e las manos amas.

> Fincó sus inojos —entre todo el pueblo,
> a los piedes del rey Alfons —cayó con grand duelo,
> besávale las manos —e fabló tan apuosto.

Esta gestualidad alterna no pocas veces con otra expresiva, dramatizada:

> Los inojos e las manos —en tierra los fincó,
> las yerbas del campo —a dientes las tomó.

La segunda dirección de la rehabilitación gestual se vincula a la pedagogía de las órdenes monacales y encuentra su mejor expresión en el *De institutione novitiorum* de Hugo de San Víctor, cuyo capítulo XII («De disciplina servanda in gestu») impone en buena media la base del decoro naturalista por excelencia que habría de perseguir la *tejné* del actor en el futuro. La mesura de los gestos recupera la huella de la semejanza divina. Pero lo más importante es el prestigio teórico que Hugo de San Víctor introduce en el gesto, un camino para incluirlo en una futura disciplina actoral. Estamos en la plenitud medieval de la distinción entre los saberes orientados hacia el conocimiento puro (elaborado por el *artifex theorice* que produce una disciplina teórica) y los saberes orientados a la creación de formas (elaborados por el *artifex practice* que produce un hacer, un *ars*). El *ars*, siguiendo a Quintiliano, y como ya dije, será la capacidad que hace proceder con orden, con método.[12] En este momento de renovación intelectual, entre los siglos XIII y XIV, comienzan a producirse ejemplos catequéticos e iconográficos en los que el gesto profano y teatral, la propia danza, se reivindica, siempre, claro está, que se oponga a los gestos descompuestos, fuera de cualquier canon o *ars* del histrión. Por poner un caso, la representación del rey David, figurado en el momento del traslado del Arca hasta Jerusalén[13] y que puede verse en el *Salterio triplex* (siglo XII) [ILUSTRACIÓN 37], epi-

---

[12] *Cf.* Bruyne, Edgard de, *La estética de la Edad Media*, Madrid, Visor, 1994. Breve manual que resume el tratado metódico de las fuentes en *Études d'Esthétique Médiévale*, Madrid, Gredos, 1959, 3 vols.
[13] II Samuel, 6, 5 y II Samuel, 6, 20-23. Por burlarse precisamente Micol de él y acusarle «de haberse desnudado como un juglar» será castigada por Yavé con la esterilidad.

Ilustración 37

Salterio triplex. Siglo XII. Juglares, David y un oso. St. John College. Cambridge. Ms. B 18, fol. 1r.

sodio que San Ambrosio[14] aprovecha para contraponer «la danza religiosa» a los movimientos ridículos de los histriones, olvidando, no sé si inconscientemente, que también David en cierta ocasión no duda en vestirse de loco bufón tocando el tambor por las puertas «y dejando caer la saliva por la barba» (I Samuel, 21, 14-16).

Ahora bien, una vez rehabilitado el gesto ¿existe una noción clara del agente que lo produce desde un punto de vista estrictamente teatral? Esto lleva a la debatida cuestión de la difusa teatralidad medieval que conduce a un concepto muy relativizado de actor, en el que críticos como Luigi Allegri diferencian unas tipologías también borrosas (categorías que reaparecerán en la elaboración teórica del la *tejné* del actor barroco). Allegri,[15] en efecto, distingue entre el *juglar*, el *mimo* (heredero de los juegos del teatro antiguo) y el *oficiante* de espectáculos religiosos, verdadero icono en movimiento, quien, en mayor grado que los otros, es prisionero de un mecanismo de significación que lo relega a mero soporte material de signos (gestos) sin acceder al estatus de la noción moderna (y barroca) de *interpretación*. Tanto en el caso del oficiante como del juglar que se hace portador de diálogos, disputas o historias dramatizadas

> se está siempre épicamente delante del personaje y no detrás, con una tipología de espectáculo que no se diferenciaría demasiado de la de Darío Fo en el *Misterio buffo* que dramatiza la narración prestando voces y gestos a los diversos personajes, pero sin desaparecer nunca detrás de ellos, sin zambullirse o introducirse en ellos como haría un actor moderno.[16]

---

[14] *Expositiones in Lucam*, VI, v. 32, en *Patrologia Latina*, vol. XV, col. 1775c: «pro religione saltavit».

[15] *Teatro e specttacolo nel Medioevo*, Roma, Laterza, 1988, pp. 34 y ss. y «Aproximación a una definición del actor medieval», en Evangelina Rodríguez Cuadros (ed.), *Cultura y representación en la Edad Media*, Alicante, Instituto de Cultura Juan Gil-Albert, 1994, pp. 125-136. El trabajo reproduce casi totalmente las teorías ya expuestas en su libro y en el ensayo «El espectáculo en la Edad Media», en Luis Quirante (ed.), *Teatro y espectáculo en la Edad Media*, Alicante, Instituto de Cultura Juan Gil-Albert, 1992, pp. 21-30.

[16] Allegri, Luigi, art. cit., p. 129. Enrique Funes en *La declamación española*, citada, pp. 39 y 50, respectivamente) describe estos inicios dramáticos en el suelo español: «Y como una de sus imágenes admirables, siempre acaso con reminiscencias paganas, sin negar el influjo de las representaciones heréticas y satíricas de los albigenses, aparece en germen en nuestra escena patria, ya en la recitación lírica en el musical recitado del *yoglar de boca*, ya en el diálogo (que naturalmente brotaría en cuanto hubiese más de uno para alegrar al prócer o al monarca), ya en *el juego de escarnio*, ya en el *entremés* (entonces mojiganga y pantomima), ya, más tarde, y en brazos de la poesía erudita, manifestándose en el canto de las *endechaderas*, del ciego callejero y del escolar que, corriendo *la tuna*, imploraba la caridad pública, solazándose luego en la posada, al recitar y aun representar, sin acompañamiento músico, el romance y la endecha dialogados» (p. 39) «... y *los juegos de escarnio,* los

Amparándose en esta teoría, la liturgia se revelará en el hieratismo y valor simbólico (no imitativo) de sus gestos como paradigma de una teatralidad sin interpretación ni sentimentalismo. Como ha escrito Eva Castro,[17] los dos sacerdotes que hacen de Marías en el *Quem quaeritis* o los dos diáconos que hacen de ángeles son meros cuerpos prestatarios de una explicación iconográfica de la historia sagrada. Es, así, el polo opuesto a la poética naturalista, que es a la que recurrirá, siempre con matizaciones, la búsqueda de la expresividad y del verismo psicológico del actor barroco.

Claro que junto a la simplicidad gestual de la paraliturgia de la *Visitatio Sepulchri*, y hasta el siglo xv, conviven ya otros dramas que denotan el préstamo de una nueva sensibilidad gestual. Vale decir: dentro del espacio de la liturgia, por muy endurecidas que estén sus paredes de hieratismo, se genera también un mecanismo productor de gestos expresivos. Y esto se percibe tanto en la fase del llamado Renacimiento carolingio (desde finales del siglo vii hasta la difusión de la liturgia en el siglo x) como, más tarde, en la decisiva época del *ars* o *disciplina* gestual de los siglos xii y xiii. La primera de esas épocas alumbró el más que conocido texto de *De institutione clericorum* (Lib. III, Cap. III y XXXI) de Rabano Mauro (784-856), quien al aconsejar la moderación en las lecturas, al anular el exceso en el gesto, además de hacerse eco de los ya comentados tópicos contra los histriones contenidos en los troparios, costumarios, pontificales o procesionales, suministra codificaciones expresivas del gesto, por ejemplo

---

de *zaharrones* y *albardanes* son elementos, bien populares, bien aristocráticos, del arte escénico, y que han de entrar, andando el tiempo, en su recinto propio. No se olvide que en estas costumbres verdaderamente dramáticas (algunas de las cuales han llegado hasta nuestros días) no es todo muda representación pantomímica, puesto que el diálogo y la arenga van con los simulacros y los juegos, y la salida del obispo santo lleva, como de rúbrica, el sermón en redondillas o en romance, que el improvisado *representador* declama vocinglero ante la muchedumbre sobre un cadalso de la plaza pública» (p. 50). Las citas sólo me interesan en cuanto a la gestualidad sugerida.

[17] «Rito, signo y símbolo: el contexto litúrgico en las primeras manifestaciones del teatro latino medieval», en Evangelina Rodríguez Cuadros (ed.), *Cultura y representación en la Edad Media*, citada, p. 78. El hombre (lo humano, el sentimiento, la expresión) desaparece ante el arroyo simbólico del gesto único de la Iglesia: cuando el sacerdote guarda la sagrada forma, sobre el altar, entre los corporales, está virtualmente espejando el acto representacional de la ceremonia de la *depositio* de una imagen de Cristo en la cruz. Este valor del actor como *oficiante* puede reaparecer, con matices, en el auto sacramental barroco. Sin duda en las acotaciones del teatro latino medieval encontramos también la progresiva inmersión de gestualidad. En el *Ludus Passionae* de los *Carmina Burana* leemos: «Item Mater Domini omni ploratu exhibens multos planctus et clamat ad mulieres flentes.» O en el *Peregrinus* de Fleury-sur-Loire: «Interuallo autem paruo facto, aspiciens ad inuicem, et illo non inuento inter se, quasi tristes surgant, et eum, relicta mensa, querere incipiant, et suauiter indecentes, hos uersus alta uoce dicant...» *Cf.* también, de Eva Castro, *Introducción al teatro latino medieval*, Santiago de Compostela, Servicio de Publicaciones, 1996.

cuando se prescribe el tono de voz y el movimiento para los oficiantes de la *Visitatio Sepulchri* (*voce clara, excelsa voce, humili voce, alta voce*). La segunda de las épocas citadas alumbra la célebre *Poetria Nova* de Godofredo de Vinsauff (siglo XII). Poco importa que esta especie de manual de recitación se circunscriba a una retórica de oradores (que veremos enseguida se convierte en mecanismo impulsor de la teoría de la representación en el siglo XV). Lo interesante es que, siendo un compendio de la tradición medieval del gesto (todavía más hierático y simbólico que realista) contiene ya, en borrador, el anuncio del desarrollo gestual expresivo del Barroco. Lo que explicará, además, la mucha carga de herencia medieval que el siglo XVII contiene en los procedimientos de representación de los actores en géneros como el entremés o el auto sacramental. Este fragmento, reproducido por Faral, es excelente ejemplo:

> En la recitación hay tres modos: el primero, llamado de la boca; el segundo, llamado de la expresión retórica, y el tercero, llamado del gesto. [...] La ira, una especie de llama y madre del furor, posible origen de la locura, envenena el corazón y el alma; lucha con la locura, quema con la llama y turba con el furor; se manifiesta, pues, con una voz amarga, un rostro agitado, un gesto turbado; y la expresión exterior es espejo de la interior y se mueven juntas. ¿Qué harías tú para representar a este personaje? Imita la verdadera furia, sin aparecer, sin embargo, furioso; actúa como aquéllos sólo en parte, no completamente, y tu gesticulación no sea la misma que en la realidad, sino que sugiera, como conviene, la cosa. Puedes representar a un campesino y ser agudo. Que la voz represente la voz, el rostro el rostro y el gesto el gesto por medio de ligeros indicios.[18]

Aquí no sólo se percibe la pulcritud con que la *actio liturgica* está perfilando los detalles de la expresión gestual, sino que se recaba el imperio de la convención, de la representación por medios e indicios (es decir, signos que sugieren la cosa). La verosimilitud mimética unida a la distancia convencional y antiexpresiva (moderna, dice Allegri, casi brechtiana). Cuando, en pleno siglo XVII, en el *Baile del Licenciado Enero* de Jacinto Alonso de Maluenda salga un personaje «lleno de copos de algodón» esta teoría se encarna sobre el escenario. Lo mismo que cuando en el *Entremés famoso de la Capeadora (Segunda Parte)* dos actores que deben representar los meses de julio y de diciembre aparezcan, respectivamente, «de segador» o «de viejo, con barba larga y cabellera.»[19]

---

[18] Godofredo de Vinsauff, *Poetria Nova*, XV, vv. 2031-2054, *apud* Faral, E., *Les arts poétiques du XIIᵉ et XIIIᵉ siècles*, París, 1924.
[19] *La mejor flor de entremeses* (Zaragoza, 1689), pp. 70 y ss.

2. LOS MATICES DEL GESTO A PARTIR DEL HUMANISMO: LA PRECISIÓN PLÁSTICA Y LA
ORATORIA DEL SIGLO XV. EFICACIA SIGNIFICATIVA FRENTE A GESTUALIDAD DIFUSA

La renovación de los presupuestos gestuales, que hemos situado entre los siglos XII y XIII ha tenido, pues, unas premisas litúrgicas y rituales. La *tejné* que reflejaban textos como los de Hugo de San Víctor o Godofredo de Vinsauff será reconducido definitivamente al territorio artístico y plástico en otro momento singular, el siglo XV, cuando, gracias a las precisiones humanistas, el *ars* (en el sentido de habilidad, disciplina) se considere una consecuencia del estudio, del método, del tratado; una adquisición propiciada por el *ingenium* que conduce a la *scientia*. La oratoria y la representación plástica de la realidad invocadas por la crítica humanística tendrán una repercusión decisiva en los siglos siguientes para justificar la eficacia del gesto del actor.

Partiendo de que esta representación de la realidad está condicionada lingüísticamente, los humanistas del siglo XV, por medio de las precisiones de su lengua natural de cultura (el latín), contribuyen poderosamente al despegue de la emotividad y del verismo pictórico como, desde la pintura, habrían de contribuir decisivamente a la sensibilidad en la escritura las acotaciones de los dramas medievales a medida que éstos iban fijando su textualidad. Creo que cabe, pues, incluir en la rehabilitación y técnica del gesto del actor las matizaciones que introducen en la estética algunos humanistas como Bartolomeo Fazio, quien, en su *Differentiae verborum latinorum,*[20] distingue, por ejemplo, entre *decus* (lo propio del honor) y *decus* (lo propio de la hermosura); entre *venustas* (para glosar la belleza femenina) y *dignitas* (para aludir al porte varonil) o entre *decens* (para referirse al movimiento del cuerpo) y *formosus* (restringiendo su significado al aspecto que resulta distinguido, bello). Las *Ellegantiae* de Lorenzo Valla contribuyen poderosamente a que se fije el sentido de *decorus* (*pulchritudo* aplicada a la adecuación o *decentia* de cosas y personas de acuerdo con el lugar o circunstancia) y a que el verbo *fingere* (en sentido estricto la labor propia del alfarero o *figulus*) pasa a concretarse como *effingere* (representar modelando) y su substantivo *effigies* (retrato de una realidad). También será Bartolomeo Fazio (en su *De viris illustribus)* quien cite por vez primera el término *figuratus* en el sentido de la fuerza poética en la representación de los personajes y no sólo con el sentido quintiliano de las

---

[20] En Pseudo-Cicerón, *Synonymia*, Roma, 1487. *Apud* Baxandall, Michael, *Giotto y los oradores. La visión de la pintura en los humanistas italianos y el descubrimiento de la composición pictórica. 1350-1450*, Madrid, Visor, 1996, pp. 28 y ss. (La 1.ª edición en inglés data de 1972).

figuras de dicción.[21] En la corte de Alfonso V, en medio de eruditos debates académicos, Bartolomeo Fazio y Lorenzo Valla disputan sobre la manera de lograr el verismo psicológico y la representación de las pasiones en términos decisivos para entender el nuevo valor del sentimiento en la representación que comienzan a proponer los textos dramáticos del siglo xv. Algunos pasajes de Fazio parafrasean abiertamente las *Imagines* de Filóstrato, como cuando defiende que el verdadero arte del pintor es el «representar las cualidades de sus personajes como si éstos existieran en la realidad; no es lo mismo pintar a un hombre arrogante que pintar a uno mezquino o embaucador o despreocupado [...] Es tarea tanto del pintor como del poeta plasmar estas propiedades en sus personajes.» Además Filóstrato afirma:

> Si posee esa capacidad en grado suficiente, podrá comprenderlo todo y su mano representará a la perfección la actitud de cada individuo, encuéntrese éste enloquecido, colérico, en sus cabales, contento, excitado o enamorado; por decirlo simplemente, pintará lo que mejor armonice con cada una de esas pasiones [...] debe hacer una idea correcta de la naturaleza humana y ser capaz de distinguir las señales del carácter, aun cuando sean mudas; qué se esconde en la disposición de las mejillas, en la expresión de los ojos, en el gesto especial de las cejas y, por decirlo brevemente, en todos los indicios que apuntan hacia la mente.[22]

El papel de los humanistas del siglo xv me parece decisivo, finalmente, en su función codificadora de los nuevos matices plásticos de la representación y de los colores. Es lo que Lorenzo Valla critica en el *Tractatus de insigniis et armis* de Bartolo da Sassoferrato inclinándose a favor de romper la monotonía del contraste fijo de los colores (blanco/negro) por restar poder y dignidad al ojo, juez único de los colores («qui unus est colorum arbiter») y, por el contrario, defendiendo la presencia de la luz y de la necesidad de encontrar una depurada expresión matizada por los tonos: amarillento (*fulvus*) o rojizo (*rutilus*) o azafranado (*croecus*) o diferenciando la progresiva intensidad (*argenteus, candida, excandescere*).[23] Al mismo tiempo el arte en general, la pintura en particular, va abandonando la representación abstracta, ideal o depurada de la realidad. Entre los siglos xiv y xv se tiende a conquistar la ilusión del perfecto realismo, sobre todo en la creación de la figura humana: es decir, se está produciendo el paso o basculación hacia la *expresión*.[24]

[21] *De Institutione Oratoria*, II, XIII, 8-11. *Apud* Baxandall, Michael, *Op. cit.*, p. 40.
[22] *Ibid.*, pp. 148-149.
[23] *Ibid.*, p. 166.
[24] *Cf.* Lee, Rensselaer W., *Ut pictura poesis. La teoría humanística de la pintura,* citada, pp. 23-24.

Esta nueva sensibilidad expresiva de los humanistas continúa y consolida la sensibilidad manifestada por los textos litúrgicos de los siglos XII y XIII por convertir los gestos hieráticos en comunicativos, narrativos: el *detentim*, el *humiliter* o el *paulatim* de las Marías de la *Visitatio Sepulchri* (es decir, el paso a paso, lentamente, con aspecto humilde); la aflicción de María («supplex et ad sepulchrum lacrimabiliter contest»); o, finalmente, las indicaciones yusivas del *Ordo representationis Adanis* (escrito entre 1146-1147): «et gestum faciant convenientem re de qua loquuntur.» No se trata sólo de acompasar los movimientos con la partitura cantada sino de diversificar los gestos de manera expresiva o dar paso a pequeñas improvisaciones para enfatizar el dolor. Así, la Virgen puede inclinar la cabeza a un lado u otro, o retorcerse las manos o postrarse ante el altar con la cabeza cubierta.[25] Gestos, por cierto, que un pintor como Giotto ha comenzado a codificar plásticamente en sus pinturas, como demostró magistralmente Barash.[26]

Sucede, pues, como ha estudiado entre otros André Chastel,[27] que la gestualidad constreñida a una historia evangélica incontestable y a un ritual decorado litúrgico, sometida, por tanto, a una restricción de las manifestaciones emocionales, va a ser paulatinamente sustituida por una gestualidad expresiva. El centro de atención va a recaer en la figura humana, la cual gestiona sus relaciones con el espacio a base del gesto y del movimiento. El efecto de la perspectiva (que regula el espacio) y el efecto gestual-fisiognómico (que regula el verismo del rostro y de lo dicho en palabras) suponen el paso a la modernidad teatral. El prestigio de lo sagrado había impuesto un arte del gesto que conmemoraba, que imponía leyes casi nemotécnicas (*ars memoriae* religiosa del que ora o se inclina o se humilla, etc.). Ahora se abre un sistema expresivo en el que el dominio del cuerpo se pone al servicio de la voluntad intuitiva y creativa: el gesto narra por su cuenta y hasta se sobrepone a la locución de la historia contada; se supera el repertorio ritualizado para abrirse a actividades civiles (la orato-

---

[25] *Cf.* Nagler, Alois Maria, *The Medieval Religious Stage, Shapes and Phantoms*, New Haven-Londres, 1976, p. 69.

[26] Barash, Moshe, *Gestures of Despair on Medieval and Early Renaissance Art*, Nueva York, New York University Press, 1976; y *Giotto and the language of gestures*, Cambridge, Cambridge University Press, 1987. Para los aspectos no expresivos del gesto, sino aquellos que se refieren a su capacidad dramática de narración didáctica en progresión sucesiva, *vid.*, del mismo autor, «De la théâtralité de la peinture au XIV siècle d'Assise à Avignon: Théâtre et peinture», en AA.VV., *Théâtre et spectacles hier et aujourd'hui. Moyen Âge et Renaissance. Actes du 115ᵉ Congrès National des Sociétés Savantes. Avignon (1990)*, París, Éditions du Comité des Travaux Historiques et Scientifiques, 1991, pp. 83-89.

[27] Chastel, André, «L'art du geste à la Renaissance», *Revue d'Art*, 75, 1987, pp. 9-16.

ria) o profanas (el teatro), produciéndose entre estos dos ámbitos un mutuo y eficaz intercambio de prestigio y disciplina. Es el definitivo paso al Barroco que, sin embargo, pacta, y no poco, con el anterior sistema gestual.[28]

Probablemente de este encuentro o síntesis proviene la evolución que advertimos en las acotaciones (y su comportamiento como documento) o la progresiva modernización de la partitura gestual de los textos del teatro religioso peninsular, empezando, claro está, por el de la consueta del *Misteri d'Elx* (que proviene ya de 1625), al que siempre me he referido como un complejo protocolo gestual que acaso sirve de puente entre las indicaciones de la *Poetria Nova* de Godofredo de Vinsauff y las que ya hemos citado de Alonso López Pinciano. Porque, en efecto, aún hoy, y sin entrar, claro está, en el grado de conciencia que de ello tengan los cantores del *Misteri*, conviven en la representación del drama gestos ritualizados, de factura simbólica, heredados del sistema medieval, y gestos que, sin dificultad, podríamos adscribir al naturalismo de eficacia narrativa y expresiva del Barroco.

La entrada y peregrinación de las Marías desde la puerta de la iglesia hasta el *cadafal*, a través del *andador*, muestra una pauta de recogimiento frente a la *gesticulatio neffandissima* que condena la antropología cristiana; una moderación que Clemente de Alejandría (en su *Pedagogus, ca.* 220 d.C.) acentúa, sobre todo, para los movimientos de las mujeres, que deben desmarcarse de la languidez de las bailarinas; y que, en fin, San Ambrosio concreta para la iconografía de la virginidad (*De Virginibus*, III, 2, 7). La presencia de las Marías inicia la diseminación de los gestos que asumen luego los Ángeles y los Apóstoles en el *cadafal*: las genuflexiones, inclinaciones y gestos (como se comenta en algunos opúsculos divulgativos) «de sabor oriental»: extender los brazos hacia lo alto (especialmente en la oración o en el éxtasis final de la apertura del *cielo* para la subida de María); la ofrenda de la palma (besándola y rozando la frente del donante).[29] Ahora bien, otras acotaciones como «Agenollada sobre lo llit», «Fan les humillacions i cerimònies» o «Entra Sant Joan Apostol [...] i fa una profunda humilliació agenollat» transparentan la cultura escrita y teorizada de un tiempo concreto que ha sido trasmitida por la costumbre y que se basa tanto en el hieratismo de los signos del poder feudal («fer lo acatament») como en los tratados medievales de oración —gesto máximo de la liturgia

---

[28] *Cf.* Gombrich, Ernst, «Ritualized Gestures and Expression in Art», *Philosophical Transactions of the Royal Society of London*, XXLI (1966), pp. 393-401.

[29] «Pren Sant Joan la palma, i bessa-la possant-se-la sobre lo cap.» Cito por la edición de Luis Quirante Santacruz, Valencia, Gregal Llibres, 1985, p. 50. Las siguientes citas también pertenecen a esta edición.

medieval—,[30] en donde se fundían ambos acatamientos sociales (*manibus junctis* de la oración y *recommendatio* feudal). El tratado de Umberto de Romans (*Expositio super constitutiones fratrum praedicatorum*) y, sobre todo, el de Pietro Cantore (*De oratione et partibus eius, ca.* 1220) codifican meticulosamente las *inclinationes minores* (como las que realizan los Apóstoles en el *Misteri d'Elx* en la salve cantada a María o en el *acatament* que se hacen entre ellos) y *plenas* (saludos de los Apóstoles a la Virgen); también distinguía entre la genuflexión *cum corpore erecto super genua* (como cuando los Apóstoles oran en torno al cuerpo de la Virgen) y *cum corpore postrato* o *postrationes ad talos* (cuando los Apóstoles y judíos se postran reverencialmente tras el milagro del entierro). El tratamiento gestual de la figura de María se construye sobre un atávico hieratismo. No podía ser de otro modo. Y no sólo por el vaporoso vestigio de la cultura oriental, sino por el marcaje estético de las teorías postridentinas que más tarde asumirán, como es lógico, los pintores cristianos. Una muestra avanzada en el tiempo, pero que recoge toda la tradición barroca, es el extenso libro de Fray Juan Interián de Ayala *El pintor cristiano y erudito o tratado de los errores que suelen cometerse frecuentemente en pintar y esculpir las imágenes sagradas* (1782), donde advierte que «el representar a la más piadosa de las madres, como también a la más constante de las mujeres, tendidos los brazos, abierta la boca como que está dando graves voces, arrancándose los cabellos y de otros modos indecentes; esto no es adornar el hecho sino desfigurarlo.»[31]

Pero, junto a esto, el *Misteri* despliega otra partitura gestual expresiva, emocional, desde la bellísima concisión del «fent admiracions» a la puntual «fent demostracions com qui plora» o «mostra grant sentiment» o «fant demostraçions les Jueus amb les mans estar sanes.» Dirección naturalista que culmina con el espléndido momento de la *judiada*, en una marcada diferenciación icónica respecto a la entrada solemne de las Marías o de los

---

[30]   *Cf.* Ladner, Gerhart B., «The gesture of Player in Papal Iconography of the XIIIth and Early XIVth Century», en S. Prate (ed.), *Didascalies. Studies in Honour of Anselm Albareda*, Nueva York, 1961, pp. 153 y ss.

[31]   Cito por la edición de Barcelona, Imprenta de la Vda. e Hijos de J. Subirana, 1883, tomo II, p. 103. La rigurosidad moral de Interián se extrema al punto de poner reparos a la representación pictórica de la Virgen en el tránsito, tumbada sobre la cama, aunque califique de pía tradición el hecho. Le parece inaudito que San Pedro se atreva a rociar con el hisopo su cuerpo y que los Apóstoles recen como si de un funeral contemporáneo se tratara. Pero, sobre todo, repudia la imagen vulgarizada de una Santísima Virgen que, postrada, da a entender que murió de enfermedad o de vejez y no, como quiere la teología, «de ardentísimos afectos, de una intensísima contemplación y de amor, el cual también es un deliquio, conforme a aquello: "Quia amore languet." Esto supuesto, sería lo mejor pintarla arrodillada en tierra, fijos los ojos en el cielo y extendidas las manos.» (*Ibid.*, t. II, pp. 221-222).

mismos Apóstoles. Tienen razón quienes piensan que es el momento en el que los cantores del *Misteri* son más *actores* y pasan de ser soportes de gestos rememorativos a estallar en una narración creativa:

> I a este temps entran les Jueus, de dos en dos, fent visages i cerimónies com qui van descubrir una cosa no pensada.

Ese *com qui* (plenamente stanivslaskiano) nos sitúa en el momento más renacentista-barroco del drama asuncionista, también el más emotivo, rompiendo con la contención hierática del resto de la representación pero con la misma intención catequética: un núcleo dinámico y expansivo de judíos, espasmódico y descompuesto que avanza y retrocede arrítmicamente por el andador y que sólo después del bautismo ritual acordará sus movimientos y gestos con el coro apostólico de disciplinada mesura. ¿Quién no advierte en esta entrada la imagen de los gestos y *visajes*, de las manos alzadas ridícula e insidiosamente de los judíos que blasfeman e injurian a Cristo en las primeras representaciones del *Ecce Homo* de los retablos del siglo XV? ¿Quién no comprende aquí la teoría de que los actores del *Misteri* toman esta escena como el lugar propicio para «encarnar» y vivir desde dentro, interpretando, el personaje?

Es en la partitura gestual que hemos reseñado donde el texto del *Misteri* se aproxima a otros dramas como la *Representació de l'Assumpció de Madona Santa Maria*, fechado a finales del siglo XIV, en donde se mantiene la citada tensión entre el rito y la expresión realista:

> E sant Johan vinga a la porta de sancta Maria, maravellant-se, e salut-la homilment.
> Entren los apòstols e homilment enclinanse.[32]

Pero también el *como si* stanislavskiano («façen aparès que dormen») o el frenesí descompuesto de los demonios («fent gran brugit»). Por otra parte, textos más tardíos (finales del siglo XV, principios del XVI) muestran palpablemente esta basculación desde la liturgia a la expresión naturalista. Todavía existe una fuerte diglosia en el *Misteri de la Passió de Jesucrist* de Baltasar Sança y Pere Ponç[33] entre las acotaciones que se construyen con base teológica e intención catequética, rememorando los gestos de la verdad evangélica: «Velata facie percucient eum i escupir-lo han i escabella-

---

[32] Cito por el texto publicado con motivo de su representación en el V Festival de Teatro y Música Medieval de Elche (noviembre, 1990), Valencia, Generalitat Valenciana, 1990. Opúsculo sin paginación.

[33] *Vid. Teatro medieval y del Renaiximent* (ed. de Josep Massot i Muntaner), Barcelona, Edicions 62, 1983.

rán»; «Et inclinato capite tradidit spiritum. E ací despararán molta artelleria significant los terremots»,[34] y las que indican narratividad o expresión: «Entrarà Judas por lo cor, cridant o sospirant.»

Pero en la *Consueta del Misteri de la Gloriosa Santa Ágata* (sin duda del siglo XIV) las acotaciones son ocupadas totalmente por las nociones naturalistas: «Diga-li cortesanament»; «Diga ella ab molta fermetat»; «Se gira contra ell ab molta ferocitat.» Y aunque todavía aflora cierta moralidad («Toque-la honestament al braç...»), han desaparecido los vestigios hierático-litúrgicos y las palabras *cerimònia* o *cerimònies* han adoptado un significado de fingimiento teatral, expresivo:

> Facin la cerimònia de segar les mamelles ab la major crueldat que poran; i estant ella en lo torment, diga ab gran plant...

Estamos asistiendo a un tránsito que pulsa diversos niveles. Primero, el de la progresiva encarnación o «interpretación» por parte del actor respecto al personaje;[35] después, el del cambio en la sensibilidad del espectador que ya no es sólo un sujeto catequizable sino el de un público que está dispuesto a pagar por ver un espectáculo; y, finalmente, el de los nuevos hábitos que tanto en los espectadores como en dramaturgos y actores pudo imponer la tendencia tardomedieval de valorar el realismo de las artes representativas,[36] una estética vital y con tendencia al patetismo («imagines ingenio admirabili viventium speciebus conformatae») que se organiza en el gesto y en la palabra.

El mostrar los afectos del ánimo con los movimientos y expresión del cuerpo será ya, según Leon Battista Alberti, el primer síntoma de la *maniera*

---

[34] Además de las muy comentadas: «Pegant la bufetada», «Posaran-li la corona», «Llavarse ha Pilat les mans amb cerimònia gran», que ha estudiado, entre otros, Luis Quirante Santacruz, «Sobre el actor en la Baja Edad Media», en Evangelina Rodríguez Cuadros (ed.), *Del oficio al mito: el actor en sus documentos,* citada, t. I, pp. 91-120, Quirante observa que palabras muy utilizadas en las acotaciones de los textos teatrales del medioevo como *fingir* sirven para resolver indicaciones escénicas de gestualidad expresiva, incluso en los textos latinos del siglo XIII («fingat se velle discedere», dice el *Peregrinus* de Saint-Benoît-sur-Loire). O en el *Misteri de Sant Eudalt:* «fingesca ésser adormit, y aparega-li un angel»; «los dos fingesquen de muntar a la montaya». Equivalencias del *fingir* serían los frecuentes *fent parer* del teatro catalán medieval, subrayando en todo caso la progresiva inmersión en la gestualidad sometida a la moderación cristiana (pp. 115-119).

[35] *Vid.* Hardirson, O.B., *Christian Rite and Christian Drama in the Middle Ages. Essays in the origin and early history of modern drama,* Baltimore, John Hopkins Press, 1965, p. 32.

[36] *Vid.* Bruyne, Edgard de, *Op. cit.,* pp. 234-235. Para la serie de innovaciones miméticas en el teatro del paso entre el siglo XV al XVI, véase Ana M.ª Álvarez Pellitero, «Pervivencias e innovaciones en el tránsito del teatro religioso medieval al del primer Renacimiento», en *Cultura y representación en la Edad Media,* citada, pp. 88-99.

moderna de ver la realidad. En ello le seguirán Leonardo da Vinci, que llega, a través del poder de la mímica, a imaginar un mundo sin palabras. Giorgio Vasari, en 1550, condena la extrema pobreza del catálogo gestual del arte bizantino y exalta la función del movimiento, de la técnica de la mirada en la que se involucren los *affeti*. Aunque antes Giotto, en el siglo XIV (es decir, en el contexto de las teorizaciones gestuales paralitúrgicas y naturalistas que hemos venido comentando), y frente al hieratismo bizantino de las representaciones de Cristo en majestad, no sólo muestra una sensibilidad perceptiva para los colores matizados por la luz o la caída de los pliegues del manto, sino la dramática emotividad del Ecce-Homo (rodeado siempre por la gesticulación obscena de los sayones) y la frecuencia del célebre *gestus indigitationis*[37] que marca las líneas de fuerza de la mirada hacia el cuerpo o el rostro, de un modo que en absoluto se aleja de ese pasaje, tan lleno de expresividad prebarroca como es el *Auto de la Pasión* de Lucas Fernández:

> Pilatos, por contentar
> aqueste pueblo maluado,
> luego le hizo desnudar,
> y tantos açotes dar
> que todo quedó llagado.
> Y d'espinas coronado
> le vi y quedé no sé cómo.
> Mostróselo enpurpurado
> y denostado,
> diziéndoles: ecce homo.

> *Aquí se ha de mostrar vn eccehomo de improuisso para*
> *prouocar la gente a deuoción, ansí como le mostró*
> *Pilatos a los judíos, y los recitadores híncanse de rodillas,*
> *cantando a quatro boces: Ecce homo, Ecce homo, Ecce homo.*

> Díxoles ¿quedáys contentos?
> Véysle aquí bien castigado.
> Sosegad los pensamientos,
> que asaz ásperos tormentos,
> por cierto, le tengo dado.
> Sin cessar bozes jamás
> [...]
> Con la boz enrronquecida,

---

[37] Se trata del gesto de admonición o muestra expresiva que Alberti describe en *Della Pittura* (II, 42): «E piacemi sia nella storia chi ammonisca e insegni a noi quello chi ivi si facci o chiami con la mano a vedere». *Cf.* Chastel, André, *Op. cit.*, p. 15.

rompidas todas las venas
y la lengua enmudecida,
con la color denegrida,
cargado todo de penas
y los miembros destorpados,
los ojos todos sangrientos,
los dientes atenazados,
lastimados
los labios con los tormentos.
[...]
Lágrimas, sangre y sudor
era el matiz de su gesto,
derretido con amor
para curar el langor
en qu'el mundo estaua puesto.[38]

3. LA NUEVA ESTÉTICA DE LA EXPRESIÓN Y DE LOS AFECTOS: INICIOS DE LA
COMPOSICIÓN RETÓRICA DEL *DECORUM* Y EL MÉTODO SINCRÉTICO DEL PINCIANO

La pregunta es: ¿pervive alguna herencia o expansión de lo medieval
en el gesto barroco? Evidentemente sí. No hay más que echar un rápido re-
cuento de la tópica teatralidad renacentista y barroca en aspectos no directamente escénicos y que recogen la fuerte tradición de convencionalidad ritual comentada para la Edad Media. Por ejemplo, la signicidad del
protocolo de los comportamientos cortesanos insertos en la pedagogía
del caballero que contienen determinados tratados del siglo XVI, desde el
De cardinalatu de Paolo Cortese (1510) hasta *El Cortesano* de Castiglione
(1528)[39] o *Il Galateo* de Giovanni della Casa (1558); y, especialmente, el hieratismo e impasibilidad prescritos para la figura regia. Desde el discurso
académico se advierte que «nescit regnare qui nescit dissimulare, que no
es bueno para reinar el que lleva el coraçón en el rostro de suerte que todos se le calen y penetren»,[40] lo que se acoge a la teoría civil de la apología

---

[38] Ed. de M.ª Josefa Canellada, Madrid, Castalia, 1976, pp. 222-225.
[39] Leemos en el Libro II: «Ma la grazia perfetta e vera virtù di questo è il dimostrar tanto
bene e senza fatica, così coi gesti come con le parole quello che l'omo vole esprimere, che
a quelli che odono paia vedersi innanzi agli occhi gar le cose che si narrano [...] E benchè a
queste narrazioni si ricerchino i gesti e quella efficacia che ha la voce viva, pero ancor in
scritto qualche volta si conosce la lor virtù.»
[40] Sesión 16 (15 enero de 1592) de las *Actas de la Academia de los Nocturnos de Valencia.
Vol. I* (ed. de Josep Lluís Canet, Josep Lluís Sirera y Evangelina Rodríguez), Valencia, IVEI,
1988, p. 402. En el mismo discurso *Sobre la mentira*, a cargo del académico Gaspar Escola-
no, se advierte cómo la técnica del *fingimiento* y la gestualidad persuasiva sustentan ya la

de lo visible y de la apariencia que supondrá *El discreto* de Gracián. Y, sin agotar el catálogo de ejemplos, existe una rigurosa tradición ciceroniana en los modos de la narración o la expresión oral que recuerda el mismo Cervantes en *El coloquio de los perros* por boca de Cipión:

> Los cuentos, unos encierran y tienen la gracia en ellos mismos; otros, en el modo de contarlos; quiero decir que algunos hay que aunque se cuenten sin preámbulos y ornamentos de palabras, dan contento; otros hay que es menester vestirlos de palabras, y con demostraciones del rostro y de las manos y con mudar la voz se hacen algo de nonada, y de flojos y desmayados se vuelven agudos y gustosos.[41]

Juan Pablo Mártir Rizo en su *Poética de Aristóteles traducida del latín* (1623) se refiere a lo *ridículo* (en el sentido de lo cómico o risible) cuando

> referimos con gracia y gallardía alguna fábula entera y continuada en la cual narración solicitamos exprimir las palabras, el rostro, los gestos, las costumbres y movimientos de quien se habla, de tal suerte que parece a los oyentes tenerle entonces presente.[42]

Dentro del marco narrativo, determinados estilemas evocan asimismo esta tensión teatral de la apariencia y el gesto; reaparece en el contexto de la prosa el *cuidadoso descuido*, máxima expresión del gesto colonizado por la intencionalidad pero asentándolo en una percepción de decoro naturalista. Y en otros casos, como dice el propio Cervantes en el *Quijote* (II, 10): «las acciones y movimientos exteriores que muestran [los amantes] cuando de sus amores se trata, son certísimos correos que traen las nuevas de lo que allá en lo interior del alma pasa»,[43] que no es más que una apelación a la fisiognómica y a los valores expresivos de los afectos con las mediaciones plásticas que pueden superponerse. Cervantes, esta vez como

---

actividad teatral: «Ya no podría cvrarçe en las gallardas ficciones de los comediantes; ya no tenía con qué suspender la furia de sus pasiones al son de las suaves consonancias de los versos. Estos se perderían a perderse la mentira [...] Tampoco habría farsantes, echada del mundo la mentira; éste representa la figura de un rey sin serlo, el otro de loco, estando muy lexos d'ello. Y para dezirlo en suma, toda el arte de representar carga sobre falso y en personados aparentes, cuya destreza es tanta, que revestidos de aquellas figuras llevan robados los ánimos de los oyentes.» (*Ibid.*, p. 401).

41 *Novelas ejemplares,* ed. cit., Madrid, Cátedra, 1992, t. II, p. 304.

42 *Apud* Sánchez Escribano, Federico y Porqueras Mayo, Alberto, *Preceptiva dramática del Renacimiento y del Barroco*, Madrid, Gredos, 1972, p. 233.

43 Cita bien tópica, por lo demás. Boncompagno de Signa en su *Rhetorica novissima* evocaba ya el discurso sin palabras de los «amantes demasiado tímidos para hablar» que transmitían sus sentimientos «mediante gestos, señales o mímica». Cit. por Zumthor, P., *Op. cit.*, p. 298.

dramaturgo, vuelve a recurrir a la elocuencia del gesto en *Pedro de Urde-malas* cuando observando a un personaje alguien dice:

> Y *en tu rostro se ve* aquí
> aquesta verdad distinta.[44]

Lo mismo que Lope en *Lo fingido verdadero*:

> Si *tus ojos y lengua son indicio*
> tan claro de tu amor...[45]

Y Calderón de la Barca, en su *Memorial en favor de los profesores de la pintura* (*ca.* 1675), afirmará que

en la posición de las facciones del hombre (racional mundo pequeño) llegó su destreza [de la pintura] aun a acoplarle al alma significados en la variedad de sus semblantes, ya lo severo, ya lo apacible, ya lo risueño, ya lo lastimado, ya lo iracundo, ya lo compasivo; de suerte que, retratando el rostro el corazón, nos demuestra en sus afectos aun más parecido el corazón que el rostro.[46]

Lo cual explica asimismo algún diálogo, singularmente semiótico, como el que vemos entre Ifis y Anajarte en la tercera jornada de *La fiera, el rayo y la piedra*:

---

[44] *Vid.* ed. de J. Talens y N. Spadaccini, Madrid, Cátedra, 1986, p. 260.

[45] *Cf.* ed. de Maria Teresa Cattaneo, Roma, Bulzoni, 1992, p. 114.

[46] La fisiognómica y su vinculación con los tratados sobre pintura y el arte escénico ya se han estudiado en su lugar. La pregunta es hasta qué punto siendo una ciencia conocida ya en la Edad Media, pudo influir en la comentada rehabilitación del gesto. Pero la fisiognómica, siempre difícilmente separable de las ciencias adivinatorias, apenas pudo tener influencia. Primero, por su carácter heterodoxo, casi pagano, rozándose constantemente con la astrología y la quiromancia. Y, en segundo lugar, porque durante el primer Medioevo apenas existió una cultura acerca de la trascendencia psicológica y expresiva del gesto. Ahora bien, no deja de resultar interesante que este tipo de especulaciones experimentara un decisivo impulso precisamente sobre el siglo XIII, al albur de esa nueva sensibilidad cualificadora que en su contexto vimos y que coincide con los primeros intentos delimitadores entre las ciencias y la teología. No es casual que con Alberto Magno (1200-1280) y su tratado *De animalibus* se produzcan los principios de una fisiognómica y que Michael Scoto (muerto en 1235) haga lo propio en su *Physionomia* (cuyos capítulos finales, por cierto, están dedicados al modo de caminar y a los movimientos). Pero es que ambas obras no serán impresas hasta 1478 y 1477, respectivamente. Es decir, en la fecha que se corresponde con el nuevo impulso expresivo de la plástica. *Cf.* Caro Baroja, Julio, *La cara, espejo del alma. Historia de la fisiognómica*, Barcelona, Galaxia Gutemberg-Círculo de Lectores, 1993, pp. 47 y ss.

IFIS

¿Que calle un dolor no baste
sin que, en lo calla, calle?

ANAJARTE

No, que mudez que se explica,
no deja de ser lenguaje.

IFIS

Sí deja, porque no es voz
la seña que aún no es del aire.

ANAJARTE

Dictamen que habla por señas
es muy bachiller dictamen.

IFIS

Eso es quererle quitar
sus idiomas al semblante.

ANAJARTE

Claro está, que los colores
ya son retóricas frases.

IFIS

¿Quién le negó a un accidente
que pálido se declare?

Un último y somero ejemplo: la fuerte convencionalidad de gestos socializados que se incorporan a la zona documental de las acotaciones teatrales del Barroco: *hacer la reverencia, hacer la mamola, hacer el buz,
hacer la higa*. Por resumir: el Barroco es también una civilización del gesto, aunque, eso sí, ya definitivamente volcada a la consecución y superación de las mimesis dentro de una gramática gestual acentuadamente expresiva, sin olvidar nunca los registros convencionales e indiciales ya
mencionados.

El Barroco vincula directamente la *actio* gestual (mesurada o exagerada) a la retórica de los afectos y, por ende, al teatro. Se confirma plenamente que la acción es la modificación o la creación de una realidad física
y que el personaje que construye el actor se define en términos de *lo que
hace, gesticula*. El actor hace, actúa, luego es. Los tópicos ataques contra
la inmoralidad del teatro se basan sistemáticamente en una evocación,

más arqueológica que histórica, de la gestualidad de mimos e histriones, produciéndose un borroso fundido, puesto que aquellas son precisamente, junto a los comentarios medievales, sus fuentes. Bances Candamo (que no ataca al teatro sino que pretende defenderlo) establece una prudente distancia de éste respecto a los antiguos *mimos*, «cuya principal ocupación eran los gestos», y que imitaban «las personas más uiles, descriuiendo sus acciones con grandes extremos de gesticulaciones y meneos muy luxuriosos y desvergonzados.»[47] Añade que «todos sus mouimientos eran torpes imitando cosas deshonestas.» Bances reproduce la escritura de la Patrística y es notable, como era de esperar, el acento puesto en la difusa y exagerada gesticulación. No duda en evocar, con Tertuliano, el ejercicio de disciplina corporal que ello supone, pues «el Pantomimo martiriza desde su infancia al cuerpo, para que sea más airoso en la danza con el artificio.» Y nota, a partir de San Cipriano, «que los hombres cuyo arte es representar con las manos solas, vestidos de muger, quebrando en deshonestísimos meneos sus miembros, hacen peores movimientos que la muger más disoluta.»[48] Como ya hemos visto, al vincular estrechamente la conciencia gestual o kinésica con el trabajo del actor, el moralista barroco produce unos documentos más que sólidos para deducir el léxico de esta gestualidad.

En vano algunos apologistas bienintencionados del teatro restaban importancia a la acción gestual del actor, circunscribiéndola a la frontera de la letra muerta o limitándola con la autoridad civil presente en el teatro:

> Vuelvo a decir que es materialísimo modo de comprender, porque los abrazos de las comedias existen sólo en la acotación que los previene, no en la acción que los ejecuta, pues esto se hace con tanta modestia que apenas la mano del cómico llega a tocar la superficial ropa del brazo de la cómica [...] pues cuando los cómicos quisieran, olvidando las leyes del recato, dar a sus acciones más viveza de aquella que permite la modestia, tienen a la vista, para moderarla en todo, el más respetuoso freno, ya en lo autorizado del concurso, ya en la regular frecuencia a los teatros del Censor y Fiscal [...] y más que todo, en la precisa asistencia del señor ministro que con la voz del rey da alma su presencia a la quietud del pueblo y a la modesta ejecución de las comedias.[49]

---

[47] *Theatro de los theatros de los passados y presentes siglos,* ed. cit., p. 9.

[48] *Ibid.,* pp. 15 y 18, respectivamente.

[49] Guerrero, Manuel, *Respuesta a la resolución que el Reverendísimo Padre Gaspar Díaz, de la Compañía de Jesús, dio a la consulta theológica, acerca de lo ilícito de representar,* Madrid, 1743. *Apud* Cotarelo y Mori, Emilio, *Bibliografía,* citada, pp. 345ab. Manuel Guerrero es un actor y, claro, su punto de vista es bien distinto; de sus cualidades se dijo: «Es buen mozo, muy galán, / muy bien hecho; ni rollizo / ni flaco; así [...] entreverado, / medio entre Marte y Cupido.» (*Ibid,* p. 343a).

Lo habitual será una reacción violenta contra los actores «que nada escrupulizan de palabras y obras»,[50] advirtiendo la potente partitura gestual de los propios textos teatrales:

> Que es posible que no provoca decir un hombre a una mujer «mi vida, mis ojos, mi alma, mis amores», etc., «dame los brazos», etc., y a la margen el autor, «abrázase», etc.?[51]

Potencialidad que se había reconocido desde Quintiliano:

> Ut de gestu prius dicam, qui et ipse uoci consentit et animo cum ea simul paret. Is quantum habet in oratore momenti satis uel ex eo patet, quod pleraque etiam citra uerba significat. Quippe non manus solum, sed motus etiam declarant nostram uoluntatem, et in mutis pro sermone sunt, et saltatio frequenter sine uoce intellegitur atque adficit.[52]

Y también San Agustín, en su aguda percepción semiótica del espectáculo teatral que sugiere en su *Confesiones:*

> Las acciones y movimientos del cuerpo son como palabras naturales y lenguaje de que usan todas las naciones, y se forman ya con otras señas de los demás miembros del cuerpo, y ya, finalmente, con el sonido de la voz: con cuyas señas y acciones dan a entender las afecciones del alma en orden a pedir, retener, desechar, huir o aborrecer estas o aquellas cosas.

Y que subrayan, con mayor grado de ponderación, los retóricos del siglo XVII, jugando a la ambigüedad de la *figura* como expresión verbal y, a la vez, signo visible de las pasiones en el discurso:

> Outre ces expressions propres & étrangères que l'usage & l'art fournissent pour être les signes des mouvements de nôtre volonté, aussi bien que de nos

---

[50] Tormo, José, *Representación al Rey D. Carlos III, pidiéndole prohibiese la representación de comedias en Orihuela y Alicante*, Orihuela, 1777. *Apud* Cotarelo y Mori, Emilio, *Ibid.*, p. 568a.

[51] Crespi de Borja, Luis, *Respuesta a una consulta sobre si son lícitas las comedias que se usan en España*, Valencia, 1649, *Ibid.*, p. 195a.

[52] *De Institutione Oratoria*, XI, 3, 66. Traducimos: «La importancia del gesto para el orador se deduce suficientemente del hecho de que, incluso sin palabras, se pueden comprender la mayor parte de las cosas. En efecto, las manos, pero también los movimientos o signos de la cabeza, manifiestan nuestra voluntad y, para los mudos, los gestos ocupan el lugar de la lengua; e igualmente la danza, sin ayuda de las palabras, es con frecuencia expresiva y emotiva.» La elaboración del principio de la acción como elemento no simultáneo sino, incluso, predecesor de la palabra, queda así instaurado y se convierte en tópico cuando, desde las primeras décadas del siglo XVIII, existan oficialmente las preceptivas de la acción actoral.

pensées; les passions ont des caractères particuliers avec lesquels elles se peignent elles-mêmes dans le discours. Comme on lit sur le visage d'un homme ce qui passe dans son coeur; que le feu de ses yeux, les rides de son front, le changement de couleur de son visage, sont les marques évidents des mouvements extraordinaires de son âme; les tours particuliers de son discours; les manières de s'exprimer éloignées de celles que l'on garde dans la tranquillité, sont les signes & les caractères des agitations, dont son esprit est émoû dans le temps qu'il parle.[53]

O los preceptistas como Bances Candamo:

Y entonces aquella mano con voz va explicándoles a los ojos el verso que se canta, y por compuestas acciones, como si fuesen letras, habla con el semblante de quien le mira, leyéndose en la mano las comas y puntos de sus cláusulas, y sin letras forma en el aire renglones clarísimos. Un mismo cuerpo nos retrata a Hércules, y a Venus, ya es hembra y ya es varón, ya es rey y ya es soldado, ya es anciano y ya es joven, para que creas en un cuerpo muchos distintos con la variada imitación.[54]

Pero en todos los flancos documentales queda clara la separación entre el gesto rehabilitado por su función catequética, inmerso en el prestigio de la antigua *actio retorica* (a lo que volveremos en un capítulo monográfico) y el del histrión, de exagerada gesticulación (visión técnica) que tiende a la deshonestidad (visión moral habitualmente inseparable). Este aspecto exagerado, ridículo, se vincula con una práctica bufonesca que rompe con el sentido del decoro y del registro natural. Pero con el *actor*, una noción que se da por perdida en la Edad Media, como ya propuse en los primeros capítulos, aparece una concepción moderna del teatro, marcada por la aplicación de un *ars*, una disciplina, pues actor será sólo el que represente con primor, dominando la kinésica, lejos del simple soporte histriónico de *visajes ridículos*, de las habilidades exclusivamente físicas del *volatinero*; lejos también de las connotaciones de marginalidad moral del *farandulero* o *farsante*, o del *representante* o del *recitador* (descripción de la dimensión performativa en un caso, oral en otro). El léxico, como vemos, se ha diversificado notablemente en el Barroco; pero el gesto, su mapa de matices y su dominio exactos perviven y se estructuran definitivamente como elemento cualificador. Y al sumergirse el rito en la imitación y en la expresión nace el concepto moderno de *interpretación*.

La calidad interpretativa (sostenida, como veremos, por elementos de prestigio adicional como es el recuerdo de la antigua oratoria) se funda-

---

[53] Lamy, Bernard, *La Rhétorique et l'art de parler*, Amsterdam, Paul Marrey, 1694, p. 108.
[54] *Theatro de los theatros de los passados y presentes siglos*, ed. cit., p. 10.

menta en dos grandes áreas teóricas, que representan, a su vez, dos grandes franjas culturales del paso del Renacimiento al Barroco. Una será la *imitación*, la naturalidad formulada en nuevos conceptos socioestéticos como el del *decoro*. Otra será la de la representación veraz, vívida, que tenderá, en última instancia, a la preferencia por una cierta expresividad gestual y declamatoria. No cabe duda que el texto que mejor recoge ambos aspectos y quizá toda la teoría rehabilitadora del gesto en el Barroco es la *Philosophia Antigua Poética* de Alonso López Pinciano publicada en 1596.[55] Ya me referí a él en su momento. Conviene ahora repasar las ideas esenciales que conforman su teoría de la representación. ¿Qué elementos reúne el Pinciano en este extenso fragmento de la *Epístola XIII* de su tratado?:

a) La capacidad persuasiva del teatro cuando supera su estadio de texto: conciencia de la *voz viva* que implica la consideración dramatúrgica, extensiva a la *acción* del género teatral:

> [...] en el teatro nos enseñan muchas cosas de que somos ignorantes, que, como nos las dan con voz viua, hazen más impressión que si en casa se leyeran.

> [...] en haciendo el poeta el poema actiuo, luego lo entrega a los actores para que hagan su oficio; de manera que como muerto el enfermo, espira el oficio del médico y empieça el del clérigo, hecho el poema activo, espira el oficio del poeta y comiença el del actor.

b) Vinculación de la *acción* del representante a un vago *deber ser* (identificado luego con el seguimiento de la *naturaleza*) como norma disciplinaria esencial, anulando la acción expresiva propia (naturaleza en el sentido de libertad sin norma) que lleva a la posible deshonestidad:

> Assí es, respondió Fadrique, que, si las acciones son las que deuen, pueden y deuen ser oydas de qualquier varón, mas la naturaleza, peruersa, las va adulterando, de manera que, de honesto, haze deshonesto. [...]

c) Reivindicación de la *nobleza* del oficio y no sólo del prestigio del texto que se interpreta, en una línea teórica que vimos retomada, precisamente, por los cómicos de la *commedia dell'arte* como Niccolò Barbieri:

> Fadrique dixo: Ni vos, señor Pinciano, me auéys entendido. Lo que digo es que la Poética es arte noble y principal, mas la acción della en teatro no tiene nobleza alguna.

---

[55] Ed. cit., tomo III, pp. 515-529.

> ¡Mirad, dixo el Pinciano, de qué nos haze nueuas el señor Fadrique! Ay quien diga que los actores son gente infame y tanto, que no les deuían dar el Sanctíssimo Sacramento, como está decretado y ordenado por los sacros Cánones; ansí lo oy dezir a vn padre predicador.
>
> Fadrique se rió mucho y dixo después: El padre predicador tenía mejor voluntad que entendimiento, y él erró con especie de acertar.

d) Separación clara de la disciplina o arte del *actor* y de las supuestas acciones deshonestas vinculadas a géneros concretos, lo que se teoriza con la recurrencia histórica de la discriminación entre *histriones* y *actores* latinos

> Es la verdad que cierta manera de representantes son viles y infames, que, como agora los zarabandistas, con mouimientos torpes y deshonestos incitauan antiguamente a la torpeza y deshonestidad, a los quales los latinos dieron nombre de histriones, y de los quales se dize estar prohibidos de recebir el Sanctíssimo Sacramento de la Eucharistía; mas los representantes que los latinos dixeron actores, como los trágicos y cómicos, ¿por qué han de ser tenidos por infames?, ¿qué razón puede auer para vn disparate como ésse? [...] Pues, si la poesía es la que auemos dicho, obra honesta y vtil en el mundo, ¿por qué el que la pone en execución será vil y infame? ¿Vos no veys que es vn disparate?

e) Vuelta al argumento de la *utilidad* del oficio del actor y a su exculpación moral con la base neomedievalizante de su vinculación a patrones de la Sagrada Escritura y al contenido moral de los textos, sin perjucio de recordar la adscripción *servil* de un trabajo que se recuerda próximo a los bufones cortesanos (argumentos parecidos utiliza luego el italiano Barbieri):

> No digo yo que el oficio del actor es tan aprouado como otros —que, al fin, tiene algo de lo seruil y adulatorio—, pero digo que ni es infame ni vil, mas, en cierta manera, necessario; y, si no, mirad a la Sancta Madre Iglesia que dize en vna Antíphona a Nuestra Señora: «Delante desta Virgen, gozos espessos con cantares y representaciones...»
>
> El Pinciano dixo entonces: Los cantares y representaciones que la Iglesia pide son muy buenos y vtiles.
>
> Y luego Fadrique: ¿Pues digo yo que en los teatros los traygan malos y dañosos? Traygan los actores lo que está dicho que deuen hazer los poetas, y serán muy vtiles a la República.

f) Primera restricción profesional: limitación de los miembros de las compañías; el léxico invoca de nuevo un *arte* disciplinado (*ministerio*); se sientan las bases de una organización oficial de las compañías *reales* o de título y compañías abiertas o de la *legua*, clave asimismo de una economía de mercado aplicada al teatro:

Vos, señor Fadrique, dixo Vgo, auéys dicho vna cosa que si todos la aprouassen, auría más representantes de los que ay y más ociosos de lo que sería razón.

Fadrique respondió: También podría auer moderación en esso; y lo que voy a dezir no se entienda que es reprehensión a la república, sino consejo para los actores principales de las compañías, los quales andan perdidos y rematados por no se entender y traer en sus compañías vn exército de gastadores sin necessidad; que con siete y ocho personas se puede representar la mejor tragedia o comedia del mundo, y ellos traen, en cada compañía, catorze o diez y seys, los quales les comen quanto ellos sudan y trabajan, de manera que los actores principales ganarían más.

Vgo dixo: Y auría menos hombres ocupados en esse ministerio que podrían ocuparse y ser de prouecho en otro, que, aunque este oficio del representar no sea malo, si bastan quatro hombres, ¿para qué se han de ocupar ocho?

El Pinciano dixo entonces: Y aun a los que vienen a las comedias sería de prouecho, porque les bajarían el estipendio.

Esso es lo de menos, dixo Fadrique, y lo más importante lo que dixo el señor Vgo.

Y el Pinciano luego: Bien estoy con la mengua del número de los representantes, mas ¿cómo se formarán dos exércitos dellos en los teatros con siete o ocho personas?

Fadrique se rió y dixo: Para vna cosa como éssa, sacar vna dozena o dos de los que están más cerca mirando. [...]

g) Se testimonia un dato relevante para la inmediata discriminación profesional, más exacta, de la profesión de actor, y que no es otro que la presencia, en el espectáculo de corral que con seguridad presencian los contertulios del Pinciano, de un volatinero, volantín o volteador (*buratín*). El entretenimiento del habilidoso saltimbanqui que danzaba la cuerda ya es descrito por Fray Juan de Alcocer en el *Tratado del juego* (Salamanca, 1559), para quien, aun no siendo espectáculo deshonesto por su nula pecaminosidad, sí debía desterrarse por «sacar al país muchos marauedís.» Covarrubias en su *Tesoro de la lengua española* da la acepción concreta de *buratín*, como derivado de *burato*, es decir, el velo o cendal muy delgado usado para cubrir el rostro las damas y que, además, era empleado por algunos representantes para ocultar su identidad: «de ahí vino a llamarse *buratín* al que boltea en la maroma, porque sale con un cendal en el rostro; y si le llaman bolantín, será porque buela, baxando de alto por la maroma.»[56] Da idea este fragmento no sólo de una singular diversión pública, sino de la vaga adscripción todavía en el sentir común de la actividad del actor al recuerdo de los espectáculos callejeros y bufonescos:

[56] Covarrubias, Sebastián de, *Tesoro de la lengua castellana o española* [1611], Barcelona, Turner, 1987, p. 245b.

Dicho, callaron por vn rato los compañeros, y despúes dixo Fadrique: Muy despacio vienen oy los oyentes para ser nueua la acción que oy se ha de representar y nunca en la Corte representada.

El Pinciano dio la causa diziendo: Y no sin razón, porque Buratín ha combidado oy a su boltear, possible, porque se mira con la vista, y no verisímil, por la dificultad de las cosas que haze.

Fadrique dixo: Poco deue de auer que esse hombre vino, pues no ha llegado a mis orejas, pero pregunto: ¿qué es lo que haze?

El Pinciano respondió: No se puede dezir todo, mas diré vna parte. Encima de vna soga tirante anda de pies. ¿Qué digo? Anda vnas vezes sobre chapines, otras, sobre vnos zancos más altos que vna tercia. ¡Poco digo! Dança sobre la soga y, haziendo las que dizen cabriolas en el ayre, torna a caer de pies sobre ella como si fuera vna sala muy llana y espaciosa. [...]

h) El Pinciano establece la separación entre estas actividades ligadas con el espectáculo y lo que sería un *arte* de la interpretación dramática, a la cual asiste no tanto la habilidad física como el *primor*, el buen hacer, pero también una obra de alcance intelectual y educativo (es algo *sutil* y *espiritual*). Se equiparan las voces *actores* y *representantes*:

Lo qual supuesto, digo que las acciones dramáticas y de representantes tienen mucho más de lo sutil y espiritual que no las de los bolteadores; y, en quanto a este particular, son las obras de aquéllos de más lustre y primor que no las déstos; pero puede la obra corporal por la excelencia alçarse tanto, que iguale y sobrepuje a algunas espirituales, por ser baxas y comunes y no tener cosa de lo peregrino y nueuo. Ya me auéys entendido; passemos adelante.

Dicho esto, a Fadrique pareció que el Pinciano no lo auía acabado de entender, por él auerse quedado como pensatiuo, y prosiguió diziendo: Digo que las obras de los actores y representantes, en general, son más nobles quanto al eficiente, porque tienen más de lo intelectual; pero lo de estos bolteadores, en particular, lo son más por la excelencia de lo que con el cuerpo hazen [...] así que la raridad y extremación, por assí dezir, de la acción, aunque grosera y corporal, la alça sobre la espiritual en breues razones. Lo que desta plática siento es que los bolteadores sobrepujan y vencen a los ordinarios y comunes representantes por la excelencia de su acción, mas que la obra de suyo vtil y más honesta es la de la representación por las causas alegadas.

i) Claro que el actor puede degradar su oficio cuando *rompe* la estructura formal del decoro y se afirma únicamente el registro bufonesco de la graciosidad (el loco). Vuelve a aparecer la palabra *histrión*, como función diferenciada:

Sí, dize el Pinciano, si todo fuesse vero lo que el pandero dize y los farsantes siempre obrassen con el entendimiento, mas yo los veo obrar con el cuerpo y sin buen juyzio muchas vezes y contrarios al juyzio bueno.

Esso será, respondió Vgo, quando representan algún loco, en la qual sazón obran con el entendimiento, y en la qual obra quiçá es menester mayor primor que en las demás.

No digo esso, dixo el Pinciano, sino quando hazen officio de histriones, y con mouimientos y palabras lasciuas y deshonestas quieren deleytar a los teatros.

Vgo respondió: Quien esso hiziere, echarle de la tierra y embiarle al mar, o, a lo menos, priuarle de su patria.

Bien me parece, respondió el Pinciano, y después añadió: Si tuuiera autoridad en la administración de la República, yo proueyera de vn comisario que viera todas las representaciones antes que salieran en plaça pública, el qual examinara las buenas costumbres dellas. [...]

j) Atención al ornato de la representación, centrada en los comentarios del vestuario inadecuado del actor, lo cual se extiende bien a la preceptiva de los géneros (el pastor no puede aparecer en una tragedia pero sí en una égloga pastoril o en una fábula piscatoria), bien al progresivo desarrollo teórico del *decoro:*

Assí Vgo dezía cuando començaron a templar los instrumentos dentro y quando al teatro, por entre vnas cortinas, sacó la cabeça y parte de los hombros vno de los actores, con hábito de pastor, el zamarro con listas doradas, y vna caperuça muy galana, y vn cuello muy grande con la lechuguilla muy tiessa, que deuía tener vna libra de almidón.

Visto por el Piciano dixo: ¿Qué tiene que ver un pastor con tragedia? [...]

Otra cosa, dixo Vgo, auía más que considerar en el hombre, digo en su hábito: el pellico tan galano y caperuça que no vsan los pastores y parece falta de buena imitación, y, más que todo, la contradize aquel cuello tan ancho como vn harneo, y cada abanillo tan grande como una mano del mortero que los hizo o majadero que los trae. [...]

k) Introducción de las nociones quintilianas de *vulto* (compostura del rostro que luego se extiende a lo corporal y al movimiento) y *gesto* (metonimia de *rostro* y las operaciones locutivas, pero también motoras sobre cuerpo, pies, brazos, ojos y boca):

¡Pues cómo!, dixo el Pinciano, ¿accidental es el ornato al actor y a la acción?

No digo tal, dixo Fadrique, sino que el ornato es essencial [...] assí del theatro como de las personas, es essencial, casi tanto como el mouimiento y ademán que los latinos dizen vulto[57] y gesto.

---

[57] *Vid.* Quintiliano, *De Institutione Oratoria*, Lib. XI, 3, 72: «Dominatur autem maxime ultus. Hoc supplices, hoc minaces, hoc blandi, hoc tristyes, hoc hilares, hoc erecti, hoc summissi sumus; hoc pendent homines, hunc intuentur, hic spectatur etiam antequam

El Pinciano dixo: ¿Qué cosa es esto de vulto, gesto y ademán?

Y luego Fadrique riendo [...] hecho el poema activo, espira el oficio del poeta y comiença el del actor, el qual está diuidido en las dos partes dichas, en el ornato o en el gesto y ademán; y, si no lo entendéys agora, escuchad: ornato se dize la compostura del teatro y de la persona, y ademán, aquel mouimiento que haze el actor con el cuerpo, pies, braços, ojos y boca quando habla, y aun quando calla algunas vezes.

Las ideas del Pinciano no son, desde luego, originales. Derivan de la *De Institutione Oratoria* de Quintiliano (Lib. XI) y de las clásicas referencias ciceronianas en *De Oratore* (III, 222) («Est enim actio quasi sermo corporis»), sólo que procediendo aquí a una clara separación de la *actio* y de la *pronunciatio*: esta última se adscribirá progresivamente a las cualidades de la voz y la elocuencia; la primera, al movimiento y los gestos. Se asimila así, de manera implícita, la distinción formal que Quintiliano estableció entre la *chironomia* (movimiento de la mano de la que debe ser maestro

---

dicimus; hoc quosdam amamus, hoc odiamus, hoc plurima intellegimus, hic est saepe pro omnibus uerbis.» El fragmento es muy expresivo y no precisa traducción. De Quintiliano trasladarán todos los autores de preceptiva retórica del siglo XVII el concepto semiótico del gesto del rostro y del cuerpo como portadores de significados. Fray Luis de Granada, por ejemplo, en *Los seis libros de la retórica o de la manera de predicar:* «Con el rostro nos mostramos rendidos, con él amenazadores, con él tristes, con él alegres, con él tiernos, con él erguidos, con él sumisos; de él están pendientes los hombres, a él miran, en él ponen la vista aun antes que hablemos; con él amamos a algunos, con él aborrecemos, con él entendemos muchísimas cosas; éste suple muchas veces por todas las palabras» (*Obras de V.P.M. Fray Luis de Granada*, Madrid, Atlas, 1945, vol. III, p. 621). Pero incluso antes Erasmo de Rotterdam, en su obra *De civilitate morum puerilium* (*De la urbanidad en las maneras de los niños*), ha adaptado las reglas quintilianas a la educación gestual de niños y adolescentes (recordando mucho las *Ars Disciplinae* de los novicios medievales, aunque con un sentido más laico). En las ideas de Erasmo persiste, a mi modo de ver, la influencia implícita de los tratados de fisiognómica e incluso de pintura. Sobre los ojos, además de recoger ejemplos de pintura antigua y arrastrar el tópico de considerarlos sede del alma, recomienda no mostrar ferocidad haciéndolos torvos ni hacerlos penetrantes, como señal de iracundia (*vid.* ed. y trad. de Julia Varela y Agustín García Calvo, Madrid, Ministerio de Educación y Ciencia, 1985, p. 21); recomienda las cejas distendidas para mostrar serenidad (p. 23); proscribe «aquella risa que estira a todo lo ancho la raja de la boca, replegándose los carrillos y desnudándose los dientes, que es risa perruna, y se llama también sardónica» (p. 27) coincidiendo en ello casi literalmente el Pinciano al despreciar la risa de los histriones; por la misma razón condena morder con los dientes el labio inferior, como señal de furia (p. 29) o pasar la lengua por los labios y sacarla fuera, como muestra de bufones (p. 29); aconseja una postura no afectada, reclamando que «la cerviz no se doblegue ni a izquierda ni a derecha, pues ello es teatral o hipócrita» (p. 33). La gestualidad, en su conjunto, debe ser «concorde con natura y razón» (p. 35); finalmente, siguiendo fielmente a Quintiliano, aconseja que el andar «no sea ni dejado ni precipitoso ni tampoco oscilante a un lado y otro» (p. 37).

el orador) y la *orchestrica*, es decir, la gestualidad desplazada al resto del cuerpo, integrando en ello el modo de deambular e incluso el uso de ropajes (el empleo de la toga y la túnica por parte del orador), pero marcando como zona de mayor densidad semiótica o significativa el torso y sobre todo el rostro (la expresión se construye con los movimientos de las cejas, la frente, los ojos y la tez).[58] Esta concentración en el rostro se documenta asimismo en la iconografía del arte romano presente en monedas, estatuas y bajorrelieves donde la expresión del personaje se intensifica en el rostro y en el movimiento de las manos y de los dedos. Como ha observado Brilliant,[59] son los brazos y la cabeza los que atribuyen, dentro de la estética italo-romana, estatuto de individualidad al personaje, haciéndole funcionar socialmente; por esta razón, y a diferencia de lo que sucede con una escultura griega, una estatua romana parece no tener vida si está privada de cabeza y manos. Como consecuencia, el Pinciano será también quien asiente entre nosotros la tradición del poema transformado por el gesto y la *acción* del actor:

Digo ya de los ademanes y mouimientos, los quales son al actor más intrínsecos y essenciales quanto más muestra las entrañas del poema. Dicho, prosiguió: En manos del actor está la vida del poema, de tal manera que muchas acciones malas, por el buen actor, son buenas, y muchas buenas, malas por actor malo. Esto significó el poeta epigramático quando dixo:

---

[58] *Cf.* Dupont, Florence, *L'acteur-roi ou le théâtre dans la Rome antique*, París, Société Les Belles Lettres, 1985, pp. 84 y ss. *Vid.* también Taladoire, Berthelémey A., «La tecnica degli attori romani: la testimonianza dei retori», en Nicola Savarese (ed.), *Teatri romani. Gli spettacoli nell'antica Roma*, Bolonia, Il Mulino, 1996, pp. 133-156.

[59] Brilliant, Richard, *Gesture and Rank in Roman Art. The Use of Gesture to Denote Status in Roma Sculpture and Coinage*, New Haven, (Connecticut), Academy of Arts and Sciences, 1963. *Apud* Schmitt, J.C., *Op. cit.*, p. 39. En este contexto debe entenderse, claro está, la teoría del Pinciano, como las de los tratadistas italiano más o menos contemporáneos que no hacen sino reforzar o amplificar sus ideas: cabe citar a Angelo Ingegnieri, que publicará en 1598 su *Della poesia rappresentativa e del modo di rappresentare le favole sceniche*, o a Pierfrancesco Rinuccini, a quien se le atribuye *Il Corago, o verso alcune osservazioni per metter bene in scena le composizioni drammatiche*. Las ideas de Ingegnieri reiteran las del Pinciano: importancia de los ojos y del sostenimiento de la mirada; base de la gestualidad en el rostro y en las manos; acompasamiento del gesto, de la voz y de la dirección del rostro de quien habla al que interpela; preferencia del uso de la mano derecha; adecuación del gesto a la pasión o afecto (rogar equivale a unir ambas manos y luego elevarlas al cielo, etc.). Véase edición moderna a cargo de Maria Luisa Doglio, Ferrara, Edizioni Panini, 1989. En cuanto a Pierfrancesco Rinuccini, dedica cuatro de los veintitrés capítulos de su obra al actor. Su teoría básica es reunir tópicamente los gestos y los afectos («dimostrare e suscitare differenti affeti»). Hace un interesante examen de las «tres maniere di recitare», es decir, recitado simple, cantado y la danza, que considera el conceto más acabado y completo para un actor. *Vid.* edición moderna a cargo de Paolo Fabbri y Angelo Pompilio, Florencia, 1983.

> *El libro que aora lees, Fidentino,*
> *Tú le lees y entiendes de manera*
> *Que dexa de ser mío y se haze tuyo.*

Y, si queréys examinar bien un poema dramático, escudriñadle fuera de la representación, porque el actor bueno, de mala obra, hará buena, y al contrario, el malo, de buena, mala.[60]

l) Adecuación acción/persona en una primera aproximación al sentido del *decoro* (como mecanismo constructivo de verosimilitud); pero también una nueva y eficaz reivindicación de la necesidad de formación intelectual del actor. Lo que Huarte de San Juan sólo había prescrito para el predicador, ahora se recibe, es ósmosis teórica, para el actor:

[...] En lo que es ornato tocante a la acción se deue considerar la persona, el tiempo y el lugar —que del género y sexo no ay que aduertir—. En la persona, después de considerado el estado, se deue considerar la edad, porque claro está que otro ornato y ataúío o vestido conuiene al príncipe que al sieruo, y otro, al moço que al anciano; para lo qual es muy importante la segunda consideración del tiempo, porque vn ornato y ataúío pide agora España y differente el de agora mil años; por esta causa conuiene mucho escudriñar las historias que

---

[60] *Vid.* Quintiliano, *De Institutione Oratoria*, Lib. XI, 3: «Documento sunt uel scaenici actores, qui est optimis poetarum tantum adiciunt gratiae, ut nos infinite magis eadem illa audita quam lecta delectent, et uilissimis etiam quibusdam impetrant aures, ut, quibus mullus est in bibliothecis locus, si etiam frequens in theatris. Quod si in rebus quas fictas esse scimus et inanes tantum pronunciatio potest, ut iram, lacrimas, sollicitudinem adferat, quanto plus ualeat necesse est ubi credimus? Equidem uel mediocrem orationem commendatam uiribus actionis adfirmarim plus habituram esse momenti quam optimam eadem illa destitutam.» Traducimos: «Prueba de lo que afirmo la dan los actores en el teatro, que añaden tanta gracia incluso a los poetas más excelsos, que encontramos mucho más placer escuchando versos que sólo leyéndolos; y muchas obras, hasta las más detestables, cautivan al auditorio en el momento de verlas en escena, aunque jamás las guardaríamos en nuestra biblioteca. Si, a las cosas lo que sabemos simplemente imaginadas e irreales, la acción ofrece tanta fuerza que provoca la cólera, las lágrimas, la inquietud, ¿no será ésta mucho más eficaz si se nos persuade a creer en lo que oímos? Por mi parte, me atrevería a afirmar que un discurso mediocre, sostenido por una acción vigorosa, valdrá mejor que el discurso más elocuente si éste carece de aquella.» Se construye así otro *topos* en la transmisión de la técnica del actor y la fundamentación del teatro en la acción. Casiano Pellicer se apresura a citar a Nebrija cuando éste parafrasea a Quintiliano en su *Artis Rhetoricae Compendium* (1515): «... con el ejemplo de los mismos representantes, que añaden tanta gracia y donaire a los mejores poetas, que es infinitamente más lo que sus versos nos deleitan cuando los oímos, que cuando los leemos, y de tal suerte se hacen escuchar, aun de los más necios, que estos mismos que jamás se ven en las bibliotecas, se encuentran frecuentemente en los teatros». *Cf.* Pellicer, Casiano, *Tratado histórico sobre el origen y progreso de la comedia y del histrionismo en España* (ed. de José M.ª Díez Borque), Madrid, Labor, 1975, p. 32.

dan luz de los tiempos en los trajes; assimismo se deue tener noticia de las regiones, que en cada vna suele hauer vso diferente de vestir, de manera que el actor deue hazer este escrutinio y diligencia dicha, porque el poeta, las más vezes, no hace cuenta desto, como quien escriue el poema para que sea leydo más que para que sea representado, y dexa las partes que atienden a la acción del actor, cuyo officio es representar; de a do se infiere que el buen actor, especial el que es cabeça, deue saber mucha fábula y historia mucha para que, según la distinción, dé el tiempo, dé el ornato a las personas de su acción. [...]

m) Junto a la preparación intelectual, la agilidad física. El Pinciano es el primer autor español en el Siglo de Oro que certifica la relación de la tramoya con la práctica de los actores:

[...] En suma, vea el actor y estudie las especies que ay de máchinas y artificios para que milagrosamente se aparezca súbito alguna persona: o terrestre, por arte mágica, o diuina, sin ella.

n) Inclusión del concepto de la *verosimilitud* como canon teórico de una *actio naturalis* con el referente de la imitación:

[...] Guarde verosimilitud el actor quanto pudiere en su acción; que poco aprouecha el poeta trabajar si el actor le estraga lo bueno que haze, y podrá el poeta decir lo que Plauto: «Si Pelio haze mi comedia Edípico, que es la que más estimo, me parecerá mala.» Como quien dice: «Pelio estraga a las representaciones todas.»

ñ) No obstante lo cual, el Pinciano muestra también la inclinación barroca a traspasar los límites de la mera copia de la naturaleza:

conuiene, pues, que el actor mire la persona que va a imitar y de tal manera se transforme en ella, que a todos parezca no imitación, sino propiedad, porque, si va imitando a vna persona trágica y graue, y él se rye, muy mal hará lo que pretende el poeta, que es el mouer, y, en lugar de mouer a lloro y lágrimas, mouerá su contrario, la risa. [...]

mueua a sí primero, conuiene, como auemos dicho, el que huuiere de mouer a otro. [...]

mucho importa que el actor haga su officio con mucho primor y muy de veras; que, pues nos lleuan nuestros dineros de veras y nos hazen esperar aquí dos horas, razón es que hagan sus acciones con muchas veras; los quales solían hazer de tal manera los actores griegos y latinos, que los oradores antiguos aprendían de ellos, para, en el tiempo de sus oraciones públicas, mouer los affectos y ademanes con el mouimiento del cuerpo, piernas, braços, ojos, boca y cabeça.

o) Establecimiento de la más completa gramática gestual hasta ese momento incorporada a la teoría dramática en España (siempre a partir de la noción de *imitatio* y la correcta descodificación exterior de las pasiones):

porque, según el affecto que se pretende, es diferente el mouimiento que enseña la misma naturaleza y costumbre; y, en suma, assí como el poeta con su concepto declara la cosa, y con la palabra, el concepto, el actor, con el mouimiento de su persona, deue declarar y manifestar y dar fuerça a la palabra del poeta.

El Pinciano dixo: A mí paresce muy bien lo que dezís, y desseara yo harto ver algunas reglas dello.

Fadrique respondió: No es menester más regla que seguir la naturaleza de los hombres a quien se imita,[61] los quales vemos mueuen diferentemente los pies, las manos, la boca, los ojos y la cabeça, según la passión de que están ocupados.

- Movimientos de los pies, uniendo las referencias quintilianas[62] al aconsejado estudio de los temperamentos nacionales, con los que elabora una nueva lexicalización en la construcción de la técnica de actuación, presente en Europa en todos los tratados sobre el sistema del actor a lo largo del siglo XVIII:[63]

que el tímido retira los pies, y el osado acomete, y el que tropieza passa adelante con su voluntad; y assí, discurriendo por las personas y edades y regiones,

[61] El Pinciano sigue de nuevo a Quintiliano en la noción de que el seguimiento de la naturaleza, sin embargo, puede estar sometido a una regla, a un aprendizaje o técnica y no a la mera espontaneidad: «Sunt tamen qui rudem illam et qualem impetus cuiusque animi tulit actionem iudicent fortiorem et solam uiris dignam, sed non alii fere quam qui etiam in dicendo curam et artem et nitorem et quidquid studio paratur et adfectata et parum naturalia solent improbare» (*De Institutione Oratoria*, XI, 3, 10) [«Sin embargo hay quienes opinan que una acción oratoria sin *arte*, guiada sólo por los impulsos del carácter de cada uno, es más fuerte y lo más digno para el hombre; y no son pocos por el contrario los que han acusado a un discurso de afectado y de falta de naturalidad cuando se basa no en la inspiración natural sino en el arte, cuidado, esmero, en todo aquello que se adquiere por el estudio.»]

[62] *Cf.* Quintiliano, *De Institutione Oratoria*, XI, 3, 124-126: «In pedibus obseruantur status et incessus. [...] Procursio oportuna breuis, moderata, rara; conueniet iam et ambulatio quaedam propter inmodicas laudationum moras [...].» Y en XI, 3, 114-115: «Plus autem adfectus habent lentiora, ideoque Roscius citatior, Aesopus grauior fuit, quod ille comoedias, hic tragoedias egit. Eadem motus quoque obseruatio est. Itaque in fabulis iuuenum, senum, militum, matronarum grauior ingressus est, serui, ancillulae, parasiti, piscatores citatius mouentur.»

[63] Tomemos sólo un ejemplo entre muchos, el de Sainte-Albine: «Le Comédien en général doit user plus ou moins de gestes de toute espèce, selon le caractère de la Nation» (*cf.* Rémond de Saint-Albine, Pierre, *Le Comédien*, París, Vincent Fils, 1749, p. 155).

hallaréys gran distancia en el mouimiento de los pies, el qual se deue imitar en el teatro, porque las personas graues y trágicas se mueuen muy lentamente; las comunes y cómicas, con más ligereza;[64] los viejos, más pesadamente; los moços, menos, y los niños no saben estar quedos. Y en las prouincias también ay gran diferencia, porque los septentrionales son tardos; los franceses, demasiado ligeros, y los españoles y italianos, moderados. Y esto digo como exemplos del mouimiento de los pies.

* Gestos y movimientos de las manos y los dedos:

[...] y en el [movimiento] de las manos es de aduertir la misma presteza y tardanza en las edades y regiones, y, más allende, la variedad de los affectos: acerca de lo qual se considera que, o se mueue vna mano sola, o ambas, que la sola deue ser la derecha, que la siniestra no hará buena imitación, porque los hombres son diestros, o casi todos, y assí conuiene que el representante siniestro sea diestro en el teatro.[65] Digo, pues, en general, que mire el actor la persona que va a imitar; si es graue, puede jugar de mano, según y cómo es lo que trata; porque, si está desapassionado, puede mouer la mano con blandura, agora alçándola, agora declinándola, agora mouiéndola al vno y al otro lado; y, si está indignado, la mouerá más desordenadamente,[66] apartando el dedo vezino al pulgar, llamado índize, de los demás, como quien amenaça; y, si enseña o narra, podrá ajuntar al dedo dicho el medio y pulgar,[67] los quales, a

[64] Se refiere al *servus currens* quintiliano, es decir, el criado apresurado y descompuesto ejecutado siempre de manera hiperbólica, *histriónica*, por parte del actor latino. Con la traslación evidente al modo bufonesco y gesticulante, cuando convenga, del gracioso español. Tal vez el sistema *motorio* que dirán algunos preceptistas, frente al *estatorio*.

[65] La tradición de esta condena quintiliana se alojará durante tiempos inmemorial en la preceptiva del actor. *Vid. De Institutione Oratoria*, XI, 3, 114: «Manus sinistra nunquam sola gestum recte facit.»

[66] *Cf.* Quintiliano, *De Institutione Oratoria*, XI, 3, 92: «Est autem gestus ille maxime communis, quae medius digitus in pollicem contrahitur explicitis tribus, et principiis utilis cum leni in utramque partem motu modice porlatus, simul capite atque umeris sensim ad id, quo manus feratur, obsecundantibus, et in narrando certus, sed tum paulo productior, et in exprobando et arguendo acer atque instans: longius enim partibus iis et liberius exeritur.»

[67] Se trata de la incorporación oficial a la kinésica teatral del célebre *gestus indigitationis* (al que ya me he referido más arriba al citar a Alberti) que, por supuesto, deriva de la preceptiva oratoria quintiliana, asimismo trasladada a la versión sacra de la misma (la predicación). Francisco de Ameyugo, en su *Rhetorica sacra* y cuando habla de la disposición de las manos, recuerda que «la izquierda [debe estar] apoyada en el borde del púlpito, la derecha extendida en el aire. Juntos el índice y el pulgar». Tanto en el dominio de la representación plástica como en la escénica, tal gesto, que indica, señala o ilustra, es fundamental para entender la nueva estética de la persuasión de los afectos. Ello obliga a la creación de unas claras líneas de fuerza en la mirada del espectador. Más arriba, en la comentada escena de la *Égloga de la Pasión* de Lucas Fernández la aparición del *Ecce Homo* propende a que se efectuara ese gesto de admonición o de señalamiento hacia la patética figura de

tiempos apartará y ajuntará; y el índice solo extendido y los demás hechos puño, alçado hazia el hombro derecho, es señal de afirmación y seguro de alguna cosa.[68] El mouimiento de la mano se haze honestamente y según la naturaleza, comenzando de la siniestra y declinando hazia abaxo, y, después,
alzándola hazia el lado diestro; y, quando reprehendemos a nosotros mismos
de alguna cosa que auemos hecho, la mano hueca aplicamos al pecho;[69] pero
aduierto que el actor delante del mayor no le está bien jugar de mano razonando, porque es mala crianza; estando apassionado puede, porque la passión ciega razón; y en esto se mire y considere la naturaleza común, como en
todo lo demás; las manos ambas se ayuntan algunas vezes para ciertos affectos, porque, quando abominamos de alguna cosa, ponemos en la palma de la
mano siniestra la parte contraria, que dizen empeyne, de la diestra, y las apartamos con desdén;[70] suplicamos y adoramos con las manos juntas y alçadas;
con los braços cruzados se significará humildad.[71]

Cristo. En el teatro áureo tal gesto puede quizá reconstruirse mentalmente en señalados
momentos de efectismo, quizá en el descorrerse las cortinas de las *apariencias* para el des-
velamiento súbito de escenas sangrientas, especialmente en la tragedia.

[68]   *Cf.* Quintiliano, *De Institutione Oratoria*, XI, 3.

[69]   *De Institutione Oratoria*, XI, 3, 104: «Quin compressam etiam manum in paenitentia
uel ira pectori admouemus.»

[70]   *Ibid.*, XI, 3, 114: «Dextra se frequenter accommodat, siue in digitos argumenta digeri-
mus, siue auersis in sinistrum palmis abominamur, siue obicimus aduersas siue in latus
utramque distendimus.»

[71]   *Ibid.*, XI, 3, 115-116: «Siue satisfacientes aut supplicantes (diuersi autem sunt hii gestus)
summittimus siue adorantes attolimus siue aliqua demonstratione aut inuocatione proten-
dimus [...] Plus enim adfectus in his iunctae exhibent manus, in rebus paruis, mitibus, tristi-
bus, breues, magnis, laetis, atrocibus extertiores.» Las prescripciones del Pinciano afirman
una tesis clara del dominio gestual del actor destinado a permanecer en la atención prestada por la tratadística del siglo XVIII a estos detalles del rostro y al uso de las manos que denota una nueva concepción del edificio teatral, de la altura del escenario, de la mayor y mejor iluminación de la escena. Empiezan a tener sentido los primeros planos. La *chironomia*,
es decir, el uso de los gestos de las manos con singular valor semántico, reaparecerá, por
ejemplo, en dos tratados de singular importancia. En la interesantísima obra *Dissertatio de
Actione Scenica, cum figuris eandem explicantibus, et observationibus quibusdam de Arte
Comica* (Múnich, Typis Mariae Magdalenae Riedlin Viudaea, 1727) el jesuita Francisco Lang
precisa que las manos son el principal instrumento de la acción y, por lo tanto, prescribe para ellas, una movilidad equilibrada, que no permanezcan ni rígidamente cerradas ni exáni-
mes sobre los flancos del actor. Los dedos deben seguir un movimiento natural, expresivo y
no rígido, extendiéndolos y flexionándolos, trazando, si fuera posible, sutiles dibujos en el
aire: este ejercicio acabará siendo innato en el actor si lo practica, según el jesuita. La precisión de Lang se acrecienta con la iconografía que incluye, para recomendar, por ejemplo, la
entrada en escena de un actor: sale entre los bastidores laterales, que sirven para encuadrar
pictóricamente este movimiento, adelantando el pie, con el torso, el rostro, los ojos puestos
en el auditorio, el brazo izquierdo ocupado con un pequeño bastón de mando para evitar
que caiga lánguido, el brazo izquierdo adelantado con la mano abriéndose y singularizando
el dedo pulgar y el dedo más expresivo: el índice [ILUSTRACIÓN 38]. Francisco Lang se extiende
sobre el decoro gestual emanado de las manos, su control (impidiendo lo

Ilustración 38

Francisco Lang. *Dissertatio de actione scoenica* (Múnich, 1727). Actor saliendo por
bastidores laterales, portando bastón y extendiendo el brazo y el índice.

- Movimiento de los labios:

El labio muerde el que está muy apassionado de cólera, y el que está alegre dexa apartar el vno del otro labio vn poco.[72]

- Movimiento y acción de los ojos:

[...] y en el ojo se ve vn marauilloso mouimiento, porque, siendo vn miembro tan pequeño, da solo él señales de ira, odio, venganza, amor, miedo, tristeza,

---

que popularmente en el siglo XVIII se llamará *manoteo*) y su coincidencia con la mirada del actor, ya que las manos deben estar siempre a la altura de sus ojos, correspondiéndose con los movimientos de la cabeza, ojos y cuerpo: las manos no deben cerrarse en puño sino para amenazar y esto debe evitarse, excepto en el registro puramente cómico, el dar palmadas o hacer ruidos con las articulaciones de las manos. Sólo se retorcerán o se elevarán por encima de los hombros y la cabeza cuando la crispación trágica de un duelo o la desesperación lo autoricen. Las acciones, solemnes o dignas, del actor neoclásico, en las referencias que a ellos se hacen en la tratadística, ya plenamente empapadas de visualidad pictórica, remiten con cierta seguridad a las recomendaciones para los galanes, reyes, barbas, personajes nobles de la comedia barroca (porque así lo indicaban también las teorías de la pintura de su época, como vimos). Las descripciones más detalladas respecto al movimiento de las manos y dedos, así como las ilustraciones más estéticamente logradas (en parte, también, las más didácticas) vendrán con Johannes Jelgerhuis y su célebre *Theoritische Lessen over der Gesticulatie en Mimik*, Amsterdam, 1827. Sus dibujos muestran la definitiva comprensión teórica del teatro como sistema visual sometido a convenciones, al mismo nivel que la pintura o el dibujo. Los dibujos y descripciones de Johannes Jelgerhuis son de gran interés documental, aunque sea retrospectivamente: «Si quien se presenta se trata de un héroe, noble o caballero, eleve una mano en la espada, o en la daga de la cintura, y el otro brazo pegado al torso; de ese modo, está preparado para escuchar o iniciar un parlamento...» (ed. cit., p. 44).

[72] Aquí muestra de nuevo el Pinciano su consciente *adaptación* de las nociones oratorias a la estrategia del actor, puesto que el gesto de exagerado o teatral enojo con los labios era condenado por las preceptivas retóricas, especialmente las que se refieren al arte de la predicación. Véase Fray Luis de Granada: «lamerlos y morderlos [los labios] es también cosa fea, debiendo ser moderado su movimiento hasta en el pronunciar las palabras» (*Op. cit.*, p. 621). El francés Valentín Conrart también sigue a Quintiliano: «Pour la bouche, il en la faut jamais torche, car cela est très désagréable [...] Pour les lèvres, il faut prendre garde à en les point morche ni lécher...» (*Traité de l'action de l'orateur ou de la pronunciation et du geste*, París, Agustin Courbé, 1657, p. 197). De ahí la expresión verbalizada a veces en el teatro de *sacar hocico*, es decir, adelantar y fruncir alargando los labios como demostración de enojo. El *Diccionario de Autoridades* extrae el ejemplo de Solís: «Nunca por lo consumible / me caléis el ceño esquivo: / para esto basta la boca, / no es menester el hocico.» Como se advertirá, el *gesto* se descompone en *visaje* (exageración de lo anterior), como *defecto* por lo que hace al decoro; pero como *excelencia* obligada si el contexto lo exige, por necesidades de la entrega del mensaje a un público situado a mucha distancia, demasiada, del actor. Para ejemplos lexicográficos extraídos de la poesía o de otros textos de la época, véase Agustín de la Granja, «El actor barroco y el arte de hacer comedias», en VV.AA., *En torno al teatro del Siglo de Oro. Actas Jornadas IX-X Almería*, Almería, p. 23.

alegría, aspereza y blandura; y, assí como el ojo sigue al affecto, los párpados y cejas siguen al ojo; sirue el sobrecejo caydo al ojo triste, y el leuantado, al alegre; el párpado abierto immouible, a la alienación y éxtasi y a la saña.[73]

• Movimiento de la cabeza:

En la cabeça toda junta ay también sus mouimientos, como el mouella al vno y otro lado para negar, y el declinalla para afirmar y la perseuerancia, en

---

[73] *Cf.* Quintiliano, *De Institutione Oratoria*, XI, 3, 75-79: «Sed in ipso vultu plurimum ualent oculi, per quos maxime animus emanamus, ut citra motum quoque et hilaritate enitescant et tristiae quoddam nubilum ducant [...] Rigidi uero et extenti aut languidi et torpentes aut stupentes aut lasciui et mobiles et natantes et quadam uiluptate suffusi [...] Multum et superciliis agitur; nam et oculos formant aliquatenus et fronti imperant. His contrihitur, attolitur, remittitur, ut una res in ea plus ualeat [...] Vitium in superciliis si aut inmota sunt omnino aut nimium mobilia aut inaequalitate, ut modo de persona comica dixeram, dissident aut contra id quod dicimus finguntur: ira enim contractis, tristia deducitis, hilaritatis remissis ostenditur.» Recuérdese lo que después dirá Fray Luis de Granada: «Pero en el mismo rostro tienen gran fuerza los ojos, por los cuales principalmente se descubre el ánimo, de modo que aun sin moverlos, en el regocijo brillan, y en la tristeza en cierta manera se anublan. A más de esto, les dio naturaleza lágrimas, que son señales del alma, las cuales, o con dolor revientan, o con alegría manan. Con el movimiento se ponen atentos, distraídos, soberbios, airados, apacibles, ásperos: todo lo cual se ha de figurar según el acto que pidiere» (*Op. cit.*, p. 621). Asimismo Juan de Guzmán en su *Arte de Rhetórica* (Alcalá, Juan Íñiguez de Lequerica, 1589, fol. 148v.) asegura: «los ojos son ventanas del ánimo; y así con ellos representamos cualquier affecto o passión, de cualquier suerte que sea». El francés Valentín Conrart se extiende considerablemente en esta retórica de los ojos: «Quant à vos yeux les devez avoir toujours sur vos Auditeurs, et les tourner tantôt vers les unes tantôt les autres, et non les arrêter fixement sur un certain endroit de votre auditoire [..] Les regards en doivent être doux et droits: et non rudes ni de travers, si ce n'est d'aventure en quelques endroits où la passion que vous avez ou à exprimer ou à émouvoir, désire le contraire. La Nature même vous enseigne cela, et produit cet effet en vous, quand vous sentez véritablement des semblables passions. Car, par exemple, quand un homme parle en colère, son imagination échauffée inspire à ses yeux un certain feu qui les rend étincelants...[...] Si vous êtes touché d'une véhément douleur de vos propres maux, ou d'une grande pitié de ceux d'autrui, cela vous tirera des larmes des yeux. C'est porquoi les Anciens Acteurs se sont étudiés avec tout de soin à s'acquérir la faculté d'émouvoir leur imagination jusqu'au point de pouvoir répandre des larmes en abondance...» (*Op. cit.*, pp. 202-205). Del Barroco y su fascinación por lo visual y el poder de la mirada derivarán las constantes alusiones teóricas a los ojos «como espejo y traslado del alma», y su conversión en estrategia escénica para el actor en los tratados escénicos del siglo XVIII: «On dit avec raison que les yeux sont le miroir de l'âme. C'est chez eux que doivent se peindre tous les mouvements intérieurs, aussi faut-il les avoir d'une vivacité qui s'apperçoive de loin, pour jouer du visage d'une façon sensible. Les mouvements du front aident beaucoup celui des yeux. Un Acteur doit acquérir à force d'exercice la facilité de rider son front en élévant le sourcil, & de froncer l'entre-deux des sourcils en les abbaissant fortement. C'est le front ridé & le froncé à différents degrés, & les yeux ouverts en rond ou en long, qui marquent les différents expressions» (Riccobonni, François, *L'Art du Théâtre*, París, C.F. Simon, 1750, pp. 76-77). Uso la reproducción facsimilar de Ginebra, Slatkine Reprints, 1971.

estar declinada para significación de vergüença. Digo otra vez que estos dichos sean vnos exemplos pocos de lo mucho que ay que considerar en esta parte, que son casi infinitos.74

p) Y, finalmente, la imitación naturalista como principio básico de la técnica del actor:

Y para abreuiar esta materia con vna red barredera: el actor esté desuelado en mirar los mouimientos que con las partes del cuerpo hazen los hombres en sus conuersaciones, dares y tomares y passiones del alma; assí seguirá a la naturaleza, a la qual sigue toda arte, y ésta, más que ninguna, digo la poética, de la qual los actores son los executores.

El texto del Pinciano es, pues, el primer depósito de gestos codificados, a partir de una sobria selección quintiliana; ofrece un interés más teórico que práctico, que aspira, eso sí, a constituirse en una poética o *ars* experimental susceptible de convertirse en ciencia transmisible; ciencia o preceptiva, por lo demás, muy porosa a la cultura (ya más expresiva que simbólica) del gesto. A diferencia de Quintiliano y de algunos tratados anteriores como los de Huarte de San Juan, López Pinciano es consciente de estar hablando exclusivamente sobre el actor. De ahí que no le importe invertir el canon descriptivo (Quintiliano comienza hablando de la cabeza y los ojos y concluye con las recomendaciones de acompasamiento de manos, brazos y locomoción de los pies; Pinciano hace lo contrario); ni tampoco tiene escrúpulos en sintetizar en abreviada cartilla unas recomenda-

---

74 *Cf.* Quintiliano, *De Institutione Oratoria*, XI, 3, 68-70: «En la acción oratoria, como en el cuerpo, el elemento substancial es el porte que se imprima en la cabeza, no sólo por el decoro sino por la expresión. El decoro exige que vaya recta y en una actitud natural. Pues demasiado inclinada, indica humildad, y excesivamente alta, indica arrogancia, e inclinada a un lado, con languidez o rígida, muestra una cierta brutalidad de carácter [...] La cabeza tiene, además, múltiples maneras de expresar significados: movimiento de aceptación, de rechazo o de confirmación; sirve para mostrar la vergüenza, la duda, el asombro, la indignación, todo ello común a todos los hombres. Sin embargo, constreñir la gestualidad a la cabeza se observa como un grave defecto por parte de los maestros de la escena. También lo es realizar excesivos gestos con ella, agitarla con los cabellos como si se tratara de un loco furioso.» Conrart amplía y subraya más teatralmente estas apreciaciones sobre el movimiento de la cabeza y el torso en general: «Quant à la Tête [...] Je dirai seulement deux choses. L'une qu'elle se doit tenir non élevée et endue, ce qui marquerait de l'arrogance, non abattue sur la poitrine, ce qui rendrait la voix moins claire et moins intelligible; non penchée sur les épaules, ce qui témoignerait de la langueurs: mais toujours droite, selon son état naturel. L'autre qu'il n'est pas bienséant qu'elle inmobile, comme celle d'une statue. Qu'il en faut pas aussi qu'elle se remue incessamment, ni qu'elle baurle ou qu'elle s'avance souvent dans la contention du discours [...] mais qu'il faut en fuyant ces extremités, qu'elle tourne doucement sur son cou...» (*Op. cit.*, pp. 198-199).

ciones que los eruditos sabían con certeza de dónde procedían. Por otro lado evita —pues ya no es menester— las precauciones que los retóricos como Quintiliano establecían en la distinción entre las libertades que podría tomarse un actor frente a la exigida moderación de los oradores.

El recuerdo de las doctrinas clásicas como las de Quintiliano tiene lugar, y ésa es la novedad, en medio de una moderna sensibilidad hacia la expresión que conduce a una reactualización de teorías que pueden tener su inmediata conexión con la escena. De esta nueva influencia de la antigua preceptiva oratoria sobre la gestualidad corporal da cuenta la figura de John Bulwer, autor de una *Chirologia or the Natural Language of the Hand* y de una *Chironomia or the Art of Manual Rethoric*, ambas publicadas en Londres, en 1644.[75] Cada una de estas obras incluye hasta veinticuatro dibujos (*chironogramas*) para indicar, con bastante meticulosidad, los significados de los movimientos de las manos, bien extendidas o bien por su posición respecto al rostro o pecho de quien habla: la ironía, la desconfianza, la aprobación o el rechazo, etc. Su preocupación, en principio, es meramente fisiológica: como médico estaba interesando en el lenguaje de los sordomudos.[76] Pero si en la primera de las obras citadas Bulwer hace hincapié en los gestos *naturales*, casi instintivos del individuo, que se adoptan espontáneamente a partir de la observación de la realidad cotidiana, en la *Chironomia*, por el contrario, estudia los gestos *convencionales*, producto de una reflexión y de un consciente ejercicio; gestos que estarían más relacionados con la comunicación y persuasión que con la experiencia de la realidad natural y que son, además, producto de una exégesis de las fuentes históricas e iconográficas más tradicionales (la Biblia, o los *Hieroglyphica* de Pierio Valeriano,[77] por ejemplo). Una gestualidad que, de cualquier manera, Bulwer subraya como más eficaz en la medida que se aproxima a la verdad de la naturaleza. En el primer grupo la aproximación a Quintiliano es tan notoria que llega a transcribir casi literalmente el

75   Usaremos en las citas que siguen la edición conjunta de ambas obras a cargo de James W. Cleary, Illinois, Souther Illinois University Press, 1974.

76   De hecho, más tarde, en 1648, publica otra libro titulado *Philosophus or the Deaf and Dumb Man's Friend*. *Cf.* Lecoq, Anne-Marie, «Nature et Rhétorique: de l'action a l'éloquence muette (John Bulwer)», *XVIIe Siècle*, 132, 1981, p. 267. En el prólogo a su *Chirologia* anunciaba la preparación de tratados paralelos consagrados a la expresión del rostro y a los movimientos de la cabeza: *Cephalelogia, or the Natural Language of the Head, Cephalenomia, or the Art of Sephalical Rhetoric*, así como otra obra dedicada a los movimientos del cuerpo en general.

77   *Hieroglyphica sive de sacris Aegyptiorum aliarumque gentium literis commentarii Joannis Pierii Valeriani Bolzani Bellunensis*, Basilea, Per. Thomam Guarinum, 1587. Valeriano consagra el Libro XII de su volumen II a la interpretación del cuerpo humano como repertorio de jeroglíficos con diferentes significados.

ejemplo de «golpearse los muslos con la mano» para mostrar un hombre con enfado o con dolor, que el autor latino ya recriminaba, por su exceso de teatralidad, al orador.[78] El interés de esta diferenciación gestual es importante para la constitución de la *gramática gestual* enseñable o transmisible en la experiencia del actor. Con el tiempo, veremos cómo Johan Jakob Engel distinguirá entre gestos imitativos (algunos de sus adaptadores como el británico Siddons hablará de gestos *pintorescos*) y gestos *expresivos*. Los primeros se adquieren por la mera aplicación de la costumbre natural, de la imitación de la naturaleza. Los segundos son portadores de una consciente y convencional significación pactada socialmente.

Hasta cuarenta y nueve gestos de las manos y treinta y tres de los dedos describe John Bulwer, mirando de nuevo, como era de esperar, a Quintiliano y a la práctica oratoria de los antiguos que, sin apenas matices, se asimila a la técnica actoral:[79] la *chironomia* como la gestualidad centrada en el juego o movimiento de las manos (Luciano hablará de los danzantes como «hombres de manos sabias»)[80] y la *orchrestica* como la referida al movimiento de conjunto del cuerpo. Por ello más tarde, en la Edad Media —y nuestro análisis de la progresiva rehabilitación del gesto ha permitido entenderlo así— Remigio de Auxerre, a mediados del siglo XI, utilizaba la palabra *gestus* para referirse al movimiento de las manos, mien-

---

[78] Quintiliano es consciente d⟨e⟩ que el intercambio gestual del orador con el actor es difícil de delimitar. Así en *De Institutione Oratoria* XI, 3, 123 recuerda: «Femur ferire, quod Athenis primus fecisse creditur Cleon, et usitatum est et indignantes decet et excitat auditorem. Idque in Calidio Cicero desiderat: "Non frons, inquit, percussa, non femur." Quamquam, si licet, de fronte dissentio: nam etiam complodere manus scaenicum est et pectus caedere.» Traducimos: «Golpearse los muslos, un gesto que creo hizo por vez primera Cleón en Atenas, es usual para mostrar la indignación y agitar al auditorio. Cicerón lo rechaza en *Calidius*: "No se golpea —dice— ni la frente ni los muslos." Pero, si se me permite argüir algo, no estoy de acuerdo en lo que se refiere a la frente, porque incluso batir las manos y golpearse el pecho son también gestos propios del teatro.»

[79] *Cf.* Dupont, Florence, *L'acteur roi ou le théâtre dans la Rome antique*, París, Société Les Belles Lettres, 1985, pp. 82-84. Grecia llamó, en efecto, *quirónomos* a algunos pantomimos y danzantes, y *quirósofos* a los virtuosos de las manos; y hay quien afirma que el verso dactílico tenía mucho que ver con el arte de hablar con los dedos. Según Antonio Cunill Cabanellas (*El teatro y el estilo del actor. Orígenes y fundamentos*, Buenos Aires, Maymar Ediciones, 1984, p. 40), todavía en el Tibet existen complicados sistemas de *mudras*, ademanes manuales, acompañados de murmurios, para poner en movimiento determinadas fuerzas mágicas.

[80] Se entienden ahora mejor las palabras de Bances Candamo más arriba citadas en su *Theatro de los theatros* acerca de las acciones de los pantomimos del teatro antiguo: «Y entonces aquella mano con voz va explicándoles a los ojos el verso que se canta, y por compuestas acciones, como si fuesen letras, habla con el semblante de quien le mira, leyéndose en la mano las comas y puntos de sus cláusulas, y sin letras forma en el aire renglones clarísimos» (ed. cit., p. 10).

tras que *motus* hacía referencia a todo el cuerpo,[81] implicando cualidades motoras y cinéticas. Tanto la teoría del Pinciano como la de Bulwer fluctúan entre una y otra dirección, pero fragmentan analíticamente los elementos más expresivos del cuerpo, para facilitar la conversión de una teoría oratoria en otra dramática. Es útil, en primer lugar, advertir las recurrencias en los gestos citados por el Pinciano respecto a la mano en su *Philosophia Antigua Poética* (1596) y en la *Chirologia* de Bulwer (1644):

PINCIANO	BULWER
«suplicamos [...] con las manos juntas y alçadas.»	GESTUS I: *Supplico.* «The stretching out of the hands is a natural expression of gesture, wherein we are significantly importunate, entreat, request, sue, solicit, beseech, and ask mercy and grace» (ed. cit., p. 21).
«[...] y adoramos con las manos juntas y alçadas.»	GESTUS II: *Oro.* «To raise the hand conjoined or spread out towards heaven is the habit of devotion, in a natural and universal form of prayer...» (ed. cit., p. 23).
«las manos ambas se ayuntan algunas vezes para ciertos affectos.»	GESTUS III: *Ploro.* «To wring the hands is a natural expression of excessive grief used by those who condole, bewail and lament» (ed. cit., p. 32).
«y, si está indignado, la [mano] mouerá más desordenadamente.»	GESTUS VI: *Indignor.* «To smite suddenly on the left hand with the right is a declaration of some mistake, dolour, anger or indignation» (ed. cit., p. 35).
«quando abominamos de alguna cosa, ponemos en la palma de la mano siniestra la parte contraria, que dizen empeyne, de la diestra, y las apartamos con desdén.»	GESTUS XX: *Respuo.* «The flirting out of the back part of the hand or put-by of the turning palm is their natural expression who would refuse, deny, prohibit, repudiate [...] reject...» (ed. cit., p. 50).

---

[81] *Vid.* Zumthor, Paul, *Op. cit.*, p. 296.

PINCIANO	BULWER
«si está desapassionado, puede mouer la mano con blandura, agora alçándola, agora declinándola, agora mouiéndola al vno y al otro lado.»	GESTUS XXXII: *Effoeminate festino*. «To wag the hand in a swinging gesture is their natural expression who would endeavour to hasten and assist themselves in progressive motion, and withall denotes a kind of wantonness and effeminacy» (ed. cit., pp. 62-63).
«quando reprehendemos a nosotros mismos de alguna cosa que auemos hecho, la mano hueca aplicamos al pecho.»	GESTUS LIII: *Poenitentiam ostendo*. «To beat and knock the hand upon the breast is a natural expression of the hand used in sorrow, contrition, repentance, shame» (ed. cit., p. 74).
«y, si enseña o narra, podrá ajuntar al dedo dicho el medio y pulgar, los quales, a tiempos apartará y ajuntará; y el índice solo extendido y los demás hecho puño, alçado hazia el hombro derecho, es señal de afirmación y seguro de alguna cosa.»	GESTUS VI: *Indico*. «The forefinger put forth, the rest contracted to a fist, is an express of command and direction, a gesture of the hand most demonstrative» (ed. cit., p. 124).
«apartando el dedo vezino al pulgar, llamado índize, de los demás, como quien amenaça.»	GESTUS VII: *Terror incutio*: «The holding up of the forefinger is a gesture of threaning and ubraiding» (ed. cit., p. 127).

Independientemente de estas coincidencias, Bulwer está convencido de que no hace sino reconstruir un lenguaje *natural*, consubstancial al instinto humano, pero también construido sobre el consenso cultural, y, por tanto, adquirido artificialmente. Éste es el vínculo esencial con la práctica actoral: no se trata de comunicar instintivamente sino convencionalmente, a través de gestos aprendidos y compartidos, en los que asimismo interviene la dimensión estética (por eso deben ponerse barreras de *decoro* a los movimientos instintivos de la naturaleza). Bertram L. Joseph,[82] al

[82] *Elizabethan Acting*, Londres, London University Press, 1951. De hecho la compañía del Mermaid Theater usó expresamente los gestos canonizados por Bulwer en su representación de *Hamlet* del año 1951. Los actores, naturalmente, fueron advertidos de la necesidad de

estudiar la práctica de los actores shakespeareanos, extrae consecuencias
al respecto: desde los gestos de los enamorados hasta las fórmulas de juramento aseguran una reproducción rutinaria, pero efectiva, de lo que los
actores veían en su propio entorno, fuera de que el mismo Bulwer, como
era de esperar, se refiere a la maestría de los actores —en la clásica con-
junción con los oradores— para fijar los cánones del gesto: «The art was
first formed by rhetoricians; afterwards amplified by poets and cunning
motists, skilful portraiture of mute poetry: but most strangely enlarged by
actors, the ingenious counterfeitors of men's manners» (ed. cit., p. 24). Y,
de hecho, el frontispicio de su tratado no puede presentar una composición
más teatral [ILUSTRACIÓN 39]. En él, el título de la obra, sostenido por una
mano, soporta, a su vez, la figura alegórica de la *Grandilocuencia*. Con un
fondo arquitectónico en el que se alojan las figuras de los oradores Cleón
y Hortensio, Demóstenes ensaya su acción oratoria frente al espejo que
sostiene el actor Andrónico. A la derecha, Roscio y Cicerón colaboran en
una clase de elocuencia gestual. Los tres *maestros* del orador realizan, con
su mano derecha, respectivamente, el gesto tradicional de la *admonitio* o
enseñanza, el del énfasis afirmativo (un pulgar hacia arriba) y el irónico y
despectivo que muestra cierta burla por parte de Cicerón. Bulwer, por supuesto, no escribió para el escenario. Sus apreciaciones reproducen gestos convencionales de época, emblemas gestuales socializados y, de observar detenidamente sus *chirogramas* [ILUSTRACIÓN 40], sólo una parte son
gestos que pueden ser reconocidos desde la semántica actual o recons-
truidos arqueológicamente con documentos colaterales. Pero es evidente
que el libro recoge ya la sensibilidad de una cultura gestual asimilable al
teatro. Es probable que Bulwer ya conociera el tratado de John Webster
The Cyprian Conqueror or The Faithless Relict (*ca.* 1633), que es, siguiendo de nuevo las pautas de la elocuencia quintiliana, la primera obra inglesa con ilustraciones respecto a las técnicas de actuación, marcando toda
una tradición iconográfica posterior en el sistema de enseñanza dramática, es decir, la necesidad de codificar visualmente la expresión de sentimientos o pasiones: «The other parts of action, is in ye gesture, wch must be
various, as required; as in a sorrowfull parte, ye head must hang downe; in
a proud, ye head must bee lofty; in an amorous, closed eies, hanging downe lookes, & crossed armes, in a hastie, fuming & sacratching ye head...»[83]

---

ligar los gestos aprendidos a los sentimientos interiores, con lo que la crítica de *The Times*
subrayó la eficacia y naturalidad de los mismos (*Op. cit.*, p. 47).
    [83] *Apud* Gurr, Andrew, *The Shakespearean Stage (1574-1642)*, Cambridge, Cambridge Uni-
versity Press, 1992, p. 100. Para el estudio de la acción del teatro shakespeareano véase también David Bevington, *Action is Eloquence. Shakespeare's language of gestures*, Cambridge, Ms. Harvard University Press, 1984. Se centra sobre todo en el estudio del ambiente

Ilustración 39

John Bulwer. Frontispicio de su obra *Chirologia: or the Natural Language of the Hand and Chironomia or the Art of Manual Rhetoric* (Londres, 1644).

Ilustración 40

John Bulwer. *Chironogramas* de su obra *Chirologia: or the Natural Language of the Hand and Chironomia or the Art of Manual Rhetoric* (Londres, 1644).

De nuevo, pues, aflora la convencionalidad quintiliana: la cabeza hundida para la tristeza o desesperanza, erguida para mostrar soberbia; los ojos entornados para la mirada de los enamorados; los brazos cruzados en actitud melancólica o de hastío. Sintomáticamente todos estos ejemplos son recuperador por Bulwer y algunos de ellos codificados gráficamente.

Otros muchos ejemplos podrían aducirse de estas teorías kinésicas de amplio uso artístico, dramático y social. Así, el jurista Giovanni Bonifacio ya había publicado en Vicenza, en 1616, *L'arte dei cenni, con la quale formandosi favella visible, si tratta della muta eloquenza, che non è altro che un facondo silenzio.*[84] Como para el caso de los fisiognomistas, se trata de observar los *signa membrorum,* una verdadera semiología del cuerpo, incluidos signos socialmente reconocibles como sería el caso del gesto de injuria o escarnio de *altrui le corna,* a saber: «racogliere e col ditto pollice premere il medio e l'anellare sprigendo l'indice e l'auricolare contro alcuno.» Gesto que significa, naturalmente, «un gesto d'ingiuria, accenando che egli sia una bestia e un becco.» El propio tratado de John Bulwer tendrá numerosas continuaciones, desde obras que son una práctica glosa quintiliana como la del abate Vincenzo Requeno *Scoperta della chironomia ossia dell'arte di gestire con le mani* (Roma, 1794) a la cuidadosamente ilustrada *Standard Elocutionist. Principles and Exercises* de David Charles Bell y Alexander Melville Bell (Londres, 1896). Por lo que hace al arte de la escena en particular, es en el siglo XVIII cuando más se subraya esta dependencia expresiva de los movimientos de las manos. Francisco Lang en su tratado *Dissertatio de Actione Scenica* (1727) resume así la tradición quintiliana:

1. Admiramur utraque manu sublata, & ad supremam pectoris partem nonnihil accedente, volam utriusque convertendo ad spectarores.
2. Aversamus, cum vultu in sinistrum latus converso, manus extensas & mediocriter elevatas in oppositam partem conicimus, rem odiosam repelentes. Idem facimus unica manu dextra, quae leviter ad carpum incurvata, & quasi suspensa repetito resolutionis motu abigat, quod detestamur.
3. Deprecamus, utraque manu vel sublata, volis ad se invicem conversis; vel demissa, vel articulatim connexa.
4. Dolemus & tristamus, manibus inter se pectinatim junctis, iisque vel ad supremum pectus sublatis [...]
5. Exclamamus, brachiis sursum decentere extensis, utraque manu nonnihil explicata, & ad invicem conversa [...]

---

intelectual que dio lugar a obras como la de Thomas Wright *The Passions of the Minde in General* (1630), una verdadera teoría del comportamiento en la posterior línea cartesiana.
[84] *Cf.* Chastel, André, *Op. cit.,* pp. 11-12.

6. Exprobramus tribus digitis pressis & indice explicato; vel presso medio, reliquis tribus explicatis, vel pressis mediis duobus. [...]
9. Poenitemus, pressa manu admota pectori.[85]

4. El gesto en el teatro español del Siglo de Oro: la reconstrucción del potencial performativo de los textos

Sería absurdo pretender una coincidencia absoluta del tratado de Bulwer con los gestos detectados en el teatro español. Sólo quiero advertir de un contexto cultural común, que se observa no sólo en la cita concreta de expresiones gestuales españolas (el *hacer la higa*) sino en el hecho de que, dada su inicial preocupación por el lenguaje de los sordomudos, pudo estar en contacto con obras *ilustradas* del lenguaje o retórica de la mano. Así la obra de J.P. Bonet *Reducción de las Letras y Arte para enseñar a hablar a los mudos* (Madrid, Abarca Angulo, 1620) ha sido estudiada, sobre todo en su iconografía, como fuente precisa de la preocupación seiscentista y del siglo XVIII por la codificación de la semiótica gestual,[86] cuando en Francia, pero también en toda Europa, es razonable que se planteara no sólo la pulcritud gestual del actor, en un orden de composición artística sino, quizá, una reflexión sobre el espacio escénico y sus distancias con un público que deseaba ver más y mejor lo que sucedía en escena.

Ahora bien: ¿cómo reconstruir, en general, el gesto en el teatro español del Barroco? Naturalmente, además de la teoría general que puede deducirse de todas las fuentes apuntadas, hemos de valernos, como ya se ha estudiado, de la acotación elevada a la categoría de documento, indicativo. Pero conviene detenernos aquí en un marco más abierto y general. Así, parece claro que, en primera instancia, los teóricos o preceptistas proponían una diferenciación genérica, que tiene mucho que ver con lo apuntado hasta ahora, es decir, el diseño de una composición gestual en el

---

[85] Lang, Franciscus, *Dissertatio de Actione Scenica,* citada, pp. 36-37. Más tarde, el inglés Thomas Wilkes en su *A General View of the Stage* (Londres, 1754, p. 142) insiste en la teoría general del lenguaje universal de los gestos de las manos: «All action wherein the hands are not concerned, is weak and limited; their expressions are as various as language; the speak of themselves, they demand, promise, call, threaten, implore, detest, fear, question, and deny. The express joy, sorrow, doubt, acknowledgement, repentance, moderation; they rose up, prohibit and prove, admire and abash. All nations, all mankind understeand their language».

[86] *Cf.* Mirzoeff, Nicholas, «Body Talk: Deafness, Sign and Visual Language in the Ancien Régime», *Eighteenth-Century Studies,* vol. XXV, 4, 1942, pp. 576-577. La obra de Bonet no es más que un alfabeto manual, pero sus ilustraciones prefiguran muchas de las que luego se usarán de manera teatral.

que se equilibrara la expresión corporal, implicándola en la traducción de las emociones y la naturalidad que se inspiraría en los ademanes reposados y declamatorios propios del orador quintiliano. Es lo que parece querer decir, por ejemplo, el Padre José Alcázar, al observar estos tres tipos de registro en la representación del actor:

> *Motorio* es la representación turbulenta, que consiste más en hacer que hablar. El *estatorio*, la representación quieta, que se emplea más en hablar que en hacer. *Mixto*, el que tiene de uno y de otro.[87]

Retrocedamos al recuerdo de cómo el Pinciano diferenciaba la acción reposada, exenta de furia (que Bulwer, siguiendo a Quintiliano, advertía de excesivamente blanda o afeminada) y la acción apasionada:

PINCIANO	BULWER
«porque las personas graues y trágicas se mueuen muy lentamente; las comunes y cómicas, con más ligereza.» «pero aduierto que al actor delante del mayor no le está bien jugar de mano razonando, porque es mala crianza; estando apassionado puede, porque la passión ciega razón.» «si está desapassionado, puede mouer la mano con blandura, agora alçándola, agora declinándola, agora mouiéndola al vno y al otro lado.»	GESTUS XXXII: *Effoeminate festino.* «To wag the hand in a swinging gesture is their natural expression who would endeavor to hasten and assist themselves in progressive motion, and withall denotes a kind of wantonness and effeminacy» (ed. cit., pp. 62-63).

Sirva esto de motivo introductorio, si es que hemos de atender a la propuesta de Juan Manuel Rozas según la cual se producirían en el drama barroco tres situaciones que comprendían (al menos así lo interpretamos) tres sistemas o modos de actuación: una *doctrinal* (vehiculando un mensaje teológico o político), llevada adelante por el *poderoso* (rey, padre, autoridad), lo que implicaría un tono de convencimiento y viveza declamatoria; otra, *factual y existencial* (enredo amoroso, acción en general), llevada a cabo por el *galán* o los protagonistas centrales, que supondría un tono de

---

[87] Antologado por Alberto Porqueras Mayo y Federico Sánchez Escribano, *Preceptiva dramática española del Renacimiento y del Barroco*, Madrid, Gredos, 1972, p. 336.

neta verosimilitud aristotélica; y, finalmente, una situación *cómica y burlesca*, potenciada por el gracioso, que implica el nivel de gestualidad descrito más arriba. Para una caracterización mímica, debe tenerse en cuenta lo que se ha llamado *carácter performativo* o *ilocutivo* del lenguaje teatral, esto es, que la palabra implique y envuelva, necesariamente, una acción. Esto se refiere tanto al tratamiento de los textos teóricamente verbalizados por el actor como al de las acotaciones e incluso puede abarcar ambos a la vez, apoyándose mutuamente. Sería la exclamación «¡Pues tome este pantuflazo!» en *El desafío de Juan Rana* de Calderón de la Barca, o los ejemplos concretos que podemos detectar en *El rufián dichoso* de Cervantes o *Agradecer y no amar* de Calderón, en ambos casos con el contexto de un supuesto duelo a espada:

> Doy broquel, saco el baldeo,
> levanto, señalo o pego,
> repárome en cruz, y luego
> tiro un tajo de rodeo...[88]

> Tírole a éste un par de tajos,
> rásgole a esotro la capa.
> ¡Que bien riñe uno a sus solas!
> A éste embisto, aquél repara:
> hágole la conclusión,
> y zas.[89]

O de textos entremesiles, profundamente colonizados por la gesticulante actitud del gracioso:

> Haga del mojigatico;
> hinque la barba en el pecho,
> como ganso que se espulga,
> encogido de pescuezo.
> Desmoronándose todo
> y a media rienda riendo.[90]

Potencialidad, claro está, que sobre todo queda en evidencia cuando un dramaturgo, pongamos Lope, elogia a un excelente actor como Pinedo:

---

[88] *Cf.* ed. de Jenaro Talens y Nicolás Spadaccini, Madrid, Cátedra, 1986, p. 229.
[89] *Vid. Obras Completas* (ed. de Ángel Valbuena Briones), Madrid, Aguilar, 1987, t. V, p. 1397ab.
[90] «Loa de la Compañía de Bezón», en Cotarelo y Mori, Emilio (ed.), *Colección de entremeses, loas, jácaras y mojigangas*, Madrid, BAE, 1911, t. II, p. 545.

> Justamente
> Baltasar de Pinedo tendrá fama,
> pues hace, siendo príncipe en su arte,
> altos metamorfoseos de su rostro,
> color, ojos, sentidos, voz y efetos,
> transformando la gente...[91]

Calderón de la Barca en *El alcalde de Zalamea* concentra en unos versos del largo monólogo de Isabel todo un despliegue de signicidad gestual y tónica que incorporan al texto unidades de sentido (acotaciones internas) dispuestas de manera tipificada en una correlación acción/causa, de índole semiótica:

> Pues (calle aquí la voz mía)
> soberbio (enmudezca el llanto),
> atrevido (el pecho gima)
> descortés (lloren los ojos),
> fiero (ensordezca la envidia),
> tirano (falte el aliento),
> osado (luto me vista)...
> Y si lo que la voz yerra,
> tal vez el acción explica,
> de vergüenza cubro el rostro,
> de empacho lloro ofendida,
> de rabia tuerzo las manos,
> el pecho rompo de ira.
> Entiende tú las acciones,
> pues no hay voces que lo digan.[92]

Algo parecido, pero ya en un contexto cómico, sucede en las palabras del gracioso Bato en *Las fortunas de Andrómeda y Perseo* cuando reclama, al menos virtualmente, la atención a la capacidad sígnica de los registros gestuales de su rostro:

> No se engañen,
> facción por facción me miren,
> vean que soy como un ángel.

[91] *El peregrino en su patria* (ed. de Juan Bautista Avalle Arce), Madrid, Castalia, 1973, p. 383.
[92] Jornada III, vv. 184-198. *Vid.* ed. de José M.ª Díez Borque, Madrid, Castalia, 1976, pp. 265-266.

> Miren qué rostro si lloro;
> si río, miren qué semblante;
> al mesurarme, qué tez;
> y qué ceño al enojarme.[93]

Los códigos parecen claros: serenidad que se refleja en un color determinado de la tez, entrecejo fruncido para la cólera, en una disposición iconográfica ya construida como tópico en todas las cartillas de fisiognómica a las que Calderón, como todos los ilustrados del Siglo de Oro, tenía acceso. Por otra parte, la correspondencia texto hablado/texto de la acotación, en orden a reforzar el gesto, se ve claramente en la *Loa para empezar en Madrid la Compañía de Manuel Vallejo*:

> *(Haze quatro mouimientos con las manos.)*
> Pues paréceme que hagamos
> esto, y esto, y esto y esto...[94]

Ahora bien, ¿es posible crear una determinada sistematización de signos? ¿Son meramente gestos de la vida cotidiana o una retención de éstos por el teatro, implicándolos en su propia y específica codificación? En algún momento se ha puesto como ejemplo del establecimiento arbitrario de un simbolismo el hecho de que el actor medieval se solía *golpear los muslos* para expresar un gran dolor (ya hemos visto más arriba cómo este gesto es ya indicado por Quintiliano como un código de exageración teatral que debe transferirse desde el orador al actor); y de lo segundo (gestualidad con un ulterior significado) el signo que realiza el actor hindú del *tripitaka* (todos los dedos extendidos con excepción del anular, doblado) para indicar al espectador que se está hablando en voz baja con otro personaje en presencia de un tercero.[95] Dicho en otras palabras, convendría estudiar para todo el teatro del Siglo de Oro la disyuntiva entre el gesto como expresión-comunicación y el que llamaba Jerzy Grotowski[96] gesto como producción de sentidos nuevos. Vamos a recuperar los gestos canonizados por John Bulwer; pero ahora centrándonos en convenciones que se aproximan a las gestualidad expresada en textos del Siglo de Oro.

---

[93] *Vid. Obras Completas* (ed. de Ángel Valbuena Briones), Madrid, Aguilar, 1987, t. II, p. 1670b.

[94] *Jardín ameno*, Madrid, 1648, p. 2. Gesto que se correspondería probablemente con el que John Bulwer llama *numero* (contar o indicar acciones con los dedos) en su *Chironomia*. Véase esquema más abajo.

[95] *Cf.* Villiers, André, *El arte del comediante*, Buenos Aires, Eudeba, 1954, p. 12b.

[96] *Vers un théâtre paurvre*, Lausana, La Cité, 1971.

Textos del Siglo de Oro ya mencionados	Bulwer
... de empacho lloro ofendida (CALDERÓN).	GESTUS III: *Ploro.* «To wring tha hands is a natural expression of excessive grief used by those who condole, bewail and lament» (ed. cit., p. 32).
... de rabia tuerzo las manos (CALDERÓN).	GESTUS VI: *Indignor.* «To smite suddenly on the left hand with the right is a declaration of some mistake, dolour, anger or indignation» (ed. cit., p. 35).
... el pecho rompo de ira (CALDERÓN).	GESTUS XLVII: *Impatientiam prodo.* «To apply the hand passionately unto the head or breast is a sign of anguish, sorrow, grief, impatiency and lamentation» (ed. cit., p. 71).
... de vergüenza cubro el rostro (CALDERÓN).	GESTUS XLIC: *Pudeo.* «The recourse of the hand to the face in shame is a natural expression» (ed. cit., p. 72).
(Haze quatro mouimientos con las manos.) Pues paréceme que hagamos esto, y esto, y esto y esto... (LOA DE VALLEJO).	GESTUS XXV: *Numero.* «To begin with the first finger of the left hand and to tell on/to the last finger of their right is the natural and simple way of numbering and computation» (ed. cit., p. 140).

Calderón o el autor de la loa mencionada han transcrito gestos codificados por la realidad social y por la práctica escrita (el llanto, el retorcerse las manos de dolor, la enumeración señalando los dedos). Porque, partiendo de la tesis de Gianfranco Bettetini,[97] de que siempre pervive «una adscripción cultural del objeto de que se parte y, por consiguiente, la atribución de una finalidad de comunicación al gesto robado a la realidad, tanto si es convencional como si es natural», cabría establecer diversificaciones o diferenciaciones del *icono gestual* del que, por otra parte, se tiene una profunda conciencia marcada por el carácter *deíctico* del propio gesto o, si se quiere, de su carácter *autorreferencial:* acotaciones como

---

[97] *Producción significante y puesta en escena*, Barcelona, Gustavo Gili, 1977, p. 101.

«hace señal que es el viejo», o «hace señal al ladrón» o bien «hácele un gesto» (acotación, además, subrayada por las palabras de otro personaje: «Miren qué gesto aquél»)[98] serían buena prueba de ello. Se trataría en este caso del gesto lexicalizado de la *indigitatio*, señalar exactamente lo que se desea sea mirado u observado, como vimos tanto en el Pinciano como en Bulwer:

PINCIANO	BULWER
«y, si enseña o narra, podrá ajuntar al dedo dicho el medio y pulgar, los quales, a tiempos apartará y ajuntará; y el índice solo extendido y los demás hecho puño, alçado hazia el hombro derecho, es señal de afirmación y seguro de alguna cosa.»	GESTUS VI: *Indico.* «The forefinger put forth, the rest contracted to a fist, is an express of command and direction, a gesture of the hand most demonstrative» (ed. cit., p. 124).

Basándonos en la clasificación establecida por Georges Mounin,[99] las diversas acotaciones del gesto en el teatro áureo podrían distribuirse del modo siguiente:

a) Gesto tomado por el actor de la realidad mediante una ósmosis analógica, seleccionando rasgos pertinentes e introduciéndolos en escena de modo más estilizado. Son posiblemente los más abundantes: *ojéales, revuélcales, llora, dale, hace lo mismo, tiéntale la capa, lee el papel, dale un golpe y cae, metiéndose de por medio, da las manos trocadas poniendo los brazos cruzados, llégase y le da una bofetada, vuelve las nalgas, regüelda* CELESTINA, *fingiéndose mudo, siéntense espalda con espalda, híncanse de rodillas, da cabriolas, dando muchos brincos.* O también: «*Sale la* ADMIRACIÓN, *vestida como pareciere, poco a poco y con suspensión»,* lo cual se corresponde, como ya vimos en las acotaciones de los autos o de textos de origen medieval, con el *admiror*, que codifica Bulwer:

---

[98] *Los alcaldes. Entremés famoso,* en *Entremeses Nuevos,* Zaragoza, 1640, p. 155. Otro caso significativo sería el del *Entremés del Niño Caballero,* en donde la actriz Bernarda Ramírez verbaliza: «Canta en secreto» y, al obedecerle Cosme Pérez, apoya la acotación: «Véase que canta.» *Cf.* Antonio de Solís, *Obra dramática menor* (ed. de Manuela Sánchez Regueira), Madrid, CSIC, 1986, p. 52.

[99] *Introducción a la semiología,* Barcelona, Anagrama, 1982.

TEXTOS MEDIEVALES O DEL SIGLO DE ORO	BULWER
Ara entra Sant Joan Apòstol, fent admiracions. *Sale la* ADMIRACIÓN, *vestida como pareciere, poco a poco y con suspensión.*	GESTUS IV: *Admiror.* «To throw up the hands to heaven is an expression of admiration, amazement and astonishment, used also by those who flatter and wonderfully praise [...] some new unexpected accident» (ed. cit., p. 33).

En este amplio grupo de acotaciones gestuales existe una inclinación a lo que podríamos llamar distanciamiento o conciencia de mimesis ficticia en el texto dramático secundario. Son aquellas acotaciones, ya estudiadas, que interpretan un gesto mediante la fórmula *como que, hace que, hacen que, vese que:*

> *Sale Domingo como que le echan de casa.*[100]
> *Siéntase como que se desmaya.*[101]

b) Transposición a la escena de *gestos formalizados* o *altamente socializados* que parten del ceremonial y que, sin duda, implican una conexión directa con el contexto histórico. En la lectura del texto como, lógicamente, en su visualización sobre el escenario, el lector y el espectador deberían entrar en esos códigos para acceder a la capacidad comunicativa del gesto. Ello ocurre tanto en casos de acotaciones del tipo *elévanse los dos dándose aire,*[102] donde *elevarse* tiene el sentido de *envanecerse* o *presumir* con la apostura de soberanía y gravedad (según la semántica de la época, pero también arrastrando la tradición de la posición erguida de la cabeza para mostrar soberbia), o en el ejemplo del sencillo, pero eficacísimo, ritual del *bésale la mano* o *haciendo muchas cortesías,*[103] que Bulwer codifica muy bien desde el punto de vista de quien rinde honores (besando las manos, por ejemplo) o de quien los recibe (que las extiende):

---

[100] *Entremés de Pelícano y Ratón* de Jerónimo de Cáncer, *Entremeses varios*, Zaragoza, s.a., fol. 47.

[101] *Loa que representó Antonio de Prado* en *La mejor flor de entremeses*, Zaragoza, 1689, p. 33.

[102] *Entremés del encanto del abanico* de Manuel Díaz, en *Teatro Poético*, 1658, fol. 62.

[103] Téngase en cuenta que *cortesía* es definida por el *Diccionario de Autoridades* como *acción* o *demostración atenta.* Lo tomamos por tanto como indicio gestual evidente.

Textos del Siglo de Oro	Bulwer
Bésale la mano.	Gestus L: *Adoro.* «To kiss the hand in their obsequious expression who would adore and give respect by the solemnity of a salutation» (ed. cit., p. 73).
Haciendo muchas cortesías.	Gestus LXI: *Honoro.* «To apprehend and kiss the back of another's hand is their natural expression who would give a token of their serviceable love, faith, loyalty, honorable, thankful humility, reverence, supllication...» (ed. cit., p. 97).
	Gestus LXII: *Reservatione saluto.* «To offer the back of the right hand to be kissed by others...» (ed. cit., p. 102).

c) Transposición *arbitraria* y *paródica* de gestos de la realidad que cobran un nuevo y específico significado en la dinámica de la puesta en escena. Se realiza una mímesis de gestos reales pero orientada a conseguir esta vez un efecto interesadamente teatral o grotesco: *Se quedan con el bocado en la boca.*[104] Tres gestos de la realidad muy frecuentes en las acotaciones (*dale una higa, pónele cuernos, dan palmas*) se enmarcan preferentemente en el contexto ridículo de la actuación del Siglo de Oro, pero que se advertían codificados desde antiguo, a tal punto que Bulwer cita explícitamente el gesto de *hacer la higa* como gestema típico de los españoles, propio de la burla o las acciones pueriles:[105]

[104] *Entremés de la campanilla* de Agustín Moreto, *Entremeses varios*, Zaragoza, s.a., p. 57.

[105] Insisto en que no se trata de encontrar precedente o calco alguno sino de señalar una atmósfera cultural. Hay dos gestos más en el tratado de John Bulwer que se encuentran insertos, explícita o implícitamente, en la gestualidad emanada de los textos españoles. El «mesarse los cabellos» o estrujarse la cabeza como señal de duelo y la actitud del melancólico o pensativo con el dedo puesto sobre la boca. Son, respectivamente, los que Bulwer codifica como Gestus XLVIII: *Sollicite cogito.* «To rub or scracht the head with the hand is their natural gesture who are in anguish or trouble of mind» (ed. cit., p. 71), y Gestus I: *Inventione laboro.* «The finger in the mouth gnawn and sucked is a gesture of serious and deep meditation...» (ed. cit., p. 121).

Textos del Siglo de Oro ya mencionados	Bulwer
Dan palmas.	Gestus V: *Applaudo.* «To clap the raised hands one against another is an expression proper to them who aplaud, congratulate, rejoice, assent, approve and are well-pleased» (ed. cit., p. 34).
Pónele cuernos.	Gestus XXII: *Stultitiae notam infigo.* «To present the index and ear-finger wagging with the thumb applied unto the timples, is their expression who would scornfully reprove any for failing in any exercise of wit, or for some absurd stumble [...] or for some error in manners and behaviour» (ed. cit., p. 138).
Dale una higa.	Gestus XXIII: *Improbitatem objicio.* «To lock the thumb between the next tow fingers in an ironical vulgarism of the hand used by plebeians when they are contumeliously provoked there unto and they see that they cannot prevail by using words (their spleen appealing to their fingers for aid) who thus armed for a dumb retor, by this taunting gesture, seem to say avant. This position of the fingers, with the ancients, was called *higa*, and the modern Spaniards by objecting the hand formed to this reproachful expression imply as much as if they should say *paedicavi te,* with us it ussually their garb who mock little children» (ed. cit., pp. 139-40).

Sin una teorización explícita sobre el gesto del actor, por las razones ya explicadas, el teatro áureo adelanta, sin embargo, buena parte de la preceptiva gestual que se codificará en el siglo siguiente, incluso la diferenciación, que algunos críticos han observado como sistema original de la *Comédie Française*,[106] entre:

a) *Gesto instructivo*, en el sentido de un sistema taquigráfico de identificación de un actor en el orden visual o emocional: sería los *de ridículo* que frecuentan las acotaciones de los géneros burlescos rebajadores del decoro (un galán o un sacristán o un soldado *de ridículo*); o, como gesto ampliado al maquillaje y al vestuario, la tez amarilla y blanquecina del *hipocondríaco* o la *camisa llena de palominos* que viste el gracioso; por no hablar del *gesto* impuesto por el propio nombre como el llamarse *Juan de Buen Alma* el marido consentido, o *doña Quínola* (una trampa del juego de naipes) una encopetada señora. En el orden emocional del registro trágico, la aparición de una mujer *en cabello* (como es el caso de Laurencia en *Fuenteovejuna* tras ser ultrajada por el Comendador), es decir, sin manto y el cabello suelto, crean para el público la atmósfera de tensión que antecede al brillante discurso oratorio de la joven.

b) El *gesto indicativo*, que proviene de la *demonstratio* latina, en el sentido de reproducir la mimesis de la realidad: hace *seña que, o señalar, arrugar la frente, alzar las cejas*.[107]

c) El *gesto afectivo*, que explora la adecuación entre la moción interior y el resultante gestual: el *como turbado*, tan frecuente para enunciar el rostro del actor en las acotaciones áureas. Y, sin duda, buena parte de las acotaciones pueden calificarse de mimético-sintomáticas, por denotar la compostura de un gesto *desde el interior del actor* que afecta, sobre todo, a la actitud y al rostro, en una emergencia emocional: *Vase hacia el arriero temblando, Muy soberbia, Muy enojada, Salen las dos mujeres muy jaquetonas y airosas de plumajes*,[108] *Queda Turrado muy pensativo al lado del tablado*.[109]

Por otra parte todo este potencial performativo de los gestos se traduce, como hemos visto, en la codificación léxica de la signicidad de la comedia áurea, pero, sobre todo, y, como he explicado en otro lugar, en la descripción, evidentemente parcial, que los detractores de la comedia realizan sobre la misma. Y que nos sirven para marcar diferencias que, siendo

---

[106] *Vid*. Blanc, André, «L'action à la Comédie Française au xvIIIᵉ Siècle», *xvIIIᵉ Siècle*, 132, 1981, pp. 322-323.

[107] *Cf*. Cervantes, Miguel de, *El rufián dichoso*: «¿Has reñido, por ventura, / que tienes turbado el gesto?» (p. 117); «¿Para qué arrugas la frente / y alzas las cejas?» (ed. cit., p. 127).

[108] *Entremés del ensabanado de Náxera*, de Diego de Gobantes, *Op. cit*., p. 115.

[109] *Entremés famoso del murmurador*, en *La mejor flor de entremeses*, Zaragoza, 1689, p. 33.

peyorativas desde la intencionalidad moral con la que se emiten, suponen, por otro lado, una expansión semántica del *gesto*. *Seña* está recogido por Covarrubias como «declararse con algunas señales o movimientos del cuerpo, manos o rostro»; para la palabra *gesto*, además de la acepción metonímica del rostro o cara del hombre, apunta al «demostrar en el rostro y en su semblante el efecto que está en el ánima, de alegría y de tristeza», y al valor, aún más teatral, de «ponerse a gesto, adereçarse y aliñarse.» Claro que, a continuación, la expresión *hacer gestos* (a saber, producirlos artificialmente, teatralmente) se define como «mover el rostro descompuestamente.» La descomposición indecorosa se encuentra, pues, en la base léxica del sentido que el Siglo de Oro confiere a la *acción* teatral (otra cosa es, al parecer, que el rostro traduzca o reproduzca emociones interiores accidentalmente). De ahí que los críticos sobre el teatro amplíen su agresividad a palabras todavía más inequívocas: *meneos* y *visajes*. Covarrubias encuentra en *meneo* un derivado de *mover*, «quasi menear, porque comúnmente lo que meneamos es con las manos», con lo que entronca de manera interesante la acepción con la *quirología*, o disciplina accional de las manos. Si bien luego totaliza la expresión: «El movimiento del cuerpo con donaire o sin él.» ¿Qué cabe interpretar? Que *meneo* puede o no estar sujeto a un *donaire*, gracia, equilibrio, contención o, sencillamente, expandirse en una exageración desmesurada. Los textos de los moralistas contra el teatro están plagados de este sentido:

> Tan de huir son [...] las representaciones de deshonestidades, donde se oyen malas palabras y se ven deshonestos meneos.[110]

En cuanto a *visaje*, Covarrubias concentra en esta palabra la mayor carga de significado para la expresión del rostro: «La mudanza del rostro, que se pone y se quita, mensajera de la pasión que está en el alma; avisa que es la vista, la qual colocamos en el rostro.» Ese *que se pone y se quita* no es solamente producto de una visión cambiante (la apelación a la mirada sugiere claramente el factor de persuasión hacia el espectador) sino que enuncia el factor de construcción del gesto desde una voluntad (la del actor). Como era de esperar, en «hacer visajes» Covarrubias advierte de nuevo o el factor de accidentalidad o el de la «locura» (vale, de nuevo, descomposición, falta de decoro). Si todos estos nombres son observaciones analíticas, en la palabra *acción* Covarrubias observa el conjunto sintético: «la fuerza y energía con que alguno predica, lee o razona.» Está claro que opera aquí el prestigio de la noción retórica de la *actio* (por eso cita la pre-

---

[110] Pineda, Fray Juan de, *Primera Parte de los Treynta y cinco diálogos familiares de la Agricultura cristiana* (1589), *apud* Cotarelo y Mori, Emilio, *Bibliografía*, citada, p. 506a.

dicación o, indirectamente, la retórica forense). La *acción*, pues, será un préstamo claro de una teoría adyacente al teatro; de ahí la preferencia del empleo del lexema *acciones* para indicar positivamente la gestualidad, movimientos y ademanes del comediante. En todo caso, la gramática del gesto se mezcla siempre con la de la voz y la palabra. El moralista mezcla a propósito los «quiebros» (factor esencial de la música y el canto), «señas, miradas furtivas y todas las acciones.» Años después, el *Diccionario de Autoridades*, que, como ya he indicado, se embebe de la experiencia documental de lo escrito previamente sobre teatro, asume en la palabra *gesto* la composición del rostro «o de cualquiera parte suya, significando el gusto o pesar, la complacencia u displicencia de alguna cosa.» Los ejemplos de las autoridades que recoge asumen esta visión global: «Y con gestos y ademanes, y palabras y voces, mostraba el fuego de ira y rencor, que dentro de su pecho ardía» (*Vida del escudero Marcos de Obregón*). Desde luego vuelve a descalificar el gesto, unido a la acción *a propósito*, cuando se ejerce: «Hacer movimientos ridículos, provocativos a risa, con el rostro, mano y cuerpo», haciéndolo derivar del *mimum agere* o *gesticulor* latinos. La prevención subsiste y se afianza el prejuicio. En *ademán*, corrige la restricción de Covarrubias (que ceñía su significado al movimiento de la mano). Ahora vemos que se ha realizado el equiparamiento completo con *gesto*:

> Cierto género de movimiento de cuerpo u de alguna parte de suya, que manifiesta en el ánimo el gusto, u disgusto de alguna cosa, u el afecto con que se trata, o se mira. Covarru[bias] dice que el origen de esta voz es del nombre Mano, porque los ademanes se hacen con la mano. Parece natural se dixesse por esto, aunque también hacen con la boca, con el rostro, u con todo el cuerpo.

De hecho, recurre a un ejemplo de Gracián que recoge el antiguo signo, codificado por la iconografía del dios latino del silencio y del secreto, que llevaba el dedo índice a los labios: «Alexandro puso un sello en la boca de Ephestión, amonestándose con este *ademán* que tuviesse secreto.» Pero es que Andrés de Claramonte acota en *El nuevo rey Gallinato*: «Llega Oña *con el dedo en la boca*, toma la cesta y *hace señas.*» Ese «con el dedo en la boca» puede ser equivalente al modo como Cervantes indica en *La entretenida* que un personaje, con pasos sigilosos, ha de esconderse detrás de un tapiz: «el dedo en la boca, con pasos tímidos.» Remite este gesto puramente mimético de la realidad a la codificación clásica del *signum Harpocraticum*, es decir, el signo de Harpócrates, dios del silencio, que lleva siempre su índice a los labios, tal como es frecuentísimo ver en la iconografía de la pintura o como señala y dibuja el propio John Bulwer en su *Chirologia*, cuyo *chirograma* reproduce la figura de una mujer con el dedo en la boca y la leyenda *silentium indico.*[III] Por otra parte hace equivaler *en ademán de*, a *fingir que;* pero, en todo caso, se evita en ejemplos o insinuaciones claramente volcadas a lo peyorativo. De nuevo se absorbe consciente o inconscientemente la historia del prestigio de los *ademanes* del orador (que componía su acción de cintura hasta el cuello). Por el contrario, en *visaje* se delata la denuncia del un gesto no dominado: «gesto *desproporcionado* u demostración reparable del rostro, con que se da a entender algún afecto u pasión interior», utilizando la cita, nada ingenua, de la referencia a extravagantes gestos de predicadores: «Acá dicen que no hai endemoniados entre nosotros, mas según suelen ser, aun en la Missa las parlas, las indecencias, los visages...» Lo más interesante, aparte del énfasis definitivo en la consciente validez semiótica, de los afectos interiores, es la acepción de *gesto reparable*, es decir, el gesto que se realiza con exageración (quizá por las condiciones de la puesta en escena del periodo) y que, en cualquier caso, interrumpe el registro razonable, verosímil y decoroso que el Pinciano exigía al actor para separarlo cualitativamente del histrión.

Finalmente, en su definición de *acción* el *Diccionario de Autoridades* propone una noción de representación general, auspiciada por el recuerdo de la oratoria, pero ahora extendida a una inequívoca referencia plástica, escénica, incluso *fingida:*

> El modo con que uno obra o semeja hacer alguna cosa, la postura, acto, ademán, y manera de accionar, obrar y executar lo que actualmente está haciendo: como el modo y acción de predicar, representar y abogar: lo que se extiende y entiende assimismo de las figuras y efigies, según las posturas en que se representan y fabrican, de quienes se dice que están en tal o tal acción o que la van a executar.

Lo que parece claro es que el Barroco ha acogido en su cultura semántica todo un universo gestual que se relaciona con el teatro, con la teoría general de la representación, y que se ofrece en los textos bien de manera explícita (las acotaciones, sean del propio dramaturgo, sean de los copistas-autores) bien de manera implícita, en el texto. Es lo que, recientemente, Cantalapiedra[112] da en llamar *patemas*, signos o potencias de signos inscritas en los textos («ciego / de enojo y cólera voy»; «rabiando de pena estoy, / dando con los ojos fuego», dirá Calderón; «Cae muerto» o «Sale Catalinón arrastrando», anota Tirso en las acotaciones de *El Burlador de Sevilla*). Pero ese potencial gestual se produce, en todo caso, en el ámbito de un uni-

---

[III] *Chirologia or the Natural Language of the Hand* (1644). Cito por la edición de James W. Cleary, p. 143.

[112] Cantalapiedra, Fernando, *Semiótica teatral del Siglo de Oro*, citada, pp. 98 y ss.

verso espectacular convencional que puede coincidir o no con una relación mecánica imagen/realidad. Quiero decir que debe tenerse en cuenta la referencia al contexto cultural. Un signo como «hacer la higa» tendría un seguro soporte de entendimiento colectivo, cosa que ahora es poco probable si se intentara incorporar de manera arqueológica a una representación de una comedia o de un entremés del Siglo de Oro, como hace el gracioso Camacho en la comedia calderoniana *Pero está que estaba.*[113] Por otra parte debía, seguramente, entenderse cosas muy concretas cuando en una acotación o en un verso leemos que alguien aparece *turbado.* ¿Se conseguía apelando a la *verdad* o al *verismo* requerido por algunos —recuérdese el *muy de veras* que reclamaba el Pinciano— o existían mecanismos convencionales que abordaran, desde el exterior, como pidieron después Meyerhold o Brecht, la construcción del personaje? La gestualidad del teatro áureo es, pues, no sólo comunicación eficaz, sino también *producción* de expresividad, aunque siempre reconducida a lo que Grotowski llamaría mecánica de producción/desciframiento de ideogramas.[114] Algunos elementos del maquillaje, ya analizados, o elementos repetitivos como la constante relación del gracioso con llevar como vestuario «una camisa llena de palominos» bifurcan y enriquecen, hasta extremos insospechados, la reflexión sobre la técnica del *gestus*, uniendo el ademán a inflexiones de voz determinadas o al revés, diríamos, a la manera brechtiana: a ello tuvo que enfrentarse, antes de cualquier teorización escrita, el actor del Siglo de Oro. Cada *papel* o al menos algunos de ellos, marcados por la tradición, supondrían en realidad un encadenamiento o repertorio de gestos codificados. Gesto que abarcaría toda una serie de elementos, desde las composiciones de tipos fijos al mero e ingenuo disfraz o las situaciones tópicas (escenas de tiernos equívocos entre los enamorados, de anfibológicos chascarrillos entre amo y criado, etc.). Gesto que cabe recuperar y deducir —pues no tenemos territorio documental que nos afirme en la total certidumbre—. Pero que, por acogernos sólo a los dos ejemplos que acabo de mencionar, pueden postularse desde textos tan sugerentes como algunos párrafos de Agustín de Rojas, cuando habla de faranduleros que componen «Laumedones de ojos decídselo vos, que se enamoran por debajo de las faldas de los sombreros, haciendo señas con las manos y visajes con los rostros, torciéndose los mostachos»,[115] hasta la convicción de que algunos comediantes hacían su probable meritoriaje simplemente ejerciendo de *perros* o *leones* disfrazados en obras que así lo requirieran, como en el *Auto del rico avariento,* donde se atan «a

[113] Véase *Obras Completas,* ed. cit., t. I, p. 330a.
[114] *Vers un théâtre pauvre,* Lausana, La Cité, 1971.
[115] *El viaje entretenido,* ed. cit., 1972, p. 162.

los pies de la mesa del avariento unos muchachos *como perros*», o como en *Los tratos de Argel,* en que un león «échase [junto a un muchacho que duerme] muy manso.»[116] El actor ha vuelto al mundo primitivo de la postulación zoomórfica con que le denigró el rancio moralista medieval.

5. EL SEGUIMIENTO DE LA NATURALEZA Y LA CONSTRUCCIÓN
   CONVENCIONAL DEL *DECORUM*

El imitar la naturaleza como forma consagrada de la representación haciendo de la misma un juego de *fidelidades* a la realidad es, lógicamente, un principio interdisciplinar. Resulta sintomático que, en las primeras décadas del siglo XVII, los teóricos de las artes plásticas debatan todavía sobre este asunto centrando la polémica en la competencia entre la pintura y la escultura por alcanzar la perfección en esa *mimesis*. Se trata, de nuevo, de observar cómo se va construyendo un léxico, una forma de expresar la representación en términos de *ser* o *parecer, ser* o *representar, fingir lo natural* o *mover los afectos*. Así Juan de Jáuregui, en su *Diálogo de la Naturaleza y las dos artes, Pintura y Escultura, de cuya preeminencia se disputa y juzga. Dedicado a las prácticas y teóricas de estas artes* (Sevilla, 1618), escribe:

ESCULTURA

Yo soy bulto y corpulencia,
y tú, un falso parecer;
y así te excede mi ciencia
con la misma diferencia
que hay del parecer al ser.

PINTURA

Con esa falsa razón
mal tus honores se aumentan:
que una y otra imitación
no atienden a lo que son
sino a lo que representan.
[...]

---

[116] Ejemplos aducidos por Agustín de la Granja, «El actor y la elocuencia de lo espectacular», en José M.ª Díez Borque (ed.), *Actor y técnica de representación del teatro clásico español,* citada, pp. 195-106. Véase el trabajo de José M.ª Ruano de la Haza, «Los animales en los corrales de comedias», *Bulletin of Hispanic Studies,* 70, 1993, pp. 37-52, donde demuestra, sin embargo, la presencia algunas veces de animales reales en escena.

El esculpir o pintar
ficción ha de ser forzosa
[...]
el arte esencial
es fingir lo natural.

ESCULTURA

A más mi buril se atreve,
pues, sin color el relieve,
cuando al vivo se conforma,
la perfección de su forma
sola los afectos mueve.
[...]

NATURALEZA

Y no hay más docto maestro
que las acciones de un mudo
para el ejercicio vuestro:
que como sus intenciones
declaran con las acciones
así, quien aquella pinta,
puede, en pintura sucinta,
pintar distinta razones
[...]

PINTURA

Nuestras artes se acreditan
si perfectamente saben
copiar las formas que imitan.
[...]

NATURALEZA

Y dado que el sumo honor
del escultor y pintor
es cuando imitar procura
al hombre, que es la criatura
más semejante al Criador,
también en el hombre es llano
se adelantan las colores
con admirables primores,
trasladando al cuerpo humano
mil pasiones interiores.[117]

---

[117] *Apud* Calvo Serraller, Francisco, *Teoría de la pintura del Siglo de Oro*, Madrid, Cátedra, 1981, pp. 152-55.

El debate va más allá del hecho de suministrarnos conceptos o *lexías* en torno a la teoría de la imitación. Observemos que se trata de hacer prevalecer en un arte (eso es lo que defiende la escultura) «el bulto y la corpulencia», la realidad tangible y material de la escultura frente a la apariencia superficial de la pintura, la retórica emotiva de colores y afectos frente al juego intelectual, para acabar con la paradoja en la que se debate la teoría de la representación y, por tanto, de las técnicas escénicas: *el arte de fingir lo natural*. Es decir, los mecanismos artificiales para producir una naturalidad, un concepto concreto de lo natural, claro está, que se avenga a cánones establecidos, que, en principio, y como nos enunciaba, entre otros, Alonso López Pinciano, tenía que ver con la coherencia de lo verosímil, formulada muy frecuentemente en términos de espacio y tiempo:

> En la persona, después de considerado el estado, se deue considerar la edad, porque claro está que otro ornato y ataúío o vestido conuiene al príncipe que al sieruo, y otro, al moço que al anciano; para lo qual es muy importante la segunda consideración del tiempo, porque vn ornato y ataúío pide agora España y different el de agora mil años.[118]

---

[118] *Op. cit.*, t. II, p. 278. También, años después, Cristóbal Suárez de Figueroa en *El Pasajero* (1617) escribe, en la línea de este tópico de las diferentes culturas de individuos y pueblos: «En razón de costumbres, se deben considerar las condiciones y propiedades de personas y naciones. Holgara se hallaran en vulgar comedias tan bien escritas, que os ministraran ejemplos para cualquiera de las personas que se suelen introducir [....] Mas será forzoso os valgáis en esta parte de vuestro buen juicio y cortesanía, dando a cada uno el lenguaje y afecto conforme a la edad y ministerio, sin guiaros por las que se representan en esos teatros, de quien casi todas son hechas contra razón, contra naturaleza y arte. Conviene rastrear las calidades de las naciones, para que se haga dellas verdadera imitación. Caminan las costumbres con la naturaleza del lugar, produciendo varios países varias naturalezas de hombres. En una misma nación las suele haber diferentes, según la variedad de los climas» (ed. de Isabel López Bascuñana, Barcelona, PPU, 1988, t. I, pp 222-223). Es evidente la conexión con los tópicos, progresivamente mecánicos, auspiciados también en la fisiognómica, a la que ya nos referimos. *Vid.* también Juan Pablo Mártir Rizo, que en su *Poética de Aristóteles traducida del latín* (1623) insiste: «La conveniencia de costumbres de las personas cómicas consiste en el decoro, según la edad, según los hábitos, etc. Y así una manera de hablar atribuye Terencio a Simón el viejo, otra a Pánfilo mancebo en la misma comedia, otra a Davo como criado, otra a Simón como señor, otra a su amante, otra a un soldado y otra a un mercader. La semejanza de las costumbres cómodas debe ser según el uso común de nuestra edad, como atribuir a un siervo costumbres de un siervo de nuestros tiempos, y a un soldado costumbres de otro de nuestros tiempos, y así las acciones tendrán más de lo verisímil y persuadirán mucho más» (*apud* Sánchez Escribano, Federico y Porqueras Mayo, Alberto, *Preceptiva dramática del Renacimiento y del Barroco*, citada, p. 237). Ya en el siglo XIX, Henry Siddons, al adaptar en inglés la obra de Jakob Engel, reitera la necesidad para el actor de estudiar incluso libros de historia o de viajes para aprender los climas y temperamentos nacionales: «The player who wishes to be accomplished in his art should not only study the passions on their board and general basis; he should trace their

Y también con lo acertado de una imitación tan perfecta que «más que imitación parezca propiedad» (*propiedad* era entendida como la cualidad estética de la debida proporción, naturalidad o perfección). Ahora bien, del fragmento de la *Epístola XIII* de la *Philosophia Antigua Poética* del Pinciano podemos extraer también la lección de las dos grandes zonas del mapa constitutivo del gesto: el *decoro* de la contención en la imitación y el ridículo al que llevaba su exageración gesticulante. En ello insisten tratados escénicos muchos más tardíos, como el *Dell'Arte rappresentativa* de Andrea Perrucci:

> Consistendo tutte le facezie in parole ed in fatti, parlandosi anche con li gesti di tutto il corpo, come afferma il filosofo: «*Ex motu animorum argumentum iudicis conficimus*» (e Quintiliano chiamò le mani d'Ortenzio argute, per esprimere così bene coi gesti, e Cicerone arguzie delle dita i cenni), e perché le dicacità consistono in parole, le vere facezie in fatti, quindi è che il ridicolo può nascere dal gestire, e con le parole e senza, perché, si l'arte epica consiste nelle parole, la mimica nelle nude azzioni, la ditirambica nella tragedia e comedie e nell'une e nell'altre. Ed avendo a sufficienza detto delle parole, veniamo ai fatti che nascono all'improviso.
>
> Le facezie ridicole infatti consistono negli spropositi o deformità della natura, en' volti scontrafatti, di caricature di naso, fronti aguzze, calvizie, orecchie lunghie, storpi di gambe, quai difetti, contrafacendosi e con maschere e con grazia, quanto sono compatibili e commiserabili nel vero, tanto sono ridicoli nel finto.
>
> Ridicolissimo dunque serà un Zanni con occhi piccini, volto nero, ciglia irsute e ridicolo in tutte le posture; così un Policinella tutto un pezzo, sgarbato di persona, con naso adunco e lungo, sordido, melenso e sciocco in tutti i gesti; con operazioni, come nel vestirsi i Zanni bergamaschi di più colori ed il Policinella con un sacco a guisa di villani; così degli altri ridicoli.
>
> Ridicolo sarà ne' gesti di porsi il cappello, caminare, correre, affettar gravità o velocità nei passi; ridicolo nel tuono della voce soverchio stridola o stonata o rauca, ridicolo nelle dignità mal sostentate da un balordo, fingendo un re, un principe, un capitano, e chè so io; ridicolo nell'arti contrafacendo un poeta, un musico, un pittore, un scultore, un barbiero ed altre arti; ridicolo negli effetti fa-

---

operations in all their shades, in all their different varieties, as the act upon different conditions, and as the operate in various climates. The persual of history, and an attention to the several collections of voyages and travels which have been made, will enable an intelligent player to form some idea of countries far distant, of ages log past. This is a most necessary study for a comedian; this alone can give him an idea of the exact manners and customs of differents nations, and at different times [...] I abandon general traits, in attaching myself too much to the characteristic of nations, and the peculiar classes of society» (*Practical Illustratios of Rhetorical Gesture and Action adapted to the English Drama. From a work on the same subject by M. Engel*, Londres, Richard Phillips, 1807, pp. 10-11 y 56).

cendo un'azzione vile in cambio d'una grave, come nel porsi sconciamente in trono, buttarsi a terra facendo riverenza e simili; ridicolo in altre azioni come Margite, che combatteva con l'ombra sua, i Psilli che pugnavano contro i venti e D. Quixote con li molini a vento; ridicoli negli ornamenti, vestendosi uno sciocco da principe o da re, scioccamente servendosi di calzoni per maniche, degli stivali per guanti e di vesti non confacenti al personaggio; ridicolo negli istrumenti, servendosi della spada per cavallo, del cappello per ventaglio e del fodero per spada insomma facendo spropositi e sproporzioni nelle sudette cose, ne viene a nascere il ridicolo in gesti, ed è tanto grato alle volte un gesto ridicolo, faceto, che impone il diletto più di qualsiasi metafora di parole e d'arguzia, esprimendo tanto un gesto naturale, quanto potria esprimere qualsivoglia motto o diceria, e e questi tanto son più grati quanto ne' personaggi più graditi.[119]

Y ello sin impedir que hallemos indicios en los textos estudiados de que se trataba de imponer una verosimilitud mesurada y racional, aliada con el concepto aristotélico del *decoro*. Leemos en la *Poética:*

Creyendo que los espectadores no comprenden si el actor no exagera, multiplican sus movimientos, como los malos flautistas, que giran cuando hay que imitar el lanzamiento del disco [...] Es pues la tragedia, tal como los actores antiguos creían que eran sus sucesores; Minisco, en efecto, pensando que Calípides exageraba demasiado le llamaba simio, e igual concepto se tenía de Píndaro [...] El reproche no se refiere al arte del poeta sino del actor, puesto que es posible que un rapsodo exagere en los gestos, como Sisístratos, y un cantante, como hacía Mnasiteo de Opunte; a continuación, no todo movimiento debe rechazarse, si no se rechaza la danza, sino el de los malos actores, lo que precisamente se reprochaba a Calípides y ahora a otros, diciendo que imitan a mujeres indignas.[120]

Este principio de seguir a la naturaleza, con la gramática fija de la adecuación al personaje, es una preocupación incluida, como era de esperar, en la preceptiva actoral que surge en el Renacimiento, en el propio solar italiano. Así lo expresa Leone de Sommi en sus *Dialoghi,* donde, otra vez, reverbera el recuerdo de las enseñanzas oratorias:

VERÍDICO: Los movimientos del actor, llamados por el padre de la oratoria latina la elocuencia del cuerpo, son de tal importancia que quizá el poder de las palabras se subordina al poder de los gestos. Prueba de ello se encuentra en esas silenciosas comedias, usuales en algunas partes de Europa, en las que el

[119] Perrucci, Andrea, *Dell'Arte rappresentativa, premeditata e all'improvviso*, Nápoles, Mutio, 1699 (ed. de Antonio Giulio Bragaglia, Florencia, Sansoni, 1961), pp. 260-261.
[120] *Poética* (1461b 28-35; 1462a 1-10) (ed. de Valentín García Yebra), Madrid, Gredos, 1974, pp. 235-236.

argumento se presenta tan clara y agradablemente por medio solamente de la acción que sólo pueden creerlo quienes han sido testigos de la fuerza de semejantes espectáculos. Para esta elocuencia corporal, aunque es de gran importancia y llamada por algunos la esencia de la retórica, consistente en la dignidad de los movimientos efectuados con la cabeza, semblante, manos y cuerpo, no podemos aplicar leyes ni reglas. Sólo puedo decir que el actor, en general, debería poseer un cuerpo reducido, manejable, con miembros diestros y ágiles, ni grueso ni contrahecho. Cuando hable debe situar sus pies sobre el suelo de manera natural, moverlos con presteza cuando la ocasión lo requiera, girar la cabeza sin artificiosidad y no como si la tuviera sujeta al cuello con unos clavos. Sus brazos y manos, cuando no hay necesidad de hacer gesto alguno con ellos, deben reposar de manera relajada a ambos lados del cuerpo. [...]

El actor debería evitar el imitar a quienes introducen gestos inapropiados sin saber aparentemente qué hacer. Por poner un ejemplo, si una dama pone su mano sobre su cadera o si un galán la coloca sobre su espada, ninguno de ellos debería permanecer demasiado tiempo en tal posición; en cuanto la situación cambie el gesto debería mudarse a esa nueva necesidad escénica o del diálogo. Cuando no puede encontrarse un gesto adecuado o cuando no se requiere un especial movimiento, como ya he dicho, el actor debería dejar caer sus brazos y manos en una posición natural, sin elevarlos ni tampoco pegarlos rígidamente al cuerpo como si de dos palos se tratara. Debe emplearse en las acciones que corresponden exactamente al personaje que representa; y lo mismo cabe decir del tono de su voz, bien arrogante, bien serena, o temerosa o fogosa con el debido énfasis en los momentos decisivos. En todo debe imitar la naturaleza de los que se supone representa, evitando sobre todo lo que sin dudar llamo un pecado capital: esa manera pedante de interpretación que consiste en imitar a los niños repitiendo como papagayos la lección delante del maestro. Estilo que provoca que las palabras se escuchen como algo aprendido rutinariamente.[121]

De ese modo, ya podremos encontrar nuevas codificaciones lexicográficas para ponderar la acción del actor o de la actriz, especialmente por lo que hacía a la capacidad de variar de registro: el ser *fiel imitador de la naturaleza* o el *conciliar el arte y la naturaleza* (una nueva expresión de la asimilación de la *tejné*). Antonio de Robles escribió del actor Diego Coronado que «fue el representante más fiel imitador de la naturaleza en lo jocoso» y de la actriz Juana de Orozco que «supo conciliar la naturaleza y el arte en el gesto, en la dicción y en la expresión de todas las pasiones»,[122] mientras que Casiano Pellicer recordaba que Josef Garcés era «estimado y

[121] *Quatro dialoghi in materia di rappresentanze sceniche* (*ca.* 1565). Traducido desde la antología de textos *Actors on Acting*, citada, pp. 48-49.

[122] *Apud* Hesse, José (ed.), *Vida teatral del Siglo de Oro*, Madrid, Taurus, 1965, pp. 108 y 109, respectivamente.

aplaudido de todos por su talento singular de ayudar a la naturaleza con el arte.»[123] Principio que se formulaba otras veces, ya lo hemos visto, con el *cuidadoso descuido,* o con la síntesis entre la *industria* (mecanismos artificiales, de trabajo intelectual) y la natural *cordura* que reclamara Cervantes en el sólido documento que, respecto a la técnica del actor, incluye en su comedia *Pedro de Urdemalas.* Conviene, tal vez, volver a él para observarlo desde esta perspectiva. Reclamaba Cervantes del actor que no estuviera menguado de *galas,* es decir, y según la precisión del *Diccionario de Autoridades,* la «gracia, garbo y bizarría que uno tiene o muestra en la execución de alguna cosa, haciéndola con cierto aire y modo que se deleitan los sentidos; y assí se dice, comúnmente, que uno tiene gala en el decir, en el cantar, tocar etc.». *Aire y modo que se deleitan los sentidos:* la precisión de receptividad sensual desde el espectador es brillante y asegura el requerimiento de una acción precisa que sea asimilada en un marco estético de persuasión emotiva a la par que intelectual. Inmediatamente viene la advertencia de ese *modo:* ni afectación en los *ademanes,* ni *tono* o *tonillo* en el recitado o elocución. Es decir, la reglada imitación del natural. Cervantes apunta entonces a una abreviadísima teoría del decoro (asegurar la coherencia del registro con el personaje que se representa): «grave anciano, joven presto, / enamorado compuesto, / con rabia, si está celoso.» Se trata de una mezcla entre decoro convencional socio-moral y *decoro* teatral (un enamorado ha de ser ser «compuesto», un celoso debe aparentar «rabia»), porque inmediatamente Cervantes se refiere al factor de *apropiación* o *interpretación* del personaje: «que se vuelva en la figura / que hace de todo en todo», puesto que, por mucha apuesta naturalista que se haga, el dramaturgo es consciente de que ha llegado el tiempo de la persuasión retórica:

> Ha de hacer que aquel semblante
> que él mostrare, todo oyente
> le muestre...

De Cervantes no hay que olvidar tampoco su lucidez o conciencia de que el teatro está dejando de ser una mera experiencia literaria o estética controlada por el poeta para pertenecer a la voluntad de representación de los actores, quienes convierten las obras, como sugiere en *El coloquio de los perros,* en «figuras fingidas, y en bellezas de artificio y de transformación.»[124] Pero lo que parece claro es que la insistencia en una petición

---

[123] Pellicer, Casiano, *Tratado histórico sobre el origen y progresos de la comedia y del histrionismo en España,* Madrid, 1804, II, p. 61.
[124] *Novelas ejemplares,* ed. cit., t. II, p. 354.

de imitación del natural aparece flanqueada siempre por las concesiones que impone la retórica de los afectos.

Todo ello nos permitiría un razonable entronque con el sistema stanislavskiano: «No hay creador, artista o técnico que supere a la naturaleza. Sólo ella posee a la perfección los instrumentos externos e internos de la vivencia y la personificación.»[125] Y luego: «Hemos nacido con esta aptitud para la creación, con este *sistema* innato [...] Pero lo asombroso es que al entrar en escena perdemos lo que nos dio la naturaleza y en vez de crear empezamos a contorsionarnos, a fingir y a exagerar, a *representar*.» Denis Diderot, plenamente pre-stanislavskiano, definirá en su *Paradoja del comediante* (1773) en qué consistía ese seguimiento de la naturaleza: «La conformidad de las acciones, de los parlamentos y del gesto con un *modelo ideal* imaginado por el poeta.»[126] Aunque tras advertir que el actor debe ser «un imitador atento, discípulo reflexivo de la Naturaleza», aconseja «la ayuda del arte», puesto que el talento del comediante consiste «en manifestar tan escrupulosamente los signos exteriores del sentimiento que consigue engañarnos.»[127]

Pero ¿qué es *seguir a la naturaleza* en el Barroco? Y, sobre todo, ¿qué es seguir un modelo ideal? Hay, en primer lugar, un asfixiante sentido de decoro moral (que evidentemente no podemos tomar como una norma técnica sino como expresión cultural e ideológica de época). En 1598 Lupercio Leonardo de Argensola en su *Memorial sobre la representación de comedias, dirigido al rey D. Felipe II* (1598) argumenta con la mayor naturalidad:

> Y esto es tanta verdad, que representándose una comedia en esta corte, de la vida de Nuestra Señora, el representante que hacía de persona de San José

---

[125] *Cf.* Constantin Stanislavski, *El trabajo del actor sobre sí mismo. El trabajo sobre sí mismo en el proceso creador de la encarnación*, Buenos Aires, Ediciones Quetzal, 1983, p. 31 y p. 296, respectivamente. La célebre Madame Clairon estipulaba este dominio de los afectos, marcar la naturalidad sobre lo aprendido y meditado, por ejemplo, en su introducción a las *Mémories* de Lekain: «Il est aussi des situations où un être vivement ému sent avec trop d'énergie pour attendre la lente combination des mots; le sentiment dont il est oppressé, avant que sa voix pu l'exprimer, s'échappe soudainement par l'action muette. Le geste, l'attitude, le régard doivent donc alors précéder les paroles, comme l'éclair précède la foudre. Ce moyen ajoute singulièrement à l'expression, en ce qu'il décèle un âme si profondément pénétrée, qu'impatiente de se manifester, elle a choisi les signes les plus rapides. Ces artifices constituent ce qu'on appelle proprement le jeu muet, partir si essentielle à l'art théâtral, et qu'il est si difficile d'atteindre, de posséder, de bien régler; c'est par lui que l'acteur donne à son débit un air de naturel et de vérité, en lui ôtant toute apparence d'une chose apprise et récitée» (p. LV, *apud* Blanc, André, *Op. cit.*, p. 323).

[126] *Vid.* la traducción de Daniel Sarasola, Madrid, Ediciones del Dragón, 1986, pp. 32-33.

[127] *Ibid.*, pp. 19 y 21-27.

estaba amancebado con la muger que representaba la persona de Nuestra Señora, y era tan público que se escandalizó y rió mucho la gente cuando le oyó
las palabras que la Purísima Virgen respondió al ángel: *Quo modo fiet istud,*
etc. Y en esta misma comedia, llegando al Misterio del Nacimiento de Nuestro
Salvador, este mismo representante que hacía el José reprendía con voz baja a
la muger porque miraba, a su parecer, a un hombre de quien él tenía celos, llamándola con un nombre el más deshonesto que se suele dar a las malas mujeres [...] Con este género de gente y desta manera se celebra la fiesta del día del
Sacramento, que es una de las causas porque V.M. (dicen) que debe mandar
que las comedias vuelvan; siendo cierto, como lo es, que quando V.M. las per-
mitiese, habrá de ser prohibiendo de todo punto estas representaciones de figuras y cosas sagradas. Porque en su vestuario están bebiendo, jurando, blas-
femando y jugando con el hábito y forma exterior de Santos, de ángeles, de la
Virgen Nuestra Señora y del mismo Dios. Y después salen en público fingiendo lágrimas y haciendo juego de lo que siempre había de ser de veras y tratado por gente limpia; pues aun le pareció a un hombre mortal, porque era rey,
que no todos los pintores se debían atrever a pintar su retrato. Y es cierto que
V.M. no permitiría que un representante remedase su forma en un tablado.[128]

Casi cien años después, el ojo inquisidor del moralista vuelve al chascarrillo instaurado como tópico, con el mismo sentido censorio. Escribirá
el Padre Ignacio Camargo en su *Discurso theológico sobre los theatros y
comedias de este siglo* (1689):

> ¿Qué cosa más disonante que ver al gracioso o bobo de la comedia vestido
> con hábito sagrado de religioso, tan venerable en la iglesia, decir bufonadas y
> hacer acciones ridículas y representar el papel de un hombre truhán y vicioso
> y muchas veces bebedor y deshonesto?
> Y dejando otras muchas indecencias ¿qué fealdad más indigna que ver en
> el papel de la Virgen Purísima y Reina Soberana de los ángeles (de quien no
> podemos sufrir el ver una pintura indecente y fea) a una vil mugercilla, cono-
> cida de todo el auditorio por liviana y escandalosa, recibir la embajada del án-
> gel y decir las palabras divinas del Evangelio «¿cómo puede ser esto, que no
> conozco varón?», con risa y mofa de los oyentes...?[129]

La *lexicalización* de este canon de decoro moral parece lógica en un
estrecho moralista del XVII —aunque a veces una no está segura de si no
era más que una escritura de compromiso, de sutil academicismo ideológico y, desde luego, de nula eficacia en la realidad—. Pero suena a desba-
rajuste mental si iban en serio las diatribas de ilustrados que, en lugar de
pergeñar una sana teoría dramática en contra de los clásicos áureos, se
descuelgan, como hace José Clavijo y Fajardo en *El pensador matritense*

---

[128] *Apud* Cotarelo y Mori, Emilio, *Bibliografía,* citada, p. 67ab.
[129] *Ibid.,* p. 127b.

(1763), proclamando su escándalo por el hecho de ver representar a una comedianta usual en los papeles de *maja, lavandera* o *limera* el de la Virgen, a algún «hombre que en el entremés estaba vestido de tuno lleno de andrajos y fumando un cigarro» representar a una persona de la Santísima Trinidad o al mismo Dios Padre y «diciendo algunas indecencias, con alusión al registro, a una muchacha que ha hecho el papel de ángel.»[130] Hago estas alusiones porque es perceptible en los documentos que están a nuestro alcance para establecer una posible teoría del actor, una fuerte tendencia a la esclerosis, a la repetición de modelos y a la expresión de los mismos. De ese modo la función de los documentos de la controversia sobre la licitud del teatro se revela paradójicamente eficaz, pero también ambigua, desde el momento en que a veces se escribe desde un modelo dado, desde un mapa retórico o forense. Y ésa es la causa por la que sus documentos construyen una noción de *decoro* moral tan inmovilista, incluso en su construcción estilística y sintáctica. Razón por la cual (y no es el único ejemplo) si el Padre Camargo en 1689 advertía respecto a las actrices estas descalificadoras equivalencias, con una intencionada mezcla de los estatutos descriptivo-técnicos del método de actuación y de la moral privada: «en quienes es oprobio el encogimiento, gala la disolución, desgracia la modestia, cuidado el garbo y el donaire, primor la desenvoltura, estudio el artificio, oficio el dejarse ver y profesión el agradar a los hombres», en Clavijo tengamos que leer:

> En estas mujeres es, por lo común, oficio el donaire, culpa el encogimiento, el desahogo primor, el agradar interés y la modestia inutilidad.

Otra orientación teórica debe venir del *decoro* entendido como lo que se ha dado en llamar una teoría socializada de los estilos que emana de un conjunto social, como el Barroco, en la que, según la visión teatralizada de la sociedad, «todos actúan como actores, con la conciencia de su vestir, de sus movimientos y de sus gestos; sintiéndose contemplados.»[131]

Ahora bien, no interesa (al menos a mí no me interesa) plantear el problema en términos de una teoría literaria general sino en términos de cómo se articularía este *decoro estamental* y *social* (pero también de coherencia histórica y, desde luego, en un sentido emocional, gestual, de tipos humanos) en la teoría de la práctica escénica. De nuevo las fuentes de la teoría plástica humanista nos ayudan sensiblemente. Leonardo da Vinci recomendaba en su *Tratado de la Pintura*:

---

[130] *Ibid.*, pp. 158b-159a.
[131] Orozco Díaz, Emilio, *Teatro y teatralidad del barroco*, Barcelona, Planeta, 1969, p. 26.

Osserva il decoro, cioè della convenientia del atto, vestiggie [...] e, circospetti della degnità oculta delle cose, che tu voi figurare, cioè, ch'il Re sia di barba, avia et abito grave, et il sito ornato, e li circonstanti stieno con riverentia e admiratione, e abiti degni et convenienti habbian similitudine, com atti vili et prosuntuosi, et tutte le membra corispondino a tal componimento, et che li altri d'un vecchio non sieno simili a quelli del giovane, né la femina con l'atto del maschio, né quello del huomo con quello del fanciullo.

Con buen criterio Cervantes, en *Pedro de Urdemalas,* hace decir a Maldonado, en referencia a las pretensiones de Belica (noble encubierta de gitana) que ésta «tiene los cascos vacíos, / y llena de necedad / de una *cierta gravedad* / que la hace *tomar bríos* / *sobre su ser...*». La gravedad queda subrayada por el evidente valor kinésico del *tomar bríos* (es decir, excederse en sus *acciones*) respecto a lo que el *decoro* social le concedía. Lo que, en consecuencia, nos explican, sucesivamente, Juan de la Cueva en su *Exemplar Poético* y Lope de Vega en su *Arte Nuevo de hacer comedias* es un abreviado recetario enciclopédico de esta teoría del decoro:

Con extrañeza en todo has de mostrarte
admirable, vistiendo las figuras
conforme al tiempo, a la edad y al arte.
Al viejo avaro, envuelto en desventuras,
al mancebo rabiando de celoso,
al juglar decir mofas y locuras.
Al siervo sin lealtad y cauteloso,
a la dama amorosa o desabrida,
ya con semblante alegre, ya espantoso.
A la tercera astuta y atrevida,
al lisonjero envuelto en novedades,
y al rufián dar células de vida.
Los afetos aplica a las edades,
si no es que, dando algún ejemplo quieras
trocar la edad, oficio y calidades.[132]

Si hablare el Rey imite cuanto pueda
la gravedad real, si el viejo hablare
procure una modestia sentenciosa.
Describa los amantes con afectos
que muevan con extremo a quien escucha.
Los soliloquios pinte de manera
que se transforme todo el recitante

---

[132] *Exemplar Poético* (1601), *apud* Sánchez Escribano, Federico y Porqueras Mayo, Alberto, *Preceptiva dramática del Renacimiento y del Barroco,* Madrid, Gredos, 1972, pp. 346-347.

y con mudarse a sí, mude al oyente.
Pregúntese y respóndase a sí mismo,
y si formare quejas siempre guarde
el debido decoro a las mujeres.

Para Juan de la Cueva está muy claro: el actor y su caracterización (en cuanto a *edad, oficio* y *calidades*) debe ajustarse *conforme al tiempo, a la edad y al arte:* copiar de la realidad pero a través de la mediación o filtro del *arte* (en el sentido de poética pero también de la técnica, de los diversos procedimientos retóricos —por ende artificiales— que le proporcionará ésta).[133] En el caso de Lope, dejando ya a un lado lado la adecuación de ornato y vestuario (a los que se referirá sólo de pasada, más tarde, atendiendo más bien al efecto de inverosimilitud producido por las anacronías de vestir «calzas atacadas un romano»), la cuestión se centra en la expresión somática de las pasiones,[134] pero, sobre todo, en el establecimiento de una operación que reside totalmente en el actor: el universo lingüístico, retórico, de estilo que se incuba en su declamación. No es casual que, cuando, desde la perspectiva decimonónica, se valore la noción de *naturalismo* como registro de actuación, se realice un análisis del mismo y de las causas de su progresivo naufragio a costa, sobre todo, del exceso lírico de la declamación y de la ruptura del concepto autor/actor que lleva a la disolución de la disciplina técnica del cómico. Así lo hace, por ejemplo, en páginas que merecen releerse, Enrique Funes, para quien Lope de Rueda es el canon del sistema naturalista español:

[133] Por demás está decir que es lección archiconocida de todos los tratados retóricos desde la antigüedad al humanismo. Luis Vives en *Arte de hablar*, II, XV (*De Ratione Dicendi*, 1532) anota: «La manera de decir [...] debe acomodarse o a la sola condición del que habla o del que oye, o al tiempo o al lugar o a determinadas circunstancias, que pueden presentarse [...] En el dicente consideramos la edad, la profesión o manera de vida, la dignidad. En la consideración de la edad, andan comprendidas la adolescencia, la juventud, la virilidad, la ancianidad, pues ya se entiende que los muchachos no declaman [...] En el adolescente, y ni aun en el joven, no parece bien la gravedad ni la madurez del discurso [...] Así que no convendrá que pongan sentencias de gran prudencia ni sacadas del sagrario de la filosofía [...] A los jóvenes se les concede también la dicción rotunda, y entonada, y audaz, y culta no en exceso; y al contrario, a los viejos, el estilo conciso y templado [...] como tampoco para aquella edad están indicados los vestidos brillantes, macerados de púrpura y azafrán...» (*vid. Obras Completas*, tomo II, Madrid, Planeta, 1992 [1.ª ed. 1948], pp. 755-756).

[134] Fernando Cantalapiedra examina este pasaje, de acuerdo con la perspectiva semiótica, como un intento de convertir al actor en un *icono patémico* (de *patema*, como unidad de significación pasional) que *patemice* al espectador. La cuestión, como hemos visto, se enmarca ya también en una tradición lexicalizada de expresar el intercambio de afectos entre actor y espectador. *Cf.* su trabajo *Semiótica teatral del Siglo de Oro*, citada, p. 138.

Desligada de la Música y del Canto, deja las guitarras y la copla y el villancico para que sirvan de entremeses; y si se recitan la loa y el introito, la comedia no se recita solamente, sino que se hace, porque los afectos y los caracteres y las situaciones y hasta los versos y las frases se representan, no están sólo en la obra del poeta sino sobre las tablas, abandonadas ya por los comediantes las barbazas de chivo y presentando en la cureña rasa la expresión del personaje vivo, palpitante y humano.[135] Cierto que este carácter no puede ser todavía general en un arte que, como el complejo arte escénico, necesita que tantas otras de sus auxiliares lo levanten a la región de la belleza; y es claro que únicamente en Rueda, como en todo ingenio que se adelanta doscientos años a su siglo, es naturalista y realmente humano; pero ¿quién ha de negarnos la influencia de los ingenios de primer orden en las evoluciones de la actividad? Algo semejante ha de acontecer, andando los tiempos, con el comediante insigne de la *voz de cántaro roto* y con el sublime intérprete de *Súllyvan*:[136] naturalistas son los tres, y como se adelantan cuarenta lustros a su época, la influencia de su reinado es determinante y profunda; pero la exaltación de su bandera artística la ven los hombres dos centurias después de haber tapado su sepulcro. [...] Mas el esclarecido batifulla, doblemente considerado como poeta y como comediante, aun siendo exaltador del *naturalismo,* para mostrar el cual entroniza la prosa en el teatro, no bastaba para que la fase dramática de la literatura popular encerrase en la escena el espíritu entero de una nación grandiosa, ni para que la Declamación (en él sin atavíos de entonaciones líricas ni de actitudes estatuarias) fuera intérprete fiel del alto drama nacional y romántico. Cumplida estaba su misión con retratar, como actor naturalista, el tipo humano en sus relaciones exteriores con la Naturaleza, sin pasar las lindes del género cómico.[137]

Se entra así en un nuevo tipo de verosimilitud, fruto del desarrollo global de la cultura y de las artes. Lo *verosímil* ya no depende tan sólo del trabajo de *imitación* sino de las reglas de la propiedad teatral. Es el juego al que Stanislavski y otros hombres de teatro del siglo xx llamarán *verdad escénica,* aunque ambos principios acaben siendo transgredidos por «esa dulce tentación que es para el comediante atender a las expectativas del público y alcanzar el éxito sobre el escenario.»[138] Porque, en definitiva, el teatro no se crea a partir de la realidad sino a partir del propio teatro y sus

---

[135] Paráfrasis de Cervantes en su *Prólogo* a *Ocho comedias y ocho entremeses*: «[Lope de Rueda] quitó las barbas a los farsantes, que hasta entonces ninguno representaba sin barba postiza, e hizo que todos representasen a cureña, si no era los que habían de representar los viejos y otras figuras que pidiesen mudanza de rostro.»
[136] Se refiere Funes a Idisoro Máiquez y a Julián Romea, respectivamente.
[137] Funes, Enrique, *La Declamación española*, citada, 1894, pp. 222-230.
[138] *Cf.* Tordera, Antonio, «El circuito de apariencias y afectos en el actor barroco», en José M.ª Díez Borque (ed.), *Actor y técnica de representación del teatro clásico español*, citada, pp. 121-140.

codificaciones diversas (aportaciones de la escenografía, vestuario, luces, música, eventual gesticulación antirrealista), y por mucho que creamos en la convención del *naturalismo* siempre existe un simulacro de vida y no la vida misma.[139]

Pero el problema estriba en cómo el canon clásico del decoro —que hemos visto se va transmitiendo y lexicalizando hasta el Siglo de Oro, mediante la preceptiva horaciana y aristotélica— además del reduccionismo moral que explora el preceptista barroco o neoclásico puede tener, a la larga, el funesto resultado del formalismo didáctico, engendrando no tanto una variedad de registros sino un sistema de estereotipos que desemboque en una *verosimilitud mecánica*.[140] En la pintura, ha advertido, por ejemplo, Rensselaer W. Lee,[141] esto llevará a una esclerosis retórica del gesto y de la expresión facial, exacta pero excesivamente generalizada a la vez, para representar las emociones. El academicismo generado, pongamos por caso, en el elevado y retorizante lenguaje del drama de Corneille, por lo que hace al teatro francés del siglo XVII, puede dar idea de a lo que pudo conducir esta mecánica de la representación del decoro.

¿Qué puede hacer entonces el actor para individualizar su actuación? Quizá nos encontramos frente a una nueva batalla —de las que se dieron con frecuencia en la época— entre la tradición platónica y la aristotélica. Según Platón el actor sería imitador de modelos que conoce por leyes y apariencias —digamos casi tipos o prototipos—: copiaría rasgos verídicos. Pero se vería, claro está, condenado por la insuficiencia de la imitación; produciría en escena un *modelo*, pero difícilmente un personaje. Creo así que pese a la más que probable condena moral de los *visajes* y *meneos*, y pese a la contención platónica del modelo y del equilibrio de la verosimilitud aristotélicos, la práctica artística de los actores propendía a los gestos afirmados y marcados, aunque fuera dentro del mapa de un registro o modelo concretos. Usemos un ejemplo, tal vez ilustrativo, de Calderón de la Barca. En el auto sacramental *El gran teatro del mundo* dice el autor:

[139] Heras, Guillermo, «El personaje y la acción escénica», en Luciano García Lorenzo (ed.), *El personaje dramático. Ponencias y debates de las VII Jornadas de Teatro Clásico Español,* Madrid, Taurus, 1985, p. 209.

[140] Como escribe Antonio Cunill Cabanellas, el calvario del actor «consiste en que durante unos años las tragedias están tan dirigidas, sus temas tan conocidos por los espectadores, tan familiares los personajes, que se le prohíbe al actor hacer *interpretaciones* libremente [...] Los movimientos fueron encerrados en un coturno que lo elevaba de estatura. Los ademanes, reglamentados, y si un actor representaba a una divinidad fuera de la fórmula *divinidad*, era azotado por el *mastigóforo*» (*El teatro y el estilo del actor. Origen y fundamentos,* Buenos Aires, Maymar Ediciones, 1984, pp. 25-26).

[141] *Ut pictura poesis. La teoría humanística de la pintura,* citada, p. 51.

> En la representación
> igualmente satisface
> el que bien al pobre hace
> con afecto, alma y acción
> como el que hace al Rey...
> [vv. 409-412]

Prescindamos de las implicaciones de contenido teológico y social del fragmento para atender al sintagma *hacer bien* y al verso (que es en sí todo un manifiesto programático) *con afecto, alma y acción*. Podemos tomar estas palabras como otra de las claves técnicas del actor barroco. El *Diccionario de Autoridades* nos ayuda a transparentar, semánticamente hablando, los conceptos: *afecto* debe tomarse, a mi modo de ver, no tanto en el sentido abstracto de «pasión del alma, en fuerza de la cual se excita un interior movimiento», como en el gráfico o plástico de «aquella viveza con que representa la figura en el lienzo la acción que intentó el pincel.» *Alma* se explica con lujo de detalles como la «viveza, espíritu y una cierta especie de aliento, que da vigor y hace sobresalir lo que se dice y habla.» *Acción*, en fin, es la equivalencia más propia de *gesto*: «el modo con que uno obra o semeja hacer alguna cosa, la postura, acto, ademán, y manera de accionar, obrar y executar lo que actualmente está haciendo.» Llamamos la atención sobre la insistencia en el *vigor* y en el *hacer sobresalir*, determinantes, sin duda, de un acento en la sobreactuación. Pero, eso sí, marcando esa presión del afecto, del alma y de la acción sobre el modelo representado (*rey, pobre*, pero también *galán, dama, anciano,* etc.), todo lo cual implicaría estilo, ademán y tono distintos extraídos, probablemente, de lo que en la época podría entenderse como observación de lo real, de lo natural, del decoro de cada uno. La teoría se inclinaría así por una vinculación entre emociones y manifestaciones externas somáticas y lingüísticas ordenadamente legibles, entendibles en un contexto: eso sería el *decoro*, es decir, una aceptación consensuada por la recepción y comprensión. De hecho López Pinciano manifiesta un código gestual directamente inspirado en la actuación *neutra* y *natural.* Pero la práctica desbordaría, de hecho, todo presupuesto, porque lo *verdadero*, la *veracidad*, son progresivamente entendidos en su capacidad de persuasión a partir, en el caso del actor, de una estilística corporal y vocal que haga especialmente accesibles las emociones interiores.

Desde el Pinciano hasta Bulwer se sistematiza, pues, una noción incubada, como hemos visto, y por diversas causas, en la trabajosa gestualidad medieval:[142] la imitación del natural, la ponderación y contención discipli-

---

[142] Recordemos, entre otros, a Hugo de San Víctor: «Secunda est custodia disciplinae in gestu, ut unumqueodque membrum id quod facit, eo modo atque mensura faciat quo

nada, es decir, la *verosimilitud* construida bajo la teoría del *decoro*, como adecuación a quien se es y desde donde se habla, una *moderación* que nada tiene que ver, como dejó claro Cicerón (*De officiis* I, V, 25-26), con lo moral sino con la medida (*modus*) y el justo medio (*mediocritas* o *temperantia*), ejecutar cualquier acción o elocución con orden y mesura para elevarse espiritual e intelectualmente sobre la gesticulación histriónica:

> Sí, dize el Pinciano, si todo fuesse vero lo que el pandero dize y los farsantes siempre obrassen con el entendimiento, mas yo los veo obrar con el cuerpo y sin buen juyzio muchas vezes y contrarios al juyzio bueno.
>
> Esso será, respondió Vgo, quando representan algún loco, en la qual sazón obran con el entendimiento, y en la qual obra quiçá es menester mayor primor que en las demás.
>
> No digo esso, dixo el Pinciano, sino quando hazen officio de histriones, y con mouimientos y palabras lasciuas y deshonestas quieren deleytar a los teatros.

Por el contrario, se trata de sistematizar y dar significación coherente, dentro de un progresivo cauce emotivo-expresivo, al movimiento, al rostro, a los ojos («Guarde verosimilitud el actor quanto pudiere en su acción»; «el actor mire la persona que va a imitar y de tal manera se transforme en ella, que a todos parezca no imitación, sino propiedad»; «el actor esté deuelado en mirar los mouimientos que con las partes del cuerpo hazen los hombres en sus conuersaciones, dares y tomares y passiones del alma»). Claro que el Pinciano también había sido claro en otra dirección: exigía no

---

faciendum est, id est nec plus nec minus, nec aliter quam oportet, faciat. Quatenus in acto suo sic et dirigatur et moveantur, ut in nulla unquam parte temporantiae limitem aut formam honestatis excedat, hoc est (ud id paucis exemplis probemus) ridere sine apertione dentium, videre sine defixione oculorum, loqui sine extensione manuum et intentione digitorum; incedere sine modulatione gressum, sine gesticulatione scapularum; sedere sine divaricatione crucrum, sine alterutra superjectione pedum, sine extensione vel agitatione tibiarum, sine alterna laterum, jacere sine disjectione membrorum» (*De institutione novitiorum*, Cap. XII [«De disciplina servanda in gestu»], *Patrologia Latina*, 176, 938-943. También el Beato Umberto de Romans, en el siglo XII, en su *Expositio super Regulam D. Augustini* insiste: «Sunt alii, qui in agendo, vel audiendo quasi titientes linguam praetendunt, et ad singulas actiones labia, velut molam contorquendo, circumducunt. Alii loquentes digitum extendunt, supercilia erigunt, et oculos in robem rotantes, cuisdam intrinsecus magnificentiae conatus ostendunt, caput iactant, comam excutiunt, vestimenta coaptando componunt, et latera quasi cubitando, pedesque ostendendo ridiculosam formam suae responsionis faciunt [...] Sunt praeterea mille larvae, mille corrugationes narium, mille contorsiones labiorum, quae decorem disciplinae deturpant, et faciei pulchritudimen, quae est speculum disciplinae [...] magis cavendum est ei a gestibus risorriis, qui scilicet incitant ad ridendum; vel turbativis, qui alios turbant; vel derisoriis, per quos alii deridentur; vel smiciatis, per quos aliorum gestus repraesentantur, sicut simiae faciunt; vel turpibus, ut ribaldi faciunt, vel ioculatoriis ut faciunt histriones.»

sólo la simple imitación especular que motivara la acción viva del teatro («porque, al fin, en el teatro nos enseñan muchas cosas de que somos ignorantes, que, como nos las dan con voz viua, hazen más impressión que si en casa se leyeran») sino el *mover* («mueua a sí primero, conuiene, como auemos dicho, el que huuiere de mouer a otro»). El naturalismo, en última instancia, conduce a la *copia* y no a la superación expresiva:

> De la imitación está dicho que tiene su essencia en el remedar y contrahacer [...] El autor que remeda la naturaleza es como retratador, y el que remeda al que remedó a la naturaleza es simple pintor. Assí, el poeta que inmediatamente remeda a la naturaleza y arte es como retrato, y el que remedó al retrato, es como simple pintor.[143]

Y si desde la preceptiva poética se dice esto, en el constante intercambio teórico entre la perspectiva teatral y la plástica el Carducho afirma (echando mano del ejemplo del comediante):

> los versos que recita, que aunque diga maravillas, no se podrá preciar que son propios, que no hace más que boluer lo que le dieron [...] Tal vez sucede que el representante decora un discurso Teológico, o Filosófico en lengua latina, o en alguna otra estrangera, que por no entenderla, ni la materia de que trata, la echa a perder con el desaire de la pronunciación, y con las acciones hechas sin tiempo ni propósito [...] esto viene a ser el simple imitador, sugeto a estos errores por no entender la ciencia ni el lenguaje.[144]

Es decir, nos encontramos en el trance de superar la mera imitación, con conocimento, disciplina y emoción, para superar el estadio del puro *remedar*. De seguir la vieja tradición platónica, el imitador sólo tiene un conocimiento superficial de lo imitado.[145] Sujeto tanto a la referencia poética como a la visual y pictórica, el actor debe producir la ilusión escénica en el doble registro de expresar en sus acciones, por un lado, la naturaleza de la verdad, y, por otro, su comportamiento escénico debe construirse según la lógica del arte, desde el momento en que su voz, su mímica gestual entran en el objetivo estético de la persuasión. El Pinciano, maestro de la interpretación naturalista, como un clásico convertido a romántico durante la representación, acabará confesando que:

---

[143] López Pinciano, Alonso, *Op. cit.*, tomo I, p. 197.

[144] Carducho, Vicente, *Diálogos de la Pintura*, citada, pp. 193-194.

[145] *Cf.* Villiers, André, *El arte del comediante*, Buenos Aires, Edudeba, 1954, p. 8: «De ese modo, al esforzarse en reproducir verídica y corporalmente las pasiones, el actor, imitador por excelencia, está condenado de antemano por la insuficiencia de su imitación, por lo ilusorio de esa verdad, mientras que, por otra parte, el ideal mismo de esa reproducción hace que se le niegue todo derecho al título de creador. El que copia no crea.»

... el poema que en papel está no tañe ni dança más verdaderamente que las actiones trágicas y cómicas [que] se dizen actiuas porque tienen su perfección en la actión y representación, y las que, leydas y en papel no mueuen, representadas mueuen grandemente [....] Tengo yo en mi casa vn libro de comedias muy buenas, y nunca me acuerdo dél, mas, en viendo los rótulos de Cisneros y Gáluez, me pierdo por los oyr, y mientras estoy en el teatro ni el invierno me enfría ni el estío me da calor.[146]

Puesto que el actor debe hacer su oficio «con mucho primor y muy de veras; que, pues nos llevan nuestros dineros de veras, y nos hazen esperar aquí dos horas, razón es que hagan sus acciones con muchas veras.»[147] El Pinciano está consolidando otra *lexicalización*: la vehemencia, la actuación *de veras* o *viva* que hacia la mitad del siglo XVI ya pedía en su preceptiva actoral Leone de Sommi:

> Es útil tener al propio autor de la obra como director; generalmente éste tiene la habilidad de saber enseñar determinadas ideas no expresadas en el texto que mejoran la obra y, en consecuencia, obligan a los actores a mostrarse más convincentes, con una actuación más viva, más de veras. Digo *de veras, viva* porque, sobre todas las cosas, el actor debe ser vivaz y brillante en su dicción, excepto, claro está, cuando deba expresar dolor e incluso en tales ocasiones debe hacerlo de un modo vitalista para no aburrir a la audiencia. En fin, que así como el poeta debe atender a captar los sentimientos de los espectadores mediante unos diálogos escritos con naturalidad, pero cincelados de manera vivaz, el actor debe amoldar su registro de tono, gesto y dicción a las diversas situaciones, manteniéndose en constante alerta y evitando la tediosa y oscura mediocridad; porque esto simplemente sume a la audiencia en el aburrimiento, lo que proviene de una interpretación fría, a la que falte el poderoso fuego de la vehemencia.[148]

En el teatro isabelino se reiteran expresiones como *doing it to the life, lively, gracious and bewitching action;* además de *naturally, natural* o *familiar, so far forc'ed from life* o *unartificial truth*.[149] En el tránsito del siglo XVI al XVII el valor convencional de la verosimilitud, la regla racional del justo medio aboca también hacia la esfera sentimental y emotiva, si queremos incluir la teoría de la representación del actor en la cultura plástica y

---

[146] *Philosophia Antigua Poética*, ed. cit., t. I, p. 244.

[147] *Ibid.*, t. III, p. 284.

[148] *Dialoghi...*, citada, apud *Actors on Acting*, p. 48. La traducción es mía.

[149] *Cf.* Joseph, Bertram L., *Elizabethan acting*, citada, pp. 6-7. Margaret, un personaje de la obra *A New Way to Pay Old Debst* (1625), afirma: «And, though but a young actor, second me / In doing to the life what he has plotted.»

artística general.[150] Esta tendencia busca el impacto directo sobre el espectador por medios técnicos ya propiamente barrocos: la expresión dramática y
sensible de los afectos. La civilización gestual del Barroco se fundamenta en
esa definitiva basculación, de modo que el *decoro* de la contención se
transforma en el *decoro* de la correcta y persuasiva expresión y transmisión de las pasiones y las emociones insertas en una historia verosímil.[151]
De manera muy clarividente decía Luis Alfonso de Carvallo en su *Cisne de
Apolo* (1602):

> El [decoro] de los affectos ¿cómo se guarda? Teniendo atención a la perso-
> na, si está puesta en cólera, si triste, si alegre, si enamorado, si temeroso, y si
> con esperança, conforme al affecto que tuviere, aplicar los dichos y hechos.

De este modo las conveniencias son relativas a los personajes, mientras que el *decoro* tiene que ver más con la recepción del espectador. Las
reglas del *decoro* se constituyen en un código no explícito de preceptos
ideológicos y morales. En este sentido acompaña a cada época, es la imagen que ésta se hace de sí misma y anhela encontrar en la producción artística. El *decoro* (como artilugio o sistema racional, como técnica actoral)
había sido, en una fase de interpretación naturalista, una teoría socializada
de los estilos (correspondencia lógica y convencional de la jerarquía social, la apariencia y el vestido y la elocución) que, como hemos visto, se
afirmaba en la denuncia de las impropiedades:

> Con la propiedad posible en todo lo dicho, sin confundir ni trocar los afectos
> de la juventud con los de la infancia en los semblantes, en las facciones, colores,
> trajes, adornos y galas, porque es fuerza que estas cosas tengan conveniencia y
> simpatía de la persona, de la edad, de la facción y afecto, distinguiéndolos con
> eficacia, para que con propiedad y fácilmente se dé a conocer por la pintura la

---

[150]   De hecho, ya un neoclásico como Rémond de Sainte-Albine recalca que «avoir l'action
vraie c'est la rendre exactement conforme à ce que ferait ou devrait faire le personnage dans
chacune des circonstances où l'acteur le fait passer successivement» (*Le Comédien*, citada,
p. 194). Se observa aquí cómo, en efecto, la *ficción* del juego dramático (*farait*) se deja atravesar de la *vérité* (*devrait faire*), para subrayar la expresión del sentimiento. Por eso la célebre Mlle. Dumesnil no dudó, al interpretar la obra *Mérope,* en atravesar corriendo agitada-
mente la escena para auxiliar a Egisto, en un modo contrario a la nobleza y solemnidad de
la regla trágica. Baron, ferviente defensor de las reglas del actor en el siglo XVIII, ya afirmó
que «el actor debe seguir las reglas pero no ser su esclavo». Aconsejaba al actor no declamar
levantando los brazos por encima de su cabeza, «mais si la passion les y porte, ils feront
bien». (*Vid.* Préville, Pierre-Louis Dubus, *Mémoirs*, París, Boudain, 1823, p. 102).
[151]   Para la decisiva cuestión del tránsito de las artes desde el intelectualismo manierista a
la expresión teatralizada efusiva y natural, cf. Checa Cremades, Fernando y Morán Turina,
Miguel, *El arte y los sistemas visuales. El Barroco*, Madrid, Istmo, 1982, pp. 30 y ss.

virtud y el vicio; es a saber, la torpeza y liviandad de la mujer de Putifar, en su rostro y acción, como el honesto recato en el de Iosef; la envidia sañosa de Caín y la humilde inocencia de Abel; la magnanimidad de Alejandro, como la carnicera crueldad de Nerón; todo lo cual se percibe con la vista, no con sólo lo teórico, mas juntamente sí con elegantes y propios conceptos actuados, adornándolos con gravedad y hermosura y gracia en los trajes, en las acciones y en las fisonomías [...] Sea pintado el Capitán valeroso armado, y al artífice con algún instrumento de su arte, como sería al Escribano con alguna pluma en la oreja, al Mercader con alguna cosa que lo signifique, al Pintor con pinceles y colores, y por este modo todos según las calidades de los hombres; y no como ahora se usa, que no sólo se retratan las personas ordinarísimas, mas con modo, hábito e insignias impropísimas, que se debería remediar este exceso [..]

Y en todo esto se debe guardar cierto decoro prudencial, no igualando el sugeto del hombre particular con el del Señor, ni el del Señor con el de gran Príncipe, ni el del Príncipe con la soberanía del Rei o Monarca. [...] Yo he visto a hombres y mugeres mui ordinarios, y de oficios mecánicos [...] con la grandeza de trage y postura que se debe a los Reyes y grandes Señores [...] otros armados y con bastón [...] que podrá ser no se haya jamás puesto tales insignias, si no es en comedia o zuiza.[152]

Pero ahora el *decoro* se afirma sobre todo en los afectos y su expresión, como ya requerían también los clásicos («sea Medea feroz; llorosa, Ino; pérfido, Ixión y Orestes, triste»).[153] La clave racional da paso a la primacía de la emotividad, superando lo que Erwin Panofski llama mera imitación *icástica* (la que postulaba la exigencia de una absoluta fidelidad a lo real) y aspirando a la superación de la naturaleza, algo alcanzable sólo en la medida en que la emoción pueda transfigurar la imagen pasando de considerarla un mero reflejo especular de la realidad, y llevándola más allá de las posibilidades naturales.[154]

Esta idea, sin lugar a dudas, marca la frontera entre el gesto rehabilitado, dócil, útil y próximo todavía a la civilización medieval (que con-

---

[152] Carducho, Vicente, *Op. cit.*, pp. 330 y 336-337.

[153] Naturalmente este caso se refiere a las máscaras trágicas como modelos convencionales, estilizados (en ningún caso creación individual del actor) de sufrimientos o pasiones que expresan la tensión dramática al modo que Aby Warburg llamaba *pathosfermeln*. *Cf.* Barash, Moshe, «Il volto tragico. La maschera classica dell'eroe tragico e l'espressione del carattere e dell'emozione nell'arte del Rinascimento», en Federico Doglio (ed.), *La rinascita della Tragedia nell'Italia del Umanesimo,* Roma, CSTMR, 1979. Estas expresiones recalarán más tarde en el arte. Basta recordar el atormentado rostro de Laocoonte como *exempla doloris* que se trasmitirá al «Ecce Homo», a los Cristos crucificados o dolientes, o también al rostro de la Virgen en la *deposición* de Andrea Mantegna.

[154] Panofsky, Erwin, *Idea. Contribución a la historia de la teoría del arte*, Madrid, Cátedra, 1981, pp. 47-50.

formaba un tipo de actor) y los descubrimientos artísticos de la modernidad entre los siglos XV y XVI, con una nueva teoría de la representación y
del gesto que si aún cuesta observar en el teatro, sí se teoriza de manera
evidente en las artes. La creencia de Alberti («coi movimenti delle membra
mostran movimenti dell'animo»),[155] desarrollada por Leonardo da Vinci, y
comentada por Rensselaer W. Lee,[156] de que la pintura que no exterioriza
conscientemente las pasiones del alma (admiración, reverencia, miedo,
sospecha, temor o alegría) es «dos veces muerta» se traslada no sólo a la
profunda preocupación por el movimiento corporal y la expresión facial,
sino a la meticulosidad con que el artista prescribe los cambios de registro
en mejillas, ojos, boca o cabellos, de acuerdo con la tensión emocional.
Bastará un ejemplo de Leonardo sobre el modo de representar el personaje trágico y desesperado y el que ríe:

> Deli quai pianti alcuno si dimostra disperato, alcuno mediocre, alcuni soli
> lacrimosi, et alcuni gridano, alcuni col viso al cielo e co le mani in basso, ha-
> vendo le dita di quelle insieme tesute, altri timorosi, co'le spalli inalzate a gli
> orecchi; et così seuano secondo le predette cause. Quel, che verza'l pianto, al-
> za le ciglia nelle loro gionture et le tringie insieme, e compone grinze disopra
> in mezzo li canti della bocca in basso; et colui che ride gli ha alti, et le ciglia
> aperte et spatiose.

Esta asunción del decoro es también una nueva ordenación del territorio actoral; se prepara teóricamente ahora para, como casi siempre, aparecer escrita y difundida en los tratados sobre actuación del siglo posterior,
cuando se insista en que el actor ordene desde sí mismo las miradas que
han de llegar al escenario, sepa quién debe ir a su derecha (lugar preferente del respeto y *decoro*) o a su izquierda, puesto que, en esto también, el teatro es laboratorio y espejo reductor de la norma social. Por eso
escribirá Antonio Razano Imperial en 1768:

> el rey en medio, o persona que domine la acción, y, si no, el anciano o ancia-
> nos, dándole la derecha a la dama, si es hija o pariente. Pero, si no, deberá el
> anciano ceder, dándosela con la mayor política. Por su orden, todos los de-
> más actores ocuparán los lugares y posiciones, de forma que que no se ocul-
> ten al auditorio [...] el galán debe arreglar la ocupación del teatro, de manera
> que unos a otros no se confundan, ni hablen por detrás, sino a vista del audi-
> torio.[157]

---

[155] *Cf.* Chastel, André, *Op. cit.,* p. 15.
[156] *Ut pictura poesis. La teoría humanística de la pintura*, citada, 1982, p. 48.
[157] *Apud* Álvarez Barrientos, Joaquín, «El actor español en el siglo XVIII: formación, consideración social y profesionalidad», *Revista de Literatura*, 100, julio-diciembre 1988, p. 460.

Desde esta perspectiva es posible volver a interpretar el movimiento *motorio* al que se refería José Alcázar (el que significaba más hacer que hablar y que ocuparía indecorosamente cualquier punto del escenario, con los clásicos apresuramientos y tropezones del gracioso —recuérdese la condena del *motus*, de los movimientos efímeros y sin sentido que prescribían los tratadistas medievales—) y el *estatorio*, que fijaba su validez en el hablar más estático y digno. Como es posible volver a recordar los célebres consejos de Hamlet a los actores (*acto III, escena II*) que comentamos en otro capítulo y que, en su técnica naturalista, tanto habrían de recordarse en las últimas décadas de la tradición actoral shakespeareana, cuando penetran en Inglaterra los exagerados modos de los actores franceses, descritos siempre con una irrefrenable tendencia a la afectación: «something inclining to overweening fancy» («algo inclinados a una acción desmesurada») o, incluso, actuando «furiously.»[158] Modos rimbombantes que se encargará asimismo de satirizar Molière, enfrentado a los pomposos actores del Hôtel Bourgogne y su jefe de filas, el repelente Montfleury. Sobre ellos dirige sus dardos tanto en *Las preciosas ridículas* como en *L'impromptu de Versailles*, en donde, a través de una finísima parodia de los modos de los actores que interpretan el engolado y atronante recitado de los dramas de Corneille, defiende un registro naturalista. No en vano, al parecer, llegó a realizar, incluso, un sistema o método de anotaciones para entrenar a sus actores en la acentuación y énfasis gestual adecuados.[159]

La propia escena inglesa ofrece, en los actores que continúan la tradición shakespeareana, este modelo de registro no afectado, entrando ya en el código del justo medio dieciochesco. Así, Charles Gildon en *The Life of Mr. Thomas Betterton* (1719) da la palabra al célebre actor Thomas Betterton (1635-1719) para que éste enuncie los principios de un estilo gestual y de dicción asentado en la imitación decorosa del natural:

Lo que [el actor] representa en un hombre en su variedad de caracteres, modales, pasiones y a esos objetivos debe ajustar su acción; debe saber expresar perfectamente la cualidad de las actitudes de ese personaje que asume, es decir, debe conocer cómo se compone su modo de ser, y de ella deducir la apariencia que debe adoptarse, los rasgos, diríamos, de sus pasiones. Un patriota, un príncipe, un mendigo, un payaso, etc., cada uno tiene su propiedad, su identidad peculiar tanto en las acciones como en las palabras y el estilo del lenguaje. Un actor, por tanto, debe asumir un cambio de registros marcado por el argumento, es decir, llevar consigo las actitudes, pasiones y gestos del

---

[158] Gurr, Andrew, *The Shakespearean Stage (1574-1642)*, citada, p. 94.
[159] *Vid. Actors on Acting*, citada, p. 156-158.

personaje que interpreta; debe transformarse en cada uno de los caracteres que representa, dado que su misión es interpretar todas las pasiones y todas las acciones. [...]

Si es un amante, no sólo debe conocer la delicadeza y la ternura sino todo lo que caracteriza a un ser poseído por el amor, sea príncipe o sea un campesino, un hombre apasionado y violento o uno más moderado y flemático, e incluso debe conocer el grado en que las pasiones lo poseen. Si representa a un hombre colérico, lleno de celos, debe adquirir todos los sentimientos que emanan de tales pasiones y observar y repetir los movimientos de los pies, las manos y las miradas de una persona en tales circunstancias. Si interpreta a un pobre ser miserable, abatido por la desesperación y el dolor, tiene que transformarse a sí mismo como exigiría en tal caso la naturaleza [...] A veces representará a Aquiles, otras a Eneas, o a Hamlet, a Alejandro el Grande o a Edipo: debería conocer perfectamente bien los caracteres de todos estos héroes, pues las mismas pasiones difieren en cada uno, pues cada uno es diferente...[160]

Estaba abierto definitivamente el camino del matiz naturalista, por reacción frente al estilo monótono y declamatorio de la tradición neoclásica francesa, camino que habría de culminar, como sabemos, el mítico actor David Garrick. Bien significativo es, aparte de sus cualidades para atemperar una gestualidad y una entonación medidísimas,[161] su decisión, hacia 1747, cuando se hace cargo del teatro londinense Drury Lane, de eliminar la *corbata*, o parte del escenario que se adentraba en la sala, evitando la tentación, que probablemente existiría asimismo en el Barroco español, de que el actor se adelantara a la misma para declamar libérrimamente sus soliloquios. La imposición de un territorio espacial se afirma de nuevo en las modificaciones o evolución de la técnica del actor. Quizá pasa lo mismo en el teatro español, de modo que, ya entre los siglos XVIII y XIX se produce, con una nueva concepción material del espacio escénico, la depuración del estilo declamatorio de la escuela francesa y el estilo histriónico heredado del exceso barroco de la comedia de magia, para abordar el registro naturalista que alaba Enrique Funes:[162] el punto medio entre la de-

---

[160] Gildon, Charles, *The Life of Mr. Thomas Betterton, the Late Eminent Tragedian. Wherein the Action and Utterance of the Stage, Bar and Pulpit are distinctly considered*, London, Printed by Robert Gosling, 1719. *Apud Actors on Acting*, citada, pp. 99-100.

[161] Véase un resumen de la crítica numerosísima sobre este actor en Juan Vicente Martínez Luciano, «El actor inglés en el siglo XVIII», en Evangelina Rodríguez Cuadros (ed.), *Del oficio al mito: el actor en sus documentos*, citada, t. II, pp. 267-285.

[162] Véase el documentado trabajo de Javier Vellón Lahoz, «El justo medio del actor: Isidoro Máiquez y sus teóricos», *Del oficio al mito: el actor en sus documentos*, en Evangelina Rodríguez Cuadros (ed.), citada, t. II, pp. 311-337. La teoría del *justo medio* y del registro natural ya había sido por entonces ampliamente elaborada en los tratados actorales franceses. Atendamos simplemente al ejemplo de Rémond de Sainte-Albine: «Tous les Acteurs, soit que ces

clamación semifúnebre de la tragedia, la expresión extravagante y la palpitante naturaleza. O sea, Isidoro Máiquez. Pero ésa, claro, ya sería otra historia, apasionante, pero ya fuera de nuestro objetivo inmediato.

6. LA EXPRESIÓN SOBREACTUADA DE LAS PASIONES INTERIORES

Las citas que he anotado más arriba de Leonardo da Vinci no son más que un ejemplo, auspiciado por el mundo de la fisiognómica en su vertiente escénica, de unas convenciones que se prestan e intercambian con el teatro. Vicente Carducho, como luego Antonio Palomino, refrescan estas mismas indicaciones. Uno y otro enmarcan el mundo del Barroco y su definitiva teoría de la expresión de los afectos. Al actor, como al pintor, se le sugiere una norma o técnica que imite la naturaleza pero que no tema superarla. En el manuscrito de la Academia de los Nocturnos de Valencia (sesión XXXI) se recuerda a los comediantes que «con ademanes confiados, que son torcer los labios, enarcar las cejas y arrugar la frente, descomponen muchas veces con accidentes lo que la naturaleza tan bien ha formado.» Hasta un tardo-humanista como el obispo Gómez Miedes se permite, en su curioso tratado *Commentarium de Sale libri quatuor* (1572), glosar que la sal, la gracia o acción sea ingrediente imprescindible en la exultante interpretación de los actores.[163] Ya no interesa sólo la realidad, si-

---

rôles exigent un jeu simple, soit que ces rôles ne l'exigent pas, sont dans l'obligation de jouer naturellement [...] Si l'on donne plus d'étendue à la signification du mot naturel, et si l'on veut qu'il désigne l'imitation exacte de la nature commune je prononcerai hardiment que dans certains cas un Acteur deviendrait insipide, en jouant toujous naturellement. Dernièrement, il est des rôles comiques, dans les quels on approche d'autant plus de la vérité, qu'on emploie plus certaines affectations qui caractérisent le personnage qu'on représente [...] Sécondement, il n'est pas douteux que le Comédien en pouisse et même en doive quelquefois user de charge» (*Op. cit.*, pp. 214-216). Naturalmente antes se ha dejado bien sentada la cuestión del decoro: «L'Acteur a besoin de finesse et de précision, pour faire valoir les discours, et pour rendre les sentiments [...] pour observer les convenances qui doivent accompagner l'expression; pour composer non seulement le phisionomie, mais encore tout son éxterieur, selon le rang, l'âge et le caractère de la personne qu'il réprésente, et pour mesurer les tons et son action à la situation dans laquelle il est placé» (*Op. cit.*, pp. 25-26).

[163] Es cuando explica la *sal de las cosas* en la acción y no en la mera narración: «Sales [...] in re, non tamen ex lepida cujusvi rei, sive facti narratione, quam ex ipsamet re facere ac lepide facta, et oculis subjecta, sunt colligendi: cum hi non verbis, sed potius aptissimis actionibus, compositisque corporis motionibus, quasi in theatro, propagantur. Quemadmodum Romae fieri vide, ut in ludi publicis, ubi, frequens et tam multus est populus, ut clamoribus ac sibilis omnia compleatur: neque auribus ullus est locus ad percipiendas fabulas, quae aguntur. Ubi comedi atque Choranlae solent choreas ita ducere, uy his, vel Helenae raptum, vel Lucreciae stuprum [...] aliquae ejusmodo in tanto populi tumultu, tacentes mire representant. Non enim verbo aut labiis, sed pedibus, manibusque, quim gestu, vultu variaque membrorum, atque

no que la técnica consiga una impresión subjetiva de la realidad que nos convenza.[164]

No faltarán, claro está, verbalizaciones matizadoras y subsisten en el documento de las acotaciones barrocas (y hemos visto que también, antes, en las medievales), o las caracterizaciones marcadamente hieráticas y rituales del vestuario de los autos sacramentales o los frecuentes *como si* stanislavskianos (siendo conscientes siempre de que es peligroso interpretar documentos del pasado con teorías formuladas para tiempos y materiales distintos). Pero la contención clasicista parece postergada ante la falta de distanciamiento, ante el desbordamiento de los límites entre actor y personaje; aquel *interpreta* y supera al segundo. Juan Manuel Rozas en su lejano pero memorable artículo[165] habló ya de la anulación de la ironía y del desdoblamiento brechtiano, de la tendencia a la *encarnación* que hizo que José Pellicer en su *Idea de la comedia en Castilla* defendiera la teoría del representar como «camaleón de afectos contrarios, para tener en éxtasis dulce, suspensos y arrebatados los ánimos de los oyentes.»[166] Pellicer, eso es cierto, no hablaba del actor sino del poeta; lo cual no invalida la tesis sino que la refuerza en cuanto que supone la convergencia del actor, de su personaje, del autor y del espectador en la extrema aplicación de la *imitatio*. Es decir, alcanzar un grado máximo de verosimilitud aristotélica para, a través de la misma, atentar contra los términos racionales de esa verosimilitud, puesto que el actor se siente autorizado no sólo a interpretar la naturaleza sino el *texto* que, como un material más, se le ha ofrecido. No es de extrañar que se cuente que Voltaire, al ver interpretar a Mme. Clairon una de sus tragedias, se preguntara: «¿De verdad yo he escrito eso?»[167]

---

totius corporis motione sic sese ad modos componunt, tum oculos ac cervices ita torquent, remque omnem, prout gesta fuit exprimunt: ut modo historiam animo teneas, illius actores quasi colloquentes percipias. Unde apparet sala, et jocosa facta, salsis ac jocosis dictis esse similima, atque ad illorum imitationem efficta: tametsi natura quidem, priora sint facta quam dicta, atque ex illa haec prognata». Cito por Gallardo, Bartolomé José, *Ensayo de una Biblioteca Española de libros raros y curiosos,* Madrid, 1888, tomo III, cols. 78-79.

[164] En consecuencia, y pese a todas las matizaciones hasta ahora dichas e, incluso, la marcada metateatralidad de algunos géneros (entremés y auto, sobre todo), los testimonios tanto culturales como textuales no parecen corroborar el acuerdo que expresa José M.ª Díez Borque con la opinión de Charles Aubrun respecto a que «el actor guarda las distancias con relación a su papel, no quiere que el espectador resulte cogido en el juego, y, de hecho, él no encarna su personaje, no cree en su realidad». *Cf. Sociedad y teatro en la España de Lope de Vega*, Barcelona, Antonio Bosch, 1978, p. 207.

[165] «La técnica del actor barroco», *Anuario de Estudios Filológicos*, Universidad de Extremadura, 1980, pp. 191-202.

[166] *Apud* Porqueras Mayo, Alberto y Sánchez Escribano, Federico, *Preceptiva dramática española del Renacimiento y el Barroco*, citada, 1972, p. 267.

[167] Gobetti, Piero, «L'interpretazione», en Giorgio Guazzotti (ed.), *Scritti di critica teatrale,* Turín, 1974, p. 12.

Cierto que nos seguiremos moviendo en los objetivos persuasivos de la retórica. Pero las teorías de Cicerón o de Quintiliano quedan exangües, desprovistas de convicción frente a la fortuna intuitiva de los dramaturgos barrocos y, por supuesto, de los predicadores. Diego de Estella señalaba que, tras el obligado tono llano y magistral, éste debía aplicar «los medios para mover a que se haga lo que se enseña. Váyase encendiendo de arte que al cabo vaya con grande furia, hasta que acabe el periodo que ha de acabar como caballo que va acabando su carrera.» Con lo que, sin pensarlo dos veces, este mismo predicador anima a quien tiene que referir la historia de Absalón muerto por la lanza de Joab a que alce su brazo «como quien tira la garrocha al toro, cuidando de no exagerar como las matachines.» Y Fray Luis de Granada en su *Eclesiasticae Rhetoricae* (1575) aconseja a quienes hacían sermones que se fijaran en las viejas que discuten en los mercados para captar los gestos adecuados a la energía suasoria.[168] Lope en su *Arte Nuevo* reclama que el autor *pinte* los soliloquios de manera

> que se transforme todo el recitante
> y, con mudarse a sí, mude al oyente.

Nueva abreviación aforística de un principio tópico: el *si vis me flere, dolendum est / primum ipse tibi* del *Ars Poetica* de Horacio, que, a su vez, arrastra la tradición platónica expresada en su diálogo *Ión*[169] y que constituye, con el tiempo, un mecanismo fijo de la preceptiva actoral una vez que ésta se ha construido con las fuentes filosóficas y biomecánicas de la teoría de las pasiones. Rozas cita al apologista teatral que reclamaba ver a Antonio de Prado interpretar (algo políticamente significativo) a Carlos V «para salir edificado y movido» del teatro. El temperamental actor inglés Charles Macklin, continuador del estilo elevado y *estatuesco* de actores como James Quin, escribía todavía en 1799:

---

[168] *Apud* Rodríguez de la Flor, Fernando, «La oratoria sagrada en el Siglo de Oro y el dominio corporal», en José M.ª Díez Borque (ed.), *Culturas de la Edad de Oro,* citada, pp. 123-147.

[169] Dice Sócrates a un rapsoda: «Cuando produces semejante conmoción sobre la audiencia con el recitado de algún pasaje lleno de emoción [...] ¿estás realmente cuerdo? Estás fuera de ti mismo y tu alma, en un estado de éxtasis, no parece vagar realmente entre las personas y lugares que evocas en tus versos...» Y contesta Ión: «Tal cosa viene a darme la razón, Sócrates. Porque debo confesar que cuando recito un pasaje conmovedor mis ojos se llenan de lágrimas, y cuando hablo de cosas horribles, llenas de terror, mis cabellos se ponen de punta y mi corazón parece desbocarse...» Más adelante pregunta Sócrates: «¿Y percibes que produces similares efectos en los espectadores?» Ión: «Desde luego; porque les observo desde el escenario, y las varias emociones de piedad, asombro, consternación parecen reflejarse en sus rostros».

Es deber permanente de un actor conocer las pasiones y temperamento de cada personaje tan correcta e íntimamente y (si se me permite la expresión) sentirlo con tanto entusiasmo, que sea capaz de definirlo y describirlo con la precisión de un filófoso; prestar las acciones debidas en las miradas, los tonos y gestos en el registro exigido por la naturaleza y la clase del personaje; y aplicar todo su conocimiento, mental y corporal, a las características que el poeta ha querido imprimir en un personaje en particular.

Si el actor no posee este conocimiento filosófico de las pasiones, le será imposible imitarlas con fidelidad. Por eso Shakespeare conocía las pasiones, sus fines y sus signos exteriores y por ello pudo expresarlas de modo tan auténtico. Es manifiesto que las pasiones varían como varían las costumbres y características de los abogados, magistrados o jueces; subalternos y generales; curas y obispos; clérigos y mercaderes; marineros, oficiales, capitanes y almirantes; labradores, granjeros y caballeros del campo; maestros de danza, violinistas, dentistas, maestros de música y peluqueros [...] todos tienen su *genus*, *species* y características individuales [...] Por tanto, a menos que el actor conozca ese genio o especie que es necesario para la imitación, fracasará estrepitosamente. El actor debe concentrar toda su energía en el objetivo de imitar las miradas, los tonos y gestos que mejor concuerden con el carácter que el poeta ha delineado.[170]

Lope reiterará en la comedia *Lo fingido verdadero:*

> El imitar es ser representante;
> pero como el poeta no es posible
> que escriba con afecto y con blandura
> sentimientos de amor si no los tiene,
> [...]
> así el representante, si no siente
> las pasiones de amor, es imposible
> que pueda, gran señor, representarlas;
> una ausencia, unos celos, un agravio,
> un desdén riguroso y otras cosas
> que son de amor tiernísimos efectos,
> harálos, si los siente, tiernamente;
> mas no los sabrá hacer si no los siente.[171]

---

[170] Macklin, Charles, «The Art and Duty of an Actor», en James Kirkman, *Memoirs of the Life of Charles Macklin, Esq. principaly compiled from his own papers and memorandums*, Londres, Lockington, Allen and Co., 1799, vol. I, pp. 362-366. *Apud Actors on Acting*, citada, pp. 121-22.

[171] Ed. de Maria Teresa Cattaneo, citada, p. 100. Bien lejanas están estas afirmaciones de un Denis Diderot que, un siglo después, al considerar al actor no un ser emotivo y sensible sino un mero observador, decía aquello de que las «lágrimas de un actor descienden de su cerebro y no de su corazón». Todavía Rémond de Sainte-Albine, después de defender la naturalidad,

Es desde esta perspectiva, y no solamente desde el compadreo efusivo del público, como hay que interpretar ese otro pasaje de Lope del *Arte Nuevo* que nos hace ver al actor tan íntimamente identificado con su personaje, con su *papel* o *figura*, que

> pues que vemos si acaso un recitante
> hace un traidor, es tan odiosos a todos
> que lo que va a comprar no se lo venden,
> y huye el vulgo de él cuando le encuentra;
> y si es leal, le prestan y convidan,
> y hasta los principales le honran y aman,
> le buscan, le regalan y le aclaman.

Lo que explica que el mismo Lope cuente en la dedicatoria a *El rústico del cielo* «que un famoso representante, a quien cupo su figura [la de San Francisco de Alcalá], se transformó en él, de suerte que, siendo de los más galanes y gentil hombres que habemos conocido, le imitó de manera que a todos parecía el verdadero y no el fingido; no sólo en la habla y en los donaires pero en el mismo rostro; y yo soy testigo que, saliendo de representar un día, ya en su traje, y vestido de seda y oro, le dijo un pobre a la puerta: "Hermano Francisco, deme una camisa", y mostróle desnudo el pecho. Admirado Salvador (que así se llamaba), le llevó sin réplica a una tienda y le compró dos camisas.»[172] Curioso *star system* el de los corrales de teatro, claro.

De casi todos los ejemplos documentados, pues, se desprende que la nueva retórica del actor exige poner de relieve los valores emotivos. De ahí la fuerte tendencia a la sobreactuación, al incremento expresionista de la presencia física del actor: *refinar el afecto que se finge*, tal es la afortunada expresión de Juan de Zabaleta.[173] En palabras de Juan Manuel Rozas: «el ve-

---

apostillaba: «Le Feu dans une personne de théâtre n'est autre chose que la célérité et la vivacité, avec lesquelles toutes les parties qui constituent l'Acteur, concourent à donner un air de vérité à son action» (*Op. cit.*, p. 44). Y más tarde: «Les Acteurs Tragiques veulent-ils nous faire illusion? Ils doivent se la faire à eux-mêmes. Il faut qu'ils s'imaginent être, qu'ils soient effectivement ce qu'ils réprésentent, et qu'un heureux déline leur persuade que ce sont eux qui sont trahis, persecutés. Il faut que cette erreur passe de leur esprit à leur coeur et qu'en plusieurs occasions un malheur feint leur arrache des larmes véritables» (pp. 91-92).

[172] *Apud* Haley, Georges, «Lope de Vega y el repertorio de Gaspar de Porras en 1604 y 1606», en David A. Kossof y J. Amor y Vázquez (eds.), *Homenaje a William L. Fichter,* Madrid, Castalia, 1971, p. 268.

[173] Para fingir el afecto pueden apurarse las operaciones artificiales más sofisticadas ramplonas, dada la época de que nos ocupamos. Agustín de la Granja describe que, para llorar exageradamente, los actores podrían ocultar debajo de la ropa, a la altura del pecho, una molleja de pato, llena de agua, con su intestino conducido por el interior de una de las

rismo podía tomar matices naturalistas por exageración.»[174] Pero ¿podía hacer otra cosa el actor limitado o marcado, como estaba, por el territorio de su propio espacio escénico? Lo que el *proskenion* era para el actor griego, era un tablado no poco tosco y de apenas poco más de treinta metros cuadrados para el comediante español del siglo XVII.[175] Se trataba de un condicionamiento natural que llevaría al actor a un registro *remarcable*. Y no podía ser de otro modo si deseaba mantener la atención de un espectador dentro de un corral de más que dudosa comodidad visual, aunque el actor, con frecuencia, se sabía flanqueado por unos *bancos* laterales cuya proximidad auspiciaba que la gestualidad del rostro pudiera intensificarse en los pasajes que interesara.[176] Por lo demás, aquel espacio, por precario que fuera, tenía que ser conocido palmo a palmo por el actor: saber dónde estaban los escotillones, conocer las dimensiones y posibilidades de los huecos o nichos del *vestuario* que le permitieran la *pose* más adecuada y efectista a la hora de descorrerse la cortina que los cubría, o controlar la respiración cuando debía bajar, con mayor o menor rapidez, por las escaleras que podían adosarse desde el primer nivel o *balcón* de la escena hasta los tabladillos laterales. En las representaciones de corral el tablado propendía a la sensación de cámara cerrada —paños negros al fondo— sin más decoraciones pintadas que las que eventualmente se situaban en los huecos o nichos y que podían desviar o hurtar la mirada del cuerpo de los representantes.[177] Es obvio que ya en los primeros intentos de escenarios de configuración vi-

---

mangas. Cuando el actor hiciese el gesto de llorar, llevaría una de sus manos al pecho y la otra a la altura de los ojos descargando por los mismos «lágrimas tan gordas como el excremento acuoso de los patos» (*sic*). Cf. su trabajo «El actor barroco y el arte de hacer comedias», citado, p. 25, n. 38.

[174] «La técnica del actor barroco», citada, p. 199.

[175] *Cf.* las apreciaciones al respecto de César Oliva, «Los actores desde la experiencia dramatúrgica: el territorio espacial del actor», en Evangelina Rodríguez Cuadros (ed.), *Del oficio al mito: el actor en sus documentos,* citada, t. I, p. 210-211.

[176] José M.ª Ruano de la Haza recuerda muy bien algunas obras en cuyos textos se evidencia que los actores, en muchas ocasiones, se acercaban e incluso se sentaban entre el público que se situaba en las gradas o bancos laterales; un factor de la gramática espacial o territorial que debían conocer muy bien para plantear sus movimientos en escena. *Cf.* «Los actores en escena», en *Los teatros comerciales del Siglo de Oro y la escenificación de la comedia*, Madrid, Castalia, 1994, p. 512.

[177] Rafael Maestre se refiere a las imposiciones de esta topografía escénica del corral, subrayando que obligó al actor profesional a la técnica *pantomimada* dentro de un área habitualmente desnuda que propendía, como hemos dicho, a una kinésica intensificada con una «extroversión del contenido explícito en las didascalias», ante la pobreza psicológica que le presentan los textos de farsas, églogas o comedias («El actor calderoniano en el escenario palaciego», en José M.ª Díez Borque (ed.), *Actor y técnica de representación del teatro clásico español*, citada, p. 181).

trubio-serliana, o, definitivamente, en las representaciones del Coliseo del Buen Retiro, el actor debía competir con otros *cuerpos* sobre las tablas: bastidores, telones de fondo y laterales. Tenía que trabajar con la consciencia de que era una figura situada en medio de un nuevo concepto mental (y material) llamado perspectiva de profundidad, que le obligaba a no desequilibrar los puntos de fuga de la misma o a acercarse al proscenio desde los salientes corpóreos laterales o bastidores sintiendo tras sí el peso de líneas convergentes de la mirada del espectador en cuyo trazado él se interponía.

A una gramática gestual y espacial tan canónica y, a la vez, simple, se añade la configuración de las unidades grupales en escena. Por ejemplo: la distribución armónica, pero maniquea, de los personajes. Como aconsejará Goethe, a la derecha del actor que habla deben situarse los personajes importantes por su jerarquía social o moral (mujeres, ancianos, superiores).[178] Una ósmosis de lo social en la convención escénica, que es más que probable se practicara en el Barroco, que tanto facilitaba la entrada seriada de personajes o grupos de personajes por las cortinas o *paños* laterales o las dos entradas o puertas de los carros en los tablados del Corpus. Pero estamos hablando sin duda, para el caso de lo español, de las grandes representaciones sacramentales o cortesanas en las que cierto movimiento de masas podía ser un elemento más, visual y de composición grupal, de las convenciones didácticas y alegóricas implicadas en el espectáculo. La distribución maniquea y moralista entre grupos de personajes positivos y negativos reaparecerá en las recomendaciones gestuales para la mano: a las de la mano derecha corresponden acciones propias y positivas; a las de la izquierda, por el contrario, las impropias. Así lo prescribirá, por ejemplo, Johannes Jelgerhuis en su *Theoritische Lessen over de Gesticulatie en Mimik* (Amsterdam, 1827), que sigue en buena parte los consejos pictóricos de Gerard de Lairesse (*Het groot Schilderboek*, Amsterdam, 1707):

> Tomad y señalad todo lo que sea grande, bueno, noble con la derecha, con la mano derecha.[179] Todo lo que es despreciable e indecoroso, con la izquierda, con la mano izquierda.

---

[178] Sin embargo, a finales del siglo XVII algunos teóricos rechazan la fuerte convencionalidad, realmente *antinatural,* de la situación espacial de los personajes en escena. En *La Décade Philosophique, Littéraire et Politique* (París, 1795, tomo VII) una carta de Boniface Veridick, tras advertir que ciertas reglas de afectada declamación pueden romper la llamada *ilusión escénica*, recuerda la estúpida rigidez de las reglas según las cuales cuando una mujer se encontraba en el escenario debía ocupar el sitio de honor, es decir, la derecha; y si se encontraban en escena un amo y su criado, del mismo modo éste debía ceder la derecha a aquél. Formas exageradas de romper, precisamente, la naturalidad de la ilusión escénica que se perseguía ofrecer al espectador.

[179] Gilbert Austin (*Chronomia or a Treatise on Rhetorical Delivery*, Londres, 1806, p. 417) llega a aventurar que el célebre soliloquio de Hamlet debió de realizarse esgrimiendo

Y por su parte Charles Gildon:

> Cuando hables de ti mismo, la mano derecha y no la izquierda es la que debe conducirse al pecho, declarando así tus cualidades y pasiones, tu corazón, tu espíritu, tu conciencia; pero tal acción, en términos generales, debe efectuarse llevando suavemente el gesto hacia el pecho, y no golpeándolo violentamente como hace mucha gente. El gesto debe pasar de la izquierda a la derecha, y allí concluir con elegancia y moderación...[180]

Pero hay una distribución especial, permanentemente recomendada en las teorías actorales, ya escritas en el siglo XVIII, que podemos asumir como existente en el Barroco, por pura mecánica simplista, es cierto, pero también por la escasa pero precisa documentación gráfica que sobre ello tenemos: la situación grupal de los personajes en escena, en forma de semicírculo, para facilitar, de nuevo, la posesión escópica de la escena por parte del espectador. La idea de esta presentación de conjunto proviene de la necesidad de la compenetración armónica (tanto gestual como vocal) de las actuaciones de todos los actores en escena que desarrolla, entre otros, François Riccoboni (*L'Art du Théâtre*, 1750) con la metáfora, también convencional, de amoldar su actuación a la armonía de tonos de una orquesta interpretando música. Esta proxémica del espacio, que se plasma teóricamente entre el XVIII y el XIX,[181] debió construirse en los códigos actorales barrocos cuando se plantea especialmente el problema de un es-

---

gestualmente sobre todo la mano derecha. Cf. Barnett, Dene, «The Performance Practice of Acting...» (Part II), 1977, p. 13.

[180] *Op. cit.*, p. 75. Recuérdese el gesto con el que son retratados actores como Edward Alleyn o Nathan Field.

[181] Georg Ludwig Peters Sievers escribirá en 1813: «Dado que aconsejo que el semicírculo constituya la base estructural de la disposición de los actores en cada cuadro escénico, es obvio que la perfecta simetría debe prevalecer incluso dentro de ese conjunto, lo cual sólo puede conseguirse si todos los personajes conservan la misma distancia unos respecto a otros. El que esta distancia resulte natural depende de la anchura del escenario, y se ha de observar que la distribución suponga llenar por completo de manera simétrica el espacio. Si sólo está presente en escena un personaje, debe permanecer en medio, justo frente al apuntador, y sólo por extrema necesidad debe caminar a lo largo del escenario. En muchos casos serán dos los actores que se distribuirán el espacio, moviéndose por ese espacio ellos con libertad; si el conjunto de personajes guardan entre sí el suficiente espacio de separación también se conseguirán las mejores ventajas de la perspectiva teatral, tan mal cuidada incluso en los mejores teatros de Alemania» (cit. por Barnett, Dene, «The Performance Practice of Acting», 1977, p. 174). Las recomendaciones de la separación espacial de Siever llegan tan lejos como para recordar que los actores no deben rozarse unos a otros ni tocarse, evitando todo contacto, «incluso cuando es prescrito, como por ejemplo los *abrazos*, que siempre deben ser *aparentes*...». Es decir, persiste la obsesión barroca por el fingimiento (que no era tal) de «darse los brazos».

cenario amplio y más profundo (conjugado con el escalonamiento pers-
péctico y la jerarquía visual que ello implicaba en el movimiento del actor). Remito a lo dicho respecto a la interpretación de algunas iconografías
escenográficas de *La fiera, el rayo y la piedra* de Calderón. En el corral de
comedias, una envergadura escénica de apenas siete u ocho metros no
permitía excesos: si acaso, saber exactamente cómo sacar partido a un soliloquio intimista aproximándose al filo de la incómoda altura de unos dos
metros sobre la que se instalaba el tablado. El actor debía, en fin, ser consciente de que él mismo, en sus versos, construía una escenografía mental a
la que no podía contradecir ni traicionar. Y sabía que determinados espacios, por ejemplo adentrarse hasta la orilla del tablado, podían dar cuerpo
de consistencia emocional al soliloquio, como hace tanto tiempo aseguró
Emilio Orozco.[182]

En cualquier caso lo que se deriva de las recomendaciones del método
(una vez verbalizado en los tratados neoclásicos) es mantener una tensión
recíproca (simulada, natural, pero latente) en el conjunto de los actores en
escena: parece ahora materializarse lo que con los textos barrocos sólo
podíamos escribir en el aire. Cuando Diderot desarrolla sus ideas sobre lo
que él llamaba *scènes composés*, insiste en que un actor no puede permanecer impasible (no dice inmóvil, sino ajeno, inactivo, ausente) cuando algo sucede en escena aunque en ese momento no deba pronunciar palabra.
Estamos ante la situación que podríamos definir en términos de la *percepción del otro*,[183] es decir, cómo rebotarían en el cuerpo, en el rostro y en la
gestualidad de conjunto de los actores barrocos los parlamentos de los otros
actores (siempre pienso en el mismo ejemplo: la reacción, los gestos, el aspecto del semblante de Pedro Crespo, maniatado, mientras Isabel, su hija,
le narra su violación). En este sentido Rémond de Sainte-Albine aconsejaba
a quien quisiera llegar a la perfección del arte actoral que evite imitar «ces
Actrices, qui se persuadent que dès qu'elles n'ont rien à dire, elles sont

---

[182] Orozco Díaz, Emilio, «Sentido de continuidad espacial y desbordamiento expresivo
en el teatro de Calderón. El soliloquio y el aparte», en VV.AA., *Calderón. Actas del Congreso
Internacional sobre Calderón y el teatro español del Siglo XVII*, Madrid, CSIC, 1983, tomo I,
pp. 125-164.

[183] Ernst Christoph Dressler en su *Theater Schule für die Deutschen, das Ernshafte Sin-
ge-Schauspiel Bettrefend* (Hannover, 1777) señala que «de la expresión facial y de los gestos del hablante y también del que le escucha en silencio, el espectador deberá quedar
convencido de la verdad de lo que se dice y percibir y conocer lo que va a suceder, lo que
el otro va a contestar y cómo va a reaccionar [...] El actor debe prestar atención a su compañero y no permanecer inmóvil como una estatua, sin sentimiento ni movimiento, ante el
violento discurso que está escuchando. No debe esperar a que el apuntador le sople e in-
funda nueva vida para responder». La traducción es nuestra a partir de la versión inglesa de
Dene Barnett, *Op. cit.*, p. 177.

dispensées de prendre part à l'action de la pièce & qui pendant ce temps s'amusent à parcourir des yeux la Salle & l'Assemblée. Par leur jeu muet, ils ont l'art de parler, même pendant que l'Auteur les condamne au silence.»[184]

Insisto en que, salvando el hecho de la visión lateral de los espectadores sentados en las gradas de los tabladillos del corral (y éstos de manera oblicua), el público de los corrales, e incluso el del Buen Retiro, difícilmente podrían apreciar la gestualidad del actor. Pero si hay testimonios de admiración al respecto es que estas acciones se ejercían y la emoción se traslada por exageración y no sólo a causa de la búsqueda de la verdad interior. Son, en este sentido, muy atinadas las observaciones de John Hill en *The Actor: A Treatise on the Art of Playing* (Londres, 1755) que plasman en toda su plenitud el problema del actor barroco enfrentado a la distancia casi insalvable que puede separarle del espectador y la necesidad de hacerle llegar, con precisión, sus gestos:

> Quienes subrayan débilmente los hechos no sirven para la escena. La pintura es vista en su conjunto a cierta distancia, y en tal distancia se aprecia su proporción. Una expresión o un gesto en el rostro que se percibe muy bien en una conversación se pierde si ha de ser vista sobre un escenario. Un San Pablo de tamaño natural podría resultar adecuado para el coro; pero si esta figura ha de situarse en la cúpula su tamaño habría de ser el de un coloso. El actor debe considerar su conformación gestual y pictórica a esta luz. Su apariencia y gestos son, de ese modo, como pinturas que deben verse a cierta distancia y por ello, con frecuencia, deben parecer extravagantes en ellas mismas si no quieren acabar siendo nada. Todo esto debe hacerse, pero hacerse con inteligencia o juicio. Una falsa percepción podría llevar a juzgar su trabajo como una exageración, pero la verdad se encuentra en esta sujeción, aunque sea a gran escala, a las reglas de la naturaleza. La pintura, así, debe ampliarse pero no distorsionarse; y aunque las pasiones deben encenderse no deben desfigurar el rostro [...] Vemos a algunos que adulterando sus facciones con contorsiones, bajo este paroxismo suscitan el rechazo más que la compasión.[185]

Esta última observación lleva de nuevo al ideal del justo medio dieciochesco, que en el Barroco se formulaba en términos de la mentalidad conservadora del *decoro*. Algunas citas de Louis Riccoboni en sus *Pensées sur la Déclamation* (París, 1738) remiten a esa separación clara con el mundo cómico y no es casual el recuerdo de la técnica gesticuladora y exagerada de la tradición de la *commedia dell'arte*:

---

[184] Rémond de Sainte-Albine, Pierre, *Le Comédien*, París, Vincent Fils, 1749, pp. 245-246. Utilizo la reproducción facsímil publicada en Ginebra, Slatkine Reprints, 1971.
[185] Cit. por Barnett, Dene, *Op. cit.* (Part IV, p. 22). La traducción del inglés es mía.

Es necesario diferenciar los cambios en el rostro que expresan sentimientos íntimos, del corazón, y los gestos y visages de quienes meramente actuan con esos rictus: el primero está en el territorio del orador; pero los otros son atributo de Scaramouche...[186]

Francisco Cascales, con docta exposición, reitera esta teoría en sus *Cartas Filológicas* (1627), donde afirma que «la viva y natural acción de los representantes, que con ella levantan las cosas caídas, despejan las oscuras, engrandecen las pequeñas, dan vida a las muertas.»[187] Del actor Jacinto Varela se cuenta en una carta que murió a principios de 1634 enfrascado en una relación que había durado un cuarto de hora, delante de su mujer, a quien la hacía, «y no le faltaban sino tres versos cuando de repente cayó. Iba con tanta bizarría en su dicho que pensó el auditorio era desmayo pedido del papel, y esperaban que se levantase para vitorearle, pero un médico dijo que había caído muerto.»[188] Tajante disyuntiva entre el arte o la vida (o la muerte) que nos conduce directamente al fabuloso testimonio del anónimo autor del *Arbitraje político-militar* (Salamanca, 1683):

No es posible representar bien sin que se exciten las especies y se enciendan los espíritus que suelen servir de semejantes afectos, y tiene este contacto tanta fuerza que en Salamanca, representando un farsante muy célebre a uno que agonizaba, lo hizo con tal propiedad, que repentinamente cayó muerto en el tablado.[189]

Ya no se trata de la rehabilitación del gesto sino de su *hipertrofia*. El canon de este reconocimiento se percibe documentalmente, pero no se trasmite como *ars* escrita. La técnica (así como su crítica) de este desbordamiento «más afectivo que cerebral», por usar la expresión de Jack Sage,[190] no se incluirá en la enciclopedia de los saberes oficiales, al menos en España, hasta más tarde. Sólo en el siglo XVIII se desarrollarán los cánones pragmáticos para encauzar esta voladura irracionalista y recomponer el *decoro* y el *justo medio*, aunque la condena al actor *sobreactuado* se do-

---

[186] *Ibid.*, p. 24.

[187] *Apud* Cotarelo y Mori, Emilio, *Bibliografía*, citada, pp. 143-144.

[188] *Vid.* Granja, Agustín de la, «Una carta con indicaciones escénicas para el autor de comedias Roque de Figueroa», *Revista Canadiense de Estudios Hispánicos*, XVII, 2, 1993, p. 385. Cotarelo y Mori da la misma cita a través de las *Cartas de Jesuitas* («Actores famosos del siglo XVII: Sebastián de Prado y su mujer Bernarda Ramírez», *Boletín de la Real Academia Española*, 2, 1915, p. 276).

[189] *Ibid.*, p. 63b.

[190] «Textos y realización de *La estatua de Prometeo* y otros dramas musicales de Calderón», en *Hacia Calderón. Segundo coloquio anglogermano* (ed. de Hans Flasche), Berlín, Walter de Gruyter, 1970, pp. 42-43.

cumenta ya, como hemos visto en el apartado anterior, en el propio teatro isabelino. El dramaturgo Chapman deplora cómo los jóvenes efebos han malogrado su obra *The Widow's Tears* (1605) por esta tendencia a la exageración que desmarca el registro del sentido natural *(to the life* y no *far from the life)*:

> ... mourning with Sepulcher, like an over-doing Actor, affects grosly, and is indeed so farr forct the life, that is bewraies it selfe to be altogether artificiall.

Igualmente, en *The Puritan* (1607) se critica agriamente al «stalking-stamping Player, the will raise a tempest with his tongue, and thunder with his heeles» («el actor que camina engreídamente dando patadas sobre el escenario, que levantará una tempestad con su lengua y producirá un trueno con sus talones»).[191] Henry Siddons, como Jakob Engel, lamentarán la puerilidad de un público no entendido dispuesto a aplaudir la actuación exagerada y pomposa, y, con sorna, Siddons abunda en su preocupación por una joven actriz que, al representar a Julieta que se desmaya al oír referir la muerte de Romeo, cae con tal estrépito que parece haberse roto el cráneo.[192] Poco antes, en España, la crítica teatral comienza igualmente a

---

[191]   *Apud* Gurr, Andrew, *Op. cit.*, pp. 97-98.

[192]   «A lady acting Juliet, or any other character of that description, will sometimes fall, on the boards with such violence, when she hears of the death or banishment of her lover, that we are really alarmed, lest her poor skull should be fractured by the violence of the concussion. Applause gained by arts so unnatural and so disgusting can only come from the ignorant and injudicious, who, incapable of forming a judgement on the real merit or interest of a touching situation, would be just as much concerned in the fate of a Punchinello or an Harlequin.» Cf. Siddons, Henry, *Practical Illustration of Rhetorical Gesture and Action adapted to the English Drama. From a work on the same subject by M. Engel*, citada, p. 17. Naturalmente la preceptiva francesa también condena estos excesos, como observamos en Sainte-Albine: «On trouve quelquefois qu'un comédien aille quelquefois plus loin que la nature, mais on en veut point que pour nous donner du comique il nous donne des monstres...» (*Op. cit.*, p. 219). Rémond de Sainte-Albine, por supuesto, sigue la tradición de la condena de los excesos de Luciano de Samosata realizada en *De la pantomima*: «En la *pantomima*, como en el arte *retórico*, puede malograrse lo bueno con el exceso; puede exagerarse los límites de la imitación; y lo que era sublime convertirse en algo monstruoso; la delicadeza puede extremarse al afeminamiento y el coraje varonil llevarse a la ferocidad de la bestia. Recuerdo haber visto tal cosa en un afamado actor. En gran medida era un actor eficaz, y, más aun, un admirable intérprete; pero una extraña fatalidad lo precipitaba siempre en el abismo del entusiasmo desmedido. Estaba interpretando la locura de Áyax, justo después de haber sido herido por Ulises; y a tal punto perdió el control de sí mismo, que uno hubiera pensado que su locura iba más allá de todo fingimiento. Rasgó los vestidos [...] arrancó la flauta de las manos de uno de los músicos y la estampó con tal furia sobre la cabeza del pobre Ulises, que si éste, en pleno éxtasis por la gloria de su triunfo, hubiera estado privado de su casco, habría caído víctima de tan histriónico frenesí. Corrió de un lado a otro dando alaridos, haciendo aspavientos, rasgándose las vestiduras. La masa iletrada y no entendida, aquellos

exasperarse ante el tremendismo en el registro de los actores. Nipho en su *Diario extranjero* no duda en pedir a la célebre María Ladvenant, a propósito de la crítica de su interpretación en *También hay duelo en las damas,* que actualice su modo de actuación, que se inspire en los cánones modernos de la mayor naturalidad, pues lo justo es admirar «al público con la modestia de señora, pues no son ya de este carácter los desenfados de maja.» En el *Memorial Literario* de noviembre de 1784 se denunciaba ese

> estilo pomposo [...] en las relaciones que suelen hacer los personajes de su historia y lances, instruyendo a sus graciosos y confidentes en los principios de las primeras Jornadas, donde parece ha sido costumbre afectar lo maravilloso, tanto que se sacaban aparte sus relaciones para el entretenimiento de las tertulias, y para presumir de saber pintar la lucha de una sierpe, de un toro, de un león [...] la carrera de un caballo, la caza de un jabalí, de una garza, de un halcón [...] ¿Quién no se reirá de ver ejecutar con las manos, y aun con los pies, el paseo y trote de un caballo, con los quiebros del cuerpo y esfuerzo de brazos, la lucha del Negro más prodigioso con la serpiente? [...] No ha mucho tiempo que nuestros cómicos se juzgaban haber llegado a la perfección de su arte, si en una relación imitaban con el mayor escrúpulo estas titererías: no es mucho que esperasen un grande aplauso de palmadas del vulgo, si éste juzgaba que semejantes gestos eran primores...[193]

---

ignorantes de lo que debe ser decente, tomaron todo aquello como muestra de una soberbia actuación. / [...] / y la audiencia inteligente que aprecia lo bueno, ocultó su disgusto y en lugar de reprochar la locura del actor con el silencio, la mitigaron con el aplauso; pese a que comprendían que aquello no era la locura de Áyax sino la caricatura de un necio [...] Sin embargo, parece que cuando recobró el sentido se arrepintió amargamente de tal explosión, y comprendió que su conducta había sido la de un auténtico demente [...] Su mortificación aumentó ante el éxito de su rival, quien, pese a que su papel había sido escrito con la misma intención, lo interpretó con admirable juicio y discreción y cumplió con la observancia del decoro y se mantuvo en los límites exactos de su arte». Traduzco a partir de la antología *Actors on Acting,* citada, p. 33.

[193] Pp. 103-104, *apud* Álvarez Barrientos, Joaquín, «El actor español en el siglo XVIII...», citada, pp. 445-466. En su trabajo posterior «El cómico español en el siglo XVIII: pasión y reforma de la interpretación», en Evangelina Rodríguez Cuadros (ed.), *Del oficio al mito: el actor en sus documentos,* citada, t. II, pp. 287-309, este autor repasa con excelente puntillosidad el proceso de reglamentación y profesionalidad académica de los actores entre los siglos XVIII y XIX. Piénsese que la tradición oral en el oficio del actor se impone hasta la creación de la primera escuela oficial de declamación (la que fundara en Madrid, en 1831, la Reina María Cristina) y aun así la transmisión de estereotipos en la ejecución de tópicos piscológicos y su consecuente modelo gestual —desde el galán hasta las exageraciones del gracioso— se mantiene bajo el beneplácito del espectador, del que todavía depende la economía teatral. El manoteo, el *tonillo* y la exageración gestual al borde de las tablas es lo que refleja el ejemplo señalado y, con ello, la ruptura de la cuarta pared tan deseable desde el punto de vista ilustrado y educativo del teatro. Para colmo, otros actores que no tenían

Incluso la tratadística dieciochesca vuelve a releer el precepto lopista *si hablare el Rey / imite cuanto pueda la gravedad real* advirtiendo del peligro de confundir la dignidad con la pomposa aparatosidad y el exceso de majestad que, recluida ya en los límites de la mohosa tragedia neoclásica, se vierte en la comedia ilustrada como un estadista benévolo y complaciente. Los tratados sobre actores de finales del XVII y principios del XVIII delimitan ya la figura del *intérprete,* no del mero oficiante. La preceptiva actoral, desde sus rudimentos medievales, adopta progresivamente el punto de vista de la esponja: mirar y absorber teorías en diversas direcciones; mirar el prestigio del orador clásico, mirar la predicación (primero franciscana, ingenua y viva; luego declamatoria, efectista); recordar la performación del juglar épico; mantener siempre el roce con la teoría de la representación en la pintura. Vicente Carducho, entusiasmado con Lope (por algo suele recomendar pintar a veces a los reyes *como de comedia*), escribe en su homenaje:

> Nota, advierte y repara qué bien pinta, qué bien imita, con cuánto afecto y fuerza mueve su pintura las almas de los que le oyen [...] incitando lágrimas de empedernidos corazones.

Sobre el empeño platónico de indagar sólo la verdad en el teatro, se instaura en el gesto la concepción de la *Retórica* aristotélica de que el arte (y con ello el arte del actor) es una técnica, un método, un tipo de relación o comunicación para reconducir, teorizar y expresar los afectos. Ya no se pretende constreñir hiératicamente aquéllos sino servirse de su fuerza. El jesuita Sérrault aclara la cuestión cuando dice que no existe pasión alguna en nuestra alma, no existe gesto o movimiento que no pueda ser manejado con utilidad.[194]

Una cosa es cierta: la teatralidad, a diferencia del mundo medieval en el que nació y comenzó a teorizarse, nunca volvería a ser difusa.

---

que intervenir en una escena ocupaban sin empacho el espacio escénico para hacer chascarrillos o intercambiar frases de complicidad con el público.

[194] *Apud* Maravall, José Antonio, *La cultura del Barroco*, citada, p. 169.

V. EL TRATAMIENTO DE LA VOZ
DESDE LA *ACTIO* RETÓRICA

1. EL ANTIGUO PRESTIGIO DEL ORADOR: LAS HUELLAS DE LA *ACTIO* RETÓRICA
EN LA PRÁCTICA DEL ACTOR DESDE LA ANTIGÜEDAD

Desde el principio la acción del orador se enfrenta al espejo de la del actor. Y al revés. Plutarco ya contaba de Demóstenes:

> Y siendo por naturaleza de escasa capacidad de respiración dio a Neopto-
> lemus, un actor, diez mil dracmas para que le enseñara a pronunciar largos pá-
> rrafos sin perder el aliento [...] Pero le animó el actor Andrónico, quien le dijo
> que su elocución era excelente, aunque precisaba algo más de acción y él mis-
> mo repitió ante Demóstenes fragmentos de los discursos que éste había pro-
> nunciado ante la asamblea. Demóstenes quedó agradablemente sorprendido
> y, a su vez, comenzó a imitar a Andrónico en sus movimientos. Por ello, cuan-
> do más tarde se le preguntó cuál era la parte más importante de la oratoria afir-
> mó: «La acción»; y cuando se le insistió sobre cuál era la segunda en importan-
> cia, repitió: «La acción»; y cuál la tercera, volvió a insistir: «La acción.» Y un día,
> al ser silbado por el auditorio por un fallo en la voz, Demóstenes se volvió y les
> gritó: «Juzgad a los actores por su voz; pero a los oradores juzgadlos por su in-
> teligencia y por lo que contienen sus discursos.»[1]

Ya me he extendido sobre las fronteras y roces que respecto al gesto promueve esta antigua vinculación entre oratoria y teatro, observada y manejada aquélla como un elemento de referencia canónica y de presti-gio. La *acción* o *actio,* y conviene volver a recordarlo, es un concepto que

---

[1] *Symposiae*, Lib. V, q. 1.

reúne todas las estrategias para expresar los movimientos anímicos, de acuerdo con el seguimiento de la naturaleza, mediante el registro de la fisionomía (*vultus*), del gesto (*gestus*), del movimiento (*motus*) y de la voz (*sonus*).[2] Y es en este último aspecto sobre el que ahora quiero centrar la atención, al modo que Aristóteles observa en su *Retórica* (Lib. III):

> La representación oratoria estriba en la voz: en cómo debe usarse para cada pasión —o sea, cuándo fuerte y cuándo baja y mesurada—; en cómo hay que servirse de las entonaciones —es decir, agudas algunas, graves y mesuradas otras—; y en qué ritmos conviene emplear para cada caso. Pues tres son, en efecto, las cosas que entran en el examen: el tono, la armonía y el ritmo.[3]

Con ello la oratoria y la retórica abandonan la dialéctica de perseguir la verdad o falsedad de un hecho para centrarse, como artes suasorias, en convencer más que en demostrar. La oratoria habría de compartir con el teatro la función de construir con la base de la emoción, y no sólo de la comprensión intelectual, una identidad colectiva que homogeneizara una idea de sociedad.[4] El orador, pues, deberá emocionar. Y hacerlo, como sugerirán Cicerón y Quintiliano, con el gesto, pero también haciendo apreciar la amplitud de un periodo, la melodía de una cláusula, los acentos patéticos de una peroración. Cicerón lo resume de manera aforística en *De oratore:* tener la vivacidad gestual de un comediante y la voz de un trágico, ser, en definitiva *actor de la verdad* (no histrión) y auxiliarse, como no duda en hacerlo Cayo Graco, de un tañedor de flauta que le marcaba el *tono* de su voz impidiéndole elevarla o impostarla demasiado grave para ni irritar al auditorio con gritos agudos ni convertir sus palabras en inaudibles. Pero también debían evitarse inflexiones histriónicas, voces trémulas o afemina-

---

[2] O, como dice directamente Cicerón, al que seguirá Quintiliano: la oratoria «est enim actio quasi corporis quaedam eloquentia cum constet e voce atque motu...» (*De Oratore,* 17, 55).

[3] *Vid.* ed. de Quintín Racionero, Madrid, Gredos, 1990, p. 481.

[4] Me parece interesante, en este sentido, lo dicho por Florence Dupont a propósito del teatro y la oratoria en Roma: «Il règne incontestablement à Rome une idéologie de l'inmmédiateté et du sentiment qui présupose que le Romain, sauf cas de perversité manifeste, adhère spontanément aux valeurs collectives de la *Respublica*. [...] Ors, ces valeurs, un homme inculte, un citoyen rustique n'est pas capable de les reconnaître par lui-même dans le fatras confus de la réalité. C'est pourquoi d'ailleurs il n'a pas accès au pouvoir. Il a donc besoin que quelqu'un l'éclaire afin qu'il se reconnaisse dans ce chaos. C'est là cela que sert le discours de l'orateur dont le but final est toujours d'émouvoir, parce que l'émotion est l'instant tant attendu de la reconnaissance et de la clarté. A ce moment là, le Romain coïncide avec lui-même et son élan vital (*animus*) affirme impétueussement son identité romaine» (*L'acteur Roi ou le théâtre dans la Rome antique*, París, Société d'Éditions Les Belles Lettres, 1985, p. 31).

das, como si de representar un anciano o una mujer se tratara, como sugiere Quintiliano (*De Institutione Oratoria*, XI, 3, 91):

> cum mihi comoedi quoque pessime facere uideantur quod, etiam si iuuenem agant, cum tamen in expositione aut senis sermo, ut in Hydriae prologo, aut mulieris, ut in Georgo, cincidit, tremila uel affeminata uoce pronuntiant; adeo in illis quoque est aliqua uitosa imitatio, quorum ars monis constant imitatione.

Pero tanto Quintiliano como su evidente predecesor, Cicerón, sin despegar la voz de la *actio* en conjunto, le conceden una preceptiva muy específica que, como en el caso de la gestualidad, marcará totalmente la codificación léxica de las recomendaciones —por otro lado siempre escasas— con las que nos encontraremos en el teatro barroco. Leamos, por una parte, a Cicerón:

> El modo como se habla consiste en dos cosas, en la acción y en la elocución. En efecto la acción es como una cierta elocuencia del cuerpo, puesto que se compone de voz y movimiento. Las variaciones de la voz son tantas como las del ánimo, que es conmovido principalmente por la voz. *Así aquel orador perfecto, al que hace ya tiempo se refiere nuestra exposición, según la manera como desee parecer emocionado y conmover el ánimo del oyente, adoptará un tono de voz determinado* [...] hablaría también sobre el gesto, con el que está unida la expresión del rostro; cosas todas de las que apenas puede decirse cuánta importancia tiene cómo las usa el orador. Pues hombres incapaces de hablar consiguieron a menudo el fruto de la elocuencia por la dignidad de su acción y *muchos oradores con facilidad de palabra fueron considerados incapaces de hablar por su imperfección en la acción;* de suerte que al fin, no sin causa, Demóstenes concedió el primero, el segundo y el tercer lugar a la acción; pues si no hay elocuencia sin ésta y ésta en cambio sin la elocuencia es tan grande, ciertamente tiene un importantísimo papel en la oratoria.
>
> Por consiguiente *el que aspire al primer puesto en la elocuencia habrá de hablar con tono agudo sobre cosas violentas, con tono bajo sobre cosas ligeras, y parecer grave con voz profunda y digno de compasión con voz que hace inflexiones; es admirable la naturaleza de la voz, con cuyos tres registros en total, el cambiante, el agudo y el grave, se ha logrado en los cantos tan grande y tan agradable variedad.* Mas hay también en la dicción una especie de canto más oscuro, no el epílogo casi recitativo de los retóricos de la Frigia y la Caria, sino aquel a que aluden Demóstenes y Esquines cuando uno le echa en cara al otro las inflexiones de la voz [...] Aquí también me parece digno de notarse, en relación con el empeño de alcanzar una cualidad agradable en las voces, lo siguiente: *la naturaleza misma, como si modulara la oratoria de los hombres, ha puesto en toda palabra un tono agudo y no más de uno y no más allá de la tercera sílaba a contar de la última;* por lo que, con más razón, siga el arte a la naturaleza como guía con miras al deleite de los oídos. *Cierta-*

mente hay que desear tener buena voz; eso no está en nuestro poder, pero sí su
manejo y uso. Por lo tanto aquel perfecto orador la variará y cambiará; ya su-
biéndola, ya bajándola, recorrerá toda la escala de los sonidos.

Usará también él los gestos de modo que no haya nada de más en ellos. En el porte sea su posición erguida y levantada; su pasearse, espaciado y no largo; su adelantarse, moderado y poco frecuente; ninguna sacudida de la cerviz, ningún jugueteo de dedos, nada de que sus artejos lleven el compás; antes bien esté él mismo dominándose en su tronco entero y en una viril flexión del torso, extendiendo el brazo en los pasajes apasionados y contrayéndolo en los tranquilos.

El semblante, que después de la voz es el que más poder tiene, ¡qué gran dignidad, qué gran gracia añade! Y cuando se consigue que no haya en él ninguna afectación o mueca viene como cosa importante el dominio de los ojos. Pues así como el semblante es el espejo del alma, así los ojos son sus intérpretes; consecuentemente el grado tanto de su alegría como a su vez de la tristeza lo impondrá el asunto sobre el que se está tratando.

Pero ya hay que expresar la idea de aquel orador perfecto y de la elocuencia superior. Que él por esto sólo, esto es, por la elocución, sobresale, y que las demás condiciones quedan ocultas en ello.[5]

Quintiliano, como ya sucediera con el gesto, precisa con mayor rigor técnico las cualidades y el cultivo de todo lo que concierne a la voz. Debe así el orador (y seguramente el actor romano) aplicar una serie de medidas terapéuticas a la laringe y garganta: paseos al aire libre, frugalidad, higiene de las vías respiratorias, ejercicios de articulación y de dicción destinados a regular la respiración que le permita los niveles de impostación de la voz y el dominio de los diversos registros:

Si se ejercitan y fortalecen, como las otras, la cualidades de la voz, mediante un atento cuidado, la negligencia o la ignorancia la debilitan. Claro está que estos cuidados no deben ser los mismos para el orador que para los maestros cantores, pero muchas condiciones son comunes, la robustez y la constitución, por ejemplo, para que nuestra voz no sea ni tenue ni aguda como la de los eunucos, las mujeres o los enfermos; se logrará todo esto mediante los sanos paseos, con masajes y fricciones, con la continencia y frugalidad que faciliten la digestión; por otro lado es menester unos órganos bucales sanos, es decir, suaves y ligeros, pues, de lo contrario, la voz será cascada o demasiado grave, ronca y débil [...] La voz, si la garganta está inflamada, se ahoga, si está llena de aire, se ensordece, si está inflamada, enronquece, si está crispada, produce el mismo efecto que un instrumento desafinado [...] En cuanto a la alimentación deben seguirse las mismas reglas: pues tanto los cantores como los

⁵ Marco Tulio Cicerón, *De Oratore (El orador)*. Texto revisado y traducción de Antonio Tovar y Aurelio R. Bujaldón, Madrid, CSIC, 1992, pp. 23-25. Los subrayados son míos.

oradores deben tener la voz enérgica y resistente y no débil ni quebradiza, pues si los cantores, modulando su voz, pueden incluso dulcificar o suavizar los sonidos más elevados, nosotros nos vemos forzados por lo general a adoptar un tono grave y vehemente, y debemos evitar en consecuencia trasnochar demasiado, absorber el humo de las lámparas y evitar continuar nuestro trabajo si tenemos los vestidos bañados por el sudor. Renunciemos, por tanto, a las comidas y caprichos que debiliten nuestra voz y evitemos hábitos nocivos; ejercitemos la voz de acuerdo con el uso que debamos hacer de ella; que no se atrofie por el silencio sino que afirme con la práctica, que aprenda de todas las dificultades. [...] Aprendamos de memoria fragmentos de discursos tan variados como sea posible, que nos disciplinen en forzar la voz en un estallido, cuando convenga, en debates, conversaciones y diversos matices a fin de afrontar cualquier circunstancia o eventualidad [...] Por el contrario, nuestra voz rechazará cualquier ejercicio que la perjudique [...] ¿Quién duda, por tanto, que en tal ejercicio yo desaconseje evitar el excesivo sol, el viento tanto como la niebla o la humedad? [...] Cuando la voz esté firme y sólida, la mejor forma de ejercitarla, a mi parecer, es hacer aquello que se aproxima más a nuestra profesión, es decir, hablar todos los días como lo hacemos en el tribunal. [...] La acción oratoria será correcta [...] si la emisión de la voz es fácil, limpia, agradable y romana, es decir, sin acento campesino o extranjero [...] En primer lugar, la voz en sí misma sea sana, es decir, libre de todo defecto a los que acabo de referirme, y que, por tanto, no sea en exceso oscura, ruda, gruesa, dura, ronca, grave o inconsistente, agria, pusilánime, muelle, afeminada; y, en fin, que la respiración no sea ni corta ni difícil de sostener o de retomar en los momentos precisos. Que la pronunciación sea clara, es fundamental que las palabras se emitan en su integridad en lugar de que, como suele ser habitual, en parte se oscurezcan o se escamoteen, pues los oradores, por lo general, acaban ensordeciendo las últimas sílabas de cada palabra, porque prefieren poner énfasis en las primeras. Pero si es necesario articular limpiamente las palabras, deletrearlas, casi contarlas, es, por el contrario, fastidioso y detestable.[6]

La transmisión de la oratoria como elemento prestigiador de las acciones que tuvieran relación con la actividad teatral penetra así de manera inequívoca en Occidente. Como testimonia Paul Zumthor, todavía en los siglos XIV y XV toda corte de relativa importancia mantiene trovadores que, como en el caso del rey Carlos VIII, hacia 1500, se hacen llamar *oradores* o *retóricos*.[7] Por la misma razón, en el momento de la reflexión so-

---

6 Quintiliano, *De Institutione Oratoria*, XI, 3, 22-33. Traduzco a partir de la ed. de Jean Caussin, Paris, Société d'Éditions Les Belles Letres, 1979. Para un seguimiento pormenorizado tanto de la voz como del gesto en Quintiliano y su influencia en los actores latinos, véase Taladoire, Berthelémey A., «La tecnica degli attori romani: la testimonianza dei retori», en Nicola Savarese (ed.), *Teatri romani. Gli spettacoli nell'antica Roma*, Bolonia, Il Mulino, 1996, pp. 133-156.

7 *La letra y la voz en la literatura medieval*, citada, p. 76.

bre las emociones en los tratados pictóricos, el modelo de referencia será la fisiognomía, pero encarnada en la actividad de los *retorici*, como hace Leon Battista Alberti en *Della Pittura* (1436).

Por lo que hace a España, Gaspar Gutiérrez de los Ríos aseguraba que «los oradores han de estar diestros y experimentados en el estilo de dezir, grave, mediano, humilde y mixto, correspondiendo siempre a la materia que se trata: de una manera en las cartas, de otra en las historias, de otra en los razonamientos, oraciones y sermones públicos: de una manera en las cosas de prudencia, de otra en las cosas de doctrina: si deuen assí demostrar todo género de ira, misericordia, temor o amor, y pasarlos en los oyentes, para poder persuadir e inclinarlos a lo que se dice.»[8] Alonso López Pinciano, en fin, reconoce, como hemos visto ampliamente, la ósmosis entre esta práctica y la tradición actoral: «Solían hazer de tal manera los actores griegos y latinos, que los oradores antiguos aprendían dellos, para, en el tiempo de sus oraciones públicas, mouer los affectos y ademanes con el mouimiento del cuerpo, piernas, braços, ojos, boca y cabeça.»[9]

Una cultura de la persuasión que Lope no duda en utilizar en el contenido doctrinal y también en la estructura formal de su *Arte Nuevo*, al decir de algunos críticos como Emilio Orozco, convirtiendo así una poética teatral en verdadera pieza oratoria: las dos artes más cercanas, en las que «era lógico el intercambio de recursos expresivos y medios de mover a las gentes.»[10] Algo que se extiende, claro está, a todo el ámbito de la cultura teatral europea y que propone, con similar énfasis que en el resto de Europa planteaba la *Ratio Studiorum* jesuita, la notable *Apology of the Actors* de Thomas Heywood (1570-1641), fechada en 1612:

> ¿Acaso es que las Universidades, la fuente saludable de todos las artes, del conocimiento y de los documentos no admiten el valor de las obras y de las representaciones teatrales en sus colegios? Y, puedo asegurar, no son ignorantes de su verdadero uso. Cuando residía en Cambridge, vi tragedias, comedias, historias, pastorales y espectáculos públicos, en los que los estudiantes graduados de buena cuna y reputación participaban de modo activo. Esto se considera necesario para educar a los jóvenes, adiestrándoles en lo que les será preciso para el ejercicio público, al mismo nivel que en las lecciones sobre re-

---

[8] *Noticia General para la estimación de las* artes, Madrid, 1600 (Cap. XIII: «Competencias que tienen la pintura y las artes del dibuxo con la Retórica y la Dialéctica»). *Apud* Calvo Serraller, Francisco, *Teoría de la Pintura del Siglo de Oro*, citada, p. 79.

[9] *Philosophia Antigua Poética* (1596), ed. cit., tomo III, p. 285.

[10] Orozco, Emilio, *¿Qué es el Arte Nuevo de hacer comedias?*, Salamanca, Universidad, 1978, p. 16.

tórica, ética, matemáticas, física o metafísica. Esto enseña audacia al tímido gramático, lo que le permite ser admitido de nuevo en un colegio privado y, después, matricularse y ser un miembro de la Universidad convirtiéndose en un experimentado sofista capaz de argumentar *pro et contra* para componer sus silogismos, categóricos o hipotéticos (simples o compuestos) para construir un argumento sólido que pruebe las tesis planteadas o para defender un *axioma*, para diferenciar cualquier dilema y hacerle capaz de sopesar cualquier argumentación. [...]

En cuanto a la retórica: no sólo enseña a hablar a un estudioso sino que lo instruye en el hablar bien, dotándole de la sensibilidad y juicio con que observar las comas, puntos, puntos y aparte, los paréntesis, las pausas para tomar aliento, los matices; a guardar el *decoro* en su compostura; a no fruncir el ceño cuando debe reír ni a gesticular inconvenientemente cuando exponga sus palabras; a no mirar fijamente ni torcer el gesto de la boca; a no sepultar su voz en la garganta o mascar las palabras confusamente entre los dientes; a no golpearse el pecho como un demente ni clavarse en el sitio como una estatua inánime; a no parecer un estudiante aplicado y gazmoño sin ninguna emoción natural. Le instruye a acomodar sus frases a la acción y su acción a las palabras y hacerlas coincidir en la pronunciación. [...].[11]

Justo en la misma fecha, y en el ámbito del esplendor del teatro isabelino, Richard Brinsley escribe asimismo el *Ludus Litterarius*, defendiendo el valor educativo del teatro en las escuelas. De este modo la formación *profesional* del actor en estos años equivale, al menos en Inglaterra (y en la escasa teoría que hemos constatado en España también), al recuerdo de la antigua retórica. Y, de hecho, la formación que se percibe en ciertos actores-dramaturgos ingleses como Nathan Field se adscribe a este compromiso con los principios de la *actio retorica*, aunque otros célebres cómicos, como Alleyn, se burlen de esta nueva y sofisticada exigencia en la carrera del actor.[12] Parece interesante, de cualquier modo, que entre finales del siglo XVI y principios del XVII, en la Inglaterra de Shakespeare (lo mismo que en la España del Pinciano), comience a distinguirse entre una generación de actores casi vagabundos, de aprendizaje espontáneo, sin formación intelectual, y otra a la que, al menos en teoría, comienza a exigírsele una práctica en la tradición quintiliana por lo que hace a la locución y al gesto. Tal diferencia social y de educación suministra a los dramaturgos

[11] *An Apology of the Actors*. Traduzco a partir de Cole, Toby y Krich Chinoy, Helen (eds.), *Actors on acting. The theories, techniques and practices of the world's great actors, told in their own words,* citadas, pp. 86-87.

[12] «Before this violence brake forth you called me a plain man. I desire always to be so for I thank God I could never disguise in my life and I am too old now to learn rhetoric of the curiousest school Christendom». *Apud* Gurr, Andrew, *The Shakespearean Stage (1574-1642)*, citada, p. 97.

de los primeros años del XVII en el teatro isabelino motivos para incluir en las obras ideadas para las compañías (todavía integradas por muchachos) líneas y chascarrillos con los que zaherir a los actores sin formación:

> I should now curse the Gods
> Call on the furies: stampe the patient earth
> cleave my streached cheeks with sound speake from all sense.
> But *loud and full* of players eloquence,
> No, no What shall we eate.[13]

Lo cual no significa, ni mucho menos, que en Inglaterra o en España se formalizara en momento alguno un aprendizaje académico o una técnica pedagógica de este tipo para el actor, sino que se trataba de unos principios generales que nos interesan, sobre todo, para observar la oratoria (como luego la predicación) como una fuente que suministra de nuevo, un léxico, un registro de vocabulario para describir y enfatizar tanto la imitación de la naturaleza como su superación para subrayar un principio básico de la representación barroca: la encarnación del personaje por parte del actor. Las referencias a la oratoria, recuperadas por el humanismo, suministran nuevos y más precisos matices a la terminología. Y esto sí nos permite un cierto avance en la reflexión más allá de los tópicos. Un autor inglés anónimo escribe en 1616 en *The Rich Cabinet*: «as an Orator was most forcible in his ellocution; so was an actor in his gesture and personated action» (como un orador era de los más convincente o *enérgico en su elocución*, así un actor era en sus *gestos* y en la *encarnación* del carácter). Esta *personated action* equivaldría, aunque sea borrosamente, a la expresión que incluye Lope en su *Arte Nuevo* para referirse a la eficacia del buen actor: «cuando la *persona que introduce*.» Claro está que en el inglés esto tiene mayor interés terminológico, puesto que la palabra *action* o *acting* se usaba hasta ese momento únicamente para el ámbito de la oratoria de la *acción* y *gesto del orador*, ya que en el ámbito teatral la palabra para referirse a lo que hacía el actor era *play* o *playing* (*jouer* en francés). En el caso español, ya vimos que son el Pinciano y la teoría arrastrada desde Cicerón o Quintiliano los que le invitan a insistir en el verdadero *actor* profesional, que, sin perjuicio de ser un hábil imitador de la naturaleza, debe *actuar muy de veras*, promoviendo en acciones verosímiles (y disciplinadas, a diferencia del histrión meramente gesticulador) las imágenes interiores de la emoción (término en el que quedan implicados actor y espectador). Esto, insisten, confiere una profundidad semántica a

---

[13] *Sophonisba*, Acto IV, de John Marston, escrita en 1605 para la compañía Blackfriars Children, *Ibid*., p. 97.

las *acciones de veras*, al *refinamiento del acto*, que pedían otros escritores y que ya tienen en mente un sentido de la *actio* revalorizado por la oratoria. La cuestión, en los textos que he podido leer en inglés, queda mucho más nítida. Jonson escribe, no sin cierta amargura, en el frontispicio de la impresión de *The New Inn* que dicha obra «has been never *acted*, but most *negligently play'd*, by some, the Kings Servants»; es decir, consideraba que la pieza nunca había sido *interpretada* correctamente, con la energía y viveza que requería la *actio*, sino puesta en escena de manera descuidada (*played*) sin ese nuevo requerimiento de técnica y eficacia para la cual, ahora, se encontraba un término descriptivo adecuado, *the personated action*, o *personation*, la acción o encarnación desde el *dentro emocional* del personaje. Por eso Thomas Heywood en 1612, como antes había dicho entre nosotros el Pinciano en 1596, dice que el buen actor es sólo aquel que «qualifies everything according to the nature of the person personated» (aquel que sigue en todo la naturaleza de la *persona que encarna o personifica*) uniendo el concepto de *imitatio* a la de la superación de la naturaleza mediante la interiorización de las emociones del carácter que debe asumir. Y por eso, incluso cuando Heywood es replicado, desde una óptica puritana, en *A Refutation of the Apology of Actors* (1615), su desconocido autor reconoce que «a jesting-Plaier [...] so truely counterfeited every thing, that it seemed to bee the very persons whom he acted» (un comediante-bufón imitaba con tanto *verismo* todo que parecía ser la *propia persona* que estaba imitando). Esto sucede, precisamente, al final de la década de 1590-1600, después de que el teatro isabelino, con la gran generación de actores que representan Edward Alleyn o Richard Burbage, desterrara definitivamente de las preferencias del público los bufones o gesticulantes *clowns*. Pensemos, aunque sólo sea como referencia no despreciable, que ese momento puede coincidir con la definitiva institucionalización del teatro en España que se afinca en una infraestructura oficial y que supone el nacimiento de compañías homogéneas, fuera ya de los caminos. Recordemos también la preferencia de los moralistas por alabar a estos actores que se afincan en la ciudad, que no se confunden con los cómicos de la legua.

La *actio* clásica sigue operando como término global, en el que las cualidades de la voz no se separan de la corporalidad y su tratamiento gestual. Ha sido inevitable, por tanto, que nos refiriéramos a ello de nuevo. Como lo es, a mi parecer, que observemos su funcionamiento en la formación retórica (que tendrá una importancia decisiva en la construcción de una dramaturgia específica en el Seiscientos francés) y en la predicación, que es el ámbito desde el cual se asimila y gestiona sus préstamos conceptuales y terminológicos para el actor español. Sólo desde ese intercambio comprenderemos que los defensores del teatro no sólo utilicen la oratoria (o la predicación) como metáfora de prestigio sino como marco de superación. Pues, como llegará a decir el italiano Giovan Battista Andreini, para subrayar su excelencia, los actores y actrices de la *commedia dell'arte* son superiores a los predicadores porque éstos se proponen conmover a un auditorio ya predispuesto con la emoción del aparato visivo, sonoro, olfativo del espacio y la acción litúrgicos, mientras que los actores han de hacer reír (o llorar) a sus espectadores «navigando contro corrente, entrando in scena quando ancora la gente ride per i lazzi zanneschi.»[14] Lo cual, creo, pone las cosas en su sitio.

2. LA ELOCUENCIA REDEFINE EL TEATRO: PREDICACIÓN, APRENDIZAJE DE LA RETÓRICA Y DRAMATURGIA

El ideal quintiliano del *vir bonus dicendi peritus* iba a convertirse, en virtud del continuo mecanismo sincrético de la cultura eclesiástica, en un objetivo de la cristiandad en su afán de transmitir el mensaje divino. Pero, como ya vimos para el gesto, el proceso iba a ser complejo, al partir la Iglesia de los numerosos prejuicios que encerraba, por un lado, la teatralización gestual inevitable de tal transmisión y, por otro, el instintivo rechazo a todo lo que supusiera expresión de placer, incluido el de la comunicación emotiva, persuasiva, pasional. Por lo cual se condenará abiertamente la vacuidad sofística de la retórica y se defenderá la sencillez de la expresión. Como dirá en el siglo XII Cipriano de Cartago, «vocis pura sinceritas non eloquentiae.»[15] La manifestación del espíritu, dirá San Pablo, es lo que sostiene su predicación y no los meros discursos persuasivos. Y, como es sabido, será San Agustín quien en *De Doctrina Christiana* (IV, XXV, 55-58) sugiera asimilar sensatamente el placer y la persuasión. El obispo de Hipona, al que sabemos, por otro lado, conocedor del teatro, explica con toda lógica que en las cosas de Dios el *modus inveniendi* debe ser acompañado del *modus proferendi*, es decir, su correcta expresión. Si el poder de la elocuencia acompaña a quienes transmiten errores, ésta debe ponerse asimismo al servicio de la verdad. San Agustín encuentra absurdo que quien se dedica al engaño y la mentira lo logre mediante «la fuerza de su oratoria [...] y ora lo aterroriza, ora lo entristece, ora lo anima, ora con ardor lo excita, mientras que otro que lucha por la verdad es indolente y frío

---

[14] Andreini, G.B., *La Ferza contro le accuse date alla commedia e a' professionisti di lei*, París, Nicolao Callemont, 1625. *Apud* Taviani, Ferdinando, «Un vivo contrasto. Seminario su attrici e attori della Commedia dell'Arte», *Teatro e Storia*, núm. 1, Bolonia, 1986, p. 63.

[15] *Vid.* Murphy, James J., *La Retórica en la Edad Media. Historia de la teoría de la retórica desde San Agustín hasta el Renacimiento*, México, FCE, 1986, pp. 58 y ss.

y se duerme» (*De Doctrina Christiana*, IV, 8). *Lentifridique* (lerdos y fríos) llama sin empacho San Agustín a quienes suponen que la palabra de Dios puede persuadir por sí misma. A la verdad (*verum*) sólo se llega a través del mover (*flectere*). Se trata, pues, de convertir la predicación en una técnica para que se digan «cosas buenas y se digan bien, esto es, como lo exige el tema, cuidadosa, ornada y apasionadamente» (*De Doctrina Christiana*, IV, XXI, 50).

Hasta aquí se entiende todo: los bastidores de la predicación son tan teatrales como los consejos de los oradores. Pero San Agustín escribe su obra *De Doctrina Christiana* sobre el año 426 a.C. Y desde entonces no es posible continuar las huellas de una evolución teórica respecto al tema hasta que, sobre 1205, encontremos una obra como *De modo praedicandi* de Alejandro de Ashby o en 1322 la *Forma praedicandi* de Roberto de Basenvorn, quien llega a enunciar hasta veintidós cualidades del sermón, entre ellas algunas tan teatrales como la coloración, la modulación y las inflexiones de la voz o los ademanes apropiados.[16] Estas fechas nos remiten significativamente a todo lo dicho respecto a la nueva civilización del gesto que la disciplina monástica va recuperando en orden a una rehabilitación que cualifique de manera distinta y distante las formas externas del *homo religiosus* y que resultaron decisivas para la asimilación de un *ars theatrica*. Con la oralidad, con la voz parece suceder lo mismo: en ella encontramos también, como dice Paul Zumthor,[17] el testimonio de la invasión de los claustros por la palabra y la voluntad de refinar, educar, disciplinar esa palabra. Albertano de Brescia escribía en 1245 un *De arte loquendi et tacendi* que denota el valor indicial que para la restauración general de la dignificación de la corporalidad puesta al servicio de una utilidad edificativa tendrán asimismo la retórica y la predicación sacras.

Desde este punto de vista autores como Carla Casagrande y Silvana Vecchio[18] han estudiado, con relación al teatro medieval, la predicación de las órdenes mendicantes. Hasta ese momento el mundo del juglar y del histrión ha sido una zona oscura, al otro lado de lo sagrado y de la virtud moral, la expresión límite de lo profano y el pecado. Pero cuando las órdenes mendicantes, especialmente los franciscanos, necesitan transmitir su mensaje evangélico el imaginario del religioso encuentra en el modelo del juglar, del actor y hasta del mercader nómadas un impagable referente. Como la de éstos, su misión se va a ejercer a lo largo de ferias y caminos; como ellos, necesitan persuadir con disciplina pero con acierto complacien-

---

[16] *Ibid.*, pp. 281 y ss.
[17] *Op. cit.*, p. 90.
[18] «L'interdizione del giullare nel vocabulario clericale del XII e del XIII secolo», en Johann Drumbl (ed.), *Il teatro medievale,* citada, pp. 349 y ss.

te; como ellos, necesitan hacerse con la voluntad de un público. Cierto repertorio de gestos, actitudes, disposición de voz y de cuerpo, al amparo
de la vieja retórica y los consejos agustinianos, les van a ser muy útiles para
la comunicación. Incluso se introducen los sermones con fórmulas de ambigua pericia juglaresca («Oíd, buena gente») con la que se cita, incluso, alguna cancioncilla. Sermones y homilías se trufan de *exempla* y apólogos o
fabliaux fantásticos que tienen que contarse con la pericia de la acción exterior y de la oralidad persuasiva. El oyente o espectador es el mismo y, en
consecuencia, se hacen también borrosos los límites entre la actividad de
dos tipos de emisores (predicador, entretenedor profano). Causa por la
cual (y otra vez debemos remitir a lo dicho en cuanto al gesto) se hace
también preciso disciplinar científicamente, desde el punto de vista eclesiástico, esta molesta coincidencia. Los consejos de Hugo de San Víctor
respecto a la minuciosa gramática gestual que debe imperar en el monje
tienen mucho que ver con esta vía de una oralidad difusa. Los medios irracionales de la persuasión (que se advierten como necesarios) se estructuran en tratados tan eficaces como el *Opus Tertium* que escribirá Roger
Bacon o los recetarios retóricos de múltiples *Ars Praedicandi*. La *pronunciatio predicatoria* se precisa fuera de los límites de la mímica histriónica, pero desea conservar en su legítima eficacia teatral del *color
rhythmicus* y del *color rhetoricus*. La utilidad de la nueva predicación
consiste no sólo en la verdad del dato revelado sino en las emociones,
gestos, movimientos rítmicos de cuerpo, matices de la voz que el predicador sabe son convenientes para llevar al público hasta las lágrimas: «Sed
principaliter oportet quod verba affectuosa multiplicentur, ut posteriter
possit affectus permoveri.» Y de nuevo, como con Cicerón y con Quintiliano, el orador debe separarse del actor pero no puede, ni quiere, eludirlo como modelo. Se sigue escribiendo en silencio una teoría proscrita. Se
escribe sobre el cuerpo del predicador evocando indirectamente la eficacia corporal del comediante. Alain de Lille insiste en su *Summa de arte
praedicatoria*:

> Praedicatio enim in se, non debet habere verba scurrilia, vel puerilia, vel
> rhythmorum melodias et consonantias metrorum, quae potius fiunt ad aures
> demulcendas, quam ad animum instruendum, quae praedicatio theatralis est
> et mimica, et ideo omniforie contemnenda.[19]

Ya hemos visto cómo la teoría teatral, cimentada entre el siglo XVII sobre la contradictoria base de la fascinación del espectáculo y el desprecio

---

[19] *Patrologiae Latinae*, CCX, 112. *Apud* Casagrande, Carla y Vecchio, Silvana, *Op. cit.*

moral, recupera fragmentos lexicalizados del pensamiento antiguo. Y por eso no nos sorprendía leer a los moralistas españoles que forman el elenco del debate sobre la licitud moral del teatro hacerse con alcanforadas argumentaciones de los santos Padres. Por la misma razón este viejo esquema de la predicación medieval y de su cuidadosa delimitación para enfrentarse, con todas las precauciones posibles, al mundo de la gestualidad teatral, a través de la retórica y la oratoria, vuelve a repetirse con la Contrarreforma. Obras como los *Progymnasmata latinatis, sive Dialogarum* del Padre Giacomo Pontano (1588-1589) convierten, dentro del sistema de la *Ratio Studiorum*, la ética del mundo y de la Corte en un saber oratorio. Y, sin perjucio de ir directamente después al caso español, puede ayudarnos el recordar la decisiva influencia que en Francia tiene la retórica jesuita para ilustrar y hacer comprensible cómo se articula la dramaturgia de su teatro clásico, de tono trágico y solemne.

Muchos autores franceses del Seiscientos que participan del debate moral contra el teatro perciben, sin embargo, desde su racionalismo filosófico, su utilidad, apreciando el potencial significativo del gesto. Se trata entonces de apoyarse en el prestigio de los autores clásicos antiguos, asumiendo su magisterio en el marco de la civilización laica de la Reforma católica, sin necesidad de circunscribir las enseñanzas de la oratoria antigua a la predicación eclesiástica, aunque adoptando ésta como el cauce natural por el que salvar y justificar el teatro. Marc Fumaroli[20] ha estudiado así, desde esta convergencia de intereses, buena parte de la dramaturgia de Corneille y de Racine y repasa minuciosamente algunas obras singulares como la del Padre Louis de Cresolles, *Vacationes autumnales sive de perfecta oratoris actione et pronunciatione* (París, S. Cramoysy, 1620), donde se manifiesta la necesidad de incluir la eficacia del lenguaje corporal no en la espontaneidad natural de la vida civil, como habían querido algunos renacentistas, sino en la disciplina retórica, dentro de la cual puede transmitirse con perfección no sólo una cultura profana sino la revelación del *logos* divino. Esta elocuencia sacra tendrá, claro está, su enemigo natural en la elocuencia teatral. En sus *Vacationes autumnales* el Padre Cresolles, como cualquiera de los moralistas españoles, denuncia el

---

[20] Ver, sobre todo, los siguientes trabajos: «Rhétorique et dramaturgie dans l'*Illusion Comique* de Corneille», *XVIIe Siècle*, núms. 80-81, 1968, pp. 107-32; «Le Corps éloquent: une somme d'*actio et pronuntiatio rethorica* au XVIIe siècle, les *Vacationes autumnales* du P. Louis de Cresolles (1620)», *XVIIe Siècle*, núm. 132, 1981, pp. 235-264; «La querelle de la moralité du théâtre au XVIIe siècle», *Bulletin de la Société Française de Philosophie*, t. LXXXIV, 1990, pp. 65-97. Pero, sobre todo, sus libros *L'âge de l'éloquence. Rhétorique et «res literaria» de la Renaissance au seuil de l'époque classique*, París, Éditions Albin Michel, 1990 (1.ª ed., Ginebra, 1984) y *Eroi e oratori. Retorica e drammaturgia settecentesche*, Bolonia, Il Mulino, 1990.

naufragio de esa educación excesivamente liberal y profana que hace que los hijos de familia nobles acaben encandilados por la retórica de los histriones. Se trata de crear, en el universo de los colegios jesuitas, una *simulación* o *laboratorio* teatral controlados que eleven la retórica a su cauce oportuno. El Padre Cresolles da a su obra una estructura dialogada, con un constante intromisión erudita en aras de la educación de la élite de la joven nobleza. Una biblioteca erudita que, no es de extrañar, se reduce años después, por parte de otro hábil hijo de San Ignacio, Jean Lucas, a un pequeño tratadito de 78 páginas con el título *Actio oratoria seu de gestu et voce* (París, Simon Bernard, 1675). No puedo incluir aquí un estudio más amplio sobre el sistema actoral, que, sin duda, engendra esta pedagogía jesuita, pues ello desbordaría totalmente nuestro propósito. Pero el teatro de colegio sería, en cierto modo, de nuevo paralitúrgico, una síntesis de retórica y poética humanística puesta al servicio de un simbolismo religioso que impidiera la interpretación (en el sentido teatral) libre o arbitraria. Me parece evidente que este sistema racionalista de escritura, indiscutible en la obra, por ejemplo, de Calderón de la Barca, es una sólida gramática que, quizá debiera obligarnos a revisar la técnica de los actores. Porque, fueran conscientes de ello o no, los actores que encarnaron a Basilio o a Segismundo en *La vida es sueño* estaban inscribiendo entre las pilastras de madera del tablado del corral un ensayo o remedo de las viejas *disputationes in utramque parte* que se ensayaban entre los jesuitas. Que es lo mismo que, de hecho, obliga a los dramaturgos franceses a plantearse su modelo de personaje trágico, que se convierte así, a la fuerza, en *héroe orador*, y que obligó a los actores a adoptar un determinado registro. Para el Padre Cresolles, claro está, la educación del joven como orador implica un modo sensiblemente distinto al del actor. El actor, para este jesuita francés, es aquel que «imitando toda la enciclopedia de gestos humanos sin criterio ni decencia moral o estética, no llega a ser sino una obscena imitación simiesca del orador.»[21] Se comprende así que los actores de la época de Luis XIII, para liberarse de semejante menosprecio, y con la presión de un teatro escrito en larguísimos alejandrinos de nula llaneza, se apresuren a adoptar sistemas expresivos que les asimilen a la nobleza de Quintiliano y que les lleven a desprenderse de toda sospecha de lenguaraz sofística en su discurso, haciéndose actores de la verdad única, que sacrifican la espontaneidad y el naturalismo en la expresión de las pasiones a un rígido canon retórico que substituya la sinceridad por el boato. Ésa es la causa del hartazgo que acabará provocando el estilo solemne y pedante de los actores franceses y que tanto sacó de quicio, por ejemplo, a Molière. El

---

[21] *Cf.* Fumaroli, Marc, *Eroi e oratori. Retorica e drammaturgia settecentesche*, citada, p. 272.

prontuario de gestos recomendados por el Padre Cresolles es un calco de la precisa y *modesta* (moderada) kinésica oratoria clásica: nada de expresividad, apresuramiento, manoteo; los pies dispuestos en *lambda*, es decir, uno adelantado y ligeramente girado para afirmar el tronco, formando un quiasmo regular con la posición de los brazos; el pie derecho sosteniendo la figura y el brazo derecho levantado en un amplio gesto, mientras que el pie izquierdo se retrae correspondiéndose con el movimiento más discreto del brazo izquierdo. La mano o parte izquierda siempre se verá sometida en la actuación a una mayor pasividad y reposo (ya lo decía el Pinciano). La contención no está reñida con la expresividad de, al menos, la armoniosa disimetría. Al extremo de la mano, los dedos, sujetos a las posiciones concretas de la enseñanza, la narración ejemplar, la pompa epidíctica (el índice que señala y que demuestra la verdad); el antebrazo elevado sólo para concentrar la energía de la aseveración. Nada nuevo: tratados posteriores, directamente escénicos, como el del también jesuita Francisco Lang (*Dissertatio de actione scoenica*, 1727), ofrecerán ilustraciones decisivas al respecto. La retórica ha creado un tipo de actor distinto a partir del dominio de la declamación que, en el caso español, habremos de deducir, probablemente, de géneros específicos, como ciertas tragedias o los autos sacramentales. Ya Lope de Vega, en el *Arte Nuevo*, convierte el aristotelismo de la *Poética* en el aristotelismo de la *Retórica*. Y su modelo de actor es expresivo, pero también solemne y dilemático: recuérdese que tenía que preguntarse y responderse a sí mismo. El Padre Cresolles advierte constantemente, eso sí, que nada más lejano del histrión que el orador, porque su cuerpo funciona sólo para la elocuencia del *logos* trascendente de la palabra sagrada. Se trata del rapto del actor por parte de la oratoria, no al revés. El mundo del humanismo clásico y el foro de la Iglesia se unen frente a un sistema teatral excesivamente libérrimo.

La *moderación cristiana* contribuye con su punto de vista al avance de la técnica del actor cuando ésta aún no es posible encontrarla teorizada autónomamente. Y el actor encuentra en el *orator divinus* el resquicio por el que habitar una atmósfera de mayor tolerancia, que produce, entre otras, obras como la de Giovan Domenico Ottonelli o la del Padre Louis Cellot, autor de unas *Orationes* que culminan con cuatro discursos titulados *Actio in histriones* (1641)[22] en los que rescata al actor cristiano y moderado cuyo referente sería, precisamente, el seguimiento estrecho de la retórica sagrada: de nuevo se abre la brecha dialéctica entre los verdaderos profesionales y los *histriones* y *saltatores* inmorales. Parece como si la historia volviera a escribirse. De hecho, es así.

Pero dentro de este debate se dicen cosas, también, sobre la voz. A

---

[22]   *Cf.* Fumaroli, Marc, *Eroi e oratori...*, citada, pp. 309 y ss.

la moderada disciplina del cuerpo como sustento del *logos* divino debe acompañar la transfiguración de la voz, objeto de la *pronunciatio.* El Padre Cresolles le dedica un libro entero en su obra, donde nos introduce en los secretos del sonido y de la respiración. En 1621, el Padre Étienne Binet publica su *Essai des merveilles de la Nature et des plus nobles artifices,* cuyo capítulo XII está íntegramente dedicado a la música y a ciertos virtuosismos de la voz humana, que concibe como un mundo breve en el que se contienen todos los rumores y paisajes de la naturaleza y el arte.[23] Sus apreciaciones son marcadamente teatrales, porque, sin duda, su modelo es el teatro:

> Las lágrimas tienen su voz particular, construida de sollozos y de un sonido agridulce que podría ablandar las piedras; si se desea halagar, se precisa una voz sensible y afectada, que perfume de almizcle y de ámbar y que se destile incluso en los más duros corazones hasta deshacer el hielo que congeló sus almas. Y si viene al caso reír ¿no es cierto que echáis los golpes de una voz fuerte y aguardentosa que sale a borbotón de la boca? Ese soldado, ese Trasón que hace el valiente, observa con qué acento de voz explosiva, engreída y destemplada; y aquel pobre diablo, paralizado por el terror frente a otro, mira qué voz emite, trémula y casi al filo de la expiración.[24]

El Padre Binet subraya así, en esta excelente virtud prometeica, que la nueva cultura de la retórica es, en consecuencia, una nueva cultura de la voz. El Padre Cresolles en su *Vacationes autumnales* señala asimismo:

> Un discurso bien construido, adornado con cuanta gracia y estilo se quiera, es un discurso muerto y pierde todo su poder de asombrar, fascinar o persuadir si carece de una voz apropiada y de una declamación acorde con su contenido. Sucede así, evidentemente, con la dicción de muchos jóvenes que, buscando y libando de múltiples lugares las flores del estilo, contentándose con este polvo pueril que ciega sus ojos, conceden poquísima importancia a la manera de decir y producen una obra inacabada, como si hubieran dado a la luz una Venus, maravillosamente adornada de oro, de perlas y de todo tipo de riquezas pero sin voz y sin pasión de alma. Por el contrario, los oradores, afirmados y consagrados en su campo de batalla, golpean a todo y a todos con su voz y con ella deben lograr convencer y vencer a su adversario.[25]

Para el timbre y tono de la voz el Padre Cresolles no tendrá sino que seguir a Quintiliano: debe ser digna y viril, no frágil ni afeminada, ni con las

---

[23] *Ibid.,* pp. 276 y ss.

[24] Binet, Étienne, *Essai des merveilles de la Nature et des plus nobles artifices,* Rouen, Romain de Beauvais, 1621, p. 501. *Apud* Fumaroli, Marc, *Op. cit.,* p. 277.

[25] *Vacationes,* Lib. III, cap. 3, p. 469, *apud* Fumaroli, Marc, *Op. cit.,* p. 278.

fluctuaciones engañosas de los sofistas. Una voz débil es incompatible con la *vis oratoria* que exige la transmisión de la fe religiosa, pero también lo es una voz excesivamente sonora e incontrolada que conduzca a la pomposidad del orador. Una voz ronca trunca la melodía armoniosa de los matices de los que la elocuencia debe hacerse eco, pero tampoco ha de jugar con quiebros afeminados y sensuales. En suma, la consabida lección del justo medio en el ornato del estilo (*venustates*), en la elaboración de la armonía (*elaborata concinnitas*), en la elegancia del ritmo (*elegantia numerorum*), en la expresión que deleite (*delectationis acupicium*). Se plantea asimismo el problema de la fluidez o velocidad de la elocución: la lentitud degenera fácilmente en languidez y monotonía, pero aplicada conscientemente como disciplina en las descripciones o en la expresión de determinadas emociones (como el dolor, la amargura sin cólera ni desesperación) inspira precisamente la majestad, la piedad trágica contenida estoicamente. Otra vez aquí la aproximación a registros dramatúrgicos de género resulta convincente. Por el contrario, la excesiva velocidad, una *copia fluens et praeceps,* es, en la mayoría de los casos, negativa: oscurece la comprensión de las palabras y, quiebra el ritmo respiratorio del orador, que debe administrarse minuciosamente.[26]

Se tratará, de nuevo, de observar cómo este rozamiento enriquece pau-

[26] Esto sucede en todas partes. Por evitar reiterar los ejemplos españoles, y teniendo en cuenta el contexto de especial importancia retórica del siglo XVII francés, leamos algunos párrafos del *Traité de l'action de l'orateur ou de la prononciation et du geste* (París, Augustin Courbée, 1657): «La voix a trois principales différences; celle de la hauteur ou de la bassesse, celle de la contention ou de la douceur, et celle de la vitesse ou de la tarditivité. En toutes les trois l'Orateur doit garder la médiocrité [...] parce que les extremités sont vicieuses et désagréables...» (p. 102). «Si vous parlez des choses naturelles, à intention seulement d'en donner l'intelligence à vos auditeurs, il n'est pas besoin d'y apporter de la chaleur et de l'émotion, mais seulement une voix bien nette et bien articulée [...] Mais si c'est pour y faire admirer les merveilles de la bonté, de la sagesse et de la puissance de celui qui les a créés, il le faut faire avec une voix grave et un ton d'admiration. Si c'est des actions des hommes [...] Il faut accommoder l'accent de notre voix à leur qualité, usant aux justes et honnêtes d'une Prononciation pleine et haute, et d'une ton de contentement, d'estime et d'admiration; et aux injustes et infames d'une voix forte et émue, et d'un ton d'indignation et d'exécration...» (pp. 107-108). «Ce que fait la Nature, c'est ce que la Prononciation doit imiter. Car plus elle approche de la Nature, et plus elle est parfaite: et plus elle s'en éloigne, plus elle est vicieuse. C'est pourquoi pour aprendre à bien varier votre voix, vous en sauriez mieux faire que de prendre garde comment on parle ordinairement, et comment vous parlez vous-même quand vous êtes en compagnie, comment une femme prononce ce qu'elle dit quand elle est en colère [...] et comment elle parle de la perte qu'elle a fait de son mari ou de son enfant: et tacher de parler de même en public sur de semblables sujets, en observant seulement combien plus de voix il faut pour un Palais ou pour un Temple, que pour une chambre particulière. Ainsi les acteurs changent leur voix selon les divers personnages et les divers sujets, et suivent la Nature le plus qu'ils peuvent avec le même accent que s'ils

latinamente la terminología de la técnica del actor, para el que la declamación, como término más complejo que la pura gestualidad, se convierte en meta de eficacia y virtuosismo.

3. SU PÚLPITO, TABLADO; SU SERMÓN, ENTREMÉS

El teatro y la predicación son fenómenos atados, dentro de culturas diferentes —la laica, la sagrada—, a dos categorías profundamente enraizadas en lo barroco: el tiempo y el espacio, y que buscan, como subrayó en inolvidable trabajo Dámaso Alonso,[27] sacudir emocionalmente, desde la memoria medieval, los resortes estético-afectivos de cualquier generación. Entre nosotros, y por acudir sólo a un ejemplo tan cómodo como eficaz, la predicación de los sermones de San Vicente, brillantemente estudiados en su desmesura teatral por Joan Fuster, nos abren el camino de la reflexión:

> El quadre de la predicació vicentina es completa, així, amb el fons patètic de la Companyia [los disciplinantes que se azotaban]. Els crits agoixants, els colps de la flagel·lació, el càntic penitèncial, prolongarien, dins l'ombra nocturna, el ressò de les paraules del frare. La transició seria ben natural: la mateixa fervor, el mateix propòsit, una sola seducció hi eren els mòbils. En l'últim món medieval, travessat de guerres i de disbauxa, piadós i corromput, obert a totes les fascinacions, el gest i la veu del dominic valencià passaven, i, s'hi posaven, como un accent alhora de terror i d'esperança, estrident, viu, impressionat.[28]

En España, como es lógico, asistimos también, bien que en otros términos, al debate que hemos descrito para el siglo XVII francés. Si es cierto que, como ha escrito Fernando Rodríguez de la Flor, «nos faltan testimonios plásticos, literarios y hasta documentales, que podrían ayudarnos a llegar a lo que sería una tipología física —en realidad: una prosografía— del orador sagrado del Siglo de Oro»,[29] los tratados y testimonios indirectos

---

parlaient en particulier, mais avec plus de contention de force et de contention de voix selon la grandeur du théâtre» (pp. 89-90).

[27] «Predicadores ensonetados. La oratoria sagrada, hecho social apasionante del siglo XVII», en Obras Completas, Madrid, Gredos, 1974, vol. III, p. 974.

[28] Fuster, Joan, «Notes per a un estudi de l'oratoria vicentina», Revista Valenciana de Filología, tomo IV, núm. 2-4, abril-diciembre 1954, pp. 184-185.

[29] «La oratoria sagrada del Siglo de Oro y el dominio corporal», en José M.ª Díez Borque (ed.), Culturas de la Edad de Oro, citada, p. 126.

que poseemos conforman una de las teorías más completas a las que podríamos aspirar para constituir otro *paratexto* de la técnica del actor, por lo que hace a las acciones, pero también, como expresaba Fray Ángel Manrique en su *Santoral* (Valladolid, 1613), en su *modillo de decir.*

El modelo de ponderación de la oratoria o la elocuencia, sea en el campo laico, sea en el religioso, siempre es el mismo y coincide con la sistematización descriptiva de los valores de eficacia visual y sensitiva del teatro respecto a la letra escrita que ya hemos comentado en otro lugar. Para Ameyugo, el autor de una *Rhetórica Sagrada y Evangélica, «*la verdad muertamente representada no mueve más que si fuera una ficción y una ficción vivamente representada mueve del mismo modo que si estuviera a los ojos de la verdad.» Bartolomé Jiménez Patón en su *Elocuencia Española en Arte* de 1621 —no olvidemos que en este autor se inspira claramente Lope de Vega para dibujar el mapa de recomendaciones retóricas concretas (anáforas, anadiplosis, exclamaciones, repeticiones) de su *Arte Nuevo*— recuerda «que la elocución sin la acción es como una espada en la vaina, las galas en el cofre, el dinero en el arca, que es todo de ningún provecho no usándose dello.»

Emilio Orozco escribió un entretenido cuanto documentado artículo[30] donde se da cuenta del sesgo espectacular que paulatinamente toman el estilo y los ademanes de los predicadores, los cuales contemplan su hacer en el espejo del comediante (y al revés). A fin de cuentas, uno y otro, como el orador, buscan la peroración o moción de los afectos. Sin perjuicio de encontrar testimonios directos (y no poco abundantes) podemos imaginar lo que se podía ocultar tras sermones como el pronunciado por Fray Antonio de Castilla el 14 de marzo de 1686: *Silenciosos gemidos, sangrientos llantos, cordialísimos threnos, que en las reales exequias de la Augustísima Reyna Cathólica Doña María Luisa de Borbón consumó a su fama póstuma la M.N. y L. ciudad de Medina de Ríoseco.*[31] En vano se intenta imponer como máxima del predicador el *omnia de re, nulla de te* (como aconsejaba Juan Bonifacio en *De sapiente fructuoso,* 1589) con el objeto de que todo el sermón basculara hacia el lado contenidista y didáctico, sin la implicación subjetiva y emocional. Como aseguraba Jacinto Carlos Quintero, los predicadores convierten «su púlpito en tablado y su sermón en

[30] «Sobre la teatralización del templo y la función religiosa en el Barroco: el predicador y el comediante», *Cuadernos para la Investigación de la Literatura Hispánica*, núm. 2-3, 1980, pp. 171-188.

[31] Y tantos ejemplos que pueden verse en Félix Herrero Salgado, *Aproximación bibliográfica de la Oratoria Sagrada en España Española*, Madrid, CSIC, 1970. *Vid.* también Francis Cerdán, «Historia de la historia de la Oratoria Sagrada española en el Siglo de Oro. Introducción crítica y bibliográfica», *Criticón,* 32, 1985, pp. 55-107.

entremés.»[32] Por su parte Alfonso García Matamoros, sobre 1570, censuraba a algunos predicadores que representaban las cosas como en el teatro: «corren un toro como si estuvieran en la plaza, o fingen que van siguiendo un pajarillo y le echan mano y lo despluman con tal propiedad, con tales muestras primero de ansiedad y luego de regocijo, dando tales saltos y voces, que realmente parecen unos chiquillos...». Otro clérigo, Fray Diego de León, en 1629, condenaba los sermones que entraban «con palabras artificiosas que llevan torrente como loas de comedia...»,[33] mientras que el jesuita Juan Bautista Escardó aconsejaba incluso los distintos tonos de voz que el predicador habría de emplear en su alocución.[34]

Pero el cuerpo del predicador, como hemos ido viendo, no puede ser un territorio indisciplinado, regido por el azar, y en su realidad física deben imponerse un conjunto de modificaciones (gestuales y de ademanes) e impostaciones (de voz) que se coordinan «dentro de una *tecné* [*sic*], en aras de acompañar mejor el mensaje que enuncia.»[35] Ahora bien, ¿cuál es esa *tejné?* Ya hemos visto que ésta, de acuerdo con un canon perfectamente teatralizado, afectaba al sistema de signos que provenían del *vultus* y el *gestus*, es decir, el dominio del semblante y del movimiento del cuerpo y sus miembros. Volvamos a recordar a Juan Huarte de San Juan, citando indirectamente a Cicerón:

> La cuarta propiedad que han de tener los buenos oradores —y la más importante de todas— es la acción, con la cual dan ser y ánima a las cosas que dicen; y con la mesma mueven al auditorio y lo enternecen a creer que es verdad lo que les quieren persuadir. Y, así, dijo Cicerón: la acción se ha de moderar haciendo los meneos y gestos que el dicho requiere, *alzando la voz y bajándola, enojándose y tornarse luego a apaciguar; unas veces hablar a priesa; otras a espacio; reñir y halagar;* menear el cuerpo a una parte y a otra; coger los brazos y desplegarlos, reír y llorar; y dar una palmada en buena ocasión.[36]

Otros autores construyen igualmente el perfil del perfecto predicador respecto a este canon, como hace Francisco Terrones del Caño en su *Instrucción de predicadores* (1617):

[32] *Templo de la Eloquencia Castellana en dos discursos*, Salamanca, 1629, fol. 50. *Apud* Martí, Antonio, *La preceptiva retórica española en el Siglo de Oro*, Madrid, Gredos, 1972.

[33] Ambos ejemplos citados por Otis H. Green, «Se acicalaron los auditorios», en *España y la tradición occidental*, Madrid, Gredos, 1969, t. IV, pp. 223-226.

[34] En su obra *Rhetórica Christiana o Idea de los que desean predicar con espíritu*, Palma de Mallorca, 1647, cit. por Antonio Martí, *La preceptiva retórica española en el Siglo de Oro*, citada, p. 252.

[35] Rodríguez de la Flor, Fernando, *Op. cit.*, p. 135.

[36] *Examen de Ingenios para las Ciencias*, Madrid, Editora Nacional, 1977, p. 193.

Ha de ser de mediano aspecto, que si fuese monstruosamente feo o espantable de rostro, les acontece a los oyentes lo mismo que está dicho de los mal nacidos. Al fin la buena composición de la persona no sobra en el predicador. *Ha de tener buena voz, sonora y agradable;* buen entendimiento, claro y magistral, para que con estas dos cosas perciban y entiendan lo que dijere; *buena memoria* para aprender el sermón, sino por el orden que lo escribió, o propuso decirlo; buen gusto o, por otro nombre, buena elección, esto es lo más sustancial; y sobre todo buena gracia y donaire, *sabroso para dar vida a lo que dice; buena lengua, no tartamudo, ni zazo, o borrosa; buenos dientes para pronunciar distinto y cortado lo que dice,* y otros muchos dotes de naturaleza.

A propósito he subrayado en los dos últimos ejemplos el tercer lado del triángulo del supuesto canon de la *tejné* del predicador: las cualidades de la voz, sus valores tonales y expresivos, esa lengua hábil y *experta* o *suelta* (como pedirá luego Cervantes al actor)[37] que evite el *hablar zazo* (a saber, ceceando) o la *borrosidad,* es decir, el hablar poco claro impidiendo la perfecta articulación *distinta y cortada.* Una extravagante gestualidad que modifique el aparato fonador puede, en efecto, truncar la cualidad por excelencia del orador (o del actor): la pronunciación. Por eso, Fray Luis de Granada reprocha a los predicadores el fruncimiento distorsionador de los labios, «morderlos y lamerlos [...] debiendo ser moderado en su movimiento hasta en el pronunciar las palabras.»[38] E incluso el atildado Fray Hortensio Paravicino cuaja en su definición del predicador conceptos plenamente teatrales:

> El predicador que dice la curiosidad, la agudeza, que la hermosea con el estilo de lenguaje alto y superior, pero no le da el *vivo de la acción,* la *vida de la representación del modo,* a ése le falta la debida hermosura.[39]

Donde se unen de manera inequívoca la petición de *viveza* y del *modo* (o sea, de la urbanidad, templanza, moderación). Con la inequívoca fuente quintiliana el vocabulario técnico de la voz que se nos propone para el

---

[37] La *lengua experta* es un requerimiento presente en todas las valoraciones o establecimientos del *canon* del perfecto actor que he podido leer en la literatura teatral europea de la época. Así Thomas Heywood en su *Apology for the actors* (1612): «Los actores debieran escogerse de acuerdo con los personajes que hayan de interpretar; y tener la suficiente formación para que *si no saben hablar con corrección, aprendan a hacerlo o a desarrollar esta práctica de hablar bien* aunque no sean capaz de comprenderlo; porque donde no hay *una lengua excelente* y una *buena apariencia* no puede haber un buen actor.»

[38] *Los seis libros de la Retórica o de la manera de predicar,* en *Obras de V.P.M. Fray Luis de Granada,* Madrid, Atlas, 1945, tomo II, p. 621.

[39] *Oraciones Evangélicas y Discursos Panegíricos y Morales,* Madrid, Joachim Ibarra, 1766, IV, p. 326.

predicador barroco amplía nuestro horizonte semántico de las que se exigirían al actor. La *memoria* era precisa y, claro está, el *entendimiento*, pues la nueva oratoria está destinada no a perderse en el aire, más allá del arco de los dientes, como diría Homero, es decir, de la pura oralidad, sino que tiene vocación de obra permanente, *impresa*. Esa es la razón de la construcción estilística de la pieza oratoria y la profunda complejidad de sus niveles ornamentales. El predicador culto se interpreta a sí mismo, como constructor de sermones inmersos en el paradigma de la poesía cultista, como el actor deberá valerse de sus cualidades para controlar y dar sentido a la desmesurada *escenografía verbal* que, a partir de la generación calderoniana, se incluye en muchos de los textos teatrales.[40] Así, pues, no es solamente que actor y predicador intercambiaran cualidades; es que, sobre todo en cierto momento, tienen idénticos problemas técnicos que resolver, como la respiración, el quiebro o las inflexiones de la voz, la memoria o retención nemotécnica de un estilo endemoniadamente complicado («frase aguda y exquisita, que requiera a su vez filigrana de construcción y gran maestría», pedirá Fray Diego de Estella).[41] Más de una vez, por supuesto, habrá de afectar e impostar tanto la voz que se puede caer en la más ramplona cursilería, como revelan algunas de las pullas dedicadas a los oradores sacros:

> En el acto funesto y lastimoso
> la loa echó Miranda el afeitado,
> y en su nido *la música ha entonado*
> *un nuevo silguerillo sonoroso...*
>
> Echa Núñez *la voz muy melindrosa.*[42]

Otras veces es quizá preciso echar mano de la experiencia para improvisar y ser más llano, castizo diríamos, en lugar de atenerse a la partitura escrita, a la meticulosidad en el seguimiento de las pausas y ritmos, y del adorno repelente de palabras, como recuerda Vicente Carducho diferenciando al predicador novato del ya muy rodado:

> Un predicador, que si es novel principiante está atenido a sus cláusulas y palabras decoradas, que no puede con ellas dar aquella fuerza que suele el ya

---

[40] Lara Garrido, José, «La predicación barroca, espectáculo denostado (textos y consideraciones para su estudio)», *Analecta Malacitana*, 6, 1983, p. 381: «Es preciso recalcar esa indisoluble conexión entre una fórmula teatralizante de la oratoria y un nivel de estilo intrincado que nos muestra el cruce modélico de la comedia y la nueva poesía en su configuración barroca.»

[41] *Modo de Predicar* o *Modus Concionandi*, cit. por Martí, Antonio, *Op. cit.*

[42] Cit. por Alonso, Dámaso, *Op. cit.*, pp. 980-981.

experimentado en los púlpitos, cuando con un *amago*, si se sufre decir, *de desgarro de voz y acción*, significa y dice lo que quiere, y con *menos palabras y cláusulas* imprime en los corazones con mucho más afecto que el otro con sus *palabras medidas y compuestas*.[43]

La indicación gestual *amago* es de una prodigiosa sugerencia. En la época se entendía *amago* como «el acometimiento, amenaza u demostración, con la qual se explica y demuestra mucho mas de lo que se quiere hacer o executar» (*Diccionario de Autoridades*). Carducho establece así un modo realmente distanciado de práctica oratoria, ficticio, de claro desdoblamiento técnico: se amaga, se hace *como que*, se deja caer un *desgarro* (ademán de braveza, afectación de valentía) y se une, en el mismo dibujo kinésico, la voz. Luego, observemos la diferenciación entre *palabras* y *cláusulas* (es decir, el énfasis en palabras aisladas, por una parte, y, por otra, el periodo oracional con sentido completo), que significarían, evidentemente, dos sistemas de ritmo, dos cadencias diferentes, dos modos de marcarse las pausas y la respiración. Y otras veces, en fin, predicador y actor habrían de llenarse la boca con el puro y epatante placer de largar tiradas de vocablos válidos por lo sonoro pero harto incomprensibles para ellos mismos:

> Dígalo el murmullo de un auditorio, quando el Predicador acaba. Unos porque ensartó muchos lugares, dizen gran hombre es, en la uña tiene la Escritura; otros por esto mismo le tachan de popular. Dizen los pardos, *tiene linda labia, él intrépidamente echa sinónimos y habla siempre de boca llena*, y si es de paja más a su sabor; los de mejor gusto acúsanle de charlatán. Allá se oyen los que adolecen de Académicos, y por unos *adjetivos ruidosos o qualquier frazecilla poética* le dan el grado de culto: aquí se quexan buenas cabeças, de que las ha descalabrado *este ruido de voces*, que parecen concepto y no son más que sonido. Si grita de celoso, arquean las cejas, compungido el gesto, y otros muy falsos tuercen la boca, preciados de que sola la razón le haze fuerça que *guiarse por gritos* es de rebaño.[44]

Lo de los gritos podía ser literal y a veces obligado; el sacro y burgués silencio con que la representación teatral se ve acompañada en la actualidad dista mucho del jolgorio del corral donde si se veía mal a veces, imagino se oiría peor. Desde el púlpito tal falta era más notoria, porque anulaba

43 Carducho, Vicente, *Diálogos de la Pintura* (ed. de Francisco Calvo Serraller), Madrid, Turner, 1979.
44 Gonzalo Pérez de Ledesma (José de Ormaza), *Censura de la Eloquencia para calificar sus obras, y señaladamente las del púlpito*, Zaragoza, 1648. Cit. por Martí, Antonio, *Op. cit.*, p. 254.

la riqueza de matices. Fray Diego de Estella se irrita contra aquellos predicadores que «no acaban de convencerse de haber cumplido su misión si no han predicado como furiosos y fuera de sí, confundiendo las ideas.»[45] Lo que no obsta para que, en otro momento, le aconseje admirar al auditorio, primero hablándole en tono llano y magistral, y luego «váyase encendiendo de arte que al cabo vaya con grande furia, hasta que *acabe el periodo que ha de acabar como caballo que va acabando su carrera.*»

Insisto en que creo que se trataba de problemas comunes al actor y al predicador. Y que, sin duda, el actor normal (sin perjuicio de que alguno recibiera alguna superficial referencia del poeta o dramaturgo) no andaría olisqueando tratados quintilianos ni recomendaciones ciceronianas. Por ello lo habitual ha sido apostar por el hecho de que los verdaderos maestros fueron los actores (como sucediera a Demóstenes, atento discípulo de Andrónico).[46] De modo que cumple sacar a colación el celebérrimo elogio que el Padre José de Alcázar le dedicaba en su *Ortografía Castellana* (1690) al virtuosismo del actor Damián Arias que «tenía *la voz clara y pura* y la memoria firme, la acción viva. Dijera lo que dijera, *en cada movimiento de la lengua parece que tenía las gracias* y en *cada movimiento de la mano* la musa. Concurrían a oírle excelentísimos predicadores para aprender *la perfección de la pronunciación* y la acción.»[47] Mano y lengua concentran de nuevo la fuerza de la *actio*. No sin razón el anónimo autor del *Memorial* dirigido a Carlos II en 1681 señala «que no desalíña la comedia a los que regentan las cátedras evangélicas las frases y locuciones de las coplas y lo accionado de la natural retórica de los grandes representantes.»[48] El Padre Valentín Céspedes no vacila en afirmar:

> El predicador es un *representante a lo divino*, y sólo se distingue del farsante en las materias que trata; en la forma, muy poco. Algunos los confunden con la farsa, y los llaman Arias, Prado, Osuna; mudando materia, nadie puede

---

[45] Martí, Antonio, *Op. cit.*, p. 203.

[46] «Naturalmente que la principal influencia fue la del comediante sobre el predicador, ya que éste era consciente, como conocedor de las reacciones del público, del poder de los recursos teatrales desarrollados por el autor en la escena. Pensemos que clérigos y religiosos asistían a los espectáculos de los corrales —en aposentos y desvanes— y —aparte las representaciones de obras en colegios y conventos— a las más solemnes y aparatosas de los autos sacramentales. Además recogían desde el confesionario las experiencias de las gentes; esto sin olvidar el frecuente coincidir del sacerdote o religioso y el escritor teatral que conocía más de cerca a los comediantes. La lista en España puede comenzarse —nada menos— que con Lope, Tirso, Calderón y Moreto» (Orozco, Emilio, «Sobre la teatralización del templo...», citada, p. 176).

[47] *Apud* Porqueras Mayo, Alberto y Sánchez Escribano, Federico, *Preceptiva dramática española del Renacimiento y del Barroco*, citada, p. 335. Los subrayados son míos.

[48] *Apud* Cotarelo y Mori, Emilio, *Bibliografía,* citada, p. 42b.

dudar que esos farsantes, dándose a la virtud, al estudio, fueran aventajadísimos predicadores.[49]

Por lo demás, no es de extrañar que, desde un punto de vista menos complaciente, el ya citado Jacinto Carlos Quintero afirmara que, también al revés, el sermón se había convertido en una escuela donde el galán de comedia podía «ganar advertencias para su sensualidad, nota para el papel de solicitud, fineza de razones para el galanteo de su dama y *voces para aprovechar sus versos.*»[50] Y aprender de ademanes y de una gestualidad aliada con los ropajes o vestuario del predicador, como en el soneto citado por Dámaso Alonso:

> Derribó el agustino su capilla,
> templó el copete por diversos modos,
> esgrimió de la manga, en vez de espada.[51]

Todavía muchos años después Jean Grimarest en su *Traité du Récitatif* no duda en afirmar que «un bon prédicateur doit exceller dans le récit d'une pièce de théâtre»,[52] mientras que Louis Riccoboni (*Pensées sur la déclamation*, 1738) criticaba a los predicadores que «prennent pour modèle la déclamation du théâtre.» Y es que, en el fecundo intercambio entre actor y predicador (útil para nuestro objetivo, repito, en el común planteamiento de técnicas y, en consecuencia, en la obtención documental de terminología), la polémica, claro está, surge desde el principio. Con su gracejo característico describe así las exageraciones teatrales del orador sacro Juan de Zabaleta:

> Ya ha llegado al Evangelio la misa mayor y sube el predicador al púlpito. Dícenle si quiere oírle, y él responde que aquel padre predica *muy de veras*, que hace unos sermones muy *al alma*, y que él quisiera el púlpito más entretenido. Señor cortesano, no ha mucho que dijo vuesa merced que *la comedia nueva le había parecido mal porque era sermón* ¿y ahora le parece mal el sermón porque no es comedia? Querer en la comedia no más de entretenimiento no es virtud, pero es propiedad: mas querer en el sermón divertimento es querer una impropiedad, y luego flaquear es un vicio.[53]

---

[49] Texto mss. *Trece por docena. Censura censurae.* Cit. por López Santos, Luis, «La oratoria sagrada en el Seiscientos. Un libro inédito del Padre Valentín Céspedes», *Revista de Filología Española*, 30, 1946, pp. 353-368.

[50] Cit. por Martí, Antonio, *Op. cit.*, p. 294.

[51] «Predicadores ensonetados...», citada, p. 979.

[52] *Traité du récitatif dans la lecture, dans l'action publique, dans la déclamation et dans le chant, avec un traité des accents, de la quantité et de la ponctuation*, París, 1707.

[53] *El día de fiesta por la mañana y por la tarde* (ed. de Cristóbal Cuevas García), Madrid, Castalia, 1983, p. 160. Obsérvese, en los subrayados, la coincidencia de vocabulario con el que él mismo emplea para ponderar a los buenos actores.

Francisco Terrones del Caño en su *Instrucción de predicadores* (1617) condenaba «para el púlpito la elocuencia poética y de los tablados [...] Esto es mejor para farsa que para sermón.» Arias Montano señala, con ironía, toda una codificación de gestos usados extravagantemente por oradores sacros: dar palmadas, estirarse como colgándose de las puntas de los dedos, hacer temblar todo el cuerpo, llevarse rápidamente las manos al costado.[54] Orozco cita las palabras del dominico Tomás de Sierra, en ocasión del sermón pronunciado en el auto de fe celebrado en Granada en 1610 y que se edita en la misma ciudad al año siguiente:

> No es teatro el púlpito ni los predicadores farsantes que reciben la paga primero que acaben la comedia y no desean que *todo lo que decoran, todo lo que representan y lo que muchas veces lloran*, haga más truco en los oyentes que sacar de cada uno quatro quartos...[55]

Por lo que puede ser verosímil que Bartolomé Jiménez Patón en su *Elocuencia española en Arte* (Madrid, 1621) afirme, como testigo de vista:

> predicando cierto predicador de este jaez, ciertos caballeros mozos (más amigos de chocarrerías que de doctrina deuota) en sauiendo quándo y dónde predicaba, hacían llevar con cuidado sillas diciendo que no auía comedia más barata, que oír aquel predicador, ni truhán Velasquillo más de valde.

Lo que veían los mozos habría de ser impagable a poco que se pareciera a lo que era capaz de desplegar el predicador portugués Fray Antonio de Chagás, según cuenta en una carta, fechada en 1675, Antonio de Vieira:

> Habrá dos o tres años comenzó a predicar apostólicamente, exhortando a penitencia, mas con ceremonias no usadas de los Apóstoles, como mostrar desde el púlpito una calavera, tocar una campana, tirar muchas veces un Cris-

---

[54] *Rhetoricum Libri III* (1596). *Cit.* por Martí, Antonio, *Op. cit.*, pp. 128-129. Sobre el dar palmadas, gesto ya reprochado por Quintiliano, existía mayor tolerancia en otros tratadistas de la predicación, como Juan de Segovia, quien en su *De praedicatione* (1573) dice que esta palmada, dada a tiempo, añade belleza al sermón y llama la atención del auditorio. Para cargarse más de razón no duda en explicarnos escolásticamente lo de la castiza palmada: «Haec palmadas sive palmarum sonitus [...] a natura sua palmarum quaedam percusio est.» *Vid.* Martí, Antonio, *La preceptiva retórica española en el Siglo de Oro*, citada, p. 223. M. Le Facheur en su *Traité de l'action de l'orateur ou de la prononciation et du geste* (París, 1676, p. 217) también deplora este palmear o chocar las manos «car cela sent le bateleur et le charlatan, et n'est bon à rien».

[55] *Op. cit.*, p. 179.

to, darse bofetadas; y otras demostraciones semejantes, con las cuales, y con opinión de santo, se lleva tras de sí a toda Lisboa.[56]

De manera análoga, el Padre Honorato con aspecto «gigantesco, fogoso, tonante, lograba imponer durante el curso de las Misiones un silencio claustral y comparecía en el púlpito con una calavera a la cual aplicaba, según el asunto, ahora una peluca de médico, ahora un birrete de juez, ahora un yelmo, ahora una corona.»[57] Erasmo habla de un predicador que en medio de su peroración se despoja del hábito religioso para mostrarse en traje militar. Imaginamos a tales oradores sacros cobrando vida, añadiendo increíbles bandas plásticas y sonoras a su puro discurso verbal, confundidos con el entorno plástico de la decoración barroca: calaveras, cruces, sogas, flagelos, sonido de campanas, golpes de pecho, arrastrar de cadenas, bofetadas en el rostro.[58] Cuando, ya en 1807, Henry Siddons adapta el tratado de Jakob Engel, el debate permanece abierto:

> ¿Se ha planteado si le es lícito al orador sagrado formarse en la práctica teatral y si es adecuado que adopte los mismos principios para su tono y gesto? No hace mucho se debatió esta cuestión con gran acaloramiento. Por mi parte diré lo que conviene o no, de acuerdo con las circunstancias: creo que no, primero porque los pensamientos y los caracteres de la mayor parte de los papeles no se acomodan a los que debe sustentar el predicador; y, en segundo lugar, porque el drama y el sermón son tan radicalmente diferentes que la acción que es adecuada para uno dista mucho de serlo para otro. Los personajes de un drama manifiestan pensamientos y sentimientos que pertenecen a una situación concreta: el predicador debe comunicar al pueblo aquellos que deben permanecer en su recuerdo y conocimiento. Los actores se encuentran en una condición de exaltación, de inquietud, real y exterior, tan incierta como irresoluta; se ven agitados por sentimientos diversos e ideas contrarias. La serenidad externa del predicador no puede perturbarse en modo alguno; sólo debe verse poseído por un gran y permanente sentimiento que puede desarrollar con libertad. En el soliloquio de Hamlet sobre su posible suicidio, el objeto inmediato es lo más importante; su alma debe sumergirse en un tono grave que debe asumir con la mayor dignidad. ¿Puede el orador sacro adoptar semejante expresión? Ciertamente que no, porque Hamlet, hundido en sus reflexiones, sólo está afectado momentáneamente por esta gravedad. Al pasar a otra idea, se pierde en los laberintos de las dudas que se multiplican en su mente; algo que nunca será decoroso en un predicador, al que se le encomienda la tarea de persuadir y enseñar a la gente.

---

[56] *Ibid.,* p. 183.
[57] Agostino Gemelli, en *El franciscanismo,* Barcelona, 1940, cit. por Orozco, Emilio, *Op. cit.,* p. 184.
[58] Rodríguez de la Flor, Fernando, «La oratoria sagrada...», citada, pp. 144-145.

Cuando, sin embargo, el sentimiento que debe expresar es, decididamente, el de la defensa de la virtud, la verdad, la moralidad, ¿qué puede impedir al predicador, por el contrario, que haga del teatro su escuela o de un actor excelente su modelo? Sujetar al predicador a simples movimientos de sus manos, sin significado, ejecutados como por casualidad, es robarle ese gran poder de persuasión, en el momento más solemne y de mayor interés para la felicidad futura de su oyente, como le está permitido asimismo al abogado en el tribunal, cuando ha de defender cualquier cuestión de la más nimia naturaleza.

Hay una reserva, no obstante, que el predicador debe tener en cuenta en todo momento: incluso en los momentos de mayor expresividad, debe ser moderado; cuanto más afectado esté, más ha de mantener su dignidad y no caer en extravagancias que degraden su grave y sublime misión.[59]

4. Voz, recitado, naturalidad y artificio en el actor barroco

Otra vez llegamos al límite en el que tanto hemos reparado a lo largo de capítulos precedentes: no tocamos en momento alguno un territorio de absoluta seguridad documental. No lo teníamos para el gesto (hemos perseguido hipótesis en teorías adyacentes). No lo tenemos para la voz y sus mecanismos técnicos. Con evidente ironía, en el momento actual resulta que no es trasnochada la escéptica opinión de Enrique Funes cuando, en los últimos años del siglo pasado, bramaba contra «las falanges positivistas» que exigían, para conformar una verdadera teoría de la declamación, estudiar hechos, fenómenos y subrayaba su perplejidad en una nota a pie de página:

Aunque, por el progreso de la ciencias experimentales, llegue a conseguirse fijar y reproducir la obra del actor, no adelantará mucho la crítica, cuya misión es ver lo permanente en lo fugaz, lo *filosófico* en lo *histórico* (siempre que lo que *pasa, quede* de algún modo en la memoria de los hombres); pues la reproducción, por medios mecánicos, de lo fugaz creado por el Arte, resulta una parodia [...] Es curioso que en *La Nación* del 16 de abril de 1892 se describa una *Fotografía parlante*, especie de *Foto-fonógrafo* a que se alude en el artículo citado, para reproducir sincrónicamente los tonos y los gestos.[60]

Y he aquí que nos vemos abocados a lo que Funes escribía a la hora de hacer la historia de la voz y la declamación en el teatro: «mientras que

---

[59] Siddons, Henry, *Practical Illustrations of Rethorical Gesture and Action Adapted to the English Drama. From a work of the subject by M. Engel* [sic] *[...] Embellished with numerous engraving, expressive of the various passions and representing the modern costume of the London Theatres*, Londres, Printed for Richard Phillips, 1807, pp. 325-327.

[60] Funes, Enrique, *La declamación española*, citada, p. 85.

por algún invento prodigioso no sean fijados, para reproducirse luego en admirable sincronismo, los movimientos y las entonaciones, ¿qué hará la Crítica para ver en el hecho las leyes del principio, cuando es tan fugaz el fenómeno? Abrir un paréntesis, que, de no rendirse a fantasías, probabilidades y conjeturas, llenará siempre de puntos suspensivos.» Si no reconocemos esta realidad como condición básica de nuestra reflexión sobre cómo el actor podía manejar la voz en las tablas del Siglo de Oro negaremos el razonable principio de seriedad exigible en toda investigación. Pero hacemos historia del pasado y éste debe iluminarse no tanto con el tranquilizador escepticismo del hoy como con las dudas que fueron coetáneas de ese pasado. Estamos, pues, construyendo documentos, a la par que planteando su estudio a través de hipótesis. Por eso me parecía necesario comenzar advirtiendo del evidente paralelo con los documentos (éstos, sí, directos) de la oratoria. Tal debe ser nuestra primera referencia.

La segunda condición que enmarca mi reflexión es que el teatro en el Siglo de Oro posee una cualidad *arcaica*, tanto en el sentido de que su producción es extraña y ajena a nuestra práctica teatral actual como en el sentido de que en un momento determinado, finales del siglo XVI y principios del siglo XVII, y dejando a un lado contadas excepciones, se opta por una vuelta radical a convertir el teatro en placer auditivo y en ejercicio artificial de ingenio también auditivo. Se opta por convertir a los actores en antiguos *juglares de boca* que hacen que una de las naturalezas del placer del espectáculo sea prodigio *verbal*, poético. Ese mecanismo es elevado por el actor a la categoría de *arte*, para delimitar otras opciones que, luego, se llamarán más realistas o épicas, como el entremés en prosa que tanto identificó, a través de Lope de Rueda, el estilo interpretativo español con las maneras naturalistas. No hace falta insistir demasiado en el tópico de que a la comedia, por mucho *festín de los sentidos* que el dicho tirsiano impusiera en su disfrute, se iba a *oír* (quizá no a escuchar o entender, pero sí a oír). Y la voz de los actores y de las actrices construía también cuerpo sensual de suma eficacia. Juan Pérez de Montalbán, al imprimir sus comedias (1638), y con el arrogante gesto que caracterizaba al poeta para reivindicar la propiedad intelectual de su texto, advierte que desea hacerlo para dar paso a la lectura en reposo y

para que las censuréis en vuestro aposento, que aunque perecieron razonablemente en el tablado, no es crédito seguro, porque tal vez el ademán de la dama, la representación del héroe, *la cadencia de las voces, el ruido de las consonantes y la suspensión de los afectos suelen engañar las orejas más atentas y hacer que pasen por rayos los relámpagos.*[61]

[61] Cit. por Porqueras Mayo, Alberto, *El prólogo en el Manierismo y Barroco españoles*, Madrid, CSIC, «Anejos de la Revista de Literatura», 27, 1968, p. 156. El subrayado es mío.

Tal vez Montalbán pensaba en un tipo especial de lector privado, claro; un lector o lectora como aquella que evoca Juan de Zabaleta, la mujer que se queda sola en casa un día de fiesta por la tarde y toma un libro de comedias y «empieza a *leer blandamente*» y que después «vase encendiendo y representando», esto es, que la dama lee en voz alta y declama a su aire, porque ése es el *eje de la seducción* escogido por el teatro y luego, como era de esperar, «*engólfase en una relación* en que hay dos mil boberías de *sonidos agradables*.»[62] Todo lo cual, convendremos, no será posible en una lectura *para sí*, sino en lectura abierta y a viva voz, fuera del arco de los dientes (repitamos la expresión de Homero). Sonidos que la dama retiene en su memoria, para «lucir en las holguras recias», a saber, en la socialización del teatro, que supone las relaciones de la vida cotidiana. ¿O es que acaso a estas alturas no sabemos que precisamente todo lo que puede decirse que lo contemporáneo encuentra de *extraño* en el teatro clásico, ese mecer de versos, a veces insufrible y extravagante, es la verdadera *fascinación* del mismo y lo único que ha hecho posible que el español medio conozca, al menos, la escena del sofá del *Tenorio?* Como ha dicho Elias L. Rivers, citando al jesuita Walter J. Ong, aunque al espíritu romántico moderno le repugne el concepto clásico de la poesía como composición retórica, en términos de retórica pensaban todos los poetas (incluidos los dramáticos) del Siglo de Oro. Y la retórica implica siempre oralidad, al menos una oralidad residual.[63]

La tercera condición que se impone en el estudio de la voz del actor es la naturaleza determinante que su técnica supone para elaborar lo que hemos llamado estatuto profesional del actor; o, por usar el término más adecuado a la época, su *tejné* o *mestiere*, como decían los italianos. La voz, en efecto, hace al *recitante*, una de las acepciones dignificadas del término. La voz y su técnica permiten al actor invocar el prestigio de la oratoria como soporte reivindicativo de su profesión (al modo que también lo hace el pintor, claro, a la búsqueda de una cualificación emocional y persuasiva semejante por otros motivos y vías). Y la voz poco cultivada, indisciplinada hacía al *farandulero*, puro charlatán o hablador de dicción oscura, ceceosa, bronca. Los italianos mantienen en su léxico teatral dos palabras interesantes: *volatine* y *carretelle* (es decir, quiebros exagerados en la melodía de la voz y precipitar casi frenéticamente, de *carrerilla*, la dicción en los momentos de mayor tensión dramática y en la conclusión de las tiradas de los versos).[64] Sólo quiero llamar la atención, precisamente, sobre el cal-

---

[62] *Cf.* Zabaleta, Juan de, *El día de fiesta por la mañana y por la tarde*, ed. cit., p. 384.

[63] Rivers, Elias L., «La oralidad y el discurso poético», *Edad de Oro*, VII, 1988, p. 18. *Vid.* Ong, Walter, *Orality and Literacy*, Londres y Nueva York, Methuen, 1982.

[64] *Vid. Enciclopedia dello Spettacolo* (Roma, Casa Editrice La Maschera, 1956), bajo *abbellimenti* o *carretella*, tomos I y II, respectivamente.

co léxico con *volantines* y sus *cerretani,* sus charlatanes y acróbatas, aquellos bufones o *piratas* de los que quería Barbieri, el bueno del autor de *La Supplica,* o el propio Pinciano mantener lejos a los verdaderos *actores.* Francesco Andreini, en el prólogo que escribe para las *Favole rappresentative* de Flaminio Scala (1611), basa su alegato a favor del actor, sobre todo en considerarlos «i signori della parola», «bellisimi ingegni nati solo all'eccellenza del dire.»

Sigamos con los condicionantes de nuestra observación de la voz del actor: es necesario concebir, como hemos visto ya en los ejemplos precedentes, el lazo funcional que vincula de manera incontestable la voz y el gesto (la *actio* oratoria es exactamente eso). La voz es un mecanismo más, quizá el más contundente en el teatro clásico, de saturar y movilizar el espacio. La palabra pronunciada (al contrario que la palabra escrita) no existe en un contexto puramente verbal[65] sino que compromete todos los demás registros. De lo cual se deriva el cuidado que hemos de poner en entender los significados que la época que nos ocupa confiere a palabras concretas. Pensemos, por ejemplo, en el modo como Juan Pablo Mártir Rizo distribuye las responsabilidades de la eficacia de la comedia y de sus partes:

> De éstas unas miran al poeta, como es la fábula, la costumbre, la sentencia, la *dicción*, y las otras pertenecen a los histriones o representantes, a los músicos y arquitectos que son la *pronunciación*, el concepto, la música y el aparato.[66]

Donde *dicción* significa «la primera y más significativa parte de una lengua, de que se forman las cláusulas y en que se puede resolver», es decir, las palabras y los periodos sintácticos que ya se escriben proyectadas en una potencial y meditada articulación fónica; y en donde *pronunciación* no es ya sólo, al decir de Covarrubias, «la expresión de la palabra, cosa de mucha importancia al orador», sino «la *acción y modo de hablar y representar* lo que se dice», de acuerdo con el *Diccionario de Autoridades.* Por eso Lope en *Lo fingido verdadero* habla de un autor o dramaturgo como el primer responsable de ciertas cualidades notorias del verso (donde él asienta la fuerza del *arte*), tal como se percibirá en escena:

> La comedia de *Marsias y de Apolo:*
> es Corintio su autor, hombre fantástico

---

[65] *Cf.* Zumthor, Paul, *La voz y la letra de la litratura medieval,* Madrid, Cátedra, 1986, pp. 297-298.

[66] *Poética de Aristóteles traducida del latín.* Cit. por Sánchez Escribano, Federico y Porqueras Mayo, Alberto, *Preceptiva dramática española del Renacimiento y del Barroco,* citada, p. 228.

> *en la pintura de furiosos versos,*
> infeliz en las trazas e invenciones,
> pero *digno de oír en lo que acierta.*[67]

Si el tal Corintio *pinta los versos*, quiere decir que no sólo los escribe de modo que sean pronunciados de manera colérica, arrojada o precipitada, sino mostrando una pintura gestual comprometida con su contenido, versos que, además, parecen ser su fuerte y no las invenciones y tramoyas.

Ahora bien, si el dramaturgo se entrega a la escritura de versos, bien *blandamente*, bien con *furia,* ¿se planteaba al mismo tiempo las condiciones de su recepción material? Esto era un problema que, independientemente de que podamos pensar, de modo más o menos romántico, en un poeta escribiendo conscientemente *en el espacio*, quedaba con seguridad trasladado al actor. El actor es el que aparece sobre las precarias tablas de un corral el cual, probablemente, no reunía las mínimas condiciones acústicas que exige el teatro. La tópica visión del actor español, tronante y afirmado, recitando a la orilla misma de esas tablas (la palabra proscenio debe quedar restringida al edificio teatral cortesano, que supone una situación muy distinta), obedece a este nuevo enfoque de todo lo que se aventure sobre el modo técnico de su recitado. El caso es que, otra vez, me parece bastante fiel el documento que de la visión de la comedia ofrece Zabaleta:

> Salen las guitarras y sosiéganse. La que está junto a la puerta de la cazuela *oye a los representantes y no los ve*. La que está en el banco último *los ve y no los oye*, con que ninguna ve la comedia, porque las comedias ni se oyen sin ojos, ni se ven sin oídos. Las acciones hablan gran parte, y si no se oyen las palabras son las acciones mudas.[68]

Todo lo que digamos, pues, está condicionado por el lugar desde el que pensemos se emite la voz del actor: desde el corral, desde la magnificencia estrafalaria de los carros del Corpus, a cielo y sol abiertos, desde los teatros provisionales de los salones palaciegos o desde el Coliseo del Buen Retiro; porque sólo desde esas condiciones concretas podremos asumir, muy tardíamente, lo que ya Leone de Sommi establecía para los actores a mitad del siglo XVI, que «deben tender a recitar lo más central y más cercano al proscenio que sea posible, tanto para acercarse al máximo a los oyentes como para situarse lo mejor posible en la perspectiva de la escena.» An-

---

[67] Ed. de Maria Teresa Cattaneo, Roma, Bulzoni, 1992, p. 98.
[68] *El día de fiesta por la mañana y por la tarde*, ed. cit., p. 322.

tonio Tordera[69] atribuye esta preocupación, y parece lógico, a los requisitos del naciente melodrama italiano. En también, creo yo, consecuencia inmediata de una reflexión sobre el edificio teatral previa e infinitamente más teorizada en Italia, aunque sólo fuera por el hecho de que dicha reflexión humanística y posthumanística parte de los conocimientos vitrubianos desarrollados desde la concepción del *theatrum* clásico latino.[70] Y es legítimo plantearse el calado de los cambios en la técnica del actor cuando éste hubiera de situarse en la profundidad perspéctica del Buen Retiro, único lugar donde el *melodrama* o la naciente *ópera* de las comedias mitológicas alcanzaría eficacia. Por eso Calderón puede permitirse, cuando escribe la fábula escénica *Andrómeda y Perseo* (estrenada el 18 de mayo de 1653), diferenciar con propiedad y conveniencia las voces y armonías «que *en las deidades* / que introduzcas, ha de haber *armonía en la voz,* / que en los humanos; que es bien / *que no hablen los dioses como* / *los mortales*»[71], porque allí, como apunta Rafael Maestre al caracterizar lo que él llama época bianco-calderoniana del teatro, el actor «encuentra en el escenario-sala el diapasón pertinente a la impostación, *fiato* y registros de esa voz poderosa (habla, como punto más lejano, desde el respaldo o entreforos: 17 metros, hasta el muro del proscenio).»[72] En tanto eso no sucediera, o al mismo tiempo que sucedió, el actor o la actriz se enfrentaban a un corral hecho en buena parte de ruda mampostería y de unas maderas o tablas que dudo mucho se acordaran con los consejos de buen ensamblaje que diera Bibiena, el cual reclamaba que por la parte exterior del escenario fueran delgadas y por la inferior gruesas «de manera que todo el espacio fuese como un instrumento bien afinado.»

Finalmente, debemos partir de otra condición que tampoco nos resuelve documentalmente la técnica de la voz, aunque elabora fuertes indicios sobre la misma: la convención del decoro lingüístico y social, que observamos en el *Arte Nuevo* de Lope de Vega:

[69] «El circuito de apariencias y afectos en el actor barroco», en José M.ª Díez Borque (ed.), *Actor y técnica de representación del teatro clásico español,* citada, p. 134.

[70] La cual llega no ya sólo hasta el Barroco sino hasta la literatura arqueológica y científica y la literatura técnica sobre los teatros de los siglos XVIII y XIX. Véase, al respecto, lo dicho en el estudio introductorio a la edición del curioso tratado de Philippo Schiassi, *Sobre una maqueta en madera del teatro de Sagunto* (Bolonia, 1836), ed. facsímil, traducción, estudio y notas de Evangelina Rodríguez y José Martín, Sagunto, Navarro Impresores, 1996.

[71] Ed. a cargo de Rafael Maestre, Almagro, Museo Nacional del Teatro, 1994.

[72] «El actor calderoniano en el escenario palaciego», en *Actor y técnica de representación del teatro clásico español,* citada, p. 191. Sobre estas cuestiones no aclara mucho, pese a lo aparatoso de su estudio, Louise K. Stein, *Songs of mortals, dialogues of the Gods. Music and Theatre in Seventeenth Century Spain,* Oxford, Oxford Clarendon Press, 1993.

Si hablare el rey, imite cuanto pueda
la gravedad real; si el viejo hablare,
procure una modestia sentenciosa,
describa los amantes con afectos
que muevan con extremo a quien escucha
[...] el lacayo no trate cosas altas
ni diga los conceptos que hemos visto
en algunas comedias extranjeras...

De estos versos podemos deducir, nunca constatar. Sabemos, eso sí, que había un tono inequívoco para la *potestas* de la *gravedad real*; otro para el estilo sesudo y de *auctoritas* del padre o viejo; otro, sublime y profundamente colonizado por la imaginación poética, para los amantes, y otro, doméstico, para los criados y graciosos, al que se le permitían licencias prevaricadoras con el lenguaje. Y en cualquier caso es evidente que, al menos, el dramaturgo exige una comprensión del personaje, unas pautas para su construcción verbal y un resuelto naturalismo decoroso (como el Pinciano) que no tiene que impedir que se recuerde, acertadamente, que se está en *situación teatral,* es decir, *retórica* u *oratoria:*

pues habla un hombre en diferente estilo
del que tiene vulgar cuando *aconseja,*
persüade o *aparta* alguna cosa.

Lope está pensando en la conformación oral de sus versos, en el tono: por eso al *aconsejar* y *persuadir* (términos contaminados de referencias retóricas en el sentido de uso de *figuras* estilísticas) añade el *aparta*, que es disuadir a alguien (lo contrario de *persuadir*) pero que remite también, en un inequívoco contexto, al desdoblamiento de tono y gesto del *aparte*.[73]

[73] Por lo demás Lope en su brevísimo *vademecum* del *Arte Nuevo* apenas insiste, aunque lo hace de manera sintética y precisa, en el conocimiento de la retórica, instrucciones que parece remitir al dramaturgo, que no al actor, al cual correspondería interpretar las *repeticiones, anadiplosis, anáforas, ironías, exclamaciones y dubitaciones* que prescribe. Otros tratadistas italianos, como Perrucci, sí que perfilan con nitidez una preceptiva del conocimiento de la retórica e, incluso, de la gramática y reglas de la lengua para el actor (seguramente condicionado por los dialectos aplicados a la *commedia dell'arte*): «Si ricordino di tutte le regole del gestire, nelle voci, nelle azioni; studino di sapere la lingua perfetta italiana con i vocaboli toscani, se non perfettamente, almeno i recivutti, ed a questo conferirà la lettura così de'buoni libri toscani, come gli *Onomastici, Crusca, Memoriale della lingua* del Pergamino, *Fabrica del mondo, Ricchezze della lingua,* ed altri lessici toscani, con la detta *Prosodia italiana* del padre Spadafuora, per le brevi e per lunghe; e così, piano piano, si farà la lingua pronta, facile e docile a proferire i concetti della mente. Si sappiano ancora le figure e tropi della rettorica, per ché con questi si potran fare un grande onore, sono

Dichas, pues, estas condiciones, podemos adentrarnos, como diría Enrique Funes, en el paréntesis de honestas conjeturas.

4.1. *Las zonas de indagación documental: preceptivas, acotaciones y textos dispersos*

Aunque ha podido discutirse si se refiere o no a lo que usualmente hemos entendido como un actor, los consejos o precisiones que Alonso de Proaza hace (en el *postfacio* de la edición valenciana de *La Celestina* en 1514) respecto al recitante de la obra diseñan un acertado cuadro de las cualidades del posible comediante:

> Si amas y quieres a mucha atención
> leyendo a Calisto mover los oyentes
> cumple que sepas *hablar entre dientes*
> a veces *con gozo, esperança y passión*,
> a veces *ayrado con gran turbación.*
> Finge *leyendo mil artes y modos*,
> *pregunta* y *responde* por boca de todos,
> *llorando* y *reyendo* en tiempo y sazón.

La cuestión es antigua y se inserta en la propia *Poética* de Aristóteles (1456b):

> De las cosas que se refieren a la alocución una sola cuestión debe estudiarse y es la de *las formas de hablar*, las cuales deben conocer *el actor y el que tiene un arte de un tipo semejante*, es, por ejemplo, saber *qué es una orden, una súplica, una narración, una amenaza, una pregunta, una respuesta* y cualquier otra cosa de este tipo.

A través de otros textos tardíos, insertos en la tradición erudita, se sabe también que Julio Pólux en su *Onomastikon* citaba hasta veinticinco clases de recitado o pronunciación, cualidades que debían asimilar o adaptarse a los ejemplos ofrecidos por Aristóteles:

---

come delle *metafore*, ma che siano temperate e non stralunate: *metonimia, sinedoche, antonomasia, catacresi, metalepsi, allegoria* ed *ironia*; delle figure: *portasi, aferesi, apentesi, sincope, paragoge, apocope, metatesi, temesi, antitesi, sistole, ettasi, sineresi, dieresi* e *sinalefa*; delle figure per aggiunger vaghezza: *ripetizione, conversione, complessione e reduplicazione, anadiplosi, graduazione, traduzione, congiunzione, articolo, dissoluzione, agnominazione, uguaglianza, simili cadenti, perifrasi* et *ingagno...*» (Perrucci, Andrea, *Dell' Arte rappresentativa, premeditata e all'improvvisso*, Nápoles Mutio, 1699, ed. de Anton Giulio Bragaglia, Florencia, Sansoni, 1961).

una voz musitada o débil, que parecía un silbido más que una pronunciación; una voz estrecha, que alcanza apenas a llenar los oídos de los oyentes; una voz confusa de la que apenas se distingue la articulación; una voz ruda o abrupta; una voz descuidada; una voz enajenada, inadecuada para persuadir; una voz bronca y cortante; una voz triste, grave; una voz amorosa aunque amarga o llena de reproches; una voz insegura y débil; una voz altisonante y chillona...74

Vimos en su momento cómo Quintiliano (*De Institutione Oratoria*, XI, 3) sistematizaba la reglamentación sobre la voz, que debía acordarse con la naturaleza del enunciado y, por supuesto, de quien hablaba. La intensidad del sentimiento se vinculaba así a la virtuosidad articulatoria:

En la alegría [la voz] fluye con plenitud y sencillez, en una suerte de fácil sonrisa; pero en el debate debe elevarse con fuerza y, por así decir, tensarse en todos sus nervios. Debe mostrarse cruel y sombría en la cólera, ronca, intensa, anhelante: pues el exceso entrecorta el aliento. En el recelo, la voz se adelgaza muellemente, pues sólo las almas con bajeza sucumben a ese sentimiento; pero en el halago, la confesión, la excusa, la súplica, la voz es dulce y sumisa. El aconsejar, prevenir, prometer exige una voz grave; en el llanto y la vergüenza la voz se entrecorta; debe ser poderosa para exhortar, elegante en los debates, placentera para el acuerdo y voluntariamente velada; en las digresiones, discurre clara y segura; en la narración y los diálogos de la conversación, neutra, a medio camino entre el tono agudo y el grave. La voz se eleva en la exaltación, baja cuando se hace eco de las emociones y los sentimientos, más o menos baja o más o menos alta según los estados anímicos de cada cual.

Cuando, en el siglo XII, la *Poetria Nova* de Godofredo de Vinsauff propone una efectiva individualización del canon del actor, que empieza a ser *interpretativo*, y no de mero *oficiante* litúrgico, se estrecha, como no podía ser de otro modo, la preceptiva del decoro del tono y la voz:

En la recitación hay tres modos: el primero, llamado de la boca; el segundo, llamado de la expresión retórica, y el tercero, llamado del gesto [...] Colocad de tal manera la voz que no desdiga del argumento, ni la voz tienda a un fin distinto del que tiene el mismo argumento: que ambos caminen juntos. Que la voz sea la imagen fiel del argumento, tal como éste se presenta [...] Imita la verdadera furia, sin aparecer, sin embargo, furioso; actúa como aquéllos [los locos] sólo en parte, no completamente; y tu gesticulación no sea la misma que en la realidad, sino que sugiera, como conviene, la cosa. Puedes repre-

---

74 Cit. por Webster, John, Preface to *The Cyprian Conqueror or The Faithless Relict ca.* 1633), British Museum, ms. Sloane 3709-P7320. *Apud Actors on Acting*, citada, pp. 88-90.

sentar a un campesino y ser agudo. Que la voz represente la voz, el rostro el rostro y el gesto el gesto por medio de ligeros indicios.[75]

Más tarde, en medio de la cultura renacentista, el comportamiento cortesano, que también había marcado su correspondiente mapa gestual, afina las prescripciones sobre la modulación de la voz. Baltasar de Castiglione hacía estribar la fortuna de un relato oral en «la buena voz, no muy delgada ni muy blanda como de mujer, ni tan poco recia ni tan áspera que sea grosera; pero sonora, clara, suave y bien asentada, con la pronunciación suelta y con el gesto y ademanes que convenga a lo que se dice.» Casi idénticos consejos respecto a la *imitación lingüística declamada* dan Robortello en sus comentarios a la *Ars Poetica* de Aristóteles (1555), Scaligero en su *Poeticae libri septem* (1561) o el Minturno en *De poeta* (1564). Casi por las mismas fechas Leone de Sommi en sus *Quattro dialoghi in materia di rappresentazioni sceniche* (1556), por boca de Verídico, efectúa unas recomendaciones plenamente dirigidas ya a la dirección escénica del actor:

> Presto gran atención a sus voces [la de los actores], lo que encuentro de capital importancia. No daría el papel de anciano, a menos que me viera forzado a hacerlo, a un actor con voz aniñada o el papel de una mujer (especialmente el de una joven) a un actor con la voz grave. Del mismo modo, si, pongamos por caso, tuviera que escoger un actor para interpretar un espíritu o fantasma en una tragedia, debería, para conseguir el efecto deseado, elegir un actor con un tono de natural severidad o profundidad o, al menos, que pudiera impostar la voz con un tembloroso falsete [...] Aconsejo a los actores hablar de tal modo que sus palabras sean audibles a todos los espectadores, evitando así esos rumores que a veces surgen de los asientos de atrás cuando no se oye bien y que tanto perturban la representación. El único remedio es contar con un actor con una voz de naturaleza adecuada, para lo que, como he dicho, se precisa una perfecta pronunciación. [...] Repruebo totalmente que se apresuren haciendo el discurso ininteligible; aconsejo siempre que reciten con la mayor lentitud posible. Para ello les obligo a pronunciar las palabras con extrema claridad, sin que bajen el tono en las sílabas finales. Porque, con ello, los espectadores acaban perdiendo el final de las frases.[76]

Pocos años después el también italiano Angelo Ingegnieri en *Della poesia rappresentativa & del modo di rappresentare le favole sceniche* (1598) establece jerarquías en la cantidad o tono de la voz (grave, aguda, grande, pequeña) y en la flexibilidad de sus matices (clara, ronca, dura); ordena su

---

[75] Cit. por Allegri, Luigi, «Aproximación a una definición del actor medieval», en Evangelina Rodríguez Cuadros (ed.), *Cultura y representación en la Edad Media,* citada, 1994, pp. 133-134.

[76] Cito, traduciendo, a partir de *Actors on Acting,* citada, pp. 46-47.

adecuación a «los sujetos que se expresan», recomendando la voz plena, sencilla y alegre para los estados de felicidad; voz más alzada para los debates o disputas; bronca, entrecortada y áspera para traducir la ira; sumisa y complaciente para el halago; suave para trasmitir la piedad y generosidad; plegada y meliflua para la piedad o conmiseración y amplia y majestuosa para las grandes emociones.[77] El seguimiento de Quintiliano es tan exhaustivo que no merece más comentario, pero es evidente que las normas oratorias se han traslado con toda naturalidad para definir el canon actoral. José Alcázar, en su *Ortografía castellana*, casi al final de siglo, se limita a resumir en breves pinceladas la necesidad de la pericia declamatoria, desde su evocación de las «voces convenientes» que deben prestarse a los títeres o «estatuas que tienen figuras de hombres y imitan acciones y parece que hablan» hasta el paralelismo, esperado, entre música y elocuencia:

> Como la música depende de la voz, así la elocuencia de la pronunciación. Aunque la poesía y la composición sean muy buenas, si se canta con voz áspera y desabrida no agrada, y aunque las notas se dispongan sin arte, si se canta con voz hermosa dan mucho gusto [...] Lo que decimos del canto podemos decir también de la declamación. Algunos no tienen ninguna gracia, y aunque dicen cosas hermosas, carecen de aplauso; algunos tienen mil sales en la acción y en la pronunciación, y son oídos con gusto, aunque no digan cosa que pueda ser alabada por los doctos.[78]

Parece, en efecto, que las huellas documentales sobre la voz que podemos hallar en las acotaciones, preceptivas teatrales o textos dramáticos giran en torno a la terminología técnica que estableció la oratoria clásica: la *magnitudo* (es decir, el volumen o fuerza de intensidad con que se emite la voz), la *firmitudo* (o el distinto grado de firmeza que se ve apoyada por la *articulación*) y la *mollitudo* (o capacidad de flexibilizar los matices, para alcanzar modalidad de sentido, desde lo patético a lo apacible o desde el halago a la autoridad). Además, claro está, de la velocidad o lentitud que se puedan imprimir en el discurso (algo muy ligado también a la capacidad de una articulación correcta y a la semántica que se quiera prestar a lo hablado). Pero a ello se une —pues toda la teoría deriva de la *actio*— la *sermocinatio*, es decir, la capacidad narrativa o dialógica del propio discurso, que es la que obligaría a una básica coincidencia entre la *tejné* del comediante y del predicador: ajustar la gestualidad corporal y las *mudanzas* o *quiebros* de la voz para hacer expresivo o verosímil lo representado.

---

[77] Ingegnieri, Angelo, *Della poesia rappresentativa & del modo di rappresentare le favole sceniche*, Ferrara, 1598, p. 84.

[78] *Apud* Sánchez Escribano, Federico y Porqueras Mayo, Alberto, *Op. cit.*, p. 335.

Todo, claro está, bajo la sombra de la moderación, pues tales mudanzas de voz (que se aconsejan incluso al predicador) no pueden hacerse, al decir de Ameyugo, ni monótona, como si fueran «recitado de ciego», ni «de modo que parezcan melindres de mujer fea, ni quebrando la voz a lo mujeril, ni ahuecándola a lo valentón, ni mucho menos aullando triste y lamentablemente.»[79] Progresivamente el teatro consolida un recetario técnico sobre la voz extraído, claro está, de la única fuente posible (tratados de oratoria) pero con la garantía y legitimidad de que la acción teatral ha servido de referente directo a aquéllos. De obras escritas todavía en el siglo XVII como el *Méthode pour bien prononcer un discours et pour bien l'animer* de R. Bary (París, 1679) extrae normas básicas el célebre actor Floridor, para quien la tristeza exigía una voz «faible, trînante et plaintive»; mientras que la desesperación requeriría un tono «éxclamatif, aigu et precipité.» En el siglo siguiente, Pierre Rémond de Sainte-Albine sugiere un canon vocal que se refiere no sólo a la materia del discurso (voz noble para un personaje de honestidad probada, voz *enchanteresse* para los amantes) sino al actor especializado: el actor cómico precisa de una voz ligera y flexible, en tanto que el trágico debe poseerla fuerte, majestuosa y patética.[80] Son ya clichés, claro está, quizá más convencionales que reales, pero que conforman una tradición terminológica. Esta tranquilizadora memoria teórica es la que contribuye en el neoclasicismo a que la antigua y pragmática *pronunciatio* acabe siendo *declamatio*. Y la declamación va a constituirse en meta esencial del comediante.

¿Qué elementos de todo lo dicho hasta ahora aparecen en las acotaciones que llamaríamos de *valor tonal*? José M.ª Ruano de la Haza, como hacía para el gesto, reúne un puñado de ejemplos susceptibles de algún comentario. En primer lugar, es frecuente la marca de la celeridad o precipitación que debe imprimirse al discurso, en este caso al recitado del verso:

Todo esto dice [Leonor] *con priesa* (*No hay cosa como callar,* de Calderón de la Barca).
[Campaspe y Apeles hablan] *a tono bajo y apriesa* (*Darlo todo y no dar nada,* de Calderón de la Barca).

---

79 *Rhetórica Sagrada,* p. 76. Cit. por Rodríguez de la Flor, Fernando, *Op. cit.,* p. 137.
80 «La Comédie [...] n'est obligé que de nous procurer une douce agitation. Nous atendons de la Tragédie de violentes secourses. Pour les produire elle se sert préférablement de ses principaux Acteurs. Par cette raison, il faut que leur voix, prope en même temps à maitriser l'attention, à imprimer le respect, et à exciter de grands mouvements, puisse donner à la véhémence des discours le noble fierté, et à la vivacité de la douleur l'éloquence énergie, qui leur sont nécessaires pour nous frapper, pour nous saisir, et pour nous pénétrer» (*Le Comédien,* París, Vincent Fils, 1749. Reproducción facsímil publicada en Ginebra Slatkine Reprints, 1971, pp. III-112).

Lo cual siempre comporta obvios matices emocionales, expresivos (la alegría contenida, por ejemplo, o, por el contrario, la ansiedad que entrecorta la voz):

> [El Rey dice] estos versos *aprisa*, con *turbación alegre* (*Del cielo viene el buen rey* de Rodrigo de Herrera).
> ... *con ansias de no poder hablar* (*Darlo todo y no dar nada*, de Calderón de la Barca).

En otras acotaciones predominan los indicios en torno a la *magnitudo* o elevación de tono:

> [Lupercio y Feliciano hablan] *de oído* (*El desposorio encubierto*, de Lope de Vega).
> Los viejos, solos, *en secreto* hablen (*La serrana del Tormes*, de Lope de Vega).
> Diga esto *bajo* el Capitán (*El prado de Valencia*, de Francisco de Tárrega).

Y con los matices de la *mollitudo* se exige al actor, evidentemente, que imprima determinado registro modal o emocional a la voz:

> ... *con terneza, suspirando* (*Darlo todo y no dar nada*, de Calderón de la Barca).
> Dentro Leonora *con voz lastimosa* (*La nuera humilde*, de Gaspar de Aguilar).
> Habla Esperanza *en sueño* (*El diablo está en Cantillana*, de Luis Vélez de Guevara).
> Con *exclamación* (*Los mal casados de Valencia*, de Guillén de Castro).
> Entra un muchacho [...] *hablando desmayadamente* (*Numancia*, de Miguel de Cervantes).

En ocasiones la *magnitudo* o intensidad de la voz contribuye de manera eficaz a la ilusión escénica de una doble y simultánea acción en el escenario, como es el caso de *El gran Príncipe de Fez* de Calderón:

> [El Príncipe] a la punta del tablado [en un bufete, leyendo, y salen San Ignacio y un Moro que se pasean detrás de la silla recitando sus versos] y *al mismo tiempo los lee el Príncipe*, con esta diferencia: que *ellos los han de decir en voz alta y él en voz baja, como que lee para sí*.

Otras producen un efecto de profundidad en la acción, la cual se sitúa fuera de campo, de acuerdo con la codificación *dentro* o *desde dentro*. Los ejemplos que siguen corresponden a *El rufián dichoso* de Cervantes:

> Suenan *desde lejos* guitarras y sonajas y *vocería* de regocijo.
> Cesando la música, *dice a voces dentro* Lucifer...
> Suena *dentro* como que hacen pasteles *y canta uno dentro*.

Esta última acotación nos remite a otro capítulo de la voz: el canto, cualidad esencial para los actores y, sobre todo, para las actrices, ya que el espectáculo total del teatro áureo exigiría el despejo en esa técnica melodramática, desde el desgarro del *tono* de la jácara («respóndele cantando en *tono lastimoso*») al divertimento entremesil de los bailes. En estos casos, las interevenciones de la voz se estructuran muchas veces en torno a la didascalía *cantando,* opuesta a *representado*[81] o a especificaciones muy precisas de respiración:

> Lo que *hablaren* en el discurso del baile sea *a pausas.*

El carácter operístico de las piezas mitológicas cortesanas hace entrar en funcionamiento dos elementos más en la técnica de la voz cantada o declamada. Por una parte la evidente ordenación polifónica de las voces, ordenación que se corresponde no sólo con la técnica musical sino con una localización material en escena. Antonio de Solís acota en su *Loa* para la comedia *Darlo todo y no dar nada*: «Cantan *dentro a los dos lados*, y *en medio del tablado*, tres voces.»

Por otro lado, un nuevo término que entra a engrosar el diccionario técnico del actor es el llamado *stile rappresentativo* o *representativo* que, de acuerdo con su origen en la ópera o *cantata* italianas, era la parte declamada (no cantada) cuyo ritmo y métrica difieren profundamente de la música que la precede y que la sigue, en cuanto que se ciñe a la acentuación y a la inflexión del discurso hablado. Una especie de forma verbal de la música (que tendría su evidente importancia también en los autos sacramentales) y que se adaptaba a los cambios emocionales, narrativos y retóricos.[82]

Fuera del espacio de las didascalias, las lexías más elaboradas vienen de los textos de los propios dramaturgos o de las cualidades, más o menos convencionales, que nos han llegado de determinados actores. Respecto a lo primero es preciso volver, de nuevo, al espléndido breviario que Miguel de Cervantes inserta en su *Pedro de Urdemalas* acerca de las cualidades que exige al comediante, y de las que ahora subrayo únicamente las que se atienen a la voz:

> De gran memoria primero;
> segundo de *suelta lengua*
> [...]
> no afectado en ademanes

[81] Menguilla, la actriz protagonista de algunas de las sátiras que transcribe Pellicer (y luego Cotarelo) expresa así esta técnica melodramática: «Y entre lo hablado, en alternado acento / intermedian sonoras armonías, / de que es oyente, y mejorado, el viento.» *Apud* Cotarelo y Mori, Emilio, *Bibliografía*, citada, p. 554b.

[82] *Cf.* Amadei-Pulice, Alicia, «El *stile rappresentativo* en la comedia de teatro de Calderón», en Michael D. MacGaha (ed.), *Approaches to the Theater of Calderon,* Washington, University Press of America, 1982, pp. 215-259.

ni ha de *recitar con tono*
[...]
A los versos ha de dar
valor *con su lengua experta...*

Cervantes pone en valor el texto hablado (por eso relaciona estrecha-mente la *suelta lengua* con la precisión de la memoria). Sin duda *suelta lengua* está transparentando algo fundamental para la comprensión del texto que Cervantes reclamaba al actor: lengua libre, que pueda encubrir los fallos de la memoria si ha lugar; pero, sobre todo, sin problemas ni tra-bas de articulación: «sueltamente o con expedición», como califica tam-bién el término el *Diccionario de Autoridades*. Lo cual nos permite, a mi modo de ver, considerar sinónimos de *suelta lengua* las *expeditas lenguas* que el propio Cervantes admira en los comediantes en la novela *El licen-ciado Vidriera*[83] o el ser *expeditíssimo en el hablar* con el que el protago-nista del *Guzmán* apócrifo alardea «de las buenas partes para el ejercicio cómico» que posee (II, Lib. III, Cap. VIII). De nuevo se resalta el sentido de «desembarazo, prontitud, celeridad y facilidad» para algo. Luego la len-gua se califica de *experta*, es decir, experimentada por la práctica para *dar valor al verso*. Finalmente el *recitar de modo* es una expresión que se alía con la *actio*, la palabra en sutura con el gesto, para interpretar al personaje.

Como para el caso del gesto, los elogios dirigidos al actor o a la actriz adoptan formas muy lexicalizadas, aunque nos permiten construir nocio-nes bastante aproximadas. José Alcázar, siguiendo a Caramuel, elogia al actor Damián Arias de Peñafiel «por su voz clara y pura y memoria firme» (las cualidades de voz y memoria suelen precisarse asociadas).[84] Para pon-derar las voces de las actrices se echa mano de una sensualidad más ex-presiva. El elogioso equiparamiento de la voz como «embeleso y lisonja del oído» se reparte con generosidad tras haber servido para aclamar a Ana de Andrade, una de las famosas *Tenientas* (por otro nombre *Las tres Gra-cias*), hermanas especializadas en la música y el canto.[85] Cualidades voca-les semejantes pareció tener Manuela Escamilla, que destacó en sus pape-les de características de los entremeses, y Jacinta Herbias que, al parecer,

---

[83] Ed. cit., tomo II, p. 66.

[84] Por ello o por sus acciones su efecto sobre el público era tan eficaz que Quiñones de Benavente en su *Loa con que empezaron en Madrid los autores Rueda y Ascanio* comenta: «En ocupando el teatro / Arias, compañero nuestro, / se desclavaban las tablas, / se des-quiciaban los techos, / gemían todos los bancos, / crujían los aposentos, / y el cobrador no podía / abarcar tanto dinero.»

[85] Elogio recogido de Jerónimo de Barrionuevo, entre otros, por Díaz de Escovar, Narci-so, *Historia del teatro español. Comediantes, escritores, curiosidades escénicas*, Barcelo-na, Montaner y Simón, 1924, vol. I, p. 221.

cantaba jácaras «como un ángel.»[86] Ya en los primeros años del siglo XVIII, de Petronila Xibaja cuenta Narciso Díaz la gallardía de su cuerpo, pero, sobre todo, su *ternura en el decir.*[87] Mientras que se ha documentado que la bella «Amarilis» o María de Córdoba tuvo especial éxito en la tragedia porque «le ayudaba su natural majestad y su entonación elevada.»[88]

Pero no sólo aprendemos del género de la *laudatio* aplicada al actor sino de la diatriba. En una *Sátira contra Morales y la farça del Ramillete* se lee respecto al comediante Alonso de Morales:

> Parece que las *coplas son de cera*
> y que cuando las dice, que las *masca,*
> y que como se le pegan, dan *dentera.*
> Y el otro necio que le ve que *tasca,*
> publícale por hombre sin segundo.[89]

Encontraremos pocos ejemplos que dibujen con tanta precisión el modo como un actor puede malograr los versos. Alonso de Morales *masca* las coplas; a saber, las destroza con una voz incorrectamente articulada, a la que entrecorta con agrios altibajos. Y esto, al decir del *Diccionario de Autoridades*, es «natural impedimento» que, claro está, lo inhabilita como actor, o bien es que hemos de suponer que lo hace «por no querer declarar enteramente alguna cosa, sino dexarla indecisa.» A tal punto que, como se dice gráficamente en la *Sátira*, al oyente le produce *dentera* (*dentium stupor*), que ya en la época se entendía como la desazón que producía el ruido desapacible de «rasgarse alguna tela, o el rozarse un hierro con otro o el de raer madera fuerte con un cuchillo.» Para rematar la crítica, el autor se burla de quien, neciamente, alaba que *tasque* al recitar. O, lo que es lo mismo, que imite esa propiedad de las bestias rumiantes cuando pacen al «quebrar entre los dientes, cortándola con algún ruido, para comerla» (*Diccionario de Autoridades*). Vamos, el castizo *hablar con la boca llena.* Algo que helaría el alma de Lope, de Cervantes, de Calderón o de Tirso, sin distingos. El tal Morales o era rematadamente malo o los autores de *Sátiras*

---

[86] *Ibid.,* pp. 229 y 236, respectivamente.

[87] *Siluetas escénicas del pasado. Colección de artículos históricos de costumbres, anécdotas, biografías, bibliografías, etc., del Teatro español,* Barcelona, Imprenta de Vda. de Luis Tasso, *ca.* 1912, p. 123.

[88] Díaz de Escovar, Narciso, *Historia del teatro español. Comediantes, escritores, curiosidades escénicas,* citada, vol. I, p. 224.

[89] Cit. por Díaz de Escovar, Narciso, *Apuntes escénicos cervantinos o sea un estudio histórico bibliográfico y biográfico de las comedias y entremeses escritos por Miguel de Cervantes Saavedra con varias de sus opiniones sobre las comedias y los cómicos y noticias de los comediantes que debió conocer o mencionó en sus libros,* Madrid, Librería de la Viuda de Rico, 1905, p. 10.

le tenían una notable ojeriza. En otra pieza contra el autor Velázquez, que
Díaz de Escovar cita a través de Casiano Pellicer, leemos de él:

> Y no a Morales cercenalle el manto,
> porque ya *representa como ciego*,
> sabiendo que no va en hacello tanto.
> Quéjanse de *sus baxos y altos* luego
> y quando *habla del corriente o furia*
> con que le ofrecen al Demonio o fuego.

La traducción a efectos técnicos de estos versos no es difícil. Morales
se sujeta a una declamación tan inexpresiva o monótona que, claro está,
imita al monocorde cantar de ciego, y por eso se deplora por igual sus
altos y bajos arbitrariamente marcados o hechos con una catadura tan
agria que hacía rechinar los dientes. O se le manda al diablo cuando se lanza a un recitado rapidísimo, sin posibilidad de una audición clara, es decir,
lo que en la época se entendía por el *hablar a borbotones* o *a chorros*.

No es poca tampoco la contribución de los moralistas que escriben sobre teatro a esta demarcación léxica: los amantes, como era de esperar,
«hablan rostro a rostro»,[90] denotando esa íntima proximidad que acompa-
ñaría el brillante despliegue retórico de sus versos. En el dictamen favora-
ble para la continuidad de la representación de las comedias de 1648 se repara en la agudeza y entretenimiento que para el espectador puede resultar
de escuchar «lo *corruptuoso* de los versos [probablemente los defectos en
el recitado], el *bien sentir de las frases*, lo *articulado de las voces*.»[91] Fray
Jerónimo de la Cruz, que con el mayor desparpajo reconoce *enseñar lo
mismo que reprende*, advierte cómo la comedia es magnífica escuela para
la *razón bien dicha*, la *palabra blanda*, el *suspiro mentiroso*,[92] donde
blanda, además de las cualidades de textura de la voz (delicada, suave),
tiene la connotación de época de *lisonjera, halagüeña*. El autor del *Arbitraje político-militar* de 1683 subraya la importancia de la *energía y propiedad
en el decir*, asociando la *magnitudo* de la voz con la ductilidad del decoro o

---

[90] Camargo, Ignacio de, *Discurso theológico sobre los theatros y comedias deste siglo*
(Salamanca, 1689), *apud* Cotarelo y Mori, Emilio, *Bibliografía*, citada, p. 123b.

[91] *Ibid.*, p. 167b. Tapiar con piadoso paternalismo moral las *voces* de la comedia ocupó
también el pensamiento neoclásico de Nicolás Fernández de Moratín en sus *Sátiras*, para
quien en las comedias al viejo uso «píntanse en ellas con las *primorosas / frases que Demóstenes ha ignorado/ falsas a las virtudes más hermosas. / Con retóricas voces explicado
/ disimulan el vicio apetecido [...] / Lo doran con tan vivo colorido / que pervierten sus voces...»*, Ibid.*, p. 472b.

[92] *Defensa de los estatutos y noblezas españolas*, Zaragoza, 1643. *Apud* Cotarelo y Mori,
Emilio, *Bibliografía*, citada, p. 203a.

adecuación al personaje. En ocasiones se entrecruzan calificaciones provinientes de otro campo semántico. La palabra *afeitada,* que tiene su blanco particular en la seducción visual de los maquillajes del rostro puede trasladarse a la palabra. Así, *palabras afeitadas* puede tener, incluso desde la perspectiva moral,[93] no sólo el valor de adornadas retóricamente sino *pulidas* y *perfeccionadas.*

4.2. *Las mudanzas de tono*

La voz, como el rostro, el ojo, la mano, acaba adquiriendo autonomía propia en el actor. Por ella se estructura todo un mapa de modulaciones, una máquina que genera representaciones diferenciadas. Son las célebres *mudanzas de tono* a las que se refería el gracioso del entremés *El examinador Micer Palomo:*

> A lo estudiado añado yo mis gestos y mis *voces,*
> mi *mudanza de tono* y mi despejo.[94]

Breve manera de explicar, en efecto, cómo a la partitura textual el actor une la no escrita de su kinésica y los *gestos de voz* (*sermocinatio,* capacidad de remedar voces o manipularlas adecuadamente) y, por supuesto, su *despejo* o capacidad creativa. Pero la *mudanza de tono* es también fruto de un aprendizaje retórico. En la pedagogía universitaria de la *Ratio Studiorum* los ejercicios o *progimnasmas* prácticos de los estudiantes incluían el *tomar tonos.*[95] Algunos entusiastas no dudan en recomendar a los hijos de buena familia el aprendizaje directo de los actores, «con lo que sabrían conformar los tonos de la voz con los afectos.»[96] Claro que el comportamiento naturalista de la voz era otro requisito tópico; creo que tal registro, tomado en el sentido de que el actor, consciente del tipo que encarnaba su personaje, era el que debía imponerse, pues uno hacía de galán, o de rey o de anciano, de *manera natural.* Esta codificación del decoro estaba muy clara. Y, en consecuencia, yo no considero que sólo los galanes estu-

---

[93] Navarro Castellanos, Gonzalo, *Segunda Parte de las Cartas Apologéticas* (Madrid, 1684), *apud* Cotarelo y Mori, Emilio, *Bibliografía,* citada, p. 488b.

[94] El entremés es original de Antonio Hurtado de Mendoza. *Vid.* en *Antología del entremés* (ed. de Felicidad Buendía), Madrid, Aguilar, 1965, p. 501.

[95] *Cf.* Rodríguez de la Flor, Fernando, «Teatro de Minerva: prácticas parateatrales en el espacio universitario del Barroco», en José M.ª Díez Borque (ed.), *Espacios teatrales del Barroco. XIII Jornadas del Teatro Clásico de Almagro,* Kassel, Reichenberger, 1991, pp. 221-253.

[96] Tamayo, José, *El mostrador de la vida humana por el curso de las edades* (1678). *Vid.* el fragmento citado por entero en el capítulo I. *Apud* Cotarelo y Mori, Emilio, *Bibliografía,* citada, pp. 562a-563b.

vieran exentos, como dice Agustín de la Granja, de la falsa *vocis inflexio*.[97] La *propiedad* era aportada directamente; y en los tipos o papeles enunciados jugaría más la *magnitudo* que la *mollitudo* y las inflexiones. Y éstas, a mi juicio, se reservaban siempre a unas claras intencionalidades paródicas o patéticas, que siempre, por cierto, disgustaron a los preceptistas de la oratoria desde Quintiliano precisamente por considerarlas propias del teatro:

> Me parece que los comediantes cometen un error grave si, al interpretar el papel de un joven teniendo que recitar o mencionar las palabras de un anciano, como en el prólogo de la *Hidria*, o de una mujer, como sucede en el *Georgos*, adoptan una voz *temblorosa o afeminada*.[98]

Claro que este ejemplo no puede tomarse como modelo de las modulaciones del tono del actor sino de cuando éste los *afecta* con el propósito de representar a *otro*. Por eso la *inflexio vocis* tendrá, como he dicho, ese marcado sentido paródico en la creación deliberada de tipos. Por el contrario, lo esperable en el actor, desde la preceptiva renacentista, es el recitado natural en el tono e incluso en el ritmo de la elocución. Pero en ese caso, y con ello se vuelve de nuevo a la escuela retórica, debe asimismo, en aras de la persuasión del oyente, evitarse la monotonía. Esto lo reclamaba ya Leone de Sommi:

> Santino: Si, como creo, los actores deben imitar el discurso o habla normal, cabría imaginar que esa lenta y deliberadamente cuidada pronunciación haría poco natural la interpretación.
> Verídico: No, no es así; porque, aparte del hecho de que este recitado lento no es malo en sí mismo y es el modo o estilo más adecuado para las personas de cierto rango —aquellos a los que incluso nosotros debiéramos imitar—, el actor debe velar para que el auditorio pueda apreciar y valorar las palabras del poeta y reflexionar sobre sus sentencias que ni son vulgares ni lugares comunes. Me gustaría que observaras que, aunque a veces el actor puede pensar que recita lentamente, sin embargo el espectador no tiene tal impresión, dado que *las palabras no se pronuncian separadamente, silabeando, sino en un flujo continuo, que corre el peligro de llegar a la monotonía*.[99]

[97] «Sólo en casos contados, al interpretar los galanes [...] había que aportar la voz propia y natural de cada uno [...] en los demás, era preciso poner en práctica la falsa *vocis inflexio*», «El actor barroco y el *Arte de hacer comedias*», en VV.AA., *En torno al teatro del Siglo de Oro. Actas Jornadas IX-X de Almería*, citada, pp. 29-30.

[98] Lo traduce casi literalmente Fray Luis de Granada (*Op. cit.*): tacha de imitación viciosa la *voz trémula y afeminada* cuando el comediante pretende representar algún razonamiento de viejo o de mujer.

[99] *Op. cit.* Traduzco según la antología de *Actors on Acting*, pp. 46-47.

Hasta el más circunspecto de los tratadistas retóricos reconocía que «il n'y a rien de si endormant qu'un long discours sans aucun changement de ton.»[100] Y el actor avisado sabe que las largas arengas pueden irritar al respetable:

> Salir *un cómico solo*
> *contando una larga arenga*
> es ocasión para que
> con silbos dentro se vuelva.[101]

De ahí que el primer planteamiento técnico de la voz fuera, más que probablemente, un afianzar el *tono recalcado* del papel a interpretar. La expresión viene documentada por Luis Vélez de Guevara en su *Diablo Cojuelo*, al describir la compañía de representantes con la que se topan el estudiante y don Cleofás:

> Los apellidos de los más eran valencianos y los nombres de las representantas se resolvían en Marianas y Anas Marías, *hablando todos recalcado, con el tono de la representación.*[102]

Esto debía corresponderse con la *energía y propiedad en el decir* del papel de cada uno: recalcar, ajustar, apretar imitando *cuanto pueda* la gravedad real del rey, la modestia sentenciosa del anciano o de cualquier figura. En uno de los fragmentos espléndidamente metateatrales de *Lo fingido verdadero* de Lope, Ginés realiza un *reparto* a lo divino de la historia cristiana de la salvación, citando al evangelista de este modo: «hay un Juan que *habla altamente*.»[103] Lo cual, aunque figuradamente remita a su función profética, está refiriéndose asimismo a la recomendación general para el actor, estando en escena, de *hablar alto* que tiene, en los siglos XVI y XVII, el significado inequívoco de «explicarse con animosidad en alguna cosa, denotando enojo o mucha razón para lo que se dice.» El actor (o la actriz) debe, pues, como primera instancia de construcción significativa de su voz, alentar la naturalidad pero en el sentido de *hablar el alma* (que el *Diccionario de Autoridades* nos revela que significaba «decir a alguno lo que conviene, desnudamente y sin contemplación»; aunque también, siguiendo con una codificación léxica ya experimentada para la acción gestual, debía *hablar de veras* («muchas veces denota enojo o sentimiento en lo que se dice», según el *Diccionario*).

---

[100] *Traité de l'action de l'orateur ou de la prononciation et du geste*, París, Augustin Courbée, 1657, p. 84.
[101] Boyl, Carlos, *A un Licenciado que deseaba hacer comedias*, Valencia, 1616.
[102] Ed. de Ángel R. Fernández e Ignacio Arellano, Madrid, Castalia, 1988, p. 147
[103] Ed. cit., p. 157.

Pero el territorio del decoro nunca estará reñido con la conveniencia expresiva. Dar matices a la voz, aunque sea sobre unas convenciones previamente establecidas, es esencial a la *tejné* del actor. En la *Selva de epictetos* que se ofrece como apéndice al *Cancionero de García Sánchez de Badajoz*, aparece un catálogo de voces o tonos indicativo de los muchos registros a disposición del actor para crear un *tipo* determinado: líquida, tembladora, resonante, canora, cantadora, resquebrajada, parladora, querelladora, meliflua, vocinglera, suave, dulcijona, férrea, blanda, aguda, de cisne, clara, flátil, vocal, sacada, ronca, triste, risona o mancadora.[104] Algunos de estos adjetivos son de una evidencia manifiesta: *líquida* o clara, limpia; *férrea*, es decir, fuerte, un *hablar recio* («decir claramente con enojo su sentir», según el *Diccionario de Autoridades,* que lo encontramos, además, testimoniado por Quevedo en su *Buscón,* cuando don Pablos, enrolado en una compañía de faranduleros, dice tener por costumbre «escribir *representando recio,* como si lo hiciera en el tablado»); *blanda* (que ya se ha explicado). En *tembladora* o *trémula* (la identificada con inflexiones mujeriles) se pueden adivinar los efectos universales del *miedo* de los graciosos en ocasiones apretadas, como ha estudiado Agustín de la Granja,[105] con el proverbial caso del asustadizo Cosme de *La dama duende.* Otras como *parladora* se sumergen en la *locuacidad* irrefrenable del ya referido *hablar a borbotones. Meliflua* y *dulcijona* remiten a la suavidad, pero con cierto empalago paródico. Pensemos que *dulce* en técnica pictórica se usa para designar los colores blandos y suaves; pero que, por el sentido insípido y su «no ofensa sensitiva al paladar» se aplica también a lo insulso y falto de fuerza («soldado de agua dulce» es aquel desacostumbrado al combate). *Flátil* parece clara derivación del latín *flatus,* un soplo de viento: es el habla *aflautada* para expresar miedo o tristeza; o, incluso, *atiplada* si se une a un efecto de tono expresivo. Más oscuro es el sentido de voz *de cisne,* aunque sabemos que por *voznar* se entendía «lo mismo que graznar el cisne u otra ave semejante.» En *sacada* debe entenderse una voz o *limpia* (pues limpiar es una de las acepciones de *sacar*) o *forzada* (pues también lo era «obligar a uno a descubrir lo oculto»), pero también adornada de algún elemento expresivo, pues, si echamos mano del vocabulario de la pintura, *sacar* equivalía a cubrir de color las figuras. Finalmente, ¿sería muy aventurado entender por voz *mancadora* (es decir, faltar las manos) justo lo contrario de *hablar de manos* (frase que se usa, según el *Diccionario de Autoridades,* para explicar que alguno manotea mucho cuando habla), preludiando el engorroso *manoteo* de los actores-declamadores?

[104] *Cf.* ed. de Julia Castillo, Madrid, Editora Nacional, 1980, pp. 418 y 427.
[105] «El actor barroco y el *Arte de hacer comedias*», citada, pp. 33-34.

Determinados códigos se cifran en las características didascalias taquigráficas del Siglo de Oro: hablar *a lo villano*, hablar *como valiente*, habla *de vejete*. Pero estamos, ya es evidente, en el terreno risible y deformador del entremés donde las proteicas inflexiones en la voz eran casi obligadas. Un alcalde necio, de esos que ametrallan la lengua con sus prevaricaciones y rocambolescas traducciones del latín o de cualquier idioma extranjero, haría las delicias del público desmadrando sus *visajes vocales*. En el entremés calderoniano *La franchota* el Alcalde se presta a traducir la jerga de un grupo de peregrinos o gitanos que remedan una suerte de italiano: el *que volite de me* o el *no entender niente* es reproducido en boca del alcalde como *bollos de miel* o *untar el diente*.[106] Todo ello en un modo de hablar rasposo y resquebrajado que, todavía hoy, reaparece sin sonrojo en las parodias que los profesionales del chiste hacen de los rústicos paletos. Para el habla del *vejete*, el viejo libidinoso, impotente y las más de las veces marido burlado de los entremeses, la literatura dramática ha emblematizado el concepto de voz *papanduja* (de *papandujo*, algo flojo o pasado de puro maduro), lo que se acompaña con el temblor de azogue de sus gestos. Otros sugieren que *papandujo* equivaldría (no creo que sea exacto pero puede ir asociado) al habla *estropajosa* propia de quien «no pronuncia bien y claramente, por tener la lengua medio trabada», despidiendo por consiguiente «saliva cuando habla» (*Diccionario de Autoridades*). «Papanduja con valona», le espeta el rústico Torrente al vejete Chilindrina en el entremés *Los instrumentos* de Calderón.[107]

Estos últimos registros de voz coadyuvarían, sin duda, a la creación de tipos e, incluso, de máscaras concretas. Siempre se cita el caso del célebre Cosme Pérez o «Juan Rana», que dibujó el papel de alcalde villano, aunque, probablemente, en un tono de mayor parodia que las simples prevaricaciones. Como es sabido, del hecho de que aparezca en algún documento que en alguna ocasión logró evitar la cárcel pese a verse involucrado en un asunto de «pecado nefando» algunos estudiosos han visto en Cosme Pérez determinados indicios de homosexualidad,[108] corroborados por las constatadas y frecuentes interpretaciones de personajes afeminados, *mariones* o forzados travestismos del actor. De todo ello sólo nos interesa que la máscara «Juan Rana» fuera, en efecto, una creación a partir de la mímica y

---

[106] *Vid. Entremeses, jácaras y mojigangas*, ed. cit., Madrid, Castalia, 1983, p. 257.

[107] *Vid. Entremeses, jácaras y mojigangas*, ed. cit., p. 227. En el capítulo dedicado a la actriz (VI. 23) me refiero a su capacidad de registros e improvisación interpretando simultáneamente muchos papeles.

[108] *Cf.* Serralta, Fréderic, «Juan Rana homosexual», *Criticón*, 50, 1990, pp. 81-92. Véase ahora Thompson, Peter, «Juan Rana, a Gay Golden Age Gracioso», Eduard H. Friedman, H.J. Manzari y Donald D. Miller (eds.), *A Society on Stage. Essays on Spanish Golden Drama*, Nueva Orleans, University Press of the South, 1998, pp. 239-251.

la voz de Cosme Pérez (sin perjuicio del guión escrito que se viera obligado a seguir); o, diríamos más, a partir de su propio cuerpo, si hemos de creer que el retrato que de él conservamos, y que ya hemos estudiado, fuera, aparte de una resolución caricaturesca de convenciones sobre el simple o necio, un documento interpretable. Que «Juan Rana» hablaba con voz atiplada o de falsete lo demuestran algunos estribillos dejados caer en entremeses o loas escritos especialmente para él, como precisamente la *Loa de Juan Rana* de Agustín Moreto:

> *A la Escamilla imita*
> *Rana en los tonos,*
> pues *haga él las terceras,*
> y ella graciosos.

¿Era una técnica aplicada conscientemente o «Juan Rana» ya tenía de por sí una voz con un registro de falsete, defecto al que sacó un indudable partido, convirtiéndolo en *virtud* de la composición de su personaje? Me permito recordar lo dicho en el capítulo dedicado a la iconografía sobre el actor respecto a «la voz de balido de cabra» con que los fisiognomistas describían la figura del necio. No sería la primera vez que de una carencia se extrae un resorte dramático. Se ha dicho que la espontánea locuacidad de Molière y sus esfuerzos por controlarla tendían a perjudicar la sonoridad de su voz, sus inflexiones y su articulación; que sufría de hipo y, hacia el final de su vida, de una tos persistente. Pero se dice también que Molière integró estas desventajas en su declamación transformándolas en mecanismos interpretativos de naturaleza risible.[109] Ya he comentado en otro lugar cómo el hecho de tener que vérselas Fernando Fernán Gómez con una delicada enfermedad en la laringe le obligó a realizar una gira interpretando *El alcalde de Zalamea* en un registro tan imperceptible que rompió todos los esquemas sobre el personaje de Pedro Crespo sacándole un impagable partido de doblez irónica.[110] Y no me resisto a recordar la increíble voz de grano cascado de José Isbert, al que hubiera dado cualquier cosa por verle interpretar, en directo, algún gracioso del Siglo de Oro.

Podían existir, en consecuencia, intencionalidades concretas en la articulación o registro de la voz, que se codifican de manera específica en las

---

[109] Veltrusky, Jarmila, «Cualidades sonoras del texto y la actuación del actor», *Gestos*, 8 noviembre 1989, p. 42.

[110] *Vid.* mi trabajo «El documento sobre el actor: la dificultad barroca del oficio de lo clásico», en Evangelina Rodríguez Cuadros (ed.), *Del oficio al mito: el actor en sus documentos,* citada, 1997, tomo II, pp. 164-165. Con referencia a la información aportada por el propio Fernando Fernán Gómez en *El tiempo amarillo. Memorias,* Madrid, Debate, tomo II, pp. 211 y ss.

acotaciones explícitas o implícitas. Recordemos el caso de Cervantes, quien en *Pedro de Urdemalas* advierte que «todos los que hicieren figura de gitanos *han de hablar ceceoso*.» Cuando en el entremés *El mayorazgo*, atribuido por Agustín de la Granja a Calderón, se dispone que uno de los personajes, Don Cosme, hable *con voz de muerto*,[III] debe suponerse, en efecto, una voz de ultratumba, grave, o *ronca*, como también testimonia Lope de Vega en *Lo fingido verdadero* cuando se evoca la aparición de un fantasma:

> mas la imagen espantosa
> de Numeriano, tu yerno,
> convertido en negra sombra,
> anoche me apareció
> y me dijo *con voz ronca*
> que de su sangre inocente
> diese esta venganza a Roma.[112]

No pocas veces se critica tanto *el estilo y modo de decir tan llano y ordinario* como el *recitar como llorando* (así lo hace Jerónimo de Alcalá en *El donado hablador, Alonso mozo de muchos amos*),[113] que equivaldría al habla de *suspiros mentirosos*, en los que el actor o a la actriz acaso habrían de plantearse las mismas técnicas de respiración y contracción muscular que nos cuenta Madame Clairon en sus *Memorias*, cuando, habiendo de interpretar el papel de una compungida y emocionada Electra sin poder, sin embargo, dejar correr las lágrimas, decía «emitir suspiros y acentos dolorosamente discontinuos, provocando una contracción en el estómago que tensaba sus nervios, y una especie de ahogo en la garganta que encogía sus palabras», subrayando así, con una respiración «retenue et coupée», la agitación de alma del personaje.[114] Finalmente, y para acabar con los ejemplos de conscientes registros enunciados de manera directa en los textos, recordemos cómo en *El rufián dichoso*, y a las palabras de Fray Antonio: «Todos me tienen por loco / en aqueste monasterio», responde Fray Cristóbal: «No *hable entre dientes*, camine»,[115] marcándose así de manera transparente que el primero ha utilizado «un hablar quedo, confuso y sin formar bien las palabras: las más veces significa murmurar, gruñir o

[III] Granja, Agustín de la, *Entremés y mojigangas de Calderón para sus autos sacramentales,* Granada, Universidad, 1981, p. 46.

[112] Ed. cit., p. 88.

[113] *Apud* Cotarelo y Mori, Emilio, *Bibliografía*, citada, p. 51a.

[114] *Apud* Blanc, André, «L'action à la Comédie Française au XVIIIe Siècle», *XVIIe Siècle*, núm. 132, 1981, p. 323.

[115] Ed. de Jenaro Talens y Nicolás Spadaccini, Madrid, Cátedra, 1986, p. 205.

refunfuñar por lo que se manda o dice» (*Diccionario de Autoridades*). Por el contrario, en el entremés *La ropavejera,* de Quevedo, Doña Ana, una «tapada con abanico» que acude a remediar los estragos del tiempo, enuncia lo que podemos conjeturar, precisamente, que era su modo de interpretar *oralmente* su caduco personaje:

> Y de melancolías
> tengo ya mordiscadas las facciones,
> y *mazco con raigones*.[116]

Mazcar (es decir, mascar) *con raigones*, esto es, sólo con la raíz de las muelas. La actriz, probablemente, tendría que poner el empeño en un hablar desdentado. De hecho, determinados textos dan idea de, al menos, algunos mecanismos conocidos por los actores para deformar la voz:

> Pues, para disimular
> la voz, si le llego a hablar,
> con una bala en la boca,
> mal me podrá conocer.[117]

Pero el último de los ejemplos aludidos nos introduce en otro empleo de la voz en el escenario: la posibilidad de que el espectador perciba dos tonos diferentes del habla del mismo actor. Esto puede producirse, entre otras, por dos causas diferentes: o bien se trata de un mecanismo cómico, al convertir el gracioso su monólogo en una verdadera *sermocinatio* o situación dialógica teatral, imaginando él mismo una situación en la que se supone interviene, además de él, otro personaje al que remeda en la voz; o bien nos encontramos ante el *aparte* o las inflexiones tonales de tipo trágico. En el primer caso, merecen recordarse dos espléndidos ejemplos calderonianos. En *El secreto a voces* el criado Fabio pone en escena un imaginado diálogo con su amo (pongo en cursiva las supuestas intervenciones supuestas de éste):

> *Fabio, yo me muero, Fabio,*
> *sólo este día le queda*
> *ya de mi vida a mi esperanza.*
> —Voy a que el entierro venga
> por ti. —*No vayas, que ya*

[116] *Obra Poética* (ed. de J. Manuel Blecua), Madrid, Castalia, 1981, tomo IV, p. 136.
[117] De la obra de Tirso de Molina *Privar contra su gusto, apud* Ruano de la Haza, José M.ª, *Los teatros comerciales del Siglo de Oro y la escenificación de la comedia,* Madrid, Castalia, 1994, p. 529.

no me muero, que esta negra
noche es día para mí.
—Sea muy en hora buena.
—*Fabio.* — ¿Señor? —*Luego al punto*
me he de ausentar; adereza
dos caballos. —Ya están.
—*Ya no me ausento. Mas vengan.*
Ponte en uno. —Ya lo estoy.
—¿*Qué hemos andado?*. —Una legua.
Pues volvamos. —Pues volvamos.

En cambio, en *Casa con dos puertas mala es de guardar* el gracioso Calabazas, siguiendo la acotación explícita *hace dos voces*, remeda ante su amo y ante todos los espectadores sus posibles cuitas con el sastre que ha de aderezarle un traje. De nuevo transcribo en cursiva las intervenciones del supuesto personaje ausente (en este caso el sastre):

Señor maestro, ¿cuántas varas
de paño son menester
para mí? —*Siete y tres cuartas.*
—Con seis y media le hace
Quiñones. —*Pues que le haga;*
mas si él saliere cumplido,
yo me pelaré las barbas.
—¿Qué tafetán? —*Ocho.* —Siete
ha de ser. —*No quite nada*
de siete y media. —¿Ruán?
—*Cuatro.* —No. —*Si un dedo falta,*
no puede salir. —¿De seda?
—*Dos onzas, treinta de lana.*
—¿Bocací a los bebederos?
—*Media vara.* —¿Angeo?. —*Otra tanta.*
—¿Botones? —*Treinta docenas.*
—¿Treinta? —*¿Habrá más de contarlas?*
Cintas, faltriqueras, hilo:
vamos con todo esto a casa.
Junte vuesarced los pies,
ponga derecha la cara.
Tienda el brazo. —Seor maestro,
son matachines. —*¿Qué gracia*
hará el calzón! —Oye usted,
la ropilla ancha de espaldas,
derribadica de hombros,
y redondita de falda.
—*Frisa para las faldillas*

haber sacado nos falta.
—Póngala usted. —*Que me place.*
—*¡Ah! Sí, esto se me olvidaba:*
entretelas. —Deste viejo
ferreruelo me las haga.
—*Voy a cortarlo al momento.*
—¿Cuándo vendrá esto? —*Mañana*
a las nueve. —La una es:
¡oh cuánto este sastre tarda!
Seor maestro, todo el día
me ha tenido usted en casa.
—*No he podido más, que he estado*
acabando unas enaguas,
que, como mil paños llevan,
no fue posible acabarlas.
—¡Ah! Caballero, muy seca
está esta obra. —*Remojarla.*
—Angosto vino el calzón.
—*De paño es, no importa nada,*
que luego dará de sí.
—Esta ropilla está ancha.
—*No importa nada, es de paño,*
que ella embeberá (así basta,
que los paños dan y embeben
como el sastre se lo manda).
—El ferreruelo está corto.
—*Más de media liga tapa,*
y ahora no se usan largos...[118]

En el otro extremo del procedimiento nos encontramos con el *aparte*, que nos interesa sólo en su construcción sígnica o gestual de tono (posición del actor, bien en un extremo de las tablas fijando la mirada en el patio o en la sala, bien a la orilla del tablado o, simplemente, volviendo la cara o el torso en otra dirección). No me interesa ahora su significado de complicidad con el auditorio[119] y su ruptura de los límites entre el escenario o el público[120] sino más bien el campo que ofrece para que su modo de

---

[118] *Obras Completas*, ed. cit., tomo I, p. 294ab.
[119] Orozco, Emilio, «Sentido de continuidad espacial y desbordamiento expresivo en el teatro de Calderón. El soliloquio y el aparte», en AA.VV., *Actas del «Congreso Internacional sobre Calderón y el Teatro Español del Siglo de Oro»*, Madrid, CSIC, 1983, vol. I, pp. 125-164.
[120] *Cf.* Orozco, Emilio, *Teatro y teatralidad en el Barroco*, Barcelona, Planeta, 1969, p. 62: «El aparte entraña [...] el comentario, la reflexión o la advertencia sobre lo que sucede en la escena o inquieta al personaje.»

materializarse en el escenario ponga a prueba, de nuevo, la técnica del actor. Que yo sepa, el aparte todavía no ha sido objeto de estudio monográfico, por lo que hace al teatro clásico español. Intuimos, no obstante, que, siendo un sistema fuertemente convencionalizado, el actor practicaría asimismo cambios de tono en la voz también convencionales y, en este caso, necesariamente reconocibles por el público. En esta entonación, enmarcada en una *kinésica* asimismo diferenciada, el comediante sabría imprimir las distintas funciones del aparte: la dramatúrgica (que aporta aclaraciones a la acción), la dramático-psicológica (que incide en la caracterización del personaje) o la metadiscursiva[121] (la más *brechtiana*, diríamos, pues supone la directa apelación metateatral al espectador, tan característica de autores como Calderón).[122] Sin embargo, aquí me interesa

---

[121] *Cf.* Fournier, Nathalie, *L'aparté dans le théâtre français du xviIème siècle au xxème siècle. Étude linguistique et dramaturgique*, París-Lovaina, Éditions Peeters, 1991, pp. 305 y ss.

[122] La técnica del *aparte* (las matizaciones de tono y gesto que implican acotaciones interiores o parentéticas) será otro de los elementos que no se acabará de teorizar canónicamente hasta el siglo XVIII. Dorfeuille (conocido como Pierre Poupart) se extiende sobre ello en *Les Éléments de l'Art du Comédien* (París, 1799): «El *aparte* surge de una emoción o un interés escondidos, y, en consecuencia, es necesario realizarlo de manera natural y convincente, para consolidar lo real de la acción; marcar la distancia con respecto al interlocutor en ese momento, apartarse de éste, para, en otro lugar, hablar como consigo mismo, es algo más que improbable [...] Pero si la cuestión se resuelve con un descenso brusco del tono, es evidente que lo que se musite en voz baja puede no ser percibido por la audiencia; para crear *ilusión* debe guiarse de tales inverosimilitudes [...] El aparte debe recitarse, por tanto, al lado del otro actor, pero sin movimiento extraño que pueda darle un tono falso. Cuando se le da la entrada, uno debe fingir una pequeña distracción, cambiar de postura, girar levemente la cabeza en dirección contraria a la que se encuentra su interlocutor: se apresura a pronunciar su parte y luego debe tornar a su anterior posición prestando atención en lo que se supone es la acción real. [...] Hay diferentes modos de hacer esto de manera verosímil: fingir que necesita sonarse la nariz, limpiarse la cara o la ceja, sacar el pañuelo del bolsillo, apartarse un poco [...] mover un abanico es un gran recurso para la mujer...» Cit. por Barnett, Dene, «The Performance Practice of Acting: the Eighteenth Century. Part I: Ensemble Acting», *Theatre Research International*, II, 1977, p. 181. La traducción es mía. Como era de esperar, la atención se presta especialmente al aparte por excelencia: el que permite al actor concentrarse en un espacio concreto para efectuar un soliloquio cuando cree estar a solas. En esta situación, añade Dorfeuille, el actor debe «observar atentamente la distancia que debe atravesar en el escenario, contar los pasos que debe dar hasta el proscenio y cuidar de mantener la suficiente distancia del personaje que se supone puede estar a la escucha. Este último, al objeto de no destruir la ilusión de verdad, no debe efectuar gesto o movimiento que sea imprudente...». Pero, a diferencia probablemente de la técnica que empleaba el actor barroco, que debía subrayar el desbordamiento fuera de la escena en una obligada captación de la atención de un espectador sumido en el abismo de dos metros de altura desde el patio o en la lejanía incómoda de galerías y ventanas, el teórico del siglo XVIII advierte que debe simularse que la atención no está puesta en el público. Es lo que Dorfeuille llama mantener «el espíritu invisible del teatro»: en el aparte debe fingirse que el público no existe, que no se le ve, que no se le mira

sobre todo aquel *aparte* cuya eficacia sobre el público no obedece tanto a lo que en él se dice como al *cómo se dice*, es decir, que descansa, sobre todo, en el soporte corporal (gestual y de voz) del actor y que o bien tiene una eficacia cómica o bien, y es el caso que ahora comento brevemente, patética o trágica. Apartes que configuran una posible técnica corporal y tonal del actor o, sobre todo, de la actriz, en el espacio quizá más difícil para ella, la tragedia, un género que le exige una continua tensión corporal y verbal y, a veces, un desdoblamiento contradictorio entre sus gestos y sus palabras. Quiero señalar, no obstante, que llamo *aparte* en este caso no sólo a la fase más o menos breve del discurso afectada por una inequívoca marca textual (*Aparte* o *Ap.*), sino aquella producción verbal que, encerrada en un paréntesis, indica que la actriz debe construir en su propio icono corporal dos niveles de sentido (lo público *versus* lo privado; la afirmación de la individualidad *versus* la realidad oficial). O bien se trata de construir un discurso racional fragmentado o entrecortado por paréntesis *patéticos* indicativos de una subjetividad que modaliza la emisión verbal y gestual de ese discurso. Sería el caso de Leonor en *No hay cosa como callar*, cuando, huyendo del incendio producido en su casa, debe suplicar ayuda a Don Pedro. Sale en escena *medio vestida*, y en estas condiciones habla:

> Una mujer infelice,
> a quien esta luz (mi pecho
> me ahoga) trajo hasta aquí,
> de sus desdichas huyendo.
> Si sois, señor (¡muerta estoy!),
> como mostráis, caballero,
> amparadla (¡qué desdicha!),
> pues basta saber (no puedo
> hablar) que de vos vale
> en ocasión que (el aliento
> me falta) su misma casa
> le echa de sí.[123]

Tres estratégicos paréntesis se sitúan en encabalgamiento de versos («mi pecho / me ahoga»; «no puedo / hablar»; «el aliento / me falta») que obligan, sin duda, a la actriz a una precisa técnica de respiración para emitir un gemido o una interrupción del discurso verbal que *patemice* (como ahora gusta decirse) lo dicho sin que se traicione el otro sentido que tie-

---

aunque todo esté en función de ese público; es en extremo irreverente, manifestará el teórico, comunicar con el espectador mediante la mirada o el gesto, establecer una complicidad explícita.

[123] Ed. de Ángel Valbuena Briones, Madrid, Espasa Calpe, 1973, pp. 140-141.

nen siempre los versos en el Siglo de Oro: la percepción ordenadora de la rima. Los otros paréntesis exclamativos son cuñas anímicas del personaje no por reiterativas en los textos del Siglo de Oro menos cargadas de potencial gestual. Al considerar el *aparte* desde esta perspectiva, el actor contribuye a corporeizar el doble plano de expresión con el que el dramaturgo deseaba construir la conciencia de su personaje: el plano, como hemos dicho, racional, oficial o público (lo que dice *en alto* para que se escuche como la ley social imperante) y el pasional, plegado y comprimido en los paréntesis, convertidos en epifanía del conflicto interior. Así, Julia en *La devoción de la cruz*:

> Donde yo llorando muero,
> donde yo vivo penando,
> ¿qué quieres? (¡estoy temblando!),
> ¿qué buscas? (¡estoy muriendo!),
> ¿qué emprendes? (¡estoy temiendo!),
> ¿qué intentas? (¡estoy dudando!)

O Dorotea en *La niña de Gómez Arias*:

> Espera, señor, aguarda,
> no huyas. Mas, ¡ay de mí! ¡Cielos!
> ¿Qué oposiciones contrarias
> son éstas? Entre los brazos
> de mi esposo (¡pena extraña!)
> dormí (¡infelice desdicha!)
> y cuando (¡aliento me falta!)
> despierto (¡tirana suerte!)
> me hallo (¡el corazón se arranca!)
> en brazos (¡de hielo soy!)
> de un negro monstruo (¡qué ansia!).

El paréntesis es de este modo la huella privilegiada que en el texto dejan los sentimientos, empujando la práctica del actor hacia el deseado *actuar de veras* que pedía el Pinciano, zonas saturadas de desbordamiento y, por lo mismo, rígidamente precisadas. En *El mágico prodigioso* Cipriano incluye en algunas de sus intervenciones estas cuñas de subjetividad patémica explicitadas claramente como *aparte* (un aparte dirigido a sí mismo y al público y que supone un desdoblamiento corporal, negando un sentimiento a la interlocutora, Justina, para derramarlo en el goteo del paréntesis):

> Viendo salir la justicia
> de vuestra casa, se atreve
> a entrar aquí mi amistad,

por la que a Lisandro debe,
a sólo saber (*Ap*. ¡Turbado
estoy!) si acaso (*Ap*. ¡Qué fuerte
hielo discurre mis venas!)
en algo serviros puede
mi deseo. (*Ap*. ¡Qué mal dije!
Que no es hielo, fuego es éste)
[...]
Hablaros, pues, ofrecí,
señora, para que vos
escogierais de los dos
cuál queréis (*Ap*. ¡Infeliz fui!)
que a vuestro padre (*Ap*. ¡Ay de mí!)
os pida. Aquesto pretendo;
pero ved (*Ap*. ¡Yo estoy muriendo!)
que es injusto (*Ap*. ¡Estoy temblando!)
que esté por ellos hablando
y que esté por mí sintiendo.[124]

Las ediciones modernas han subrayado este doble registro de la acotación para documentar mejor esa variante de tonos, intercalando el *Aparte* y el *Alto* para indicarla, como vemos en este fragmento de *La hija del aire*:

MENÓN

[*Ap.]*
¡Que sea, ¡ay de mí!, forzoso,
siendo sus enojos falsos,
hacer ciertos sus enojos!
[*Alto.]* Semíramis, aunque tengas
quejas de mí, y aunque ignoro
la ocasión, no te he de dar
(*Aparte.)* ¡quién vio más terrible ahogo!
[*Alto.]* satisfacciones, porque
no puedo. [*Aparte a ella.]* ¡Atiende a mis ojos,
hermoso imposible mío!
Esto a las quejas respondo;
y en cuanto que ser no quieras
mi esposa, yo te perdono
el desaire... (*Aparte.)* No hago tal.
[*Alto.]* de decírmelo en mi rostro,
pues con eso has excusado
que yo te diga lo propio.[125]

[124] Ed. de Bruce W. Wardropper, Madrid, Cátedra, 1985, pp. 86 y 88, respectivamente.
[125] Ed. de F. Ruiz Ramón, Madrid, Cátedra, 1987, p. 163.

Y, como ya comenté hace tiempo,[126] no puede dejarse a un lado, si de hipótesis sobre la interpretación de la tragedia hablamos, el más que posible énfasis, irónico, cruel o, simplemente, sarcástico, en la disposición del tono del discurso. El *hablar recalcado* con toda la intención. En un viejo manual de elocuencia sagrada de finales del siglo pasado, el Padre Miguel Yus exponía, por ejemplo, los diferentes efectos que podrían tener, desde la boca de un predicador, las palabras de Cristo dependiendo de la palabra en donde se deposite la carga de voz:

> Judas, ¿vendes tú al Hijo del hombre con un ósculo? Apoyando la voz sobre la palabra *tú*, se manifiesta la ingratitud del discípulo hacia su divino Maestro; cargándola sobre *vendes*, resalta la enormidad de la traición; acentuando las palabras *con un ósculo* se hace sentir más la indignidad del medio empleado, convirtiendo en una ofensa una señala de paz y de amistad; y, por último, se realza la gravedad del ultraje por la dignidad de la persona ultrajada, si recae el énfasis sobre las palabras al *Hijo del hombre*.[127]

Me parece por ello lógico que ese énfasis, modulado por la técnica del actor, puede extraer de la *literalidad* significados que adensan el sentido trágico de lo que se representa. En *El castigo sin venganza* el Duque de Ferrara comenta con mal contenida furia a Casandra que, según los informes recibidos, el reino ha sido regido con prudencia por su hijo. Casandra, que, como es sabido, ya ha traicionado al Duque con Federico, deja caer en su elogio estos versos:

> que sin lisonja os prometo
> que tiene heroico valor,
> *en toda acción superior,*
> gallardo como discreto;
> *un retrato vuestro ha sido.*

Tales palabras exigirían de la actriz un potencial irónico perfectamente reconocible. Igual que la respuesta del Duque, de siniestra y malévola intención:

> Ya sé que *me ha retratado*
> tan igual en todo estado,
> que *por mí le habéis tenido;*

---

[126] *Cf.* mi trabajo «Registros y modos de representación en el actor barroco: datos para una teoría fragmentaria», en José M.ª Díez Borque (ed.), *Actor y técnica de representación del teatro clásico español*, citada, p. 51.

[127] Yus, Miguel, *Elocuencia Sagrada. Tratado Teórico-Práctico*, Madrid, 1894, pp. 332-333.

> de que os prometo, señora,
> *debida satisfacción.*[128]

A fin de cuentas, incluso hablando desde el plano retórico-literario, un crítico tan minucioso como Fernando de Herrera, en sus anotaciones al texto garcilasiano, escribe bajo el concepto de *ironía*:

> Porque muestra lo contrario y se constituye en la *disyunción y apartamien-to*, que *no se traban ni enlazan las palabras con el sentido.* Los latinos la ape-llidan *disimulación,* o *simulación* y *fingimiento,* o irrisión. Es tropo con que mostramos, haciendo burla y escarnio *con el gesto del cuerpo y con la pronun-ciación,* que *queremos y sentimos otra cosa que lo que hablamos.*[129]

4.3. *La gramática perdida del verso clásico: entre el silencio y la arqueología*

Decía Louis Jouvet que el texto del autor es una transcripción física pa-ra el actor; que éste, portavoz y poseedor del texto desde el momento en que comienza a interpretar, toma partido con respecto a lo que enuncia. Todo lo dicho hasta ahora nos lo ratifica. El actor se ve impulsado a aban-donar, si es menester, la dicción naturalista y trivial y trasladar las palabras que se le han ofrecido como escritura en una dicción artificial y artística, que puede despreocuparse no sólo del esquema prosódico cotidiano sino del verismo psicológico (aunque éste sea, paradójicamente, su propósito final). Lo que, en definitiva, oímos y vemos sobre el escenario no es la ar-quitectura prosódica y reglada de lo literario, sino la arquitectura subjeti-va, tonal del actor. Todo esto está muy bien. Pero ¿qué sucede cuando el actor se enfrenta a una arquitectura previa y fuertemente convencionali-zada como es la del verso?

La orfandad documental se hace presente aquí de manera aun más pal-pable. Por eso me permito establecer un pequeño rodeo previo que pasa, en primera instancia, por reflexionar sobre la elección que los dramaturgos, desde finales del siglo XVI, ejercen sobre la materia lingüística con la que es-criben sus textos: están escritos en una materia sujeta a la rima, pero tam-bién al ritmo.

La sujeción de la materia lingüística a estos elementos es un síntoma de la conciencia de la práctica artística literaria como ejecución aristocráti-

---

[128] Ed. de David A. Kosoff, Madrid, Castalia, 1985, p. 302.
[129] *Cf.* Gallego Morell, Antonio, *Garcilaso de la Vega y sus comentaristas,* Madrid, Gre-dos, 1972, pp. 528-529. Los subrayados son míos.

ca.[130] Luis Alfonso de Carvallo ya apuntaba este efecto de restricción artística del verso en su *Cisne de Apolo,* de 1602: «... es una oración *trabada y presa con cierta limitación,* sujeta a cierto numero de sylabas, con sonora cantidad...»[131] En el mismo sentido corren las opiniones de Alfonso López Pinciano en la *Philosophia Antigua Poética* de 1596: «Me parece que el metro es la materia sugetiua en quien la poética se sugeta —perfecta, digo, y verdadera—»,[132] y de Francisco Cascales *(Tablas Poéticas* de 1617), que califica la poesía como «composición *medida de palabras.*» Hasta aquí el verso parece mostrarse como una endiablada máquina de disciplina para la voz del actor. Pero es también un aliado: le ayuda a la cualidad de la *memoria,* favorecida por el valor nemotécnico del verso y la rima. Así lo recuerda, por ejemplo, el curioso preceptista Bachiller Thámara (en verso «más fácil se percibe y más prontamente se retiene por la medida y orden y consonancias que llevan»)[133]. Luis Alfonso de Carvallo sintetizaba la sustancia de cada párrafo de su compendio doctrinal en una octava (igual que más tarde Lope lo hará en los dísticos de su *Arte Nuevo)* «para que mejor se pueda tomar de memoria.» En todo caso son las poéticas clasificadas por Emiliano Díez Echarri[134] como italianas de tendencia española las que distinguen con mayor claridad entre el «acento rítmico o versal» y el acento «natural» y plantean como disciplinas distantes la *métrica* y la *rítmica,* a veces de modo extremo como Juan de Caramuel.[135] Me parece pertinente advertir esta discriminación porque nos conducirá a un aspecto fundamental: cómo en el Siglo de Oro se vive un cambio de poética que propugna el énfasis rítmico en determinadas cimas privilegiadas del verso en detrimento de la rigidez de la rima.

El caso es que la definitiva introducción del estilo italianizante supone que el juego del ritmo y las precisiones acentuales van a replantear la identidad del verso castellano. Medir ya no será tanto sujetarse a leyes de número silábico como «poner en sus debidos lugares el acento predomi-

---

[130] Para todo lo que sigue *cf.* mi trabajo «Los versos fuerzan la materia: algunas notas sobre métrica y rítmica en el Siglo de Oro», *Edad de Oro,* IV, 1985, pp. 119 y ss.

[131] *Cisne de Apolo, de las excelencias y dignidad y todo lo que al Arte Poética y versificación pertenece,* Medina del Campo, 1602. Diálogo XI, párrafo IV, fol. 64v.

[132] Ed. cit., tomo II, pp. 219-220.

[133] *Suma y erudición de Gramática en verso castellano, muy elegante y necesaria para los niños que oyen Gramática o la han de oyr. Instrucción latina muy compendiosa,* Amberes, 1550.

[134] *Teorías métricas del Siglo de Oro. Apuntes para la historia del verso español,* Madrid, CSIC, 1970.

[135] *Primus Calamus,* t. II: «Hinc Poetica et Rhytmicam et Metricam dividi debuit: illa condit Rhythmos, haec Metra: illi ad Discretam, haec ad continua pertinent quantitatem; in illis aequalem syllabarum numerum, in his aequalem/earundem extensionem invenies» (*Epistola II,* p. 4).

nante» —según Cascales (Diálogo V, 91)—, «ya que por el oído se conoze la sonoridad i medida del verso...» y —leemos en el Pinciano— «el ser del metro Castellano y Italiano está en el número cierto de sylabas acentuadas en ciertos puntos.» Así queda definida, de acuerdo con la crítica de la época, la función estética diferenciadora del lenguaje poético, reclamando la atención sobre el mismo signo lingüístico, sobre el procedimiento fonológico de la rima y el ritmo, hecho que sabemos después elaborará teóricamente, entre otros, Mukarovsky, formulando el principio de *extrañeza*, de *desviación* respecto a la norma. La prueba, en lo que a nosotros respecta, nos la ofrece Fernando de Herrera, puesto que, entre las escasas referencias concretas que hace en las *Anotaciones* al texto de Garcilaso a la función métrica, predomina la preocupación por la seducción del sonido y su estratégica distribución en la cadena rítmica. Esta es quizá la cita más reveladora:

> Y pienso yo, si por ventura no me engaña el juicio, que en los versos latinos, fuera de la que se usurpó el lenguaje romano, hay mucha mayor libertad que en los vulgares, porque *en nuestra lengua así como en la toscana, demás de los pies, que más por naturaleza que por alguna regla es necesario guardar en los versos, concurre también esta dificultad de las rimas,* la cual, como saben los que mejor escriben en este género de poesía, disturba muchas y hermosas sentencias, *que no se pueden narrar con tanta facilidad y clareza.*[136]

Así, pues, la medida del verso se sitúa ya en el orden normal del discurso oral, «por naturaleza», esto es, fuera del artificio. Y nótese la punzada crítica a la dificultad de la rima como elemento que enturbia la transparencia del mensaje. Herrera desgrana comentarios sobre las vocales sabiamente acentuadas, a veces «grandes y llenas y sonoras, que hazen la voz numerosa», pues «suenan más dulcemente que las consonantes y por eso forman la oración blanda y delicada», aconsejando evitar los «elementos ásperos», la cacofonía y la repetición «licenciosa» de consonantes, al tiempo que valora el «verso de grande y generoso espíritu y sonido» frente a la acuñación de *verso desnervado:*

> Mas la oración suave, aunque deleite mucho, y merece grande alabanza, hace, a los que siguen sin derecha consideración y claridad de juicio, quebrantados y sin fuerza. Porque huyendo el concurso áspero y hórrido de las dicciones, y el encanto de las vocales, que los latinos llaman hialco, *vienen a caer en otro extremo igualmente vituperable, haciéndose desmayados...*[137]

[136] Ed. cit., pp. 308-309.
[137] *Ibid.,* p. 361.

Propuesta que al mismo tiempo que cifra la elegancia en la «grandeza y magnificencia del decir» critica la obsesión de la rima como una fuente exclusiva de competencia artística:

> Se persuaden algunos que nunca dicen mejor que cuando siempre acaban la sentencia con la rima. Y oso afirmar, que ninguna mayor falta se puede casi hallar en el soneto que terminar los versos de este modo, porque aunque sean compuestos de letras sonantes y de sílabas llenas casi todas, parecen de muy humilde estilo y simplicidad, no por flaqueza y desmayo de letras, sino por sola esta igual manera de paso, no apartando algún verso.[138]

Para algunos críticos el planteamiento es claro: se trata de carear dos sistemas poéticos. El tradicional castellano, con tendencia a someter el lenguaje al esquema métrico y que hace consistir la poesía en una radical negación de la *naturalidad* (como si ello supusiera llaneza o facilidad), y el renacentista, que preconiza la armonía entre la norma métrica y la lingüística.[139] No es caso de reproducir aquí los muchos documentos sobre la célebre polémica que, en términos de usos métricos, enfrentó a poetas castellanos casticistas y a poetas italianizantes, pero sí extraer de aquélla la práctica alineación de los versos cortos o breves (fundamentalmente octosílabos) con el popularismo castellano frente a los versos largos italianos (endecasílabos). Desde el testimonio de Juan Boscán, que denunciaba cómo muchos lectores de la nueva poesía confesaban no saber si ésta era prosa o verso, se entienden mejor algunos versos de la *Represión contra los poetas españoles que escriben en verso italiano* de Cristóbal de Castillejo:

> Desprecian cualquier cosa
> de coplas compuestas antes
> por baja de ley, y astrosa
> usan ya de cierta prosa
> medida sin consonantes.
> [...]
> Muy melancólicas son
> estas trovas, a mi ver,
> enfadosas de leer,
> *tardías de relación*
> y enemigas de placer.[140]

---

[138] *Ibid.*, p. 308.

[139] *Cf.* fundamentalmente Lázaro Carreter, Fernando, «La poética del arte mayor castellano», *Estudios de poética (La obra en sí)*, Madrid, Taurus, 1970, pp. 75-111, y «La estrofa del arte real», en VV.AA., *Homenaje a José Manuel Blecua*, Madrid, Gredos, 1983, p. 327.

[140] Ed. de sus *Obras*, de J. Domínguez Bordona, Madrid, La Lectura, 1937, pp. 226 y ss.

A mi ver, «tardías de relación» es un verso determinante: lo que importa es que el verso cante y cuente, empuje contenido y forma con prontitud y brevedad de líneas:

> pero ningún sabor tomo
> en coplas tan altaneras,
> escriptas siempre de veras,
> que *corren con pies de plomo,*
> muy pesadas de caderas.

Subrayo una imagen de peculiar resabio y gráfica expresividad, que reaparece luego en la *Sátira apologética en defensa del divino Dueñas* de Francisco Pacheco (*ca.* 1569):

> Dezir soneto entonces era grima;
> y mentar estrambotes y sestinas
> para endiablar un cementerio y sima.
> Más gustaban hacer su gelatina
> que *estas rimas pesadas de caderas.*

Para la poesía del Renacimiento y del Barroco (igual habremos de deducir para el texto en verso del teatro) ya no urge, como antaño, separar la elegancia de la dicción del tamborileo y suspensión de las consonantes. «¿Quién ha de responder —dice en célebre cita Juan Boscán— a hombres que no se mueven sino al son de las consonantes? Y ¿quién se ha de poner en pláticas con gente que no sabe qué cosa es verso, sino aquel que, calzado y vestido con el consonante, os entra de golpe por el un oído y os sale por el otro?» Dicho con palabras de Rafael Lapesa:

> Los metros que introducían [los italianistas] eran lentos, reposados, menos pendientes que el octosílabo de la rima acuciadora; a veces estaban desprovistos de ella, al modo grecolatino. El *moroso discurrir de endecasílabos y heptasílabos* repudiaba la expresión directa y el *realismo pintoresco* frecuente en los cancioneros; en cambio, era el ritmo adecuado para la *exploración del propio yo en detenidos análisis,* y para expresar el arrobo contemplativo ante la naturaleza.[141]

¿Por qué este excurso sobre la cuestión métrica y rítmica en el verso castellano que acaso puede resultar impertinente? Porque, a mi juicio, aporta cuatro consecuencias muy claras para el problema del verso dicho

---

[141] «Poesía de cancionero y poesía italianizante», en *De la Edad Media a nuestros días,* Madrid, Gredos, 1967, p. 152. Los subrayados son míos.

por el actor en el teatro clásico español (que acaso pudieran ser, al mismo tiempo, cuatro perspectivas diferenciadas sobre el caso). La primera se refiere a la aceptación del verso como mecanismo habitual de la *técnica* del actor, por lo menos desde finales del siglo XVI, para elevarse al plano estrictamente ilusionista y teatral. Como es natural, del mismo modo que no podemos imaginarnos al actor ensayando con tratados de oratoria o de fisiognómica bajo el brazo, tampoco lo podemos hacer con las retóricas o los latinajos de Caramuel. Pero me parece útil recordar estos dos sistemas de declamación que atendían a la mera oratoria, con disposición rítmica ineludible, y a la poesía, como artificio métrico consciente, como producto estético voluntariamente inscrito en la práctica dramatúrgica de la comedia nueva por Lope. La aproximación de estos dos sistemas es ortofónica, claro está, y de método. Lo importante es, sin embargo, lograr una síntesis y situar el énfasis donde conviniera. De ahí que el verso sirva, igual que la anulación progresiva de la *naturalidad* en la dicción, aunque fuera en prosa, para promover la ficción, también en el plano oral, desmarcándose del discurso no dramático, no ilusionista. Hay que pensar que con el verso se produce la consciente ruptura de otra de las grandes metas de la preceptiva renacentista: la llamada verosimilitud. Algo que vamos a ver reaparecer constantemente como prejuicio en contra del teatro en verso (juzgado, por esta razón, en permanente déficit de naturalidad), lo que ya se indica en teóricos contemporáneos como el Pinciano:

> Yo estoy admirado cómo dieron los antiguos en vn disparate tan grande como escriuir las fábulas en metros; ya que proponiendo imitar deshacen del todo los neruios de la imitación, la qual está fundada en la verosimilitud, y el hablar en metro no tiene alguna semejança de verdad; y he caydo en la cuenta que la *Historia de Ethiopia* es vn poema muy loado, mas en prosa; y también las comedias italianas en prosa son poemas y parecen muy bien, y los que dizen entremeses también lo son, y parecen mucho mejor en prosa que parecerían en metro.[142]

En todo caso, el actor, siguiendo el sentir común del discurso poético que imprimía el dramaturgo, no habría de sentirse tan arrastrado como pudiera parecer al *porrazo del consonante* y de la rima. Sabía que ésta era un recurso más, pero no tenía que verse obligado por él a un marcaje tan *antinatural* que destrozara la sensación de *verdad*, en, por ejemplo, los casos que hemos visto más arriba de paréntesis abiertos y encabalgados entre dos versos (cuya ruptura hubiera sofocado no sólo la técnica de respiración sino

---

[142] *Philosophia Antigua Poética*, ed. cit., tomo II, p. 205.

el sentido dramático impreso en los mismos). No había, pues, una predeterminación hacia el llamado *rengloneo*, al menos en el único sentido que podría habérsele dado a esa expresión en la época, en la que *renglón* se entiende «la serie de letras o escritura en línea recta o en regla» (*Diccionario de Autoridades*). Privilegiar la rima como elemento exclusivo de la dicción del verso hubiera significado no ya sólo traicionar el nuevo espíritu del verso castellano, estimulado por la renovación italianizante y el polimetrismo, sino, a veces, en efecto «dejar entre *renglones*» o «quedarse entre *renglones*», en el sentido de «olvidarse o no acordarse de alguna cosa que se debía tener presente.» La rima era, por el contrario, elemento capital de artificio que ponía a prueba la *memoria* y la dependencia del *apuntador*, pero que facilitaba, como básico sistema nemotécnico, el aprendizaje de un repertorio que cambiaba con velocidad de vértigo en muchas ocasiones y que protagonizaba un sistema arquitectónico del significado del discurso teatral que era también esencial. Hay acotaciones especialmente decisivas como cuando, en *La Arcadia* de Lope de Vega, Anarda lee una carta «partiendo los versos, con que le da otro sentido.» O testimonios, no por lo pintorescos menos sintomáticos, que indican cómo el seguir el *texto*, respetándolo y elevándolo emocionalmente a través de un correcto y aprendido recitado, se estimaba como base de la profesionalidad. Lo ofrece, por ejemplo, José Alcázar en su *Ortografía Castellana* (1690):

> Hay cosas que una vez se toleran con gracia y no se permite que se repitan. Osorillo, célebre comediante, recreaba con sus ingeniosas gracias a los oyentes. Un día, al empezar la comedia, salió al tablado, y sacando un papel larguísimo, empezó a murmurar de los comediantes, *en hermoso verso, porque se quiebran la cabeza aprendiendo de memoria los versos que pudieran leer y añadir*: «Yo quiero dormir y dejar a los demás que estudien y se cansen cuanto quisieren.» Hízose la comedia. *Los demás dijeron sus versos de memoria y Osorio les iba respondiendo leyendo y mezclando bufonadas; v.g.*: «Aguardo. Aquí hay una letra mal formada. Ahora he menester adivinar, porque el papel está roto.» Este modo desusado de representar lo recibió con gran risa y aclamación el vulgo ignorante. Esto lo puede hacer el gracioso; mas no quien hace el rey, u otra persona grave, y basta que se declare una vez.

La segunda consideración, no por obvia menos fundamental, es que el ritmo y la rima comunican al teatro, convertido en espectáculo corporal a través del actor, la particular sensorialidad de lo auditivo. La seducción acústica que convertía en elogio lexicalizado la voz clara de un actor o el particular desgarro o descaro de una actriz especializada, por ejemplo, en los *tonos* de las jácaras. Como casi siempre, serán los moralistas los más atentos al fuerte poder de persuasión de estas cualidades; sean ejemplo las palabras de Juan de Mariana:

Los versos numerosos y elegantes hieren los ánimos y los mueven a lo que quieren, y *con su hermosura persuaden con mayor fuerza a los oyentes, y se pegan a la memoria;* porque los que estamos compuestos de números, más que ninguna cosa nos deleitamos con ellos, y la oración compuesta de números, cuales son los versos, más vehementes movimientos suelen despertar y mover a la parte que quieren.[143]

O las de Juan Ferrer:

A lo dicho se allega el ser estas cosas con cantares de buenas y suaves voces, que algunas destas mujercillas tienen, y composiciones de poesías ingeniosas y agudas, que es una salsa con que se hacen las tales comedias sabrosas. Porque una razón dicha en verso bueno, cantada con dulce voz, tiene no sé qué, que lleva y arrebata el ánimo y con una voluntaria violencia cautiva el corazón del oyente.[144]

Gonzalo Navarro Castellano en la *Segunda parte de las Cartas Apologéticas* (1682) condena el teatro también «por las *palabras afeitadas* que con especie de honestas significan cosas torpes, *las tienen los cortesanos por urbanidad,* cuando son las que condenan los santos por lascivas, porque *de lo que suenan al oído se pasan al corazón de lo que significan.*»[145] Con la aposición forzada de lo sonoro y lo *maquillado* o adornado, el probo moralista nos hace pensar, por un lado, en que en el teatro, por supuesto, se tienen en cuenta esas prescripciones cortesanas en torno a la educación de los tonos de la voz que requería, entre otros, Castiglione; por otro en que con toda probabilidad le espanta más la seducción ignorante de las palabras (el impacto sensual o sensitivo) que su comprensión. Porque ¿quién nos puede garantizar documentalmente que todos los actores recitaran los versos de Lope o Tirso o Calderón entendiendo la altísima temperatura retórica de los mismos —por algo Perrucci aconsejaba a los cómicos italianos un profundo estudio de las figuras del lenguaje— y que este mensaje fuera descodificado con exactitud por el público asistente al corral o apretado en la plaza el día del Corpus? No obstante el Padre Juan de Palafox y Mendoza lo tiene claro y en su *Epístola exhortatoria a los curas y beneficiados,* incluida en sus *Obras* (1665), recuerda que «los espectáculos y comedias antiguas no guiaban tanto al daño de las costumbres, *la forma de locución y frase como ahora;* porque no tenían la modulación, acento y consonancia que hoy tienen con esos versos...»[146] Lo mismo

---

[143] *De Spectaculis, apud* Cotarelo y Mori, Emilio, *Bibliografía,* citada, p. 420.

[144] Ferrer, Juan (seud. de Fructuoso Bisbe), *Tratado de las comedias en el qual se declara si son lícitas,* Barcelona, 1618, fol. 45r.

[145] Cotarelo y Mori, Emilio, *Bibliografía,* citada, p. 488b.

[146] *Ibid.,* p. 496b.

cabría decir de la constante aplicación del adjetivo *afectadas* a las palabras que dice el actor, término que no iría tanto por echar de menos el ideal de llaneza como por la evidente traslación de la viveza de gestos y ademanes que el moralista llamaba sin rebozo *meneos*.

Claro que también tenemos quien extrae del supuesto defecto o exceso de seducción sonora la virtud, no exenta de pragmatismo, de evitar males mayores. Y por eso en el anónimo *Memorial* dirigido a Felipe II para defensa de las comedias (1598) no se duda en esgrimir como argumento a favor de las mismas que

> el estilo que hay en estos reinos muy guardado es *que la comedia sea en verso*, y como por este camino *se le quita al representante el albedrío de decir lo que quiere*, y sólo ha de decir lo que compuso el poeta, no se incurre en el temor que hubiera si pudiera decir lo que quisiera el representante deshonesto y descompuesto.[147]

Por lo demás, ¿acaso no puede existir seducción o embelesamiento lúdico con lo sonoro aunque no conlleve significados lógicos? ¿No ponían a prueba la voz y la técnica respiratoria del actor en muchos casos las retahílas de pura explosión surrealista de muchos estribillos, ensalmos y hasta conjuros chistosos que se emiten, por ejemplo, en los entremeses en algunos actos de habla en los que se mezcla la glosolabia infantil con la efectiva *performación* de un gesto? Ya tuve ocasión de comentarlo en mi edición de la obra breve de Calderón *El dragoncillo*,[148] cuando dichos sinsentidos verbales acompañan el *hacer el buz* (gesto halagüeño hecho con los labios o con el hocico):

SOLDADO

Quirirín quin paz.

GRACIOSO.

Quirirín quin paz.

SOLDADO

Quirirín quin puz.

GRACIOSO

Quirirín quin puz.

---

[147] *Ibid.*, p. 424a.

[148] *Vid.* el apartado «La palabra como objeto escénico sonoro» en Rodríguez Cuadros, Evangelina y Tordera Sáez, Antonio, *Calderón y la obra corta dramática del siglo XVII*, Londres, Tamesis Books, 1983, p. 105.

SOLDADO

Aquí el buz.

GRACIOSO

Aquí el buz.

SOLDADO

Aquí el baz.

GRACIOSO

Aquí el baz.

SOLDADO

Tras.

GRACIOSO

Tras.

SOLDADO

Tris.

GRACIOSO

Tris.

SOLDADO

Tros.

GRACIOSO

Tros.

SOLDADO

Trus.

GRACIOSO

Trus.

SOLDADO

Quirilín quin paz, quirilín quin puz.[149]

---

[149] *Entremeses, jácaras y mojigangas*, ed. cit., pp. 273-274.

Acompasamiento verso/gesto que se aprecia asimismo en acotaciones como la siguiente:

> Vase doña Beatriz por la puerta y con celeridad la cierra la Reina sacando la llave y los dos versos siguientes los dice cerrando la puerta y los últimos levantando la bujía (*La fundadora de la Santa Concepción*, de Blas Fernández de Mesa).

La tercera consecuencia que extraemos de la incidencia del concepto de métrica y versificación en el teatro deriva precisamente de la capacidad de éste para proponer una fórmula de síntesis en el debate que, como hemos visto, parece enfrentar a los metros y versos tradicionales españoles los nuevos usos italianos. La adopción del polimetrismo, con una concepción formal, por otro lado, no excesivamente rígida, recupera, sobre todo, el valor tradicional del metro castellano octosilábico y que con tanta intuición, me atrevería a decir dramática o espectacular, reclamaban en su crítica antipetrarquista Castillejo o Francisco Pacheco; la extraordinaria flexibilidad de dicho octosílabo para ponerse al servicio de lo que era un objetivo fundamental de la comedia nueva: contar, relacionar, describir situaciones y reagrupar verbalmente acciones con agilidad y rapidez. Volvamos a recordar expresiones tan gráficas y certeras como el acusar a los versos largos de *tardíos de relación, que andan con pies de plomo* o *coplas pesadas de cadera*. Desde luego no es imaginable que se cumpliera ese objetivo lopesco de, en una pieza y en el espacio de dos horas, representar «hasta el Final Juïcio desde el Génesis», con las solemnidades y cadencias que arrastrarían octavas y silvas. Por obvia que sea esta consideración resulta ser el núcleo esencial de reflexión sobre las propiedades del verso clásico español y el manejo técnico que de él podían hacer los actores. Por eso, al parecer de Lope «las relaciones piden los romances», y en un mar interminable de octosílabos se embarca el gracioso en sus loas, desde que las convirtiera en cartilla o abecedario de práctica actoral Agustín de Rojas en sus *alter ego* de Solano, Ríos o Ramírez. Propongo humildemente a los actores actuales que se enfrenten al reto de poner en escena, naturalmente sin aburrir, cualquiera de esas pintorescas y convencionales loas que servían lo mismo para meterse en el bolsillo a los espectadores de cualquier ciudad de provincias, mediante un recorrido turístico por su patrimonio histórico y su grandeza ciudadana (la fascinación urbana que nace con el teatro moderno), que para hacer una enjundiosa reflexión metateatral sobre la comedia y los farsantes. Las trampas de la sencillez del octosílabo pueden ser fascinantes, pero es la que permite ese vértigo de acciones o de actos *ilocutivos*, en los que se hace lo que se dice y en los que la relación se convierte en teatro. En *El rufián dichoso*, para aludir precisamente a la interpretación inmediata de una jácara, se explica que

> cuya vida y milagros en mi lengua
> viene *cifrada en verso correntío*...[150]

Igual que en *La gitanilla*, Preciosa canta un romance *al tono correntío y loquesco*. Verso, pues, ligero y suelto, que se rescata para el teatro con unas propiedades esencialmente técnicas y respiratorias, porque se concibe para una prosodia veloz y eficaz, y que se correspondería, al menos en los géneros mencionados con la expresión *hablar de hilván*, razonar atropelladamente, hablar de prisa, «a imitación de los sastres, que quando tienen mucho que hacer, en lugar de coser hilvanan» (*Diccionario de Autoridades*). La conciencia de estas propiedades del vertiginoso octosílabo es cuidadosamente diseñada en memorables recitados del gracioso. He aquí cómo Roque (el criado de Fernando en *Mañana será otro día* de Calderón) se lanza en picado con setenta y seis octosílabos para poner en situación a su amo de lo acontecido. El actor debía acudir a todos sus recursos para que el efecto cómico no desvirtuara la necesaria inteligibilidad de lo dicho, estructurado en una selva de encabalgamientos con los que tendría que pactar para sin afearlos con el tonillo del rengloneo poder, sin embargo, respirar:

> Pues si tengo de contarlo,
> escucha desde el principio.
> Después que de amparador
> juraste ayer el oficio,
> Don Quijote de prestado,
> Don Espladián de poquito,
> y después que aquella dama
> segunda en salvo pusimos,
> pues fue dejarla en la calle
> dejarla donde ella dijo,
> buscando los dos la casa
> de Leonor tu prima fuimos,
> y quiso Dios que la hallamos,
> porque un vecino lo quiso:
> que nadie supiera nada
> si callaran los vecinos.
> Dicha fue, porque si tarda
> sólo un instante imagino

---

[150] Ed. cit., p. 138.

que a la calle de los Negros
vamos a media con limpio.
Entraste, y por abreviar
los episodios prolijos,
tú te recogiste y yo
ni desnudo ni vestido,
sino arrojado no más
sobre mi cansancio mismo
me dormí. Desperté, oí,
y viéndote a ti rendido
al sueño, salí de casa
con ánimo ambulativo
contra todos los mesones,
para ver si algo averiguo
de nuestro Pedro de Mulos.
Lleguéme, pues, a un corrillo
que hacia la Puerta del Sol
siempre hacen, y uno me dijo
que en un mesón de la calle
de Alcalá, anoche había visto
entrar tres mulas. Las señas
tomo, voy, y a Pedro miro
en el portal, de una silla
cosiendo los entresijos.
Pregunté por nuestra ropa,
y él muy hosco y muy esquivo,
con un alma de demonio
y con un cuerpo de Cristo,
me respondió: «La maleta
del amo yo la he tenido;
pero la suya, perdone;
que como no tuvo aliño
de ponerla más cordeles
en todo aquese camino,
se cayó en los trigos, cuando
huyendo fui del peligro
del embargo.» Yo le dije:
«Mi maleta, Pedro amigo,
no era tan disparatada
que echase por esos trigos.»
Amohinéme y amohinóse,
di voces, sacó un cuchillo,
llegaron más de mil mozos
viejos en tales delitos;
y tenido por desaire
el verme hablar con hocico,

> trataron de deshacerle
> de suerte, que por partido
> tomé a volver sin maleta.
> Esta es la falta que gimo,
> ésta es la pena que lloro,
> ésta es la ansia que suspiro,
> ésta es la causa que siento,
> la ocasión en que me aflijo,
> la ira en que me enfurezco,
> y esto hago y esto digo
> porque si de carretilla
> no lo acabo, no habrá vítor.[151]

¿Se estaba riendo ya Calderón del *rengloneo* cuando en *Mejor está que estaba* el gracioso Dinero describe así el guardainfante de la dama de su amo?:

> Ya que tú me la has pintado,
> puesto que yo no la vi,
> quiero pintártela yo.
> Va pendiente de la cin-
> tura, en cuanto la enagua
> dejó enjauladas las tri-
> pas en un enjugador,
> de alambre, esparto y de cin-
> tas; que como las enaguas
> al humo de las pasti-
> llas se curan, no se hallan
> sin enjugador y sin
> perfumes; y en conclusión
> «est custos infantis sic»;
> que por no espantar a tantos,
> decirlo quise en latín.[152]

¿O cuando Beatriz en *Antes que todo es mi dama* recita antes de hacer un mutis?:

> Y de mí también se duela,
> no el honor, que es un gentil,
> no el amor, que es un hereje,
> sino el miedo, que es, en fin,
> un católico cristiano;

---

[151] *Obras Completas*, ed. cit., tomo I, p. 774ab.
[152] *Ibid.*, p. 415b.

> y hasta ver el desto chis-
> mes que andan en esta casa,
> sobre si es Félix o Li-
> sardo, este hombre que queremos,
> pendiente el alma de un hi-
> lo está, a las iras de un tras
> puesta la vida en un tris.[153]

Pero el octosílabo no tiene por qué estar exento de otros usos no tan conscientemente paródicos «porque el romance es metro hábil para todos los estilos», como dice José Pellicer en su *Idea de la comedia en Castilla* (1635), incluido el heroico: en octosílabos, al fin y al cabo, declamará Segismundo su filosofía de la libertad y de la existencia, y en octosílabos se componen las flexibles redondillas, «verso tan suave como el toscano» y más elegantes que «la borra de muchos romances», como escribirá Suárez de Figueroa en *El Pasajero* (1617).

Finalmente hay otra consecuencia fundamental: reflexionar sobre si el actor o el *autor* (en el sentido de director de escena) eran conscientes de lo que, desde el punto de vista de la composición del texto teatral, podríamos llamar funcionalidad específica de la arquitectura métrica de la obra. Saber establecer, al recitar sobre las tablas, las correspondencias deseables o meramente teóricas entre los versos, «los sujetos de los que va tratando», según perfecta máxima de Lope en su *Arte Nuevo*. ¿Sabía de verdad el actor que las décimas eran buenas para quejas, que mientras aguardaba tenía que recitar un soneto, que podía contar algo en romance pero que se luciría más haciéndolo en octavas, que en asuntos de gravedad había que echar mano de tercetos y debía enamorar el galán a la dama en redondillas? Lope, recordémoslo, no prescribe ni receta: nos comunica experiencia y no un vademécum o prontuario para el dramaturgo, el autor o el comediante desteorizados. No sabemos si los actores lo sabían. Pero intuimos que lo *hacían*, y que habían de *interpretar* también desde su cuerpo, su voz, sus tonos, el polimetrismo porque era un factor de recepción, de reconocimiento gozoso del público de una experiencia estética no poco notable. Más tarde Carlos Boyl (*A un licenciado que deseaba hacer comedias*, 1616) apunta detalles interesantes que hablan más a la oreja de la intuición actoral viva que a las frías prescripciones de teórico. Por eso al demorarse en la conveniencia del uso de la redondilla las recomienda *partidas*, es decir, construidas a dos voces, en esa esgrima verbal —en ocasiones polifónica— con la que nos sorprenderá Calderón en sus diálogos:

---

[153] *Ibid.*, p. 906b.

Partir una redondilla
con preguntas y respuestas,
a cualquier comedia da
muchos grados de excelencia,
puesto que hay poetas hoy
avaros con tantas veras
que hacen (por no las partir)
toda una copla mal hecha.

Nunca me he fiado de esos recetarios exactos de correspondencias entre una situación escénica y el uso de un metro o estrofa determinados, que operan, claro está, desde la buena voluntad, pero también en ocasiones desde la falta de lógica. El empeño en el que nos hemos visto algunas veces sumergidos al analizar textos teatrales por hacer coincidir fronteras de las llamadas *escenas* o *cuadros escénicos* con los cambios métricos obedece a un hábito de lectura intelectual y no de puesta en escena. Pero cuando a veces tal cosa sucede tenemos que reconocer la sabiduría del dramaturgo. Y así, cuando tanta crítica racional y clasicista ha habido contra las caprichosas rupturas o quiebros métricos en nuestro teatro áureo, invito a examinar cuestiones concretas. Sirva de ejemplo una sucesión de escenas en una obra relativamente poco conocida de Luis Vélez de Guevara (*El amor en vizcaíno, los celos en francés y torneos de Navarra*). En la segunda jornada (vv. 1539 y ss.) Bermudo «sale de noche, embozado», mientras, se supone, monta guardia para proteger a Dominga, enamorada y seducida, a la sazón, por el infame Delfín de Francia, Carlos. La secuencia estrófica va a abrir dos situaciones dramáticas: el soliloquio de Bermudo compuesto en el acompasado ritmo de silvas, evocando a la par sus recelos y presentimientos y la solemnidad de la noche, y la aparición de Carlos, embozado, dispuesto a acudir a la cita con la rendida Dominga. En el verso 1615 se produce un brusco cambio a redondillas (vv. 1615-1690) en medio de este recitado lento y pausado. Se rompe el esquema lógico de recetario: no ha cambiado aparentemente el cuadro, la unidad de lugar escénico. Nuestra lectura interior, intelectual, conducida por nuestra visión escrita del teatro, se ha visto contrariada. Carlos se aferra al octosílabo. Pero poco después descubrimos que esa ruptura obedece a una plenitud de acierto escénico, ya que tras el verso 1625 la acotación reza:

Sacan las espadas y pelean, mudando puestos, hasta que llega Carlos a tocar una puerta.

Y es que convendremos que no es pensable sensatamente un combate a espada, como el que tiene lugar en ese momento entre Carlos y Bermudo, al quebrado pero lento ritmo de las silvas. Pruebe un actor cualquiera a intentar echar mano de esgrima y recorrer a zancadas en endecasílabos el espacio, por reducido que fuera, de un tablado, intentando mantener la tensión de los versos, aunque fueran mechados con las contracciones de los heptasílabos de la silva.[154] En redondillas octosilábicas, pues, pelean protector y seductor (primera situación) y en redondillas, una vez que logra alcanzar la habitación de la señora de Vizcaya, tiene lugar el alterado encuentro entre Bermudo y Vilhán (segunda situación). Inmediatamente sobreviene el final climático del acto en verso romance (vv. 1691-1886). No hay, pues, que dramatizar con aquello de *el verso o la vida*, ya que una vez escuché (y luego leí) a Adolfo Marsillach: «Si hay que romper una sinalefa porque desde que se termina una vocal hasta que empieza la siguiente el actor se desplaza desde el proscenio al foro, pues se rompe antes de exponer al actor a que muera ahogado.»[155] Y digo todo esto porque he podido advertir el prejuicio e incluso el complejo del actor español (o de sus intérpretes teóricos) respecto al octosílabo, recordando, claro está, las sutiles ventajas del verso largo inglés, shakespeareano, por supuesto. ¿Por qué? ¿Qué dificultades cualitativamente diferentes podía comportar para un actor español enfrentarse al endecasílabo, respecto al inglés que debía enfrentarse al *blank verse*? Es decir, el verso suelto, también más metido en cadencias y ritmos que en estructuradas consonancias con el que hubo de vérselas, por ejemplo, el actor británico más tardío, de las tragedias de la época augusta con los insufribles cuanto pomposos *heroic couplets*, hechos a la medida de actores como James Quin, afincados en la vieja escuela tragicista y francesa de majestuosa gesticulación hasta la llegada del *naturalista* Garrick. También el sistema del verso clásico castellano mantuvo la libertad de ciertos versos sueltos, precisamente en las silvas, porque no eran sentidas como estructuras métricas particularmente fuertes. Cierto que algunos teóricos como José Pellicer (*Idea de la comedia en Castilla*) ponen en sordina su conveniencia al recordar que «días ha que con justa razón fueron desterrados de la comedia los esdrújulos por duros en la asonancia y los versos libres o sueltos por destemplados en la armonía», pero la flexibilidad de sus matices y las aperturas a un recitado que pulsaba desde el tono natural al engolamiento ¿pueden sentirse con más empalago que el ritmo del *alejandrino* francés, claveteado por el rigor de los acentos, de la apertura o no de las vocales y de los compromisos de la *liaison*? Pero es que podía haber simples y contundentes razones pragmáticas, más allá del virtuosismo que impulsaría a nuestros dramaturgos a mostrarse excesivamente poetas. El octosílabo no sólo *cuenta* y *relaciona*

---

[154] *Cf.* ed. de Maria Grazia Profeti, Verona, Università degli Studi di Padova, 1977, pp. 94-96.

[155] «Teatro clásico hoy: la experiencia de un Director», en José M.ª Díez Borque (ed.), *Actor y técnica de representación del teatro clásico español*, citada, p. 169.

y permite correr por el escenario. No eran éstas las razones ni una adscripción fervorosa a la tradición castellana y popular las que llevan a que
Calderón en *La vida es sueño*, prototipo exquisito de lecciones de declamación, emplee menos del 12 % de versos de arte mayor, frente a más del
57 % de líneas en romance. Como ha señalado Elias L. Rivers,[156] probablemente los actores encontrarían en las líneas cortas y rimas más apretadas
y regulares del arte menor recursos de facilidad nemotécnica; y quizá el
público, por idénticas razones, o, acaso, por las meramente sociológicas
de práctico analfabetismo que Juan Manuel Rozas reconoce en él,[157] pudiera seguir con más facilidad este tipo de recitado; lo que explicaría la
abundancia del uso de la *silva* pareada en endecasílabos y heptasílabos,
a medida que avanza el siglo XVII, y que tanto haría por que la actriz que
interpretaba a Rosaura pudiera mantener la tensión declamativa del recitado mientras tropezaba y caía rodando por el *monte*, aferrándose a los
pareados de:

> Hipógrifo violento
> que corriste parejas con el viento,
> ¿dónde, rayo sin llama,
> pájaro sin matiz, pez sin escama,
> y bruto sin instinto
> natural, al confuso laberinto
> de estas desnudas peñas
> te desbocas, arrastras y despeñas?

Quienes se han planteado desde una perspectiva estrictamente dramatúrgica la cuestión del verso coinciden en las apreciaciones generales que
podemos construir con las citas y referencias del caso español. Henry Siddons, en su *Practical Illustrations of Rhetorical Gesture and Action Adapted to the English Drama* (Londres, 1807), establece por ello esta sensata
declaración:

> Todos los poemas deben escribirse en verso, porque el principal objeto
> del poema es producir placer; y el efecto de la versificación consiste en pro-
> ducir placer [...] La versificación es, en sí misma, declamación; favorece e invi-
> ta a la misma; confiere más carácter, más energía al discurso y sirve, al mismo
> tiempo, para subrayar el sentido y el sentimiento de modo más brillante y per-
> suasivo: cada metro reproduce un despliegue peculiar y característico de ideas

---

[156] «Written Poetry and Oral Speech acts in Calderón's Plays», en VV.AA., *Aureum Saeculum Hispanum. Beiträge zu Texten des Siglo de Oro. Festschrift für Hans Flasche zum 70
geburstage*, Wiesbaden, Franz Steiner Verlag, 1983, p. 275.
[157] *Significado y doctrina del «Arte Nuevo» de Lope de Vega*, Madrid, SGEL, 1976, p. 124.

con su consiguiente desarrollo, responde, por tanto, a una particular especie de sentimiento y situación anímica, preservando siempre su individualidad, expresada de modo más discreto o más expresivo: en cada uno de los tipos de métrica adaptados por la poesía, es imposible confundir la galantería, la suavidad o la languidez. Una o dos pasiones exigirán un verso construido con fuego y energía, mientras que quizá una tercera precisará manifestarse en un tono majestuoso y severo: uno puede ser rápido, intrépido, el otro lento, arrastrado; mientras que un tipo de verso exalta el sentimiento otro puede mostrar la postración. En una palabra, su ritmo será vigoroso, suave o pomposo de acuerdo con las propiedades que posea. Por esta razón la elección de un metro no puede ser indiferente al poeta, quien debería seleccionarlo cuidadosamente de acuerdo con el efecto que aspire a producir, y el éxito de su obra dependerá de la fortuna o no de esta elección. [...] ¿Qué medio más natural y calculado puede emplear el poeta para producir el mismo sentimiento en el oyente que una sucesión de sílabas de medida uniforme, rigurosamente adaptada a la progresión y expresión del sentimiento? En los versos de idéntica medida, o los que se mezclan con otros más breves, cuya cadencia agota, sin esfuerzo, la respiración interior (la indolencia y suavidad del troqueo, por ejemplo) se acomodará perfectamente al sentimiento que desea comunicarse en un poema elegíaco; un sentimiento que, de principio a fin, se desarrolla por sí mismo en un modo lento y uniforme, sin vagarosos cambios repentinos o transiciones inesperadas [...] Tanto en la tragedia como en la comedia el alma no se ve afectada por un único sentimiento sino por varios que constituyen la totalidad de la composición dramática y que aseguran su efecto [...] Los antiguos, que parecen haber entendido esta cuestión mejor que los modernos, cuidan de no emplear un metro excesivamente regular en sus obras: lo varían, sin dudarlo, donde así lo requiere la naturaleza de la pasión que se trata de subrayar.[158]

El polimetrismo acaba siendo así una conquista del verismo escénico, un sistema de disciplina, quizá, para acabar con ese vicio del *tonillo* que, al parecer, impuso la monotonía versal del teatro anterior a Lope de Rueda, como resultado de una borrosa asimilación de diferentes elementos: desde la declamación afectada de los predicadores hasta el recitado gangoso de los romances de ciego. Hete aquí que buena parte de la crítica advierte que con Lope de Rueda se hace ingresar, sin embargo, el teatro español en la llamada declamación naturalista y contenida. De hecho, la crítica decimonónica institucionaliza el modelo o manera de Rueda como esa perfecta escuela de declamación lamentablemente olvidada por la generación posterior. Las causas que el bueno de Enrique Funes da para ello son, por un lado, la separación definitiva del autor y del actor, perdiendo

---

[158] *Practical Illustrations of Rhetorical Gesture and Action Adapted to the English Drama,* citada, pp. 295-297 y 299-300. Traduzco del original inglés.

el primero el control de la comprensión interna de la obra y convirtiéndose el segundo en dueño de la escena. Por otro, la introducción de la tragedia clasicista y sus notables arreos líricos:

> De aquí, por una parte, la constelación de declamadores *musicales* que siguen al ingenioso macareno, aquella falange de cómicos capitaneada por Agustín de Rojas, Alonso de la Vega, Cisneros y Avendaño; y, por otra, la hueste de poetas dramáticos como Juan de la Cueva (que introduce los elementos *épico* e *histórico-tradicional* y el *lirismo,* arreos ostentosos de nuestro teatro), como el capitán Cristóbal de Virués, como Rey de Artieda y tantos precursores de la entrada triunfal del estupendo Lope, que es el mar pasando su nivel, desbordándose, inundándolo todo, llevando entre sus olas a los grandes dramáticos, haciéndoles perder el derrotero por la incontrastable fuerza de sus corrientes, y extraviando también a la Declamación, a la cual abandona en los brazos del numen instintivo, de las improvisaciones y de los aciertos casuales...[159]

En tercer lugar no escatima Enrique Funes su enfado por la profusión lírica del teatro barroco que impone registros tan convencionales como, a su parecer, hiperactuados:

> De no ser por esto, mal se explicara el extravío de la Declamación por otras sendas, que la literatura dramática no pudo abrirle, porque Lope de Vega y sus

---

[159] *Op. cit.*, p. 225. Esta precaución respecto a la versificación pomposa de la tragedia como mecanismo que resta verosimilitud y naturalidad se extiende a la crítica teatral que se ocupa del actor entre los siglos XVIII y XIX. En la obra citada de Henry Siddons, refacción ampliada, como se sabe, de la obra de Engel, leemos: «Tragedy in verse has long been discused in this country: we are disgusted with those swelling declamations and monotonous tirades, which are inseparable from versification, and in which the poet is perpetually shining, at the expense of the truth, of the interest and the progress of the action. We do not approve the bombastic and unnatural play, which is the general development of the poetical and oratical development of the sentiments» (*Op. cit.*, p. 281). Pero Siddons, tanto como Funes, mira probablemente a los actores de su tiempo más que a las condiciones en sí de la versificación. Sin duda el inglés está pensando, como ya hemos mencionado más arriba, en la tradición que representaron actores como James Quin (1693-1766), cuyo registro, marcado por una estruendosa pirotecnia verbal y una acción exagerada, instituye, por indudable influencia francesa, la cadencia de tonos y la monotonía llena de afectación en la declamación. El estilo de James Quin tenía más de senador que de actor, según decían las crónicas de la época, con su repelente vocalización y las insufribles pausas. Se entiende que fuera destronado por el estilo naturalista de Garrick y se entiende la ácida crítica que sobre este tipo de actores estableciera en algunos versos Robert Lloyd (en el poema *The Actor*): «Unskillful Actors, like your mimic Apes / Will writhe their Bodies in a thousand Shapes, / However foreing from the Poet's Art, / No tragic Hero but admires a Start / What though unfeeling of the nervous line, / Who but allows his *Attitude* is fine? / While a whole Minute equipoiz'd he stands, / Till Praise dismiss him with her echoing Hands / Resolv'd though Nature hate the tedious Pause, / By Perserverance to extort Applause» (*Actors on Acting*, citada, pp. 94-95).

imitadores escriben a destajo y con un desenfado y una indisciplina que no corrige sino que alimenta la de los intérpretes; porque la expresión lírica, casi
siempre falsa, con que se explicotean en sonetos y en décimas la *dama* y el
galán, imponen entonaciones líricas a los recitantes españoles, de suyo aficionados a buscarlas para lucir sus facultades y hacer a su musical *recitación* la
musa de su movimiento; y, finalmente, porque el gran poeta que por la enor-
midad de su saber hubiera podido regir con la enseñanza la selvática independencia de aquellos pobres ignorantes (en alguna de cuyas almas encen-
diera la inspiración su antorcha), el colosal ingenio que, acosado por aquella
envidia, tan grande como su numen (y que yo bendigo), escribe en dos o tres
días una comedia aplaudida, al siguiente, en los *corrales,* apenas si asiste al
único ensayo de su obra, y cuídase tan solamente de que sigan brotando de su
inagotable manantial cataratas de poesía. [...] La indómita selvatiquez de nuestros desvanecidos comediantes, nunca disciplinada por completo, llevó la Declamación a las alturas del lirismo; pero fue para despeñarla. (*Op. cit.*, p. 226).

De la actitud de Funes respecto a esta fase de nuestro teatro clásico tiene interés, para nosotros, el modo como plantea una hipótesis que, acaso,
sólo pueda materializarse desde lo que hoy sería una recuperación activa,
bien documentada, del recitado de aquellos versos por parte de actores
actuales. Y es el hecho de la posible existencia de estilos o, incluso, de escuelas declamatorias diferenciadas en la práctica teatral de los siglos XVI y
XVII. Funes la formula a propósito de la quiebra que a su parecer se produce, como hemos visto, entre el *modo* de Lope de Rueda, afecto a un naturalismo de lo cotidiano («cumplida estaba su misión —dice Funes— con retratar, como actor naturalista, el tipo humano en sus relaciones exteriores con
la Naturaleza, sin pasar las lindes del género cómico») y al riguroso control
que él como actor/autor podría tener del espectáculo, y el *modo* subsi-
guiente a la introducción de la tragedia clasicista:

> Y en cuanto a la tragedia *pseudo-clásica,* ni se escribió en tiempo de Rueda
> para representarse (así lo dice Ticknor), ni hubiera gustado el público de lo que
> tan poco le interesaba y entendía, ni las de Lupercio de Argensola (que asegu-
> ra Cervantes haber sido puestas en escena con éxito fabuloso) *pudieron decla-
> marse sino como Dios y el consueta dieran a entender a los pobres cómicos, sin
> antecedente alguno nacional que les diese idea de la interpretación artística
> de trágicos horrores, a patada por coma, a lágrima y suspiro por verso de once
> sílabas, y a desplante por punto;* que aun siendo esto así, vino todo mucho des-
> pués de *Las aceitunas* y de *Las calzas nuevas que se usan agora,* y vino de
> Francia, de donde, según se verá, llegó siempre lo bueno para nosotros; por lo
> cual Lope de Rueda no lo vio, ni falta que le hacía. (*Op. cit.,* p. 230).

La actitud de Funes, como era de esperar, es también, paradójicamente, nacionalista. Del mismo modo que despreciaba olímpicamente la posi-

ble influencia del italiano Ganassa entre nuestros cómicos, atribuye los modos del actor de la tragedia a la moda francesa y a su fuerte armazón retórico pero que, dicho sea de paso, tanto en sus formulaciones teóricas, de inexcusable influencia jesuita, como en sus textos, será más tardío. Funes patina por bastantes años: el sevillano Juan de la Cueva muere en torno a 1610 y el valenciano Cristóbal de Virués, nacido en torno a 1550, lo hace en 1609. ¿Pudieron entonces los actores que pusieron en escena sus obras seguir los modos de los actores franceses, henchidos de la declamación oratoria con la que salvaban el teatro los preceptores jesuitas de Jean Racine (1639-1699) o de Pierre Corneille (1606-1684)? Pero eso no impide que Funes, a efectos prácticos y dependiendo abiertamente de la práctica actoral de su propia época, proponga la existencia de una escuela común de declamación pomposa e hiperactuada (que luego se trasmite como tradición a todos los géneros del Siglo de Oro) para los trágicos sevillanos y valencianos, aunque también establezca matices entre ellos:

> Que por influencia de Juan de la Cueva y de sus obras y continuadores se hubiese creado una escuela cómica de Sevilla, un estilo de declamación peculiar de la Bética, no había de parecer extraño, si las condiciones de los dedicados al *ejercicio* hubieran sido alguna vez capaces de disciplina y de consejo. Víctima seguramente de grandes errores y extravíos, a semejanza de los poetas cuyo intérprete primero tuvo que ser, el ingenio español, aquí, como en región alguna, exuberante, atropellado y fecundísimo, la elevara, sin duda, en alas de las más altas inspiraciones. Si Alonso Rodríguez, Cisneros y Pedro de Saldaña, unidos a Cueva, se lo hubiesen propuesto, fundaran tal escuela quien dio vida en las tablas a la *Muerte del Rey Don Sancho,* quien representó *El Infamador* y quien hizo admirablemente, según noticias ciertas, la figura de Ayax, bien mostraron talento suficiente para haberse atrevido a señalar derrotero a la nave, que, después de tres siglos, no acaba de encontrar puerto seguro. La confusión, al principio monstruosa, de lo trágico y de lo cómico, con predominio de los elementos épico y lírico sobre el psicológico en los *caracteres,* pudo haber engendrado comediantes, cuya faz, con ser muy española, se hubiera distinguido, como se distinguen la tierra y los ojos, el cielo y el sol de Andalucía. [...] De Valencia pienso otra cosa, pensando en honra suya. Los espectáculos escénicos se alimentan del pueblo y el valenciano, de seguro, no renunció a su lengua: no hay pueblo que renuncie el idioma que es uno con su pensamiento y con su corazón: en otro idioma, parecen distintos. La *muchedumbre valenciana no pudo interesarse ni por las comedias ni por los comediantes castellanos.* Cierto que el sentimiento de la nacionalidad y de la monarquía, con hondas raíces entonces, no hubo de consentir que la multitud volviese los ojos hacia el regionalismo, como ahora sucede; pero, aun así, sólo una especie de Lope de Rueda, representando tipos de aquel pueblo que, al hablar en su lemosín pone otra cara, hubiera podido llevarse, triunfador, al auditorio. Noticia alguna tengo de tal cosa. Timoneda no hizo nada que se le

pareciese. Pero como de la escuela valenciana heredaron los enormes dramáticos madrileños aquellas *tiradas* de doscientos y tantos octosílabos, recuerdo de las arengas épicas, no había de extrañarme la creación de un estilo declamatorio especial y sujeto a cierta doctrina, como tabla del naufragio del cómico entre aquel oleaje de versos. *Atila furioso* agarrándose a trescientos cincuenta de todas longitudes para subir a las alturas tragi-cómicas de su desesperación, no sin aullar esdrújulos ni sin poner al desdichado cómico a prueba del mal de las montañas, y otros personajes así de las tragedias de Virués, harto necesitaban *intérpretes con pulmones de toro, resistencia de coraza de buque, o gran arte para respirar y para sostener con movimientos, actitudes y entonaciones* el interés del público, el cual no suele distinguirse por su resignación en el teatro. (*Op. cit.*, pp. 310-313).

Funes, aunque sea desde una perspectiva crítica, apunta a la construcción retrospectiva del *modelo* del actor barroco: aquel que, con el registro declamativo y gestual, acabará imponiéndose, como sujeto, al objeto, al personaje que debe ser representado:

Somos un pueblo grave, muy engolado con el propio ser, y que no ha nacido para fingir. De aquí que en la declamación española prevalezca el sujeto del arte, el cómico sobre el objeto de la manifestación artística, el carácter que es lo que debe ser representado. Y como son el carácter lo más hondo y el cómico lo más externo, el pueblo mismo contemplador de la belleza rindió siempre más culto a las facultades exteriores de sus artistas predilectos y al efectismo del recitado deslumbrante y decorativo, que no a las dotes íntimas inquiridoras de las transformaciones psicológicas. Pero este predominio del sujeto, al cual le vienen ya de raza la exaltación de la fantasía sobre la reflexión y los grandes latidos del sentimiento sobre las determinaciones de la voluntad, es el puente tendido por la misma naturaleza entre el actor y el personaje. Porque hay algo eterno que es de todos los caracteres y de todos los hombres, la pasión; y sentirla de veras es la cualidad estética predominante del subjetivismo nacional y romántico, a cuya cabeza fueron siempre Germanos y Españoles. He aquí que el enorme defecto del cómico español engendra su dote más eximia: si no llegó a los últimos perfiles del *carácter,* metióse en lo profundo de la pasión con cuerpo y alma, siendo, mil veces, víctima de sus tormentos, por sentirla como individuo real más que como creación fabulosa. Coquelín, el gran comediante francés, con su no menor herejía de que «el actor no ha de experimentar ni sombra de los sentimientos que expresa, suprime de una plumada el sujeto de la declamación española.»[160]

[160] *Op. cit.*, pp. 282-283. Funes cae así es una estupenda contradicción: acaba recabando y defendiendo, del actor español, lo que comienza deplorando. Y, de hecho, califica también así el sistema de actuación de Lope de Rueda: «Con Lope el macareno suben los personajes a la escena: quien allí les da ser, quien habla y acciona y gesticula no parece ya Lope de Rueda: éste, con no dejar de serlo, ha desertado de las tablas, colocando en su vez al *fanfarrón* y pícaro *Gargullo,* al *bobo,* al *vizcaíno* y a *Guiomar* la *negra,* que, durante la obra, son los

El actor barroco, pues, declamaba, encarnaba y no ejecutaba fríamente el personaje. No sé si eso puede explicarse, con la tranquilidad no exenta de chauvinismo hispano que él lo hace, con la simplificación de lo aburrido y declamatorio de los versos de la tragedia clasicista (destinada, por lo demás, como ha demostrado la historia, a una notable desconexión con el gusto del público y no precisamente por esas razones). También me parece excesivamente reduccionista pensar en el batihoja sevillano, Lope de Rueda, como precedente eximio del naturalismo predicado luego por Diderot o Garrick o Talma o Isidoro Máiquez a poco que nos esforcemos en imaginarlo interpretando, pongo por caso, el papel de *negra Olalla* en sus pasos, llegados a nosotros, eso sí, en prosa, como los entremeses cervantinos o, más tarde, alguno de los de Quevedo, cuyo contenido y *figuras* (pongo por caso el de *La vieja Muñatones*) cuesta imaginarse resuelto en las tablas en óptica naturalista diferente a *La ropavejera*, pesadilla de ultratumba escrita en verso. Es que la escasa documentación (no por escasa fuertemente indicial) nos muestra este dibujo temperamental de un estilo arrastrado como tradición hasta el momento, al menos, en el que comienza a teorizarse en España sobre las técnicas de actuación. Así habremos de interpretar determinados textos llegados hasta nosotros, como la narración que se hace en los *Comentarios del desengaño de sí mismo* de Diego Duque de Estrada de una comedia cortesana representada ante los Virreyes en donde, por un lado, se acentúan casticismos populistas como la *repentización* o *improvisación* (en este caso sujetos a la necesidad de la rima) y, por otro, se describe con cuidada precisión adjetival el sistema sobreactuado:

> Empezóse la comedia y asistían Virrey y Virreina, con muchas damas encubiertas, permitiendo, *como era de repente*, si se decía *alguna palabra sucia o no muy honesta*, si lo había menester el *consonante del verso*. [...] Entré yo a dar la embajada y, después de haber descrito las penas y llantos de Orfeo, formé su cuerpo de una primavera, dando atributos a sus miembros de hortaliza y legumbres, y *escaldéme* tanto que, habiendo durado más de un cuarto de

---

que viven en el escenario. En esto precedióle Vicente, gloria de las Españas; que de él se sabe con cuánta naturalidad supo expresar en el *Soliloquio* de su cosecha, que representó delante de su rey D. Manuel (1502), el asombro de un rústico a quien de pronto trasladan a palacio. Mímico excelente, cómico de percepción exquisita y muy conocedor del efectismo teatral hubo de ser, sin duda, el abogado Gil [...] Sólo los grandes cómicos han llegado a la transfiguración.» Junto a Lope de Rueda, Funes dice admirar al toledano Cisneros, por supuesto, al hacerle discípulo directo de aquél. «Y es que, habiendo escuchando de Rueda, su maestro, lo que debía ser el arte escénico, miraría con lástima cuál sudaban el quilo ciertos comediantes al representar a grito pelado y entre aspavientos y *aydemíes* aquellos horrores catastróficos de ambos usos, del nuevo y del antiguo.» (*Op. cit.*, p. 295).

hora, con aplausos y risa del auditorio, el pobre de Plutón *reventaba por hablar*, y yo, *abundándome el verso*, porfiaba. La gente le daba la vaya de que yo no lo dejase hablar, y él hacía gestos y demostraciones ridiculosas.[161]

Se supone que el propio Diego Duque, al hacer de Orfeo, se enfrasca en una vehemente declamación, no menos apasionada por el hecho de ser embastada en la improvisación, que lo *escalda*, es decir, lo emociona, le excede la pasión, con lo que da rienda suelta a la *abundancia del verso*, a la declamación sin medida, lo que pone en evidencia al actor al que, se supone, debe dar el pie. El actor español, en efecto, no puede resistir esta oportunidad de afirmarse en el recitado. Como no podía resistirse, al parecer, a asumir las convenciones escénicas de retirarse puntualmente tras la cortina o, ya en el teatro palaciego, por una de las calles laterales de los decorados, limitándose a dar la espalda a la escena al paso o al mismo tiempo que entraba otro actor probablemente enlazando con un verso rimado con el último suyo. Esto lo conocemos precisamente por el excelente testimonio de la mirada extranjera de Baccio del Bianco irritado con esas licencias del modelo de actuación español, bien diferente al que conocía en Italia. En una de sus cartas, fechada en 1653, leemos:

insomma la pulitezza delle scene, la puntualità delle strade, non usa che né è fatta per questi istrioni, anzi molti, detto che hanno i lor versi, se non si accena che ritornino dentro, con un voltar di schiena si intende essere dentro; abbattesi molte volte che il nemico, cercando l'altro, entri per una strada che riscontrandolo ad occhi vegenti del popolo, bada a ire come se non lo vedessi e mille altre improprietà, né è possibile il porli in buona forma.[162]

Vuelta la espalda: he aquí un gesto convencional con el que el espectador debe interpretar, fuera de toda lógica realista, que el personaje en cuestión se va. Pero, de hecho, permanece, mientras el otro actor debe atar su declamación a la suya e incluso sostener una secuencia de gesticulante búsqueda del primero; si no es, como en el caso que hemos visto de Duque de Estrada que éste se *escalda*, se embala diríamos nosotros, y no hay quien le impida rematar lo que es, sin duda, su escena gloriosa. Y es que el *remate*, como ya dijera Lope en su *Arte Nuevo*, propende asimismo a una afirmación del recitado, a un desplante en la declamación, o, en otros casos, a un magnífico discurso de virtuosismo bifónico, en el que, casi como un registro de ópera, se alían en el aire la pronunciación de versos rotos o distribuidos entre dos actores. El ejemplo, extraordinario, del

---

[161] Ed. de Henry Ettinghausen, Madrid, Castalia, 1982, pp. 195-196.
[162] Bacchi, M. (ed.), «Lettere inedite di Baccio del Bianco», *Paragone*, XIV, 157, 1963, p. 72.

final de la segunda jornada de *El pintor de su deshonra* de Calderón nos alerta respecto a cómo también la dicción del verso, entendida en el antiguo sentido de la *actio*, implicada con la gestualidad, puede construir sobre la escena el violento desdoblamiento íntimo de la protagonista de un drama de honra:

SERAFINA

Cuando me acuerdo quién fui,
el corazón las tributa [las lágrimas];
cuando me acuerdo quién soy,
él mismo me las rehúsa;
y así, entre estos dos afectos,
como el uno a otro repugna,
las vierte el dolor, y al mismo
tiempo el honor las hurta
porque no pueda el dolor
decir que del honor triunfa.

DON ÁLVARO

En fin, ¿sientes...

SERAFINA

No lo niego.

DON ÁLVARO

... ser ajena?

SERAFINA

¿Quién lo duda?

DON ÁLVARO

¿Luego...

SERAFINA

No hagas consecuencias.

DON ÁLVARO

... podré desde hoy...

SERAFINA

No arguyas.

DON ÁLVARO

... fiado en tu llanto...

SERAFINA

¿En qué llanto?

DON ÁLVARO

... esperar...

SERAFINA

Será locura.

DON ÁLVARO

... que algún día...

SERAFINA

No es posible.

DON ÁLVARO

.... se enmiende...

SERAFINA

No ha de ser nunca.

DON ÁLVARO

... mi desdicha...

SERAFINA

Soy quien soy.

DON ÁLVARO

... restituyendo...

SERAFINA

¡Qué injuria!

DON ÁLVARO

... mi perdido bien...

SERAFINA

¡Qué engaño!

DON ÁLVARO

... a mis brazos?

SERAFINA

¿Tal pronuncias?

DON ÁLVARO

Sí, y a este efecto...

SERAFINA

¡Qué pena!

DON ÁLVARO

... tras ti...

SERAFINA

Tu peligro buscas.

DON ÁLVARO

... tengo de ir...

SERAFINA

Mi muerte intentas.

DON ÁLVARO

... a España...

SERAFINA

Mucho aventuras.

DON ÁLVARO

... donde...

SERAFINA

Me hallarás ajena.

DON ÁLVARO

... serás mía...

SERAFINA

¿Yo ser tuya?

Tras la interrupción provocada por un disparo desde dentro y la entrada de Porcia, la criada, la escena (y el acto) se rematan:

DON ÁLVARO

Adiós, Serafina.

SERAFINA

Adiós,
don Álvaro.

DON ÁLVARO

Piensa...

SERAFINA

Juzga...

DON ÁLVARO

... que yo he de adorarte mucho.

SERAFINA

... que yo no he de amarte nunca.[163]

Se abriría aquí, claro está, otro apasionante paréntesis de especulación, que tendría mucho que ver con las condiciones mismas de la infraestructura teatral: la posición o pose del actor al objeto de obtener el máximo rendimiento técnico de su voz. Tenemos que imaginar la anterior escena en el ambiente de un corral. Los dos interlocutores, de precisarse una deseable verosimilitud escénica, tendrían obviamente, en ocasiones al menos, que mirarse. Pero observemos cómo la escena incluso está escrita para predisponer a los actores a que, sin dejar de estar pendientes de este obligado y realista combate de miradas, se dirijan resueltamente hacia el espacio del patio. Sólo más tarde, con los primeros tratados técnicos que

---

[163] *Obras Completas* (ed. cit.), tomo II, p. 879ab. Hemos hablado de dúos, de que un actor dé la réplica a otro. Pues, aparte del *ruido* propiciado por determinados géneros grotescos o paródicos como el entremés, la versificación ofrece una ventaja suplementaria al orden escénico: las voces deben sucederse. Cristóbal Suárez de Figueroa se atreve a dar un consejo al respecto: «La persona que representa no debe salir al teatro más de cinco veces. Tampoco han de hablar juntamente más de cinco personas. Horacio no consiente sino tres, o, cuanto mucho, cuatro. *Observarán los cómicos con la experiencia ser confusión todo lo que no fuere hablar cuatro o cinco*» (*El Pasajero. Advertencias utilísimas a la vida humana* (ed. de M.ª Isabel López Bascuñana), Barcelona, PPU, 1998, t. I, p. 225). El subrayado es mío.

cuenten con la posibilidad iconográfica de una ilustración, se precisarán las actitudes y posiciones adecuadas para favorecer la fonación y articulación. Pueden verse, a este respecto, los muy minuciosos consejos del jesuita Francisco Lang en su *Dissertatio de Actione Scenica,* que adquiere pleno sentido con el grabado que los acompaña [ILUSTRACIÓN 41]:

> Durante el diálogo, por supuesto, debe observarse, tanto como sea posible, que la boca del actor que habla se dirija fijamente hacia el auditorio y no a su interlocutor. Desde luego que la acción se dirige hacia éste pero no al rostro mismo del actor hasta el momento en que acabe de hablar. Esto es esencial para mantener la atención del auditorio para la que se pone en escena la acción dramática. También lo exige la necesidad. Porque si los actores se hablan a ellos mismos, como si nadie más estuviera presente y escuchando, y se devuelven recíprocamente miradas y palabras, la mitad de la audiencia se ve privada de la directa observación de la apariencia del actor, y sólo lo ve de lado e, incluso, de espaldas, lo cual se opone a la propiedad y al sentido común y, sobre todo, al respeto al auditorio. Además la articulación de las palabras no llegará de manera precisa a los oyentes si el sonido se emite en otra dirección, quedándose privado de entender enteramente lo que el actor declama. Si esto sucede, ¿cómo podrá el oyente sentirse conmovido frente a una emoción que no puede ver directamente en el semblante del que habla, y no entender suficientemente sus palabras? [...] La Fig. VIII iluminará quizá estas mis opiniones: en ella los actores ofrecen su rostro a la audiencia, aunque el resto de su cuerpo quede girado en un gesto hacia su interlocutor: es un modo conveniente, aunque no el único.[164]

De este modo, precisamente en el Barroco se fragua el sentido de *declamación* como la forma enfática y ampulosa de la expresión del texto, cuando en la época clásica es la forma natural de la expresión, es decir, de la *actio.* El Barroco incluye, pues, el efecto de *artificialidad,* cimentado en el uso del verso y de la exageración o más bien, como se decía con mayor propiedad, *verismo,* y el concepto de *afectación,* cimentado en la imbricación en la teoría teatral de un complejo sentido del examen, filosófico y fisiológico, de las pasiones humanas de las que se hace cómplice, como otro instrumento motor, a la voz. No descubro nada si advierto en ello, otra vez, un germen de indudable intuición moderna en el teatro barroco, cuando es la modernidad, precisamente, desde Brecht hasta Meyerhold la que recupera la artificialidad (también la dicción teatral) como esencia del ritmo escénico, de su vocación deconstructiva de la realidad. Será el siglo XVIII el que introduzca las fronteras y los cánones de la declamación adscribiéndola, como hará Riccoboni en sus *Pensamientos sobre la declamación*

---

[164] *Dissertatio de Actione Scenica,* ed. cit., pp. 43-44. Traduzco del original latino.

Ilustración 41
Francisco Lang. *Dissertatio de actione scœnica* (Múnich, 1727).

(1732), a la mofa de la expresión exagerada del registro trágico, en la que los actores acaban los versos «par des sons en l'air.» O, como advertirá poco después, más contemporizador, Pierre Rémond de Sainte-Albine:

> Rien dans la Comédie en doit être déclamé. C'est en général une loi indispensable pour les Acteurs Comiques, de réciter de la même manière dont ils parleraient hors du théâtre, s'ils étaient dans le même situation où se trouve leur personnage. [...]
> Il faut éviter avec soin la récitation trop fasteuse, toutes les fois qu'il en s'agit que d'exprimer sentiments: il faut l'éviter aussi dans les récits simples et dans les discours de pur raisonnement [...] La majesté de plusieurs morceaux des Pièces Tragiques exige dons que les Acteurs les débitent majestueusement. D'ailleurs la pompe du débit nous blesse d'autant moins, que la supériorité du personnage est plus marquée...[165]

¿Qué sucederá en España con esta herencia barroca? El resultado de ese *declamar a la española* acabará teniendo las mismas críticas que la exagerada declamación de la tragedia clásica. Los críticos franceses, desde la óptica del moderado recitado de la *Comédie Française*, tacharán a los actores españoles de *brutos* y *ordinarios*. Los ingleses, en la estela de los modelos de Thomas Betterton[166] y sus imitadores, los encontraron faltos de toda *naturalidad*. Henry Swinburne en su *Travel in Spain* se refirió a su declamación «pomposa y gimoteante.» No es de extrañar si el propio Jovellanos, entre la retahíla de defectos de los iletrados actores, habla de su «tono vago e insignificante» y, otras veces, de sus «gritos y aullidos.»[167] En un documento anónimo de esta época una actriz, Andrea, confiesa su frustración por no poseer voz suficiente como para captar los elogios de un público acostumbrado a un registro desaforado (por ejemplo el de las *comedias de figurón*):

> Hacer bien los figurones
> dicen que *estriba en la fuerza*
> *de los pulmones.* Y yo
> no tengo esa fortaleza.[168]

[165] *Le Comédien*, ed. cit., pp. 165-169.

[166] Actor inglés (1635-1710) reputado como el mejor entre Richard Burbage y David Garrick; rompió las estructuras del estilo pomposo y exagerado de su tiempo y se distinguió por su enorme cultura y autodisciplina, combinando, en el registro trágico, el tono majestuoso y, al mismo tiempo, controlado, natural.

[167] *Memoria sobre espectáculos y diversiones públicas* (ed. de Guillermo Carnero), Madrid, Cátedra, 1997, pp. 207-208.

[168] *Cf.* McClelland, I.L., «The Eighteenth Century Conception of the Stage and Histrionic Technique», en VV.AA., *Estudios Hispánicos. Homenaje a Archer M. Huntington*, Wellesley, Massachusetts, 1952, p. 415.

De hecho, algunos actores se apresuran a manifestarle que el *grito* ha dejado de ser la norma habitual de actuar y de sus declaraciones se compone un doble modelo de declamación en aquella época: la popular y más castiza, empleada en los sainetes o episodios más populares de las comedias, y otra, que se aproximaba al nuevo gusto moderado de la estética gala. Ahora bien, cuando los ilustrados españoles atienden a su remedio, se tropiezan, por supuesto, con hábitos propios de la declamación española, substanciados en la enfatización y flexibilidad de los tonos heredados del Barroco (no sólo arraigados en los hábitos del actor sino en la percepción auditiva de los espectadores). McClelland cita, por ejemplo, la crítica del *Memorial Literario* de junio de 1786 en la que se advierte del peligro de copiar las formas de los franceses neoclásicos, ancladas en un recitado declamativo biensonante pero que no atendía al contenido ni a los matices. De ahí que se entienda que la tragedia sólo podría acomodarse entre nosotros con un estilo de declamación *semifrancesa*, una *mistura*:

> La naturaleza es una misma en todas partes; pero las voces, el lenguaje, el tono, las modificaciones del habla, son diversos según la diversidad de costumbres y naciones: la entereza, gravedad, majestad de las costumbres, afectos y lenguaje español nada tiene que ver con las expresiones, ademanes y gestos franceses. Debe declamarse a la española, y los afectos trágicos deben imitar según se acostumbra a expresar entre nosotros.[169]

Será preciso que avance el siglo XVIII y que, por ejemplo, la figura de Isidoro Máiquez (1768-1820) con sus elocuentes silencios, su célebre «voz de cántaro» y su temperancia ponga frío en la exaltación. Pero será también necesario que, ya iniciado el siglo XIX, unos presupuestos artísticos más enlazados con una noción entre romántico-nacionalista y una revalorización (razonable) de las emociones intenten redefinir este *modo español*. Ya a principios del siglo XIX las célebres *Reglas* establecidas por Goethe[170] para los actores atienden ya a una completa teoría del recitado y de la declamación, reclamando, al modo como algunos preceptistas italianos hacían, el uso de la lengua alemana unificada, sin regionalismos ni variantes dialectales. De las noventa y unas reglas, treinta y tres están dedicadas a la dicción, a la entonación y al ritmo. Aboga por una articulación depurada y perfecta, que distinga y deletree con claridad cada uno de los sonidos para evitar que cualquier incomprensión destruya, precisamente, la ilusión

---

[169] *Ibid.*, pp. 422-23.
[170] *Vid.* Carlson, Marvin A., *Goethe and the Weimar theater*, Ithaca, Cornell University Press, 1978, pp. 309 y ss. Goethe redactó estas reglas en torno a 1803, mientras era director del Teatro de la Corte de Weimar (1791-1817). Fueron publicadas por vez primera por Johann Peter Eckermann, en 1824, con el título *Regeln für Schauspieler*.

escénica. De ahí que recomiende el énfasis de determinadas palabras que él llama *claves* como los nombres propios u otras cuya comprensión sea esencial para el significado. Aconseja la modulación constante de los tonos y achaca ciertos defectos de la dicción al hecho del escaso esfuerzo por la memorización que realiza el actor. Al establecer la diferencia entre *recitado* (el sentido naturalista de la dicción, manteniendo el equilibrio del justo medio) y la *declamación* (asumir las pasiones y expresiones emocionales del personaje que se interpreta haciéndolas propias) insiste, sobre todo, en la necesidad de que el actor *comprenda* lo que dice a efectos de prestar al enunciado el tono adecuado; los ejemplos aportados son tan mecánicos como ingenuos: «"La muchedumbre murmuraba" debe pronunciarse en un tono bajo, casi musitando»; «"Las alas se extienden, oscuras como la noche" debe pronunciarse en un tono profundo, hueco, temeroso...» [171] Buena parte de la letra y del espíritu de estos consejos entra, claro está, en unas enseñanzas teatrales que en España comienzan a tomar cuerpo académico. Andrés Prieto en su *Teoría del arte cómico y elementos de oratoria y declamación para la enseñanza de los alumnos del Real Conservatorio de María Cristina*, fechado en 1835, aconseja no elevar la voz sino apoyarla, no abatirla antes de final de la frase o del verso, no gritar sino hacer entender al auditorio.[172]

Cuando Bretón de los Herreros publica, en 1831, su artículo en el *Correo*

[171] No resisto, a este respecto, dejar de citar la nota sarcástica de Enrique Funes comentado la utilidad de estas reglas goethianas. La reivindicación de Isidoro Máiquez es bien oportuna y, diríamos, mediterránea frente a la puntillosidad germana: «Hacia 1803 debió de escribir el Júpiter de Weimar sus *Reglas para actores,* cuando dirigió el teatro de aquella corte. Inspiradas en el principio de Winckelmann, *reposo en la pasión* (tan aplicable a las artes plásticas, objeto de las aficiones del gran arqueólogo, autor de la *Historia del arte* y hallando también su fundamento en la *Dramaturgia* de Lessing), tienden a colocar la estatuaria antigua sobre la naturaleza, en la mímica, y la prosodia musical sobre el sentimiento, en la declamación. Siendo neoclásico el hijo sapientísimo del zapatero y Goethe un gran poeta y un estético que lleva en el estandarte y en la tarja el mote artístico *idealización de lo real* (y... ¡nadie las mueva!), nada tiene de extraño que preceptuase lo de no volverse de perfil y menos de espaldas al público, ni taparse la cara con las manos, ni levantarlas sobre la cabeza, etc., y lo de que sonara bien el verso (por algo se escribió) y resonara el consonante (que, de no oler a ripio, costaba sudores), pero sin olvidar el pensamiento (que allí estaba, si no olía el autor a tonto), a fin de que llegase al público al través de tantos estorbos, como al través de piporrazos y de cuerdas de tripa llega a los corazones el canto de Mozart. Tomados a la letra, nos hacen hoy reír algunos de estos consejos inocentes; pero no iba el del olimpo de Weimar tan descaminado si se atiende al espíritu y a lo que eran entonces los comediantes *cerveceros,* los cuales tenían que mirar muy a lo alto para ver a los *alejandrinos.* ¡Ya contaba nuestro gran Isidoro treinta y cinco años!» (Ed. cit., p. 213, nota 1).

[172] BNM. Ms. 2804, *apud* Vellón Lahoz, Javier. «El justo medio del actor: Isidoro Máiquez y sus teóricos», en Evangelina Rodríguez Cuadros (ed.), *Del oficio al mito: el actor en sus documentos*, citada, t. II, p. 333.

Literario y Mercantil «Diferentes sistemas de los actores para la representación de los dramas» propone tres modelos definitivos de actor: *a)* el que privilegia un recitado prosaico, monótono, arrastrado del cansino estilo de la tragedia francesa; *b)* el que se limita a imitar o remedar, mediocremente, el estilo de otros actores; y *c)* el que llama modo tradicional *español,* es decir, el que se obstina en «dar a la frase más insignificante una importancia ridícula y fatigosa y en pintarlas todas con obstinada pantomima.» Y este último registro o manera, precisamente heredado de la tradición, apenas o nada escrita, del actor barroco, será, según el sensato Bretón, el único que pueda identificarse con el verdadero sistema nacional, el único en el que podrá apoyarse un nuevo sistema de estilización o disciplina:

> modificándolo, como lo hacen algunos pocos actores, que por este medio logran ser vistos y oídos con más aprecio que los demás; esto es, limitándose a aprender de memoria sus papeles; analizándolos escrupulosamente a sus solas dando a cada verso, a cada palabra el valor conveniente; apoyando con la voz o con la acción aquellas en que estriba la fuerza del pensamiento, el énfasis del discurso, y variando económica y naturalmente los tonos, según lo requiere la diversidad de las ideas y los afectos.[173]

El sistema racional pacta con la tradición. Sólo de este modo puede entenderse que el citado Andrés Prieto aconseje esta moderación que, sin embargo, no coarte, cuando convenga, el «fuego nacional español.» Sobre este esquema (apresurado, apenas abocetado, es claro) se ha recibido la tradición de la voz y el recitado del actor barroco. A una falta de teorización previa suceden modelos intermedios y teorías allegadizas. Y sucede la consagración de una falta de tradición *visual* de vestir y oír los clásicos de manera continuada sobre un escenario. No es extraño que aún hoy en día se acuda, como ya he dicho antes, al complejo de inferioridad del octosílabo español (siendo así un verso tan amable y dúctil que permite al actor no sólo decir sino también *hacer*). Y que el desconocimiento de las nuevas generaciones del teatro clásico áureo cuente entre sus más estupendas coartadas la pared del verso, sólo aceptado, y eso con peros, en el *Tenorio* de Zorrilla y en la sofisticada exquisitez paródica de *La venganza de Don Mendo.* No digamos, en fin, que aquellos que superando el viento mediático y el *odio* hacia el teatro clásico (originado, según estupenda reflexión de Fernando Fernán Gómez, en que unos no han ido a la Universidad y no han descubierto en qué consiste y en que otros sí que han ido y sí se han enterado) se ven incapacitados para su debate, para realizar la deseable historia de su crítica desde el punto de vista del actor, no ya por

---

[173] *Ibid.,* p. 326.

no haber tenido nunca la oportunidad de ver recitar a viejos maestros como Guillermo Marín, sino porque ni saben lo que es el rengloneo, ni qué
es poner calderones en el recitado. Lo de prosificar puede entenderse fácilmente, claro, pero es traicionar, me atrevo a decir, ese sentido o valor
moderno, del teatro barroco, que convierte en *arte* un extrañamiento que
subraya la distancia ilusoria del teatro.[174]

En cuanto a los otros conceptos (el marcar el verso, el hacer eso que algunos autores decimonónicos, irritados ya contra el repristinado estilo declamatorio de actores como Rafael Calvo[175] llamaban *comas altas* o *comas
arrastradas,* el rengloneo),[176] para explicarlos hay que asumir ese desierto documental al que, desde el principio, me he referido. Pues, aun teniendo en cuenta fogonazos de intuición (por ejemplo, yo creo sincera-

[174] Me es grato explicar esta prosificación, precisamente, en boca de un eminente filólogo como Amado Alonso: «Hay un caso particular en el arte del teatro en donde más
agudamente se ve que el dominio técnico de la dicción no es suficiente, aunque sí necesario, y que la instalación espiritual del intérprete en la plena intención del autor presenta problemas muy especiales: es el teatro en verso. Hace algún tiempo publicó Ortega y
Gasset, en *La Nación,* un artículo en que condenaba, indignado, el *Tenorio* representado por un famoso actor español, que bonitamente reducía a prosa los sonoros versos de
Zorrilla. Calamidad de muchos otros actores de aquel y de este lado del mar. Si el pensamiento y el sentimiento del autor se manifiestan en verso y en el verso; si el poeta hace
expresiva toda forma sensible y, como orfebre inspirado, convierte en espíritu la última
mota de materia; si el sonar de las palabras se organiza en unas figuras rítmicas reguladas según determinadas leyes, ¿no es lamentable que un actor se meta entre esas delicadas
construcciones sin respeto ni sentido de ellas, empujándolas y derribándolas al andar?»
(«El ideal artístico de la lengua y el teatro», en *Materia y forma en poesía,* Madrid, Gredos,
1969, p. 74).
[175] Rafael Calvo Revilla (1842-1888) es, en efecto, muy criticado por Enrique Funes, aunque por otro lado valora sus extraordinarias cualidades para el recitado lírico (pero para
Funes el exceso *lírico* es lo condenable del teatro clásico). Como es sabido, junto con Antonio Vico, llena toda una época del teatro español y, frente a las intuiciones e improvisaciones de éste, afirmó su estilo en el equilibrio, pero con énfasis emocional, del recitado.
Contribuyó a revalorizar nuestro teatro clásico, sirvió de refuerzo a la tradición romántica
de Zorrilla y Rivas, que llevó hasta el efectismo de la primera época de Echegaray, quien hubo de escribir para él varias obras.
[176] Ninguno de estos términos, por cierto, viene explicado en el más reciente *Diccionario de Teatro* publicado en España (el de Manuel Gómez García). Un diccionario que llega
a incluir términos tan evidentes (aunque faltos de especificidad escénica) como *colorete*
(afeite, maquillaje) descuida lamentablemente cualquier término de la dicción o de la declamación. No es de extrañar si *teatro de verso* lo despacha en apenas ocho líneas, remitiendo confusamente a su oposición a *teatro por horas* o a una «locución genérica propia
del siglo XIX y primer tercio del siglo XX». Incluye una lista indiscriminada nada menos que
de dos mil nueve actores y actrices españolas, pero al término *actor* le dedica once líneas
(no da las variantes de *farandulero, farsante* o *cómico)*» (*Diccionario del Teatro,* Madrid,
Akal, 1997). La *Enciclopedia dello Spettacolo* (Roma, Casa Editrice La Maschera, 1954) concede a la palabra *attore* desde la columna 1074 hasta la 1103, sin contar las ilustraciones.

mente, como he explicado más arriba, que Calderón llega a burlarse, naturalmente desde la voz del gracioso, de la obsesión del rengloneo y de la
rima) la pregunta sigue siendo: ¿cómo recitaban Pinedo, Avendaño, Cisneros, el divino Morales, Vallejo, la Calderona, la Riquelme (de rostro prodigioso), la excelente Jusepa Vaca y el casi eunuco, por sus voces atipladas,
Juan Rana? Si respondemos en términos históricos, habremos de decir que
nada sabemos. Pero, si hacemos eso, no nos queda más remedio que cegar el torrente de imágenes que, sin embargo, hemos ido descodificando
en los documentos colaterales, en nuestra propia lectura de los textos. Y
es que, aunque ya no sea en la voz de la Riquelme o de Jusepa Vaca, todavía es posible escuchar a Casandra o a la Serrana de la Vera; aunque ya no
existen los Vallejos o los Pinedo, Fernando Fernán Gómez fue capaz de
hacernos creer que Pedro Crespo decía cosas tan rotundas como que «el
honor es patrimonio del alma» buscando distraídamente miguitas de pan
sobre una mesa; y seguimos oyendo, aunque sea a gritos, la masoquista e
incestuosa atracción de Amón y Tamar. La prudencia filológica nos advierte que todo esto, claro está, no guarda relación con los rumores o voces
escuchados en el Corral del Príncipe o de la Cruz. Pero la experiencia del
teatro que hoy conocemos no puede construirse sin apoyarse, necesariamente, sobre la idea que tenemos derecho a hacernos del pasado. El arte
del actor individual puede morir con él, pero la narración histórica continúa. Y ésta es la que nos conduce a comprender el ahínco con que algunos admirables críticos, a los que es demasiado fácil encerrar en el anatema del anacronismo, intentaron mostrarnos, con la documentación y las
imágenes que se hicieron del pasado, esa forma, supuestamente errónea,
de decir el verso y cuál sería la forma de recuperarlo en el presente. Y asumo una frase afortunada de Enrique Funes: habría que encontrar un pacto
para que, aunque sea en términos pedagógicos y experimentales, el pensamiento se encontrara cómodo *cabalgando sobre la rima*.[177]

El rengloneo es eficazmente explicado al espectador moderno no por
un hombre de teatro, sino por un lingüista como Amado Alonso:

> El vicio opuesto [a la prosificación] creo es exclusivo de actores peninsula-
> res. Hay algunos que, en sus tiradas de versos, adelantan un poco el pie iz-
> quierdo; sacan el estómago, arqueándolo; echan para atrás la cabeza, ligera-
> mente ladeada, y comienzan a gorgoritar octosílabos haciendo calderones en
> la inflexión de cada octava sílaba y marcando los acentos con enérgicos ictus
> de la voz, de la cabeza, del cuerpo y hasta del pie. Éstos se entregan a destacar
> el ritmo del verso sin preocuparse bastante de lo que los versos digan. La ra-
> zón de este doble error es la siguiente: en el verso se entrelazan dos hetero-
> géneas figuras rítmicas, que a veces coinciden en sus rasgos y a veces no,

---

177 *Op. cit.*, p. 128.

como dos heterogéneos instrumentos orquestales que, al seguir sus respectivas figuras melódicas en una sinfonía, las enlazan, las trenzan, las contraponen y a veces las juntan en frasecillas unísonas. Son la figura rítmica de su sintaxis y la figura rítmica peculiar del metro. El ritmo de la prosa es, en cambio, absolutamente sintáctico, hecho por la marcha del sentido, por la organización placentera de las masas sonoras en que se reparte y articula el sentido. Es un ritmo de carácter racional, en lo que de racional tiene el lenguaje. Los actores que prosifican el verso no tienen oído más que para este ritmo sintáctico y racional de la partición de los periodos. El ritmo específico del verso consiste en una disposición del material sonoro como pura musicalidad, independiente de la agrupación sintáctica. En vez de los volúmenes de intensidad que se contraponen en el ritmo de la prosa —sujeto frente a predicado, circunstancias, enumeraciones, incidentales, subordinaciones, etcétera—, ahora la figura rítmica consiste en el perfil dinámico formado por ciertas crestas de intensidad, los acentos fuertes que emergen del sostenido nivel de las sílabas inacentuadas. Sobre esto se añade toda clase de juegos musicales, número regular de sílabas, rimas, aliteraciones y vocalismo. Éste es un ritmo de base emocional y no racional. Los que gorgoritan los versos sólo tienen oído para este ritmo ajeno al sentido sintáctico de las frases. Y son necesarias en el actor las dotes privilegiadas del verdadero talento artístico, y además un gusto literario propio de los ambientes de cultura firme, para que, en el manar unitario de la voz, salga sin borrosidad el doble dibujo del ritmo sintáctico y del ritmo métrico, destacando el uno o el otro según el curso del sentido y la situación dramática.[178]

La cuestión no es nueva. El rengloneo, y su control, es ya obsesión de la escuela declamatoria francesa cuando desea moderar los excesos trágicos. Grimarest en su *Traité du récitatif* (1707) subraya el valor de las pausas recordando el modo como Racine usaba el punto «pour suspendre la déclamation de son acteur, qui se presse toujours assez.» Insiste en la necesidad de articular los versos trágicos de modo que expresen a la vez las emociones pero evitando al mismo tiempo la monotonía del alejandrino. Ya en su *Addition à la vie de Monsieur de Molière* había criticado a los actores «qui sans raison se précipitent leur voix per hémistiche et qui font perdre la moitié de ce qu'ils disent.» Ve necesario, sobre todo evitar *cantar el alejandrino*, pues «le repos à la rime, ou à la césure, si la prononciation n'y oblige, confond le sens de l'auteur.»[179] Sobre el mismo problema Goethe advierte la manera de marcar los paréntesis estableciendo pausas que simulen los mismos, el antes y el después, y aconseja enfatizar en las exclamaciones partículas introductorias como los «¡Oh!». Para el recitado de

---

[178] *Op. cit.*, p. 75.
[179] *Apud* France, Peter y McGowan, Margaret, «Autour du *Traité du récitatif* de Grimarest», *XVII*ᵉ *siècle*, vol. 33, núm. 132, 1981, pp. 308-309.

versos recomienda una regla intermedia: al hablar de los yámbicos, aconseja, al comienzo de cada una de las líneas, «una pequeña pero manifiesta pausa, aunque ello, claro está, no impida el natural fluir de los versos.»

Ya entre nosotros, el insigne Enrique Funes, defensor idealista de aquel *modo español* y *realista* que él cifraba en Lope de Rueda, reconoce que la cuestión no es tanto el efecto desastroso de quienes «se empeñan en meter la rima por los ojos» como su ejecución sabia por parte de un actor:

> Lo que hoy no se soporta ni aun a los comediantes de la legua, el *rengloneo* y el *tonillo,* fueron, a la sazón, no sólo exigencias sino cualidades de monta, según el criterio de unos oyentes tan acostumbrados a la música y al compás de los versos. Bien es verdad que tales defectos de cómicos ignorantones sólo tienen remota semejanza con los extravíos líricos de trovadores y juglares, ya que la erudición de los unos, su influjo sobre los otros y el estudio más o menos artificioso que harían todos de la voz, de la actitud y del movimiento, para recitar a presencia de reyes y magnates ya cultos, en suntuosos palacios y en ocasiones solemnísimas, hubieron de convertir en canturía seductora lo que, por corrupción, ha venido, en los malos actores, a ser insoportable, y lo que, por transformaciones hijas de los tiempos, acaba de hacer famoso al actor D. Rafael Calvo (*Op. cit.*, pp. 126-127).

Funes no se conforma con esto y señala con notable esfuerzo pedagógico las fracturas que existirían entre las frases *rítmicas*, las *literarias* [ILUSTRACIÓN 42] y las *declamatorias*. Las primeras atenderían al compás (dominio de la música); las segundas, al signo ortográfico (dominio de la gramática); las terceras al acento prosódico y a la expresión (dominio de la declamación). Y aunque hayan pasado cien años desde su libro, nos pueden parecer simples pero todavía verosímiles sus hipótesis sobre si en el recitado tradicional, el arrastre de las últimas vocales de los versos, como la *é* paragógica, sería algo que pudiera recordar el *calderón*, es decir, en términos orales, la suspensión del compás o ritmo para ser ocupado por un floreo o quiebro o adorno afectado de la voz. Como todavía me parecen interesantes sus románticos (quizá arqueológicos) intentos de reconstruir, como vemos en las ilustraciones adjuntas, el modo como una célebre décima de *La vida es sueño* puede verificarse en frase rítmica, literaria o expresiva (es decir, por la que él apuesta para un recitado correcto, construyendo, volvemos a su expresión, un pacto entre el pensamiento y el ritmo). La explicación de la ilustración que refleja el modo de recitado en *frase expresiva* es elocuente [ILUSTRACIÓN 43]:

> Fácilmente se ve que miembros y periodos coinciden siempre; que la estrofa es un periodo de dos miembros; que hay en ella tantas frases *rítmicas* como versos; tantas frases *literarias* como oraciones y tantas frases *expresivas*

FRASES RÍTMICAS

1.ª *Apurár ciélos preténdo*
2.ª *yá que me tratáis así*
3.ª *qué delíto, cometí*
4.ª *cóntra vosótros naciéndo*
5.ª *Áunque si nací ya entiéndo*
6.ª *qué delíto he cometído*
7.ª *bastánte cáusa han tenído*
8.ª *vuestra justicia y rigór*
9.ª *pues el delíto mayór*
10.ª *del hómbre es habér nacído.*

FRASES LITERARIAS

<table>
<tr><td rowspan="7">ESTROFA Ó PERÍODO</td><td rowspan="3">Primer miembro.</td><td>1.ª</td><td>*Apurar, cielos, pretendo,*</td></tr>
<tr><td>2.ª</td><td>*ya que me tratais así,*</td></tr>
<tr><td>3.ª</td><td>*qué delito cometí contra vosotros naciendo:*</td></tr>
<tr><td rowspan="4">Segundo miembro.</td><td>4.ª</td><td>*Aunque, si nací,*</td></tr>
<tr><td>5.ª</td><td>*ya entiendo qué delito he cometido;*</td></tr>
<tr><td>6.ª</td><td>*bastante causa han tenido vuestra justicia y rigor,*</td></tr>
<tr><td>7.ª</td><td>*pues el delito mayor del hombre es haber nacido.*</td></tr>
</table>

Ilustración 42
Enrique Funes. *La declamación española* (Sevilla, 1894).

FRASES EXPRESIVAS
(en la recitación)

ESTROFA Ó PERÍODO			
Primer miembro	1.ª	Apurar ¡cielos! pretendo,
	2.ª	(¡ya que me tratais así!),
	3.ª	qué delito cometí ‖ contra vosotros,
	4.ª	naciendo:
Segundo miembro.	5.ª	aunque (¡si nací!),
	6.ª	ya entiendo ‖ qué delito he cometido;
	7.ª	bastante causa han tenido ‖ vuestra justicia y rigor
	8.ª	pues el delito mayor ‖ del hombre⌐
	9.ª	⌐es haber nacido.

Ilustración 43
Enrique Funes. *La declamación española* (Sevilla, 1894).

Ilustración 44
Enrique Funes. *La declamación española* (Sevilla, 1894).

Apuráaar ¡ciéelooos! pretéendooooo,
(¡yáa que me tratáaais asíiii!)
quée drlítooo cometíiii
cóntraaa vosóootrooooos, naciéndoooo....o.

como pausas se necesitan para evitar anfibologías en la bella expresión oral del pensamiento. De aquí que la puntuación imaginaria del recitante sea, muchas veces, distinta de la ortográfica. Véase en el ejemplo. Con la señal | | quise indicar que, aun dentro de la misma frase, no ha de ser desdeñada la rima; y con la especie de ligado musical ∩ ∩, que no debe hacerse desaparecer, la sinalefa, cosa de que no se cuidan mucho los recitadores, dando así al verso más sílabas de las que tiene. Dificultoso es conseguirlo cuando las vocales de la sinalefa pertenecen a frases expresivas diversas: evítase alargando la primera vocal, sin insistir en un mismo tono y uniendo, de este modo, ambas frases. Dando la preferencia al ritmo y a la puntuación gramatical, córrese el peligro de no decir lo que quiso el poeta.

Pero también es interesante que añada:

> Esto necesita una explicación de viva voz. A lo que pueda objetarse ha respondido Calvo con su práctica y su renombre: como recitante lírico no ha tenido acaso superior rival.[180]

Admiración por Calvo, sí, pero siempre advirtiendo su precaución hacia el lirismo. He aquí la última de las ilustraciones de su libro que quería mostrar: la que señala el modo como, según él, interpretaba en realidad Rafael Calvo la décima de Segismundo [ILUSTRACIÓN 44]. El comentario final de Funes no tiene desperdicio:

> No lo dijo precisamente así, pero lo dio a entender, y decía verdad, el crítico; mas no contó con que el famoso declamista, si dejaba cola a las vocales, era porque las vestía de reinas, y sólo a las últimas de cada miembro quitábales el manto y la rogaza.

Pero también podemos aprender a través de la recepción que del recitado del verso clásico ha hecho la crítica (la verdadera crítica, se entiende, es decir, aquella que *codifica* o *descodifica* adecuadamente los conceptos que han de transmitirse y poner en tela de juicio). No me refiero, por tanto, a que en un crítica teatral se pondere *la galanura del verso* y que a éste no le hacen justicia los *fruncimientos y gazmoñerías* de los actores. Porque, primero, quiero que el crítico me explique qué entiende por *galanura del verso*.[181] Pero si se abandona el cómodo terreno de las abstracciones todo se ilumina más. Es el caso del mismo crítico Luis Calvo cuando refiere el estreno de *Entre bobos anda el juego* de Rojas Zorrilla en diciembre de 1951:

---

[180] *Op. cit.*, p. 168, nota.
[181] De la crítica de Luis Calvo al estreno de *El desdén con el desdén* (*ABC*, 17 de febrero de 1951, p. 25).

Si las silvas con que Pedro traduce sus afectos no nos comunicaron, en toda *su transparencia y fogosidad,* el *brío* de su amor por Isabel, culpa fue del *automatismo* que las representaciones sucesivas de «Don Juan Tenorio» han dejado en el *estilo de recitante* de Guillermo Marín (del cual diremos, sin embargo, que la *dicción fue cristalina y armoniosa,* aunque sonara a *artificiosidad*) [...] Me agradó mucho el tono de «figurón», ni hinchado ni reiterativo, con que Antonio Riquelme subrayó el carácter y las situaciones. Su dicción es exacta y clara, y sabe muy bien *entonar* los versos. La graciosa *retahíla de los «mases»,* en la tercera jornada, hubiera bastado para acreditarle de gran actor, si no lo estuviese ya suficientemente. [...] y, en cuanto a Cándida Losada, me pareció, en el tipo de Alfonsa, actriz jugosa y muy puesta siempre en situación. (A veces tira a *rematar, «a lo castizo»,* en el ademán y en el *tonillo,* las réplicas bruscas.)[182]

En esta cita asistimos a una espléndida revalorización del vocabulario técnico y crítico del actor barroco, que vimos, al comienzo de este libro, pergeñarse contradictoriamente en medio de la controversia moral del teatro. Vemos funcionar el *automatismo* de las rimas y entonaciones que el teatro romántico alambica desde el Barroco; vemos rememorar al octosílabo como el verso más capaz de convertir un acelerón del recitado en pieza oratoria; vemos, en fin, reminiscencias de la tendencia castiza y marcadora del final del verso de un actor (en este caso actriz). En los años cincuenta, cuando en la puesta en escena del teatro clásico no había adquirido la importancia que en la actualidad ostenta la materialidad escenográfica, o el producto de diseño de su oferta visual, entiendo que la crítica se encontraba más libre y atenta, quizá también porque era una generación que arrastraba un aprendizaje auditivo, para advertir los valores declamatorios, puramente verbales, de dicho teatro. Atendamos de nuevo a lexicalizaciones de la crítica que nos permiten reconstruir un sistema u otro de recitado. Tomo ahora el ejemplo de Alfredo Marqueríe al reseñar el estreno de *La vida es sueño* el 9 de febrero de 1955:

¿Por qué entonces —nos preguntamos— el factor principal que debe presidir la representación de *La vida es sueño:* la recitación, la declamación, falló en absoluto? [...] No acertamos a comprenderlo. La sensibilidad exquisita de Mary Carrillo, la voz cálida y admirable y la apostura magnífica de Rabal, la veteranía de un Bruguera o de un Armet, el juvenil acierto de un Félix Navarro, etc., etc., se deshicieron, se estrellaron en una manera forzada e inconcebible de decir el verso, levantando el tono de voz donde debían bajarlo, aminorándolo donde debían elevarlo, cortando las frases con absoluta inoportunidad,

---

[182] *ABC,* 7 de diciembre de 1951.

dejando sin acento las estrofas más bellas, ignorando las cesuras y las pausas y haciendo perder, en suma, toda la hermosura verbal y toda la ligada y bien compuesta armonía que encierra el lírico verbo castellano [...] A fuer de ser sinceros, podríamos resumir y sintetizar nuestra opinión así: si quieren ustedes saber cómo «no se debe» decir el verso, vayan a oír para tormento de su oído —y de la coherencia gramatical del castellano— esta tremenda representación de *La vida es sueño*.[183]

Muchas veces, claro, hay que recordar que se critica desde un punto de vista. O, por hablar más propiamente, desde un oído. Y la actitud de dos críticos puede desorientar, aunque siempre enriquecer nuestro empeño de reconstruir el cómo decir el verso. Así, cuando Luis Calvo reseña el estreno de *El gran teatro del mundo* que tiene lugar en el Teatro de la Comedia el 21 de marzo de 1952 no duda en escribir:

> La voz *sonora* de Francisco Rabal debería someterse a un *aprendizaje de vocalización*: no sabe decir los versos, y son tantas las fallas de su *modulación, que no llegan a la sala de butacas muchas palabras importantes*. Es lástima, porque posee el don de los ademanes y de las actitudes.[184]

Francisco Rabal debió someterse en apenas dos años a un rapidísimo ejercicio de magisterio. Porque Alfredo Marqueríe, al comentar su interpretación en *La cena del Rey Baltasar* en mayo de 1954, por el contrario afirma:

> Francisco Rabal encarnó al protagonista de un modo brioso y esforzado, entregándose con toda su potencia espiritual y física al ejercicio de la *declamación*, que en él recobra el adjetivo de *heroica* con el que se distinguió en la época romántica. Nada descubrimos al decir que Rabal es ya un actor excepcional en nuestro teatro en verso.[185]

Se dirá, con razón, que *de gustibus non est disputandum*. El a veces irreverente e iconoclasta Georges Bernard Shaw (1856-1950), que escribió su teatro con una confesada animadversión hacia los modos sentimentales de la dicción del teatro decimonónico victoriano (una norma severa y contenida, un *decorum* recuperado por el teatro inglés de los noventa), juzga de esta manera tan rotunda la interpretación que la actriz Miss Rorke hace de una obra suya:

---

[183] *ABC,* 10 de febrero de 1955, p. 37.
[184] *ABC,* 23 de febrero de 1952.
[185] *ABC,* 13 de mayo de 1955, p. 41.

Miss Rorke, digna, señorial, viril, segura de sí, abre y cierra sus emociones con un método perfeccionado y con una maestría que convierte su dicción en una operación tan segura como encender una lámpara. Parece evidente que Miss Rorke consideraría *puro histerismo* lo que yo llamo simplemente *recitación*.[186]

En el otro extremo, aún recuerdo la contundencia y la obviedad con que una profesora universitaria de la vieja escuela (dígolo sin sentido peyorativo) lamentaba la interpretación de Nuria Espert en la, por otra parte, brillante puesta en escena de *Divinas palabras* de Valle-Inclán. Creía que la Espert había equivocado totalmente su personaje, porque, afirmaba, una mujer gallega jamás levanta la voz al hablar. Muchos años después, con el estreno oficial de *La venganza de Tamar* de Tirso de Molina, en diciembre de 1997, subrayó el titular de una de sus críticas: *¡Cuán gritan esos malditos!* Otra vez el *Tenorio* construyendo o deconstruyendo nuestra teoría teatral. Pero, además de gustos y de percepciones, vuelvo a lo que decía más arriba: querer interpretar el pasado con el prejuicio del presente es inventar una forma rocambolesca de la historia del teatro, una historia *borrosa*. Si se me permite referirme de nuevo al estreno de *La venganza de Tamar* y de la crítica que de ella hizo en el periódico *El País* Eduardo Haro Tecglen (13 de diciembre de 1997), sin perjucio de suscribir muchas de sus observaciones, me atrevo a preguntar: ¿qué demonios le ha hecho el teatro del Siglo de Oro a Haro Tecglen, además de reconocer en su estilo periodístico una eterna querella con el mundo todo? ¿Cómo puede escribirse lo siguiente?:

No se puede decir que Tirso no escribiera un melodrama: lo hizo. No muy afortunado, aunque con algunos versos, algunas palabras bellas, que se conservan en la limpísima versión del poeta José Hierro, pero *que se pierden en la dicción, como siempre, del terrible octosílabo español* [...] El octosílabo va machacando los oídos durante casi tres horas; es implacable, y ya resulta difícil escuchar otra vez los ripios de nuestro Siglo de Oro: «ojos» y «enojos», por ejemplo. Qué fastidio.[187]

¿Qué le habrá hecho a Haro, digo, el octosílabo español? ¿Qué derecho tenemos a interpretar desde nuestra ya inexistente ingenuidad auditiva esos «ojos/enojos», esos «cielos/celos», demasiado frecuentes, demasiado contundentes como para no reconocer en los mismos, igual que en los malévolos énfasis o calderones ridículos de los encabalgamientos de

---

[186] Shaw, G. Bernard, *Our Theater in the Nineties*, Londres, 1948. *Apud* Molinari, Cesare, *L'attore e la recitazione*, Roma, Laterza, 1993, p. 122.
[187] *El País*, 13 de diciembre de 1997, p. 39.

los graciosos de Calderón, una muestra de ironía, de saber que se trabaja-
ba con una materia artificial para hacer arte? ¿Convendremos que es hacer
arqueología lo que hizo Mnouchkine en su espléndida película *Molière*, al
haber reconstruido aquella que pudo ser la recitación trágica de los actores franceses de los primeros años del siglo XVII, aquella cantinela, continuada dilatación de las vocales al límite de la comprensión, allegadiza al
canto, monótona y apenas rítmicamente escandida?[188] ¿Fue arqueología lo
que hizo Jean-Paul Rappeneau en su *Cyrano de Bergerac?* Y si Haro Tecglen se permite decir eso del octosílabo (él que escribe en octosílabos, y a
veces en hexasílabos o pentasílabos ahogados en paréntesis), algo tendremos que hacer, aparte de llorar la pulcra y bella trayectoria de Pilar Miró
que puso, sin tapujos, incluidos los ripios, el octosílabo en celuloide y con
ello ni se desmoronó ni se enmoheció *El perro del hortelano.* Algo tendremos que intentar recuperar del pasado y explicar los que, aparte de enseñar el teatro, llegamos a amarlo, y porque lo amamos somos incapaces de
concebirlo sólo como pensamiento arqueológico.

Hace muchos años, en una entrevista en que Federico García Lorca explicaba el trabajo de «La Barraca», le preguntaron por el sentido de su *recitación.* Y contestó:

> Poco se sabe de la recitación del teatro clásico. Sólo conocemos los elogios
> de los autores a los comediantes. Nosotros tratamos de recitar dando su valor
> pleno a cada verso, lentamente, subrayando, con énfasis, con mucho énfasis,
> cuando el verso lo requiere. Únicamente tropezamos con la dificultad de la ca-
> rencia de signos de puntuación para el recitado, de signos que indiquen la cali-
> dad, el valor de cada pausa, que en el verso son tan distintas de las de la prosa.
> Nosotros medimos y calculamos la extensión de cada pausa, lo que produce
> en escena una armonía de silencios realmente extraordinaria. El campesino
> que nos escucha quizás no perciba, naturalmente, todo lo que puede percibir,
> todo el simbolismo del pensamiento de Calderón; pero ve, y plenamente intu-
> ye, la calidad mágica de los versos.[189]

Y después de ver y de leer (que también es necesario) el teatro clásico
español, a una no le queda más remedio que, sin aspavientos demagógi-
cos ni románticos, quedarse con el punto de vista del campesino y no con
el de Eduardo Haro Tecglen.

---

[188] *Cf.* Molinari, Cesare, *L'attore e la recitazione*, citada, p. 118.
[189] *Obras Completas*, Madrid, Aguilar, 1974, t. II, pp. 921-922.

VI. DE LA MAGIA DE LOS FARSANTES A LA CONSTRUCCIÓN DEL PERSONAJE

1. El actor y sus papeles: registros, tipos y construcción del personaje

Sin personajes la historia del teatro se reduce a una historia de ideas y símbolos que sólo atrae la atención del estudioso de la figura poética, la obsesión por la fijación filológica o la más reciente persecución de estructuras dramáticas sobre las que pronto actúa la implacable actividad de las modas teóricas.[1] Mientras tanto Hamlet, tras su agotadora lección magistral a los cómicos, continuará arrastrando eternamente su manto negro sobre las tablas polvorientas de la escena y Segismundo insistirá con su perpleja vigilia, entre la evidencia y el sueño, en el experimento de su obstinado eticismo pragmático; el demoníaco Don Juan, el viejo loco Lear, el prudente Pedro (prudente o *ladino,* como lo llama don Lope de Figueroa), Ríos y Solano, *ñaque* nacido por Agustín de Rojas y vuelto a nacer por José Sanchis Sinisterra, continuarán dando vueltas en el círculo en el que el destino los ha encerrado.

Pero si intentamos pelear contra los fantasmas, como dice Maurice Merleau-Ponty,[2] nuestros golpes caerán sobre rostros vivos. Por eso podemos decir con voluptuosa satisfacción que el verdadero objeto de estudio de los historiadores del teatro está hecho, como *El halcón maltés,* de la materia

[1] Cf. mi trabajo, en colaboración con Antonio Tordera, «Oficio y mito del personaje en el Siglo de Oro», en Francisco Ruiz Ramón y César Oliva (eds.), *El mito en el teatro clásico español,* Madrid, Taurus, 1988, pp. 26-54.
[2] *Phenomenology of Perception,* Nueva York, Humanities Press, 1974.

de nuestros propios sueños. Me parece evidente que algo de todo esto se ha confirmado a lo largo de estas páginas.

Sin embargo, actualmente los expertos parecen coincidir en que la noción y la realidad del personaje están en crisis, es decir, tanto su escritura escénica como la metodología que se debe aplicar para su análisis. Ambos aspectos de la crisis se basan en primer lugar en el proceso de creciente identificación entre *personaje* y *persona* que empezó a germinar ya en la individualización del personaje romántico, como oposición al héroe ejemplar del neoclasicismo, identificación que se acepta plenamente a finales del siglo XIX con la estética del naturalismo y en especial con la aplicación interiorizadora de Stanislavski. Tal identificación sólo podía durar el tiempo que se mantuviese en pie la idea de personalidad concebida como un *yo* homogéneo y jerarquizado, es decir, como una «organización integrada por todas las características cognoscitivas, afectivas, volitivas y físicas de un individuo tal como se manifiesta a diferencia de otros.»[3] Pronto la experiencia del siglo XX, evidenciada fuertemente en las vanguardias artísticas, ha ido mostrando hasta qué punto el *yo* es un conglomerado de fisuras, ausencias y fragmentaciones.

Desde esa experiencia pero también fomentado claramente desde opciones científicas específicas (y aquí hay que aludir de manera especial al enfoque estructuralista por su gran incidencia en los estudios literarios y artísticos), desde los años sesenta se ha generalizado un tratamiento metodológico que desecha definitiva y radicalmente el análisis psicológico, sociológico, etc., del personaje literario en favor de un análisis principalmente semiótico, es decir, sintetizando en grado sumo la consideración del personaje teatral como un signo que, por un lado, está inmerso en el sistema mucho más complejo de signos que constituye el conjunto del texto dramático y su representación, tal vez, como apuntaba el director checo O. Krejca, imponiendo una situación del actor como «un signe enfermé dans un système de signes fermé.»[4] Y que, por otra parte, define ese signo como un haz de rasgos, es decir, como un haz de relaciones de semejanza, oposición, jerarquía y distribución que, para el caso del teatro, el personaje contrae tanto en el plano del significante como en el del significado, sucesiva y/o simultáneamente, con los restantes personajes y elementos de la obra, tanto en el contexto próximo (la misma obra) como en el contexto remoto (los demás personajes del mismo género).[5] A lo largo

---

3 Howard C. Warren (ed.), *Diccionario de Psicología*, México, FCE, 1970, pp. 264-265.
4 *Vid.* Krejca, O., «L'acteur est-il un signe savant dans un système de signes fermé?», *Travail Théâtral*, I, 1971.
5 El principal representante de esta propuesta es el trabajo de Philippe Hamon «Pour un statut sémiologique du personnage», aparecido inicialmente en 1972 y reeditado con recti-

de este trabajo me he referido con frecuencia a este punto de vista, adoptado en trabajos recientes sobre el teatro áureo[6] que, sin perjuicio de la impecable e implacable aplicación de códigos semióticos, deja plenamente insatisfecha la búsqueda vital, histórica, transcultural.

Existen afortunadamente otros caminos posibles en el campo semiótico que pueden ser utilizados con un aprovechamiento más directo. En efecto, una de las soluciones semióticas más interesantes por su operatividad y que más ha fecundado el análisis de textos artísticos es el llamado modelo actancial, que mediante la distinción entre actante (*actant*), actor (*acteur*) y papel (*rol*) intenta hacerse cargo de los diferentes niveles de cualquier relato cultural. Pues bien, no es casual que las reflexiones de Algidas J. Greimas, máximo exponente de esta metodología, se iniciaran y se hayan desarrollado constantemente a partir del estudio del mito, surgiendo la idea del modelo actancial de las investigaciones de mitólogos como George Dumézil y Claude Lévi-Strauss.[7]

Pero además de esta consideración del personaje como constructor de acción, existe la posibilidad de observarlo como un construido, como un resultado. Si toda lectura implica una actividad del lector mediante la cual éste reconstruye y aun construye el sentido definitivo del texto sobre el cual no sólo aplica las claves correspondientes sino que proyecta sus deseos y necesidades, el texto dramático se pone al alcance de numerosas y simultáneas lecturas —director, escenógrafo, músico, actor, y al final el espectador o, incluso, el historiador y crítico— que tienden no tanto a su desciframiento como a su traducción a otros lenguajes en una sucesión de dramaturgias complementarias. No es casual que la palabra *interpretación* usualmente utilizada en su sentido filosófico sea también empleada para describir el trabajo del actor. La lectura del actor es una lectura radical, hasta sus últimas consecuencias: su interpretación busca, o debe buscar desde Stanislavski, en su primer momento y por principio, lo no dicho en el texto, el famoso subtexto, lo que por definición *no está escrito*. Después de esta atrevida indagación *interpreta* sus conclusiones con su propio cuerpo, en otro lugar (el escenario), para otros fines (el placer o la emoción del espectador).

---

ficaciones en AA.VV., *Poétique du récit*, París, Seuil, 1975, pp. 115-180. Su marco de referencia como el del resto del análisis semiológico del personaje es el del estructuralismo que va de Saussure a Émile Benveniste.

6 *Vid.* Cantalapiedra, Fernando, *Semiótica teatral del Siglo de Oro*, citada, 1995.

7 *Vid.* por ejemplo, de Algidas J. Greimas, «Reflexiones sobre los modelos actanciales», en *Semántica estructural*, Madrid, Gredos, 1971, pp. 263-294. Y «Contribución a la teoría de la interpretación del relato mítico», «La búsqueda del miedo» y «La estructura de los actantes del relato», en *En torno al sentido*, Madrid, Fragua, 1973, pp. 219-316.

En todo ello radican los fundamentos del *mito* del personaje: algo creado en escena por radicalización y por suplantación, suplantación que jamás puede ser total, pues entre el actor y el personaje hay una *distancia* que tanto en el caso brechtiano de que se explicite, o bien en el caso de que se intente disimular, siempre subsiste, y en ese hueco se produce el lugar que permite que el espectador realice su trabajo de miradas, de elogios a veces retóricos o convencionales, de crítica. Ambas actividades, la del actor y la del espectador, inmersos en una tradición concreta, son las que levantan poco a poco e el mito del personaje.

Esta actividad de mitificación está condicionada históricamente, en el sentido que se produce a través de los códigos de interpretación de cada época, por mucho que en tanto que creación estética siempre acarree un grado más o menos grande de transgresión de esos mismos códigos. Hablo de código en el sentido de las maneras en que se plasman en cada época una serie de conocimientos culturales, de tipo ideológico, psicológico, biológico, etc., y una serie de posibilidades tecnológicas, referentes al espacio escénico. Pues bien, creo que el estudio de esos códigos (textos, referencias documentales de cómo se organizaban las compañías, el estudio del elenco o reparto teórico que su jerarquización comportaba, los programas retóricos de elogio de los actores que han llegado hasta nosotros, determinados géneros privilegiados como la loa) es uno de los caminos para conocer la práctica del personaje en el teatro del Barroco español.

Decía Nietzsche en *El origen de la tragedia* que el actor, cuando está verdaderamente inspirado, «ve flotar ante sus ojos la imagen casi material del papel que interpreta.»[8] Esos *papeles* adquieren para el actor del Siglo de Oro toda la constancia de una afortunada metáfora: es la materialización de la responsabilidad, la *parte* que el comediante asume en el conjunto fragmentado de una puesta en escena. *Papel* y *parte* (ambos términos están integrados ya con su sentido teatral en el *Diccionario de Autoridades*) son el resultado de un largo proceso artístico y dramatúrgico que muestra la multiplicidad de las voces necesarias para que exista teatro, la sacralización verbal y textual (y también frágil) de su transmisión y la capacidad metafórica del desdoblamiento entre la persona/actor y el construido o proceso de construcción (un protocolo que se escribe pero que es tan efímero como el papel) que es el personaje o personajes. A fin de cuentas el *Diccionario de Autoridades* recoge asimismo la acepción plural de *papeles* con el significado de *gestos* o *gesticulaciones*. Puede ser un *papel* en blanco en el que quepa escribir, hacer, improvisar elementos nuevos; o puede que se encuentren ya trazos perfectamente delineados,

---

[8] *El origen de la tragedia*, Madrid, Espasa Calpe, 1980, pp. 56-57.

escritos anteriormente por otro actor/persona o por un pacto transhistórico y cultural. El papel se convertiría en *palimpsesto* reescribible. Personaje, máscara, tipo vendrán a ser nociones construidas en torno a esta relación. Y ese *papel* vendrá a ser así la primera acotación o didascalia global no escrita para el actor, que conoce previamente las imposiciones y leyes tradicionales sobre un determinado personaje: un personaje que habrá arrastrado hasta ese trozo de papel, esa *parte* escrita que recibe los *pies* que le sirven de estribo para enlazar con un texto completo, una voz determinada, una concreta panoplia de gestos, un vestuario. No sin cierta lógica, como recuerda Florence Dupont,[9] los manuscritos del teatro latino antiguo no contenían más que las réplicas y contrarréplicas de los personajes, sin ningún tipo de indicación escénica o *parepigraphai*, porque en Roma el texto, el *papel* que constituía y el personaje al que investía era suficiente como didascalia global. La metateatralidad, signo por excelencia de la edad barroca, se fragua substancialmente en esta relación equívoca del papel (segunda piel) y de la manera de escribirlo (u ocuparla). Veremos a Cosme Pérez «Juan Rana» en una pieza teatral determinada, lamentándose de que en ella se le ha entregado *un papel en blanco* en el reparto. Veremos a Ginés, el actor/mártir de *Lo fingido verdadero*, resolver la teología en fórmula de registro de comediantes y de segundas intenciones de *registro teatral*: en la *compañía* por la que se contrata el Ginés convertido al cristianismo, harto de *errar* papeles anteriores, «hay un Juan que habla *altamente*», que no es sólo la referencia didáctica al Juan evangelista y profético sino a ese actor que sabe impostar con energía y dignidad la voz; como también

> hay un David, gran poeta
> y una comedia perfeta
> de cantares excelente:
> un pontífice eminente
> hace Pedro con gran fe,
> y el santo Bartolomé
> hace un hombre *desollado*.[10]

Donde *desollado* no sólo remite a la hagiografía cristiana del santo martirizado sino al actor de la compañía al que se le confiaban los papeles de quienes habían de actuar *desolladamente*, es decir, «desvergonzadamente» o «con descaro.» Y Ginés, en su escena más gloriosa, continúa:

[9] *L'acteur-roi ou le théâtre dans la Rome antique*, París, Société d'Éditions Les Belles Lettres, 1985, p. 82.
[10] *Cf.* ed. de Maria Teresa Cattaneo, Roma, Bulzoni, 1992, p. 157.

y el santo Bartolomé
hace a un hombre *desollado,*
y aunque Magdalena *ha errado*
acierta en *dándole el pie.*
Hay un famoso ladrón,
Dimas, de *poco papel,*
pero dijo más en él
que en sus libros Salomón;
hay un *valiente* Sansón,
y entre otros representantes,
hará Cristóbal *gigantes,*
e Ildefonso (¡qué alegría!)
la *guardarropa* a María
con estrellas por diamantes;
Gabriel hace *mensajeros*
de María, y ¡quién cual vos!,
que en las esposas de Dios
hacéis *papeles primeros;*
Pablo, los *bravos y fieros,*
a quien las armas les quitan;
Francisco hará los que imitan
a Dios, y en estos conciertos
Nicodemus *mete muertos.*[11]

Pero todo esto no deja de ser una especulación teórica. Cabe imaginar, por supuesto, que en la figura del *autor* de comedias recaería la responsabilidad del control o, al menos, de la búsqueda de la adecuación del binomio actor/personaje (que en los primeros capítulos vimos como preocupación central de dramaturgos como Tirso o Lope). Lamentablemente no poseemos documento alguno tan explícito como el de Leone de Sommi en sus *Dialoghi in materia di rappresentazioni sceniche* de 1556:

Primero copio cuidadosamente todos los papeles y escojo los actores que me parecen más adecuados para cada uno de ellos (aprovechando cuanto sea posible las cualidades que luego les exigiré). Luego los reúno en una sala y les entrego el papel que más se les ajusta. Después les obligo a leer la parte de cada cual, de modo que hasta los niños que participan en la representación aprendan el argumento o, al menos, la parte que les concierne, tratando de imbuir en sus mentes la naturaleza de los caracteres que deben interpretar. Luego los dejo solos para que aprendan su papel [...] Sitúo como principio esencial que es mejor contar con buenos actores que con una buena obra. Para probarlo baste recordar las veces que hemos visto triunfar y comunicar gus-

---

[11] *Ibid.*, pp. 157-158.

to a los espectadores con un mal drama sólo porque es interpretado adecuadamente; y, por el contrario, con cuánta frecuencia una obra espléndida se ha hundido a causa de una pésima representación. Entonces, suponiendo que pueda contar con un buen puñado de actores experimentados y dispuestos a seguir mis indicaciones, primero debo afrontar el seleccionar aquellos capaces de una pronunciación correcta —que es la primera consideración—; después entro a valorar su adecuación física para el papel. Un amante debe ser de bella apostura, un soldado de complexión robusta, un *parásito* algo grueso, un criado ágil, etc.[12]

Por boca de Verídico asistimos también a lo que debería ser, con la indudable experiencia de la *commedia dell'arte,* la articulación matizadora de estilemas gestuales y de registros ligados a determinados personajes:

No será suficiente para un actor que, pongamos por ejemplo, interpreta el papel de un avaro llevar siempre la mano metida en el bolsillo, como si estuviera constantemente aterrorizado por perder la llave de su escritorio; debe aprender, si la ocasión lo requiere, a imitar el paroxismo que le produciría eventualmente el saber que su hijo le ha robado su dinero. Si el papel es el de un criado, el actor debe aprender, con ocasión de una alegría repentina, a romper en un frenético baile; en un momento de rabia debe aprender a romper un pañuelo entre sus dientes; en un momento de desesperación arrojar su sombrero a su espalda, y así sucesivamente con el efecto siempre de dar vida y veracidad a sus acciones. Y si interpreta el papel de un loco, además de hablar de manera demente, como el autor seguramente indicará en los diálogos, debe buscar la ocasión de hacer el bobo, cazar mariposas, atrapar moscas, etc. Si hace el papel de una joven soltera que espera, debe aprender a hacer mutis recogiendo sus faldas de una manera apresurada y a morderse el dedo pulgar como por costumbre, acciones que quizá el autor no ha indicado explícitamente en su manuscrito.

Una tradición tan establecida como la de la *commedia dell'arte* permitiría, en efecto, codificar registros, personajes y arquetipos de una manera más efectiva o, por el contrario, deplorar los tics e inadecuaciones. Así lo deducimos de textos como el de Tomaso Garzoni en *La piazza universale di tutte le professioni del mondo, nobili e ignobili* (1585):[13]

---

[12] *Quattro dialoghi in materia di rappresentazioni sceniche* (ed. de Ferruccio Marotti), Milán, 1967. Cito (y traduzco) por Cole, Toby y Krich Chinoy, Helen (eds.), *Actors on Acting,* citada, p. 47.

[13] Venecia, Zilieetti, 1585. *Apud* Tessari, Roberto, *Commedia dell'Arte: la Maschera e l'Ombra,* Milán, Mursia Editore, 1989, p. 119.

Come entrano questi dentro a una città, subito col tamburo si fa sapere che i signori comici tali sono arrivati, andando la Signora vestita da uomo con la spada in mano a fare la rassegna, e s'invita il popolo a una comedia o tragedia o pastorale in palazzo o all'ostaria del Pellegrino, ove la plebe, desiosa di cose nuove e curiosa per sua natura, subito s'affretta a occupare la stanza, e si passa per mezzo di gazette dentro alla sala preparata. E qui si trova un palco postizzo, una scena dipinta col carbone senza un giudicio al mondo; s'ode un concerto antecedente d'asini e galavroni; si sente un prologo da ceretano; un tono goffo como di fra Stopino; atti increscevoli come il malanno, intermedi da mille forche; un Magnifico che non vale un bezzo; un Zani che pare un'occa; un Graziano che cacca le parole; una Ruffiana insulsa e scioccarella; un innamorato che stroppia le braccia a tutti quando favella; un Spagnuolo che non sa proferire se non *mi vida* e *mi corazón;* un Pedante che scarta nelle parole toscane a ogni tratto; un Burattino che non sa far altro gesto che quello del berrettino che si mette in capo; una Signora sopra tutto orca nel dire, morta nel favellare, addormentata nel gestire, c'ha perpetua inimicizia con le grazie e tiene con la belleza differenza capitale.

Las expectativas que suscita la visión del teatro se ciñen mucho a los códigos que se desean reconocer; esos códigos se encarnan básicamente en los personajes; y, de acuerdo con ello, se exigirán unos registros, unos comportamientos. Es la ley básica que, creo, funcionaría en el teatro primitivo español y en el propio teatro barroco cuando, por razones diversas que luego veremos, la individualización del personaje en el sentido de una personalidad conferida específicamente desde una *interpretación* personal apenas existe. ¿Qué tradiciones de registro se recibirían en ese teatro del Siglo de Oro? ¿Qué referentes o géneros codificados se tenían? En Italia, parece claro que la *commedia dell'arte* especifica al menos dos tradiciones tanto culturales como actorales: el filón bufonesco, el de la lengua y el gesto enérgicos que Marco de Marinis llama «derivazione buffonesca-cerretana»,[14] y el filón académico-renacentista, aristocrático de las *meretrices honestae*, de las Isabella Andreini, expertas en danza y canto, que harían estribar su prestigio profesional en el respeto o apego a unas tradiciones más asentadas en la diferenciación de los géneros renacentistas. En el teatro isabelino los patrones sobre los que se jugaba eran, por un lado, la tradición del prestigio oratorio y la traducción fidedigna de las pasiones traducidas con *viveza natural* y apartada de cualquier exageración bufonesca (los actores *stalking-stamping* eran siempre objeto de sátira); pero, por otra, la ambigüedad subyacente en los condicionamientos físicos que debía suponer la institucionalización de los *efebos* (el papel de

---

[14] De Marinis, Marco, *Capire il teatro. Lineamenti di una nuova teatralogia*, Florencia, La Casa Usher, 1989, p. 149.

mujeres interpretado obligatoriamente por hombres). En la obra de Ben Jonson *Cynthia's Revels*, el personaje de Amorphus, interpretado probablemente por Nathan Field, contiene todo un diseño de la ductilidad de registros que debe perseguir el actor, sin encasillarse en una máscara única: «the particular, and distinct face of every your most notes *species* of persons, as your marchant, your scholer, your souldier, your lawyer, courtier, &c. and each of these so truly, as you would sweare, but that your eye shall see the variation of the lineament, it were my most proper, and genuine aspect.»[15] Pero, al mismo tiempo, la carrera de los grandes actores se veía condicionada por la citada práctica de la interpretación de papeles femeninos, que les hacía enrolarse en las compañías a los diez o trece años con este destino, hasta que entre los diecinueve o veintiún años pasaban a desempeñar el papel de galanes o adultos. Richard Burbage, de acuerdo con las noticias que tenemos, pasó de *efebo* de voz quebradiza a interpretar los primeros papeles trágicos a los diecisiete años y Edward Alleyn (el llamado Roscio británico) lo hizo a los dieciséis.[16] Sólo entonces se abrían, quizá, a la posibilidad de imponer su personalidad en la interpretación. Pero la tradición de la ductilidad de registros, del cambio gestual y de composición corporal y vocal se insertará en el prestigio de la profesión como elemento emblemático: reescribir progresivamente y de manera personal los *papeles* que, según la imagen nietzscheana, flotaban delante del actor. Ya en el siglo XVIII Rémond de Sainte-Albine asegura que un actor no pasará de mero principiante «lorsqu'il en sait pas exprimer également les transports d'une joie folle et ceux d'un vif chagrin [...] Ce n'est pas assez qu'il puisse emprunter l'image de toutes les passions, s'il n'a pas le don de passer rapidement de l'une à l'autre.»[17] Así pues, no es de extrañar que, al parecer, Diderot quedara fascinado por la capacidad de David Garrick (que narra en su *Paradoja del comediante*) en los cambios de registro o de expresión. Diderot refiere que cuando, en 1764, asistió a una conferencia del actor inglés en el Salón del Barón Holbach en París,

---

[15] *Apud* Gurr, Andrew, *The Shakespearean Stage (1574-1642)*, citada, p. 98.

[16] Otros tantos, empero, se quedarían en el camino. El entendido príncipe Hamlet lo insinúa cuando en el segundo acto de la tragedia, al ser informado de la llegada de los cómicos («una nidada de chiquillos, polluelos en cascarón, que se desgañitan a más no poder y son por ello aplaudidos», dice Rosencratz), exclama: «¡Cómo! ¿Son niños? ¿Y quién los mantiene? ¿Seguirán en el oficio tan sólo mientras conserven la voz? Y, andando el tiempo, si llegan a ser comediantes ordinarios, como es muy probable, si no mejoran de fortuna, ¿no dirán que los que para ellos escriben les han hecho poco favor, impulsándolos a declamar contra su propio porvenir?» Cito por la traducción de Luis Astrana Marín, *Obras Completas* de William Shakespeare, Madrid, Aguilar, 1969, p. 1354a.

[17] Rémond de Saint-Albine, Pierre, *Le Comédien*, París, Vincent Fils, 1749 (reproducción facsímil publicada en Ginebra, Slatkine Reprints, 1971), pp. 35-36.

en un momento dado había asomado la cabeza entre dos hojas de una puerta, y en el espacio de apenas cinco segundos, su expresión cambió sucesivamente del placer a la satisfacción, de la satisfacción a la tranquilidad, de ésta a la sorpresa, de la sorpresa al asombro, del asombro a la aflicción, luego al anonadamiento, y de aquí al temor, al horror, a la desesperación y, de nuevo, al placer.[18]

Sin embargo, creo que el problema al que hubo de enfrentarse el actor en el Siglo de Oro, en primera instancia, no fue esta variedad de registros expresivos sino la composición, más amplia y abstracta, de modelos o *personaciones*, aunque para ello tengamos que recurrir de nuevo a referentes metateatrales de los propios textos. Así lo dice el protagonista de la cervantina *Pedro de Urdemalas:*

> Ya podré ser patriarca,
> pontífice y estudiante,
> emperador y monarca;
> que el oficio de farsante
> todos estados abarca;
> y, aunque es vida trabajosa,
> es, en efecto, curiosa.

Modelos establecidos, ciertamente, composiciones amplias, pero, qué duda cabe, como ya comentamos a propósito de la composición gestual y emocional, que a la *mimesis* debía unirse el trabajo propio o, incluso, los condicionantes físicos propios del actor. Vendría a suceder (y de nuevo me aprovecho de una teoría paralela) lo que interpretaban los maestros de la pintura respecto a su obra. Felipe de Guevara, tratadista del siglo XVI, aseguraba en sus *Comentarios de la pintura*, aun siendo ésta pura imitación, que de dos pintores que representen un caballo «el de temperamento colérico lo pintará impetuoso, con furia y dispuesto a presteça», mientras que el de un pintor flemático será «dulce y blando, en el qual desearéis siempre una viveza y un no se qué», y el melancólico lo pintará «airado u mal acondicionado [...] aunque su intento sea pintar Ángeles y Santos, la natural disposición suya, tras quien se va la imitativa, le trae inconsideradamente a pintar terribilidades y desgarros.»[19] La transposición puede resultar atrevida pero no arbitraria. Los genios o temperamentos se impondrían seguramente, para bien o para mal, a los personajes. Pero las mediaciones, los elementos recibidos y codificados eran también numerosos.

El primero, sin lugar a dudas, el de la propia distribución de los actores

---

[18] Cit. en *Actors on Acting*, citada, p. 376.
[19] *Apud* Gállego, Julián, *El pintor, de artesano a artista*, Granada, Diputación Provincial, 1995, p. 57.

en compañías *reales* o *de título*, un mecanismo que oficializa tajantemente la institucionalización del teatro como máquina económica *urbana,* y en cómicos de la *legua*. Es más que obvio que el asentamiento de los primeros permitió la estabilización profesional no sólo en términos de *mercadería vendible,* que diría Cervantes, o de competitividad (desde 1600 hasta 1641 los sucesivos decretos intentan una limitación efectiva de las compañías de título) sino en términos de economía dramática: se consolida un mapa de tipos o figuras de asombrosa perdurabilidad, precisamente porque está inducida desde una fuerte jerarquía dentro de la compañía y, a su vez, desde una fuerte imposición del *dramatis personae* de los géneros de la comedia nueva. Estas fuerzas inductivas convergen en dos hechos documentados: que los contratos que poseemos de los actores señalan una somera especialización de su trabajo (o «representan», o «cantan», o «bailan»); y que en esos contratos acaba imponiéndose la *enumeración mecánica* de la composición de lo que podría ser, como ha propuesto Josef Oehrlein,[20] una compañía completa a finales del siglo XVII: el *autor,* que en España pocas veces se intelectualiza tan decididamente como en Italia, donde será habitual no sólo que escriba piezas de comedias sino que, incluso, como hemos visto con Nicolò Barbieri o Giovanni Andreini, reivindiquen explícitamente su profesión;[21] primera/segunda/ tercera/ cuarta *dama:* quinta *dama (sobresaliente)*; primer/segundo/tercer *galán*; primer/segundo *gracioso;* primer/segundo *barba; vejete;* primer/segundo *músico; arpista; apuntador; guardarropa; cobrador*. Es un calco jerárquico que marcará decisivamente la carrera del comediante o la comedianta y seguramente sobre ese *método* jerárquico y enumerativo habrían de plantearse las bases de la composición de su personaje en una perspectiva de autoaprendizaje oral y visual que afectaría incluso a esos meritorios de los que sólo tenemos noticia anónima a través de menciones como *gente, acompañamiento, damas, criados, soldados, alguaciles,* grupos engrosados por esos abnegados *metesillas* o *sacamuertos* que menciona en su particular diccionario de términos cómicos el Padre José Alcázar, es decir, «aquellas personas mudas que [...] las entran [las sillas] en el tablado. Y cuando no son necesarias, las sacan de él, porque no embaracen.»[22] Algunas acotaciones muestran la huella de estos *figurantes*:

---

[20] Oehrlein, Josef, *El actor en el teatro español del Siglo de Oro,* citada, p. 81.

[21] Como menciona Josef Oehrlein (*Op. cit.,* p. 84), sólo algunos de ellos, como Simón Aguado, Andrés de Claramonte o Juan Villegas, fueron poetas, aunque casi siempre, excepto Claramonte, limitados a entremeses o piezas menores.

[22] *Ortografía Castellana (ca.* 1690), *apud* Sánchez Escribano, F. y Porqueras Mayo, A., *Preceptiva dramática española del Renacimiento y del Barroco,* citada, p. 247.

En el fin del propio *dos* retiran un bufetillo y un taburete.
En el tercero *dos en cuerpo* con dagas, que *figuran* dos ayudas de cámara.
Salen *dos* que retiran las almohadas y la silla y las alfombras y ponen un tabu-
retillo de estrado junto al paño.[23]

Estos principios jerárquicos, tan mediatizados por el autor y sus intereses económico-familiares, imponían un reparto (para desgracia, como vimos, de los pobres dramaturgos) que reproducía, de este modo, en microcosmos dramático, el microcosmos social de la compañía y que diseñaba
asimismo memoria documental que iba a dejar el actor, pues, como se
comprueba hasta la saciedad en la *Genealogía de los actores,* lo que se
trasmite de los comediantes, aparte de un fascinante anecdotario, es esa
jerarquización impuesta por el particular *star system* del teatro áureo: «Hizo
primero galanes», «hizo damas segundas», «hizo graciosos», «hizo la graciosidad», etc. A fin de cuentas las jerarquías entre los actores se arrastran desde
el teatro griego, en el que sobre tres espacios de contenido vacío pero de rígida jerarquía preestablecida (protagonista, deuteragonista y tritagonista)
se proyectaban referentes o signos concretos como máscaras y trajes para
componer el personaje.

Pero esta forma de composición de las compañías (por *papeles*) era
una primera marca de construcción del personaje, impuesta, que no sólo,
claro está, afecta a España (o a las *máscaras* de la *commedia dell'arte*) sino que se adivina en el teatro inglés, como se puede apreciar en las palabras de Hamlet (III, 2):

> El que haga de rey, será bien recibido; su majestad recibirá de mí el corres-
> pondiente tributo; el caballero andante lucirá su espada y su rodela; el galán
> no suspirará en balde; el gracioso terminará en paz su papel; el payaso hará reír
> a aquellos cuyos pulmones están que tiemblan en el disparador, y la dama nos
> dirá libremente lo que piensa, o cojeará el verso blanco por tal motivo.[24]

Dicha imposición jerárquica se compensaba, según es deducible de la
documentación llegada hasta nosotros, con una colaboración y hasta intervención efectiva de los actores en la elección del repertorio e, incluso,
en la distribución de los papeles. En los contratos, establecidos como ya se
sabe para el periodo comprendido entre las Carnestolendas y la Cuaresma
siguiente, se obligaba a los actores y al autor a

---

[23] Todas ellas citadas por José M.ª Ruano, «Los actores en escena», en *Los teatros comerciales del Siglo de Oro y la escenificación de la comedia,* Madrid, Castalia, 1994, p. 530. *En
cuerpo:* sin capa, manto o ropas de adorno (*Diccionario de Autoridades*).

[24] Ed. cit., p. 1354a.

andar juntos en forma de compañías y representar en todos los lugares destos reynos y fuera dellos durante el dicho tiempo y en ellos hacer todas las comedias y representaciones que el dicho Andrés de Claramonte tiene, para cuyo efecto el dicho Andrés de Claramonte desde luego se obliga de dar para que las represente la dicha *compañía hasta quarenta comedias y todas las demás que la dicha compañía pidiere entrando en ello entremeses, letras y bailes* y lo demás a ello tocante [...] que *al repartir los papeles para efecto de representar las comedias* se hayan de repartir entre los compañeros de la dicha compañía a *lo que a cada uno le conviniere al parescer y voluntad de la dicha compañía.*[25]

Con todo no me parece que el teatro español del Siglo de Oro fuera precisamente un modelo de *montaje* colectivo, pues esas mismas obligaciones contractuales derivaban, como es lógico, de la voluntad de actores cuya fama o estima le permitían ciertas imposiciones, sobre todo de sueldo. Pero sí son indicio suficiente de que el actor tuvo que enfrentarse a componer un personaje y de que tuvo que examinar sus propias cualidades y capacidades, aunque ello condujera a tensiones y conflictos. Una vez más acudo a un documento colateral, como es una novela pseudopicaresca, para iluminar expresivamente esta particular concepción de reparto por *papeles* o tipos más que por personajes individualizados. Se trata de un pasaje de Alonso Jerónimo Salas Barbadillo en *El subtil cordobés, Pedro de Urdemalas*:

Repartiéronse los papeles de la comedia y ensayóse por ellas con no pequeñas disensiones, porque *uno quería que le diesen el papel de valiente y furioso*, otro de *cortés y liberal*, otro de *galán y enamorado* y al fin cada uno procurava que le vistiessen en particular su naturaleza y que *el Poeta no huviera mirado a la unión de las partes de la comedia*, sino a lo que cada uno de ellos estava bien. Con esto el que se hallava con papel a su gusto jurava que era aquélla la mejor farsa que se avía escrito en el mundo, y, por el contrario, los mal contentos la difamavan. Unos pedían que se les mudasse un paso, otros que se les aumentasse, otros eran de parecer que algunas cosas de la segunda jornada se pasassen a la primera, qual le quiso mudar el título, y qual sacó por condición que le avían de encomendar a él, el escrivir y recitar la loa.

El grado de intervención del actor en el montaje puede quedar más o menos matizado, pero es lo cierto que su ductilidad y capacidad de me-

[25] Pérez Pastor, Cristóbal, «Nuevos datos acerca del histrionismo español en los siglos XVI y XVII (Segunda Serie)», *Bulletin Hispanique*, VIII, Burdeos, 1914. *Apud* Oehrlein, Josef, *Op. cit.*, p. 74. Sobre los procedimientos de contratación y obligaciones mutuas de actores y autores puede verse, además del libro citado, el trabajo de Díez Borque, José M.ª, *Sociedad y teatro en la España de Lope de Vega*, Barcelona, Antoni Bosch, 1978, pp. 62 y ss.

morización y trabajo queda refrendada por el hecho comprobado de la frecuente duplicidad de papeles que se veía obligado a asumir, siempre en aras de la economía colectiva. Cervantes hace observar esta posibilidad de doblete en *Pedro de Urdemalas* («Salen Inés y Belica, que las podrán hacer las que han hecho Benita y Clemencia») y en *El rufián dichoso* («Hase de advertir que todas las figuras de mujer de esta comedia las pueden hacer solas dos mujeres»). José M.ª Ruano cita el añadido a una lista manuscrita de actores en una comedida sumamente revelador de este procedimiento:

> Personas cuyos papeles se pueden doblar:
> quien representa a san Francisco y san Antonio no tienen más de una salida en el primero Acto y pueden representar en el segundo acto a F. Juan de Tolosa = y en los demás = y en el tercero acto al ciudadano.
> La Dama que hiciese a la Labradora que se supone será la más a propósito puede en el tercero Acto hacer al Ángel primero.[26]

Pero sobre todo ponía a prueba la ductilidad de los actores el, al parecer, vertiginoso ritmo de las representaciones y el continuo cambio de repertorio. Recordemos que en el ejemplo dado más arriba Andrés de Claramonte nada menos que ponía a disposición de la compañía cuarenta piezas. Fijar o memorizar los textos (recordemos la importancia dada a la *memoria* y al *apuntador*) y adentrarse en el estudio del personaje podrían ser, siempre según nuestra actual visión del teatro, operaciones incompatibles. Desde el punto de vista documental el *ensayo* era una obligada y cotidiana disciplina: en casa del autor, de uno de los actores o, para el caso de las representaciones extraordinarias, en la llamada *casa de ensayos*, como se deduce del documentado del 23 de noviembre de 1660 rescatado pro Pérez Pastor:

---

[26] *Op. cit.*, p. 530. Establecido que el doblete de personajes era habitual, en algunas acotaciones encuentro que, por confusas, acaso pudieran dar pie a suponer este doble papel. En *El mágico prodigioso*, casi al final del tercer acto, aparece un personaje, Fabio, y la acotación aclara de que «Habla *sin barba.*» Bruce W. Wardropper, en su edición de Madrid, Cátedra, 1985, p. 158, acude a la interpretación de que Fabio «es un joven impetuoso», basándose, supongo, en las acepciones figuradas de la expresión *barba* (el hombre venerable, de respeto). Puede, aunque no sé cómo Wardropper puede deducirlo con las escasas líneas que Calderón otorga a este personaje, meramente circunstancial. Como es sabido, *barba* era, en la comedia, el que interpretaba los papeles de anciano, por la cabellera y barba canosa que debía llevar. En tal caso, y volviendo a *El mágico prodigioso*, pensemos que Lisandro (llamado *barba* en el reparto de la obra) tiene asimismo un breve papel y no ha vuelto a aparecer desde el primer acto. ¿No puede ser que interprete también a Fabio, pero, claro está, esta vez *sin barba?*

... y que la dicha fiesta se está ensayando en una casa que el señor Marqués de Liche había mandado alquilar para los ensayos [...] esquina de la calle de León que da vuelta a la de las Huertas...[27]

Esta sala de ensayos o *de conferencias* (a veces un jardincillo situado en la calle de Cantarranas)[28] ocupaba, pues, el tiempo que el autor y el actor dedicaban al montaje de la obra. En la novela *El Bachiller Trapaza* de Castillo Solórzano un autor novel narra la disposición de uno de esos ensayos (más bien enjuiciamiento de una pieza para incluir o no en el repertorio) cuando consigue, tras ímprobos esfuerzos, que el autor admita leerle su obra:

> Hallóle una vez ensayando; otra haciendo alguna cuenta con alguno de sus compañeros, que habiéndome visto dilata porque de cansado me vaya; otra vez, si me ha visto antes, niégase. Echóle algún amigo poderoso, y a más no poder, viene, ay que me he cansado, a darle audiencia con limitación, diciéndome que lea una jornada, que no tendrá lugar para más. Llama a dos poetas de estos de la mayor clase, de quien ha representado comedias [...] éstos convocan a otros amigos suyos calificados por fisgones en Madrid, y con ellos júntase la compañía. Ponen al poeta cerca de un bufete entre dos luces, como tumba de difunto. Comienza su comedia con la buena o mala gracia que Dios le ha dado en leer; que si la tiene mala es harta desdicha para él, porque como van los poetas para hacer donaires, y más no siendo conocido de los de su runfla, están muy falsos escuchando. Si el autor no es muy entendido de comedia, está atento a cada copla a ver los semblantes que hacen los poetas, los cuales nunca le muestran bueno, o porque les parece bien o porque es cosa ridícula, pues lo uno lo deshacen y lo otro lo fisgan. Acaba su primera jornada, comienza la segunda, hay paso apretado en el medio della, acaba con otro que admire. Ya menos falsos, se hablan al oído los poetas, arquean las cejas a hurto de los representantes y más a hurto del autor. Acábase la comedia, apretando el caso cuanto es posible y cerrándole con llave de oro; alábansela de bien escrita por no incurrir en lisonja, pues la primera procura llevarla el poeta de buena letra, y así dicen en esto verdad. Dilátale la respuesta de ahí a dos días; vase el poeta con buen cuidado de volver a saber qué le dirá. Quédase el autor con los que convidó; si los poetas no son envidiosos (que será un milagro raro), alaban la comedia diciendo ingenuamente lo que sienten de ella; si lo son, deshácenla cuanto pueden, hallándola más impropiedades que átomos tiene el sol. Si el autor se guía por estos pareceres, al segundo día despide al poeta diciéndole que le pesa de estar obligado a tal príncipe, el cual le ha mandado poner dos comedias y es forzoso por esto no la poder representar.[29]

[27] Pérez Pastor, Cristóbal, *Documentos para la biografía de Don Pedro Calderón de la Barca*, Madrid, 1905, p. 178.
[28] *Cf.* Oehrlein, Josef, *Op. cit.*, p. 131.
[29] Madrid, Ediciones Alonso, 1966, pp. 192-193.

Pese a la sarcástica visión picaresca aquí ofrecida sabemos que Calderón y otros dramaturgos frecuentaron *lecturas* y *ensayos*. De éstos, que discurrían durante unos quince días, contamos con testimonios siempre sospechosos: o los de la visión interesada y moralizante de clérigos (ya hemos visto algunos textos) o de piezas de neto interés metateatral, pero satírico, como el entremés *El ensayo* de Andrés Gil Enríquez. En él aparecen el autor Pedro de la Rosa y su mujer Antonia «haciendo calceta» y sentados «en unas silletas.» Se deduce así que el ensayo se va a realizar en casa de los *autores*. Las primeras en llegar son Luciana y la Borja, también con su labor de punto de media, con lo que se adopta una visión irónica de la desatención de las actrices al ejercicio y disciplina. Llega en eso Simón Aguado, gracioso, y que adopta en seguida el papel de presuntuosa estrella de la compañía; al ver que son las diez y nadie ha llegado al ensayo opta por irse a «echar medio cuartillo» de vino. Carmona, otro actor, llega armado de rosario y se dispone a ir a misa. Entran Luisa y Mariana Romero echando pullas a la Borja «por estar demasiado gorda» para su papel. Acude Gaspar, el músico, con su vihuela, a la que comienza a templar. Se entrecruzan los comentarios de los actores con los de dos mirones que acuden a ver el ensayo:

NAVARRO

¿Hemos venido a buen tiempo?

JUAN

Deseo ver un ensayo.

MENDOZA

Raras figuras, por cierto.

LUISA

Esa tercera disuena.

GASPAR

No es la prima de provecho.
¡Cuidado, Mariana!

MARIANA

¿A mí?

GASPAR

¡Que siempre se esté riendo!

BORJA

¡Ea, señores, que es tarde!

NAVARRO

El Gasparillo es muy diestro.
[...]

JUAN

Serafines son, sin duda,
porque cantan de los cielos.

NAVARRO

Azúcar el de Gandía,
la Borja.

JUAN

Pues la Romero
puede sahumar con su voz
al más triste pensamiento.

LUISA

¿Qué dirán aquellos simples?

NAVARRO

Es mucho lo que las debo.

BORJA

El tono no hay que ensayarse,
porque muy bien lo sabemos.

ANTONIA

¿Saben ya aquellas quintillas,
que las tres, según entiendo,
en la segunda jornada
han de cantar?[30]

Cuando por fin se deciden a ensayar el texto de la obra, no sin antes haber criticado Simón la selección del repertorio de Rosa («lo que me admira
es que Rosa / cosa tan mala haya puesto»), el autor suple al *apuntador* que
no ha aparecido y la acotación no describe la disposición del ensayo:

Ha de haber tomado Rosa un papel como que apunta, sentado en su sille-
ta, y al otro lado las damas haciendo media, y en pie los que ensayan, como
que lee a ellos.[31]

---

[30] En *Ramillete de entremeses y bailes*, citada, pp. 340-341.
[31] *Ibid.*, p. 343.

Así, pues, deducimos que el *apuntador* (que sabemos era también el encargado de escribir literalmente cada uno de los papeles o partes de los actores) leía y los actores escuchaban por vez primera de sus labios los versos de la comedia (a no ser que hubieran asistido previamente a una hipotética lectura del poeta). Lo que sucede a continuación, en la síntesis obligada del entremés, es un rasguño de lo que tal vez aconteciera en realidad: el apuntador o autor lee, los actores van tomando los pies del texto para intervenir:

ROSA

Sale el Duque Golondrino
hablando en Turquía, y luego
su mujer Mari Gutiérrez
con Berenguela y Torrezno.

LOS CUATRO

Ya estamos todos.

ROSA

                    El Duque.
Señores míos, silencio.

MAL[AGUILLA]

Bellas damas, sin lisonjas,
hay en Turquía, de fama.

ANTONIA

¿Y dónde vive tu dama?

MALAGUILLA

Junto al Convento de Monjas.

Los *mirones* comienzan a intercalar sus admirativos comentarios (sobre todo por la gestualidad y buen recitado, en un intercambio de *señales* que revela más que evidencia el texto) y los actores las críticas de las impropiedades del argumento mientras prosigue el ensayo:

NAVARRO

¡Qué bien dicho! ¡Bravo asunto!

JUAN

¡Qué lindo ha estado el soneto!

MALAGUILLA

Yo he de torear con decoro
en la plaza, porque es bella.

SIMÓN

¿Y habéis de rodar en ella?

MALAGUILLA

Con este recado, al toro.

LUISA

¿Es de un Duque esta respuesta
y tiene de pasar esto?

SIMÓN

Juzgo que hay toros de fama
en esta fiesta en Turquía
de donde por vida mía
dicen que son de Jarama.

MENDOZA

Mira cómo arquea las cejas.

JUAN

De vos hablan.

NAVARRO

Ya lo veo.

BORJA

Cierto que es raro avechucho.

NAVARRO

Es mucho lo que les debo.

En un momento dado Mariana pierde el *pie* y no sabe que ha de entrar. El autor se muestra ahora director de escena, dando claras órdenes de cómo debe componer su personaje e irritado por el tic de Mariana de reír todo el tiempo (cosa que se ya se ha evidenciado a lo largo de la breve acción):

MENDOZA

¿Quién sale?

ROSA

Mariana, presto.
¡Ea, por Dios!

MARIANA

¿Salgo yo?

ROSA

¡Cierto que se está pudriendo!
Que en gusto no se fatigue.
¡Ríase un poco!

TODOS

Acabemos.

MARIANA

¿He errado alguna salida
en el tablado?

ROSA

No, por cierto.

MARIANA

Hasta que sepa el papel
no es mucho.

La comedia prosigue y el pobre autor termina con su paciencia (literalmente, pierde o tira los papeles):

MARIANA

El solfista que se ensolfa
allí espera echando tacos.

MALAGUILLA

No hay que andar con arrumacos
que yo no entiendo de solfa.
(¡Esto va tundido a silbos!)

JUAN

¡Oh, bien haya tal ingenio!

BORJA

Lo que aquí parece malo
suele en el corral ser bueno.

ROSA

Di, Antonia.

ANTONIA

«Al decir que está
el sol, fuera, quiero
con mucho...», digo, «con mucha...»
(*Tírale la comedia*.)

ROSA

¡Oh, pesie a tal!

Los actores, hartos, reclaman dejar el ensayo para otro día. El *mirón* se admira de lo que sucede, y las actrices siguen comentando entre sí los gestos y arrumacos de los mirones. La cosa concluye con el gustoso ensayo del baile final.

Entre bromas y veras los actores y el autor trabajaban con una red de seguridad: los tipos, caracteres, alguna máscara ya organizada por la práctica escénica previa. En el *dramatis personae* o *reparto* habitual de la comedia del Siglo de Oro se recomponen, aunque sea de una manera peculiar, los elementos básicos con que la retórica *hace* al personaje: o bien se trata de una *máscara* heredada o construida desde las propias habilidades del actor (ya hemos comentado el caso del resultante «Juan Rana» a partir de la las habilidades y constitución física de Cosme Pérez); o bien se trata de recuperar o marcar indicios o señales de un *carácter;* o bien, finalmente, se trata de asumir (imponiéndose al estereotipo en la media de las propias fuerzas, tono, despejo) un *tipo*.[32] En el primer caso se interponen un *rostro*, unas maneras peculiares, gestos, vestuario concreto, voz atiplada en el caso de Cosme Pérez entre el ser del actor y el mundo. Por supuesto, el uso material de la *máscara*, al modo antiguo,[33] o al modo sintetizado de

[32] *Cf*. Abirached, Robert, *La crise du personnage dans le théâtre moderne*, París, Grasset, 1978, pp. 17 y ss.

[33] Julio Pólux en su *Onomasticón* describe algunas de las máscaras del teatro griego y en ellas se aprecian rasgos, sobre todo de las que correspondían a personajes plebeyos o a esclavos, que, históricamente, irán recuperando determinados tipos cómicos. Así la del plebeyo era una máscara sin barba, con el tono de maquillaje muy subido, atezado o moreno, con mechones de pelo arracimado, encrespado, el rostro rollizo, cejas arqueadas y rostro fiero. La máscara del *esclavo* ofrecía una faz correosa, barba pinchosa, nariz chata, largos cabellos blanquecinos, tez pálida, nariz con burdos orificios, etc. Andrea Perrucci en su *Dell'arte rappresentativa premeditata e all'improvviso* (Nápoles, 1699) recordaba el *recitar mascherato* a los bufones y papeles ridículos describiéndolas como «caricatura di color bruno, naso o grande o schiacciato, occhi piccioli e lipposi, fronte arrugata, capo calvo, vi so-

determinados tipos de la *commedia dell'arte,* prácticamente ha desaparecido en el Siglo de Oro. En otros capítulos hemos dado ejemplos o bien de su carácter de reminiscencia de dicha *commedia* (la máscara negra del *negrillo* de algunos entremeses o la *máscara de narices largas*) o bien como función reforzadora del carácter trágico (las *máscaras como de muerto* que sacan algunos personajes de la *Numancia* cervantina). En efecto, si bien el teatro español recibió un fuerte impulso de las compañías italianas que visitaban la península, poco a poco el teatro del Siglo de Oro se acopla a sus propias necesidades. Tal sería el hecho del abandono de la máscara casi por sistema. Sobre esto pueden ofrecerse varias explicaciones que probablemente son complementarias en la medida en que se mueven en diferentes órdenes de cosas. En primer lugar, es claro que, abandonada su primitiva función técnica de megafonía para deformar o subrayar la voz, la máscara deriva a una cierta función de caracterización psicológica o, al menos, pintoresca. En esta evolución el Siglo de Oro español con su uso esporádico de mascarillas supondría un momento de transición. En segundo lugar, y como vamos a señalar en seguida, se percibe la tendencia hacia la individualización de los actores en el teatro español, muy preocupados en darse a conocer por su nombre. No es sólo un problema de mercado, sino también de profesionalización, en el sentido de la aparición y extensión del hombre de teatro como oficio reconocido y por tanto susceptible, entre otras cosas, de privilegios y prebendas. Finalmente, si la pintura para justificarse como oficio artístico, que empieza a emerger en el Renacimiento, expone su capacidad tecnológica y su competencia con la poesía (*ut pictura poesis*), y si el teatro o la actividad del dramaturgo es tan digna como la pintura, el actor debe asumir dicha responsabilidad. O en otras palabras, si el teatro quiere mover el ánimo del espectador y el rostro es el espejo del alma a la que refleja con sus cambios de coloración y si «el ojo sigue al afecto» como indicaba el Pinciano y sospechaban moralistas como Moya y Correa ante el cuerpo de las actrices cuya exhibición «roba la vista y tras ella el alma»,[34] se sigue que había de eliminarse la máscara. A fin de que las cambiantes pasiones se manifiesten hay que quitar las cenizas y mostrar el fuego, como defiende Goldoni, uno de los pocos italianos que

---

no le barbe adulterine o posticce che servono o per accompagnare i volti ridicoli o per figurar vechi o maghi, o transformando chi deve rappresentare più d'uno personnaggio, e ci vanno accompagnate le capigliere uguali alle barbe.» En cuanto a las *furias* o *demonios* Perruzzi no aconseja la máscara «per non impedire il respiro e non far ben parlare», aunque aconseja una gran cabellera y el rostro atezado de almagre (minio) y colores subidos. *Apud* Tessari, Roberto, *Commedia dell'Arte: la Maschera e l'Ombra,* citada, p. 146.

[34] Cotarelo y Mori, Emilio, *Bibliografía,* citada, p. 200a.

estaban en contra de la máscara. Ahora bien, se abandona la máscara, pero se compensa con un sistema completo de caracterización basado en objetos, vestuarios, gestos y un sistema lingüístico altamente codificado (bien a través de lo que hemos llamado *acotación* taquigráfica tipo *de ridículo*, bien a través de la impostación textual de verdaderas jergas como el habla del negro, del vizcaíno, del italiano, del tudesco, del franchote, etc.). Por tanto en el teatro español áureo el actor se enfrenta a la composición asimismo de caracteres o tipos.

En el segundo caso (el *carácter*, lo *característico*) se asumen (como carácter podemos utilizar la metáfora de *imprimir, esculpir, grabar*) unas marcas recogidas del mundo real —mediatizado por las ideas del decoro gestual y lingüístico—: sea, por ejemplo, la *gravedad* real, el aspecto *venerable* para el anciano o *barba*; la *gallardía, arrojo* y lenguaje metafórico e imaginativo para el *galán;* el disparate lingüístico, el doble fondo irónico y la gestualidad exagerada y bufonesca para el *gracioso*, etc. Es decir, los trazos distintivos impuestos desde la retórica a la función social, al porte, al estilo de habla de un individuo (desde la deseable elocuencia de los personajes nobles al *habla papanduja* del vejete o a los *latinajos macarrónicos* del sacristán ridículo, por ejemplo). Finalmente, para el tercer caso, se trata de asumir enteramente, con variantes propias, el *prototipo* estipulado por un modelo fundado en la tradición teatral que acaban imponiéndose, como categoría, en el imaginario del receptor: el gracioso y su diversidad de papeles en el entremés (de licenciado o sacristán a marido consentido), el barba, los enamorados, el lacayo o criado, el *vejete* etc. *Typus* es palabra usada por Cicerón con el significado, precisamente, de *estatua.* Y, de hecho, ya en el siglo xvi los tres términos referidos derivados de la retórica antigua (*persona* o máscara, *character* y *typus*) designaban tres formas o modelos de los sellos en relieve. Siempre quedaría, a mi parecer, un *hiato*, un hueco en el que albergarse la elaboración personal del actor. Pero de esto, como de tantas cosas, carecemos de documentación exacta y sólo podemos suponer, como insistía, por ejemplo, Enrique Funes, que el arrebato lírico del actor trasponía a engolada retórica y declamación el mapa mesurado y realista que la tipología imponía. Así sabemos, por testimonio de Cervantes, que en un momento dado el actor Navarro «quitó las barbas de los farsantes, que hasta entonces ninguno representaba a cureña sin barba postiza, e hizo que todos representasen a cureña rasa, si no era los que habían de representar los viejos u otras figuras que pidieran mudanza de rostro.» Esto, acaso, permite la grieta de la conjetura: en un momento dado, los actores del primer Siglo de Oro comienzan a introducir la individualización del personaje y a reducir la *barba* a un símbolo, a un aditamento del *tipo* del anciano. El mismo Navarro, nos dirá Bances Candamo, «fue el que introduxo ser cobarde los graciosos de la Comedia, por ser él eminente en hacer vn rufián medroso.»[35] Es decir, un actor puede ir añadiendo elementos o características al tipo prefijado,[36] pero, de un modo u otro, es lo cierto que sólo estas acciones de énfasis o de intervención del actor podrían superar (que nunca anular) la tendencia que muchos han visto en todos los géneros dramáticos del Siglo de Oro de «sustituir las personas por tipos y por representaciones de grupos definidos de antemano, mediante un proceso de abstracción, de lo que la clase social representa, no como realidad real, no como realidad inmediata que existe en la sociedad, sino como propuesta ideal de una utopía.»[37] A ello se debe, sin duda, la formulación abstracta de los tipos del teatro español desde sus orígenes y la institucionalización mítica del teatro como transposición metafórica de *lo real*, de la *vida*. Por ello Agustín de Rojas puede, en su *Loa de la comedia*, pasar revista en forma de enciclopedia abreviada a la historia del teatro mentando exclusivamente estas abstracciones tipológicas:

> En las cuales [comedias] ya había *dama*,
> y un *padre* que aquésta cela;
> había *galán* desdeñado
> y otro que querido era;
> un *viejo* que reprendía,
> un *bobo* que los acecha,
> un vecino que los casa
> y otro que ordena las fiestas.

Por ello también el Padre Pedro de Guzmán advierte de esa utopía seductora de la representación que pasa del tipo social al sentimiento-tipo (pasional) y luego al tipo-clase (estamental) para volver, finalmente, al tipo emocional:

[35] *Cf.* Bances Candamo, Antonio, *Theatro de los theatros de los passados y presentes siglos* (ed. de Duncan W. Moir), Londres, Tamesis Books, 1970, p. 29.

[36] Es más que evidente que este tipo de análisis persigue conjeturar la composición del personaje por parte del actor, y en absoluto dirimir sobre sus funciones o sobre la discusión de las variables sémicas en torno a ellas. Tal vez podría ser revisada la teoría de los *personajes-tipo* (dama, galán, gracioso, rey y padre) y *personajes variables* (palaciegos, aldeanos, músicos, etc.) de Juana de José Prades (*Teoría de los personajes de la comedia nueva*, Madrid, CSIC, 1963, p. 10). Pero la teoría contrapuesta de Fernando Cantalapiedra (papeles específicos inherentes/papeles específicos aferentes; papeles genéricos inherentes/papeles genéricos aferentes) sólo parece interesante como especulación, pero enormemente confusa de explicar en términos dramatúrgicos o meramente hermeneúticos. *Vid. Op. cit.*, pp. 81 y ss.

[37] Ynduráin, Domingo, «Personaje y abstracción», en Luciano García Lorenzo (ed.), *El personaje dramático. Ponencias y debates de las VII Jornadas de Teatro Clásico Español*, citada, p. 36.

Salen al teatro con ricos trajes antiguos o modernos, representando al vivo el *viejo*, el *mozo*, el *truhán*, el *rufián*, el *simple*, el *loco*, el *borracho*, la *ramera*, la *tercera*, el *airado*, el *enamorado*, el *valiente*, el *atrevido*, el *cobarde*, el *soberbio*, el *rico*, el *pobre*, el *rey*, el *emperador*, el *señor*, el *vasallo*, el *dichoso*, el *desdichado* (parece el teatro un mundo abreviado), significando cada uno con palabras, acciones y traje, su ventura o desventura, su propósito o intento, o la persona que es cosa con tanta propiedad, que arrebata estos dos sentidos que digo, y los tiene entretenidos y suspensos toda una tarde y todo un día y toda una vida.[38]

Pero esta misma fijación de tipos facilitaba asimismo la acomodación, la especialización del actor. Así en el *Viaje entretenido* se recalcan las funciones habituales de Cisneros, seguidor de Rueda, como *bobo*, o de Bartolomé Rodríguez en la *graciosidad*, de Melchor de San Miguel en los papeles de *vejete*, de Cristóbal de Avendaño en los de *galán*.[39]

La *graciosidad* (así se conoció hasta, al menos, 1636 los papeles cómicos)[40] es un espacio identificado y particularizado con signos muy precisos para la construcción del personaje. Ya Alonso López Pinciano señala un registro particular: el discurso verbal titubeante e impreciso:

Y en las figuras que tienen assiento en mengua de palabras, tiene también assiento y no malo la risa. Déstas suelen usar los cómicos en personas turbadas, especialmente en la de los simples que en España se suelen imitar; los quales, mientras comiençan muchas sentencias y acaban ninguna, hazen mil precisiones muy graciosas.[41]

Juan Martí en la *Segunda Parte de la Vida del pícaro Guzmán de Alfarache* (1604) insiste, casi literalmente, en esta cualidad esencial o *estilema* pero añade otras:

Lo del simple, que usan en España, es bueno sin perjuicio, porque causa risa, empezando muchas sentencias y acabando ninguna, haciendo mil precisiones muy graciosas, y es un personaje que suele deleitar más al vulgo que cuantos salen a las comedias, en razón de que en él cabe ignorancia y malicia, y lascivia rústica y grosera, que son tres especies ridículas, y por le estar bien

[38] *Bienes del honesto trabajo y daños de la ociosidad, en ocho discursos*, Madrid, 1613. *Apud* Cotarelo y Mori, Emilio, *Bibliografía*, citada, p. 350a.

[39] Ed. cit., pp. 82, 84 y 108, respectivamente.

[40] *Jácara que se cantó en la compañía de Bartolomé Romero*: «La Valcázar, a quien toca / la hermosa graciosidad.» *Vid.* Webber, Edwin J., «On the Ancestry of the Gracioso», *RD, 5*, 1972, pp. 189-190.

[41] *Philosophia Antigua Poética*, citada, tomo III, p. 59.

toda la fealdad (digo en cuanto es provocativa de risa), es la persona más apta para la comedia, y en esta invención se han aventajado los españoles a los griegos y latinos que usaron de siervos en sus comedias para el fin de la risa, a los cuales faltaban algunas especies de lo ridículo; porque no tenían más que dicacidad o lascivia, o cuando mucho las dos cosas, u carecían de la ficción de ignorancia simple, la cual es autora grande de la risa.[42]

Por oposición a los llamados personajes *graves*, José Pellicer de Tovar cataloga aún otros modos, acciones o signos de composición:

> El precepto diez y ocho es excusar las acciones indecentes de los persona-jes graves, como son *comer en las tablas, desnudarse, cantar* y otras que son para la graciosidad.[43]

En este punto no puede negarse que la composición del gracioso adap-ta, dentro de un particular registro, los estilemas construidos por la tradi-ción de la *commedia dell'arte*, incluida la advertencia de la perfecta dis-tinción de lo *impropio* o *necio* como objeto de la risa y la *obscenidad.* Andrea Perrucci recordaba que «essendo in essi necessario il riso, si deve avertire che questo non deve traersi dall'oscenità, come facevano gli antichi mimi, pantomimi, ludi e ludioni»,[44] dentro de un paradigma perfectamen-te trasladable a las preceptivas españolas. Divide *lo ridículo* en palabras y hechos y su diferenciación entre *primer* y *segundo zanni* crea un referen-te inapelable para las frecuentes geminaciones del gracioso (sobre todo cuando aparece como alcalde rústico) en los entremeses: el primero, astu-to, agudo, embaucador, mordaz; el segundo, necio, crédulo, insensato, ig-norante. No es cuestión de abrir de nuevo el debate sobre la influencia, más o menos matizada, de la *commedia* sobre el nacimiento del actor pro-fesional español. Aquí me refiero únicamente a la existencia de *patrones* o *modelos* sobre los que construir, a partir de las habilidades y pericia pro-pia, los personajes. Podía hacerlo el gracioso en general, desde la figura del siervo o criado de la comedia clásica; podían hacerlo singulares habi-tantes del mundo del entremés (el que mantiene de manera más pura esos *tipos* o trajes a los que el actor podía echar mano). Me refiero, por ejemplo, a las figuras del *vejete* respecto a los *viejos* de la *commedia dell'arte*, del *li-cenciado* o *sacristán* ridículos (por su propensión rijosa, en lo que siguen

[42] *Apud* Sánchez Escribano, Federico y Porqueras Mayo, Alberto, *Preceptiva dramática española del Renacimiento y del Barroco*, citada, pp. 131-132.

[43] *Idea de la comedia en Castilla* (1635), *Ibid.*, p. 226.

[44] Perrucci, Andrea, *Dell'Arte rappresentativa, premeditata e all'improvviso*, Nápoles, Mutio, 1699 (ed. de Antonio Giulio Bragaglia, Florencia, Sansoni, 1961). *Apud* Tessari, Rober-to, *Op. cit.*, p. 146.

al *vejete*, y por su estupenda exhibición de erudición grotesca) respecto a la figura del *Doctor* e, incluso, de los *valientes* o *soldados* ridículos respecto al *capitán*.[45]

Con la comedia el actor había de enfrentarse a la inexistencia, en principio, de espejos deformadores. De hecho, los esfuerzos de los actores que intentan reivindicar su profesión frente al prejuicio moral y académico esgrimen siempre la diferencia entre el bufón (incapaz de otro registro que no sea el ridículo) y el espíritu de sutileza que debe presidir la interpretación de la comedia. Nicolò Barbieri así lo reclama: «La comedia è trattenimento gustoso e non buffonesco, docibile e non smoderato, faceto e non sfacciato.»[46]

Su registro, por tanto, exigiría al actor muchos más matices y la requerida correlación entre el *sentir* interior y el *hacer;* algo que todavía se prescribe entrado el siglo XVIII, cuando Rémond de Sainte-Albine aconseja que el papel de los jóvenes enamorados o amantes debe ser interpretado «pour les personnes nées pour aimer», ya que «les personnes qui aiment, ou qui ont dû penchant à aimer, sont plus propres que les autres à jouer les rôles tendres».[47] Perrucci, por su parte, exigía a los actores que interpretaran los *enamorados* de la *commedia* juventud («poiché la vecchiachia disdice ad Amore»), excelentes galas y vestidos («e ciò disdice a' vecchi»); añade que un galán o dama viejos carecen de memoria y, en consecuencia, «mancando la memoria, si rendono inabili a recitare»,[48] aconsejando un especial despliegue de conocimientos de la retórica y de las figuras del lenguaje, puesto que el universo metafórico y lírico de la lengua de los enamorados (como también intuyó Lope en su *Arte Nuevo*) así parecía exigirlo. De la

---

[45] Dice Andrea Perrucci de la composición de este personaje: «È questa una parte ampollosa di parole e di gesti, che si vanta di bellezza, di grazia e di ricchezza, quando per altro è un mostro di natura, un balordo, un codardo, un poveruomo e matto da catena che vuol vivere col credito d'esser tenuto quello che non è» (*Op. cit.*, p. 145). Su advertencia respecto al aprovechamiento de esta *parte* o *papel* como segundo o tercer *enamorado* refleja asimismo el gusto de la comedia española de enredo por aprovechar galanes ridículos cuando la ocasión lo requiere: «Tutti li sudetti capitan brevi serviranno per parte di terzi o secondi innamorati, ma per lo più scheniti, delusi, beffati e dileggiati dalle donne, da' servi e delle fanti, poiché mostraranno bravure e saranno poltroni, ostentaranno liberalità e sono spilorci, vanteranno nobiltà e ricchezze essendo plebei, forfanti e poverissimi...» (*Op. cit.*, p. 145).

[46] Barbieri, Nicolò. *La Supplica. Discorso famigliare di Nicolò Barbieri, detto Beltrame, diretta a quelli che scriuendo o parlando trattano de Comici trascurando i meritti delle azzioni uirtuose. Lettura per què galanthuomini che non sono in tutto critici ne affato balordi*, Venecia, Marco Ginammi, 1634 (ed. de Ferdinando Taviani, Milán, Il Polifilo, 1971, p. 23).

[47] *Op. cit.*, pp. 100-101.

[48] *Op. cit.*, pp. 142-143.

propensión a reflexiones o meras alusiones metateatrales en la comedia áurea pueden extraerse, asimismo, elementos gestuales o patémicos que podrían ayudar al actor a estructurar la norma de su personaje. Calderón en *Los empeños de un acaso* hace verse a una de sus personajes «como *amante celoso de comedia*, / que cuando varios soliloquios pasa, / no reposa en la calle ni en su casa.» Desde el punto de vista femenino, en cambio, en *El monstruo de la fortuna* se aprecia que «¡No dijera, vive Dios, / *una infanta de comedia* / razones más ponderadas!», y en *El astrólogo fingido:*

> *Dama*
> *de comedia* me pareces,
> que en toda mi vida vi
> en ellas aborrecido
> al rico, y favorecido
> al pobre, donde advertí
> su *notable impropiedad.*

Por razones de prestigio histórico y poético, en el género de tragedia es donde se asumen más conscientemente los especiales registros exigidos en el actor. El traslado *empático* de las emociones se privilegia en este espacio, y se ha señalado hasta la saciedad el modelo retórico establecido por Horacio en su *Poética:*

> Del mismo modo que los rostros humanos ríen con los que ríen, así también asisten a los que lloran; si quieres que yo llore, antes debes dolerte tú mismo; entonces, Télefo o Peleo, tus infortunios me harán daño; si dices mal el papel encomendado, me adormeceré o reiré. Palabras tristes convienen a un rostro apesadumbrado, llenas de amenazas si airado, alegres si divertido, serias si adusto. [...] Habrá gran diferencia si habla un dios o un héroe, o un longevo anciano o un hombre fogoso aún en su juventud floreciente, o una señora de alta cuna o una diligente nodriza o un mercader viajero o un labrador de un campillo verdeante, o uno de la Cólquide o de Asiria, o un tebano o un argivo.
> Escritor, sigue la tradición o da forma a seres coherentes de manera que si por casualidad repones en el teatro al ilustre Aquiles, que sea incansable, irascible, intransigente, impetuoso, que niegue que las leyes hayan sido hechas para él y que todo lo encomiende a las armas. Que Medea sea feroz e invencible, Ino lastimera, pérfido Ixión, Io errante, Orestes apesadumbrado.[49]

No es casualidad que los *tipos* aquí adquieran ya rango de *nombre*, aunque no en el sentido de individualización, sino de nuevo de *modelos,*

---

[49] *Poética* (ed. de Aníbal González Pérez), Madrid, Editora Nacional, 1984, pp. 127-128.

referentes míticos. La preceptiva española del Siglo de Oro sigue, por supuesto, este soporte teórico para la tragedia, pero hace hincapié ya en la abstracción. La tragedia, en opinión de González de Salas, mueve a través de la «violencia de las máchinas i la *espantosa compostura de los representantes*»,[50] recordando probablemente las *máscaras* trágicas. Pero el Pinciano ya acude a la expresión de sentimientos más afectivos en la idea de una trasmisión del actor al espectador. «Los más helados», afirma Fadrique en la *Philosophia Antigua Poética*, «suelen tal vez derretirse al calor de una compasión, como lo vemos cada día en essas tragedias.»[51] Luego, al exigir al registro del actor trágico «un estilo jocundo y alto» (es decir, ligado a la declamación retórica), especifica:

> Conviene, pues, que el poeta que uiere mouer aqueste afecto misericordioso, tenga la dicha cuenta, y para esto se aproueche de lo que dicho está en las personas y en las cosas miserables; y más en el modo que, ya breue, digo, y es que, según la sazón y ocasión, diga el poeta en voz miserable la miseria vehementemente; y añádala con las presentes fatigas, y esto no sólo con palabras, sino con las obras; y aprouéchese de algunas señales del autor de su daño; y diga algunas palabras, si ha de morir hablando con las señales mismas, como lo hizo Dido a la espera de Eneas; y vse de otras assí semejantes, las quales tienen la eficacia de sacar lágrimas y aduierto que sea muy breue el poeta en esta sazón, porque la lágrima se seca con presteza, y, si la acción no pausa estando el ojo húmido, queda muy fría. Y esto se ha dicho brevemente de la conmiseración poética; de la oratoria hallará más el que leyere a Quintiliano, porque hallará modos de mouer a misericordia el actor, difirentes de las que vsa el reo.[52]

Aunque son preceptos dirigidos al poeta o escritor, el registro trágico (elevado, pero contenido en la dignidad) queda resuelto de una manera brillante por el Pinciano, quien, como era de esperar, remite en última instancia a la fuente esencial de su preceptiva actoral: Quintiliano. El propio Bances Candamo recuerda esta impronta de la sobreactuación:

---

[50] Dice además: «Ha de procurar el Poeta, con quanta diligencia le fuera possible, vestirse de aquella apariencia i affectos naturales, que quisiere exprimir, i imitar en su composición, porque naturalmente son muy poderosas a mouer en las otras personas sus passiones aquellos que assí las padecen, i por esso el que está congojado congoja a quien le mira.» Alfredo Hemenegildo comenta al respecto: «El actor o representante no hace más que usurpar en escena la figura del autor, figura que se hallaba revestida con la pasiones de los personajes. El representante viene a ser también, por otra parte, una figura intermedia a quien el poeta comunica sus afectos, para que él, a su vez, los retransmita al público espectador. De esta manera, se causa en el ánimo del oyente la misma impresión que actuó en el espíritu del poeta en el momento de componer su tragedia» (*apud* Hermenegildo, Alfredo, *La tragedia en el Renacimiento español*, Barcelona, Planeta, 1972, p. 64).

[51] Ed. cit., tomo I, p. 173.

[52] Ed. cit., tomo III, pp. 341-342.

En las tragedias, en tanto que no se introdugeron mugeres en ellas, eran hombres los que hacían este papel [...] porque para las Hécubas, Andróma-chas, Medeas y otras semejantes figuras, *siendo la gala de la tragedia el dar voces y hurtando mucho aliento la mascarilla*, ni bastauan los muchachos ni las Mugeres, y assí hazían hombres estas Damas.[53]

Lo que no impide, como volveremos a recordar en el capítulo dedica-do a las actrices, que una comedianta como María de Córdoba (Amarilis, apodada «La Gran Sultana») se distinguiera en la tragedia precisamente porque «le ayudaban *su natural magestad* y su *entonación elevada*», y que Pellicer refiera el caso de una tal Ángela Dido que «era tan diestra y en-tendida Comedianta, que supo desempeñar con tal perfección el papel de Reyna Viuda de Cartago Doña Dido, muger interina del troyano Eneas, en la tragedia que de estos dos amantes compuso el célebre capitán D. Gui-llem de Castro, que de ahí le quedó el sobrenombre de *Dido*».

Cuando Nicolò Barbieri cree necesario marcar diferencias entre el me-ro *bufón* y el *actor*, que actúa bajo un *arte*, establece claramente la dificul-tad de la *tragedia*, del hacer llorar:

La función del actor es ayudarse del placer; pero el gusto no siempre va uni-do a la risa, sino que, a veces, el placer deriva más de algo que admire que de la misma risa; de una buena fábula, bien construida, de un ingenio vivaz y des-pierto. Los actores estudian y ejercitan su memoria con gran cantidad de cosas, como sentencias, conceptos, discursos de amor, amonestaciones, desespera-ciones y delirios, para cuando sea menester, y sus estudios deben acomodarse a los personajes que deben representar; y resulta que son muchas más las per-sonas graves y dignas que han de interpretar que las ridículas, y por ello han de atender mucho más al estudio de las cosas graves que a las ridículas, de modo que la mayor parte de los actores se esfuerzan más en aprender cómo hacer llo-rar que cómo hacer reír: porque la risa puede provocarse tanto con la palabra o con el gesto desprporcionado o grotesco como con lo previamente aprendi-do, pero si el llanto no sabe mostrarse de verdad, si no se siente interiormente, es bien difícil. Un hombre puede estar sometido al tormento y quizá no logre arrancársele una lágrima: pero para hacerle reír basta un chiste, una broma, una caída inesperada, el gesto de una mona, un juego con un perro, un gato o algo similar. He ahí la diferencia que va del placer a la mera risa; quizá se pue-de reír por cólera o por ira; pero agrada que no se descomponga la boca y se prefiere que el actor eleve una ceja a que haga un feo guiño.[54]

Para el registro de la tragedia es para el que el actor encuentra un ma-yor apoyo teórico. Los maestros de la oratoria francesa del Seiscientos, co-

---

[53] Ed. cit., tomo I, p. 13.
[54] Traduzco a partir de la ed. cit., pp. 22-23.

mo el Padre Nicolas Caussin, autor de tragedias latinas pero también de una *Eloquentiae sacrae et humanae parallela* (1619), asimilan la perfección trágica no a los simulacros, representaciones e *iconos del horror* que seducen la emoción del vulgo, sino a la dignidad del cuerpo del actor.[55] Anticipa así la creación del *héroe elocuente* de las tragedias de Corneille y de Racine, la encarnación o *personación* heroica, el *status basilicus* que reconocía la preceptiva del teatro clásico, es decir, la composición del actor, mediante la declamación, en torno al modelo del héroe trágico que ha de comprender la nobleza de ánimo (*honestissime*), la adecuación del gesto a lo que son (*apte*). El principio de la tragedia clasicista será el de considerar la *persona* o *máscara* no como un artefacto construido de cuero y madera, sino de palabras doctas, dignas, lo que en la retórica se llama precisamente *figurae* («figuras» en castellano). Lo que Marc Fumaroli deduce del actor trágico francés[56] es perfectamente trasladable al actor español del Barroco: la retórica es su máscara o referente. Las *figuras* retóricas invisten su cuerpo del yo trágico; nunca como en los soliloquios, en el fuerte cosido de recurrencias simbólicas y en las traslaciones figuradas del laberinto de los héroes trágicos Lope o Calderón confiaron tanto en el actor como *artifex scenicus*. Marc Fumaroli, en efecto, ofrece magistralmente el marco cultural, político y retórico en el que autores como Corneille crean su modelo de héroe[57] (y, por ende, su modelo de actor) con la base filosófica de la *Etica Nicomachea* de Aristóteles y la base retórica de la *fons eloquentiae*. Es el marco en el que la Reforma católica construye su modelo de héroe para la élite social. La magnanimidad, la resistencia al destino, la afirmación de la voluntad humana frente a la razón de estado (pensemos en los dicursos de David en *Los cabellos de Absalón* o de Segismundo en *La vida es sueño*), la innovación del honor, impetuosa, ofensiva (pensemos en el resultado retórico que inspira un personaje como

[55] *Cf.* Fumaroli, Marc, *Eroi e oratori. Retorica e drammaturgia settecentesche*, Bolonia, Il Mulino, 1990, p. 42.

[56] *Ibid.*, p. 34: «Ebbene, l'attore francese del Seicento, e sopratutto l'interprete tragico, viene a trovarsi in una situazione alquanto analoga a quella dell'oratore: dato che non dispone di maschere, deve unicamente contare sulla magia evocativa delle figure per difendere il suo ruolo.» También el teatro isabelino convirtió la tragedia en paradigma del actor sublime. A Edward Alleyn se le estimó como «the Roscius of our age, so acting to the life, that he made any part (especially a majestik one) to become him.» Thomas Dekker en *The Magnificient Entertainment* (1604) hace reacer en sus cualidades oratorias el estilo trágico: «His gratulatory speech was delivered with excellent Action, and a well tun'de, audible voyce.» *Apud* Gurr, Andrew, *The Shakespearean Stage (1574-1642)*, citada, p. 90.

[57] Véase el capítulo «L'eroismo cornelliano e l'ideale della magnanimità», en *Op. cit.*, pp. 137 y ss.

Lope de Figueroa frente a otro construido retórico no menos imponente, Pedro Crespo).

¿De nuevo es arbitrario que hayamos pasado a hablar de dramaturgos, teóricos, maestros de la oratoria? No; no se trata de creer que Damián Arias o Manuel Vallejo o Pedro de la Rosa echaran una mirada a la *Ética a Nicómaco* antes de atreverse con un Basilio o un Segismundo; tampoco imagino a un actor francés subrayando la *Eloquentiae sacrae et humanae parallela* de Nicolas Caussin, reeditada contantemente desde 1619 hasta 1643, o el *Reginae Palatium Eloquentiae* del Padre Gérard Pelletier. Se trata de que, por el contrario, es la retórica la que se asume como modelo el teatro. Algunos pasajes del tratado de Juan Luis Vives *De ratione dicendi* (1532) no dejan dudas al respecto:

> En la moción de los afectos sosegados, el lenguaje será el corriente, el sencillo, a tono con el afecto que quiere despertar, flexible, modesto, tranquilo, grave. En los afectos apasionados, *las traslaciones serán ásperas, arrastradas, traídas de lejos, como las que hay en las tragedias:* [...] Al enojo y a la exaltación *convienen palabras retumbantes, amenazadoras, compuestas de muchas otras, como en la tragedia,* dice Horacio, las bambollas y los vocablos sesquipedales. A la acrimonia y a la vehemencia conviénenle la oración cortada y la prolongación del aliento; *el ritmo uniforme del aliento conviene a la controversia,* y su variedad conviene a la exposición y al agrado [...] El desbordar repentino en una pasión revela un espíritu cargado y desbordante, impotente de comedirse y de contenerse y de no echarse afuera [...] La frecuente repetición de una palabra o de una sentencia nace de un afecto alterado que acucia el ánimo [...] Preguntar aquello que nadie puede ignorar indica pasión grande y encendida: *¿Vivimos en tinieblas? ¿Qué es esto? ¿Estamos despiertos o dormidos? ¿Es realidad eso que vemos o son trampantojos que nos alucinan?*
> Si en la persuasión hay que disimular el artificio, ¿cuánto más en la moción de los afectos, que es cosa mucho más delicada? [...] Hay que deslizarse con cautela, no irrumpir con brutalidad; pero, cuando empezare a levantar la llama, lucharemos con armas más fuertes; todas y cada una de las palabras y aun el conjunto del discurso serán más cuidados, más entonada la composición, con más lumbres y matices [...] Esa oración será más aguda que sutil, audaz, *batalladora, agresiva, gandilocuente, magnífica.* [...] Ejemplo de esto es lo que experimentamos en nosotros mismos, que nos impresionamos con el lenguaje métrico y la *trágica altisonancia.*[58]

El poder defender una técnica actoral con tales bases de prestigio y retórica explica que el género de la tragedia sea el aspecto más comentado en los tratados del actor a partir del siglo XVIII. Por fijar sólo un ejemplo, Rémond de Sainte-Albine exige «aux Amants dans la Comédie une figure ai-

---

[58] *Obras Completas*, Madrid, Aguilar, 1992, pp. 751-752. Los subrayados son míos.

mable, et aux Héros dans la Tragédie *une figure imposante.*»[59] La *magna-nimidad* se convierte, pues, en el referente esencial del actor para la tragedia:

> Le pouvoir de nous élever au-dessus de nous-mêmes est le plus beau privilège de la Tragédie, mais souvent pour en jouir, elle a besoin de l'Acteur [...] Tous les Acteurs Tragiques doivent avoir *la figure noble:* il faut que ceux qui jouent les premières rôles en aient une *imposante* [...] Non seulement il est nécessaire qu'on aperçoive ches les premiers Tragiques cette *majesté*, par laquelle s'annoncent les âmes supérieures, mais il importe que leur phisionomie soit douce et heresuse [...] On en doutera plus que la hauteur des sentiments en soit une condition essentielle pour jouer la Tragédie. Un Acteur qui n'a point l'âme élevée, bien loin de pouvoir employer les contrastes que nous exigeons, est à peine capable de les imaginer.[60]

El género *auto sacramental* singulariza una práctica actoral en la que los posibles matices expresivos impuestos por la individualidad del actor debían anularse. Sólo la declamación podía abrirse paso en medio de una restricción clara de los movimientos (el vestuario fuertemente iconizado, el aparato y tramoya del entorno, la propia interferencia de la música). El actor, cocelebrante del misterio, ministro de una palabra prestada por el dogma o la Sagrada Escritura, vuelve a su origen: no interpreta, es un icono gestual o un icono verbal de un mensaje que le trasciende. La imagen con la que Enrique Funes nos configura el registro del actor en la fiesta del Corpus puede ser otra aventura arqueológica, pero enumera de manera brillante las dificultades con las que tiene que enfrentarse en el tablado de la Plaza Mayor al mediodía del casi solsticio de verano:

> Mas los cómicos de inteligencia cuidarían de preparar el silencio del numeroso público y hasta de aprovecharlo, haciendo un estudio práctico de la respiración, para resistir la fatiga que el trabajo y el movimiento de la fiesta del *Corpus* hubo de producirles; y no ganan poco los recitadores con un estudio semejante. Ni olvidarían tampoco de expresar con la mímica, cuya fuerza suele ser mantenida por el ritmo músico, las situaciones y aun los pensamientos, en sustitución de la palabra, muerta por asfixia en la mitad de su largo viaje a los ángulos del recinto. Y es claro que en tales conceptos no se oponen los autos al progreso de la Declamación.
>
> Que fuese demasiado enfática, con tendencia constante a las entonaciones líricas, era lógico por influencia del espacio, del auditorio y de las mismas obras. [...] En los personajes alegóricos, el traje, los símbolos y las palabras del poeta lo hacen todo, y en ellos los actores no son otra cosa que maniquíes de

---

[59] *Op. cit.*, p. 117.
[60] *Op. cit.*, pp. 88-89; pp. 122-123; p. 255.

pintor o muñecos parlantes. El numen y su corriente magnética, la del escalo-
frío nuevo, que dijo Victor Hugo, se alejan del artista, al cual no le es posible
ser encarnación de abstracciones convertidas en personajes del poema escénico. ¿Qué inspiración necesitaba el comediante para hacer de Luna, de Ira, de
Muerte, de Pecado, de Verdad y de Miércoles? Aun en figuras como las de Orfeo, Carlo Magno y Hércules no podían sus interpretadores hacer estudio alguno filosófico del carácter, porque la transformación operada en ellas, para
que pudiesen entrar de golpe en el simbolismo del Sacramento y en la tesis
dogmática, rompía con la lógica, y tan pronto las presentaba de galanteadores
en las Platerías como de Cristos en la Cruz. En cuanto a Luzbel, que no se transforma, resulta demasiado grande para la escena, y no hay actor que pueda
concebirle. [...] Sospecho que no lograrían siempre los recitantes esta claridad
en la declamación al raso. Cuando incisos, relativos, apartes, ayes y paréntesis
interrumpen la tranquila marcha del concepto, todo está confuso para el oyente, si a cada entonación no se le confía un obstáculo, que en cuanto tiene su
voz propia, conviértese en gala. Pero no hay tales galas en la recitación esten-
tórea.[61]

El *papel*, los *papeles* del actor del Corpus tienen demasiados autores. No
sólo el poeta o el apuntador de su compañía. La exégesis bíblica, la erudición patrística, la asfixiante burocracia de los comisarios de la villa, las *memorias de apariencias*, y hasta puede que el escribano de algún auto mezquino que amenazaba confiscarle el baúl de su vestuario, cuando no
ponerle con un par de grillos en la cárcel, si eludía la ocasión de poner en
verso un sermón ante un arrebatado y sudoroso público.

2. LA LOA COMO REALIDAD INTRAESPECTACULAR: DESDOBLAMIENTO
   Y MITIFICACIÓN DEL ACTOR

Quisiera poner en relación la construcción del personaje por lo que se
refiere al teatro del Siglo de Oro con un género dramático breve que,
emanado del teatro primitivo castellano en algunos de sus aspectos formales, se consagra en el siglo XVII como un lugar privilegiado de intersec-
ción de espacios dramáticos y referentes en torno al espectáculo: la *loa*.[62]
Las obras cortas teatrales del Siglo de Oro deparan constantemente sor-
presas: siempre acaban manifestándose como un género complejo y por
supuesto nada inocente. Así la *loa*, sobre la cual la idea más generalizada

---

[61] Funes, Enrique, *La declamación española*, citada, pp. 344-347.
[62] Realicé, junto con Antonio Tordera, una breve y limitada aproximación al género en
nuestro estudio *Calderón y la obra corta dramática del siglo XVII*, Londres, Tamesis Books,
1983, pp. 31-35.

es que se trata simplemente de un procedimiento retórico para predisponer al público e iniciar el espectáculo. Pero lo cierto es que se trata de un lugar propicio donde se reflexiona verbalmente (retóricamente) pero también desde la acción (desde el cuerpo del actor) sobre el mito teatral.

Dicha reflexión es aplicada por la loa en tres fases sucesivas de la ficción dramática que se manifiestan como peldaños estructurales en torno a tres realidades. En primer lugar la sobria loa de comedia de corral, que está destinada únicamente a anunciar la presencia de la compañía y a construir, siquiera sea verbalmente, la presencia expectante del auditorio, como la *Loa con que empezó a representar Rosa en Sevilla*.[63] Esta tipología de las loas, cuya construcción dramatúrgica y sentido corresponden enteramente a la habilidad del actor Agustín de Rojas en *El viaje entretenido*, persigue rescatar la memoria del esfuerzo, trabajo, técnica del actor y su a veces dolorosa relación con las exigencias del público. En una de las intervenciones poéticas allí insertas (no incluida como loa, pero sí con evidente intención de reflexión metateatral) leemos, por ejemplo, las meditabundas experiencias de un comediante retirado a la soledad a causa de su desengaño profesional y su falta de autoestima respecto al reconocimiento social de su *arte:*

> Quise entrar y vi junto a unos riscos
> un hombre viejo, venerable, anciano,
> la barba larga, los cabellos grandes,
> los pies descalzos, cubierto de unas pieles,
> lloroso, macilento, triste y flaco.
> [...]
> Preguntéle quién era, y respondióme
> que era representante o lo había sido,
> y que habladores necios le trujeron
> a aquella soledad donde habitaba,
> desterrado del bien que humanos gozan.
> ¿Es posible, le dije, que eso sólo

---

[63] *Verdores del Parnaso,* Madrid, 1668 (ed. de R. Benítez Claros, Madrid, CSIC, 1969, pp. 29-35): «Damas, patios y aposentos, / y en fin en su esfera propia / los que el auditorio ilustran...» Los ejemplos de esta apelación directa al público son innumerables. Se tiene en cuenta la sanción de éxito o fracaso que éste puede dar a la representación: «El Cura del Auditorio / por la conciencia examina / de la Comedia, no ponga / en aquesta la ceniza» (*Loa por papeles de Avellaneda para palacio, Rosa y su compañía, Ibid.,* pp. 37-43) y, desde luego, la acerada personalidad de algunos espectadores: «Carísimos mosqueteros / que muy rectos, y ministros, / al semblante de los bancos / juzgáis nuestra causa a gritos» (*Loa entremesada, Ibid.,* p. 303).

os pudiese traer a este destierro?
—No más, me respondió, porque una lengua
bastara solamente a desterrarme
a mayor soledad que la que tengo,
cuanto y más donde hay tantos maldicientes,
que sin saber murmuran de los tristes,
que quizá todo el año desvelados,
continuo aprenden cómo contentarles,
tenerlos gratos y servir a todos,
por agradar los necios que discretos
reciben voluntad a falta de obras.
Y dice el uno si es la mujer fea:
«Quítenme aquel demonio de delante,
y no la veo yo más en el tablado,
que tiene mala cara y mala gracia»
(cual si hubiera de hacer vida con ella);
y éste no considera que es discreta,
buena representanta o buena música,
y tiene otras mil cosas que son buenas.
Pues si es hermosa nada les contenta;
luego dicen que es fría o que es muy necia,
porque no les miró cuando le hablaron,
y que tiene buen rostro, pero es mala.
Si el farsante es muy bueno, dicen todos:
«¡Qué lástima tan grande de aquel hombre!
¡Qué habilidad tan buena y qué perdida!
¡Hideputa ladrón, si no merece
por buen representante que le azoten,
pues anda en este oficio y no es letrado,
y tomara por dicha ser verdugo!»
Pues si llega su suerte a que se yerre:
«¡Qué remo para aquel bellaconazo!
¿No estuviera mejor éste en galeras,
y no engañando al mundo con palabras,
sacándome el dinero a mí y a otros?»
Por no ver estas cosas y otras tales,
me he venido a este monte con los brutos
donde padezco lo que Dios se sabe.
Paréceme que basta aqueste ejemplo
para que pueda yo decir a todos
que sigan el camino que quisieren,
pues importa tan poco el buen servicio,
la voluntad, el ánimo, el cuidado,
la justicia, la ley, la razón justa,
para que nos amparen cual se debe
al celo tan humilde que tenemos,

> pues que sólo se extiende a contentaros,
> serviros de continuo y agradaros.[64]

En segundo lugar la loa hace referencia a la *realidad espectacular* (situada dentro del corral), en donde se da conformación material a los protagonistas del mito, a los actores captados en la instantánea del salto dentro/fuera del personaje. La loa es la frontera, el telón que instaura el tiempo y el espacio de la convención escénica con respecto al tiempo y el espacio extra-escénicos, lo que con frecuencia se realiza ya de una manera convencionalizada. En este estadio la loa desarrolla una dimensión social interna, la vida cotidiana de la compañía teatral, las vicisitudes del actor y la pequeña glorificación de sus habilidades técnicas, histriónicas. Si en algún momento se ha podido decir que la loa carece, desde su propia génesis argumental, de conflicto dramático, es cierto, por otra parte, que va a crearlo con y entre el mismo público desde un segundo despliegue retórico, que sobre la plataforma de las alusiones metateatrales (oficio del actor, pormenores de la representación, ensayos, etc.) entabla una negociación frente a y con el espectador, inaugurando el espectáculo no bajo la máscara del personaje, sino portando los atributos propios del actor-persona y revistiéndose progresivamente de su segunda piel. Es, pues, un género en transición, en movimiento, y no una separación tajante entre ficción y realidad. Este tiempo híbrido en el que se va constituyendo la convención se evidencia en la descripción espacial (que a veces se produce en la loa) de todas las posibilidades de la tramoya y de los actores que van surgiendo por las diferentes entradas escenográficas: escenario, trampillas, bofetón, desde el patio del público, a través del palenque, etc.

Este segundo mecanismo retórico, ya plenamente teatral, subraya a la loa como género emparentado con el abolengo de la oratoria, de la persuasión, del sutil hilo de la seducción. No en vano es el apelativo *auditorio* el más usado en la loa para referirse al público y los adjetivos a él aplicados son, con mucho, fórmulas encomiásticas de seducción como «generoso», «muy generoso», «ilustre», «sublimado», «muy subido», «noble», «discreto.» En otras palabras, la *captatio benevolentiae* aparece como el cometido sustancial de este género, según se encarga de puntualizar la preceptiva dramática de, por ejemplo, Luis Alfonso de Carvallo:

> Al principio de cada comedia sale un personaje a procurar y captar la benevolencia del auditorio, y esto haze en una de cuatro maneras. Comendativamente: encomendando la fábula, historia, poeta o autor que la representa.

---

[64] *El viaje entretenido,* de Agustín de Rojas, ed. cit., pp. 128-130.

El segundo modo es relativo, en el cual se zahiere y vitupera el murmurador, o se rinde gracias a los benévolos oyentes. El tercero modo es argumentativo, en el cual declara la historia y fábula que se representa [...] Llámase el cuarto modo mixto por participar de los tres ya dichos: llamáronle introito por entrar al principio, faraute por declarar el argumento, y ahora le llaman loa por loar en él la comedia, el auditorio o festividad en que se hace. Mas ya le podremos así llamar, porque han dado los poetas en alabar algunas cosas como el silencio, un número, lo negro, lo pequeño y otras cosas en que se quieren señalar y mostrar los ingenios, aunque todo debe ir ordenado al fin que dije, que es captar la atención y benevolencia del auditorio.[65]

Y no deja de resultar significativo que de entre las fórmulas de constituirse retóricamente el *iudicem benevolum parare*, sea la llamada *insinuatio*[66] la preferida por la loa. La oratoria prescribía la *insinuatio* para romper el cansancio o ignorancia del auditorio cuando se trataba de sublimar materias pertenecientes al llamado *genus turpe*. Así, mediante una astuta utilización de los recursos psicológicos (suposición, imputación, sorpresa, rasgo de ingenio) el actor-orador seduce y actúa sobre el inconsciente del público. En este punto es donde el consejo lopesco de «mover los afectos» convierte el cuerpo del actor en libro vivo, y el oficio teatral extiende su cobijo, como ya hemos visto, en magisterio y complicidades mutuas, al orador y al predicador.

Hasta tal punto llega esa seducción que logra extender la comunión de lo ficticio al espectador y logra, estamos en el camino del mito, un alineamiento común con él. En la *Loa de un ingenio de esta Corte,* aparecida en la colección «Rasgos del Ocio» (Madrid, 1661, fols. 238-245), asistimos al supuesto ensayo de una representación de Carnestolendas para Sus Majestades en el Retiro. Cuando, en medio de la misma, se anuncia que las actrices han caído enfermas, unas damas curiosas que asisten desde dentro, pero desde fuera, al acontecimiento se incorporan al escenario para, con la mayor naturalidad, suplir a aquéllas. Es el mejor ejemplo de ese intercambio persuasivo al que nos hemos referido en este punto: la creación de un personaje mixto (actor/espectador) en una epifanía de la mentira.

Pero, al margen de ello, este modo respondía también en los actores a la necesidad de demostrar que su trabajo era una auténtica *tejné*, una técnica codificada con la cual desempeñar el *oficio*, cuando no el *arte* del teatro. Esta técnica, imprescindible para el reconocimiento de la profesión, no era,

---

[65] *Cisne de Apolo* (Medina del Campo, 1602), II, p. 22. *Apud* Porqueras Mayo, Alberto y Sánchez Escribano, Federico, *Preceptiva dramática española del Renacimiento y del Barroco*, citada, p. 118.

[66] *Cf.* Heinrich Lausberg, *Manual de Retórica Literaria*, Madrid, Gredos, 1975, tomo I, pp. 252 y ss., núm. 277.

por supuesto, inseparable del aspecto artístico, mágico del teatro, como alude, con la rapidez característica del entremés, el actor Carrión, que, en la *Loa para la compañía de Félix Pascual,* sintetizaba ambos aspectos del oficio teatral:

> quien con halagos y ruegos,
> con persuasiones e industrias,
> que es la magia que profeso.[67]

Finalmente cabe observar en la loa la *realidad intraespectacular* que anuncia: una realidad situada en esta ocasión dentro del escenario y de la propia piel del personaje. Esta tercera fase siente el empeño de trascender la obra, eliminando la ilusión total y llevando a la memoria el *carácter ficticio de la representación.* Para asumir un mito hay, posiblemente, que descomponerlo. Pocos fragmentos más relevantes en este sentido que el correspondiente a la tercera loa de las *Comedias de Lope de Vega* (Amberes, 1607):

> Dentro de aqueste lugar
> de la comedia, veremos
> destas tragedias del mundo
> bastantísimos ejemplos.
> Aquí veremos que es aire
> cuanto hablamos, lo que hacemos,
> los nombres que nos fingimos,
> los intrincados enredos.
> Que el que hace el conde, no es conde;
> que el que es rey, no tiene reino;
> ni la mujer se enamora;
> ni el otro, aunque muere, es muerto;
> ni el otro, con barbas canas
> que finge un viejo, no es viejo;
> ni el bobo, que siempre peca
> más que bobo en ser discreto.
> La comedia ahora empezamos,
> de aquí a dos horas saldremos
> cuando ya estará acabada,
> que todo lo acaba el tiempo.
> Todo pasa como el aire,
> y así, con razón diremos
> que todo lo deste mundo
> no es más que un soplo de viento.

---

[67] *Rasgos del ocio,* pp. 91-92.

Pero no es esta grandilocuente apelación directa el único sistema de ruptura de la ficción. Otro procedimiento nos lleva ya directamente al propio cuerpo del actor: se trata de la reflexión sobre el desdoblamiento actor/personaje, reflexión que, al menos en el nivel verbal, es frecuente en el ámbito de la obra corta dramática; dos casos nos acercarán, pienso que de manera ejemplar, a este dispositivo. Uno es el entremés calderoniano de *Las Carnestolendas*,[68] en donde el gracioso, tras una demostración de sus múltiples recursos de improvisación y acrobacia, remeda o imita a un actor, Prado, que, por la probable fecha de composición y representación de la pieza, pudiera ser el célebre Sebastián García de Prado (o su padre, Antonio).[69] Pero, y he aquí la pirueta teatral, hay razonables indicios para pensar que el gracioso está interpretado por el propio Prado, con lo que un actor se ofrece en trance de parodiarse a sí mismo, a juzgar por la explícita acotación: «Ahora ha de remedar a Prado con una décima.» El otro ejemplo afecta más profundamente al estatuto ficticio del personaje; esa peculiar conciencia teatral que se ha puesto de relieve en la escritura dramática calderoniana se involucra asimismo en mojigangas de tan brillante factura como *Las visiones de la muerte*, en donde, tras contemplar el desfile de actores que con las prisas inherentes a su precaria vida trashumante se disponen a viajar en su carro de una ciudad a otra para representar un auto de Corpus se produce, ante los ojos del espectador, la ironía cuasi-teológica del «extrañamiento» mediante la visualización simultánea del personaje alegórico y el actor que lo incorpora:

AUTOR

Oíd.

---

[68]   *Cf.* Calderón de la Barca, Pedro, *Entremeses, jácaras y mojigangas,* ed. cit., pp. 138-155. Sobre la fecha de composición del entremés (1650-1660) *vid.* nuestra hipótesis en «Actores que representaron las obras cortas de Calderón. Datos para una cronología», en *Calderón y la obra corta dramática del siglo XVII,* citada, pp. 150-152.

[69]   *Cf. Genealogía, origen y noticias de los comediantes de España* (ed. de Norman D. Shergold y John E. Varey), Londres, Tamesis Books, 1985, pp. 109-110 (I, 257 y I, 258). *Las carnestolendas* se publican en la colección «Rasgos del Ocio» (Madrid, 1661). En el texto aparecen los nombres de María y Rufina (a la que se denomina «Rufinica»), célebre por su desparpajo en cantar jácaras. Desde 1643 a 1650 formó con frecuencia compañía con Antonio de Prado, padre de Sebastián. Por los mismos años en la compañía están también Luisa de la Cruz y María Escamilla, y en 1650 coinciden en representar ante el rey por Carnaval. Me inclino así más por creer que se trata de una pieza compuesta mucho antes de 1661 y que formó parte del repertorio de Antonio de Prado. Sobre Sebastián de Prado véase Cotarelo y Mori, Emilio, «Actores famosos del siglo XVII. Sebastián de Prado y su mujer Bernarda Ramírez», *Boletín de la Real Academia Española*, II, 1915, pp. 251-293, 425-457, 583-621; III, 1916, pp. 3-38, 151-185.

CARRETERRO

¿Qué mandáis?

AUTOR

Que vaya bien sentada
y en el mejor lugar acomodada
la que hace el Alma, encomendaros quiero.

CARRETERO

Hacéis bien, porque el alma es lo primero.

AUTOR

No vaya el que hace el Cuerpo junto a ella,
que es su esposo, ni aun donde pueda verla.

CARRETERO

Ése es fácil remedio,
con que el que hace la Muerte se entre en medio.

AUTOR

La que hace el ángel, si en verdad os hablo,
es mi mujer: echadla con el Diablo.[70]

Cuando posteriormente, y tras la caída del carro en donde van los acto-res vestidos, un caminante (bajo los efectos de una borrachera) cree «estar viendo que la vida es sueño» ante las extrañas figuras que contempla, las referencias metateatrales se acentúan: se escandaliza de que el Alma ten-ga los huesos rotos («¡no tuviera el alma cuerpo!»); al actor vestido de De-monio que se la ha roto la pierna se le llama «Diablo cojuelo»; acaba pre-guntándose:

¿Si soy hombre de Auto Viejo.
pues que me hallo contrastado
del Ángel malo, y el bueno?
(Ed. cit., p. 379).

A nadie se le oculta que esta brecha abierta entre la mentira y la refle-xión vivida, a un tiempo, como verdad y ficción, entre el actor y sus per-sonajes, permite realizar una lectura significativa de estos fragmentos; sig-nificativa en cuanto que aventura, tal vez en tono menor, puesto que en el contexto de obras menores nos movemos, una hipótesis de cómo el actor

---

70   *Vid.* ed. cit. pp. 373-374, vv. 38-47.

barroco medita sobre la construcción de sus personajes, de su máscara. Y, habida cuenta de los datos que actualmente obran en nuestro poder, no será gratuito recordar que la única máscara, el único personaje-mito construido desde sí mismo y a través de la seducción admirativa del público del que podríamos aducir y reconstruir una sucinta genealogía, se levanta, precisamente, desde el denso microcosmos del entremés. Hablamos, claro, del entrañable y estrafalario «Juan Rana».

El estudio de la actividad histriónica en España durante el Siglo de Oro, a partir de los documentos y el enorme salto cualitativo que, en los últimos años, se ha producido en los estudios escénicos, da mayor margen de seguridad a la hipótesis de que el personaje de «Juan Rana», como el Arlequín de la commedia dell'arte, fue una máscara creada posiblemente a partir de las habilidades técnicas y de la composición corporal de un actor, en este caso Cosme Pérez,[71] pero cuya instauración como mito hubo de realizarse por la herencia efectiva de dicho tipo de un actor a otro, tal vez de una generación a otra. De hecho, tenemos la certidumbre de que la máscara fue interpretada, al menos, por dos actores: así consta en las dos versiones impresas de El toreador de Calderón, una en Laurel de entremeses (Zaragoza, 1660) a cargo de Simón Aguado (llamado ocasionalmente en el texto «Cosme Aguado», con lo que se evidencia la fusión de las dos realidades extraescénicas del nombre «verdadero» de cada uno de los dos actores), y otra en Tardes apacibles (Madrid, 1663) con la presencia del propio Cosme Pérez. Incluso sabemos, por la Genealogía, que Antonio de Escamilla puso a su hija Manuela a que hiciera los «Juan Ranillas» a los siete años.[72]

Me interesa aquí, sin embargo, profundizar únicamente en dos aspectos de la composición de este personaje. Uno como vehículo inmediato de un universo mítico adecuado a la presiones y paréntesis risibles de la obra dramática breve. Otro como sujeto enunciador de una serie de procedimientos dramáticos (no inventariados en su totalidad), que sirven para evidenciar sobre la escena ese desdoblamiento entre el personaje y la conciencia de serlo que lo justifica y sostiene. Desdoblamiento, por cierto, no menos trascendente por el hecho de que los citados procedimientos se vean envueltos en la clave de lo grotesco. Como teatro tosco —según el decir de Peter Brook— el entremés atenta contra el equilibrio y la homogeneidad, pero esta misma propiedad, su, por así decirlo, mezcla químicamente im-

---

[71] Sobre la vida de Cosme Pérez, vid., además de los trabajos citados en capítulos nateriores, Emilio Cotarelo y Mori, en el estudio preliminar a la Colección de entremeses, loas, jácaras y mojigangas, NBAE, t. 17-18, Madrid, 1911, pp. CLVII-CLXIII, así como Hanna E. Bergman, Luis Quiñones de Benavente y sus entremeses, citada, pp. 519-523.

[72] Genealogía, citada, II, 245 (p. 421).

pura de códigos, le permite un tratamiento rebajador, bien de figuras mitológicas *per se*, bien de mitemas colectivos que afectan a la semántica social del Barroco. No es, pues, extraño que, con relativa frecuencia, aparezcan obras cortas con título y argumento ligados a una evocación burlesca de fábulas mitológicas como la *Mojiganga de Cupido y Venus* y la *Mojiganga de la manzana*. Pero el antiautoritario teatro popular puede generar desde sí mismo una mitología propia, prestada de ese tratamiento mítico de relación con la realidad que es el folklore. Desde este punto de vista, hay que considerar la aparición esperpéntica de figuras del refranero como «el hijo de la Rollona», con dijes, birrete, babador y andadores,[73] siendo interpretado por el actor más alto de la compañía pertrechado de botas y espuelas. O la riqueza dramatúrgica del vestuario y la coreografía, del desfile de figuras enteléquicas como «el Rey que rabió», «Marta con sus pollos», «Perico el de los Palotes», «Maricastaña o la Dama Quintañona»: mantellina, toca arrebozada, sombreretes, corona y mano de mortero por cetro, sotanilla sembrada de randas y palos de tambor, sayas enfaldadas, un actor vestido a medias de hombre/mujer y andando con las manos hacia atrás, constituyen destellos de un cuerpo fragmentado por el disparate y cohesionado por el delirio mítico del folklore.[74] Pero la obra corta va más allá: apunta a los propios principios clásicos del mito. El antihidalgo «Juan Rana» desmorona el privilegio de la nobleza de sangre y de la honra en piezas tan corrosivas como *El desafío de Juan Rana*, [75] conjurando en la burla ese descrédito del mito en el que comienzan a participar ecuménicamente engañadores y engañados. Y en la *Loa* para la comedia de *Un bobo hace ciento* de Antonio de Solís el personaje encarna nada menos que al Tiempo:

> Todos los Tiempos son unos;
> que yo soy una patraña,
> en quien no se ha de buscar
> ni firmeza, ni mudanza[76]

en intercambio dialéctico con la Edad de Oro:

> que fue una edad muy honrada
> cuando no se oscurecía

---

73 *Cf.* la mojiganga de Calderón *El pésame de la viuda*, ed. cit., especialmente nota a la acotación tras el v. 275 en p. 366.

74 Son todos personajes del citado entremés de *Las Carnestolendas* en la edición citada más arriba, pp. 151 y ss.

75 Ed. cit., pp. 200-213.

76 *Ramillete de entremeses y bailes nuevamente recogidos de los antiguos poetas de España*, ed. cit., p. 270, vv. 27-30.

la inocencia con las barbas;
cuando estaba todo el mundo
en la religión descalza;
cuando hurtaba todo un sastre
retazos de hojas de parra;
y cuando servían bellotas
los ujieres de vianda.
                (Ed. cit., vv. 64-72, pp. 271-272)

Mientras, el coro clausura la función con una deixis desmitificadora pero que vuelve a remitir a la realidad de la imagen inventada a expensas del actor:

matachín, que el Tiempo no es Tiempo;
matachín, que el Tiempo es Juan Rana.
                (Ed. cit., vv. 176-177, p. 276)

Por lo que respecta a los mecanismos de desdoblamiento predichos, enunciaremos los tres de mayor relieve textual y dramatúrgico. En primer lugar se produce, al menos en dos piezas protagonizadas por «Juan Rana», una contemplación por parte del mismo de su propia imagen en pintura o retrato. Si en *El retrato de Juan Rana* (*Tardes apacibles,* Madrid, 1663) la máscara (Rana) posa y se le ofrece un retrato-réplica que no es sino la Niña de Escamilla en la misma forma que él está y viste, en *El retrato vivo* de Agustín Moreto (*Rasgos del Ocio,* Madrid, 1661) la productividad del nudo argumental alcanza al disparate de que «Juan Rana» cree que él mismo es una pintura, su propio retrato:

Le hizo un pintor creer que es el retrato
de sí mismo; y como esto lo ha creído,
desde hoy dentro de un marco está metido,
y se está sin moverse, en la postura
que él le dejó, creyendo que es pintura...[77]

Inmerso en este marco cuyo efecto de duplicidad escénica lo espectaculariza emblemáticamente, «Juan Rana» se deja ver convertido en figura, ajeno a las agresiones entremesibles de los palos y pescozones:

¡Los dos me han sacudido que es contento!
Mas como estó pintado no lo siento.
                (Ed. cit., vv. 47-48, p. 327)

---

[77] *Ibid.*, p. 326, vv. 22-26.

Y sólo teme, precisamente, la evanescencia del reflejo (el mito pintado), no permitiendo que le limpien el polvo, puesto que —dice— «me puede matar el despintarme» (ed. cit., v. 54, p. 327).

En segundo lugar, y como prolongación inevitable del anterior procedimiento, el desdoblamiento de «Juan Rana» requiere la *metáfora del espejo*. En el *Entremés de los dos Juan Ranas,* editado anónimo en *Vergel de entremeses y conceptos del donayre* (Zaragoza, Diego Dormer, 1675), nuestro personaje, por avatares de las jocosas cuitas amorosas del género, se encuentra frente a frente con su «duplicado», el Sacristán Torote, vestido igual que él e imitador puntual de sus movimientos. Su elocución define perfectamente la perplejidad del actor/personaje ante su máscara provisional y, aparentemente, arrebatada:

SACRISTÁN

¿Eres sombra, eres fantasma,
ilusión o fantasía?

RANA

¿Oygan, y cómo se espanta?
Si uste dize esso, ¿qué quiere
que diga yo? Ésta es mi cara,
tan pintiparada que
es ella pintiparada.
Mi talle es éste, desde la
caperuza a la polayna;
¿si es por ventura mi espejo,
que también de ronda anda?
él es sin duda, supuesto
que si me alargo, se alarga,
que si me encojo, se encoge,
que si me agacho, se agacha,
si me levanto por verle
él por verme se levanta;
o estoy borracho o soy yo.
No hay duda, yo soy, es clara
cosa, o que me han resellado
para que uno por dos valga.
(Ed. cit., pp. 24-25)

De lo que cabría colegir que «Juan Rana» (o cualquier actor) precisa de la observación desde fuera de su máscara para que ésta quede plenamente constituida, refrendada por el mito y/o ficción colectiva, puesto que, como afirma rotundo nuestro protagonista:

> hasta que he visto visiones
> no he sido Héroe de importancia.
> (Ed. cit., p. 26)

De la duplicación a la multiplicación de la figura, por esta metamorfosis espectacular, no hay más que un paso. Y así en el *Entremés de la Loa de Juan Rana* (*Rasgos de Ocio,* Madrid, 1664) éste aparece delante de un espejo o espejos («los espejos de la armería»)[78] supuestamente ficticios a través de los cuales se le pretende hacer creer que pueda hacer seis personajes al mismo tiempo («... pues vos seis sujetos sois...», v. 77), siendo en realidad otros tantos actores de la compañía (Escamilla, Olmedo, Godoy, María de Quiñones, María de Prado y María de Escamilla):

> Vengan a ver la loa
> que hace Juan Rana
> que es de seis personas
> y él solo es tantas.[79]

El trasvase de identidad sabiamente dispuesto en esta transformación se verbaliza de modo impecable:

> Pues si os véis en un espejo
> con una luna muy fina
> entera vuestra persona
> desde el pie a la coronilla,
> y tocándoos con las manos
> halláis ser otra distinta
> ¿no creéis que sois la otra?
> (Ed. cit., p. 435, vv. 116-122)

Cual nuevo Callejón del Gato, los espejos de la armería multiplican y consolidan un solo mito. Tal sucede asimismo en el *Baile de los Juan Ranas* (*Jardín ameno de varias flores,* Madrid, Juan García Infanzón, 1684), donde las actrices Bernarda Ramírez, Bernarda Manuela, Francisca Bezón, María de Prado, Jerónima de Olmedo, Juana Caro, etc., con el atuendo característico de la máscara (probablemente su habitual indumentaria de alcalde villano), se disponen a substituir al viejo «Juan Rana», ya enfermo. Cada una de ellas, apurando el sentido que en el espacio dramático puede

[78] Según el *Diccionario de Autoridades,* era la armería «el sitio donde se colocan y ponen en custodia varias especies y suertes de armas, que por lo regular suele ser por ostentación, memoria y grandeza del Príncipe o señor que la tiene.»

[79] Ed. en *Ramillete de entremeses,* citada, p. 435, vv. 95-98.

asumir el mecanismo de la *intertextualidad*, rememoran (reclamando así la idoneidad para asumir el papel) pasajes célebres de otras tantas interpretaciones de Cosme Pérez, entre ellos el del entremés *El toreador*:[80]

> Tengan cuenta el entremés
> del Toreador, quando haziendo
> cauallo la vara, al Rey
> iba con sus lacayuelos:
> señor, yo soy un toreador nouicio,
> por la Passión de Dios, que se dé traza
> para que me despejen de la plaça,
> y luego hacer a las damas
> sus cortesías, no es bueno...?
>
> (Ed. cit., p. 174)

Donde, por cierto, el bufón «Juan Rana» se enfrenta a otro espejo, esta vez el de la figura regia que desde un ficticio pero, al mismo tiempo, auténtico dosel contempla el doble espectáculo de la corrida de toros y de la representación del acontecimiento, y del que recibirá, por medio de la impasible y sobria actitud del silencio real, el brío necesario para alancear, al menos en tono burlesco, al toro de turno. En el *Baile de los Juan Ranas* Cosme Pérez aparece en última instancia reclamando recuperar su mito fragmentado:

> Soy Juan Rana:
> si se ha quebrado el espejo
> que me miro en tantas partes...?
>
> (Ed. cit., p. 178)

Un tercer y, por ahora, máximo sistema de teorización sobre el hecho de la representación ficticia y el desdoblamiento actor/personaje tiene lugar en la *Loa por papeles de Avellaneda para Palacio, Rosa y su Compañía* (*Verdores del Parnaso*, Madrid, 1668): en ella se ofrece la trama argumental de una compañía que se dispone a ensayar una representación palaciega. Los actores ocupan el espacio escénico portando simbólicamente en la mano el *papel* que han de interpretar y, de momento, estudiar aludiéndose, en claro autohomenaje, «al martirio de la memoria.» En medio de este círculo pirandelliano aparece, como es habitual en la eclosión final de este tipo de piezas, el mismo «Juan Rana», cuyo papel, muy significativamente, se halla *en blanco* («Jesús, un papel en blanco / lo que tiene que estudiar...»),[81] vale decir, de algún modo los autores de loas y entreme-

---

[80] *Cf.* Rodríguez Cuadros, Evangelina y Tordera, Antonio, *La escritura como espejo de palacio: El Toreador de Calderón*, Kassel, Reichenberger, 1985.
[81] Ed. de Rafael Benítez Claros, citada, p. 41, vv. 10-11.

ses incluyen ya a la máscara «Juan Rana» en el circuito de la ficción dramática con plena conciencia de su potencial significación mítica, haciendo prevalecer, sobre hipotéticos corsés de indicaciones textuales, la confianza en el despliegue de las facultades de improvisación del difícilmente sustituible Cosme Pérez, a quien

> Darle papel en blanco
> fue buen acuerdo,
> pues el blanco es Juan Rana
> de los gracejos.

La dura cotidianeidad de los actores y actrices en nuestro Siglo de Oro, estoicos y entrañables farsantes condenados a ser enterrados extramuros, oscilaba entre el anatema de los moralistas y el lábil capricho real que con una mano requería los favores de «la Calderona» y con otra ofrecía al anciano «Juan Rana» unas monedas para seguir manteniéndolo, según deseo y magnanimidad regios, cerca de las tablas. Los documentos nos muestran el imparable ascenso y declinar de aquel singular *bufón* español que ya en 1617 constaba en la lista del autor Juan Bautista Valenciano y que en 1665, por una comunicación del Duque de Montalto, sabemos se le gestionaba una pensión por encontrarse en extrema pobreza.[82] En una circunstancia biográfica que consolida su propio mito, todavía subió a las tablas en 1670 para representar el entremés *El triunfo de Juan Rana*, dentro de la comedia cortesana *Fieras afemina amor* de Calderón de la Barca. En la pieza, dada su avanzada edad, que le impedía andar, el actor que otrora temía quedar atrapado en un retrato, hubo de hacer de *estatua*. Murió sólo dos años después, el 20 de abril de 1672, con cerca de ochenta años. La misma estela melancólica nos deja otro hecho, en este caso plenamente *textualizado* en una loa, concretamente la que escribiera Lanini para la compañía de Vallejo, en la que Sebastián de Prado, el célebre marido de Bernarda Ramírez, autor famoso que hasta hizo carrera en Francia, y que, una vez viudo, habría de tomar el hábito en 1675, diez años antes de su muerte, aparece primero jaleado por los propios actores:

> que es tan gran representante,
> tan galán y tan discreto,

---

[82] «Señor Grefier, S.M. (Dios le guarde) con su Real decreto de 31 de Mayo ha servido mandar que la ración ordinaria de que le hizo merced Cosme Pérez, representante [...] se le continúe por todos los días de su vida a Cosme Pérez para que pueda sustentarse, por ser viejo y hallarse pobre» (Pérez Pastor, Cristóbal, «Nuevos datos acerca del histrionismo español en los siglos XVI y XVII (Segunda Serie)», *Bulletin Hispanique*, VIII, 1914, p. 198.

que como de filigrana
siente y dice cualquier verso.[83]

Y luego, cansado, como despidiéndose del teatro y de su dura profesión, obligado a salir al escenario por los actores, invocando las carencias de las *potencias* de su alma de actor:

No hay que hablar;
ya representar no puedo,
que me falta la memoria,
voluntad y entendimiento.

Pero esta visión mixtificada de los actores, quizá por evidente, atractiva y anecdótica, impide un acercamiento más riguroso no a la vida de los actores, que poco o nada se diferenciaría de la del resto de los habitantes de aquella «república de hombres encantados», como gustaba de llamar González de Cellorigo, un historiador de la época, a la España del siglo XVII, sino a su *oficio* y, como hemos intentado demostrar, su *técnica*. ¿Dónde está, si es que lo hubo, el valedor de este colectivo de artesanos del placer, a partir de su propio cuerpo que comenzara a exorcizar el malditismo y la deshonra que ostentaban? Acaso a falta de este documento de improbable escritura tengamos que creer en una lectura teórica de los textos dramáticos que nos permita la lenta reconstrucción del método actoral de la época. Si, colegiadamente, los actores del siglo XVII se estructuran en última instancia en *Cofradías,* parece probable que se acogieran a su voz para, desde el marco de la representación, sustentar el memorial de su propia reivindicación: allí, sobre el escenario, Cosme Pérez conjuga recíprocamente los verbos ver/exhibir y ofrece la borrosa careta de «Juan Rana» a un público de unificado tono vital que contempla en el actor la pesada carga del mito. Se hacía realidad histórica el enunciado erudito de Santo Tomás:[84] todos aman en otro lo que ellos no quieren ser, como un hombre ama al cómico y, sin embargo, no quisiera serlo.

3. LA SOMBRA DEL AUTOR Y EL CUERPO DE LA ACTRIZ

He hablado con frecuencia, a lo largo de este libro, de mi voluntad de no resignarme al papel arqueológico que habitualmente se atribuye a

---

[83] *Loa para la compañía de Vallejo,* en *Migajas del Ingenio,* citada, p. 115.
[84] *Summa Theologiae,* 1-2, q. 27, art. 3, refiriéndose a San Agustín, *Confess.* 1, 4 q. 4: «Quod aliquis amat in alio quod esse non vellet, sicut homo amat histrionem, qui non vellet esse histrio...»

quienes nos ocupamos, sobre todo, de los textos. Sin embargo ahora expreso mi absoluta identificación con el punto de vista de un arqueólogo. Claude Bérard, en su espléndido libro *La cité des images,* comenta la imposibilidad de encontrar, en la Grecia antigua, un modelo iconográfico que sea capaz de identificar a la mujer con un estatus social neutro. Sólo parece poder elegirse entre dos posibilidades: «les femmes mises en scène ne sont que des esclaves, des prostituées ou des hétaires; soit ils les évacuent par le haut: elles figurent des heroïnes, des muses, des déesses. Dans les deux cas, on leur dénie un status social normal.»[85]

Quisiera servirme de esta reflexión para observar cómo se ha abordado hasta ahora, cuando se ha hecho, el tema de las comediantas o farsantas o actrices del Siglo de Oro. La actriz, por lo que sabemos, por lo que leemos, es un centro o cuerpo donde convergen miradas sociales. Miradas, hay que decirlo, sobre todo masculinas que o leen desde el prejuicio o interpretan desde su perspectiva. Y mi experiencia, no sé si arqueológica o meramente intuitiva, es que se trata, siempre, de la imposición de un único modelo cultural, antropológico y de investigación. Ello nos ha conducido a un fuerte desarme teórico que se ha visto sujeto o a un método positivista y contenidista (reunión de documentos eruditos que acaban reproduciendo un repertorio teológico de condena), o a una degradación reiterativa del modelo sociológico o, lo que es más evidente, a un modelo altamente trivializador basado en el anecdotario. Desde ese empobrecedor punto de vista hay que comenzar diciendo que la actriz en el Siglo de Oro español no es, sino que sucede. Algo que, claro está, puede afirmarse asimismo del actor en general, pero que, en el caso que nos ocupa, acentúa fuertemente la perplejidad de cómo hemos ido construyendo la historia del teatro. Porque no es una cuestión, únicamente, de falta de documentos, sino de cómo se han leído esos documentos. Los materiales con que se ha construido la historia de las actrices derivan de textos documentales de este tenor, como el que cito, sin buscar a fondo, en los *Avisos* de Jerónimo de Barrionuevo:

> Mariana Romero ha malparido. Anda en la compañía de Prado, y a su hermana Luisa por unos celillos le han dado una pisa de coces y tundido la badana en la compañía de Rosa, sin valerle el que ella lo sea.[86]

Incluso cuando Emilio Cotarelo y Mori se dispone, al final del siglo xix, a trazar el modelo (el único modelo existente por cierto) de las biografías

---

[85] Bérard, Claude, *La cité des images: religion et Societé en Gréce antique,* cat. exp., París, F. Natham, 1984, p. 179.
[86] Avisos del 8 de mayo de 1658, en Jerónimo de Barrionuevo. *Avisos,* BAE, tomo CCXII, II, p. 181b.

de las grandes actrices del XVIII, como María Ladvenant, escribe que «a quién no agradaría conocer hasta en sus últimos pormenores la vida y milagros de aquellos recitantes encargados por Lope, Tirso, Alarcón, Calderón, Moreto y otros de la grata tarea de vestir y animar los héroes y heroínas de sus inmortales comedias» y que «sepultados en los archivos, y diseminados en multitud de obras del más diverso género, están los datos y noticias que la erudición moderna, a fuerza de constancia, va extrayendo y atesorando para tejer en su día la historia del arte de la escena»;[87] pero el resultado de sus investigaciones, como las del ameno cuanto frívolo Narciso Díaz de Escovar, es el estúpido amarillismo de que «la Grifona» estuvo a punto de ser emparedada en Úbeda, que a María Quirante le dio un retorcimiento de tripas que hizo suspender el festejo de palacio o que Teresa Escudero, especialista en *terceras damas*, fue mujer del autor Antonio Arroyo, «el qual le daua tan mala vida que ella yntentó ahorcarse como con efecto lo puso por obra echándose un cordel al cuello y colgándose de un valezestre de una cama, y hauiendo entrado casualmente su marido la encontró ya casi sin sentido y sacando la daga cortó el cordel con que pudo reservar la vida.» Eso sí, nos tranquiliza la célebre *Genealogía* diciéndonos que luego mudó de vida y que, dedicándose a la virtud, pasó ejemplarmente el resto de ella.

Si se examinan otros documentos indirectos, sirvan de ejemplo algunos rasguños abundantes en novelas barrocas, tampoco hay que hacerse demasiadas ilusiones. Cuando Quevedo mete a su don Pablos en el «oficio» (así lo subraya literalmente) éste cuenta que «íbamos barajados hombres y mujeres, y una entre ellas, la bailarina, que también hacía las reinas y papeles graves en la comedia, me pareció estremada sabandija.»[88] En boca de un reconocido misógino no cabía esperar mayor esfuerzo denotativo. Otra cosa es la alternativa, más rica en matices, de Miguel de Cervantes, quien en el *Persiles*, y a cuenta de Auristela, confirma una más que sutil visión de las tablas y de lo que en ellas aguardaba a las comediantas con despejo. Cuando los peregrinos, en su viaje por España, tropiezan con una «compañía de famosos recitantes» a punto de dar la «muestra» (es decir, la representación preliminar de su repertorio que se les exigía para poder actuar en público) el autor se admira de la belleza de Auristela «y al momento la marcó en su imaginación y la tuvo por más que buena comedianta, sin reparar si sabía o no la lengua castellana.» Cervantes subraya admirablemente la seducción puramente sensual que inspira al avispado autor,

---

[87] Cotarelo y Mori, Emilio, *Estudios sobre historia del arte escénico. María Ladvenant y Quirante, primera dama de los teatros de la corte*, Madrid, Sucesores de Rivadeneyra, 1896, p. 8.

[88] *Vid.* ed. de Pablo Jauralde, Madrid, Castalia, 1990, p. 241.

deseoso, evidentemente, de dotar a su compañía de un apetecible refuerzo con el que ganar ochavos:

> Contentóle el talle, diole gusto el brío, y en un instante la visitó en su imaginación en hábito corto de varón; desnudóla luego y vistióla de ninfa, y casi al mismo punto la investió de la majestad de reina, sin dejar traje de rosa o de gravedad, de que no la vistiese, y en todas se le representó grave, alegre, discreta, aguda, y sobremanera honesta: estremos que se acomodan mal en una farsanta hermosa.[89]

La refractaria moralina del final se puede perdonar (aparte de la obligada ironía) en la sobriedad y precisión con que Cervantes concreta las cualidades emblemáticas que definen el arte de la actriz: belleza sensual (talle, desnudamiento con la mirada), energía (brío) y la rica variedad de registros que requería la comedia del tiempo. Habla en este caso la mirada cervantina al teatro de su tiempo, que le fascina al tiempo que deplora, y sabe ofrecer en la invitación a Auristela las armas de la seducción que esperaría cualquier moza de buen ver de la fortuna de las tablas:

> Tuvo lugar de hablar a Auristela y de proponerle su deseo y de aconsejarla cuán bien la estaría si se hiciese recitanta. Díjola que, a dos salidas al teatro, le lloverían minas de oro a cuestas, porque los príncipes de aquella edad eran como hechos de alquimia, que llegada al oro, es oro, y llegada al cobre, es cobre; pero que, por la mayor parte, rendían su voluntad a las ninfas de los teatros, a las enteras y a las semideas, a las reinas del estudio y a las fregonas de apariencia; díjole que si alguna fiesta real acertase a hacerse en su tiempo, que se diese por cubierta de faldellines de oro, porque todas o las más libreas de los caballeros habían de venir a su casa rendidas, a besarle los pies; representóla el gusto de los viajes, y el llevarse tras sí dos o tres disfrazados caballeros que la servirían tan de criados como amantes; y, sobre todo, encarecía y puso sobre las nubes la excelencia y la honra que le darían en encargarle las primeras figuras. En fin, le dijo que si en alguna cosa se verificaba la verdad de un antiguo refrán castellano, era en las hermosas farsantas, donde la honra y provecho cabían en un saco.[90]

Breve pero excelente obra maestra de la mixtificación de la actriz en el siglo XVII (con no poca gracia al diferenciar claramente la jerarquización profesional de reinas *de estudio,* a saber, con clase y técnica, y *fregonas,* presumiblemente de pura fachada corporal). Sin embargo, insisto, no es sólo una cuestión de documento. Es, creo, una cuestión de

---

[89] *Vid.* ed. de Juan Bautista Avalle Arce, Madrid, Castalia, 1969, p. 284.
[90] *Ibid.,* pp. 285-286.

método. Lo que se debe imponer es un, tal vez difícil pero no menos obligado, acercamiento a ese documento, al que hemos de interrogar en el sentido de qué es lo que hacía ser a una actriz *técnicamente* una actriz. Muy escasos, como he dicho, son los acercamientos que de las actrices españolas del Siglo de Oro poseemos.[91] Pero es indudable que la actriz, la farsanta, la comedianta, la autora (si es que había habilidad y no faltaba bizarría de mente y de cuerpo) fueron, ante todo, soportes de *intencionalidades* del autor (y de cualquier elemento ideológico al que éstas condujeran). Soporte de intencionalidades que se escribían en un cuerpo produciendo la admirable variedad de páginas o registros que ponderaba aquel amigo del Licenciado Vidriera cervantino, el cual decía servir a una comedianta porque en ella servía a «muchas damas juntas, como era a una reina, a una ninfa, a una diosa, a una fregona, a una pastora, y muchas veces caía la suerte en que sirviese en ella a un paje y a un lacayo, que todas estas y más figuras suele hacer una farsanta.»[92]

Hablo de *autor* en el sentido conferido por el universo teatral del teatro barroco (el cabeza de una compañía, en parte actor, en parte empresario y en parte no pequeña *paterfamilias* o patriarca de una tribu que se reclutaba de Pascua a Cuaresma); y hablo también de *autor dramático*. El primero disponía el mapa de la representación, materializando, no pocas veces bajo presiones, la adjudicación de papeles previamente arreglados, que no era cosa que el exceso verbal de don Pedro Calderón o las debilidades líricas de Lope de Vega les costaran más reales que los necesarios. Este actor (pongamos Andrés de la Vega, por ejemplo), tachaba allí, zurcía allá, metía un solo de arpa en lugar de uno de guitarra (que para eso se había dejado querer más Navarro que Garcés) y contentaba a Bernarda Ramírez «la Napolitana» haciéndola primera dama del entremés

[91] Además de algunos de Maria Grazia Profeti, que quedarán citados en este capítulo, los más, como se verá, recogen únicamente la tradición más anecdótica (trabajos de Cotarelo y Mori, Díaz Escovar, etc.). Pero carecemos de enfoques más contemporáneos como ha sucedido con las actrices de la *commedia dell'arte* o del teatro isabelino. No se ocuparon de ello, pese a la exhaustividad de su investigación, P. W. Bomli (*La femme dans l'Espagne du Siècle d'Or*, La Haya, Martinus Nijhoff, 1950) ni, aparte de sus chascarrillos ocasionales, José Deleito y Piñuela (*La mujer, la casa y la moda en la España del Rey Poeta*, Madrid, Espasa Calpe, 1966). Más todavía sorprende que no se aborde el tema en recopilaciones recientes como la de Giulia Calvi, *La mujer barroca* (Madrid, Alianza Editorial, 1995) ni que aparezca registro alguno —ni siquiera las aproximaciones de eruditos españoles— en la bibliografía de M. Louise Salstad, *The Presentation of Women in Spanish Golden Age Literature. An annotated bibliography*, Boston (Massachusetts), G.K. Hall&Co., 1980. Declina cualquier mención a las actrices españolas el, por otra parte, excelente volumen editado por James A. Redmon *Women in theatre*, Cambridge-Nueva York, Cambridge University Press, 1989.

[92] Véase *Novelas ejemplares,* citada, t. II, p. 67.

a cambio de que dejara debutar a Bernarda Manuela, por mal nombre «Rabo de Vaca», casada con Jerónimo García, apodado (el autor de la *Genalogía* guarda el secreto del por qué) «el Tocanovias.» Todo ello con el correspondiente disimulo, no se fuera a alborotar María de Córdoba, que andaba ya pleiteándole con el divorcio. Materialización de intenciones o de accidentes, el *autor* construye, pues, un significado en la representación, cuya primera mediación es el *reparto*, que debe considerarse, en buena lógica, una importante operación o filtro dramatúrgicos. En qué medida este autor imprimió su propia intencionalidad en el texto representado o, dicho de otro modo, en qué consistía el cuaderno de dirección de aquellos Simón Aguado, Manuel Vallejo, etc., lo ignoramos, o acaso sea otro islote de ese fantástico archipiélago de silencios al que nos hemos venido refiriendo, y cuya estructura total sería la verdadera historia de nuestro teatro clásico. Por su parte, el *autor/dramaturgo* o *poeta*, el que ha pasado históricamente a ser el responsable del texto, era consciente de su imposibilidad de intervenir físicamente en el subrayado de sus intenciones *textuales*. Su dominio se quedaba al borde del primer manuscrito (luego, con suerte, al borde la primera versión impresa autorizada). Lope, Calderón, Tirso, se convierten en sombras de su primer cuerpo de papel y saben que deben residenciarse en otro cuerpo. ¿Pudo ser más explícito Lope cuando confesó el temor de que su obra se echara a perder por «mal gracioso, galán gordo y dama fría»?[93] Y con más contundencia cuando, dirigiéndose al lector, afirma en su *Dozena Parte de Comedias*: «Bien sé que en leyéndolas te acordarás de las acciones de aquellos que a este cuerpo sirvieron de alma, para que te den más gusto las figuras que de sola su gracia esperan movimiento.»

Volvemos así a la vieja metáfora del actor (y de la actriz) que convierten el libro muerto que es el teatro en un libro vivo. En el representante (o representanta) la intención se hace obra. En contra de la obstinación de los moralistas lo que se veía o se decía sobre las tablas del corral era, en realidad, lo *decible*, lo que se evacuaba por medio del cuerpo que era el que tenía que traducir lo que iba incluso más allá de la noción comprensiva-semiótica de la palabra. De modo que la actriz (para el caso que nos ocupa) es el cuerpo que construye y casi sustituye la sombra del autor, tensando y vertebrando lo *decible* a partir de un protocolo retórico de gestualidades y oralidades inmersas en aquel «festín de los sentidos», como definía la comedia el particular diccionario teatral de Tirso de Molina. No en vano el huraño autor de *Diálogos de las comedias* advierte que «allí [en el teatro] está dando el demonio continuada batería al alma por todas sus puertas y

---

[93] «Carta a una persona desconocida», fechada el 4 de septiembre de 1633. *Vid. Cartas* (ed. de Nicolás Marín), Madrid, Castalia, 1985, p. 292.

sentidos: que los ojos ven tanto aderezo y adorno, los oídos oyen tantas agudezas, el olfato tanto olor y perfumes, el tacto tanta blandura y regalo, el gusto tantas colaciones y meriendas...». Parece lógico que el tal autor acabe catalogando a las actrices sin distinción como «sucias, asquerosas, infames, mal nacidas, ignorantes y groseras.» Ausencia, en todo caso, de la mirada más tolerante de un Giovan Domenico Ottonelli, que reivindicaba el talento de la actriz por encima de su belleza:

> La donna solita comparire in banco overo in scena, quando si vede manca-re nella naturale beltà, cioè povera di quel capitale donnesco che è tanto prez-zato, si avanza, come può, o con grazia di bellisimi modi nel trattare, o con la dolcezza di soavissimi modi nel cantare; sì che ella comparendo e graziosa e cantatrice, non brutta sembra, ma bella; e come bella cagiona grave danno e rovina a molti.[94]

El método que nos conduce a este principio es exactamente el mismo que el aplicado por quienes, sin duda, nos han dejado el mejor tratado de semiótica teatral que del teatro barroco existe: los moralistas y teólogos de las célebres *Controversias*. Este método es, sin duda, el de la *seducción*. Entendida, eso sí, como base histórica de reflexión acerca de los dos polos sobre los que Jean Baudrillard[95] observa la misma: el de la pura sugestión

---

[94] *Della cristiana moderazione del teatro*, I, 10, 11. *Apud* Ferdinando Taviani, *La fasci-nazione del teatro*, Roma, 1969. Años después, Rémond de Sainte-Albine insiste en el fac-tor sensible, técnico, de talento de la actriz sobre la belleza: «Si, lorsque le rôle suppose dans le comédien les charmes de la figure, il importe que le comédien puisse plaire aux spectateurs qui n'ont que des yeux, de même qu'à ceux qui ont des oreilles et du discerne-ment, cette condition est encore plus essentielle pour les actrices qui jouent des rôles d'a-mantes aimées et dignes de l'être. Ce n'est pas précisément de la beauté, qu'elles ont be-soin. C'est de quelque chose qui vaut mieux que la beauté, et qui agit plus génèralment et plus puissamment sur les coeurs; de ce je en sais quoi, avec lequel une femme paraît char-mante, et sans lequel elle est belle inutilment» (*Le Comédien*, citada, pp. 119-120).

[95] *De la séduction*, París, Edition Galilée, 1979, p. 9. Cuando Niccolò Barbieri se dispone a reivindicar de manera tan digna como emotiva su profesión, no olvida acercar esa digni-dad a la actriz, evidenciando la estupidez de hacerla sujeto agente de una seducción que, en todo caso, corresponde al hecho de la interpretación y no a su moral privada: «Le comi-che, quando parlano in scena co' loro recitanti, non hanno tempo di girar con arte gli occhi per dar preda de' cuori [...] Oh, dirà taluno, l'azzione della comedia è piu viva, più lusin-ghiera e più potente. Può esser, ma (s'io non erro) amore fa nido nell bello, e talvolta anch'egli delle pitture, poiché sovente corre più veloce ad un viso miniato che alla schie-tezza naturale [...] Che diremo forse che le dame si adornano con tanto studio e spesa per rendersi spiacevoli a' Cavalieri? Che il danzare con fatica e studio sia per farsi disamare? Che l'andar vezzeggiando e studiar i modi che più le rendono graziose si faccia per esser sprezzate [...] Poco male possono far le donne delle scene co' loro discorsi [...] A me pare che la modestia solamente di una bella fanciulla sia più atta a far piaga in un cuore che il li-cenzioso volto o premeditato discorso d'una comica» (*La Suppplica*, ed. cit., pp. 76-77).

física y el de la estrategia. La mirada del moralista o del teólogo se centra en la primera («mirando a las comediantas adornadas y sabroseándose y complaciéndose los hombres en sus vistas, meneos, bayles y palabras afectadas», resume espléndidamente el franciscano Fray Antonio de Arbiol en sus *Estragos de la lujuria* de 1726).[96] Pero nuestra mirada, transhistórica, ha de realizarse en otra fenomenología, la de las estrategias retóricas que conforman determinados códigos y registros gestuales, los cuales inscriben en el cuerpo una determinada proyección plástica (maquillajes) y organizan la persuasión a través de la voz y de la declamación. Quede, sobre todo, una nota clara. La palabra *seducción* como tal, aplicada a la actriz, no la he visto documentada en los numerosos textos sobre la polémica teatral hasta *El pensador matritense* de José Clavijo y Fajardo (1763), donde aparece en un contexto tan inequívoco como escasamente profesional:

> A la entrada se ponen con sus bufetillos, y demandan las cómicas más bien parecidas y ataviadas con lo más lucido del cofre para seducir al más prevenido. En los intermedios se corren aposentos, cazuelas y tertulia. No hay mozalbete que no lo deje todo aquella tarde para ver y hablar a la cómica, y mientras echa en la fuente la peseta [...] con esta limosna, que es para el culto del santo, compra el veneno que beben sus sentidos.[97]

No es, pues, el prejuicio moral o el costumbrismo sociológico lo que aquí me interesa. Aunque es inevitable, claro está, recordar la condena que respecto a las actrices, farsantas, comediantas o histrionisas ha habido desde que el mundo es un escenario. A fin de cuentas, dos metáforas culturales de la Europa moderna nacen juntas: el mundo entero es un escenario y el escenario todo un burdel. Un anónimo escritor del año 1600, al recordar los estupros y acciones desvergonzadas de aquellos primeros actores que, por supuesto, representaban desnudos, añadía que «para colmo de estas lascivas representaciones se agregaba una pública mancebía, fabricada debaxo del teatro.» Desde ese juicio moral negativo, la imagen del cuerpo femenino en el teatro ingresa, con peso específico propio, en la historia de la mujer, como ha sintetizado muy bien Enric A. Nicholson:

> ya sea que se lo condene como sede del desenfreno o que se le auspicie como «espejo de la naturaleza», al mismo tiempo globalizante y cargado de erotismo, el primer teatro moderno otorga un papel destacado a la mujer, en todos sus aspectos negativos y positivos, así como, muy a menudo, sus ambivalencias.
> Hasta cierto punto, las piezas teatrales eran inevitablemente calificadas de engañosas o incluso pornográficas, puesto que hacían una exhibición públi-

---

[96] *Apud* Cotarelo y Mori, Emilio, *Bibliografía*, citada, p. 61b.
[97] *Ibid.*, p. 154a-b.

ca, ante públicos mayoritariamente masculinos, de mujeres pintadas y con vestuario escénico. Ésta había sido una de las mayores quejas de los primeros cristianos con el teatro —sobre todo de Tertuliano, san Juan Crisóstomo y san Agustín—, y, hacia el siglo XVI, la creciente valorización de la castidad, el silencio, la obediencia y el confinamiento femenino la potenció. Si a una mujer que se dejaba ver en su ventana se la podía acusar de prostituirse, ¿cuáles no serían las implicaciones de ver a las mujeres moverse, hablar, bailar, cantar, abrazar, besar, cometer adulterio, incesto e incluso asesinato en el escenario? El hecho de que durante buena parte de este periodo esos audaces personajes femeninos fueran representados por actores jóvenes de sexo masculino no sólo complicaba, sino que reforzaba los vínculos del teatro con la sexualidad transgresiva: la homosexualidad y la ambigüedad sexual constituían el motivo fundamental para sacar de la casa los personajes femeninos y llevarlos a un espacio escénico. Más tarde, las actrices profesionales serían objeto de censura como rameras, de aprecio como artistas, o, más raramente, progresaban como amantes reales. De tal suerte, tanto la actuación teatral como la asistencia a sus representaciones liberaba miedos, deseos, tabúes, fantasías, y también aspiraciones positivas relativas a la abierta exhibición tanto de mujeres como de la sexualidad.[98]

En lo que se refiere al contexto español, para potenciar el ánimo inquisitorial de los detractores del teatro, algunas actrices, en efecto, provenían del rodaje de la vida cortesana. Díganlo, si no, la valenciana Bernarda Gertrudis, que no pasó de hacer *quintas damas*, o la napolitana Isabel de Mendoza, «la Isabelona», que llegó a *sobresaliente* en la compañía de Miguel de Castro allá por el año de 1694.[99]

Pero lo que debe conducir nuestra atención es el origen, dentro del ámbito hispánico, del desarrollo profesional de la actriz. Los documentos testimonian la presencia de mujeres dedicadas al histrionismo desde el siglo XII, pues, según Narciso Díaz Escovar,[100] algunas cantaron ya en las bodas de don García de Navarra con doña Urraca en el año 1144. En el Concilio de Toledo de 1324 se hablaba ya de las mujeres *soldaderas*, así llamadas

[98] Nicholson, Enric A., «El teatro: imágenes de ella», en Arlette Farge y N. Zemon Dalis (eds.), en *Historia de las mujeres*. Vol. III, *Del Renacimiento a la época moderna*, pp. 311-312.

[99] Véase la *Genealogía, origen y noticias de los comediantes de España*, ed. cit., pp. 429 y 437, respectivamente. Para la vida licenciosa de las actrices, además del disperso y abrumador anecdotario con el que nos dispensa la bibliografía, véase ahora Maria Grazia Profeti, «Mujer-libre, mujer-perdida: una nueva imagen de la prostituta a fines del siglo XVI y principios del XVII», en Agustín Redondo (ed.), *Images de la femme en Espagne aux XVIe et XVIIe siècles. Des traditions aux renouvellements et à l'emergence d'images nouvelles*, París, Presses de la Sorbonne Nouvelle, 1994, pp. 195-205.

[100] «Siluetas escénicas del pasado: actrices españolas del siglo XVI», *Revista Contemporánea*, CXXIV, 1902, pp. 730-731.

las *histrionisas* y *cantarinas* por el jornal o soldada que recibían como pago de sus habilidades. Tal vez también soldaderas por la reminiscencia que encontramos en personajes como la Chispa calderoniana de *El alcalde de Zalamea*, compañera de la turbamulta militar a la que entretiene, entre otras cosas, con su donosa interpretación de las jácaras. *Juglaresas, histrionisas, saltatrices...* motean aquí y allí el espectáculo semiprofesional, el largo camino hasta la institucionalización plena del teatro. El cronista aragonés Gonzalo García de Santa María recuerda que en la comedia del Marqués de Villena representada en Zaragoza con motivo de la coronación de Don Fernando el Honesto se reservan claramente papeles como la Misericordia, la Justicia, la Verdad o la Paz a las mujeres. Y, más tarde, por esa preciosa novelización de la vida teatral que es *El viaje entretenido* de Agustín de Rojas, sabemos que mientras Lope de Rueda va ajustando las bases de la profesionalización teatral y el desarrollo de los primeros argumentos de comedias («en las cuales ya había dama, / y un padre que de ésta cela»), este papel se ajustaba aún a niños o adolescentes, a la manera shakespeareana:[101]

> Ya había saco de padre,
> había barba y cabellera,
> un vestido de mujer,
> porque entonces no lo eran
> sino niños...

Entre aquel pseudoamateurismo y la definitiva consolidación de las compañías de número, Rojas también nos documenta la presencia del elemento femenino o de la necesidad de él: en el *cambaleo*, cuando los cinco hombres que lo constituían «llevan a la mujer» (la única integrante del grupo) «a ratos a cuestas y otros en silla»; y en la *garnacha*, cuando entre cinco o seis hombres la mujer ya ha adquirido el rango de «dama primera»; o en la *bojiganga*, donde ya aparecen dos mujeres «entre seis o siete compañeros.» De hecho en el mismo *Viaje entretenido*, y en el elenco de Nicolás Ríos, aparece una de las actrices pioneras de la escena española: Juana Vázquez, que estuvo en las compañías de Juan de Lima y de Villegas, en Sevilla antes de 1600, y que, junto a Ríos, recita una donosa loa en dicha obra.[102] Se sabe también que ya en las comedias de Virués, Argensola y

---

[101] Y no puede ser casualidad que, en el ámbito del puritanismo inglés, tan coincidente con el de los moralistas barrocos españoles, se asimilaran siempre los insultos a los actores con lo *femenino*, la sensibilidad del *afeminamiento* en su interpretación. *Cf.* K. Eisaman Mans, «Playhouse flesh and blood: sexual ideology and the Restoration actress», *ELH*, 46, 1979.

[102] *Ibid.*, pp. 343 y ss.

Morales «representaban hembras», mucho antes de que, ya en plenitud de su profesión, en las comedias de santos se nos cuente que

> eran las mujeres bellas,
> vestían hábito de hombre
> y bizarras y compuestas
> a representar salían
> con cadenas de oro y perlas.[103]

Se ha dicho, probablemente con razón, que esta generación de actores-autores superó la representación meramente nominal de los personajes femeninos de la comedia italiana del Renacimiento donde, como en *La Lena* del Ariosto, se habla de ellas, pero jamás salen a escena, pues eran personajes ausentes.[104] Claro es que, como ya hemos visto en Lope de Rueda o, más tarde, en el valenciano Timoneda, tampoco es seguro que los personajes femeninos fueran interpretados por mujeres, ya que se ha comprobado que éstas, que ya existen en cuanto a personajes, y los jóvenes adolescentes nunca coinciden en escena. Por demás está citar documentación fidedigna como la mencionada por Jordi Rubió Balaguer[105] de 1542, en la que un actor, Andreu Solanell, cuenta que en una representación de Barcelona aparecen «un galant, y un moso, y un pastor, y una dama, y una mosa, y un soldat; lo galant feya mon germà Perot Solanell, y yo lo moso y lo soldat feya yo, la dama feya Bertran del Tint, la mosa feya Toni Blanch....».

Una cosa parece segura: la integración definitiva de la actriz en el teatro debe entenderse en el contexto del tránsito definitivo que se produce entre la práctica escénica que se realizaba ante un público cautivo (me remito a la lúcida diferenciación de Alfredo Hermenegildo),[106] es decir, un teatro aún ritualizado que condiciona al espectador desde una instancia de inserción social también ritualizada (cortesanos, estudiantes de colegio, feligreses catequizables) y un público abierto, no definido *a priori* más que por su condición imprevisible, un espectador que paga y que, por tanto, exige. En ese momento de despegue profesional (por relación contractual económica respecto al público) es cuando seguramente se producirá la definitiva presencia, ya no ritual ni ocasional, sino plenamente profe-

---

[103] *Vid.* la ed. de Jean-Pierre Ressot, citada, pp. 152, 153 y 154, respectivamente.

[104] *Cf.* Diago Moncholí, Manuel, «La mujer en el teatro profesional del Renacimiento: entre la sumisión y la astucia (A propósito de *Las tres Comedias* de Joan Timoneda)», *Criticón*, 63, 1995, pp. 103-117.

[105] «Sobre el primer teatre valencià», en *La cultura catalana del Renaiximent a la Decadència*, Barcelona, Edicions 62, 1964, pp. 152-153, n. 14.

[106] *El teatro del siglo XVI*, Madrid, Júcar, 1994, pp. 17-18.

sionalizada, de la mujer. Todo ello sin menosprecio de los habilidosos esfuerzos de Lope de Rueda por hacer en sus pasos el papel de *negra* con la excelencia y propiedad que nos contaba Cervantes, que es de imaginar el talento del batihoja sevillano para trasmutar su cuerpo y su voz en la desenvuelta Olalla cuando, maquillado como cerote, decía con guasa aquello de:

> Siñor, preséntame la siñora, doñ'Aldonça, una prima mía, unas hojetas de lexías para rubiarme na cabeyos...[107]

Pero, por esa época, ya zascandilean por los caminos las compañías de la *commedia dell'arte* con sus *prime donne innamorate*. Aquellas que se dieron en llamar *meretrices honestae* (porque hacían profesión de cultura amorosa, que no de prostitución): las Faustina, Aldina, Cesarilla, Giulia, Mercurina, de las que dejaron versos desde Du Bellay a Beroaldo. Pero, sobre todo, la impagable Flaminia y la fascinante Vicenza, que, vestida de hombre, seducía con los ceñidos vestidos del enamorado, pero que era, sobre todo, maestra de la recitación y del canto y que rivalizaba con los mejores poetas en el *recitare all'improviso* los conceptuosos juegos eróticos de la tradición petrarquesca.[108] Las actrices de este teatro determinaron posiblemente el definitivo impulso profesional en la mujer, colaborando, por una parte, en esa defensa práctica del oficio que Nicolò Barbieri realizará en *La Supplica* (1634) para encomiar a los *comici virtuosi* frente a los burdos bufones, y también, claro está, a las *corsarias* frente a las *piratas*. Como afirma M.ª Luz Uribe,[109] las actrices de la *commedia dell'arte* interpretaban tipos menos determinados que los actores, y su técnica había de descansar mucho más en sus recursos físicos, ya que no actuaban con máscara. Sólo la escasa curiosidad (hasta hace poco sujeta al miserabilismo de la anécdota) y la mínima tradición por la lectura policultural de documentos (textuales o iconográficos) nos han impedido, en la historia del teatro español, trazar coherentes perfiles biográficos como el de la célebre Isabella Andreini, integrante de los *Gelosi*, que refinó su arte más allá de la probada gesticulación de la *commedia*, o del travestismo, llevándole a escribir gran cantidad de *scenari* o guiones escritos de comedias para incluir en las obras, debates filosóficos, parodias al estilo de Petrarca, o de pasa-

---

[107] «El Paso de Pollo y Olalla Negra», *Pasos* (ed. de Josep Lluís Canet), Madrid, Castalia, 1992, p. 210.

[108] *Cf.* Marotti, Ferruccio, «El actor en la Commedia dell'Arte», en Evangelina Rodríguez Cuadros (ed.), *Del oficio al mito: el actor en sus documentos,* citada, t. I, p. 81.

[109] «Las influencias de la Comedia del Arte en España», en Ricard Salvat (ed.), *El teatre durant l'Edat Mitjana i el Renaiximent,* citada, pp. 13-20.

jes de Boccaccio, amén de representar *maschere* de la comedia tanto masculinas como femeninas: Pantaleone, Graziano, Zanni, Pedrolino, Franceschina... La *commedia dell'arte*, por otro lado, es el género que muestra
por vez primera el itinerario preciso y trabajado de las actrices en su formación artística. Hay un testimonio en las *Memorias* de Goldoni que, además de un encendido elogio de la *Signora Baccherini*, señala el profundo
entrenamiento en las improvisaciones y transformaciones de las actrices, a
las que se obliga a cambiar de traje e incluso de lengua constantemente,
como el mismo Goldoni hizo con la citada actriz, para quien preparó el
texto *La Donna di Garbo*.[110]

Por estos lares una cosa está clara: la presencia profesional de la mujer en las tablas produce claros dividendos (por eso establecíamos la diferencia entre las dos prácticas escénicas, ritual la una, pública y sujeta a
contrato económico la otra). Según refiere Casiano Pellicer, el contador
del Hospital de los Desamparados se quejaba, en 1614, de que habían dis-
minuido drásticamente los concurrentes a la comedia (y por ende los be-
neficios) «por no haber buenos autores de compañías ni baile de mujeres
en ellas.»[111] Algunos años después, cuando la mítica «Amarilis» es contratada
en la Olivera de Valencia, entre el 24 de septiembre de 1628 y el 1 de enero
de 1629, el escribiente del tesorero del Hospital registra alborozado en el libro con letras descomunales «A M A R I L I S», produciéndose con ello las
mayores recaudaciones entre 1592 y 1630. El mismo escriba, por cierto, ano-
tará despechado: «A 29 de dit [diciembre] no y agué Comedia porque en
volgué representar Amarilis.» Con haberle pagado, como se le pagó, la fabulosa cantidad de 990 libras, que le parecieron poco.[112]

Ahora bien, antes de llegar a su triunfo profesional ¿cuáles eran los condicionamientos de este estatus de independencia y, lo que es más importante, del aprendizaje y solvencia técnicos en una actriz? Diré de entrada
que de lo leído se desprende que, como casi siempre, aquéllos eran mucho más fuertes que para el actor.

En primer lugar, la férrea jerarquía de las compañías teatrales se acen-
tuaba en lo que a las actrices se refiere. Aunque no existía una exagerada
diferencia en las percepciones dinerarias, a juzgar por los documentos
que poseemos. En los contratos se especifican idénticos requerimientos y
habilidades que para los actores («gran música, representante y bailarina»,

---

[110] Cit. por Alois Maria Nagler, *A Source Book of Theatrical History*, Nueva York, Dover
Publications, 1952, pp. 279-280.

[111] *Tratado histórico sobre el origen y progreso de la comedia y del histrionismo en España* (1804) (ed. de José M.ª Díez Borque), Barcelona, Labor, 1975, pp. 114-115.

[112] Cotarelo y Mori, Emilio, «Actores famosos del siglo XVII: María de Córdoba, "Amarilis", y su marido Andrés de la Vega», *Revista de las Bibliotecas, Archivos y Museos*, X, 1933,
p. 15.

solemos leer en ellos). Por ejemplo, del contrato firmado por el autor Pedro de la Rosa y su compañía para representar en gira durante 1636 y 1637[113] puede deducirse que la primera dama, Catalina de Nicolás, consorte del autor, percibía un sueldo añadido al de su marido, que hacía segundos papeles. Cabe tomar como excepción el sueldo concertado para los principales papeles cómicos o de *gracioso* por Cosme Pérez, «Juan Rana», que se asegura nada menos que 10 reales de *ración* (como sueldo fijo de toda la temporada), 20 reales por cada *representación* pública o privada, 550 reales como gratificación especial por las funciones del Corpus y tres caballerías para los desplazamientos. Por el contrario, en función de su categoría o prestaciones, las comediantas solían percibir un sueldo mayor de *ración*; por ejemplo, 8 reales contrata Isabel de Góngora para hacer segundas damas, cantar y bailar, frente a los 4 reales que percibiría el primer galán, Francisco de Velasco. En cambio éste, como primer galán, supera a todas las actrices en la percepción por cada representación (19 reales frente a los 12 de la Góngora) y en la gratificación del Corpus (440 reales cobra Velasco y 330 Isabel de Góngora). Las actrices, además, perciben un salario probablemente de acuerdo tanto con sus prestaciones como por su renombre.[114] Jusepa Román, tercera dama, destinada a cantar y bailar y probablemente a protagonizar las piezas cortas, cobra más que la segunda dama (13 reales por representación y 440 reales por el Corpus). Pese a la proverbial coquetería femenina, las actrices cuentan con menos caballerías para viajar (dos monturas como mucho). Y alguna meritoria, como Ana Fajardo, «que hará todo lo que haga falta», apenas cobra 4 reales de sueldo fijo, quedando el resto de las remuneraciones a cargo de su marido. La temporada siguiente, ausente ya Cosme Pérez, Pedro de la Rosa aumenta sensiblemente los emolumentos de Isabel de Góngora, que pasa a recibir 14 reales por representación pública o particular y nada menos que 500 reales para el Corpus. Además ya puede transportar sus pertrechos en 3 monturas o caballerías.

La secuencia numérica de los repartos obedecía también a una secuencia jerárquica (de la *primera dama* a la *quinta*, llamada también después *sobresaliente*) que se traduce documentalmente en un fuerte meritoriaje y, sin duda, en una sistemática inmersión en la tradición oral de la experiencia de los actores y en la didáctica de la observación. Y también, claro es-

---

[113] *Cf.* Flecniakoska, Jean-Louis, «Par monts et par vaux avec la troupe de Pedro de la Rosa (1636-1637», en Jean-Michel Vaccaro (ed.), *Arts du spectacle et histoire des idées: reccueil offert en hommage à Jean Jacquot,* Tours, Centre d'Études de la Renaissance, 1984, pp. 151-161.

[114] De manera más superficial Ricardo Sepúlveda aduce que lo corriente era que los galanes reclamaran 40 reales de partido y las damas 30 (los demás 20 o menos), y si la función recaudaba menos de lo pensado, también era menor su ganancia (*El corral de la Pacheca,* Madrid, Librería de Fernando Fe, 1888, p. 279).

tá, en unas diferencias o clichés establecidos. Sabemos así del apetecible papel de una *primera* o *segunda dama,* de la especialización de la *tercera* en papeles menos lucidos, destinada quizá a emparejarse con el gracioso; como la *cuarta,* a ser *confidente* o *criada.* La *sobresaliente* o *quinta* jamás pasaba de una segunda línea, aunque, como las *terceras* y *cuartas,* pudiera alcanzar a ser la protagonista de los agradecidos papeles de entremeses y mojigangas. Ya en 1616 el valenciano Carlos Boyl advierte de la neta popularidad de esta esfera de la graciosidad poblada por la mujer:

> El lacayo y la fregona,
> el escudero y la dueña,
> es lo que más en efeto
> a la voz común se apega.[115]

Los documentos señalan categóricamente el alcance de la carrera profesional de cualquier mujer. Por ejemplo, la de María de Cisneros, de la que anotamos el remoquete de que «no llegó nunca a ser primera dama», pero interpretaba de perlas *quintas* y *segundas* en la compañía de Antonio Escamilla, especializándose (por lo que yo he podido comprobar) en papeles de característica en las piezas breves como muestra su Lázara de *La garapiña* de Calderón.[116] Se trataba de actrices a las que ya faltaba la juventud o que fortalecían papeles poco frecuentes (la dueña o la madre, que a veces comportaban no poco lucimiento, como sucede con la coprotagonista de *La discreta enamorada* de Lope). Debería revisarse, pues los ejemplos citados alientan a ello, el tópico, extendido entre los estudiosos del teatro hispano, de la nula consideración de los personajes femeninos maduros en la comedia barroca. John Dowling afirma frívolamente que «as a general rule, the female characters of the Spanish *comedia* are young *damas* [...] actresses were not eager to play the parts of elderly women, and playwrights did not create such roles»,[117] lamentando la pérdida de la tradición de personajes como la Celestina. Pero pensemos en la madre de *La discreta enamorada* o la Fabia de *El caballero de Olmedo.* Por no hablar de las formidables segundas damas, viudas, dueñas de los entremeses. A mi juicio no fue poca la inspiración que Moratín, en efecto, pudo

---

[115] «Carta a un licenciado que deseaba hacer comedias», en Sánchez Escribano, Federico y Porqueras Mayo, Alberto (ed.), *Preceptiva dramática española del Renacimiento y el Barroco,* citada, p. 183.

[116] De acuerdo con el ms. 15652 de la BNM, que usamos como texto base para nuestra edición, citada, pp. 385 y ss.

[117] Dowling, John, «Moratin's creation of the comic role for the Older Actress», *Theatre survey. The Journal of the American Society for Theatre Research,* vol. 24, núm. 1-2, mayo-noviembre 1983, p. 55.

encontrar en estos caracteres al objeto de crear personajes concebidos ya *ex profeso* para actrices de edad madura, como le sucedió con la actriz María Ribera para encarnar papeles como el de Doña Irene en *El sí de las niñas*.

Pero es verdad que, por otra parte, la jerarquización de las compañías estaba más que mediatizada por la estructura interna de la misma (sagas genealógicas y vínculos matrimoniales). Los autores, claro está, no podían sino situar de *dama primera* a su mujer, constituyendo memorables parejas como las de Sebastián de Prado y Bernarda Ramírez, María de Córdoba y Andrés de la Vega o Manuel Vallejo y María Riquelme. Los autores tampoco descuidaban el debut de sus hijas. Antonio de Escamilla puso a su hija Manuela a que hiciera los «Juan Ranillas» a los siete años[118] y Morales, «el Divino», promocionó cuanto pudo a su hija María Morales, admirable intérprete de *La prudencia en la mujer* de Tirso de Molina. No pocas rencillas y rivalidades suscitarían la mencionada jerarquía de actrices, siempre recogidas como chascarrillos en la documentación: mucha inquina habría albergado Leonor María, *quinta dama* en la Casa de Comedias de Córdoba, en 1670, cuando, en el vestuario, arrojó una redoma de tinta al rostro de Josefa de Guzmán, a la sazón *primera dama*, de la que dice la *Genealogía* que pudo ser la que acabó sus días poniendo un estanco de tabaco en Cádiz.[119] Algunas, como luego veremos, llegaban a ser *autoras*, detentando su propia compañía, lo que lograban bien en la madurez, bien tras largo pleito matrimonial, como «Amarilis».

La edad, por otra parte, se mostraba un cruel condicionante en la carrera de una actriz. De la primera dama Francisca Bezón sabemos que permaneció once años en Francia, pero que la retiraron «sus achaques y la edad», teniendo que vivir de hacer penachos de plumas y del sueldo de su marido, Vicente Olmedo, como maestro de bailes.[120] Y la bella «Amarilis», aquella espléndida «Gran Sultana», estiró en demasía su deseo de hacer de dama joven, por lo que el malvado Juan de Tassis, conde de Villamediana, le espetó un sarcástico romance que es todo un documento de los estragos que el tiempo podía causar en las actrices:

> Atiende un poco, Amarilis,
> Mariquita o Mari-caza,
> milagrón raro del vulgo,

---

[118] *Genealogía*, citada, II, 245 (p. 421).

[119] *Genealogía*, citada, II, 535 (p. 465). La anécdota la refiere R. Aguilar Diego, «Aportaciones documentales a las biografías de autores y comediantes que pasaron por Córdoba en los siglos XVI y XVII», *Boletín de la Real Academia de Ciencias, Bellas Letras y Nobles Artes*, Córdoba, XXIII, núm. 84, pp. 289-290, *apud* García Valdecasas, Amelia, «Concepción de las actrices en la sociedad de la época», *Op. cit.*, p. 843.

[120] *Genealogía*, citada, II, 399 (p. 457).

de pies y narices larga;
más confiada que linda,
y necia de confiada;
por presumida insufrible,
y archidescortés por vana;
y dame a entender tu modo,
que mi discurso no alcanza,
cómica siempre enfadosa,
¿quién te ha prestado las alas?
Ya en el discurso del tiempo
se miran y desengañan,
desdichados de hermosura,
los juanetes de tu cara;
y esos claros apellidos
poco acreditan tu casa,
que el Vega no es de Toledo
ni el Córdoba es de Granada.
Esa original nobleza
todos sabemos que emana
del albergue de los Nergos
y de un cajón de la plaza.
Si te acogiste al teatro,
tu satisfacción enfada,
pues quieres que el sol tirite
cuando hielas y él abrasa.
De los aplausos vulgares
que la Corte un tiempo daba
a tus romanzones largos
que adornan telas de Italia;
ya te va sisando muchos;
todo se muda y se acaba;
volando pasan las horas,
y más las que son menguadas.
No les parezcas en serlo que,
por lo orate, no falta
quien diga que les pareces,
y pienso que no se engaña.
Ayer te vi en una silla,
de tu dueño acompañada,
más escudero que dueño,
y más fábula que dama.
Y satisface a un curioso
que enfadado te miraba:
»Va pregonando la fruta,
que ya temprano se pasa.»

> Represéntate a ti misma,
> sin esa vana arrogancia,
> el papel de conocerte,
> y así no errarás en nada.
> Y si no, dime: ¿en qué fundas
> las torres que al viento labras,
> con tantos ejemplos vivos
> que el fin que tendrán señalan?
> Al margen de una taberna,
> esto un cortesano canta,
> adonde estaba Amarilis,
> y no a la orilla del agua.[121]

Porque no era sólo la belleza sino la misma fuerza física y agilidad lo que condicionaba a una actriz para que su cuerpo, en efecto, tradujera las intenciones líricas o meramente espectaculares de un texto. Villamediana

[121] *Poesía impresa completa* (ed. de Francisco Ruiz Casanova), Madrid, Cátedra, 1990, pp. 682-684. También jocoso aunque, al mismo tiempo, profundamente admirativo, fue el que le escribió Quevedo:

> La belleza de aventuras,
> aquella hermosura andante,
> la Caballera de Febo,
> toda rayos y celajes.
> Ojos de la Ardiente espada,
> pues mira con dos Roldanes;
> don Rosicler sus mejillas,
> don Florisel su semblante,
> doña Nueve de la Fama,
> si dejan que se desate;
> y en soltando sus facciones,
> allá van los Doce Pares.
> La que de un golpe de vista
> no hay gigantón que no pare,
> pensamiento que no ruede,
> espíritu que no encante.
> La que deshace los tuertos
> y la que los ciegos hace,
> siendo de Cupido y Venus
> epílogo de hijo y madre;
> para quien son los pastores
> Fieragiles Fierabrases:
> Amadís para ninguno;
> para todos Durandarte.
> Mienten, pues, los romances
> que *Amarilis* la llaman si no entienden
> que son cuantos las miran sus amantes.

(En *Obra Poética*, ed. de José Manuel Blecua, Madrid, Castalia, 1969, t. I, pp. 613-614.)

le pregunta de manera grosera e impertinente a «Amarilis» quién le ha puesto alas. Pero las tuvo, y muchas agallas, al parecer, para, representando el papel de Hero, arrojarse desde una torre en la tragedia de Mira de Amescua *Hero y Leandro*, en noviembre de 1629, como se ocupa de ponderar el gracioso Cosme en *La dama duende* (I, vv. 23-36):

> Por un hora que pensara
> si era bien hecho o no era
> echarse Hero de la torre
> no se echara, es cosa cierta;
> con que se hubiera excusado
> el doctor Mira de Amescua
> de haber dado a los teatros
> tan bien escrita comedia;
> y haberla representado
> *Amarilis* tan de veras
> que, volatín de carnal,
> si otros son de la cuaresma,
> sacó más de alguna vez
> las manos en la cabeza.

Es fama, en efecto, que en más de una ocasión la pobre «Amarilis» dio con sus huesos en el fondo del foso. Y no poco valor necesitó también aquella intrépida actriz que le aceptó a Baccio del Bianco el papel de la Discordia en *Las fortunas de Andrómeda y Perseo* de Calderón, representada con todo el delirio del atrevido escenógrafo en mayo o junio de 1653 en el Coliseo del Buen Retiro. La Discordia había de caer fulminada, sujeta la actriz a las maromas de una tramoya, nube o palenque, y era tal el efecto conseguido que el propio Baccio, cuando escribe a un noble florentino en 1656 sobre la escena y aquel vuelo en picado de 18 brazas italianas, confiesa: «Che Dio ci ha posto le sue mani, a fare che quella povera muciaccia bella come un angelo, non abbia rotto il collo!»[122] Qué decir de la pobre Ana Muñoz, *la divina Anita*, a la que Andrés de Claramonte hizo salir montada a caballo por el patio, en ademán de reto y con actitudes de amazona. Al respecto, el inefable Sepúlveda escribe: «La mosquetería se alborotaba con la presencia en el patio de las hermosuras de bastidores y una vez que se asustó el corcel de la dama caballística, vino ésta a malparir de las resultas, dejando perdida para la posteridad la sucesión de Villegas, marido de la Ana Muñoz.»[123]

De manera más rigurosa y técnica, un siglo después, Pierre Rémond de

---

[122] *Cf.* Bacchi, M. (ed.), «Lettere inedite di Baccio del Bianco», *Paragone*, XIV, 157, 1963, p. 71.
[123] Citado por Díaz de Escovar, Narciso, *Op. cit.*, p. 734.

Sainte-Albine aconseja a la actriz situarse en la perspectiva de la recepción del juez máximo, es decir, del espectador:

> Quelques Belles, à cet égard plus favorisées que nous de la nature, peuvent jusqu'à un certain âge nous cacher une partie de leurs années. On demandera comment une Actrice s'assurera qu'elle a droit de prétendre à cet avantage. Je lui conseillerai de s'en pas fier là-dessus à ses propres yeux. C'est de ceux des Spectateurs, qu'elle doit prendre l'avis. Ce miroir ne la trompera point. Elle y lira peut-être avec douleur, que la fleur de ses charmes est passée.[124]

Claro que aquí estamos ya en el territorio de la *verosimilitud* dieciochesca, tan comprometida con el gusto burgués y el resabio educativo. Por el propio Leandro Fernández de Moratín conocemos la resistencia de las caprichosas *prime donne* de la escena española del siglo XVIII por asumir su edad. Francisca Martínez, al borde de los cuarenta años, rechazó interpretar el papel de doña Beatriz, una dama de cierta edad, en *El viejo y la niña,* «para preservar» —dice Moratín— «al menos en el teatro su inalterable juventud.» Y María Bermejo, la ilustre intérprete de prosapia trágica, se empeñó, a los treinta y tres años, en encarnar a la joven de diecinueve años, Isabela, de *El señorito mimado.* El testimonio de Moratín es inapelable: «Aquella estimable actriz podía muy bien interpretar los papeles de Semíramis, Athaliah, Clytemnestra y Hécuba; pero era casi imposible que hiciera de una jovencita de diecinueve años sin provocar la hilaridad del público por tal temeridad.»[125]

Eran muchos los condicionantes para un medio excepcional: el canon de su propio cuerpo, su gran instrumento profesional y la pantalla donde reflejar o traicionar las intencionalidades ideológicas del autor. Precisamente por la estrecha vinculación de los condicionamientos profesionales y técnicos a su corporalidad, la actriz documenta un segmento de las actitudes culturales que dominan entre el siglo XVI y el XVII respecto a aquella.[126] Sin embargo, paradójicamente, la cultura de lo corporal entra en el siglo barroco como objeto teológica y ontológicamente rechazado. Los humanistas superaron la barrera de la alegoría cortés del cuerpo femenino elevándolo al gozo y liberándolo en su vertiente

---

[124] Rémond de Saint-Albine, *Le comédien,* París, Vincent Fils, 1749, pp. 127-128.

[125] *Apud* Dowling, John, *Op. cit.,* p. 57. *Vid.* asimismo Díaz de Escovar, Narciso, *Siluetas escénicas del pasado,* Barcelona, Imprenta de Vda. de Luis Tasso, *ca.* 1912, pp. 93-95.

[126] *Cf.* Matthews Greico, Sara F., «El cuerpo, apariencia y sexualidad», en *Historia de las mujeres,* citada, vol. III, p. 67. Véase también el conjunto de trabajos recogidos por Susan Rubin Sleiman en *The female body in Western Culture. Contemporary Perspectives,* Cambridge-Massachusetts-Londres, Harvard University Press, 1985.

creativa como científica. Pero a esta etapa sucede de nuevo un dominio en el que el cuerpo femenino —convertido en poderosa fuente de seducción— permanecerá expuesto a la ascética, a la jurisprudencia misógina. Y, en primera instancia a la objetualización, catalogada en una lonja de imágenes heteróclitas por la poesía cultista, hipertrofia final de las divinizaciones más o menos carnales que diseñara el petrarquismo. ¿Qué deseo esperaban representar Góngora o Quevedo cuando cuarteaban el cuerpo de la mujer en el «blanco nácar y alabastro puro» de su cuello, el «soberbio techo de cimbrias de oro» de su cabeza o el «relámpago de risas carmesíes» de su boca? ¿Qué huella de anulación o autoanulación de lo corporal por la cultura no percibimos en aquel «soy sombra sin cuerpo que la cause» que pronuncia Marcela en el *Quijote* o en aquel autorretrato de Sor Juana Inés de la Cruz en el que se define como «engañoso colorido», «falso silogismo de colores», «cauteloso engaño del sentido», «vanos artificios del cuidado» y, como era de esperar, «cadáver, polvo, sombra, nada»? El mismo Calderón pormenoriza con la riqueza persuasiva del escenario la célebre pragmática del 12 de octubre de 1636 que limitaba, casi castraba, la belleza de la mujer a través de las limitaciones de su vestido, su aderezo, su maquillaje (esto último será de capital importancia para el teatro, como luego veremos). Se trata del discurso del gracioso Pasquín en *Las armas de la hermosura* cuando enuncia el supuesto decreto elaborado por el Senado de Roma en contra de las mujeres:

> Viendo el Senado que había
> el siempre absoluto imperio
> de las mujeres ganado
> tanto en Roma los afectos,
> que dio causa al enemigo
> para olvidarse soberbio
> con nuestro presente ocio,
> de su pasado escarmiento;
> y que no sólo era el daño,
> divertidos en festejos,
> estragar de la milicia
> el antiguo valor nuestro,
> mas también de los haberes
> el caudal, por los excesos
> de sus galas, de que ellas
> usaban tan sin acuerdo,
> que de bizarros sus trajes
> se pasaban a no honestos;
> y viendo cuán principal
> parte es (en fe del aseo)

para ser imán del alma
el artificio del cuerpo,
pues la no hermosa con él
disimula sus defectos,
y la hermosa con aliño
da a su perfección aumento;
una ley ha publicado
en que manda, lo primero,
que no sean admitidas
a los militares puestos
ni políticos, negadas
a cuanto es valor e ingenio:
que ninguna mujer pueda
del hábito que hoy trae puesto
mudar la forma, inventando
por instantes usos nuevos;
y que para renovarlos,
haya de ser con precepto
de que sean propias telas,
sin géneros extranjeros,
oropel del gusto, mucho
brillante, y poco provecho
y éstas sin oro y sin plata,
ni usar tampoco de pelo
que propio no sea, de afeites,
baños, perfumes ni ungüentos,
y que, pues hidalgas son,
no sólo no nos den pechos,
pero ni pechos ni espaldas:
y en fin, lo que más sintieron
fue que no salgan en coches
a los públicos paseos,
ni permitan en sus casas
banquetes, bailes ni ruegos;
con que no quedó mujer
que no confesare luego
al potro del desengaño
las culpas del embeleco.
Las flacas, que a pura enagua
sacaban para sus huesos
cuanta carne ellas querían
de en casa de los roperos,
volvieron a ser buidas:
las gordas, que atribuyeron
a sobras de lo abrigado
las faltas de lo cenceño,

se volvieron a ser cubas;
y sin tinte en los cabellos
las viejas a ser palomas,
las morenas a ser cuervos.
Ya todas la verdad dicen,
ya son todas las que vemos,
porque la gala..., afufón,
el artificio, lo mesmo,
el arrebol, ni por lumbre,
el solimán, ni por pienso,
los islanes, abrenuncio;
los sacristanes, arredro;
los alcanfores son chanza,
las blandurillas son cuento,
la clara de huevo, tate;
el resplandor, quedo, quedo;
el albayalde, *exi foras;*
la neguilla, *vade retro;*
y en fin, para no cansarte,
paso entre paso se fueron
los escotados al rollo,
y los jaques al infierno.[127]

Evidentemente todas estas salvaguardas saltaban en añicos en las tablas del escenario, puesto que lo que de verdad hace o construye la profesionalidad de la actriz está y reside en el cuerpo. No señala otra cosa este texto (entre mil) del Padre Agustín Herrera en su *Apología de las comedias* de 1682:

En las comedias todos los públicos teatros, que son la materia de disputa, representan mugeres que suelen ser de pocos años, de no mal parecer, profanamente vestidas, exhaustivamente adornadas, con todos los esfuerzos del arte de agradar, haciendo ostentación del aire, del garbo, de la gala y de la voz, representando y cantando amorosos, halagüeños y afectuosos sentimientos; y en los bailes y sainetes pasándose a más licenciosos y aun desenvueltos desahogos. Son mugeres en quien el donaire es oficio, el encogimiento culpa, el desahogo primor, el agradar logro y la modestia inhabilidad.

La profesión, al paso que las infama, las facilita, porque el mismo empleo que las saca a la publicidad del teatro a hacer ostentación de todo lo atráctico, sin demasiada temeridad persuade no será honradísima en el resistir la que tiene con deshonra el oficio de agradar.[128]

---

[127] *Obras completas,* ed. cit., vol. II, pp. 951-952.
[128] *Discurso teológico y político sobre la Apología de las Comedias, que ha sacado a luz el Reverendísimo Padre Maestro Fray Manuel Guerra, apud* Cotarelo y Mori, Emilio, *Bibliografía,* citada, p. 355a.

Otros nos regalan con una prodigiosa relación de un espléndido transformismo sensorial, como el benemérito Padre Pedro de Guzmán en 1614:

> Y el mayor daño que en esta materia hay es salir a representar y a tañer y a cantar y bailar una muger compuesta, afeitada y afectada, lasciva y desenvuelta y de buena gracia y buen parecer, y que como tiene ya corrompida la vergüenza que suele ser tan natural en las mugeres, habla en público sin ella, canta, baila y representa ya una reina, ya una ramera, ya en el entremés, ya en la comedia, ya compuesta, ya descompuesta, pero siempre libre y pocas veces honesta; ya se muestra esquiva, ya afable, ya zahareña, ya blanda y suave, todo con fin de agradar y parecer bien.
> [...]
> Si con el movimiento que hace el eslabón en el pedernal saltan centellas que encienden en un punto la yesca seca y dispuesta de aquellas acciones y meneos, y cantos y voces, ¡qué de centellas saltarán en los corazones de los oyentes, que muchos estarán, como yesca, dispuestos para este fuego! Las palabras lascivas echan centellas o ellas lo son; la voz, la música, los afectos, los afeites, la hermosura, el buen cuerpo, la gracia, el talle, el donaire, el cabello, el rizo, el copete, el vestido, el meneo, que aunque parece hecho al descuido, lleva estudiada su malicia y deshonestidad. Todo esto, entrando por los ojos y por los oídos, es fuego, es ponzoña, es secreto veneno, es sutil solimán, que tira al corazón del que lo mira descuidado de sí y de que otros lo noten, porque todos miran un objeto mismo, y le ayudan y le apadrinan. [...]
> La causa desta desperdición de tiempo y de los demás daños que hemos en este discurso apuntado, son dos poderosísimos deleites en que exceden los hombres a los demás animales: el uno es de la vista, el del oído el otro.[129]

Vista y oído, voz y rostro: son las direcciones obsesivas del mapa moral de los verecundos observadores como el estirado Fray José de Jesús María en su *Primera Parte de las excelencias de la virtud de la castidad* del año 1600:

> El canto de las rameras levanta luego la llama de la torpeza para abrasar a los que le oyen. Y como si no bastase para inflamar lo concupiscible la vista y el rostro de las mugeres, añaden la pestilencia de sus voces; y no sólo la voz y el rostro, mas también las galas que son cebo mayor de la concupiscencia.[130]

Acabemos, en fin, esta extraordinaria galería de textos que, realmente, condenan *mostrando*, con las palabras del *Arbitraje político-militar* de 1683:

> Las farsantas se exponen a los ojos del teatro muy acicaladas y muy bien prendidas, con más ricas y más vistosas galas que las princesas, afectando el

---

[129] *Bienes del honesto trabajo y daños de la ociosidad, en ocho discursos* (Madrid, 1614), *apud* Cotarelo y Mori, Emilio, *Bibliografía*, citada, pp. 349a y 349b.
[130] *Ibid.*, p. 382 b.

melindre y el donaire, y, sobre todo, el desahogo en el cantar, en el dezir y en el bailar; solicitan con mil ademanes agradar a los mirones...[131]

Los ojos miran a la actriz, quien, a su vez, como todos los actores, al ser conscientes de la radical profesionalidad de su cuerpo, echaba mano del arma poderosa de la mirada («mire si los que representan ayudan con los ojos lo que dicen —dirá Zabaleta—, que si lo hacen le llevarán los ojos»). Los ojos, convertidos en eje de expresión y mecánica del oficio, ojos «que matan» y trasmiten la fuerza erótica, los ojos que casen en coplas como:

> Esos tus negros ojuelos,
> alguaciles de las almas,
> qué criminal les arrojas,
> qué valentona les rasgas...[132]

Donde *ojos rasgados* pueden ser un estilema (ojos grandes, abiertos expresivamente como ventanas) tanto poético como teatral. Ojos, insisto en la semántica conferida en la época, «grandes, que se descubren mucho, por la amplitud de los párpados» (según leemos en el *Diccionario de Autoridades*), por lo que, en efecto, algunos documentos de finales del siglo XVI, como la *Selva de epictetos* que acompañaba al *Cancionero de Garci Sánchez de Badajoz*,[133] los señalan con el significado de ojos que muestran «imprudencia, estulticia y devergüenza» (cánones, por otro lado, derivados claramente de las cartillas de fisiognómica ya en circulación en esa época). No son, por tanto, dichos ojos *rasgados* (muy citados por la poesía y evocados con frecuencia por los galanes para describir físicamente a sus damas en la comedia), *ojos medio entornados* o *bastante entornados* (nada justifica tal interpretación ofrecida para subrayar la cualidad teatral del gesto),[134] sino una máxima apertura de ojos para comunicar con ellos una intencionalidad evidente, que debía ser captada, o quizá sólo adivinada,

---

[131]   *Ibid.*, p. 63b.
[132]   Céspedes, Valentín (BNM, ms. 4103, p. 211), citado por Agustín de la Granja, «El actor barroco y el Arte de hacer comedias», en VV.AA., *En torno al teatro del Siglo de Oro. Actas Jornadas IX-X Almería*, citada, p. 20.
[133]   Ed. de Julia Castillo, Madrid, Editora Nacional, 1980, pp. 411-436.
[134]   En efecto, discrepo en ese sentido de la interpretación de mi buen amigo Agustín de la Granja, en el artículo citado más arriba (p. 22). Ojos *rasgados,* no significa entornarlos ni guiñarlos, aunque puedan hacerse derivar hacia un evidente descaro, desvergüenza o volubilidad (no olvidemos el gesto valentón, jacaresco, inherente a esos ojos rasgados, como hemos visto), lo que permite a Agustín de la Granja hablar por ello de que quienes los poseían mostraban «incluso tendencias poco edificantes en relación con la virtud de la castidad» (p. 22). El *guiño* es otro gesto diferente.

por el ávido espectador, como es sabido quizá excesivamente alejado de la actriz tanto en el corral como en el teatro palaciego.

Otros textos revelan, además, no sólo el fastidio ante semejante despliegue sensorial, sino el hecho de que la mujer, sobre el escenario, sencillamente cometía la transgresión más rotunda en el contexto de un siglo de ortodoxa autoridad: tomar la palabra. Cuando Pedro de Guzmán echa mano a la batería de la Sagrada Escritura para encontrar argumentos con los que condenar a la actriz, recuerda aquella «mujer compuesta y afeitada, aparejada para engañar almas, *parlera* (que esso quiere decir *farandulera, a fando*).»[135] Cabe concluir que tal fidelidad sensorial no es más que *obscenidad*, pero en su sentido plenamente etimológico, es decir, lo que evidencia lo oculto o lo *fuera de escena*, inscribiendo en el documento para la historia lo que en principio, irónicamente, se deseaba anular.[136] Ni que decir tiene que es este *fuera de la escena* (o este ocultar pero sin dejar de incitar a ver) el primer mecanismo de precisión para resaltar significados por encima de lo que se decía o contaba. Del excepcional *travelling* con que el *voyeur* Juan de Zabaleta nos regala en su visita a la comedia de *El día de fiesta por la tarde*, el plano más enfático se detiene, en esa supuesta anulación de paredes con que maneja su imaginaria cámara, en el vestuario femenino:

> Él, por aguardar entretenido, se va al vestuario. Halla en él a las mujeres desnudándose de caseras para vestirse de comediantas. Alguna está en tan interiores paños como si se fuera [a] acostar. Pónese enfrente de una a quien está calzando su criada porque no vino en silla. Esto no se puede hacer sin mucho desperdicio del recato. Siéntelo la pobre mujer, mas no se atreve a impedirlo, porque, como son todos votos en su aprobación, no quiere disgustar ninguno. Un silbo, aunque sea injusto, desacredita, porque para el daño ajeno todos creen que es mejor el juicio de el que acusa que el suyo. Prosigue

---

[135]   Cotarelo y Mori, Emilio, *Bibliografía*, citada, p. 350a.

[136]   Porque ¿puede caber mayor insinuación de deseo que esta condena de Juan de Zabaleta en *El día de fiesta por la tarde* de los célebres jubones femeninos?: «Este jubón, según buena razón, había de rematar en el cuello, mas por el pecho se queda en los pechos y por la espalda en la mitad de las espaldas. Cierto que las mujeres que se visten al uso se visten de manera que estoy por decir que anduvieran más honestas desnudas. Los jubones se escotan de suerte que traen los hombros fuera de los jubones [...] De los pechos les ven los hombres la parte que basta para no tener quietud en el pecho; de las espaldas la parte que sobra para que dé la virtud de espaldas. A las mujeres que se visten al uso presente no les falta para andar desnudas de medio cuerpo arriba sino quitarse aquella pequeña parte de vestidura que les tapa el estómago. De los pechos se ve lo que hay en ellos más bien formado; de las espaldas se descubre lo que no afea las costillas; de los brazos, los hombros están patentes, lo restante en unas mangas abiertas en forma de barco y en una camisa que se trasluce» (ed. de Cristóbal Cuevas, Madrid, Castalia, 1983, pp. 117-118).

la mujer en calzarse, manteniendo la paciencia de ser vista. La más desahogada en las tablas tiene algún encogimiento en el vestuario, porque aquí parecen los desahogos vicio y allá oficio. No aparta el hombre los ojos de ella.[137]

Ojos, claro está, que permanecían encandilados cuando las osadas extralimitaban el desplazamiento del borde del escotado o *degollado* mucho más abajo de la garganta o de la espalda que permitían los Reales Decretos[138] o, por el contrario, menguaban prodigiosamente las basquiñas que el Reglamento de 1646 ordenaba llegaran «hasta los pies.»[139] Era la respuesta material al *desnudo* inscrito en el texto, en la propia escritura dramática en forma narrada, en autores en principio tan fuera de toda ambigüedad moral como Calderón de la Barca, autor de un sugerente *strip-tease* literario en la tercera jornada de *Mejor está que estaba*, por parte del galán don Carlos que, literalmente, *desnuda* ante nuestros ojos a su amada:

> Estaba entre sus criadas
> Flora, bien como lucir
> suele entre vasallas flores
> la rosa su emperatriz.

[137] Ed. cit., p. 309. La eficacia sensorial de las referencias al cuerpo femenino invade buena parte de este capítulo, por lo demás delicioso, de Juan de Zabaleta; desde la viva acción del «apretador» empujando y frotando mujeres en la cazuela a la escena en que éstas deben pagar su entrada al cobrador y Zabaleta señala con maldad insuperable los recónditos lugares de su cuerpo donde rebuscan el dinero: «Entran los cobradores. La una de nuestras mujeres desencaja de entre el faldón del jubón y el guardainfante un pañuelo, desanuda con los dientes una esquina, saca de ella un real sencillo y pide que le vuelvan diez maravedís. Mientras esto se hace, ha sacado la otra del seno un papelillo abochornado en que están los diez cuartos envueltos, hace su entrega y pasan los cobradores adelante. La que quedó con los diez maravedís en la mano toma una medida de avellanas nuevas, llévanle por ella dos cuartos, y ella queda con el ochavo tan embarazada como un niño: no sabe dónde acomodarlo, y al fin se lo arroja en el pecho, diciendo que es para un pobre» (ed. cit., p. 318).

[138] El inefable Padre Camargo arremetía asimismo contra los escotes de este modo: «Ya se ve en qué estado tiene hoy el estilo común de España los escotados de las mugeres. Pues no ha muchos años (¡quién tal creyera!) que eran el distintivo y la nota pública de las rameras, como consta de la nueva Recopilación de las leyes de Castilla, donde se dice: *Jubones escotados ninguna muger los pueda traer, salvo las que públicamente ganan con sus cuerpos [...].* No se puede negar que las mugeres de este siglo han excedido infinito en la profanidad de los vestidos, en la demasía de los adornos y afeites, en la superfluidad de las galas y en la desnudez indecente de los trages...» (*apud* Cotarelo y Mori, Emilio, *Bibliografía*, citada, p. 126b).

[139] Véase el interesante documento sobre los *degollados* editado por María Grazia Profeti, en «Nudità femmenile e commedia: un intervento nella polemica sulla licità nel teatro», en Blanca Periñán y Francesco Guazzelli (eds.), *Symbolae Pisanae. Studi in onore di Guido Mancini*, II, Pisa, Guardini Editori, 1989, pp. 485-495.

Una, hincada la rodilla,
en un azafate allí,
recogía los despojos
de su victoria gentil.
Desenlazó las sortijas
de la prisión de marfil,
y luego acudió al cabello,
donde, como Flora en fin
fue desperdiciando flores,
tan hijas suyas, que oí
para adornarse otra aurora
se las envidió el jardín;
porque por desechos suyos
llaman galán al abril.
De los cuidados del día
ya absuelto el cabello vi,
siendo océano de rayos,
donde la mano feliz,
bucentoro de cristal,
corrió tormenta de Ofir.
[...]
Luego a más leve precepto
rendido, le volvió a asir
en una red de oro y seda,
labrada a colores mil.
En cotilla y en enagua
quedó de un verde tabí,
que como es Flora, no quiso
ajeno color vestir.
Una guarnición no más
era el último perfil,
donde en líneas de oro iba
a rematar y morir
otra hermosa primavera
de muchas flores de lis;
y como al joven verano
sigue el cano invierno, así
se miró a esta verde pompa
la blanca nieve seguir
de otra enagua de cambray,
que crepúsculo sutil,
no dejaba entre dos luces
ni oscurecer ni lucir.
La estatura de otro día
fiada dejó el chapín,

quedando su percepción,
menos no, mas menor sí.
[...]
Aquí cegaron mis ojos
porque una criada aquí
a descalzarla se puso,
las espaldas hacia mí;
y por más que codicioso
brujulear y descubrir
quise, entre lejos y sombras
sólo alcancé, sólo vi
no sé qué rasgos de nácar,
de un cendal de azul turquí
abrazados, y una caja,
si se pudo percibir;
porque era un átomo breve,
que nació para vivir
concha de la menor perla,
botón del mejor jazmín.
Púsose sobre los hombros
otro rico faldellín,
porque un baño las criadas
la empezaron a servir
[...]
Metió los pies en el agua
y trabaron entre sí
cristales contra cristales
una batalla civil;
y como estatua de nieve
era Flora, y yo la vi,
por ser con cristal cuajado,
deshecho cristal, temí
que la estatua por los pies
se empezaba a derretir...[140]

No era cosa exclusiva de la cicatería moral de más acá de los Pirineos. El francés Pierre Juvernay, en 1635, bramaba contra aquellas farsas «où les femmes même (pour l'ordinaire desbauchées) par une effronterie effré-née monstrans leurs mammelles entièrement nues sur un théâtre, pro-nonçans mil paroles impudiques, faisans mil souris, oeillades, et autres gestes ou actions lascives et deshonnestes, jettent mil traits lubriques dans les coeurs de ceux qui sont si fols que d'assister à tels spectacles infames.» Acostumbrados a la *grandeur* (incluso también en la supuesta tolerancia

---

[140] *Obras Completas*, ed. cit., tomo I, pp. 414-415.

moral) los franceses presumieron de estas licencias (mostrar los senos) e, incluso, del completo desnudo en algunas piezas de tema mitológico en los que la representación *in naturalibus* parecía evidente. Por ejemplo, en *Les Amants magnifiques* la acotación anota: «habillées comme s'ils étoient presque nuds» respecto a los sacerdotes del sacrificio, y en una fiesta ofrecida a Luis XIV en 1661, la actriz Madeleine Bèjart aparecía desnuda asimismo bajo el aspecto de «una náyade saliendo de las aguas sobre una venera.» Ahora bien, no nos dejemos seducir por el atractivo de tal didascalia, pues se trataba, como ha observado Jean-Claude Bologne,[141] de las primeras muestras de un tipo de atuendo escénico, una especie de *maillot* de cuerpo entero que, imitando la carne natural, cubría totalmente el cuerpo de la actriz. De hecho, el grabado que muestra la desnudez de la Bèjart ofrece también en su cuerpo las señales mínimas de una astucia clásica: lleva un collar y dos brazaletes precisamente para disimular el escote y los puños de tan púdica como sugerente prenda. Sería sin duda el mecanismo empleado asimismo en el teatro cortesano inglés diseñado por Inigo Jones, en una clara imitación clasicista de la antigua estatuaria griega. Así se describía el vestuario de algunas actrices o actores: «Their bodies —se aseguraba— were of *carnation* cloth of siluet, richly wrought, and cut to expresse the *naked*, in manner of the Greeke Thorax; girt under the brests with a broad belt of cloth of gold, imbrodered and fastened before with jewels.»[142]

Pero claro está que ciertas partes, aunque fuera en el magnificente espectáculo cortesano, quedaban vedadas. Pese a que Sturges E. Leavitt mostrara su desasosiego,[143] nada de terrible había en realidad en acotaciones como las que usa Cervantes en *Los baños de Argel* («Sale un moro con una doncella, llamada Constanza, medio desnuda»). Donde «desnuda» se tomaba en su acepción de «muy mal vestido e indecente» en términos puramente materiales. Además, ya el *Diccionario de Autoridades* permite sugerir que el tipo de vestuario imitador de la estatuaria clásica se conocía en España, pues por «desnudo» también entiende «la disposición de los miembros del cuerpo» en una pintura o en una escultura «que se reconoce y se deja ver aun estando vestida la estatua o imagen.» El valenciano Luis Crespí de Borja escribe en 1649 en su *Respuesta a una consulta sobre si son lícitas las comedias*: «¿Describir con aguda invención, de manera que se entienda, una mujer desnuda, cubierta sólo por un velo transparente,

[141] *Histoire de la pudeur*, París, Plural, 1986, p. 233.

[142] Herdford, Charles H. y Simpson, Percy (eds.), *Ben Jonson*, Oxford, The Clarendon Press, 1925, pp. 229-232. Cit. en Alois Maria Nagler, *A Source Book in Theatrical History*, Nueva York, Dover Publications, 1959, p. 145.

[143] «Strip-Tease in Golden Age Drama», HRM, I, pp. 305-310.

con artificioso modo, tan por menudo que se pinte lo más deshonesto, tampoco provoca?»[144]

Testimonio que parece derivar de las escandalizadas palabras del Padre Mariana en su *De spectaculis* de 1609:

> Y no creo que en nuestros teatros salgan mujeres desnudas, dado que en este propósito, según se dice, algunas veces en la misma representación se desnudan, o a lo menos, salen vestidas de vestiduras muy delgadas, con las cuales se figuran todos los miembros y casi se ponen delante de los ojos.[145]

Ya en pleno Renacimiento, el humanista Poggio Bracciolini adoptaba este punto de vista ético y estético respecto al desnudo:

> Etiam pictores quibus omnia licet, item ut poetis, cum nudam mulierem pinxere, tamen obscena corporis membra aliquo contexere velamento, ducem naturam imitati, quae eas partes quae haberent aliquid turpitudinis, procul e conspectu seposuit.[146]

Lo cierto es que nunca como en el cuerpo de la actriz se produce de manera tan palpable aquella parcialidad ética de la representación que, con palabras tan precisas, teorizaba Andrea Palladio en 1570 sobre la cuestión arquitectónica:

> Del mismo modo que, en el cuerpo humano, hay algunas partes agradables y hermosas, y algunas bastante innobles y desagradables, y sin embargo comprendemos que aquéllas tienen gran necesidad de éstas, y sin ellas no podrían subsistir, también en los edificios tiene que haber partes distinguidas y honorables, y otras menos elegantes, sin las cuales no podrían quedar libres las primeras, y con ello perderían parte de su dignidad y belleza. Pero como Nuestro Señor ha dispuesto nuestros miembros de forma que los más bellos se encuentren en lugares más expuestos, para ser vistos, y los menos honestos queden más escondidos, lo mismo haremos nosotros al construir, situando las partes principales donde puedan ser mejor vistas, y las menos bellas en los lugares más escondidos de nuestros ojos, para que en éstas se puedan depositar todas las inmundicias de la casa y todo cuanto pueda causar obstrucción y, en algún modo, restar belleza a las partes más nobles.[147]

---

[144] *Apud* Cotarelo y Mori, Emilio, *Bibliografía*, citada, p. 195a.

[145] *Ibid.*, p. 431b.

[146] «Incluso los pintores, a los que como a los poetas todas las cosas les están permitidas, aunque pinten una mujer desnuda, sin embargo ocultan con algún velo los miembros impúdicos de su cuerpo, teniendo como modelo a la naturaleza, que situó lejos de la vista esas partes que tenían algo de vergonzoso.» *Epistolae* (ed. de Thomas de Tonelli), I, Florencia, 1832, p. 183.

[147] Por el contrario otros humanistas como Guarino de Verona se abrían a la pregnante sensualidad renacentista: «Nec idcirco minus carmen ipsum probarium et ingenium, quia

Desde luego la discusión piadoso-moral-iconográfica sobre la desnudez ocupará muchas páginas a lo largo de los siglos XVII y XVIII. Muestra de ello serán las menciones frecuentes a la cuestión de Juan de Interián de Ayala, en su *El pintor erudito y cristiano*:

> Vemos igualmente con bastante frecuencia imágenes de la sacratísima Virgen María [...] no enteramente desnudas (que no ha llegado a tanto la audacia y desenfreno de los pintores católicos), pero sí pintadas caído su cabello rubio, desnudo su cuello y hombros, y aun sus purísimos y virginales pechos, y otras veces con los pies enteramente descubiertos; de suerte que ninguno podría persuadirse que sea éste un ejemplar y dechado perfectísimo de vírgenes, y de todo pudor virginal; antes bien creerá que es un retrato de alguna diosa de los gentiles, y aun que es la misma Venus de Gnydo.[148]

Pues bien, quizá la muestra más fetichista de esta parcialidad ética de lo mostrable o representable sea, para el cuerpo femenino, la visión del pie desnudo. Hay un pasaje especialmente siniestro respecto a la capacidad de sentir por parte de la mujer en *De institutione feminae christianae* de Luis Vives, en el que el docto misógino cita a una tal Zenobia, reina de los palmirenos, a la que «su sexo no le excitó más al placer que su pie o que su mano.»[149] Errado iba en estas cuestiones a juzgar por el morbo erótico que, como ya es sabido, organizaba la entrevisión del pie de la mujer en escena. Mucha intención puso Lope al hacer coincidir el primer encuentro de Casandra y Federico en *El castigo sin venganza* (I, vv. 533-535) con la visión

---

iocos lasciviam et petulcum aliquid sapit. An ideo minus laudabimus Apellem, Fabium ceterosque pictores, quia nudas et apertas pinxerint in corpore particulas, natura latere volentes? Quid? si vermes angus mures scorpiones ranas muscas fastidiosasque bestiolas expresserint, num ipsam admiraberis et extolles artem artificisque solertiam?»: «Y yo no apruebo menos el talento o el poema de un escritor por el hecho de que contenga bromas, lascivias o algo vergonzoso. ¿Acaso por ello alabaremos menos a Apeles, Fabio y los demás pintores, porque pintaron desnudas y descubiertas las partes del cuerpo que por naturaleza querrían ocultas?, ¿y qué? Si hubiesen pintado gusanos, culebras, ratones, ranas y todos los animales desagradables, ¿acaso no admirarías y ensalzarías la técnica y el talento del artista?» (*Epistolario*, ed. de R. Sabbadini, I, Venecia, 1915, p. 702).

[148] Ed. de Barcelona, Imprenta de la Vda. e Hijos de J. Subirana, 1883, lib. I, cap. IV, p. 36. Lo que no obsta para que el cauto teórico advierta «qué desnudez y en qué circunstancias se puede permitir en las imágenes sagradas, sin escándalo de timoratos», resultando que serían, por ejemplo la representación de Adán y Eva en su primera etapa del paraíso, «con tal que los pintores honestos y timoratos tengan particular cuidado de que no se vea la menor indecencia [...] Lo que se conseguirá perfectamente, si el pintor con darles cierto gesto o postura de cuerpo, o por medio de alguna cosa, como es un tronco, o ramo de árbol, sabe ocultar en especial aquellas partes que el mismo pudor o decencia pide que no se expongan a la vista.» (*Op. cit.*, p. 39).

[149] *Obras Completas* (ed. de Lorenzo Riber), Madrid, Aguilar, 1974, lib. II, cap. VI, p. 1111a.

de ésta por el Conde dando «nieve al agua risueña / bañando en ella los pies / para que corriesen perlas...»[150] La Riquelme (que interpretó espléndidamente a Casandra) bien pudo mostrar más de alguna vez el desparpajo —que aquí se apunta en mera relación— que de una representanta aseguraba un poema del siglo XVII:

> Porque su pie se arroja tan perito,
> que turba la atención del que curioso
> la está mirando entonces de hito en hito.[151]

De modo que no ha de extrañarnos que ya en fecha tan tardía como 1753, entre las *Precauciones que se deben tomar para la representación de comedias* y debajo de cuya puntual observancia se permite que se ejecuten, leamos: «XIV. Que al extremo del tablado y por su frente se ponga en toda su tirantez un listón o tabla de la altura de una tercia para embarazar por este medio que se registren los pies de las cómicas al tiempo que representan.»[152]

Junto a estas partes no representables del edificio corporal, las actrices cimentaban su fama seguramente en torno al canon de belleza femenino establecido entre los siglos XVI y XVII, en el que, a la enfermiza escualidez medieval, sucedió una saludable morbidez de cuerpo, una gordura «saludable» que no debía impedir, sin embargo, la cintura graciosa, ese «buen talle» que se reclama obsesivamente en los textos áureos tanto para las actrices como para los actores. De por sí, o con ayuda de estrategias corporales que luego veremos, no es imposible componer, de citas y descripciones aisladas, que la «gala» y «garbo» de las más admiradas se aproximaba a las treinta perfecciones que Marpugo reclamaba en *Le costume de le donne* (1536): tres cosas largas (pelo, manos y piernas); tres cortas: dientes, orejas y senos; tres anchas (frente, tórax y cadera); tres angostas (cintura, rodillas y «donde pone naturaleza todo lo dulce»); tres grandes («pero bien proporcionadas»): altura, brazos y muslos; tres finas (cejas, dedos, labios); tres redondas (cuello, brazos y...); tres pequeñas (boca, mentón y pies); tres blancas (dientes, garganta y manos); tres rojas (mejillas, labios y pezones); tres negras (cejas, ojos y «lo que vosotros ya sabéis»).[153]

El autor reconoce en el cuerpo femenino el origen del repertorio de

---

[150] Sobre este recurso de describir, en modesta forma de *enarratio*, claro está, el baño femenino véase el trabajo de McCurdy, Raymond R., «The Bathing Nude in Golden Age Drama», *Romance Notes*, 1, nov. 1959, pp. 36-39.

[151] Pellicer, Casiano, *Op. cit.*, p. 169.

[152] Editado por John Dowling en su ed. de *La comedia nueva* de Leandro Fernández de Moratín, Madrid, Castalia, 1970, p. 255.

[153] Cit. por Sara Matthews Grieco, *Op. cit.*, p. 79.

sensaciones que precisa desplegar en su intencionalidad ideológica. Puede hacerlo, incluso, adelgazando la abstracción y categorizándolo como lección moral. Cuenta Guillermo Díaz Plaja que en el santuario portugués de O Bon Jesus do Monte, de Braga, hay una ladera en la que se desea representar la vida, es decir, los sentidos, en toda su plenitud, mediante cinco figuras o esculturas de mujer:

> De cada escultura femenina salen unos chorros de agua limpia, borboteante, esbeltísima, que tienen esta disposición: dos de ellos surgen de los ojos de la primera estatua; otros dos, de los oídos de la segunda; otro par se derrama de la nariz de la tercera; de la boca de la que le sigue emerge a borbotones una breve cascada; de la última, diez hilillos acuosos que nacen en las yemas de sus dedos.[154]

Húmedo banquete de los cinco sentidos, al que echará mano, en cuerpo de mujer, Calderón para su auto sacramental *Los encantos de la culpa* (fechado antes de 1645); las cinco *damas* de la Culpa serán, antes que la alegoría las reserve para Envidia, Lascivia, Apetito, Lisonja o Murmuración, y la simbología doctrinal las transmute en Tigre, Oso, Bruto inmundo, Camaleón o León, cinco gozosos sentidos que invitan al festín de su plenitud:

> De suerte que no hay sentido
> que aquí no logre su objeto;
> pues hallarás en efecto,
> música para el oído,
> blandas telas para el tacto,
> para el gusto híbleos panales,
> para la vista cristales
> y aroma para el olfato.[155]

Pero además de la parcialidad ética de la representación, del canon de lo mostrable y de la posible utilización alegórica del cuerpo, éste ofrece a la actriz unas estrategias de aproximación o eficacia mediadora desde la intención del autor a la recepción del espectador. Sin intentar agotar las mismas, pues son campos abiertos de posibilidades, voy a referirme a cinco sistemas o mediaciones estratégicas:

1. La producción de *gestos* que condensan insinuaciones o una efectiva intención de significado. Los movimientos o gestos son la primera ma-

---

[154] *Hacia un concepto de la literatura española* (*Ensayos elegidos 1931-1941*), Buenos Aires, Austral, 1962 (1.ª ed. 1942), p. 102.

[155] *Obras Completas*, ed. cit., tomo III, p. 411.

nifestación de la docilidad del cuerpo de la *farsanta* para significar, para subrayar su rebelión frente al silencio. Desde antiguo, el arte escénico se rememora en su historia moral, a través de la condena de los mismos. Bances Candamo, en su *Theatro de los theatros*, se remonta, entre otras brillantes precisiones kinésicas, a los impúdicos bailes gaditanos, traduciendo un epigrama de Marcial a una «Puella Gaditana»:

> Tan trémula en sus quiebros vibra diestra
> los muslos, y tan tierna hace bullicios
> de cosquillosa comezón, que hiciera
> al mesmo casto Hippólito impúdico.[156]

Pero serán los teólogos quienes sistematicen la mejor antología del *gestus* de la seducción desde el cuerpo de la actriz. Sirva el texto del Padre Pedro de Fonseca:

> Para tal oficio [los comediantes] no buscan sino a las [mujeres] de mejor parecer y más desenvueltas, y que tengan más modo y arte para atraer los hombres, así con sus modos de hablar como con sus gestos y meneos, y después que les enseñan a perder todo encogimiento, respeto y vergüenza, las meten en los teatros tales cuales ya ellas entonces pueden estar tan enseñadas y amaestradas.[157]

O el del Padre Pedro de Calatayud: «No podéis negar que el cuerpo rollizo y bien vestido de una mujer, por sus ojos especialmente como por troneras brota fuego y vibra rayos de concupiscencia y despide su cuerpo como un efluvio de cualidades atractivas que despiertan, encienden y tiran el apetito del hombre.»[158]
Y es que, volviendo al bueno de Zabaleta, según aquellos notarios de la gestualidad «los que miran con libertad, con libertad apetecen»[159] y es el registro visual lo que «causa en el alma más conmoción y deleita más que aquellos objetos, que siéndolo sólo del oído, se introducen en el ánimo por este órgano.»[160] El Renacimiento había comenzado a construir una composición gestual diferenciada para el hombre y la mujer, en la que és-

---

[156] Bances Candamo, Francisco, *Theatro de los theatros de los passados y presentes siglos*, ed. cit., p. 110.
[157] Granja, Agustín de la, «Un documento inédito contra la comedias en el siglo XVI: Los *Fundamentos* del P. Pedro de Fonseca», en VV.AA., *Homenaje a Camoens. Estudios y ensayos hispanoportugueses*, Granada, Universidad, 1980, p. 182.
[158] *Doctrinas prácticas que suele explicar en sus missiones el P. Pedro Calatayud...*, Valencia, 1737. Cit. por Emilio Cotarelo y Mori, *Bibliografía*, citada, p. 117b.
[159] *Op. cit.*, p. 314.
[160] Gómez Miedes, Bernardino, *De Sale*, Lib. III, cit. por Pellicer, Casiano, *Op. cit.*, p. 108.

ta se envolviera en una suavidad de movimientos sensible y seductora:
Baltasar de Castiglione observa en *El Cortesano:*

> Sostengo que una mujer no debería parecerse en absoluto a un hombre en
> su modo de andar, sus maneras, sus palabras, sus gestos y su porte. Y así como
> es muy adecuado que un hombre despliegue una cierta masculinidad robusta
> y lozana, así también es bueno que una mujer tenga cierta ternura suave y de-
> licada, con aire de dulzura femenina en cada uno de sus movimientos.[161]

Un *canon* estético y ético que se hace recetario incluso en los tratados
de pintura, como cuando Francisco Pacheco, rememorando los preceptos
de Karel Van Mander, insistía en que «pies y piernas de la mujer, estando
plantada, no se han de apartar, porque es contra la honestidad» y que «no
se apliquen a la mujer las fuerzas en el movimiento y acción como al varón, porque sus movimientos son más flacos [...] Y generalmente, los movimientos de las mujeres han de ser honestos y recogidos, en cualquier
plantado que tengan.»[162] El moralista compone un canon gestual femenino
que también es diferenciador, abominable en su brutalidad de seducción,
según su punto de vista, aunque tal vez sea más *realista,* en términos de
eficacia dramática, que la composición ideal de Castiglione. Por las mismas razones, otro eximio misógino, Francisco de Quevedo, refina hasta el
extremo su modo satírico de referirse a determinados gestos femeninos
porque, como sugiere en uno de sus romances burlescos, «la mayor hermosura consta del alma en el movimiento y en las acciones.» Se refiere a la
buscona Elvirilla, que «tiene el ponleví con vida, / y con alma los talones.»
Y, claro está, a otras de su clase:

> Gesto tiene de lo caro
> la Dodeña de Villodres;
> mas anda como quien lleva
> humedad en los calzones.
> [...]
> Parece que se derrama
> cuando se mueve la Robles;
> que el vestido se le huye
> y que el manto se la sorbe.
> [...]
> De puro derecha quiere
> darnos a entender la Gómez

[161] Castiglione, Baldassare, *El cortesano* (ed. de Mario Pozzi), Madrid, Cátedra, 1994, p. 349.
[162] *El Arte de la Pintura* (ed. de Bonaventura Bassegoda i Hugas), Madrid, Cátedra, 1990,
pp. 408-409.

> una hartazga de gorgueces
> y un ahíto de asadores.[163]

Pero es la mirada del censor la que inscribe el gesto en un contexto y, por lo tanto, la que lo convierte en código de percepción teatral y de comunicación de intenciones. Así se expresaba Fray Jerónimo de la Cruz en 1635:

> ¡Cuántos pecados mortales se cometerán en un teatro y cuántos incentivos sacará la juventud lozana de ver representar una comedianta con la lascivia que suelen las tales, poniendo todo su estudio en adornarse más a lo profano que el demonio les enseña, no perdonando para hacer bien cómo le pide el paso, dar abrazos, dar las manos, llegarlas a la boca, y otras tales cosas que es asombro ver hacer en público acciones tan torpes y que no disuenen a los que pueden moderar semejantes excesos![164]

O el Padre Pedro Puente Hurtado de Mendoza en sus *Scholasticae:* «En el teatro refieren asuntos de amores, donde se abrazan, se toman las manos, se besan y estrechan, hacen señas.»[165] Las acciones o gestos aquí mencionados son transparentes aunque se cargan de la opacidad dramática, insistimos, que le comunica la percepción del observador: dan pie a constituir un catálogo gestual tan necesario para recomponer, como hemos sugerido, la elaboración de un *vocabulario técnico* del actor, en este caso de la actriz. Las palabras que deslizan los admiradores o detractores de las actrices proporcionan un bagaje que es la enciclopedia kinésica en la que resuene el universo moral (o de poder, o de coacción o simplemente de capacidad de percepción plástica) desde donde se han pronunciado o escrito. Se trata, en efecto, de palabras como *aire, garbo, gala, primor, aliños;* o expresiones como *energía en el decir, afectando el melindre, travesura de ojos, palabra blanda.* Maneras de describir ponderativamente como aquellas alusiones a diversas actrices que realiza Sebastián de Villaviciosa en el entremés de *La vida holgona* de 1635, por boca de un personaje que jura:

> por la capona superior de Antonia,
> por las endechas de María Candado,
> juntamente la niñez de entrambas.
> Por las airosas olas de Amarilis;
> por el reposo de Josefa Vaca;
> por el brío español de la Falcona;

---

[163] *Poesías completas* (ed. de José Manuel Blecua), Madrid, Castalia, 1970, tomo II, pp. 273-75.

[164] *Defensas de los estatutos y noblezas españolas,* Zaragoza, 1635, *apud* Cotarelo y Mori, Emilio, *Bibliografía,* citada, p. 203b.

[165] *Ibid.,* p. 364a.

por la amable dulzura de Manuela;
por la celeste voz de Isabel Ana.

Algunos de estos términos son transparentes: *capona* hace referencia al célebre y bullicioso baile también llamado *mariona;* las *endechas* remiten probablemente al elocuente modo de recitación de la Candado en temas trágicos o fúnebres (*endecha* se define como ese tipo de composición poética entre sentimental y fúnebre, y *endechadera* era la mujer que lloraba y glosaba a los difuntos, a veces de alto linaje); *reposo* y *brío* sostienen una referencia kinésica clara por la buscada oposición; mientras que *amable dulzura* y *celeste voz* se corresponden sin duda con ese código renacentista y cortesano desde el que un indudable admirador contempla a las farsantas. Y ¿qué hay de las *airosas olas* de Amarilis? El bueno de Cotarelo, en su trabajo sobre la actriz,[166] se muestra convencido de que el poeta se refiere al modo especial de pronunciar la actriz la exclamación *¡Hola!,* muy frecuente en las comedias de la época. Es evidente, sin embargo, que hay una más que latente gestualidad denotadora de los movimientos «impetuosos y violentos» que determina el *Diccionario de Autoridades*. Procede Cotarelo, aplicando la buena intención, de manera inversa a los teólogos de las *Controversias* (en las que sin lugar a dudas se ventila la posesión o control de la institución teatral) para los que la codificación del gesto se envolvía en la sutileza moral de equivalencias descalificadoras. Por eso el Padre Camargo en su *Discurso theológico sobre los teatros y comedias de este siglo* (Salamanca, 1689) reniega de las actrices en quienes es «gala la disolución, desgracia la modestia, cuidado el garbo y donaire, primor la desenvoltura, estudio el artificio, oficio el dejarse ver y profesión el agradar a los hombres.»[167] La *logosfera* moral y cultural impregna la descripción del gesto de la actriz, pretendiendo oscurecer la pura eficacia técnica del mismo. Dos palabras nos sirven para comprobarlo: *desgarro* y *meneo*. Covarrubias en su *Thesoro de la lengua castellana* (1611) ni siquiera define la primera palabra, mientras que el *Diccionario de Autoridades* (que hereda ya la profunda carga semántica de algo más de un siglo de trasiego teatral) establece no sólo una serie de valoraciones gestuales (arrojo, ademán de braveza, afectación de valentía, descaro, desvergüenza, movimiento airoso de los ojos de la dama) sino que connota perversamente el término en la perpleja contradicción de definir *desgarrarse*, al mismo tiempo «derramarse en vicios o entregarse a la vida licenciosa» o «apartarse, dividirse de una compañía.» Leemos con ironía que de algunas actrices se habló tanto de «desgarrarse» para entregarse a la vida pública

---

[166] *Op. cit.,* p. 23.
[167] Cotarelo y Mori, Emilio, *Bibliografía*, citada, p. 123a.

como para ingresar en un convento. En el caso de *meneo*, a una primera acepción aséptica o denotativa («el movimiento del cuerpo o de alguna parte de él») sucede una explicación connotadora de una actividad sistemáticamente atribuida a la actriz: «significaba en lo antiguo trato y comercio.»

2. Como segunda estrategia asumiremos el *maquillaje* y los *afeites* que las actrices usaban y cuya condena moral es explícita y, sin duda, anterior a la lógica aplicación teatral. Desde la invención de la imprenta se difunden por toda Europa recetarios acerca de esta técnica, se supone que para imponer, también desde la óptica masculina, un estereotipo de belleza femenina. Como ha escrito Sara Matthews,[168] estos recetarios reunían información médica, recetas de cocina,[169] magia natural, cuadros astrológicos y observaciones de otras artes como (y esto es capital para nuestro interés) la *fisiognomía*. Se vuelve a insistir por parte de los teólogos en la vieja acusación contra el actor en general que transforma y deforma la imagen original «a semejanza de Dios» con la que el hombre y la mujer fueron dotados. No duda así Fray Juan de Roelas, en su *Hermosura corporal de la madre de Dios* (1621), en fustigar a «la muger que con los afeytes materiales adereça su rostro [borrando] la pintura de Dios.» De nuevo resulta determinante la extraordinaria capacidad eidética del moralista que, censurando, evidencia y anota. Lo hace Juan Ferrer (seudónimo de Fructuoso Bisbe y Vidal) en su *Tratado de las comedias* (Barcelona, 1618):

> A buen seguro que estas [las actrices] no tienen necesidad de ensuciarse el rostro, como lo hacían los representantes antiguos, por no ser conocidos y

---

[168] *Op. cit.*, p. 80. El embadurnamiento del rostro se reprocha asimismo en otros escenarios y lugares, incluso en el palaciego de la Inglaterra de los Estuardo. En una carta escrita por Sir Dudley Carleton a Ralph Winwood acerca de la mascarada que la Reina Ana y sus damas representan en la corte el 6 de enero de 1605, aquél no puede menos que observar su disgusto de contemplar a la soberana sentada en medio de una suerte de gran concha o venera, rodeada de mujeres de alto rango. Y añade: «Their apparel was rich, but too light and curtizanlike for such great ones. Instead of vizzards their faces and arms, up to the elbows, were painted black, which was disguised sufficient for they were hard to be known; but it became them nothing so well as their red and white, and you cannot imagine a more ugly sight than a troop of lean-checked moors...» *Cf.* Cesarano, S. P. y Wynne-Davies, Marion (eds.), *Renaissance Drama by women: texts and documents*, Londres-Nueva York, Routledge, 1996, p. 169. Observemos, por lo que luego seguirá, que el natural blanco/rosa o rojizo de las mejillas se ha degradado al negro maquillaje de la apariencia de una tropa morisca. Las convenciones siguen funcionando.

[169] Véase ahora la excelente edición de Alicia Martínez Crespo del *Manual en el qual se contienen muchas diversas reçetas muy buenas*, Salamanca, Ediciones Universidad de Salamanca, 1995. Edita un ms. fechado entre 1475-1525 donde se acumulan recetas tan interesantes para el nuevo canon del maquillaje y aseo femeninos como los «polvos para sacar el color del rostro», el solimán (p. 48-49), el albayalde, las mudas para rostros y manos, el uso del cardenillo, las blanduras o *blandurillas* para las manos o para blanquear la tez, etc.

conservar la vergüenza natural; porque como la hayan ya perdido del todo, no puede obrar en sujeto donde no está. No digo que éstas no se ensucian el rostro, que antes bien, se lo ensucian y mucho; lo que digo es que no lo ensucian como los antiguos con alpechín de aceite, sino con albayalde, solimán y otras cosas, y no para que no las conozcan, sino para ser más conoscidas, y no para conservar la vergüenza, sino para perderla más, si más la pueden perder.[170]

Lo hace Fray Antonio Marqués, quien en su *Afeite y mundo mujeril* (1626) reprocha a la mujer su aparato «de afeites y ungüentos varios con que andas embarnizada, a fin todo de engañar y arruinar a los hombres que te miran, zalagarda»[171] (*zalagarda*, es decir, en el sentido de astucia maliciosa con que engaña a otro). Y lo hace el teólogo que en 1673 acusaba a la fémina a quien Dios hizo morena porque «peca venialmente en cubrirse de albayalde para que la tengan por blanca; y la que es blanca peca venialmente en arrebolarse para parecer rubia.»[172] El *albayalde*, en efecto, era la sustancia de plomo, disuelta en vinagre, cuya evaporación producía el polvo, a manera de cal, blanquísimo y que contribuirá a la imposición de la tez blanca o pálida como modelo de belleza femenina (contribuyendo a la virginal apariencia de las blondas, obligatoriamente rubias, del cabello). La actriz lo sabe desde antiguo. Y es sintomático que el entrañable Solano, uno de los protagonistas de *El viaje entretenido,* al recordar cómo la mujer de Ríos les acompañaba en su bohemia teatral como farsanta caminaba «con las faldas muy cortas, un zapato de dos suelas, una barbita entrecana y otras veces con mascarilla, por guardar la tez de su cara.» Por eso las comediantas usaban el *albayalde* estableciendo su asiento en el rostro, cuello y pechos, alternando con el *solimán* (azogue sublimado, es decir, polvo argenteado) con la misma función y contrastándolos en labios, mejillas e, incluso, en las cercanías de los pezones con toques rojos del *color* o *muda* que proporcionaba el arrebol rosado deseable. El más apreciado era el *color de Granada,* que se vendía extendido en hojas de papel y se conservaba líquido en salserilla. Calderón en su entremés *La casa holgona* desarrolla magistralmente, por medio del diálogo entre la actriz (que hace de «ojitapada prostituta») y un estudiante, todo un tratado de estos maquillajes:

AGUILITA

Abro la tienda, pues.

---

[170] *Apud* Cotarelo y Mori, Emilio, *Bibliografía*, citada, p. 251b.
[171] Véase la ed. de Fernando Rubio, Barcelona, Juan Flors, 1964, p. 28.
[172] Cit. por Maria Grazia Profeti, «Nudità...», citada, pp. 486-487.

ANTÓN

¿Hay color?
                    Eso me agrada.

AGUILITA

                    Sí señor, y de Granada.

ANTÓN

¿Hay albayalde?

AGUILITA

                    No señor, que no se gasta,
pero habrá solimán.

ANTÓN

                    Aqueso basta.
¿Hay miel, aceite, pasas y rasuras,
cerilla, cardenillo y limas frescas,
cabezas de carnero, vino tinto,
calabazas, borrajas, huevos frescos?[173]

De la cita de la comedia calderoniana *Las armas de la hermosura* mencionada más arriba cabe ahora recordar las puntuales menciones de otros tantos recursos del maquillaje femenino:

                    porque la gala..., afufón,
                    el artificio, lo mesmo,
                    el arrebol, ni por lumbre,
                    el solimán, ni por pienso,
                    los islanes, abrenuncio;
                    los sacristanes, arredro;
                    los alcanfores son chanza,
                    las blandurillas son cuento,
                    la clara de huevo, tate;
                    el resplandor, quedo, quedo;
                    el albayalde, *exi foras;*
                    la neguilla, *vade retro.*[174]

Además de la mención de los *islanes* (mantillas de encaje que llevaban las mujeres cuando no llevaban velo) y de los *sacristanes* (las sayas inte-

---

[173] *Entremeses, jácaras y mojigangas*, ed. cit., pp. 103-104.
[174] Calderón de la Barca, *Las armas de la hermosura*, en *Obras Completas*, ed. cit., tomo II, pp. 951-952.

riores con aros pendientes de la cintura para ahuecar las basquiñas), aparecen aquí los *alcanfores* de olor o perfume, las *blandurillas* o *blandas* para las manos ya mencionadas, la *clara de huevo*, ingrediente notorio de todas las recetas de afeites, el *resplandor* (una variante del *albayalde*) y la *neguilla* o *agenuz*, planta silvestre que seguramente formaría parte habitual de las mixturas.[175]

He citado la relación de estas recetas magistrales de afeites con la ciencia fisiognómica. Claro está, puesto que ya un pintor como Francisco Pacheco afirmaba que «los colores demuestran las pasiones y afectos del ánimo con mayor viveza»[176] y Vicente Carducho, siguiendo a G. P. Lomazzo, notifica que «los accidentes mudan y alteran aquel mismo color, según la pasión, y moción interior, o movimiento exterior, encendiéndose, o perdiendo el color, ya blanquecino, y ya verdinegro, según la calidad de la causa, y del humor, inquietado por ella.»[177] Tales testimonios autorizan a pensar que quizá sea el maquillaje y no sólo la prodigiosa capacidad interior de aquella espléndida María Riquelme el que lograba hacer efectiva la maestría con que, según Caramuel en su *Primus Calamus*, interpretaba ciertas escenas:

> quando representaba, mudaba con admiración de todos el color del rostro; porque si el poeta narraba sucesos prósperos y felices, los oía con semblante todo sonroseado; y si algún caso infausto y desdichado, luego se ponía pálida; y en este cambiar de afectos era tan única que era inimitable.

Quizá. Pero además de estar ante lo que ahora algunos críticos denominan *cromema* para codiciar en una perfecta semiología corporal el dato del maquillaje,[178] conviene observar el grado de convención establecido. Más que una referencia realista estaremos quizá ante el dato *canónico* de belleza femenina, de su expresividad gestual fundamentada esta vez en el maquillaje. El fuerte componente sígnico de la combinación blanco/rojo sirve para cifrar la emoción de la mujer en géneros altamente estereotipados como la novela corta amorosa:

[175] La cita pormenorizada de los recetarios de afeites o maquillajes se establece como tópico en la literatura aureosecular. Castillo Solórzano en el *Entremés del comisario de figuras* que incluye en *Las harpías de Madrid* recomienda, además del clásico *arrebol* para las mejillas, modos de acicalar las manos con «blandurillas, pomada y vinagrillos», así como «algalia» para rizar el cabello. *Cf.* ed. de Pablo Jauralde, Madrid, Castalia, 1985, pp. 118-119.
[176] *A los Profesores del Arte de la Pintura* (Sevilla, 1622), cit. por Francisco Calvo Serraller, *Teoría de la pintura en el Siglo de Oro*, Madrid, Cátedra, 1981, p. 188.
[177] *Diálogos de la Pintura. Su defensa, origen, esencia, definición, modos y diferencias* (ed. de Francisco Calvo Serraller), citada, p. 160.
[178] *Vid.* Cantalapiedra, Fernando, *Semiótica teatral del Siglo de Oro*, citada, p. 221.

Pero heló el temor en el pecho la cólera y en la garganta la voz y solamente dejó que se mostrasen airados los ojos, mientras volvían en su rostro los claveles que habían partido por la posta a dar aviso al corazón del peligro que corrían los desamparados jazmines.[179]

Algo que se traslada a la lírica del teatro, de la mano esta vez del propio Calderón en, por ejemplo, *No hay cosa como callar* (Jornada II, vv. 246-248):

> No malogre un accidente
> tanta copia de jazmines,
> pues ya huyó la de claveles.

Y a la poesía amorosa de trazo moral como el poema de Bartolomé Leonardo de Argensola en el que reprocha a Lais su excesivo afeite:

> Si lo blanco y purpúreo, que reparte
> Dios con sus rosas, puso en tus mejillas
> con no imitable natural mixtura,
> ¿por qué con dedo ingrato las mancillas?
> Oh, Lais, no más que en perfección tan pura,
> arte ha de ser el despreciar el arte.

La convencional vinculación entre maquillaje/carácter[180] se persona aquí con mayor concreción. Prueba de ello es que, en el contexto sublimado y poético del elogio a las actrices, este *signo emblemático* del contraste rojo/blanco (cuyo origen fisiognómico he estudiado en otro capítulo) reaparece con fuerte insistencia en el medio que le es más propio: los poemas dedicados a ciertas actrices de la *commedia dell'arte*, en el contexto como era de esperar, de la atmósfera de los tópicos petrarquistas. Me refiero a ciertos poemas elaborados por un grupo de académicos amantes del teatro y publicados en 1608 y que han sido estudiados, desde el rango de documentos teatrales, es decir, como síntoma de *acción escénica*, por parte de Ferdinando Taviani.[181] La imagen del rostro de la actriz (en este caso la célebre Flaminia) ofrece el poderoso atractivo técnico del hermoso cambio de color:

---

[179] Camerino, José, *La soberbia castigada,* en *Novelas Amorosas,* Madrid, Tomás Iunti, 1624, fol. 132.

[180] Volvamos a un claro ejemplo de Francisco Pacheco, que extrae del italiano Lodovico Dolce: «Verdad es que las tintas se deben variar considerando la edad y el sexo; porque un color conviene a la doncella, otro al mancebo, otro a la mujer anciana, otro al viejo; y no conviene al trabajo el que a un delicado gentilhombre» (*Arte de la Pintura,* ed. cit., p. 399).

[181] «Un vivo contraste. Seminario su attrici e attori della Commedia dell'Arte», *Teatro e Storia,* núm. 1, 1986, pp. 65 y ss.

... ancor si tinse
d'insolito rossor l'onesto viso
ond'io restai conquiso.

Qual cosa, oh mia Flaminia, ti contrista
onde pallor di morte in te s'investa?
Forse amorosa cura ti molesta,
ond'hai neve infra le rose mista?

Igualmente, cuando se elogia a Virginia Ramponi (Florinda), mujer de Giovan Battista Andreini:

Se impallidisce il fior del tuo bel viso
Flora gentil, vago di quel pallore
si fa ghiaccio il mio core.
Se poi ripligia i suoi vivi colori,
tosto ripligia il core i primi ardori.

Aunque también es cierto que estas estrategias del maquillaje, una técnica añadida al naturalismo al fin y al cabo, no siempre fueron apreciadas en el arte teatral. El mismo desapego moral hacia el maquillaje que advertimos en los españoles prevalece incluso en la escena inglesa de la Restauración, en el contexto de una sátira anónima (*The playhouse*):

And a false Virgin Modesty bestows;
Her ruddy Lips, the deep Vermilion dyes;
Length to her Brows the Pencil touch supplies,
And with black bending Arches shades her Eyes.
Well pleas'd, at last the Picture she beholds,
And spots it o'er with Artificials molds;
Her Countenance compleat, the Beau she warms
With Looks not hers, in spigh of Nature's Charms.[182]

Y, con más claridad si cabe, en los elogios que Anthony Aston prodiga a la actriz inglesa Elizabeth Barry (1658-1713), de la que afirma que componía su figura «as if sitting to have her Picture drawn» y en la que la verdadera fuerza y disciplina del gesto la distanciaban del artificial maquillaje de otras actrices menos maduras:

Her Face somewhat preceded her Action, as the latter did her Words, her Face ever expressing the Passions; not like the Actresses of late Times, who are

---

[182] *The Playhouse* (ed. de Roswell Gray Ham), New Haven, Yale University Press, 1931, pp. 30-31. Cit. por Alois Maria Nagler, *A Source Book in Theatrical History*, citada, p. 243.

afraid of putting their Faces out of the Form of Non-meaning, lest the should crack the Cerum, White-Wash, or other Cosmetic, trowl'd on.[183]

3. Menos noticias poseemos de una tercera estrategia: la del tocado y forma de componer el cabello. Que también existía precaución al respecto lo demuestra el hecho de la frecuencia con que en las diversas *Ordenanzas* sobre teatro se reclamaba a las actrices que «en las cabezas no sacasen nuevo usos o modas, sino la compostura del pelo que se usase.» Lo que sí es remarcable es la frecuencia con que las acotaciones proporcionaban el detalle del cabello de la actriz en una espléndida voluptuosidad que encierra, a la par que expresión de desenvoltura y belleza, precaución moral. Se trata de cuando la actriz sale *en cabello*, es decir, sin manto extendido. De este modo si la acotación de Lope en *Fuenteovejuna* «Sale Laurencia desmelenada» es bien expresiva del coraje y la violencia retórica y gestual que debe acompañar a la actriz en su inmediato parlamento, la preciosista didascalia de Vélez de Guevara en *La serrana de la Vera* no deja lugar a dudas de que el cabello formaba parte ritual del manejo corporal de la actriz:

> Detrás, a caballo, Gila, la serrana de la Vera, vestida a lo serrano de mujer, con sayuelo y muchas patenas, el cabello tendido y una montera con plumas, un cuchillo de monte al lado, botín argenteado y puesta una escopeta debajo del caparazón del caballo.

Vélez dedicó sabiamente esta obra a la temperamental Jusepa Vaca, cuya hermosura y las malas lenguas trajeron tanta desgracia a su pusilánime marido, Juan de Morales Medrano, apodado «el Bonico» por unos y «el Divino» por algunos otros, que hubo de soportar bromas tan ingeniosas como aquellos versillos espetados en plena representación por el guasón Marqués de Medina:

> ¿Con tanta felpa en la capa
> y tanta cadena de oro,
> el marido de la Vaca
> qué puede ser sino Toro?

Entre infamantes comentos los más hubieron de reconocer su maestría, pues

> de cuantas pisaron tablas
> en toda la cristiandad

---

[183] Ston, Anthony, *A Brief Supplement to Coley Cibber, Esq. His lives of the Late Famous Actors and Actresses*, Londres, 1748, pp. 78-80. Cit. por A.M. Nagler, *Op. cit.*, p. 228.

es, por bella y por discreta,
famosa entre las que más.
Comedias le escriben Lope
y Pérez de Montalbán,
y hasta el mismo Padre Téllez
con su pimienta y su sal.
Los señores Mosqueteros
no la silbaron jamás,
ni la femenil cazuela
con sus llaves le hizo mal,
y está el ilustre senado
chocho con su habilidad.[184]

4. Con el uso de *aderezos* y *vestuario* entramos de nuevo en competencia con los ataques de moralistas y la exigencia de moderación por la reinante cultura de la sobriedad. Se entrecruzan de nuevo precauciones morales y la intencionalidad *yusiva* de la acotación en la excelente referencia cervantina de *El rufián dichoso* en la que exige que la actriz salga «no muy aderezada, sino honesta.» Cervantes sabía muy bien que tanto para el lector de la comedia impresa como para el autor que hubiera de resolver materialmente la escena, Antonia, la protagonista objeto de la acotación, debía encontrar un equilibrio entre ademanes y vestuario elevados y la restricción efectiva de la ampulosidad y el lujo, lo que determinaría, claro está, una exacta concreción escénica que pasaría, de nuevo, por el cuerpo de la actriz. Pero también sabe que está en el derroche y no en la sobriedad la clave de su seducción. Algunas actrices como Catalina Hernández de Vardeseca se hicieron notorias por el lujo con que vestían los papeles que interpretaban; sobre todo, como era de esperar, en las representaciones del Corpus. En 1594 la comisión de los autos de Sevilla acordó otorgarle 37.400 maravedíes en atención a la mucha costa y gasto que tuvo en los vestidos de seda que hizo para actuar y en la bordadura de ellos.[185] Tan excepcional ocasión (el Corpus) proporcionaba la oportunidad de lucimiento y competencia entre las divas de la época. Lope de Vega, en carta al Duque de Sessa, es claro al respecto: «Los autos de fiesta se han hecho entre cuatro poetas y me ha cabido el uno. "Amarilis" y "la Calderona" han hecho dos vestidos para competir con Antonuela, cuestan dos mil ducados y dicen que ella no se rinde.»

«Amarilis» no cejó en su empeño de lucir y arropar su cuerpo con este magno lucimiento (que debía corresponderse con la mayor prestancia de

---

[184] Díaz de Escovar, Narciso, *Historia del teatro español; comediantes, escritores, curiosidades escénicas*, Barcelona, Montaner y Simón, 1924, t. I, p. 145.
[185] Díez de Escovar, Narciso, *Op. cit.*, p. 735.

un vestuario alegórico y profundamente iconizado por el contenido de la dramaturgia de los autos). La rivalidad en este caso, sin embargo, no parece que llegara a la que documenta la historia del teatro inglés de la Restauración, como la escena que narra el divertido Thomas Betterton respecto a las actrices Miss Barry y Miss Boutel, quienes bajo el impulso de una violenta pelea fuera de escena por haberse disputado un rico velo con que actuar, en la representación fueron a las veras, acometiendo una a la otra con una daga con tal empeño que hirió a su rival de gravedad.[186] Andrés de la Vega llegó a pagar 950 reales por once varas y media de tabí de plata y seda verde a cuadros y otros 698 por «pasamanos y trencillas de oro, tabí, tafetán, bocací y angeo», todo para un faldellín de la soberbia Amarilis. En 1606 los actores de la compañía de Alonso de Heredia, Juan Bautista de Angulo y Clara Eugenia de Torres, desembolsan «mil reales por razón de un vaquero de terciopelo morado, forrado, guarnecido y plateado todo de pasamanos de oro fino de Milán y de una saya y ropa y corpiño de raso de oro encarnado.» El autor Pedro de la Rosa, en sus giras de 1636 y 1637, realizó el costoso desembolso de 1.467 reales para el vestuario de la primera dama (su mujer) y pagó asimismo 3.600 reales por «un calzón de ropilla con ferreruelo de lana parda, bordado de coronas y palmas de oro y plata y las mangas del jubón de canutillo de plata.»[187] Y en los mentideros madrileños siempre corría alguna voz pregonando la liberalidad de algún noble que no dudó en gastarse hasta mil ducados en un faldellín, vestido e, incluso, «joya de diamantes con que granjearse a las cómicas.»[188] De ese modo la literatura de la época puede hacerse eco con razón de esta liberalidad ayudándonos a componer imaginativamente el lujo y dispendio del vestuario de las damas. Leemos en *Las harpías de Madrid* de Castillo Solórzano:

> ... advirtiendo doña Luisa a su galán que le hiciese un vestido para representar, que con el que había salido era de persona más abultada y salía con él con disgusto; con él le mandó buscar joyas de botones, cintillo, cadenas y sortijas, y otro vestido de dama para salir antes que mudase de hombre [...] Llevó el

[186] *The History of the English Stage*, Londres, 1741, pp. 21-22. Cit. por Alois Maria Nagler, *Op. cit.*, pp. 241-42: «It happened these two persons before they appeared to the audience, unfortunately had some dispute about a *veil* which Miss Boutel by the partiality of the property-man obtained; this offending the haughty Roxana, they had warm disputes behind the scenes, which spirited the Rivals with such a natural resentment to each other, they were so violent in performing their parts, and acted with such vivacity, that Statira on hearing the King was nigh, *begs the Gods to help her for that moment;* on which Roxana hastening the designed blow, struck with such force, that though the point of the dagger was blunted, it made way through Miss Boutel stays, and entered about a quarter of an inch in the flesh.»

[187] Flecniakoska, Jean-Louis, *Op. cit.*, p. 157.

[188] Cotarelo y Mori, Emilio, «Actores famosos del siglo XVII. Amarilis...», citada, pp. 5-6.

amante genovés a su dama un vestido de mujer de tabí azul y plata, muy guarnecido de pasamanos y alamares que había mandado hacer para ella, y otro de raso negro bordado de oro de canutillo para vestirse de hombre [...] junto con esto la llevó ricas joyas de botones, cintillo, cadena y rosa del sombrero, todo de diamantes.[189]

Es obvio que, para este apartado, el estudio de las diferentes ordenanzas para limitar el lujo en el vestuario, tan ligadas a los períodos de ascética renuncia a las comedias, muestra cómo las tablas del corral o el escenario cortesano eran espacios de alternativa compensación visual.[190] También está por explotar, desde el punto de vista del análisis documental, y a falta de la habitual información iconográfica sobre las representaciones teatrales del Siglo de Oro español, la pintura de la época y trabajos como el de Carmen Bernís[191] sobre la moda a través de los retratos de Corte se hacen harto necesarios.

Una vez más, ya entrado el siglo XVIII, advertimos la ventaja de la existencia de tratados formales sobre la técnica y disciplina de actuación. En ellos, además de consejos de verosimilitud o propiedad, aparecen advertencias respecto a las limitaciones que el vestuario femenino, sobre todo relacionado con la pomposidad trágica, podían imponer a las actrices en escena. El ejemplo de Henry Siddons puede ser expresivo:

> Nuestra actrices, con frecuencia, flaquean en la auténtica expresión de las emociones; a causa de las largas colas y de los ropajes que lamen el suelo, que las exponen incluso al peligro de caer de manera harto indecorosa; apremiadas a veces por un auténtico sentimiento de la pasión que anhelan expresar, se giran repentinamente y sus pies se enredan en los pliegues de sus amplias túnicas, con lo que pueden verse obligadas, en momentos de verdadero clímax, a recurrir a sus manos, para acudir a arreglar el desaguisado provocado en su compostura.

---

[189] Ed. cit., pp. 127-128.

[190] Cuenta Jerónimo de Barrionuevo en sus *Avisos* del 5 de diciembre de 1657: «Dieron las damas de palacio el domingo un memorial al Rey pidiéndole les dejase gastar las galas hechas en Palacio, o les diese alguna ayuda de costa para hacer otras conforme a la pragmática con que festejar el nacimiento del Príncipe, y respondió que no había lugar lo uno ni lo otro, y lo mismo dijo a otro memorial de los farsantes, casi del mismo tenor» (BAE, tomo CCXXII, p. 122b). En el *Diálogo de las comedias* (1620) se recuerda «las pregmáticas que ahora se trazan, algunas de las tocantes a los trajes ordenaban que los comediantes y comediantas no trajesen seda ni la pudiesen vestir fuera del tablado, ni vestido guarnecido de seda, ni ellos trajesen espadas, ni ellas mantos ni chapines, sino mantellinas como las mugeres perdidas.» *Apud* Cotarelo y Mori, Emilio, *Bibliografía*, citada, p. 230a.

[191] Bernís, Carmen, «La moda en la España de Felipe II a través del retrato de Corte», en *Alonso Sánchez Coello y el retrato en la corte de Felipe II* [cat. exp.], Madrid, Museo del Prado, 1990, pp. 65-111.

Soy muy estricto en todo lo que sea añadir inútiles abalorios al vestuario de las damas, especialmente en una mujer en la que la naturaleza se ha mostrado generosa, pero tampoco me inclino por una observancia rígida y exacta del vestido respecto al tiempo que se representa; frente a todo ello la verdad natural de la expresión es la principal regla del arte teatral.[192]

Lejos de tal sentido pragmático, el moralista barroco no ve en el vestido de la actriz sino una extensión de la estrategia seductora de su cuerpo, donde brota «la banda recamada, la basquiña corta, la media que salta al ojo, el zapato bordado, las chinelas de plata.» Es decir, «centellas de fuego que saltan deste tizón del infernal para encender los circunstantes.»[193] Moral pirómana, diríamos.

5. Pero si las estrategias hasta ahora señaladas enmarcan el trabajo desde la evidencia y explicitación del cuerpo femenino, la última a la que voy a referirme, por el contrario, conduce a cierto morboso ocultamiento o *ambigüedad*. Me refiero al momento en el que la actriz, siempre, claro está, por exigencias del guión, sale a escena vestida de hombre.

Se trataba, por un lado, de reproducir un cierto guiño de arqueología teatral, puesto que en España, aunque nunca como en el teatro isabelino,[194] perduró durante algún tiempo el que los papeles femeninos fueran

---

[192] *Practical Illustrations of rethorical gesture and action*, Londres, R. Philips, 1807, p. 87. Sin embargo, para una visión de cómo una actriz-empresaria encaraba el problema del vestuario, pensando esencialmente en términos de lucimiento personal, véase el interesante testimonio de Mrs. George Anne Bellamy, en *An apology for the life of George Anne Bellamy*, Londres, 1785, II, pp. 130-136, cit. por Alois Maria Nagler, *Op. cit.*, pp. 382-384.

[193] Ferrer, Juan, *Tratado de las comedias en el cual se declara si son lícitas* (Barcelona, 1613). *Apud* Cotarelo y Mori, Emilio, *Bibliografía*, citada, p. 252a.

[194] Sobre la cuestión de los efebos interpretando los papeles femeninos en la escena shakespeareana se ha escrito hasta la infinitud. Me limitaré a señalar las últimas y más interesantes aportaciones. *Vid.*, así, Thomas James King, «The Versatility of Shakespeare's Actors», en William B. Long (ed.), *Shakespeare and dramatic tradition. Essays in honor of S.F. Johnson*, Newark, University of Delaware Press, 1989, pp. 144-150, y Charlotte Spivack, «Woman on the Jacobean Stage: type and antitype», en *Traditions and Innovations. Essays on British Literature of the Middle Age and the Ranaissance* (ed. de David. G. Allen y Robert A. White), Newark, University of Delaware Press, 1990, pp. 177-186. Ya en el siglo XVII, la severidad luterana parece imponer un nuevo canon moral y se cuestiona el papel de los efebos tanto como el de las actrices: la cuestión es considerar, como pasaba al mismo tiempo en los debates de España, el teatro como fuente de perversión. Es bien sintomático lo que escribe William Prynne en su *Histriomatix* (Londres, 1633) a propósito de equiparar la maldad del peligro derivado de la sensualidad y sutileza gestual de los muchachos que incorporaban a mujeres, pero también si el papel era interpretado por actrices. La cuestión estriba, pues, en la interpretación y no en el sujeto que encarne las interpretaciones: «But what is this so great noise of theatre men? What these diabolical clamours? What this Satanical apparel? One, being a young man, hath his hair combed backward, an effeminating nature in his

interpretados por jóvenes efebos. En la *gangarilla* mencionada por Agustín de Rojas era un muchacho quien hacía de *dama;* en la *garnacha* un muchacho seguía haciendo de *segunda dama*; y en la *farándula* vuelven a mencionarse tres muchachos sin mujer alguna. Es noticia sabida que el Padre Mariana, en *De Spectaculis*, ya admite que en el siglo XVI «se iba introduciendo que representasen mujeres en lugar de muchachos; aunque esto de representar muchachos vestidos de mujer, de buen parecer y acicalados, lo tenían algunos por de mayor inconveniente.»[195] El sensato Ni-

---

countenance, apparel, pace, and such like, strives to deduce it to the similitude of a tender virgin. Another, on the side, being an old man, having his hair and all modesty shaven off with a razor, standing by girt, is ready to speak and act on all things. Women also, with a naked and an uncovered head, speak to the people without shame, and usurp impudency to themselves with so great premeditation, and infuse so great lasciviousnes into the minds of hearers and spectators that all may seem, even with one consent, to extirpate all modesty out of their minds, to disgrace the female nature, and to satiate their lusts with pernicious pleasure. For all things that are done there are absolutely most obscene, the words, the apparel, the tonsure, the pace, the speeches, the songs, the ditties, the runings and glances of the eyes, the pipes, the flutes, and the very argument of the plays, all things (I say) are full of filthy wantonness.»

[195] Citado por Casiano Pellicer, *Op. cit.*, p. 102. Jerónimo de Alcalá en su *Alonso, mozo de muchos amos* también recuerda la circunstancia contraria: que la prohibición de representar mujeres supuso que circunstancialmente algunos hombres volvieran a encarnar personajes femeninos: «Reinando el sabio y prudente rey don Felipe Segundo, por evitar algunos inconvenientes, y por mayor honestidad, en las comedias se quitó el representar las mujeres por parecer que el verlas vestidas curiosamente, ya de su traje, ya del varón cuando se ofrecía, incitaba a torpes y deshonestos deseos; y así se mandó que en su lugar fuesen los representantes muchachos de mediana edad, y deste modo se representó algún tiempo. Después, pareciendo ser cosa tan impropia que a un varón se le dijesen palabras amorosas, se le tomase la mano o llegase al rostro, se volvió la representación a lo que de antes pero con algún límite; mandando a las mujeres, cuando se hubiesen de vestir de hombre, fuese el vestido de modo que cubriese la rodilla, guardando en todas sus acciones honestidad y compostura...» (Parte I, cap. IX, *Novelistas posteriores a Cervantes*, BAE, t. XVIII, p. 532ab). En algunos autores como el erudito Bances Candamo del recuerdo histórico de encarnar los hombres los papeles femeninos parece desprenderse un deseo de justificar la práctica de este intercambio en los orígenes del teatro español. Leemos en el *Theatro de los theatros*: «Demás de eso, no sé que para otro efecto les pudiesen enseñar gestos de muger, porque en las representaciones mudas eran hombres los que hacían papeles de muger, como se infiere de las Authoridades arriua alegadas y de las que trae el padre Camargo. En las tragedias, en tanto que no se introdugeron mugeres en ellas, eran hombres los que hacían ese papel, como prueba don Joseph Antonio, que trae muchos mui célebres en esa imitación en el que el mismo Nerón fue insigne, porque para las Hécubas, Andrómacas, Medeas, y otras semejantes figuras, siendo la gala de la tragedia el dar voces y hurtando mucho aliento la mascarilla, ni bastauan los muchachos ni las Mugeres, y así hacían hombres esas Damas. No por esto aseguro que los muchaçhos no harían alguna vez papel de muger, porque, como dejo arriua dicho, los tiempos y las costumbres escénicas de que se habla son mui varios y, estando introducidas las mugeres ya en

colò Barbieri en *La Supplica: discorso famigliare a quelli che trattano de'comici*, hace una puntual y chispeante reflexión que muestra cómo, todavía en 1634, el prejuicio persistía y aún han de medirse casi con la misma vara las razones técnicas de conveniencia teatral y la ñoñería moral:

> Algunos quisieran que se representaran las comedias sin introducir en escena a mujeres, aduciendo que podrían evitarse ciertos gestos tal vez lascivos y ciertos equívocos escandalosos que las hacen deshonestas; pero que, si no se prescinde de las mujeres, no se quita la ocasión y que la sensualidad corre placenteramente en su medio natural; pero que si se sustituyeran por muchachos se evitaría el peligro y también el escándalo.
>
> Estos tales tienen su opinión y yo la mía: yo no alabaría el que representaran habitualmente muchachos los papeles de mujer, dado que he visto en ciertas Academias la confusión de estos mozalbetes: éstos no se saben vestir determinados trajes por sí mismos y se hacen aderezar por otras mujeres o quizá por criadas casquivanas que tal vez se dedican a alabar empalagosamente a los jóvenes, quienes no tienen todavía el sentido experimentado por los años ni han madurado tampoco el control de su vanidad; después de arreglados, vagan por la ciudad vestidos de esa guisa, pavoneándose, y un vestido tan distinguido hace murmurar de inmediato a la compañía; luego, a punto de entrar en escena, se descomponen y hace falta que que sus amigos o preceptores vuelvan a peinar sus cabellos, restaurar el maquillaje, recomponer las puntillas del cuello, tal vez le han de mirar para asegurarse que representarán de modo conveniente y le palmotean en la espalda para desearle ánimo con la promesa de hipotéticos honores; todo lo cual, creo, puede estragar la paciencia de quien ha de tomarse tantas molestias. Las mujeres, en cambio, son más naturales y saben arreglarse ellas mismas; y como son mujeres de bien, no sólo no dan escándalo sino que dan buen ejemplo; porque las bellas son a menudo alabadas, favorecidas y hasta solicitadas con regalos por personajes de alta alcurnia [...] Evitar el peligro es siempre bueno, pero no querer cabalgar porque muchos se caen del caballo o no caminar por las calles porque otros tantos, resbalando, han acabado con una pierna u otro miembro rotos, es demasiada exquisitez. Huir del teatro porque algunas mujeres no guardan la castidad (a mi entender) es excesiva severidad: pues harto difícil es huir de las mujeres si no se huye de la ciudad misma, porque las mujeres son la mitad del mundo.[196]

La neutralización de esta convención *contra natura* implica que las actrices, en una inversa operación transgresiva, usarán del travestismo mas-

---

tiempos de Octauiano, Tiberio y Nerón, en el de Tertuliano y Augustino, que fueron mucho después, todavía los hombres hacían damas» (ed. cit., p. 13).

[196] En el capítulo LIII, «Esser più naturale che le femine rappresentano figliole da marito che travestire giovanetti da femina» (ed. de Fernando Taviani), Milán, Edizioni Il Polifilo, 1971, pp. 121-122.

culino para evidenciar la silueta de su cuerpo, desprendida para la ocasión de los flotantes ropajes de basquiñas y guardainfantes. Esta vez, pues, no cuenta la desnudez, como advierte Fray Álvaro de Mendoza, pues ahora la cuestión es que «ambas piernas, si tapadas, estaban hechas dos, como la naturaleza pida.» La línea cueva y voluptuosa, admisible en la vaporosidad mitológica rubensiana o, más atrás, en la estirada transparencia de Botticelli, se abomina en la escena, exigiéndose que las piernas, ocultas sólo por las calzas que se pegan a la carne, se recubriesen con alargamiento de sayo. Así lo pide el anónimo autor de un *Memorial* dirigido, en 1598, a Felipe II, para que levantase la suspensión de las comedias:

> En cuanto a que la muger que representa no vista el traje de hombre ni al revés, puede haber moderación, mas no se puede del todo prohibir, pues es muy cierto que a veces es forzoso en la comedia que la muger huya en hábito de hombre, como en sagradas y auténticas historias de estos reinos está escrito. Debe, pues, para esto, permitirse, mas con orden expresa que ni el hábito sea lascivo ni tan corto que del todo degenere del natural honesto de mujer, pues puede la invención muy fácilmente hacer que el mismo sayo sea más largo y no tan costoso ni afectado de compostura lo que se hubiere de ver.[197]

Tal permisividad, indudablemente, se aprovechó al extremo, y la ordenanza del 1 de enero de 1653 vuelve decididamente a la carga:

> Quando permití que volviesen las comedias (que se avían suspendido por los desórdenes y relaxación de trajes y representaciones que se avían experimentado) fue con orden precisa que [...] ninguna mujer pueda salir al teatro en hábito de hombre, y que si huviese de ser preciso para la representación, que si hagan estos papeles sea con traje tan ajustado y modesto, que de ninguna manera se les descubran las piernas ni los pies, sino que esto esté siempre cubierto con los vestidos o trajes que ordinariamente usan, o con algunas sotanas, de manera que sólo se diferencie el traje de la cintura para arriba.

---

[197] *Memorial impreso dirigido al rey D. Felipe II, para que levante la suspensión en las representaciones de comedias*, Madrid, 1598. *Apud* Cotarelo y Mori, Emilio, *Bibliografía*, citada, p. 424a-b. A fin de cuentas por testimonios aislados, por ejemplo del portugués Tomé Pinheiro da Veiga, sabemos que en el siglo XVI en el monasterio de Jesús y María de Valladolid, las franciscanas de la Asunción, que se dedicaban a la educación de muchachas, celebraron una comedia. Dice el portugués: «Vimos las gradas llenas de personas y entre ellas el rey y la reina que eligen en aquellos días, que eran dos mozas como dos ángeles, y fue una de las cosas que más holgué de ver en mucho tiempo a esta parte, por lo bien que parecían de hombres y las travesuras que hicieron, requebrándose como jaques.» *Cf.* Hermenegildo, Alfredo, «Registro de representantes: soporte escénico del personaje dramático en el siglo XVI», *Del oficio al mito: el actor en sus documentos*, citada, t. I, pp. 151-152).

Pero poco se alargó el sayo la actriz Micaela Fernández, especialista en *terceras* y *quartas damas*, que, sin embargo, fue celebrada como «ambidextra», y era tan excelente en hacer damas como galanes[198] o, sobre todo, la soberbia Bárbara Coronel (*ca*. 1632-1691), sobrina del celebérrimo «Juan Rana», a quien se llamó «muger casi hombre y la amazona de las farsantas de su tiempo», que quizá por ello fue objeto de algo más que chismorreos y, acusada de dar muerte a su marido en connivencia con un mozo apuntador, al filo estuvo de morir ejecutada.[199]

La excitante ambigüedad del traje de hombre requería extraer de las capacidades de la actriz una serie de recursos de modulación interpretativa puestos al servicio, de nuevo, de esa sombra de intencional *desideratum* del autor. Quizá el ejemplo más espléndido que podemos mencionar sea el delicioso *Don Gil de las calzas verdes* de Tirso de Molina que se implicó, como pocas veces se ve en los dramaturgos aureoseculares, en la creación de un personaje construido en una delirante contradanza de acciones e imposturas de voz, en una feminidad apenas contenida que habría de estallar en la visión de la silueta de la actriz.[200] El gracioso Caramanchel será el encargado de, por medio de acotaciones interiorizadas, indicar el trabajo de falsete de una actriz interpretando a una mujer que finge ser hombre sin dejar de traslucir el engaño. El criado verbaliza todo el tiempo marcas textuales que remiten a un exacto cuaderno de dirección para la farsanta: «capón», «hermafrodita», «chilindrón capadillo» o, con más contundencia, «galán sin visa» (saeta, *pene*), «hembrimucho.» Y en cuanto a la voz: «hablar a lo caponil» o «tiple moscatel.» Tan difícil papel le cupo en suerte a una actriz que dejó ampliamente insatisfecho al mercedario, quien habría de quejarse, como ya vimos en sus *Cigarrales de Toledo*, del desaguisado de la puesta en escena. El testimonio es capital para iluminar la problemática de las relaciones entre la intencionalidad del autor y el actor/actriz como instrumentos imprescindibles de aquélla:

[198] *Genealogía*, citada, II, 463 (p. 471).

[199] *Ibid*., II, 246 (p. 422).

[200] En un interesante trabajo («Lady Mary Wroth describes a "boy actress"», *Medieval&Renaissance Drama in England. An Annual Gathering of Research, Criticism and Reviews*, vol. 4, 1989, pp. 187-194) Michel Saphiro estudia el precioso testimonio de cómo una aristócrata inglesa se siente seducida por la actuación de un efebo. Ello le lleva a la reflexión, que puede arrastrarse hasta el caso de las actrices vestidas de hombres del teatro español, y especialmente en el caso que nos ocupa, de que el espectador entendido en teatro apreciaba con suma sensibilidad los matices y flexiones de la actuación, de la *técnica de actuación*, precisamente por tener plena conciencia del sexo de quien interpretaba el personaje. Dicho de otro modo: se trataba de admirar, más allá de la efectividad realista o verosímil del vestuario, maquillaje o disfraz, la *interpretación* por la *interpretación*.

La segunda causa, prosiguió don Melchor, de perderse una comedia, es por lo mal que le entalla el papel al representante. ¿Quién ha de sufrir, por extremada que sea, ver que habiéndose su dueño desvelado en pintar una dama, hermosa, muchacha y con tan gallardo talle que vestida de hombre persuade y enamore la más melindrosa dama de la Corte, salga a hacer esta figura una del infierno, con más carnes que un antruejo, más años que un solar de la Montaña y más arrugas que una carga de repollos, y que se enamore la otra y le diga: «¡Ay, qué don Gilito de Perlas! ¡Es un brinco, un dix, un juguete de amor!»[201]

Víctima de semejantes dicterios por parte del dolido Fray Gabriel era Jerónima de Burgos, para la que Lope, en 1613, había escrito el agradecido papel de Nise en *La dama boba*. Tirso, aunque sensible y campechano frente a las cómicas,[202] se explaya aquí criticando el desatinado ajuste entre actriz y papel, bien lejos de la sutileza de registros de voz y gesto que perseguía y distanciándose con sarcasmo de la imagen de una actriz ya entrada en años. En su momento, el propio Lope revelará indicios de su tormentosa relación con la que llama sin recato «Gerarda», y a quien recuerda en algunas cartas al Duque de Sessa, ora haciendo imaginarias reverencias al noble «a lo de Castilla, porque estaba en hábito de labradora, que no se había desnudado», ora tomando el hábito de monja «que no es ejemplo de la fortuna, sino de la comedia, y la ceniza que ahora trae, del oro quemado de sus vestidos; pensando estoy lo que parecería aquella nariz sobre picote y aquella panza con escapulario.»[203] Lope se despacha a gusto con ella en otra carta al Duque de Sessa en julio de 1615, llamándola «ramera» entre otras lindezas; apostillando, eso sí, que a la sazón estaba interpretando el *Don Gil*, «desatinada comedia del mercedario»,[204] sin más comentarios sobre la actuación de Jerónima.

El dramaturgo reclamaba, claro, habilidades y registros que respondieran a las exigencias de los diferentes personajes que aquéllos esbozaban. A veces se ponderaba la capacidad de improvisación, como dicen los versos de la *Sátira contra los poetas cómicos* recogidos por Cotarelo:

---

[201] *Cigarrales de Toledo*, Cigarral IV. *Vid.* ed. de Luis Vázquez Fernández, Madrid, Castalia, 1996, pp. 449 y 451-452.

[202] De hecho, cuando la célebre polémica sobre la prohibición o no de «la misa de hora» en la iglesia de Nuestra Señora de la Novena, que, organizada por actores y actrices, se veía profusamente concurrida, el dictamen de Tirso fue rotundo, al advertir que «la Iglesia y el Paraíso eran de todos, y que si las comediantas habían puesto de moda aquella misa, los hombres irían a ellas, en lo cual saldría ganando la religión.» *Cf.* Díaz de Escovar, Narciso, *Siluetas escénicas del pasado*, citada, p. 105.

[203] *Cartas*, ed. cit., pp. 267-268. Véase el trabajo de Donald McGrady, «Notes on Jeronima de Burgos in the life and work of Lope de Vega», *Hispanic Review*, 40, 1972, pp. 428-441.

[204] *Ibid.*, pp. 144-146.

> La Niña, con un garlo no aprendido
> sino el que allí le ministró el contento,
> esto largó, ni necio ni fingido.[205]

La prometeica capacidad de improvisación de la actrices se hace creíble a través de algunos testimonios textuales. Me limitaré a citar dos de contenido, eso sí, riquísimo en indicios. El primero se ofrece *El viaje entretenido* de Agustín de Rojas. La actriz, María, hace acopio de todo su saber para interpretar ella sola todos los personajes de una loa dialogada, incorporando a tipos marcados por una caracterización prototípica en el teatro áureo. El texto no tiene desperdicio:

MARÍA

> Sepa que yo puedo hacer,
> mientras de aquesta edad gozo,
> el ángel, el niño, el mozo,
> el galán y la mujer,
> y el viejo, que para hacerlo
> y otras figuras que haré,
> una barba me pondré,
> y ansí habré de parecerlo.
> El pobre, el rico, el ladrón,
> el príncipe, la señora...

ROJAS

> Anda, que eres habladora.

MARÍA

> Pues oiga y déme atención:
> que yo he de probar aquí
> todo lo que puedo hacer,
> y luego habemos de ver
> las muestras que él da de sí.
> Va de ángel.

ROJAS

> De ángel va.
> (*Representa de ángel.*)

MARÍA

> ¡Sansón, ah, Sansón! Esfuerza.
> que Dios te vuelve tu fuerza.

---

[205] *Op. cit.*, p. 553b.

ROJAS

Eso de ángel bueno está.

MARÍA

Va de dama.

ROJAS

¿Dama?

MARÍA

Sí.

(*Representa de dama.*)

¡Hola, Hernández, hola!, oíd:
corred volando a don Luis
que se llegue luego aquí.

ROJAS

Bueno está; va de galán.

MARÍA

¿De galán? Ansí lo haré.

ROJAS

¿Qué haces?

MARÍA

Desnúdome.

ROJAS

¿Hay más gracioso ademán?

(*Quítase la saya y queda de hombre.*)

MARÍA

Oiga, amigo; no se asombre,
que el galán tengo de hacer:
cuando dama, de mujer,
y cuando galán, de hombre.

ROJAS

Va de figura.

MARÍA

Señora,

(*Representa de galán.*)

a vuestra gran discreción
humilla su corazón
este esclavo que os adora.
Tened de mí mal memoria,
muévaos amor mi desgracia,
y no pierda vuestra gracia,
pues no alcanzo vuestra gloria.

ROJAS

Bueno está; va de un ladrón
o de un rufián arrogante.

MARÍA

Ya va de un hombre matante;
señor Rojas, atención.

(*Representa de rufián.*)

Amaine, señor Garrancho,
no se entruche con la iza,
que es muy godeña marquisa,
la guimara de Polancho.
Que le cortaré las nares
si más con ella se entreva,
y le quitare una greba
con sus calcorros y alares.

ROJAS

¡Válgate el diablo, Cangrejo!
¿Quién te enseñó germanía?

MARÍA

Óigame, por vida mía,
¿qué falta más?

ROJAS

Falta el viejo.

MARÍA

Déme una barba.

ROJAS

Aquí está,
que para mí la guardé.

MARÍA

Enseñe y me la pondré;
¿está buena?

ROJAS

Buena está.

MARÍA

(*Pónese la barba y representa de viejo.*)

Hija enemiga de honra,
de aquestos caducos días,
muévante ya mis porfías,
pues no te ablanda mi honra.

(*De dama.*)

Señor padre, no me afrente
con tan extraño rigor,
que siento más su dolor
que no él mis desdichas siente.

(*De galán.*)

Vuesa merced no me culpe,
que si a su hija he servido,
es para ser su marido,
y esto sólo me disculpe.

ROJAS

Epílogo bueno, a fe.

MARÍA

Ve aquí el galán, dama y viejo.
Agora en sus manos dejo
que empiece vuesa mercé.
Haga, pues, lo que le toca.

ROJAS

Dime tú lo que he de hacer.

MARÍA

Digo que haga una mujer
puesta aquesta saya y toca.

ROJAS

¿Yo mujer?

MARÍA

Pues él mujer.

ROJAS

¿Pues cómo con barbas puedo?

MARÍA

Luego con victoria quedo;
¿halo ya echado de ver?[206]

El segundo ejemplo es el espléndido entremés *La maestra de gracia* de Luis de Belmonte publicado en *Entremeses y flor de sainetes de varios autores* (Madrid, Imprenta Real, 1657) y en este caso la magistral lección y variedad de registros corresponden a la joven actriz Beatriz de Velasco, a la sazón en la compañía de Cristóbal de Avendaño, la cual junto a la de Andrés de la Vega y María de Córdoba («Amarilis») representaron la pieza probablemente en una fiesta palaciega con motivo de las Carnestolendas, poco antes de 1635. Es una rica muestra no sólo de las cualidades de la actriz referida, sino de la riquísima información metateatral que podían contener este tipo de piezas:

¿A qué vienes?

BEATRIZ

¡Qué pobremente que les va de sienes!
Escuchen mis razones:
lleváranse de paso unas liciones,
con que águilas sean en su oficio.

BERNARDA

Escucharemos hasta el día de el juicio.

BEATRIZ

Los graciosos han de ser
generales en las gracias,
que llamárselo no puede
quien las tiene limitadas.
Si se ofrece hacer vejete
con su barba y gorra chata,
tan temblona la cabeza,
como papanduja el habla,
ha de decir de esta suerte:

(*Habla de vejete.*)

---

[206] *El viaje entretenido*, ed. cit., pp. 198-200.

«Por San Lesmes, por la lanza
de Longinos, que la boda
le retoza a la muchacha
en el cuerpo, y me hace a mí
cosquillas dentro de el alma.»
Si hace algún alcalde simple,
que haya sobrado a Juan Rana
(a quien ciertos entremeses
perpetuaron la vara),

(Habla de villano.)

digan ansí: «Juro a Dios,
que es mal hecho, y esto basta
por tres razones: la una,
ellos la saben bien crara;
la segunda, no se dize;
y la tercera, se calla;
y bonda que yo lo diga,
y lo mande la Flemática.»
Si hacen algún valiente
de los germanos de la hampa,
trascolando el gavión
con la vista zurda y zaina,
gacho el cuerpo, a un lado el hierro,
y la capa derrengada,

(Habla como valiente.)

ha de decir: «Oye ucé,
¿a mí, que entrevo la chanza?
pues por el vino de Dios,
por no jurar por ellagua
si sale a luz la granchosa,
que le he de sajar ellalma,
y no digo más.» Si hacen
algún galán de almohaza,
que a su ninfa de estropajo,
con el aliento la empaña,
ha de hacer de el derretido,
aunque un par de bofetadas
le den tan grandes como éstas.

(Dales dos bofetadas.)[207]

En otras actrices, como Juana de Orozco, se admiró su «modo de conciliar la naturaleza y el arte en el gesto, en la dicción, en la voz y en la expre-

---

[207] *Ramillete de entremeses y bailes nuevamente recogidos de los antiguos poetas de España. Siglo XVII*, ed. cit., pp. 159-161.

sión de todas las pasiones»[208], pese a que la *Genealogía* sólo alcance a darnos a conocer que hizo *quintas damas*. Las hermanas Ana, Feliciana y Micaela Andrade (por sobrenombre «las Tenientas», «las Toledanas» o «las tres Gracias») fueron, sin embargo, especialistas en tañer música y cantar, apurando con «todas las partes necesarias de graciosidad» (como reconoció Jerónimo de Barrionuevo en sus *Avisos* del 4 de abril de 1657) el hacer las *segundas* y *terceras* damas de diversas compañías.[209] Antonia Granados, llamada «la divina Antandra», parece que recibió esmerada instrucción artística de su propio padre, Juan Granados, maestro de danzar. La voz y el baile parecieron distinguir también el atractivo y la adoración que el público dispensó a «Amarilis». Guillén de Castro en *Engañarse engañando* escribió de ella:

> Pues si afectuosamente
> representa, admira, espanta,
> altera el pulso, levanta
> el cabello: es excelente.
> ¡Pues si baila!... Es tan compuesto
> su modo, que da lugar
> a que se pueda templar
> lo lascivo con lo honesto.
> Para todo es cosa rara;
> a todo nacida viene;
> es muy bizarrota, tiene
> lindo talle, buena cara.
> Tiene mucho airoso y grave;
> todo galán, nada ajeno...
> Lo demás que tiene bueno
> Sol lo ignora, Dios lo sabe
> y Andrés de la Vega, que es
> su marido...

Y leemos en el entremés de *El licenciado Mochín* (*ca*. 1628):

---

[208] *Genealogía*, citada (II, 902), p. 560.

[209] Dice exactamente Jerónimo de Barrionuevo: «El marqués de Heliche ha traído de Toledo a Madrid para festejar al Rey tres hermanas que llaman *las Tinientas*, por serlo del teniente cura de la Magdalena de aquella ciudad. Son de extremado parecer: representan, cantan, tocan y bailan, y tienen todas las partes necesarias de graciosidad que hoy se hallan en grado excelente y superior. Tiénelas en una casa muy regalada, dándoles para su plato cada día cincuenta reales y un vestido riquísimo el primer día que las viere y oyere el Rey, y para el Corpus otro, y todo cuanto desean y piden por su boca, y de verdad, que según se dice, lo merecen por ser únicas y generales en todo género de festejo» (Madrid, BAE, tomo CCXXII, p. 75a).

> Canten un tonillo alegre
> que cause silencio, que nueva afición
> porque si Amarilis canta
> los vientos se paran oyendo su voz.

La prometeica versatilidad de esta «Amarilis», María de Córdoba, «la Gran Sultana», no obstaba para que en ella se apreciaran las cualidades más aptas para un registro dramático preferente: la tragedia. Para ello le ayudaban «su natural majestad y entonación elevada», lo que ratifica una gestualidad también codificada por géneros o tonos de actuación. Actrices hubo que lograron asimilar casi una máscara o personaje a partir de su identificación con el mismo como, al parecer, la autora Ángela Rogel, apodada «la Dido» por la belleza de su interpretación, durante un verano, de la tragedia *Dido y Eneas* de Guillén de Castro.[210] Otras que fueron admiradas por la variedad de sus registros como María Ladvenant y Quirante, de quien cuenta Pellicer que «sobresalía con grande aplauso en lo serio, en lo jocoso, en lo blando, en lo amoroso, en lo compasivo, en lo airado y en lo modesto, porque [era] igualmente insigne en lo trágico, en lo cómico y en el saynetear.» Samuel Chappuzeau, autor de *Le théâtre français* (1674), afirmaba que en esta ductilidad estribaba el hecho de que los autores se quejaran de que las actrices eran más difíciles de dirigir que los hombres, puesto que «su talento es diferente: una sobresale en la ternura de las pasiones, otra en las más violentas; ésta se afirma admirablemente en las partes serias y aquélla en las acciones más vivaces.»[211]

La sobreactuación barroca (aquel actuar «muy de veras» como base constructiva del modelo de la *mimesis* verosímil, aunque expresiva, de ademanes y gestos que pedía el Pinciano) afectaba también a la actriz. Se ha citado mucho, pero es imprescindible traerlo de nuevo a colación, el prodigioso pasaje en el que Juan de Zabaleta nos describe a una actriz en lo que entonces se daba en llamar «un paso de rabia»:

> Si hay en la comedia un paso de rabia, el representante a quien le toca se revuelca por aquellas tablas llenas de salivas, hechas lodo, de clavos mal embebidos y de astillas erizadas, tan sin dolores de su vestido como si fuera de guadamacil, y las más veces vale mucho dinero. Si importa al paso de la comedia que la representanta se entre huyendo, se entra, por hacer bien el paso, con tanta celeridad que se deja un pedazo de la valona, que no costó poco, en un clavo, y se lleva un desgarrón en un vestido que costó mucho. Yo vi a una comedianta de las de mucho nombre (poco ha que murió) que representando un paso de rabia, hallándose acaso el lienzo en la mano, le hizo mil pedazos

---

[210] *Ibid.* (II, 589), p. 499.
[211] Cit. por A.M. Nagler, *Op. cit.*, pp. 181-182.

por refinar el afecto que fingía: pues bien valía el lienzo dos veces más del partido que ella ganaba. Y aun hizo más que esto, que porque pareció bien entonces, rompió un lienzo cada día todo el tiempo que duró la comedia. Con tan grande estremo procuran cumplir con las obligaciones de la representación por tener a todos contentos que, estando yo en el vestuario algunos días que había poca gente, les oía decirse unos a otros que aquéllos son los días de representar con mucho cuidado, por no dar lugar a que la tristeza de la soledad les enflaquezca el aliento, y porque los que están allí no tienen la culpa de que no hayan venido más, y sin atender a que trabajan sin aprovechamiento, se hacen pedazos por entretener mucho a los pocos que entretienen.[212]

Zabaleta, incluso cuando se muestra radical moralista, se abandona al gusto por la sobreactuación: «Suele en las mujeres, en la representación de los pasos amorosos, con el ansia de significar mucho, romper el freno la moderación y hacer sin este freno algunas acciones demasiadamente vivas.»[213]

Desde luego no había llegado todavía a imponerse, desde el arbitraje de la crítica al menos, esa inclinación por el *justo medio* que, en particular para las actrices, impondrán los reformadores del teatro del siglo XVIII: no hay más que recordar la vehemente defensa de Santos Díez González de la manera de producirse en la tragedia María Bermejo frente al *tonillo* impertinente de Juana García o los tics barrocos de María del Rosario Fernández, «la Tirana». Se trataría, pero esto excede ya los límites de nuestra investigación, del mismo canon crítico establecido en el teatro francés de la misma época:

[212] *Op. cit.*, pp. 312-313. Quien lea el entremés calderoniano *La rabia* encontrará en el personaje de doña Aldonza y en el paroxismo final del conjunto de los actores un posible campo de referencia textual para este énfasis de actuación que recuerda Zabaleta con admiración. *Vid.* ed. *Entremeses, jácaras y mojigangas*, ed. cit., pp. 306-323. Empero, en el discurso de los moralistas y teólogos, el ímpetu y vehemencia en la actuación, origen de la fuente de tentaciones que era el teatro, no podía ni debía trasladarse a determinados cánones de representación pictórica de imágenes sagradas. En 1605 el jesuita Juan Bonifacio sostenía que «la Virgen nunca perdió su dignidad y majestad de Madre de Dios. No se afligió mujerilmente, no prorrumpió en ayes y lamentos [...] Retírense, pues, de la vista esos cuadros en que aparece desmayada y retírense igualmente esos libros y poemas que nos las pintan como una Hécuba o una Andrómaca y no como lo que realmente era» (*Historia de la Beatíssima María*, París, 1605). Cit. por Pierre Civil, «De la femme à la Vierge. Aspects de l'iconographie mariale au tournant du Siècle d'Or», en Agustín Redondo (ed.), *Images de la femme en Espagne aux xvie et xviie siècles*, citada, p. 58. En cambio es evidente que ciertas escenas de rapto o locura, inherentes a ciertas tragedias, podían proporcionar a la actriz momentos de espléndido lucimiento. Como dice Taviani («Un vivo contrasto...», citada, p. 70): «Nelle scene di pazzia l'attrice non solo contraddiceva, e quindi corroborava, l'immagine della femminilità, ma poteva persino addentrarsi in una recitazione estranea al suo ruolo, ed assumere la lingua degli zanni.»

[213] *Ibid.*, p. 314.

de Arienne Lecouvreur se alabó su declamación sencilla, lejos del exceso barroco, en una búsqueda ya del pleno naturalismo, frente al estilo afectado, trágico y declamatorio de otras actrices como Marie-Françoise Marchand Dumesnil (1713-1803) o Mademoiselle Clairon (1723-1803). Serán, claro está, otros tiempos, cuando los tratados y la crítica teatral en general construyen el mecanismo convencional de la alabanza de la actriz de acuerdo con sus cualidades para determinados géneros y, especialmente en el siglo XVIII, para la tragedia burguesa. Coley Cibber afirmaba así este nuevo canon crítico cuando elogia a la actriz Elizabeth Barry (1658-1713):

> Mrs. Barry, en los caracteres que suponen elevada grandeza, ofrecía presencia y dignidad, su manera y tono eran soberbios y llenos de graciosa majestad: su voz, plena, clara y fuerte sin que por ello fuera dominada por la violencia de la pasión. Y cuando la melancolía o la ternura habían de embargarla, encontraba el tono de afectuosa melodía y suavidad. En el arte de persuadir a la piedad tuvo un poder superior al de cualquier actriz que yo haya visto o que uno pueda imaginar. De las primeras cualidades citadas dio deliciosa muestra en casi todas las obras heroicas de Dryden o Lee; y de las segundas en las pasiones más tibias de la *Monimia* o la *Belvidera* de Otway. En las escenas de rabia, desafío o venganza, pese a su ímpetu y fuerza, mantenía armoniosamente tales excesos...[214]

La variedad de registros que el autor podía exigir a la actriz venía en función, sobre todo, de situar en su cuerpo las intencionalidades ideológicas derivadas de los distintos géneros. El preceptista francés J. de La Mesnardière interpone claramente este canon de *decoro* (que es también adecuación técnica) en las cualidades de las actrices que han de incorporar a personajes emblemáticos de la tragedia francesa:

> Nous trouvons dans les Histoires, quatre ou cinq femmes illustres pour leurs chastes inclinations: Pénélope entre les Grecs, Lucrèce parmi les Romains, Arthémise dans la Carie, Mariane parmis les Juifs et Pauthée chez les susiens. Quelle apparence y aurait-il qu'ayant donner au théâtre les diverses aventures de ces vertueuses princesses, le poète en fît des coquettes, ravies d'êtres cajolées et susceptibles d'aimer pour le première qu'elles verraient avec an peu de liberté? [...] En serait-il pas faire plaisant, s'il faisait agir Hélène comme la chaste Pénélope? Jézabel comme Mariene? Faustine comme Lucrèce? Cléopatre comme Pauthée? Mesaline comme Arthémise...?[215]

Me referiré, para ilustrar esta cuestión en lo que concierne al teatro español del Siglo de Oro, a tres géneros fuertemente diferenciados: la jácara

---

[214] *Apud* Alois Maria Nagler, *Op. cit.*, p. 227.
[215] *La Poétique*, París, A. de Somaville, 1639, pp. 115-116.

(con su radicalización entre lo irónico y lo melodramático), la comedia y la tragedia de honra. La jácara, sobre todo en su versión cantada, ofrecía a la actriz (probablemente a la que hiciera cuartas o quintas damas, dedicadas, como las *sobresalientes,* a la parte musical del espectáculo) la posibilidad de derrochar en su mímica y entonaciones cualidades que subrayaran la doblez irónica y el desgarro expresivo (teñido siempre de la ambigüedad de desplante social que mostraba el género) de un teatro tosco o popular de contenido rufianesco y, no pocas veces, de evidente lupanar. En el cuerpo, voz y desplazamientos corporales de la actriz radicarían, por una parte, las malévolas alusiones de contenido erótico y el sacar partido semántico a la estricta partitura visual, a los dichos caprichosos o al código lingüístico de la germanía. Imaginemos, por no ir más lejos, a la Chispa de *El alcalde de Zalamea* bailando mientras vibraba el aire con el silabeo lúdico de:

> Yo soy, tiritiritaina,
> flor de la jacarandaina (I, vv. 101-102).

O mientras se dirigía a la rijosa soldadesca:

> Vaya y venga la tabla al horno
> y a mí no me falte el pan (I, vv. 109-110).

Donde *horno* y, sobre todo, *pan* tienen un más que evidente sentido obsceno;[216] la Chispa servía a Calderón para introducir en la escena el mundo del populacho y el trasfondo moral negativo que quiere enmarcar su drama. La *tabla de pan* o *de horno* podía hacer referencia también, además de la procacidad sexual apuntada, al garito ambulante que dispondría para la tropa (tal vez tapadera de su verdadero negocio), pues, en germanía, significaba asimismo el ocho de oros en la baraja por alusión a la figura que representa, semejante a una mesa con varios panes redondos encima. La jácara permitiría asimismo a la actriz licencias para un mayor desgarro y atrevimiento en el decir y en el mostrar, facilitados por el ritmo trepidante del romance cantado. Su exacerbación gestual y melódica (a veces fortalecida por la polifonía de voces de varias actrices cantándola desde puntos diferentes del corral de comedias) se aproximaba al descaro de la *zarabanda*, la otra bestia negra de los moralistas observantes del teatro. Pellicer transcribe un testimonio muy expresivo del texto titulado «Del Baile y Cantar de la Zarabanda», añadido a la traducción que hiciera de *De*

---

[216] Véase José Luis Alonso Hernández, *Léxico del marginalismo del Siglo de Oro*, Salamanca, Universidad, 1976, pp. 577 y 719.

Spectaculis del Padre Mariana: «Pues ha de ser de hielo el hombre que no se abrase en lujuria viendo una mujer desenfadada y desenvuelta y algunas veces para este afecto vestido de hombre, haciendo cosas que moverán a un muerto.»[217]

Por fin, pocos géneros como la jácara podían permitir a la actriz transitar súbitamente por registros opuestos, desde la procacidad a la ironía del doble sentido y, por supuesto, a la clara exageración melodramática, sobre todo en aquellas piezas de carácter entremesado en las que el puro canto de rebajada épica rufianesca daba paso a la escenificación de la despedida de la coima a su jaque, cuando éste iba a ser ajusticiado. De las pocas noticias que tenemos de actrices especializadas en jácaras cabe citar la distinción que en esta declamación tenía, a partir de 1620, Antonia Infante.[218]

La comedia era, desde luego, el género de la distensión y de la naturalidad. También de la elegancia no exenta de picardía. Es un género que puede, no obstante, extremar las exigencias de la actriz. Exigencias de imaginación y memoria fue lo que forzó Luis Vélez de Guevara en su obra *El amor en vizcaíno, los celos en francés y torneos de Navarra*, con la actriz que tuviera que dar vida a Dominga, quien, además del clásico lucimiento de galas y disfraz de hombre, tenía que arrostrar con aprender de memoria los endiablados versos en el extravagante vizcaíno del Barroco y, lo que es más, darse a entender, claro, probablemente con una gestualidad que constantemente descodificara la jerga. De esta deliciosa comedia *de ruido* (con espléndidas acotaciones, por cierto, en lo que se refiere al movimiento de masas y al vestuario femenino) hay dos momentos especialmente brillantes para la actriz. En uno, Dominga recita un soneto en el que se expresan los sentimientos contradictorios del amor que la ocupa:

Vanse por diferentes partes, y sale Dominga en el traje siempre vizcaíno, sin el bohemio, con venablo, y Teresa con ella.

DOMINGA

Amor, que le traes mundo arredopelas,
y a Vizcayas le pones de rodillas,
de basiliscas le hazes las cosquillas,
pues dentros coraçón escarapelas;
penas le passas de dolor de muelas,
y aunque mas le resistes manganillas,
tal a la ánima le armas çancadillas

[217] *Abusos de comedias y tragedias. Lib. de Spectaculis*, libro traducido por el Padre Mariana y aumentado con el cap. XII intitulado «Del Baile y Cantar llamado Zarabanda», Biblioteca Real, Est. Q, Cod. 41, fol. 196b, *apud* Pellicer, Casiano, *Op. cit.*, pp. 97-98.
[218] Díaz Escovar, Narciso, *Historia del teatro español*, citada, p. 236.

> que en una le has metido callejuelas.
> Engañifosas tiénesle parolas,
> ciego le huelas, niño le regalas,
> ayre le enciendes, nieve le arrebolas.
> ¡Juras a Dios, que le has de cortar alas,
> y açotas luego, si le topas solas,
> y a madre suya embías noramalas!

En otro, pide un caballo para perseguir al Delfín, su traidor amante, y su babilónica expresión es una espléndida hipérbole retórica:

> En cavalla alabés, que con las cinchas
> patas le tocas, de los ayres parto,
> que peñas mismas herraduras trinchas,
> con pintas a manera de lagarto,
> que a puro rojo espumas y relinchas
> rayo le forjas de elemento quarto,
> y tanto de brutal corajes lleno
> que antes que abajes rayo, amagas trueno,
> seguirle intentas, mas el ayre agarras,
> que el traidor siempre más que el viento escurres,
> sabes caminos, partes de Navarras.[219]

Otro tipo de exigencia: reconstruir todas las resonancias posibles que de los objetos de la escena emanan. ¿En qué medida Calderón, en *La dama duende*, deposita en la actriz que había de interpretar a doña Ángela la responsabilidad de dar sentido a la escena en la que ésta, junto a su criada, explora con codicia el contenido de la maleta de don Manuel? ¿Hemos de creer que su delectación ante el roce de la ropa blanca de su amante no conduciría a registrar determinadas acciones en el cuerpo de la actriz o de las actrices para, inmediatamente, pasar a referirse a los extraños adminículos del aseo masculino?:

ISABEL

Ropa blanca hay aquí alguna.

DOÑA ÁNGELA

¿Huele bien?

ISABEL

Sí, a limpia huele.

[219] *Vid.* ed. de Maria Grazia Profeti, citada, pp. 84 y 105, respectivamente.

DOÑA ÁNGELA

Ése es el mejor perfume.

ISABEL

Las tres calidades tiene
de blanca, blanda y delgada.
Mas, señora, ¿qué es aqueste
pellejo con unos hierros
de herramientas diferentes?

DOÑA ÁNGELA

Muestra a ver. Hasta aquí, loza
de sacamuelas parece
mas éstas son tenacillas,
y el alzador del copete
y los bigotes estotras.

ISABEL

Ítem, escobilla y peine.
(I, vv. 830-44)[220]

Doña Ángela, en el trance de acariciar la ropa blanca, expresión máxima de la transferencia de la corporalidad masculina, debía interiorizar
aquellas palabras de la protagonista de otra comedia: «¿Qué falta hacen los
labios / cuando está hablando el deseo?»[221] Máxima en la que sabiamente

---

[220] Leemos en Sara Matthews Grieco, *Op. cit.*, pp. 72-73: «Las nuevas reglas de propiedad
que mandaban que las partes visibles del cuerpo fueran inofensivas para el ojo y placente-
ras para la nariz, guardaban más relación con el principio de la apariencia que con cuestiones
de higiene. Una apariencia "limpia" constituía una garantía de probidad moral y posición
social, de donde la importancia de la ropa blanca, cuya honesta superficie se identificaba
con la pureza de la piel que había debajo. La ropa interior, esa "envoltura externa" o segunda piel, también servía a finalidades de protección respecto de la "envoltura interna" o
epidermis, y en este sentido fue sustituyendo progresivamente a la función de limpieza del
agua. La ropa blanca se estimaba especialmente con esta finalidad, pues se creía que, además de absorber la transpiración, atraía las impurezas y de esa manera preservaba la salud
del usuario. En el siglo XVII, un cambio de camisa de hombre o de mujer constituía uno de
los elementos esenciales de la higiene diaria, tanto para la burguesía como para la aristocracia, al punto de que Savot, en su tratado sobre la construcción de castillos y casas particulares urbanas, de 1626, señala que las instalaciones de baño ya no eran necesarias en los
tiempos "modernos", "porque ahora usamos ropa blanca, que nos ayuda a mantener lim-
pios los cuerpos con más eficacia que las bañeras y los baños de vapor de los antiguos, privados del uso y la conveniencia de la ropa interior." El uso de ropa blanca se consideraba,
pues, "moderno", la última palabra en higiene personal.»

[221] *Los valles de Sopetán*, ms. CC*IV 28033/81 de la Biblioteca Palatina de Parma, fol. 21.
Cit. por Agustín de la Granja, «Ronda y galanteo en la España del Siglo de Oro», en VV.AA.,

se encierra la mucha confianza que depositamos las mujeres en la gestualidad. Lo interesante, para dar la relevancia precisa a este dato, es observar históricamente que, también para el espacio teatral, la mujer hubo de conquistar la palabra. Según Enric A. Nicholson, desde la antigüedad, un signo distintivo de brujería, por la que a más de una mujer se la quemó en público, fue su verbosidad o elocuencia; la locuacidad era también vituperio de prostitutas. En la Europa medieval y del siglo XVI los ejemplos registrados de las actuaciones de mujeres en el teatro se limitan casi exclusivamente a citarlas como bailarinas, acróbatas, figuras alegóricas silenciosas y, como máximo, cantantes. En la España de los Austrias,[222] como en la Inglaterra

---

Traités de savoir-vivre en Espagne et au Portugal de Moyen Âge à nous jours, Associations de Publications de Clermont II, 1995, p. 183, n. 13.

[222] Se abre aquí, por cierto, un género de representación con protagonismo femenino hasta ahora bien poco estudiado: las fiestas galantes o máscaras de la Corte que convertían a la mujer en objeto central de las miradas aunque no en protagonistas/actrices con voz propia —que no fuera la dedicada a cánticos banales—. Citaré una rememorada por Pablo Jauralde en su trabajo «La actriz en el teatro de Tirso de Molina», en Agustín Redondo (ed.), *Images de la femme en Espagne aux XVIe et XVIIe siècles: des traditions aux renouvellements...*, citada, pp. 240-242: «Vamos a asistir a uno de estos espectáculos, llevados de la pluma de un buen poeta, Gabriel Bocángel, que escribía textos y relaciones hacia 1648 [...] El lugar era el Salón Dorado y la fiesta parece haberse improvisado sólo un mes antes, para festejar los catorce años de la infanta. Músicos, pintores, decoradores, sastres, poetas [...] debieron trabajar muy duro para tener todo a punto. La entrada a Palacio se restringió a los grandes, embajadores y presidentes de los Reales Consejos. [...]

[...]

La *Dedicatoria* nos informa de que celebróse esta *grandiosa máscara [...] el cumplimiento dichoso de los felices años de* la futura Reina, porque lo *dispuso la atención amante del Rey nuestro señor y ejecutaron el cariño y obsequio de sus Altezas, Damas y Meninas deste gran Palacio.*

La relación de la máscara consta de 126 redondillas, terminadas en un soneto, pero con la particularidad de que mientras los versos mantienen todo tipo de figuraciones poéticas, al margen se va anotando la referencia concreta de los versos, de modo que el lector lee las dos versiones: la poética y la prosaica. Se trataba de conseguir ese halo estético que da la poesía, idealizando el festejo; pero se trataba también de una auténtica crónica de sociedad, y que, como tal, tenía que entenderse llanamente.

[...]

El desarrollo de la máscara es el siguiente: Llega el Cortejo Real, el propio Monarca va a dirigir la celebración. Comienzan a tocar los violones, y salen en primer lugar la Infanta y su Menina; lleva la Infanta disfraz de máscara, y la siguen detrás, con pasos de baile, su cuadrilla, formada por dieciocho damas y meninas: toda la cuadrilla viste como la Infanta, llevan vestidos italianos encarnados con forros de armiño, y mantos cortos de plata, con ricas joyas; el tocado de la Infanta es deslumbrante por la riqueza de las joyas que viste. Salen todas bailando emparejadas. Desatan con sus bailes una lluvia de miradas en los cortesanos. Parece un momento deslumbrante terminado el cual se retira la Infanta, y por cuartos interiores vuelve por otro lado al Salón, para sentarse, junto con seis de sus damas, al lado del Rey que preside el acto y dirige los movimientos, también sentado. Bocángel dedica unas

de los Estuardo, las damas reales y aristocráticas solían actuar en mascaradas y exhibiciones de la Corte, pero casi nunca accedían al diálogo.[223] Bajo esta presión por responder u oponerse a los estereotipos del silencio o del lenguaje excesivo, las mujeres lucharon durante siglos para establecerse como auténticas actrices.

Desde este punto de vista habría que considerar, en consecuencia, los largos, a veces soberbios, parlamentos de las actrices del Siglo de Oro, sobre todo por lo que hace a la tragedia, como una verdadera conquista de su profesionalidad y de su aprecio por parte de los autores. Es en este gé-

---

cuantas estrofas a cada una de estas seis damas y nos da su nombre en la anotación marginal: Francisca Enríquez, Andrea de Velasco, Catalina Portocarrero, Francisca Mascareñas, Luisa Osorio, Antonia de Borja y Antonia de Vera y Zúñiga. En esos momentos se hace el silencio y sale Antonia de Mendoza a bailar la gallarda [...] Inmediatamente salen otras cuatro damas, que bailan la españoleta. La versión poética sugiere constantemente que las damas provocaban y suscitaban todo tipo de pasiones, y que el juego de la máscara estribaba en esa tensión erótica, constantemente provocada y encorsetada en la etiqueta palaciega. La españoleta es una danza más "traviesa." Al final, todos se quedan expectantes, hechos unos Argos. Sale entonces la "hermosísima" Ana María de Velasco a danzar la gallarda. Sigue inmediatamente una danza francesa, *la madama horliens,* que bailan otras tres damas, muy airosamente, porque mezclan *con la arrogancia francesa / la española valentía.* Sigue inmediatamente un baile de *torneo* entre otras dos damas, que como la descripción y el nombre sugiere, es un baile simulando lucha de esgrima. Otras dos damas les suceden para bailar la *galería de amor* que Bocángel compara con *Milagros de Velázquez,* quien sin duda se hallaría en la fiesta. Vuelve a salir la infanta con su menina para bailar esta vez *la alemana y el pie de Gibao.* [...]

El resultado es sencillamente el de una exhibición femenina, el de las bellezas cortesanas, en el exquisito ambiente del Salón Dorado, bailando las danzas de la época, riquísimamente ataviadas, delante de los ojos del Monarca y de su cortejo.»

[223] En efecto, los documentos de la época son bien expresivos al respecto. Con motivo del nombramiento de Carlos como Duque de York el 6 y el 10 de enero de 1605, tuvieron lugar por la noche unas suntuosas representaciones o mascaradas a cargo de la Reina Ana y de una docena de damas de la Corte. La propia reina las había encargado respectivamente a Ben Jonson (*The Maske of Blackness*) y a Inigo Jones (*The Masque of Beauty*). Un documento refiere la mascarada del día 10 de enero cuando la Reina y sus acompañantes aparecieron «all painted like blackmoors, face and neck bare and for the rest strangely altered in barbaresque mantles to the half leg, having buskin all to be set with jewels, which a wave of the sea (as it was artificially made and brought to the stage by secret engines) cast forth out a scallop shell to perform the residue of the device of dancing [...] It cost the King between 4000 pounds and 8000 to execute the Queen's fancy...» Años más tarde, el 7 de marzo de 1626, el cronista cuenta que «the Queen and her women had a masque or pastoral play at Somerset House, wherein herself acted a part, and some of the rest disguised like men with beards. I have known the time when this would have seemed a strange sight to see a Queen act in a play, but *tempora mutantur et nos.*» Cf. Cesarano, S.P. y Wynne-Davies, Marion (eds.), *Renaissance Drama by women: texts and documents,* citada, pp. 168-169.

nero donde encuentro el tercer ejemplo de exploración de cómo los significados dramáticos podían traducirse en una eficaz carnalidad en el espacio corporal de las comediantas. Porque, en ocasiones, el recitado incluye
todo un mapa de locuciones performativas, de escritura en la que se inscriben los gestos que acompañan a la noción de abstracto sentimiento. Ya
he citado los espléndidos octosílabos de la ultrajada Isabel en *El alcalde
de Zalamea*:

> ¡Qué ruegos, qué sentimientos,
> ya de humilde, ya de altiva,
> no le dije! Pero en vano,
> pues (calle aquí la voz mía)
> soberbio (enmudezca el llanto),
> atrevido (el pecho gima),
> descortés (lloren los ojos),
> fiero (ensordezca la envidia),
> tirano (falte el aliento),
> osado (luto me vista)...
> Y si lo que la voz yerra,
> tal vez el acción explica,
> de vergüenza cubro el rostro,
> de empacho lloro ofendida,
> de rabia tuerzo las manos,
> el pecho rompo de ira.
> Entiende tú las acciones,
> pues no hay voces que lo digan.
> (III, vv. 181-98)

Versos que, por cierto, vete a saber por qué, tan nervioso ponían a don
Marcelino Menéndez y Pelayo,[224] olvidando el ilustre polígrafo lo mucho
que tenían en cuenta los autores las pobladoras de la cazuela y la necesi-

---

[224] «¡Lástima que Calderón, dejándose arrastrar aquí por su gusto habitual por todo lo
enfático y conceptuoso, y apartándose de la rigurosa y realista sencillez con que todo lo
restante de su *Alcalde* está escrito, haya estropeado situación tan soberanamente concebida, poniendo en boca de Isabel una interminable relación de cerca de doscientos versos,
de lirismo tan inoportuno como barroco! ¡Cuánto hubiera acertado reduciéndolos a las últimas palabras, únicas propias y dignas de tal poeta y de tal caso!:

> Tu hija soy, sin honra estoy,
> Y tú libre; solicita
> Con mi muerte tu alabanza,
> Para que de ti se diga
> Que por dar vida a tu honor
> Diste la muerte a tu hija.»

Pues vaya... Cf. *Estudios y discursos de crítica histórica y literaria*, Madrid, CSIC, 1941, p. 364.

dad de construir retóricamente la tragedia como disposición de un proceso más que como relación de horror senequista. ¿Qué capacidad, además, de pausa, tono, respiración, impondrían en las actrices aquellos versos entrecortados por paréntesis en los que se capsula la expresión nodal de sentimientos arrancados, casi siempre, del espacio del miedo? Tal sucede con Flor en *De un castigo tres venganzas:*

> Señor, estando (¡estoy muerta)
> hablando (¡soy desgraciada!)
> con mis damas (¡oh infelice!)
> me quedé (¡desdicha extraña!)
> durmiendo sobre esta silla,
> cuando, de aquesta ventana
> (¡qué asombro!) me despertó
> el ruido, y vi (¡qué desgracia!)
> entrar un hombre por ella...

O con Dorotea en *La niña de Gómez Arias:*

> Espera, señor, aguarda,
> no huyas. Mas, ¡ay de mí! ¡Cielos!
> ¿Qué oposiciones contrarias
> son éstas? Entre los brazos
> de mi esposo (¡pena extraña!)
> dormí (¡infelice desdicha!)
> y cuando (¡aliento me falta!)
> despierto (¡tirana suerte!)
> me hallo (¡el corazón se arranca!)
> en brazos (¡de hielo soy!)
> de un negro monstruo (¡qué ansia!).

Hace unos años Víctor Dixon,[225] en un original ejercicio erudito, asumía la personalidad del autor Manuel Vallejo para reconstruir desde el interior de un documento teatral (el propio texto de *El castigo sin venganza* de Lope) la manera en la que un actor-director de escena compondría el montaje de la bellísima tragedia. Mucho hubiera sido pedirle, claro, al hispanista irlandés que se hubiese adentrado en el pensamiento de quien, para mí, pudo ser la clave del éxito de la obra: el de María Riquelme, mujer de Vallejo, y premiada, como era de esperar, con el soberbio papel de

---

[225] «Manuel Vallejo. Un actor se prepara: un comediante del Siglo de Oro ante un texto (*El castigo sin venganza*)», en José M.ª Díez Borque (ed.), *Actor y técnica de representación en Teatro Clásico Español*, citada, pp. 57-74.

Casandra. ¿Qué visos y mudas produciría en su semblante —ella, tan ca-
maleónica de rostro, como hemos visto— cuando tuviera que expresar la
profunda insatisfacción erótica que promueven sus magistrales versos del
inicio del segundo acto, cuando vuelve del revés el tópico de la alabanza
de aldea para expresar su abandono?:

> Más quisiera, y con razón,
> ser una ruda villana
> que me hallara la mañana
> al lado de un labrador,
> que de un desprecio señor,
> en oro, púrpura y grana.
> [...]
> En aquella humilde esfera,
> como en las camas reales,
> se gozan contentos tales,
> que no los crece el valor,
> si los efetos de amor
> son en las noches iguales.
> No los halla a dos casados
> el sol por las vidrieras
> de cristal, a las primeras
> luces del alba, abrazados
> con más gusto, ni en dorados
> techos más descanso halló,
> que tal vez su rayo entró
> del aurora a los principios,
> por mal ajustados ripios,
> y un alma en dos cuerpos vio.
>
> (II, vv. 998-1023)

¿Qué tratamiento del ademán, de la sinuosidad del cuerpo, pondría en
marcha Mencía en *El médico de su honra*, a la que Calderón obligó a decir
aquellas terribles palabras de «ni para sentir soy mía» o «toda yo soy ilusión»
cuando tiene que encerrar en metáforas tan visuales y carnales el presen-
timiento de la llegada de su ex-amante don Enrique como «pájaro», «pena-
cho de plumas», «bruto ligero» o «rosa»? ¿Qué desdoblamiento debía producirse en su cuerpo cuando amordazara los sentimientos del «ayer tuve
amor» para instalarse rigurosamente en el «hoy tengo honor»? En contra de
lo que opinan algunos estudiosos, respecto a observar el lucimiento de la
actriz y su equiparación con la importancia del actor/galán únicamente en
el extenso volumen textual a ella concedido, tal vez importe, más que la
extremosidad barroca, o la expresión reiterativa de la pasión amorosa en

tono aristocrático o en tono chistoso,[226] el *matiz*, allí donde se produce un pliegue en el texto para alojar una gestualidad ignorada.

No tenemos, por desgracia, documento alguno, diario o escrito de actriz alguna española que señalara el derrotero de esa experimentación personal. La carencia no puede paliarse, claro está, acudiendo a documentos posteriores de actrices foráneas. Y, sin embargo, no poca luz retrospectiva proporciona el fecundo debate que en la escena francesa sostuvieron, ya en pleno siglo XVIII, Marie-Françoise Dumesnil (1713-1803) e Hyppolite Clairon (1723-1803), que ejemplificaron en la *Comédie Française* y en sus *Memorias* respectivas las opuestas tendencias de la interpretación natural, intuitiva y la interpretación autoconsciente, de aprendizaje erudito y técnica antiemocional. La Clairon aconseja a la actriz que debe interpretar a la Ifigenia de *L'Iphigénie en Tauride* de La Touche esta contención matizada en el registro trágico:

> Arrêtez-vous avec noblesse et compassion sur le même ligne que Pylade, qui se trouve le premier. Examinez-le sans aucun surcroît de douleur; descendez ensuite pour regarder Oreste, et que sur votre premier coup d'oeil je puisse m'assurer que cette vue vous étonne et vous trouble; prenez bien le temps de l'examiner et sans le perdre de vue, prononcez ensuite, d'une voix basse et agitée: *Quels traits, quel maintien....!*[227]

Y también lo hace al actor:

> Que ses yeux cherchent Zaïre, et qu'on connaisse à la décente volupté de son visage, à la fréquence de sa respiration, qu'il voit l'objet dont il est épris; qu'un mouvement noble et doux áloigne sa suite; qu'il approche de sa maîtresse, la prenne par le main, et qu'avec les régards de l'amour et l'émotion d'un sentiment profond que l'on contient, il commence à l'instruire des moyens qui peuvent le rendre complètement heureux. Cette petite scène, jouée avec noblesse et rapidité, ne changerait sûrement rien aux idées de l'auteur, à la dignité des personnages, et mettrait à l'aise toutes les âmes tendres et impatientes.[228]

Aquí la actriz ya ha tomado posesión, definitivamente de la sombra del autor, al cual casi substituye.

---

[226] *Cf.* Jauralde, Pablo, «La actriz en el teatro de Tirso de Molina», citada, p. 243: «Si la mujer del siglo XVII sintió —como hubo de sentir— soledad, ansiedad, abandono, tristeza, etc. por otras muchas razones que no fueran las de la posesión de un galán, el teatro no nos lo dice.» Mucho habría que matizar, insisto, tal opinión de la que respetuosamente disiento por todo lo que aquí expongo.

[227] *Mémoirs de Hyppolite Clairon et Réflexions sur l'art drammatique*, París, 1798-1799, p. 256.

[228] *Ibid.*, p. 314.

Todo esto se pedía al cuerpo de la actriz mientras el autor permanecía en la sombra o, definitivamente, enterrado en la letra dormida del texto. No es de extrañar que en las farsantas se produjera aquel constante desbordamiento de los límites de la ficción en la realidad y la obsesiva falta de límites entre lo privado y lo público que ha acompañado la historia de los cómicos. Confusión que es fama, incluso, llegó a cegar a los propios actores en las tablas, como debemos deducir de aquella escena que nos relata Ricardo Sepúlveda:

> Pues sucedió que una tarde salió la Escamilla a representar *La adúltera penitente* de D. Pedro Calderón, y al verla tan desconocida de basquiña, guardainfante y mangas arrocadas, bullonadas y acuchilladas, con el cordón seráfico arrastrando por las tablas, cebo hipócrita de donceles albillos, el actor que con ella tenía la brega de la representación (y que al decir de la crónica era su marido, desde que la galleguita hubo cumplido los trece años), sacó de pronto unas tijeras largas, y abrazando a la Manuela con fervor místico de marido semiburlado, exclamó: «Con estas tijeras fuertes / la borla te he de cortar.» Y, en efecto, así lo hizo: cortó de un tijeretazo el cordón de San Francisco, y se lo echó, con trágico ademán, al Sr. Alcalde de Casa y Corte, diciéndole: «—Ahí va eso para los pobres del refugio y para los tontos.» La actriz cayó al suelo desmayada. El Alcalde, indignado por el desacato cometido en su persona, levantó la vara del oficio y dijo a los corchetes que tenía a los dos lados: «—Llévenlo a la cárcel; que allí se pudra; y siga adelante la representación.» Esto último fue dicho a los mosqueteros y a la jaula de mujeres, que ya empezaban a tomar parte con pitos y griterías, unos en contra, otros en pro del osado comediante. «—¿Por qué hizo su mercé tamaño ultraje a la adúltera penitente de mentirijillas?» —le preguntaron al de las tijeras sus compañeros. «—Porque hay bajo aquel cordón pérfido muchos anhelos hipócritas, que yo no quiero permitir se me suban a la cabeza. ¿Lo entienden ustedes?»[229]

Si a un actor experimentado, aunque marido en entredicho, podían acontecerle semejantes sofocos alucinatorios, ¿cómo no comprender la irritación de ínclitos moralistas al condenar la interpretación de las desenvueltas actrices de papeles píos o sacros? El Padre José de Jesús María en su *Primera parte de las excelencias de la castidad* (1601) advierte del dogma de la indisolubilidad entre el representante y lo representado:

> Están de tal manera embebidos y ocupados en indecencias y fealdades, que aunque fueran muy espirituales las cosas con que se representan, ellos le apegaran la fealdad y el mal olor, como los arcaduces hediondos al agua que pasa por ellos.[230]

[229] *Op. cit.*, p. 241.
[230] *Apud* Cotarelo y Mori, Emilio, *Bibliografía*, citada, p. 370a.

Por lo que el santo varón encuentra inconcebible «que la mujer que representa las torpezas de Venus, así en las comedias como en las costumbres, represente la pureza de la Soberana Virgen, en acto tan solemne y divino.»[231] Durante más de un siglo, tiempo que se corresponde con lo sustancial de la polémica teatral, esta imposible diferenciación entre la moral privada y la eficacia en la interpretación nos va acercando, cuanto menos, a indicios decisivos para observar la configuración gestual y plástica de algunos personajes incorporados por actrices. Ello se sigue, por ejemplo, de textos como el del anónimo *Diálogo de las comedias* (1620), en la que el autor no concibe cómo una farsanta que «acaba de hacer una Nuestra Señora, sale un entremés en que hace una mesonera o ramera sólo con ponerse una toca y regazar una saya, y sale a un baile deshonesto y a cantar y bailar una carretería, que llaman, lavandería de paños, donde se representa cuantas rufianerías se hacen en un lavadero; y él, que hizo el Salvador, poniéndose la barba, en quitándosela sale a cantar o bailar o representar el baile de "Allá va Marica".»[232] O este texto (ya tardío, aunque no hace sino recoger una saga de documentos con idéntica anécdota) del Padre Francisco Moya y Correa:

¡Pues qué, si la que hace el papel de la Virgen Santísima en un Auto Sacramental, y el que representa el papel del bendito San José, se llega a entender que no son los más puros y castos, y se están pidiendo celos! ¿Qué devoción causará en los oyentes este paso? Si la que representa la Anunciación es una de las que están enredadas con un amante y acaso más, al ver que clava los ojos en el suelo, y afectando la vergüenza que ella perdió, le responde al Paraninfo: «¿Cómo puede ser eso, ángel santo, que no conozco varón?» ¿Qué estarán diciendo para consigo los que oyen representar la otra a una Magdalena penitente, y sale al tablado cual se suele ver en una pintura, que por peligrosa debiera condenarse a las llamas?[233]

---

[231] *Ibid*, p. 377a. Más de un siglo después, respecto a esta cuestión, como a otras, la Ilustración no ha avanzado para nada. Véase una muestra en el dictamen de José Clavijo y Fajardo (*El pensador matritense. Discursos críticos sobre todos los asuntos que comprende la sociedad civil*, 1763): «Las actrices que representan a la Virgen son imágenes no pintadas, sino vivas, de su virginidad y pureza. ¿Pues cómo se ha de tolerar que aquellas cuyo mérito consiste en el garbo, la gentileza, el donaire, la gala y el desenfado (omitiendo lo demás) sean vivas imágenes de María, si esto no se tolera en las imágenes pintadas? Si éstas se prohíben cuando en ellas puede ser estímulo a la pasión lo que debe ser ejemplo de pureza, ¿cómo se toleran aquellas que siendo imágenes vivas excitan afectos de impureza cuando representan a la misma virginidad?» (Cotarelo y Mori, Emilio, *Bibliografía*, citada, p. 159b).

[232] *Ibid.*, p. 218b.

[233] *Apelación al tribunal de los doctos* (1751). *Apud* Cotarelo y Mori, Emilio, *Bibliografía*, citada, p. 479b.

No es casualidad que se concentre el chascarrillo en la figura de la Magdalena. En la *Bibliografía sobre las controversias* hallamos un rosario de anécdotas sobre las actrices que interpretaban a la santa, casi siempre amancebadas, como no podía ser menos, con el actor que interpretaba a Jesucristo, logrando con tal fusión de arte/vida «arrancar lágrimas a los circunstantes.» Pero observemos también la alusión a la representación pictórica de la pecadora arrepentida que denota que la imagen ha sustituido por completo la noción abstracta de su biografía ejemplar. La representación de la Magdalena en el teatro, aunque eludiera la fase plenamente vital de la disoluta (envuelta en seda y joyas), no podía sustraerse a la voluptuosidad de la arrepentida anacoreta, siempre con ropajes amplios que nunca evitaban la desnudez de brazos y hombros (a veces, algo más). El buen Fray Antonio Marqués, para advertir de la *vanitas* de las Magdalenas de la vida pública, describía una no menos seductora y equívoca escena:

> Es la hermosura que causa el agua de lágrimas en los rostros tal que sobrepuja en tercio y quinto a toda la que el mundo puede imaginar. ¡Cuánta más bella y hermosa pareció la Magdalena, lavada y afeitada con celestial agua, de la que antes parecía cuando con la del mundo se ungía! Fue en tanto grado, que la misma hermosura del cielo, Cristo, como enamorado [...] de ella convidó al Fariseo para que la contemplara: *Vides hanc mulierem?* Como si dijera: esta sí que es hermosura y belleza...[234]

Porque ¿en qué Magdalena pensaba el buen Fray Antonio Marqués? ¿En la de Gaspar de Crayer (pintada en torno a 1649-1669), en la que el rigor descriptivo de la escuela flamenca se afirma en la sensualidad de los objetos, de las telas, del vestido?[235] ¿En la de Luca Giordano (*ca.* 1690), en la que la penitente queda borrada bajo las huellas de una mundana y brillante sensualidad y en la que el desnudo hace desfallecer cualquier modelo moral? ¿O en la de esa *Santa Magdalena en el desierto,* en la que la belleza sensual ha anulado ya por completo la panoplia conceptual de los signos del arrepentimiento y María Magdalena, exuberante en su carne y en su cabello suelto, es una Venus arrebatada pintada en un instante de seducción —quizá ensimismada seducción— precisamente por una mujer, Elisabetta Sirani (1638-1665)?

No se sustrajeron los pintores españoles a la voluptuosidad morbosa de la santa (un obvio referente para las actrices en el escenario), aunque, como Murillo y Ribera, optaran por una cascada de cabello obscuro, no el

---

[234] *Op. cit.*, p. 326.
[235] Para este y los siguientes ejemplos, véase el bellísimo catálogo de la exposición *Les Vanités de la peinture au XVIIe. Méditations sur la richesse, le dénuement et la rédemption,* Caen, Musée de Beaux Arts, 1990.

dorado del canon europeo. Pienso en la Magdalena del convento de Santo Domingo el Real de Toledo, recostada y hojeando pensativa un libro, con los pies y cuello descubiertos y una sinuosa túnica blanca estrechamente pegada al cuerpo. O en la Magdalena de Rolán de Moys de la iglesia parroquial de Codos (Zaragoza), con una mirada penetrante en sus lágrimas al espectador y que muestra uno de sus pechos. Estos ejemplos, entre numerosos,[236] nos permiten observar cómo el cuerpo de la actriz podía trasladar al cuadro de las tablas un referente plástico perfectamente asentado por la práctica cultural (como ya advertimos en la gestualidad) de modo que el observador tuviera ya un icono preexistente en su mirada.[237]

Más allá del tópico de la confusión teatro/vida, esta última reflexión nos abre la perspectiva, entre sociológica e histórica, que indefectiblemente acompaña al estudio de aquellos recursos técnicos, tan apasionantes en los pocos indicios que poseemos, de las actrices barrocas. Del estricto anonimato a la ejemplar moralización: tal parece ser el arco o peripecia que a casi todas aguarda desde el ojo del historiador posterior. Existe una suerte de morbosa venganza, de hipócrita moral social en las múltiples historias de las actrices arrepentidas del verano de su sensualidad para sumirse en el lagrimoso invierno del retiro conventual (o, simplemente, digo yo, de la digna resolución de sus últimos años a falta de una buena pensión económica). Abramos el fascinante abolengo de la célebre *Genealogía:* aquí Jusepa Román, tan afamada por su interpretación de terceras damas, de entremeses y jácaras, que abandonando la profesión se entregó a la vida caritativa; allí Ángela de León, que llegó a ser autora y primera dama y que acabó de *quinta dama* con la compañía de Agustín Manuel en 1692 y que, se nos dice, «fue mucho para su vanidad», por lo que optó por la evasión en la penitencia. En otro lugar nos hacemos cargo del escandaloso periplo de Eufrasia María de Reina, que casó dos veces y pidió a un galán estudiante, su admirador, que asesinara a su marido

---

[236] Véase ahora el excelente capítulo «Indecencia, mortificación y modos de ver» en la obra de Miguel Morán Turina y Javier Portús Pérez, *El arte de mirar. La pintura y su público en la España de Velázquez,* citada, pp. 227-256.

[237] La preocupación es evidente en los tratados de pintura como el ya comentado *Pintor erudito y cristiano* de Fray Juan Interián de Ayala, quien señala: «... no veríamos en el día pintadas algunas Pelogías, Marías Egipciacas, Magdalenas, y otras mujeres anacoretas, gran parte desnudas, o a lo menos vestidas con poca decencia, cuyas imágenes, sin embargo de que se nos proponen estando en el desierto y haciendo penitencia en él, excitan muchas veces tales movimientos y afectos en los que las miran que causan gran daño en el alma» (ed. de Barcelona, t. I, p. 48). Para las representaciones iconográficas de la santa, véase también el excelente catálogo *La Maddalena tra sacro e profano,* Florencia, 1991; y Sánchez Ortega, M.ª Helena, *Pecadoras de verano, arrepentidas de invierno,* Madrid, Alianza Editorial, 1995.

y que, en 1695, se retiró a Sevilla, en donde «se empleó en servir en un hospital.» Isabel de Andriago, en fin, como muchas otras, acabará sus días en un convento. Por el contrario, Mariana Romero, una vez que se retiró a las monjas trinitarias descalzas, no pudo resistirlo y, sabiamente, volvió a las tablas.[238]

El aroma de la leyenda se desborda con Francisca Baltasara, cuya vida cundió en pliegos de cordel y en el mismo escenario y que murió en la ermita a la que se había retirado tras los aplausos del corral. Y allí, como reza el pliego, fue hallada «muerta, hincada de rodillas, y abraçada a un Christo, estando desta manera dos días tan firme y entera como pudiera hazerlo viva.»[239] Qué mutis glorioso el de esta actriz, que tal vez en los últimos instantes alcanzó a componer algunos pliegues undosos de su manto, en el recuerdo voluptuoso de la diva de antaño. Cuentan que a su muerte sucedió el prodigio de que las campanas tañeran sin causa. Aunque yo, a fuerza de tanto leer sobre ella y notar su mucha escuela dramática adquirida en la vida azarosa, no descarto que fuera pura propaganda de algún admirador proscrito por el celo inquisitorial; como el pobre diablo de Juan Serqueira de Lima, amancebado con Bernarda Manuela, «la Grifona», y que «habiendo ésta muerto la hizo retratar difunta y puso en su nicho la pintura con dos cortinas y de noche le enzendía dos luzes y rezaba el rosario delante del retrato.» ¿Dónde quedarían, en fin, los antiguos esplendores de la Riquelme, que tanto cuerpo puso a la sombra de Lope, cuando, tras cuarenta años de estar enterrada en la capilla de la Virgen de la Novena, en Santa Mónica de Barcelona, encontraron su cuerpo y el velo que lo cubría incorruptos, y hasta un fraile quiso llevarse su correa como reliquia? Fray Isidro de Jesús María, que escribe en enero de 1692 sobre tal prodigio,[240] lamenta que «ahora está toda deshecha por la poca policía que han tenido los sepultureros, que quando entrauan algunos en dicha bóueda sin atender lo que hacían, encontrauan con el cadáuer y le han todo descompasado. Ha sido muger que los que hay hoy de aquellos tiempos dicen que ha sido una muger muy perseguida por haber sido muy hermosa, y representar tan diuinamente.»

---

[238] Para, desde ellas, no dejar la amistad de las monjas. Narciso Díaz Escovar relata con singular gracejo la rotundidad con que se dirigió desde el escenario al Alcalde de Corte, a modo de jácara improvisada, para reclamar los derechos de las monjas en un pleito. Comenzaba diciendo: «Armada de punta en chisme / y con tres golpes de toca, / bajo la fe de *Juan Rana* / que es tío mío y de todas..., / doctor en mondonguerías, / aunque yo no soy mondonga...» *Cf. Siluetas escénicas del pasado*, citada, pp. 225-230.

[239] *Cf.* García de Enterría, M.ª Cruz, «La Baltasara: pliego, comedia y canción», en *Symbolae Pisanae. Studi in onore de Guido Mancini*, citada, vol. I, p. 221.

[240] *Genealogía*, citada (II, núm. 32), p. 373.

Con todo ello no es de extrañar que ni de la Riquelme, con su metamorfosis constante de color en el rostro, ni tampoco de «la Grifona», ado-
rada por un necrófilo, ni de actriz alguna española del siglo XVII nos quede
retrato alguno. Sólo una hipótesis, tan frágil como bellísima, tenemos en el
fastuoso retrato anónimo del siglo XVII que hoy conservan las monjas de
las Descalzas Reales de Madrid, y que viene siendo atribuido a María Inés
Calderón, «la Calderona». Sobre él me extendí en el apartado correspondiente. La *Genealogía*, que tanto se prodiga en la morbosidad de los tra-
gos biográficos de otras actrices, casi enmudece en su caso, contentándo-
se en decir de ella: «Esta fue (sin auerse podido aueriguar el nombre ni con
quién casó) la madre del Sr. don Juan de Austria, y luego que parió la puso en un conbento de un lugar de la Alcarria el Rey Phelipe IV, en donde
murió abadesa, y al tiempo que estaua preñada estuvo representando en
Valencia.»[241]

La mezquindad, que se conserva también en los manuscritos y en los
viejos impresos, amarillos por el tiempo y por la envidia, ha echado bo-
rrones en la fama de la actriz que los folletines decimonónicos como los
de Fernández y González hicieron nada menos que hija de Calderón y que
algunos románticos hacen amante simultánea del Duque de Medina de las
Torres y del llamado por sus aduladores Rey Poeta. He leído también (he
perdido a propósito la ficha de referencia) que Felipe IV se enamoró de
ella sólo por la calidad de su voz y que la estirada Condesa d'Aulnoy ex-
tendió alguna desabrida décima de la que ella llamaba «la querida del Rey»:

> Un fraile y una corona,
> un duque y un cartelista
> anduvieron en la lista
> de la bella Calderona.

Del diario de esta aristócrata viajera sale, en fin, la especie melodramática de que, al sentirse embarazada por vía real, y sabiendo que al mismo
tiempo lo estaba la legítima esposa de Felipe IV, Isabel de Valois, la comedianta obligó a prometer al Rey que si la Reina tuviera también varón, pondría a su hijo en su lugar, para que la monarquía cómica tuviera, al fin, he-
churas de realidad. Se hiciera o no el trueque, el destino del hijo de «la
Calderona» estaba echado: Baltasar Carlos murió a los catorce años y don
Juan José de Austria lo haría en el verano de 1679 rodeado de la indiferen-
cia del Estado al que había tratado de regenerar. De tamaño drama, qué
importa que ficticio, sólo queda la profundísima carga de melancolía en
los oscuros ojos de la joven del cuadro de las Descalzas Reales.

---

[241] Ed. cit., II, núm. 644 (p. 513).

La mixtificación como prestigio: tal parece ser el final profesional de las farsantas o comediantas o actrices del Siglo de Oro español. Pocas adquieren el rango pleno de *autoras*, de disponer de su propia compañía como empresarias. Sólo accidentalmente, o por imperio de supervivencia económica, dan, al parecer, tal paso. Escasas noticias de los documentos lo avalan y ninguno de ellos permite un mayor desarrollo de interpretación sociológica o histórica. Sabemos, por ejemplo, que María de los Ángeles se hace cargo de la compañía que fuera de Pedro Rodríguez, pero lo que de verdad subraya el crítico es que «tuvo mala fama y despuntó como poetisa»,[242] sin que ello impidiera, como hemos visto, que acabara sus días en un convento. La decidida y casquivana Bárbara Coronel, la amazona que asombraba en escena y de la que el poeta popular llegó a escribir:

> La Bárbara Coronel
> domina de igual talante
> al hombre más arrogante
> y al más fogoso corcel.
> El capricho es la razón
> de mujer tan agresiva;
> y no es nunca equitativa,
> aunque sabe equitación.

El pleito con su marido Francisco Jalón acabó con sospechas de que ella lo había asesinado y se refugió en la fama y prestigio de su tío, Cosme Pérez, para librarse de la horca. Es el caso que, en 1676, consciente de que sus años ya no le permiten hacer *primeras damas* (un argumento, la edad, que impulsa a la mujer, pues, a permanecer en los escenarios de otra manera) se hace autora en Valencia, donde creció más su fama de aborrascada vida que de efectiva empresaria. Narciso Díaz de Escovar, fiel hijo de su tiempo, no duda en atribuir estas veleidades de las actrices (las únicas subrayadas por las crónicas) nada menos que como el principal motivo «de la decadencia del teatro en este tiempo.» Emblema de ello hace a María de Heredia, que se decide a formar su propia compañía en 1640, y que, amancebada con al alcaide de las cárceles de la Corte don Gaspar de Valdés, quiere la leyenda (desde luego no piadosa) que acabara en galeras o, al menos, en prisión en 1642, lo que autorizó, como era inevitable, el andar en coplas:

> El Zurdillo de la costa
> está ya muy consolado

---

[242] *Cf*. para esta y muchas otras actrices mencionadas Narciso Díaz Escovar, *Historia del teatro español; comediantes, escritores y curiosidades escénicas*, Barcelona, Montaner y Simón, 1924, vol. I, p. 119 y, luego, pp. 218 y ss.

de ver a María de Heredia
en la Galera remando.
A malas lanzadas mueras,
dice mil veces llorando,
deshonradora de zurdos,
y zurda de los honrados
[...]
Porque el pelo no le corten
cuatro doblones ha dado;
mas donde está lo raído
poco importa lo rapado.

Crueldad increíble del cuerpo social sobre el de una actriz que sólo aspiró seguramente a la igualdad profesional con los actores. Lo que la obligó al exilio, falleciendo en Nápoles en 1657. Juana Bezón, actriz excelente, al parecer, en hacer terceras damas, cantar, bailar, desempeñar las primeras partes en música, bailes y entremeses, alcanzó en 1653 el nada despreciable contrato de 53 reales y el derecho a cuatro caballerías y trabajó once años en la corte francesa con el suficiente éxito como para ser ensalzada:

¿Quién en la Francia pregona,
con autoridad palmaria,
nuestra gloria literaria?
　La Bezona.
¿Quién causa la admiración
de aquella extranjera corte
por su mérito y su porte?
　La Bezona.

Fue quizá «la Bezona», por el prestigio adquirido más allá de los Pirineos, la autora de mayor solvencia y, al parecer, éxito; bien ayudada por el hecho de que cuando se decide a formar compañía está ya consolidado el teatro de corte y, en consecuencia, asegurados numerosos contratos. Sabemos que el 8 de junio de 1683 era la autora que dirigía la compañía del Corral del Príncipe y que, hasta su muerte, representó en palacio obras como *Amor vencido de celos* y *Mármoles hacen envidia*, ambas de Alejandro de Arboreda, así como una pieza que habría de dar mucho juego a un tal Moratín un siglo después: *El sitio de Viena*. Cuando muere posee, hecho excepcional, casa propia en la calle de Cantarranas. Autora fue también la comedianta granadina María de los Reyes. que después de alcanzar a ser *primera dama* en 1654 en la compañía de Escamilla, ya viuda (excepcional *habitación propia* en el Siglo de Oro) se decide a formar compañía propia y siguió actuando con singular éxito hasta su muerte en 1674.

Esta cuestión, la de las *autoras,* y su papel delante y detrás de la cortina de los corrales y, en consecuencia, la equiparación de la igualdad de la mujer, dentro del mapa social del propio teatro, nos sitúan en una perspectiva interesante que se arrastrará, por supuesto, a los siglos siguientes y que viene a poner las cosas en su sitio de determinadas visiones reduccionistas. Lo que ocurre en España nunca fue una excepción y el papel del cuerpo de la actriz, en lo físico y en lo social, es una constante que puede elevarse a principio en todos los ámbitos. Se nos ha hablado muchas veces del mayor grado de libertad y equiparación de las actrices francesas, por ejemplo, tanto en el periodo prerrevolucionario como con posterioridad a él. En efecto, las actrices de la Comedia Francesa adquieren un rango de corresponsabilidad en el espectáculo muy estimable, tenido durante mucho tiempo como ejemplo de la equiparación del modelo masculino y femenino en la esfera pública. Al menos en lo que se refiere al grado de intervención en un sistema teatral que, como el de la España de los Austrias, se arrimaba a los intereses de la monarquía absoluta, aunque con el grado de hipócrita ñoñería que hemos advertido. En tal sentido qué duda cabe que puede hablarse en España, como en la Inglaterra isabelina o como en la Francia prerrevolucionaria, de los «hombres y mujeres del Rey» (por recordar la expresión de las compañías shakespeareanas llamadas «the King's men»). Los estatutos y reglas de la Comedia Francesa, por ejemplo, permitían la intervención y el protagonismo en las actrices tanto en el juicio literario y la elección de las obras como en las apreciaciones técnicas de los ensayos. Y esto parece suceder en un grado más avanzado, por supuesto, que la intervención de las *autoras* en el Siglo de Oro (no hay más que recordar casos ilustres como el de Madame Clairon, abanderada de la protesta ante el Rey por el hecho de que los actores asumieran todavía la condena eclesiástica de la excomunión). A falta de más datos, la importancia de la mujer como *primera dama* y empresaria probablemente no llegaría en España hasta las grandes actrices del XVIII y el XIX.

No nos equivoquemos, sin embargo. Basta observar los textos de los filósofos supuestamente inspiradores de la Revolución Francesa. Basta leer la célebre *Lettre à D'Alembert sur les spectacles* de Rousseau, escrita en 1758, en donde, asombrosamente, y lejos ya de un asfixiante marco teológico, aspirando, por el contrario, a la consecución de una sociedad democrática, condenaba el teatro en general, y el trabajo de las actrices en particular, como uno de los peligros que acechaban al pueblo soberano. Es más, como han puesto de manifiesto algunas investigaciones,[243] Rousseau

---

[243] Berlanstein, Lenard R., «Women and power in Eighteen-Century France; Actresses at the Comédie Francaise», *Feminist Studies*, vol. 20, núm. 3, otoño 1994, pp. 476-506. Véase también Cheryl Wanko, «The Eighteen Century Actress and the Construction of Gender:

va a emplear exactamente los mismos argumentos que la teología católica había empleado contra la moral de las mujeres dedicadas al teatro, vertidas, eso sí, hacia una nueva y sorprendente preocupación cívica que le lleva a preguntarse retóricamente, por ejemplo, que «con mujeres en el escenario inteligentes, dispuestas y con tal ascendencia, cómo se pensaba que iba a poderse gobernar una sociedad de hombres.» Como los santones y beatos moralistas españoles, denuncia la corrupción de las escasas virtudes de la vida privada de la gente del teatro, concluyendo gloriosamente que las actrices «eran naturalmente sospechosas porque rechazaban la natural y obligada modestia de su sexo», puesto que se exponían cotidianamente «a papeles amorosos, a la necesidad de usar vestidos provocativos, a ser presionadas por admiradores a vender su cuerpo por dinero.»

La lección estaba escrita y a ella se apuntan presurosos los discípulos de Rousseau como Louis-Sébastien Mercier y Nicholas-Edme Rétif de la Bretonne, quienes, bajo la coartada de elevar el nuevo drama burgués a la función de espejo educativo de la sociedad, estipulan durísimas restricciones para controlar la supuesta influencia de las actrices en el espectador. Mercier en su obra *La Mimographe* (1770) y en su *Nouvel essai sur l'art théâtrique,* publicado anónimamente en 1773, produce un documento que nada tiene que envidiar a los enjundiosos aspavientos morales que leíamos del Padre Fonseca o del Padre José de Jesús María. Con el correspondiente soporte erudito de los tradicionales ataques al teatro antiguo, llega a proponer el ostracismo total para los actores y su sustitución por lo que él llama irónicamente actores-ciudadanos, es decir, ciudadanos que incorporaran personajes o papeles egregios de virtudes cívicas en cuyos ensayos acabarán siendo consumados artistas. Serían dirigidos por doce directores o directoras, escogidos entre lo mejor de la sociedad. En tal monstruosa utopía el teatro sería visto por espectadores separados por sexos y tras la cortina o las bambalinas del escenario sólo podrían estar familiares cercanos a los supuestos actores. En otra línea sugiere, por el contrario, que los actores podrían reclutarse en los orfanatos, convirtiéndose en una suerte de siervos o esclavos segregados de la sociedad y que habían de aprender en una draconiana disciplina. A tal punto que Rétif recomienda, naturalmente sobre todo para las actrices, que podrían aparecer en escena, cuando su conducta se desviara, cargadas de cadenas y con un letrero denunciando los pecados o faltas que hubieran cometido durante el año. Por demás está decir que las actrices no podían lucir ni vestuario lujoso ni joyas en sus actuaciones y se prohibía tajantemente a los banqueros concederles créditos para tales menesteres.

Lavinia Fenton and Charlotte Charke», *Eighteen Century Life*, vol. 18, núm. 2, mayo 1994, pp. 75-90.

Lo *público* surgido en las asambleas y comunas de 1789 no parece favorecer tampoco la esperada equiparación. La Comedia Francesa se regía orgullosamente por el sentido de un teatro nacional al servicio de una monarquía y sus componentes, los masculinos, sobre todo, se deciden a pactar con los revolucionarios. Lo hacen, *mirabile visu*, haciendo terribles concesiones a los requerimientos panfletarios de la filosofía comentada: los propios actores solicitan y obtienen de la Asamblea Nacional que las actrices pierdan el derecho al voto en el seno de las reuniones y decisiones de la Comedia Francesa; solicitan la condena de las actrices que tengan hijos ilegítimos y aconsejan a los actores casados con comediantas repudiarlas para salvar la moralidad pública. A la luz de estos acontecimientos se comprende que uno de los principales debates de la Asamblea Nacional fuera la oportunidad o no de que los actores (junto, precisamente, a los judíos y a los protestantes) fueran reconocidos *ciudadanos*. En fin: una vez más se requería que la historia borrara el cuerpo y la voz de las actrices. Al parecer, la soberanía del pueblo era incompatible con la moralidad privada de éstas. Confieso que leyendo estos, como otros, documentos,[244] me he tomado mucho menos en serio el artículo que la *Enciclopédie* dedica a los actores, y se comprenden sus lagunas y ambigüedades. Nada parece haberse adelantado, pues, ni con la Revolución ni con la Ilustración. Nada, excepto, claro está, las rigurosas prescripciones técnicas que empiezan a aflorar, matizando así el exagerado prejuicio moral (revolucionario o no) contra el cuerpo de la actriz. Sólo mucho más tarde, que yo conozca, se alaba oficialmente el que una actriz, tras una carrera de éxito, emprenda una actividad de empresaria, eso sí, asumiendo ya todas las leyes de la moralidad pública de la sociedad inglesa. Es el caso de Eliza Lucy Barolozzi (1787-1856), conocida como Madame Vestris, quien, tras una espléndida etapa de actriz, bailarina y cantante de ópera, se dedicó, a partir de 1830, a regentar el pequeño teatro londinense Olympic. James Robinson Planché[245] alabó sin recato, por fin, la actividad de una mujer o *autora* fiel a unas «reglas de oro», como eran ofrecer permanentemente espectáculos atractivos para el público y rentables económicamente, el anuncio sobrio de los carteles, la escrupulosa atención a la puesta en escena y sus accesorios y el mantener las actuaciones en un horario que permitiera a las familias de bien regresar a sus casas antes de la media noche.

La santurrona España mandaba sin empacho a sus teólogos a la tertulia de los corrales. Qué enciclopedia de la mirada nos deparó semejante libe-

---

[244] *Cf.* Landes, Joan, *Women and the Public Sphere in the Age of the French Revolution*, Ithaca, Cornell University Press, 1988.

[245] *The Extravaganzas of J.R. Planché* (Londres, S. Fenche, 1879, t. I, pp. 286-88). Cit. por Alois Maria Nagler, *Op. cit.*, pp. 462-463.

ralidad. Quisieron cegar con palabras lo que, en realidad, desvelaron: la historia, una vez más, lo hizo, pese a todo, a través de su propia escritura. Lope, que tenía más voz que carne, sombra de nuevo de la Riquelme y de «Amarilis» y de Jerónima, que tanta gloria e infierno le ayudaron a conseguir, lo sabía. Por eso escribió el más bello soneto que una actriz haya podido nunca merecer:

A LA MUERTE DE UNA DAMA, REPRESENTANTA ÚNICA

Yacen en este mármol la blandura,
la tierna voz, la enamorada ira,
que vistió de verdades la mentira
en toda acción de personal figura;
la grave de coturno compostura,
que ya de celos, ya de amor suspira,
y con donaire, que, imitado, admira
del tosco traje la inocencia pura.
Fingió toda figura de tal suerte,
que, muriéndose, apenas fue creída
en los singultos de su trance fuerte.
Porque como tan bien fingió en la vida
lo mismo imaginaron en la muerte,
porque aun la muerte pareció fingida.[246]

Claro que no hay que afanarse en la trascendencia hablando, como hablamos, al arrimo del cuerpo y de las tablas. Concluyamos recordando a «la Menguilla», aquella jovencísima meritoria que quiere entrar en la farándula y cuya vocación nos cuenta otra de las muchas sátiras del panteón de papeles que, supuestamente, deseaban infamar el teatro.[247] «La Menguilla», que quiere ser cantora y tañidora de castañuelas, que se autopredica bullidora como el azogue, de risa blanda y de gracioso brindis, y que asegura que su fiero aliño dramático «dará ocasión a mil novelas.» «La Menguilla», que, desafiante y transmisora, por providencia dramática, del *collige, virgo, rosas,* concluye:

Pero, amigos, amemos y vivamos
mientras la edad por mozos nos declara;
que después querrá el cielo que seamos
lo mismo que fue ayer la Baltasara...

---

[246] *Lírica* (ed. de José Manuel Blecua), Madrid, Castalia, 1981, p. 315. Véase asimismo Maria Grazia Profeti, «Que vistió de verdades la mentira: I sonetti di Lope alle attrici», *Rivista di Letterature moderne e comparate,* vol. XLVIII, 1995, pp. 33-46.

[247] Es Casiano Pellicer (*Op. cit.,* pp. 159 y ss.) el que cita y transcribe este manuscrito conservado en la Biblioteca Real, fechado entre 1644 y 1650, y que él atribuye al poeta don Vicente Ponce de León.

BIBLIOGRAFÍA*

Abirached, Robert, *La crise du personnage dans le théâtre moderne*, París, Grasset, 1978.

Alessio, F., «La filosofia e le "artes mechanicae" nel secolo XII», *Studi Medievali*, VI, 1965, pp. 71-161.

Aliverti, Maria Inés, «Per una iconografia della Commedia dell'Arte. A proposito di alcuni recenti studi», *Teatro e storia*, núm. 6, abril 1989, pp. 71-88.

——, «Le "je ne sais quoi" du spectateur et le savoir de l'acteur», *Studies on Voltaire and the Eighteenth Century*, vol. 304, 1992, pp. 1200-1203.

——, *Il ritratto d'attore nel Settecento francese e inglese*, Pisa, ETS Editrice, 1986.

Allegri, Luigi, «Aproximación a una definición del actor medieval», en Evangelina Rodríguez (ed.), *Cultura y representación en la Edad Media,* Alicante, Generalitat Valenciana-Ajuntament d'Elx-Instituto de Cultura Juan Gil-Albert, 1994, pp. 125-136.

Alonso, Amado, «El ideal artístico de la lengua y el teatro», en *Materia y forma en poesía*, Madrid, Gredos, 1969, pp. 51-77.

Alonso, Dámaso, «Predicadores ensonetados. La oratoria sagrada, hecho social apasionante del siglo XVII», en *Del Siglo de Oro a este siglo de siglas*, Madrid, Gredos, 1962. Ahora en *Obras Completas*, Madrid, Gredos, 1974, vol. III, pp. 973-982.

Alter, Jean, «From text to performance», *Poetics today,* 2:3, 1981, pp. 113-139.

Álvarez Barrientos, Joaquín, «El actor español en el siglo XVIII: formación, consideración social y profesionalidad», *Revista de Literatura*, tomo L, núm. 100, julio-diciembre 1988, pp. 445-466.

——, «La música teatral en entredicho. Imitación y moral en algunos preceptistas de los siglos XVI a XVIII», *Cuadernos de Teatro Clásico*, núm. 3, 1989, pp. 157-169.

---

* Incluyo en este listado la bibliografía sustancial que ha orientado teórica y documentalmente mi trabajo. Eludo citar la bibliografía colateral o usada en las citas para iluminar cuestiones muy concretas y ajenas al objeto de estudio.

———, «El cómico español en el siglo XVIII: pasión y reforma de la interpretación», en Evangelina Rodríguez Cuadros (ed.), *Del oficio al mito: el actor en sus documentos,* Valencia, Universitat de València, 1997, pp. 287-309.

Álvarez de Miranda, Pedro, «Una voz de tardía incorporación a la lengua: la palabra espectador en el siglo XVIII», en *Coloquio internacional sobre el teatro español del siglo XVIII,* Bolonia, Ipovan Editore, 1988, pp. 45-66.

Amadei-Pulice, Alicia, «El *stile rappresentativo* en la comedia de teatro de Calderón», en Michael D. MacGaha (ed.), *Approaches to the Theater of Calderon,* Washington, University Press of America, 1982, pp. 215-229.

André, Jacques (ed.), *Traité de Physiognomie (Anonyme Latin),* París, Société d'Éditions Les Belles Lettres, 1981.

Arco, Ricardo del, «Cervantes y la farándula», *Boletín de la Real Academia Española,* XXI, 1951, pp. 311-330.

Arellano, Ignacio, «La comicidad escénica de Calderón», *Bulletin Hispanique,* LXXXVIII, 1-2, 1986, pp. 47-92.

Auerbach, Erich, *Lenguaje literario y público en la baja latinidad y en la Edad Media,* Barcelona, Seix Barral, 1969.

Azpitarte, José M.ª, «La ilusión escénica en el siglo XVIII», *Cuadernos Hispanoamericanos,* núm. 303, 1975, pp. 657-675.

Bacon, Albert M., *A Manual of Gesture; embracing a complete system of notation, together with the Principles of Interpretation and Selection for Practice,* Chicago, J.C. Buckbee & Company, Publishers, s.a.

Baffi, Mariano, «Un comico dell'Arte italiano in Ispagna: Alberto Naselli, detto Ganassa», en *Actas del Coloquio Teoría y realidad en el teatro español del siglo XVII. La influenza italiana,* Roma, Publicaciones del Instituto Español de Cultura, 1981, pp. 435-444.

Bain, David, *Actors and Audience. A Study of asides and related conventions in Greek Drama,* Oxford, Oxford University Press, 1977.

Bances Candamo, Francisco, *Theatro de los theatros de los passados y presentes siglos,* ed. de Duncan W. Moir, Londres, Tamesis Books, 1970.

Barash, Moshe, *Gestures of Despair in Medieval and Early Rennaissance Art,* Nueva York, New York University Press, 1976.

———, *Giotto and the language of gestures,* Cambridge, Cambridge University Press, 1987.

Barba, Eugenio, *La corsa dei contrari. Antropologia teatrale,* Milán, Einaudi, 1981.

Barbieri, Nicolò, *La Supplica. Discorso famigliare di Nicolò Barbieri, detto Beltrame, diretta à quelli che scriuendo ò parlando trattano de Comici trascurando i meritti delle azzioni uirtuose. Lettura per què galanthuomini che non sono in tutto critici ne affato balordi* [Venecia, Marco Ginammi, 1634] (ed. de Ferdinando Taviani), Milán, Il Polifilo, 1971.

Barnett, Dene, «The Performance Practice of Acting: the Eighteenth Century. Part I: Ensemble Acting», *Theatre Research International,* II, 1977, pp. 157-186.

———, «The Performance Practice of Acting: the Eighteenth Century. Part II: The Hands», *Theatre Research International,* III, 1977, pp. 1-19.

——, «The Performance Practice of Acting: the Eighteenth Century. Part III: The Arms», *Theatre Research International*, III, 1978, pp. 79-93.

——, «The Performance Practice of Acting: the Eighteenth Century. Part IV: The Eyes, the Face and the Head», *Theatre Research International*, V, 1979, pp. 1-36.

——, «The Performance Practice of Acting: the Eighteenth Century. Part V: Posture and Attitudes», *Theatre Research International*, VI, 1980-1981, pp. 1-32.

Barthes, Roland, «Las enfermedades de la indumentaria teatral», en *Ensayos críticos*, Barcelona, Seix Barral, 1973, pp. 65-75.

Baschet, Armand, *Les comédiens italiens a la cour de France sous Charles IX, Henri III, Henri IV et Louis XIII, d'après les lettres royales, la correspondance originale des comédiens, les registres de la trésorerie de l'épargne et autres documents*, Ginebra, Slatkine Reprints, 1969 [1.ª ed. 1882].

Baxandall, Michael, *Giotto y los oradores. La visión de la pintura en los humanistas italianos y el descubrimiento de la composición pictórica. 1350-1450*, Madrid, Visor, 1996.

Bech, Kirsten, «Codage et actuation du code dans la *Commedia dell'arte*», *Revue Romane*, VIII, 1973, pp. 1-12.

Becker, Danièle, «Lo hispánico y lo italiano en el teatro lírico español del siglo XVII», en Emilio Casares Rodicio, Ismael Fernández de la Cuesta y José López Calo (eds.), *España en la música de Occidente. Actas del Congreso Internacional*, Madrid, Ministerio de Cultura, 1987, vol. I, pp. 371-184.

Beijer, Agne, «Quelques documents sur les farceurs français et italiens», *Revue d'histoire du théâtre*, IX, 1-2, 1957, pp. 54-60.

Bentley, Gerald Eades, *The Rise of the Common Player: A Study of Actor and Society in Shakespeare's England*, Cambridge, Mass., Harvard University Press, 1962.

Bergman, Hanna E., *Luis Quiñones de Benavente y sus entremeses. Con un catálogo biográfico de los actores citados en sus obras*, Madrid, Castalia, 1965.

——, «Juan Rana se retrata», en *Homenaje a Rodríguez Moñino*, Madrid, Castalia, 1966, tomo I, pp. 65-73.

Berlanstein, Lenard R., «Women and Power in Eighteenth Century France: Actresses at the Comedie Française», *Feminist Studies*, vol. 20, núm. 3, 1994, pp. 475-506.

Bernardin, Napoléon-Maurice, *La comédie italianne en France et les théâtres de la foire et du Boulevard (1570-1791)*, Ginebra, Slatkine Reprints, 1969 [1.ª ed. 1902].

Bernís, Carmen, «La moda en la España de Felipe II a través del retrato de Corte», *Alonso Sánchez Coello y el retrato en la corte de Felipe II* [cat. exp.], Madrid, Museo del Prado, 1990, pp. 65-111.

Bettetini, Gianfranco, *Producción significante y puesta en escena*, Barcelona, Gustavo Gili, 1977.

Bevington, David, *Action is Eloquence. Shakespeare's language of gesture*, Cambridge, Mass., Harvard University Press, 1984.

Bieber, Margarete, *The History of the Greek and Roman Theatre*, Princeton, Nueva Jersey, Princeton University Press, 1961.

Billington, Michael, *The Modern Actor*, Londres, Hamish Hamilton, 1973.

Bjurstrôm, Per y Dahlbak, Beng, «Témoignages sur l'éphémère», *L'Oeil,* 24, 1956, pp. 36-41.

Blanc, André, «L'action à la Comédie Française au XVIIIe Siècle», *XVIIe Siècle*, núm. 132, 1981, pp. 319-327.

Bolaños, Piedad, y Reyes Peña, Mercedes de los, «Fuentes consultadas para el estudio del Patio de las Arcas y la vida teatral de Lisboa. Resultados hasta ahora obtenidos», en Luciano García Lorenzo y John E. Varey (eds.), *Teatros y vida teatral en el Siglo de Oro a través de sus fuentes documentales,* Londres, Tamesis Books, 1991, pp. 167-178.

—— y Reyes Peña, Mercedes de los, «Actores y compañías en la Casa de Comedias de Écija: un conflicto entre censores», en Agustín Granja y Juan Antonio Martínez Berbel (eds.), *Mira de Amescua en candelero. Actas del Congreso Internacional sobre Mira de Amescua y el teatro español del siglo XVII,* Granada, Universidad, 1996, pp. 427-441.

Bologne, Jean-Claude, *Histoire de la pudeur*, París, Plural, 1986.

Booth, Michael R., «Art and the classical actor: painting, sculpture, and the English Stage», *Journal of the Australasian Universities Modern Languages Association,* núm. 66, 1986, pp. 260-271.

Boswell, James, *On the Profession of the Player* [1770], Londres, Elkin, Mathews and Massot, 1929.

Botti, Giovanna, «Presentazione», *Immagini di Teatri. Biblioteca Teatrale. Rivista trimestrale di studi e ricerche sullo spettacolo*, núm. 37-38, 1996, pp. 13-17.

Boussiac, Pierre, *La mesure des gestes. Prolégoménes à la sémiotique gestuelle*, La Haya, Mouton, 1973.

Bradwook, M. C., «Thomas Heywood. Shakespeare's Shadow. A description is only a shadow, received by the ear (*An Apology for Actors*)», en *Du Texte à la scène: Languages du théâtre,* París, Touzot, 1983, pp. 13-34.

Bremner, Geoffrey, «Sensibility and the Actor's Art: An Eighteen-Century Impasse», *Studies on Voltaire and the Eighteenth Century*, Oxford, vol. 265, 1989, pp. 1350-1353.

Bretón de los Herreros, Manuel, *Progresos y estado actual del arte de la declamación en los teatros de España*, Madrid, Establecimiento Tipográfico de Mellado, 1852.

Bruyne, Edgar de, *La estética de la Edad Media*, Madrid, Visor, 1994.

Bulwer, John, *Chirologia: or the Natural Language of the Hand and Chironomia or the Art of Manual Rhetoric* (ed. de James W. Cleary), Carbondale Southern Illinois University Press, 1974.

Buratelli, Claudia, «I comici dell'Arte in piume d'uccelllo di Dionisio Menaggio (1618)», *Immagini di Teatri. Biblioteca Teatrale. Rivista trimestrale di studi e ricerche sullo spettacolo*, núm. 37-38, 1996, pp. 187-212.

Calderón de la Barca, Pedro, *Entremeses, jácaras y mojigangas* (ed. de Evangelina Rodríguez Cuadros y Antonio Tordera), Madrid, Castalia, 1983.

Calendoli, Giovanni, *L'attore. Storia d'un arte*, Roma, Edizione dell'Ateneo, 1959.

Calvo Revilla, Luis, *Actores célebres del Teatro del Príncipe o Español. Siglo XIX.*

Manera de representar de cada actor. Anécdotas y datos biográficos, Madrid, Imprenta Municipal, 1920.

Calvo Serraller, Francisco, *Teoría de la Pintura del Siglo de Oro*, Madrid, Cátedra, 1981.

Campardon, Émile, *Les comédiens de la troupe italienne pendant les deux derniers siècles. Documents inédits recueillis aux Archives Nationales*, Ginebra, Slatkine Reprints, 1970, 2 vols. [1.ª ed. 1880].

Canavaggio, Jean, «Teatro y comediantes en el Siglo de Oro: algunos datos inéditos», en *Libro-homenaje a Antonio Pérez Gómez*, Cieza, Joaquín Pérez Gomez, 1978, tomo I, pp. 145-165. [Pub. anteriormente en *Segismundo*, núms. 23-24, 1976, pp. 27-51.]

Canet Vallés, Josep Lluís, «El nacimiento de una nueva profesión: los autores-representantes», *Edad de Oro*, XVI, 1997, pp. 109-119.

Cantalapiedra, Fernando, *Semiótica teatral del Siglo de Oro*, Kassel, Reichenberger, 1995.

Capuano, Thomas M., «The Seasonal Labourer: audience and actor in the works of Gonzalo de Berceo», *La Crónica*, vol. 14, núm. 1, 1985, pp. 15-22.

Carducho, Vicente, *Diálogos de la Pintura. Su defensa, origen, esencia, definición, modos y diferencias* (ed. de F. Calvo Serraller), Madrid, Turner, 1979.

Carner, Sebastián José, *Tratado de Arte Escénico*, Barcelona, Est. tipogr. de la Hormiga de Oro, 1890.

Caro Baroja, Julio, *Historia de la fisiognómica. El rostro y su carácter.* Madrid, Alianza, 1988. [Reed. *La cara, espejo del alma*, Barcelona, Galaxia Gutenberg-Círculo de Lectores, 1993.].

Carlson, Marvin, *Goethe and the Weimar theatre*, Ithaca, Cornell University Press, 1978.

Casagrande, Carla e Vecchio, Silvana, «L'interdizione del giullare nel vocabulario clericale del XII e del XIII secolo», en Johann Drumbl (ed.), *Il teatro medievale*, Bolonia, Società Editrice Il Mulino, 1989, pp. 317-368.

Castro, Eva, «Rito, signo y símbolo: el contexto litúrgico en las primeras manifestaciones del teatro latino medieval», en Evangelina Rodríguez Cuadros (ed.), *Cultura y representación en la Edad Media,* Alicante, Generalitat Valenciana-Ajuntament d'Elx-Instituto de Cultura Juan Gil-Albert, 1994, pp. 125-136.

Cerdán, Francis, «El sermón barroco: un caso de literatura oral», *Edad de Oro,* VII, Madrid, 1988, pp. 59-68.

——, «Historia de la historia de la Oratoria Sagrada española en el Siglo de Oro. Introducción crítica y bibliográfica», *Criticón*, 32, 1985, pp. 55-107.

Cesarano, S.P. y Qynne-Davies, Marion (eds.), *Renaissance drama by women. Texts and documents*, Londres-Nueva York, Routledge, 1996.

Chaikin, Joseph, *The presence of the actor*, Nueva York, Atheneum, 1972.

Chastel, André, «L'art du geste à la Renaissance», *Revue de l'Art*, núm. 75, 1987, pp. 9-16.

Chauchaudis, Claude y Vitse, Marc, «Le théâtre comme moyen de diffusion d'une culture: Le "Discurso apologético en aprobación de la Comedia" (Anonyme, 1649)», en *Traditions populaires et diffusion de la culture en Espagne (XVIᵉ-XVIIᵉ siècles)*, Burdeos, Presses Universitaires de Bordeaux, 1983, pp. 169-189.

Checa Cremades, Fernando y Morán Turina, José M., *El arte y los sistemas visuales. El Barroco*, Madrid, Istmo, 1982.

Chejov, Michael, *Al actor. Sobre la técnica de actuación*, Buenos Aires, Editorial Quetzal, 1987.

Chiarini, Luigi, *L'arte dell'attore*, Roma, Bianco e Nero, 1950.

Cicerón, Marco Tulio, *De oratore*, traduc. (*El orador*) de Antonio Tovar y Aurelio R. Bujaldón, Madrid, CSIC, 1992. [1.ª ed. Barcelona, Alma Mater, 1967].

Civil, Pierre, «De la femme à la Vierge. Aspects de l'iconographie mariale au tournant du Siècle d'Or», en *Images de la femme aux XVIe et XVIIe siècles: des traditions aux renouvellements et à l'emergence d'images nouvelles. Colloque International*, París, Publications de la Sorbonne, 1994, pp. 47-59.

Clarion, Hippolyte, *Reflexiones de la Mma. Clarion, actriz del teatro de la comedia francesa, sobre el arte de la declamación* (traduc. de J. D. M.), Madrid, Oficina de Gerónimo Ortega, 1800.

Clermont, Martine, «L'acteur et son jeu au XVIIe siècle: ses rapports avec le personnage qu'il represente», *Revue d'Histoire du Théâtre*, vol. 33, núm. 4, 1981, pp. 379-388.

Cole, Toby y Krich Chinoy, Helen (eds.), *Actors on Acting. The theories, techniques and practices of the world's great actors, told in their own words*, Nueva York, Crown Publishers, Inc., 1970 [1.ª ed. 1949].

Comstock, Andrew, *A System of Elocution with Special Reference to Gesture, [...] Comprising numerous diagrams, and engraved figures, illustrative of the subject,* Philadelphia, Published by Butler & Williams, 1844.

Conejero Tomás, Manuel A., *El actor en la Inglaterra del siglo XVI y principios del siglo XVII*, Valencia, Universidad de Valencia, s.a. [1968], 24 pp.

Cooke, Thomas, *A practical and familiar view of the Science of Physiognomy [...] with a Memoir and Observations on the temperaments*[...] Londres, Printed by S. Curtis, Camberwell Press, 1819.

Cotarelo y Mori, Emilio, «Actores famosos del siglo XVII. Sebastián de Prado y su mujer Bernarda Ramírez», *Boletín de la Real Academia Española*, II, 1915, pp. 251-293, 425-457, 583-621; III, 1916, pp. 3-38, 151-185.

——, «Actores famosos del siglo XVII: María de Córdoba, "Amarilis", y su marido Andrés de la Vega», *Revista de Archivos, Bibliotecas y Museos*, X, 1933, pp. 1-33.

——, «Noticias biográficas de Alberto Ganassa, cómico famoso del siglo XVI», *Revista de Archivos, Bibliotecas y Museos*, XIX, 1908, pp. 42-61.

——, *Bibliografía de las Controversias sobre la licitud del teatro en España*, Madrid, Tipografía de la Revista de Archivos, Bibliotecas y Museos, 1904. [Nueva edición con estudio preliminar e índices de José Luis Suárez, Granada, Universidad, 1997.]

——, *Estudios sobre historia del arte escénico. María Ladvenant y Quirante, primera dama de los teatros de la corte*, Madrid, Sucesores de Rivadeneyra, 1896.

Coupeau, Jacques, *Notes sur le métier de comédien*, París, Michael Brient, 1955.

Courtine, Jean-Jacques y Haroche, Claudine, *Histoire du visage. Exprimer et taire les émotions XVIe-début XVIIe siècle*, París, Rivages/Histoire, 1988.

Critchley, Mc Donald, *Silent Language*, Londres, Butterworths, 1975.

Croce, Benedetto, «Comici spagnuoli in Italia nel Seicento», *Aneddoti di varia letteratura*, tomo I, Nápoles, 1942, pp. 423-426.

Cruciani, Fabrizio, *Teatro nel Rinascimento. Roma 1450-1550*, Roma, Bulzoni, 1983.

Cunill Cabanellas, Antonio, *El teatro y el estilo del actor. Orígenes y fundamentos*, Buenos Aires, Marymar Ediciones, 1984.

Cuyer, Eduardo, *La mímica* (versión española de Alejandro Miquis), Madrid, Daniel Jorro Editor, 1908.

Dansey, Hilary, *Preaching in the Spanish Golden Age. A Study of Some Preachers of the Reing of Philip III*, Londres, Oxford University Press, 1978.

De Marinis, Marco, *Semiotica del teatro. L'analisi testuale dello spectacolo*, Milán, Bompiani, 1982.

——, *Capire il teatro. Lineamenti di una nuova teatralogia*, Florencia, La Casa Usher, 1989.

——, «Appunti per uno studio diacronico della recitazione nella commedia dell'arte», en VV.AA., *The Science of Buffonery. Theory and History of the Commedia dell'arte*, Ottawa, Dovehouse, 1989, pp. 239-256.

—— y Bettetini, Gianfranco, *Teatro e communicazione*, Florencia, Guaraldo, 1977.

Della Porta, Giovanni Battista, *Della Fisonomia dell'Uomo* (ed. de Mario Cicognani), Parma, Guanda Editore, 1988.

Descartes, René, *Tratado de las pasiones del alma*, Barcelona, Península, 1972.

Descotes, Maurice, *Les Grandes Rôles du théâtre de Jean Racine*, París, PUF, 1957.

Devoto, Daniel, «Teatro y antiteatro en las comedias de Calderón», *Les cultures ibériques en devenir. Essais publiés en hommage à la mémoire de Marcel Bataillon (1895-1977)*, Abbeville, F. Paillart, 1979, pp. 313-344.

Diago, Manuel V., «Lope de Rueda y los orígenes del teatro profesional», *Criticón*, vol. 50, 1991, pp. 41-65.

——, «La mujer en el teatro profesional del Renacimiento: entre la sumisión y la astucia. A propósito de las tres *Comedias* de Joan Timoneda», *Criticón*, vol. 63, 1995, pp. 103-117.

Díaz de Escovar, Narciso, *Apuntes escénicos cervantinos ó sea un estudio histórico, bibliográfico y biográfico de las comedias y entremeses escritos por M[iguel] de C[ervantes] S[aavedra] con varias de sus opiniones sobre las comedias y los cómicos y noticias de los comediantes que debió conocer o mencionó en sus libros*, Madrid, Librería de la Viuda de Rico, 1905.

——, *Historia del teatro español. Comediantes, escritores, curiosidades escénicas*, Barcelona, Montaner y Simón, 1924, 2 vols.

——, *Siluetas escénicas del pasado. Colección de artículos históricos de costumbres, anécdotas, biografías, bibliografías, etc., del Teatro español*, Barcelona, Imprenta de Vda. de Luis Tasso, *ca.* 1912.

——, «Antiguos comediantes españoles. Cristóbal Ortiz de Villazán», *Boletín de la Real Academia de la Historia*, LXXXVI, 1925, pp. 252-259.

——, «Comediantes de otros siglos. Fernán Sánchez de Vargas», *Boletín de la Real Academia de la Historia*, CV, 1934, pp. 485-514.

——, «Comediantes de otros siglos. Pedro de la Rosa», *Boletín de la Real Academia de la Historia*, CI, 1932, pp. 149-183.

——, «Comediantes del siglo XVII. Baltasar de Pinedo», *Boletín de la Real Academia de la Historia*, XCII, 1928, pp. 162-174.

——, «La bella Amarilis. Estudio biográfico de la eminente comedianta María de Córdoba», *La Alhambra*, XIX, 1916, pp. 532-535, 555-558; XX, 1917, pp. 4-7, 28-31, 51-54, 78-81, 100-103, 125-129.

——, «Los primitivos comediantes españoles. Antonio Granados. Notas para su biografía», *La Alhambra*, XVIII, 1915, pp. 250-254, 275-279.

——, «Recuerdos del teatro antiguo. Juan de Barrionuevo Moya», en *Don Lope de Sosa,* IV, 1916, pp. 302-303.

——, «Siluetas escénicas del pasado: actrices españolas del siglo XVI», *Revista Contemporánea*, CXXIV, 1902, pp. 729-736.

Diderot, Denis, *La paradoja del comediante* (traduc. de D. Sarasola), Madrid, Ediciones del Dragón, 1987.

Díez Borque, José M.ª, «Aproximación semiológica a la "escena" del teatro del Siglo de Oro español», en José M.ª Díez Borque y Luciano García Lorenzo (eds.), *Semiología del teatro,* Barcelona, Planeta, 1975, pp. 49-92.

——, *Sociedad y teatro en la España de Lope de Vega,* Barcelona, Antoni Bosch, 1978.

Dixon, Víctor, «Manuel Vallejo. Un actor se prepara: un comediante del Siglo de Oro ante un texto (*El castigo sin venganza*)», en José M.ª Díez Borque (ed.), *Actor y técnica de representación del teatro clásico español,* Londres, Tamesis Books, 1989, pp. 55-74.

Donawerth, Jane L., «Shakespeare and acting theory in the English Renaissance», en Celice Williamsen y Henry S. Lomouze (eds.), *Shakespeare and the arts,* Washington, University Press of America, 1982, pp. 165-178.

Dowling, John, «Moratin's creation of the comic role for the Older Actress», *Theatre survey. The Journal of the American Society for Theatre Research*, vol. 24, núm. 1-2, May-Nov. 1983, pp. 55-63.

Dullin, Charles, *Souvenirs et notes de travail d'un acteur,* París, Odette Lieutier, 1946.

Dupont, Florence, *L'acteur-roi ou le théâtre dans la Rome antique,* París, Société d'Éditions Les Belles Lettres, 1985.

Duvignaud, Jean, *El actor. Bosquejo de una sociología del comediante,* Madrid, Taurus, 1966.

——, *Sociología del teatro. Ensayo sobre las sombras colectivas,* México, Fondo de Cultura Económica, 1965.

Eco, Umberto, «Elementos parateatrales de una semiótica del teatro», en José M.ª Díez Borque y Luicano García Lorenzo (eds.), *Semiología del teatro,* Barcelona, Planeta, 1975, pp. 49-92.

Eines, Jorge, *Alegato en favor del actor,* Madrid, Fundamentos, 1985.

Elliot, John R., «Medieval acting», en Marianne Briscoe y John C. Coldewey (eds.), *Contexts for Early English Drama,* Bloomington, Indiana University Press, 1989, pp. 238-251.

Engel, Johan Jakob, *Lettere intorno alla Mimica* (versión italiana de D. Rasori), Milán, Batelli e Fanfani, 1820 [ed. moderna en *Idées sur le geste et l'action théâtrale,* París, Barrois, 1978].

Erasmo de Rotterdam, *De la urbanidad en las maneras de los niños* [1530] (ed. bilingüe de Julia Varela, trad. de Agustín García Calvo), Madrid, MEC, 1985.

Esquivel Navarro, Juan de, *Discurso sobre el arte del danzado y sus excelencias y primer origen, reprobando las acciones deshonestas*, Sevilla, Juan Gómez de Blas, 1642.

Estepa, Luis, «Efectos dramáticos en varios sermones a fines del siglo XVII», en Javier Huerta, Harm den Boer y Femin Sierra (eds.), *El teatro español a través del siglo XVII. Historia, cultura y teatro en la España de Carlos II*, «Diálogos Hispánicos de Amsterdam» 8/1, Amsterdam, Rodopi, 1989, pp. 155-178.

Falconieri, John V., «Historia de la Commedia dell'arte en España», *Revista de Literatura*, 1957, XI, pp. 3-37 y XII, pp. 69-90.

Fernández Martí, Luis, *Comediantes, esclavos y moriscos en Valladolid. Siglos XVI y XVII*, Valladolid, Universidad, 1988.

Ferrone, Siro, «Attori: Professionisti e dilettanti», en *Il teatro del Cinquecento: I luoghi, i testi e gli attori*, Florencia, Sansoni, 1982, pp. 59-79.

——, *Attori, mercanti, corsari. La commedia dell'arte in Europa tra Cinquecento e Seicento*, Turín, Einaudi, 1993.

Fischer-Lichte, Erika, «Theatre and the civilizing process: an approach to the History of Acting», en Thomas Postlewait y Bruce A. McConachie, *Interpreting the Theatrical Past. Essays in the Historiography of Performance*, Iowa City, University of Iowa Press, 1989, pp. 19-36.

Flaherty, Gloria, «Empathy and Distance: German Romantic Theories of Acting reconsidered», *Romantic Drama* (ed. de Gerald Gillespie), Amsterdam, Benjamins, 1944, p. 181-207.

Flecniakoska, Jean-Louis, «Par monts et par vaux avec la troupe de Pedro de la Rosa (1636-1637)», en *Arts du spectacle et histoire des idées. Recuil offert en hommage a Jean Jacquot*, Tours, Centre d'Études de la Renaissance, 1984, pp. 151-161.

——, *La loa*, Madrid, SGEL, 1975.

Florit Durán, Francisco, «Testimonios teatrales de los costumbristas barrocos», en *En torno al teatro del Siglo de Oro. Actas Jornadas IX-X*, Almería, Instituto de Estudios Almerienses, 1995, pp. 183-190.

Fo, Dario, *Manuale minimo dell'attore*, Turín, Einaudi, 1978.

Foakes, R. A., «The Player's passion: Some Notes on Elizabethan Psychology and Acting», *Essay and Studies*, c. 7, 1954, pp. 62-77.

Fola Igúrbide, José, *El actor. Revisión general del arte escénico y de sus valores dramáticos y literarios*, Madrid, Mundo Latino, s.a.

Font i Solsona, Josep, «La congregació dels comediants a Madrid i Barcelona», en *Assaigs diversos. Publicació de la Institució del Teatre Barcelona*, 10, 1932, pp. 121-139.

Fothergill-Payne, Louise, «The Jesuits as masters of Rhetoric and Drama», *Revista Canadiense de Estudios Hispánicos*, 10, 1986, pp. 375-387.

Fournier, Edouard, «L'Espagne et ses comédiens en France au XVII siècle» (París, 1864, 8.°, 24 pp.) [*Revue Hispanique*, XXV, 1931, pp. 19-46].

Fournier, Nathalie, *L'aparté dans le théâtre français du XVIIème siècle au XXème siècle. Étude linguistique et dramaturgique*, París-Lovaina, Éditions Peeteres, 1991.

France, Peter y McGowan, Margaret, «Autour du *Traité du récitatif* de Grimarest», *XVIIᵉ Siècle*, vol. 33, núm. 132, 1981, pp. 303-317.

Fumaroli, Marc, «Rhétorique et dramaturgie dans l'*Illusion Comique* de Corneille», *XVIIᵉ Siècle*, núm. 80-81, 1968, pp. 107-132.

——, «Le *Corps éloquent*: une somme d'*actio et pronuntiatio rethorica* au XVIIᵉ siècle, les *Vacationes autumnales* du P. Louis de Cresolles (1620)», *XVIIᵉ Siècle*, núm. 132, 1981, pp. 235-264.

——, *L'âge de l'éloquence. Rhétorique et «res literaria» de la Renaissance au seuil de l'époque classique*, París, Éditions Albin Michel, 1990. [1.ª ed. Ginebra, 1984].

——, «La querelle de la moralité du théâtre au XVIIᵉ siècle», *Bulletin de la Societé Française de Philosophie*, t. LXXXIV, 1990, pp. 65-97.

——, *Eroi e oratori. Retorica e drammaturgia settecentesche*, Bolonia, Il Mulino, 1990.

Funes, Enrique, *La declamación española*, Sevilla, Tipografía de Díaz y Carballo, 1894.

Galimberti, Umberto, *Il corpo*, Milán, Feltrinelli, 1989.

Gallardo, Carmen, «El teatro como predicación. La homilética del Padre Acevedo», *Edad de Oro*, XVI, 1997, pp. 161-169.

Gallego, Julián, *El pintor, de artesano a artista*, Granada, Diputación Provincial, 1995. [1.ª ed. 1976.]

García Berrio, Antonio, *Intolerancia del poder y protesta popular en el Siglo de Oro: los debates sobre la licitud moral del teatro*, Málaga, Universidad de Málaga, 1978. Reed. en «El debate en torno al deleite en la polémica barroca sobre la licitud del teatro. Poética, política y prejuicios morales en la sociedad española del Siglo de Oro», en *Formación de la teoría literaria moderna, 2*, Murcia, Universidad, 1980, pp. 483-546.

García Calvo, Agustín, «El actor: de la antigüedad a hoy», en Evangelina Rodríguez Cuadros (ed.), *Del oficio al mito. El actor en sus documentos,* Valencia, Servei de Publicacions de la Universitat de València, 1997, vol. I, pp. 35-54.

García de Enterría, María Cruz, «La Baltasara: pliego, comedia y canción», en Blanca Periñán y Francesco Guazzelli (eds.), *Symbolae Pisanae. Studi in onore di Guido Mancini,* Pisa, Guardini Editori, 1989, pp. 219-238.

García García, Bernardo J., «Alonso de Cisneros. Vida y arte de un representante», *Edad de Oro*, XVI, 1997, pp. 171-188.

García Lorenzo, Luciano, «El actor y la representación actual de los clásicos», en José M.ª Díez Borque (ed.). *Actor y técnica de representación del teatro clásico español*, Londres, Tamesis Books, 1989, pp. 155-160.

—— y Varey, John E. (eds.), *Teatros y vida teatral en el Siglo de Oro a través de sus fuentes documentales*, Londres, Tamesis Books, 1991.

García Mercadal, José (ed.). *Viajes de extranjeros por España y Portugal*, Madrid, Aguilar, 1952-1962, 3 vols.

García Valdecasas, Amelia, «Concepción de los actores en la sociedad de la época», en Javier Huerta, Harm den Boer y Fermín Sierra Martínez (eds.), *El teatro español a fines del siglo XVII. Historia, cultura y teatro en la España de Carlos II*, «Diálogos Hispánicos de Amsterdam», 8/3, Amsterdam, Rodopi, 1989, pp. 843-852.

Garrick, David, *An Essay on Acting: In which will be considered the mimical behaviour of a certain fashionable faulty actor... To which will, be added a Short Criticism on His Acting Macbeth*, Londres, W. Bickerton, 1744.

Garzoni, Tomaso, *La piazza universale di tutte le professioni del mondo, nobili e ignobili*, Venecia, Zilieetti, 1585.

Ghiron-Bistagne, Paulette, *Recherches sur les acteurs dans la Grèce Antique*, París, Société d'Éditions Les Belles Lettres, 1976.

Giovetti, A., *L'attore*, Florencia, Vallecchi, 1959.

Golding, Alfred Simon, «Nature as Symbolic Behavior: Cresol's *Autumn Vacations* and Early Baroque Acting Technique», *Renaissance and Reformation/ Renaissance et Reforme*, vol. 10, núm. 1, 1986, pp. 147-156.

——, *Classicistic acting. Two centuries of a performance tradition at the Amsterdam Schovwurg. To which is Appended An Annotated Translation of the «Lessons on the Principles of Gesticulation and Mimic Expression» of Johannes Jelgerbuis*, 1827, Lanham, University Press of America, 1984.

Goldman, Michael, *The actor's freedom. Towards a theory of drama*, Nueva York, The Viking Press, 1975.

——, *Acting and action in Shakespeare tragedy*, Princeton, Princeton University Press, 1985.

Gombrich, Ernst, «Ritualized Gestures and Expression in Art», *Philosophical Transactions of the Royal Society of London*, CCLI, 1966, pp. 393-401.

Gordon, Mel, *Lazzi. The Comic Routine of the Commedia dell'Arte*, Nueva York, Performing Arts Journal Publications, 1983 (2.ª ed. 1992).

Gossman, Lionel, «Diderot's displaced Paradoxe», en Jack Undak y Joseph Hernet (eds.), *Diderot: Disgression and Dispersion. French Forum monographs*, Nicholasville, 1984, pp. 106-120.

Goulard de la Lama, Matilde, «*Botarga*: un recuerdo de la comedia italiana», en VV.AA., *Mélanges de philologie romane offerts à M. Karl Michaëlson par ses amis et ses élèves*, Göteborg, 1952, pp. 198-216.

Gracía Beneyto, Carmen, «La iconografía del actor como documento», en Evangelina Rodríguez Cuadros (ed.), *Del oficio al mito: el actor en sus documentos*, Valencia, Universitat de València, 1997, t. II, pp. 411-478.

Granja, Agustín de la, «Un documento inédito contra las comedias en el siglo XVI. Los *Fundamentos* del Padre Pedro de Fonseca», en VV.AA., *Homenaje a Camoens. Estudios y ensayos hispanoportugueses*, Granada, Universidad, 1980, pp. 173-194.

——, «El actor y la elocuencia de lo espectacular», en José M.ª Díez Borque (ed.), *Actor y técnica de representación del teatro clásico español*, Londres, Tamesis Books, 1989, pp. 99-120.

——, «Cosme, el que carteles puso. A propósito de un actor y su entorno», en VV.AA., *Homenaje al Profesor Antonio Gallego Morell*, Granada, Universidad, 1989, pp. 91-108.

——, «Lope y las cintas coloradas», en AA.VV., *Homenaje a Kurt y Roswitha Reichenberger. Estudios sobre Calderón y el teatro de la Edad de Oro*, Barcelona, PPU, 1989, pp. 263-276.

——, «Lope de Vega, Alonso de Riquelme y las fiestas del Corpus: 1606-1616», en

José M.ª Ruano (ed.), *El mundo del teatro español en su Siglo de Oro. Ensayos dedicados a John E. Varey*, Ottawa, Dovehouse Editions, 1989, pp. 57-79.

——, «Una carta con indicaciones escénicas para el autor de comedias Roque de Figueroa», *Revista Canadiense de Estudios Hispánicos*, XVII, 2, 1993, pp. 383-388.

——, «El actor barroco y el *Arte de hacer comedias*», en VV.AA., *En torno al teatro del Siglo de Oro. Actas Jornadas IX-X de Almería*, Almería, Instituto de Estudios Almerienses, 1995, pp. 17-42.

Green, Otis H., «Se acicalaron los auditorios», en *España y la tradición occidental*, Madrid, Gredos, 1969, t. IV, pp. 223-226.

Guardenti, Renzo, «Il quadro e la cornice: iconografia e storia dello spettacolo», *Immagini di Teatri. Biblioteca Teatrale. Rivista trimestrale di studi e ricerche sullo spettacolo*, núm. 37-38, 1996, pp. 61-74.

Gurisatti, Giovanni, «L'eloquenza del corpo: Fisiognomica dell'attore in Lessing e Lichtenberg», *Versus. Quaderni di Studi Semiotici*, Milán, vol. 64, 1993, pp. 113-134.

Gurr, Andrew, *The Shakesperean Stage (1574-1642)*, Cambridge, Cambridge University Press, 1992.

Happe, Peter, «Acting the York Mystery Plays: a consideration of modes», *Medieval English Theatre*, 1988, vol. 10, núm. 2, pp. 112-116.

Haskell, Francis, *La historia y sus imágenes. El arte y la interpretación del pasado*, Madrid, Alianza Forma, 1994.

Havelock, Eric A., *The Muses Learn to Write. Reflections on Orality and Literacy fron Antiquity to the Present*, New Haven, Yale University Press, 1986.

Hecker, Kristine, «Dall'Arte rappresentativa all'attore come artista creatore. La visione dell'attore dal Cinque al Settecento», *Quaderni di Teatro. Rivista trimestrale del Teatro Regionale Toscano*, núm. 37, 1987, pp. 95-122.

Helbo, André, *Les mots et les gestes. Essai sur le théâtre*, Lille, Presses Universitaires de Lille, 1983.

——, «El personaje cornealiano: el cuerpo, la voz, el gesto», en Luciano García Lorenzo (ed.), *El personaje dramático. Ponencias y debates de las VII Jornadas de Teatro Clásico Español (Almagro, 1983)*, Madrid, Taurus, 1985, pp. 135-148.

Heller, Agnes, «Trabajo, ciencia, techné, arte», en *El hombre del Renacimiento*, Barcelona, Península, 1980, pp. 400-418.

Heras, Guillermo, «El personaje y la acción escénica», en Luciano García Lorenzo (ed.), *El personaje dramático. Ponencias y debates de las VII Jornadas de Teatro Clásico Español (Almagro, 1983)*, Madrid, Taurus, 1985, pp. 199-211.

Hermenegildo, Alfredo, «Norma moral y conveniencia política. La controversia sobre la licitud de la comedia», *Revista de Literatura*, tomo XLVII, núm. 93, 1985, pp. 5-21.

——, «Registro de representantes: soporte escénico del personaje dramático en el siglo XVII», en Evangelina Rodríguez Cuadros (ed.), *Del oficio al mito: el actor en sus documentos*, Valencia, Universitat de València, 1997, t. I, pp. 121-159.

Hernando, Josep, «Los moralistas frente a los espectáculos de la Edad Media», en Ricard Salvat (ed.), *El teatre durant l'Edat Mitjana i el Renaiximent*, Barcelona, Publicacions i Edicions de la Universitat, 1986, pp. 21-37.

Herrero Salgado, Félix, *Aportación bibliográfica a la Oratoria Sagrada Española*, Madrid, CSIC, 1970.

Hesse, José (ed.), *Vida teatral en el Siglo de Oro*, Madrid, Taurus, 1965.

Hill, Aaron, *The Art of Acting. Deriving Rules from a New Principle, for Touching the Passions in a Natural Manner*, Londres, J. Osborn, 1746.

Hoppe, Harry R., «Spanish Actors at the Court in Brussels 1614-1618, including Francisco López, Autor», *Bulletin of the Comediantes*, V, 1953, pp. 1-3.

Hormigón, Juan Antonio, «El personaje y el director de escena», en Luciano García Lorenzo (ed.), *El personaje dramático. Ponencias y debates de las VII Jornadas del Teatro Clásico Español (Almagro, 1983)*, Madrid, Taurus, 1985, pp. 181-193.

Huarte de San Juan, Juan, *Examen de ingenios para las ciencias* (ed. de Esteban Torre), Madrid, Editora Nacional, 1977.

Huerta Calvo, Javier, «El cuerpo en escena», en Agustín Redondo (ed.), *Le corps dans la société espagnole des XVIᵉ et XVII siècles. Colloque International (Sorbonne, 5-8 octobre 1988)*, París, Publications de la Sorbonne, 1990, pp. 277-287.

——, «El debate sobre la licitud del entremés», en *El nuevo mundo de la risa. Estudios sobre el teatro breve y la comicidad en los Siglos de Oro*, Palma de Mallorca, Olañate, 1995, pp. 117-123.

Hughes, Alan, «Art and Eighteenth-Century Acting Style. Part I: Aesthetics», *Theatre Notebook. A Journal of the History and technique of the British Theatre*, vol. XLI, núm. 1, 1987, pp. 24-31.

——, «Art and Eighteenth-Century Acting Style. Part II: Attitudes», *Theatre Notebook. A Journal of the History and technique of the British Theatre*, vol. XLI, núm. 2, 1987, pp. 79-89.

——, «Art and Eighteenth-Century Acting Style. Part III: Passions», *Theatre Notebook. A Journal of the History and technique of the British Theatre*, vol. XLI, núm. 3, 1987, pp. 129-139.

——, «Acting Style in the Ancient World», *Theatre Notebook: A Journal of the History and Techniques of the British Theatre*, vol. 45, núm. 1, 1991, pp. 2-16.

Ingegneri, Angelo, *Della poesia rappresentativa e del modo di rappresentare le favole sceniche* (ed. de Maria Luisa Doglio), Ferrara, Edizioni Panini, 1989.

Interián de Ayala, Juan, *El pintor erudito y cristiano*, Barcelona, Imprenta de la Vda. e Hijos de J. Subirana, 1883.

Jakobson, Roman, «Visual and Auditory Signs», *Selected Writings*, II, La Haya, Mouton, 1959.

Jauralde, Pablo, «La actriz en el teatro de Tirso de Molina», en VV.AA., *Images de la femme aux XVIᵉ et XVIIᵉ siècles: des traditions aux renouvellements et à l'emergence d'images nouvelles. Colloque International*, París, Publications de la Sorbonne, 1994, pp. 239-249.

José Prades, Juana de, *Teoría de los personajes de la comedia nueva*, Madrid, CSIC, 1963.

Joseph, Bertram L., *The Tragic Actor: A Survey of Tragic Acting in England from Burbage and Alleyn to Forbes-Robertson and Irving*, Nueva York, Theatre Arts Books, 1959.

——, *Elizabethan Acting*, Londres, Oxford University Press, 1951.

Josephs, Herbert, *Diderot's Dialogue of language and gesture: «Le neveu de Rameau»*, Columbus, Ohio State University Press, 1969.

Jousse, Marcel, *L'anthropologie du geste. La manducation de la parole*, París, Gallimard, 1975.

Jouvet, Louis, *Réflexions du comédien*, París, Éditions de la Nouvelle Revue Critique, 1938.

Kelsey, R. Bruce, «The actor's representation: gesture, play, and language», *Philosophy and Literature*, volume 8, April 1984, núm. 1, pp. 67-74.

Kernodle, George R., *From Art to Theater: Form and Convention in the Renaissance*, Chicago, Chicago University Press, 1944.

King, Thomas James, «The Versatility of Shakespeare's Actors», en William B. Long (ed.), *Shakespeare and dramatic Tradition. Essays in honor of S.F. Johnson*, Newark, University of Delaware Press, 1989, pp. 144-150.

Konigson, Elie (ed.), *Figures théâtrales du peuple*, París, Éditions du Centre National de la Recherche Scientifique, 1985.

Knowlson, James R., «The idea of gesture as a universal language in the XVIIth and XVIIIth Centuries», *Journal of the history of ideas*, vol. 34, 1965, pp. 495-508.

Kuhn, Roland, *Phénoménologie de la masque*, París, 1957.

Lamy, Bernard, *La Rhétorique ou l'Art de Parler*, Amsterdam, Paul Marrey, 1699.

Lanot, Jean-Raymond, «Para una sociología del figurón», en VV.AA., *Risa y sociedad en el teatro español del Siglo de Oro*, Toulouse, Universidad de Toulouse Le Mirail, 1980.

Lara Garrido, José, «La predicación barroca, espectáculo denostado (textos y considerandos para su estudio)», *Analecta Malacitana*, VI, 1983, pp. 381-387.

Larranz, Emmanuel, «Le statut des comédiens dans la societé espagnole du début du XIXe siècle», en Claude Dumas (ed.), *Culture et société en Espagne et en Amérique Latine au XIXe siècle*, Lille, Centre d'Études Ibériques & Ibero-Américaines, Université de Lille, 1980, pp. 27-40.

Laver, James, *Costume in the theatre*, Nueva York, Hill and Wang, 1965.

Leavitt, Sturges E., «Strip-tease in the Golden-Age Drama», HRM, I, pp. 305-310.

Le Brun, Charles, *Méthode pour apprendre à dessiner les passions, proposée dans une conférence sur l'expression générale et particulière*, Amsterdam, F. van der Plaats, 1702. [Reed. Hildesheim, Olms, 1982].

Lecoq, Anne-Marie, «Nature et Rhétorique: de l'action oratoire a l'éloquence muette (John Bulwer)», *XVIIe Siècle*, núm. 132, 1981, pp. 265-277.

Lecoq, Jacques, *Le théâtre du geste*, París, Bordas, 1983.

Ledda, Giuseppina, «Forme e modi di teatralità nell'oratoria sacra del seicento», *Studi Ispanici*, Pisa, Giardini Editori, 1982, pp. 87-107.

Lee, Rensselaer W., *Ut pictura poesis. La teoría humanística de la pintura*, Madrid, Cátedra, 1982.

Le Goff, Jacques, *Pour un autre Moyen Âge. Temps, travail et culture en Occident: 18 essais*, París, Gallimard, 1977.

——, *El orden de la memoria. El tiempo como imaginario*, Barcelona, Paidós, 1991, pp. 227-239. [Antes en «Documento/monumento», *Enciclopedia Einaudi*, Turín, Einaudi, 1978, vol. IV. pp. 44-46].

Leroi-Gourhan, André, *Il gesto e la parola*, Turín, Einaudi, 1977, 2 vols.

Leyva, Aurelia, «Juan Jorge Ganassa y los epígonos de la *Commedia dell'arte* en España», en Maria Grazi Profeti (ed.), *Percorsi europei. Commedia aurea spagnola e pubblico italiano,* Florencia, Alinea Editrice, 1997, pp. 9-17.

Lida de Malkiel, M. Rosa, *La originalidad artística de La Celestina,* Buenos Aires, Eudeba, 1962, pp. 79-280.

Lobato Yanes, M.ª Isabel, «La comicidad lograda por signos escénicos no verbales según las preceptivas dramáticas del siglo XVII», *Segismundo,* núm. 43-44, 1986, pp. 37-61.

López Santos, Luis, «La oratoria sagrada en el seiscientos. Un libro inédito del P. Valentín Céspedes», *Revista de Filología Española,* 30, 1946, pp. 353-368.

Lotman, Iurii, M., «Linguaggio teatrale e pittura», *Alfabeta,* 32, enero 1982.

Maestre, Rafael, «El actor calderoniano en el escenario palaciego», en José M.ª Díez Borque (ed.), *Actor y técnica de representación del teatro clásico español,* Londres, Tamesis Books, 1989, pp. 177-193.

Magli, P., *Corpo e linguaggio,* Milán, Espresso Instrumenti, 1980.

Mantegazza, Paolo, *Fisonomia e Mimica,* Milán, Fratelli Dumolard, 1881.

Maravall Casesnoves, José Antonio, *La cultura del Barroco.* Barcelona, Ariel, 1975.

——, *Estado moderno y mentalidad social,* Madrid, Alianza. 1986, 2 vols.

Marín, Diego, «Función dramática de la versificación en el teatro de Calderón», *Segismundo,* 1982, núm. 35-36, pp. 95-113.

Marker, Lise-Lone, «Nature and Decorum in the Theory of Elizabethan Acting», *ET2* (ed. de David Galloway), Toronto, 1970, pp. 87-110.

Marly, Diana de, *Costume on the Stage (1600-1940),* New Jersey, Barnes & Noble Books, 1982.

Marotti, Feruccio, «El actor en la *commedia dell'arte*», en Evangelina Rodríguez Cuadros (ed.), *Del oficio al mito: el actor en sus documentos,* Valencia, Universitat de València, 1997, t. I, pp. 55-88.

—— y Romei, G. (eds.), *La Commedia dell'Arte e la società barocca. La professione del teatro,* Roma, Bulzoni, 1991.

Martí, Antonio, *La preceptiva retórica española en el Siglo de Oro,* Madrid, Gredos, 1972.

Marti, L., «Tra scienza dell'uomo e scienza dell'attore», en Engel, J., *Lettere intorno alla mimica* [1818], Roma, Editori & Associati, 1993, pp. VIII-LXXIX.

Martín Marcos, Antonia, «El actor en la representación barroca: verosimilitud, gesto y ademán», en Javier Huerta Calvo, Ham der Boer y Fermín Sierra Martínez (eds.), *El teatro español a fines del siglo XVII. Historia, cultura y teatro en la España de Carlos II,* «Diálogos Hispánicos de Amsterdam», 8/3, Amsterdam, Rodopi, 1989, pp. 763-774.

McCarren, Paul Joseph, «Several teaching manuals for Stage Acting Reinterpreted with the help of "The Spiritual Exercises" of Ignatius Loyola», *Dissertation Abstracts International,* Ann Arbor, 1991, vol. 51, núm. 8 (1991).

McClelland, Ivy Lillian, «The Eighteenth Century Conception of the Stage and Histrionic Technique», en VV.AA., *Estudios Hispánicos. Homenaje a Archer M. Huntington,* Wellesley, Massachusetts, 1952, pp. 393-425.

McCurdy, Raymond R., «The Bathing Nude in Golden Age Drama», *Romance Notes*, 1, 1959, pp. 36-39.

McGrady, Donald, «Notes on Jerónima de Burgos in the life and work of Lope de Vega», *Hispanic Review*, 40, 1972, pp. 428-441.

Meldolesi, Claudio, *Gli Sticotti. Comici Italiani nei Teatri d'Europa del Settecento*, Roma, Edizioni di Storia e Letteratura, 1969.

Menéndez Pelayo, Marcelino, *Historia de las ideas estéticas*, Madrid, CSIC, 1974 (4.ª ed.), 2 vols.

Metford, J. C. J., «The Enemies of the Theatre in the Golden Age», *Bulletin of Hispanic Studies*, 28, 1951, pp. 76-92.

Miller, Jonathan, «Plays and Players», en VV.AA., *Non-Verbal Communication*, Cambridge University Press, 1972, pp. 359-372.

Mirzoeff, Nicholas, «Body Talk: Deafness, Sign and Visual Language in the Ancien Régime», *Eighteenth-Century Studies*, vol. XXV, núm. 4, 1942, pp. 561-585.

Molinari, Cesare, «Sulla iconografia come fonte della storia del teatro», *Immagini di Teatri. Biblioteca Teatrale. Rivista trimestrale di studi e ricerche sullo spettacolo*, núm. 37-38, 1996, pp. 19-40.

——, *L'attore e la recitazione*, Roma, Laterza, 1993.

Mongrédien, Georges, *La vie quotidienne des comédiens au temps de Molière*, París, Hachette, 1966.

Montaner Frutos, Alberto, «El concepto de oralidad y su aplicación a la literatura española de los siglos XVI y XVII», *Criticón*, 45, 1989, pp. 183-198.

Morán Turina, Miguel y Portús Pérez, Javier, *El arte de mirar. La pintura y su público en la España de Velázquez*, Madrid, Istmo, 1997.

Münz, Rudolf, «Giullari nudi, goliardi e "freiheiter"», en Johann Drumbl (ed.), *Il teatro medievale,*Bolonia, Società Editrice Il Mulino, 1989, pp. 369-402.

Murphy, James J., *La retórica en la Edad Media. Historia de la teoría de la retórica desde San Agustín hasta el Renacimiento*, México, Fondo de Cultura Económica, 1986.

—— (ed.), *Renaissance Eloquence. Studies in the Theory and Practice of Renaissance Rhetoric*, Berkeley-Los Ángeles-Londres, University of California Press, 1983.

Nagler, Alois Maria, *A Source Book of Theatrical History*, Nueva York, Dover Publications, 1952.

Newels, Margaret, *Los géneros dramáticos en las poéticas del Siglo de Oro. Investigación preliminar a la teoría dramática en el Siglo de Oro*, Londres, Tamesis Books, 1974.

Nicoll, Allardyce, «Attore e macchinerie del teatro medievale», en Johann Drumbl (ed.), *Il teatro medievale,* Bolonia, Società Editrice Il Mulino, 1989, pp. 69-96.

——, *The world of Harlequin. A critical study of the Commedia dell'arte*, Cambridge, Cambridge University Press, 1963.

——, *Masks, Mimes and Miracles: Studies in the Popular Theater*, Nueva York, Harcourt Brace, 1931.

Noguera, Dolores, «La oralidad en el teatro: ensayo de bibliografía actual», *Edad de Oro* VII, 1988, pp. 209-221.

Oehrlein, Joseph, «El actor en el Siglo de Oro: imagen de la profesión y reputación social», en José M.ª Díez Borque (ed.), *Actor y técnica de representación del teatro clásico español*, Londres, Tamesis Books, 1989, pp. 17-33.

——, *El actor en el teatro español del Siglo de Oro*, Madrid, Castalia, 1993.

Oliva, César, «Tipología de los *lazzi* en los pasos de Lope de Rueda», *Criticón*, vol. 42, 1988, pp. 65-79.

——, «Los actores desde la experiencia dramatúrgica: el territorio espacial del actor», en Evangelina Rodríguez Cuadros (ed.), *Del oficio al mito: el actor en sus documentos,* Valencia, Universitat de València, 1997, pp. 201-219.

Ong, Walter, *Orality and Literacy*, Londres y Nueva York, Methuen, 1982.

——, *The presence of the Word*, New Haven y Londres, Yale University, 1967.

Orozco Díaz, Emilio, *Teatro y teatralidad del Barroco,* Barcelona, Planeta, 1969.

——, «Sobre la teatralización del templo y la función religiosa en el Barroco: el predicador y el comediante (notas de una "Introducción al Barroco")», *Cuadernos para la investigación de la Literatura Hispánica*, II-III, 1980, pp. 171-188. Reed. en *Introducción al Barroco*, I, Granada, Universidad, 1988, pp. 269-295.

——, «Sentido de continuidad espacial y desbordamiento expresivo en el teatro de Calderón. El soliloquio y el aparte», en VV.AA., *Calderón. Actas del Congreso Internacional sobre Calderón y el teatro español del Siglo XVII*, Madrid, CSIC, 1983, tomo I, pp. 125-164.

Orts Roman, Juan, *Guión de la Festa o Misterio de Elche. Para uso de los actores y de cuantos intervienen en dicha representación*, Elche, Junta Nacional Restauradora del Misterio de Elche, 1943.

Otero Torres, Dámaris M., «Gila Giralda y Jusepa Vaca: la poética del castigo y el fracaso comercial en *La serrana de la Vera*», en Edward H. Friedman, H.J. Manzari y Donald D. Miller (eds.), *A Society on Stage. Essays on Spanish Golden Drama*, New Orleans, University Press of the South, 1998, pp. 173-181.

Ottonelli, Giovan Domenico, *Della Christiana moderatione del Teatro Libro I, detto La Qualità delle Comedie...*, Florencia, Luca Franceschini & Alessandro Logi, 1648.

——, *Della Christiana moderatione del Teatro Libro II, detto la Solutione de' Nodi...*, Florencia, Giovanni Antonio Bonardi, 1649.

——, *Della Christiana moderatione del Teatro Libro III, detto Le Resolutioni di alcuni Dubbii, e casi di coscienza intorno agli Spettatori delle Comedie poco modeste*, Florencia, Luca Franceschini & Alessandro Logi, 1649.

——, *Della Christiana moderatione del Teatro. Libro detto L'Ammonitioni a' Recitanti...*, Florencia, Giovanni Antonio Bonardi, 1652.

——, *Della Christiana moderatione del Teatro Libro I, detto L'Instanza...*, Florencia, Giovanni Antonio Bonardi, 1652.

Pacheco, Francisco, *Arte de la pintura* (ed. de Bonaventura Bassegoda i Hugas), Madrid, Cátedra, 1990.

Paillot de Montabert, J. N., *La théorie du geste dans l'art de la peinture, renfermant plusieurs préceptes applicables à l'art du théâtre*, París, Magimel, 1813.

Palomino, Antonio, *El Museo Pictórico y Escala Óptica* (ed. de Antonio Ceán Bermúdez), Madrid, Aguilar, 1988, 2 vols.

Panofsky, Erwin, *Idea. Contribución a la historia de la teoría del arte*, Madrid, Cátedra, 1981.

Pavis, Patrice, *Problèmes de Sémiologie Théâtrale*, Montreal, Université de Québec, 1976.

Pellicer, Casiano, *Tratado histórico sobre el origen y progresos de la comedia y del histrionismo en España* [Madrid, 1804, 2 vols.] (ed. vol. I de José M.ª Díez Borque), Barcelona, Labor, 1975.

Pérez Pastor, Cristóbal, *Nuevos datos acerca del histrionismo español en los siglos XVI y XVII (Primera Serie)*, Madrid, Imprenta de la Revista Española, 1901.

——, «Nuevos datos acerca del histrionismo español en los siglos XVI y XVII (Segunda Serie)», *Bulletin Hispanique*, VIII, Burdeos, 1906, pp. 71-78, 148-153, 363-373; IX, 1907, pp. 360-385; X, 1908, pp. 243-258; XII, 1910, pp. 303-316; XIII, 1911, pp. 47-60, 306-315; XIV, 1912, pp. 300-317, 408-432; XV, 1913, pp. 300-305, 428-444; XVI, 1914, pp. 209-224, 458-487. Índice onomástico por G. Cirot: XVII, 1915, pp. 36-53.

Pérez Priego, Miguel Ángel, «El *Códice de Autos Viejos* y el representante Alonso de Cisneros», en VV.AA., *Homenaje a Alonso Zamora Vicente*, Madrid, Castalia, 1988, pp. 289-298.

——, «El representante Alonso de Cisneros y la evolución del teatro en el último tercio del siglo XVI», en Jean Canavaggio (ed.), *La Comedia,* Madrid, Casa de Velázquez, 1995, pp. 227-243.

Perrucci, Andrea, *Dell'Arte rappresentativa, premeditata e all'improvvisso*, Nápoles, Mutio, 1699 (ed. de Anton Giulio Bragaglia, Florencia, Sansoni, 1961).

Philipps, Henry, «La querelle du théâtre en France et en Angleterre», *France and Grand Bretagne de la chute de Charles I à celle de Jacques II (1649-1688)*, Norwich, University of East Anglia, 1990, pp. 151-161.

Philochirosophus, J. B. (seud.), *Chironomia Or The Art of Manual Rhetorique. With the Canons, Lawes, Rites, Ordinances and Institutes of Rethoricians, both Ancient and Moderne, Touching the artificial managing of the Hand in Speaking. Whereby the Natural Gestures of the Hand are made the Regulated Accessories of faire -spoken Adjuncts of Rhetorical Utterance. With Types or Chirograms,* Londres, 1644.

Pietrini, Sandra, «Giullari e scimie nell'iconografia medievale», *Immagini di Teatri. Biblioteca Teatrale. Rivista trimestrale di studi e ricerche sullo spettacolo,* núm. 37-38, 1996, pp. 101-125.

Place, Edwin B., «Does Lope de Vega's "gracioso" stem in part from Harlequin?», *Hispania*, XVII, 1914, pp. 257-270.

Portes, Francisco, «Reflexiones sobre el actor», en VV.AA., *El escritor y la escena. Actas del I Congreso de la Asociación del Teatro Español y Novohispano de los Siglos de Oro*, Ciudad Juárez, Universidad Autónoma, 1993, pp. 61-65.

Prieto, Luis, *Pertinence et practique. Essai de sémiologie*, París, Minuit, 1975.

Profeti, Maria Grazia, «Nudità femmenile e commedia: un intervento nella polemica sulla licità nel teatro», en Blanca Periñán y Francesco Guazzelli (eds.), *Symbolae Pisanae. Studi in onore di Guido Mancini,* II, Pisa, Guardini Editori, 1989, pp. 485-95.

——, «La profesionalidad del actor: fiestas palaciegas y fiestas públicas», en VV.AA., *Los albores del teatro español. Actas de las XVII Jornadas de Teatro Clásico*, Almagro, Universidad de Castilla-La Mancha/Festival de Almagro, 1995, pp. 69-88.

Quintiliano, *De Institutione Oratoria* (ed. y trad. de Jean Coussin), París, Société d'Édition Les Belles Lettres, 1979.

Quirante Santacruz, Luis, «Sobre el actor en la Baja Edad Media», en Evangelina Rodríguez Cuadros (ed.), *Del oficio al mito: el actor en sus documentos*, Valencia, Universitat de València, 1997, tomo I, pp. 91-120.

Récoules, Henri, «Les allusions au théâtre et à la vie théâtrale dans le roman espagnol de la première moitié du XVIIe siècle», en VV.AA., *Dramaturgie et société. Rapports entre l'oeuvre théâtrale, son interprétation et son public aux XVIe et XVIIe siècles*, I, París, Éditions du Centre National de la Recherche Scientifique, 1968, vol. I, pp. 133-159.

Rémond de Sainte-Albine, Pierre, *Le Comédien*, París, Vincent Fils, 1749. [Reproducción facsímil Ginebra, Slatkine Reprints, 1971.]

Rennert, Hugo Albert, «Spanish Actors and Actresses between 1560 and 1680», *Revue Hispanique*, XVI, Nueva York-París, 1907, pp. 334-538.

Reyval, Albert, *L'Église, la comédie et les comédiens*, París, Éditions Spes, 1953.

Rico Verdú, José, *La retórica española de los siglos XVI y XVII*, Madrid, CSIC, 1973.

——, «Sobre algunos problemas planteados por la teoría de los géneros literarios del Renacimiento», *Edad de Oro* II, 1983, pp. 157-178.

Riccoboni, François, *L'Art du Théâtre*, París, C. F. Simon et Guiffar, 1750 [reproducción facsimilar de Ginebra, Slatkine Reprints, 1971].

[Rinuccini, Pierfrancesco], *Il Corago, o vero alcune osservazioni per metter bene in scena le composizioni drammatiche* (ed. de Paolo Fabbri y Angelo Pompilio), Florencia, 1983.

Rivers, Elias L., «Written Poetry and Speech acts in Calderón's Plays», en AA.VV., *Aureum Saeculum Hispanum. Beiträge zu Texten des Siglo de Oro. Festschrift für Haus Flasche*, Zum. 70, Geburtstag, Wiesbaden, 1983, pp. 271-284.

——, «La oralidad y el discurso poético», *Edad de Oro*, VII, 1988, pp. 15-20.

Roach, Joseph R., *The Player's Passion: Studies in the Science of Acting*, Londres, University of Delaware Press-Assoc. University Press Newark, 1985.

Rodríguez Cuadros, Evangelina, «Gesto, movimiento, palabra: el actor en el entremés del Siglo de Oro», en Luciano García Lorenzo, *Los géneros menores en el teatro español del Siglo de Oro*, Madrid, Ministerio de Cultura, 1988, pp. 47-93.

——, «Registros y modos de representación en el actor barroco: datos para una teoría fragmentaria», en José M.ª Díez Borque (ed.), *Actor y técnica de representación del teatro clásico español*, Londres, Tamesis Books, 1989, pp. 35-53.

——, «La idea de representación en el Barroco español: emblemática, arquitectura alegórica y técnica del actor», *Ephialte. Lecturas de Historia del Arte*, 1990, pp. 116-133.

——, «Introducción», *Del oficio al mito: el actor en sus documentos*, Valencia, Universitat de València, 1997, pp. 9-32.

——, «El documento sobre el actor: la dificultad barroca del oficio de lo clásico», *Del oficio al mito: el actor en sus documentos,* Valencia, Universitat de València, 1997, pp. 163-200.

——, «El actor en el Siglo de Oro español: materiales para una historia posible», en Edward H. Friedman, H.J. Manzari y Donald D. Miller (eds.), *A Society on Stage. Essays on Spanish Golden Drama,* New Orleans, University Press of the South, 1998, pp. 203-219.

——, *La escritura como espejo de palacio. «El Toreador» de Calderón,* Kassel, Reichenberger, 1985.

——, «Oficio y mito del personaje en el Siglo de Oro», en Francisco Ruiz Ramón y César Oliva (eds.), *El mito en el teatro clásico español,* Madrid, Taurus, 1988, pp. 26-54

—— y Tordera, Antonio, *Calderón y la obra corta dramática del siglo XVII,* Londres, Tamesis Books, 1983.

Rodríguez de la Flor, Fernando, «Teatro de Minerva: prácticas parateatrales en el espacio universitario del Barroco», en José M.ª Díez Borque (ed.), *Espacios teatrales del Barroco español. XIII Jornadas del Teatro Clásico de Almagro,* Kassel, Reichenberger, 1991, pp. 221-253.

——, «La oratoria sagrada del Siglo de Oro y el dominio corporal», en José M.ª Díez Borque (ed.), *Culturas de la Edad de Oro,* Madrid, Editorial Complutense, 1995, pp. 123-147.

Rodríguez Marín, Francisco, «Nuevas aportaciones para la historia del histrionismo español de los siglos XVI y XVII», *Boletín de la Real Academia Española,* I, 1914, pp. 6-66, 171-182, 321-349.

Rojas Villandrando, Agustín, *El viaje entretenido* (ed. de Jean-Pierre Ressot), Madrid, Castalia, 1972.

Roldán Pérez, Antonio, «Censura Inquisitorial y Licitud Moral del Teatro», en VV.AA., *Homenaje al Profesor Juan Torres Fontes,* Murcia, Universidad-Academia Alfonso X el Sabio, 1987, vol. II, pp. 1437-1458.

Rougemont, Martine de, «L'Acteur et l'orateur: Étapes d'un débat», *XVIIe siècle,* vol. 33, núm. 132, 1981, vol. II, pp. 329-333.

Roy, Donald H., «Acteurs et spectateurs à l'Hôtel de Bourgogne: vers une notation de la communication théâtrale», en J. Jacquot (ed.), *Dramaturgie et société,* vol. I, Paris, CNRS, 1968.

Rozas, Juan Manuel, «La técnica del actor barroco», *Anuario de Estudios Filológicos,* Universidad de Extremadura, 1980, pp. 191-202.

——, «Textos olvidados sobre preceptiva y licitud del teatro barroco», en VV.AA., *Estudios sobre literatura y arte dedicados al Profesor Emilio Orozco Díaz,* Granada, Universidad de Granada, 1979, vol. III, pp. 149-161.

Ruano de la Haza, José María, «Actores, decorados y accesorios escénicos en los teatros comerciales del Siglo de Oro», en José M.ª Díez Borque (ed.), *Actor y técnica de representación del teatro clásico español,* Londres, Tamesis Books, 1989, pp. 77-97.

——, «Los actores en escena», en *Los teatros comerciales del Siglo de Oro y la escenificación de la comedia,* Madrid, Castalia, 1994, pp. 511-556.

Rubio, Jesús, «El realismo escénico a la luz de los tratados de declamación de la época», en Yvan Lissorgues (ed.), *Realismo y naturalismo en España en la segunda mitad del siglo XIX,* Barcelona, Anthropos, 1988, pp. 257-285.

Ruffini, Franco, «Semiotica del teatro: per un'epistemologia degli studi teatrali», *Biblioteca Teatrale,* 14, 1976.

——, *Semiotica del texto. L'esempio teatro,* Roma, Bulzoni, 1978.

——, «Spessore alla storia: problemi degli attori e problematica sull'attore nel Settecento», *Quaderni di Teatro. Il teatro dell'illuminismo,* III, 11, 1981, pp. 73-89.

——, «Pour une sémiologie concrète de l'acteur», *Dégres: Revue de Synthèse à Orientation Sémiologique,* Bruselas, vol. 30, 1982.

——, *Teatri prima del teatro. Visioni dell'edifizio e della scena tra Umanesimo e Rinascimento,* Roma, Bulzoni, 1983, pp. 68-70.

——, «Restauro e iconografia dell'attore», *Quaderni di Teatro,* VIII, 28, 1985.

Ruiz Lagos, Manuel y Campos Blasco, Miguel Ángel, «Idea e imagen pictórica en el teatro alegórico de Calderón (Catálogo y vestuario de sus personas dramáticas)», *Cauce. Revista de Filología,* 1981, pp. 77-130.

Ruiz Ramón, Francisco, «Sobre la construcción del personaje teatral clásico: del texto a la escena», en José M.ª Díez Borque (ed.), *Actor y técnica de representación del teatro clásico español,* Londres, Tamesis Books, 1989, pp. 143-153.

Sage, Jack, «Textos y realización de *La estatua de Prometeo* y otros dramas musicales de Calderón», en Hans Flasche (ed.), *Hacia Calderón. Segundo coloquio anglogermano,* Berlín, Walter de Gruyter, 1970, pp. 37-52.

Sánchez Arjona, José, *Noticias referentes a los Anales del teatro en Sevilla desde Lope de Rueda hasta fines del siglo XVIII,* Sevilla, Imprenta de E. Rasco, 1898.

Sánchez Escribano, Federico y Porqueras Mayo, Alberto, *Preceptiva dramática española del Renacimiento y del Barroco,* Madrid, Gredos, 1972.

Sánchez Mariana, Manuel, «Documentos sobre actores y teatros en la sección de manuscritos de la Biblioteca Nacional», en José M.ª Ruano (ed.), *El mundo del teatro español en su Siglo de Oro. Ensayos dedicados a John Varey,* Ottawa, Dovehouse Editions, 1989, pp. 409-432.

Sanchis Sinisterra, José, «La condición marginal del teatro en el Siglo de Oro», en VV.AA., *III Jornadas del Teatro Clásico Español, Almagro, 1980,* Madrid, Ministerio de Cultura, 1981, pp. 95-130.

Sanz Ayán, Carmen y García García, Bernardo J., «El oficio del representar en España y la influencia de la *commedia dell'arte* (1567-1587)», *Cuadernos de Historia Moderna,* 16, 1995, pp. 475-500.

Sarrió Rubio, Pilar, «Sobre los miembros de las compañías teatrales», en Javier Huerta Calvo, Ham den Boer y Fermín Sierra Martínez (eds.), *El teatro español a fines del siglo XVII. Historia, cultura y teatro en la España de Carlos II,* «Diálogos Hispánicos de Amsterdam», 8/3, Amsterdam, Rodopi, 1989, pp. 853-861.

Saphiro, Michael, «Lady Mary Wroth describes a "Boy Actress"», *Medieval&Renaissance Drama in England: An Annual Gathering of Research, Criticism and Reviews,* vol. 4, 1989, pp. 187-194.

Schmitt, Jean-Claude, «Gestus/gesticulatio. Contribution à une étude du vocabulaire latin médiéval de gestes», *La lexicographie du latin médiéval et ses rap-*

ports avec les recherches actuelles sur la civilisation du Moyen Âge, París, Éditions du Centre de la Recherche Scientifique, 1981, pp. 377-390.

——, *Il gesto nell Medioevo*, Roma, Laterza, 1990.

Selden, Samuel, *La escena en acción*, Buenos Aires, Eudeba, 1972.

Sentaurens, Jean, *Séville et le théâtre, de la fin du Moyen Âge à la fin du XVIIᵉ siècle*, Burdeos, Presses Universitaires, 1984.

——, «De artesanos a histriones: la tradición gremial como escuela de formación de los primeros actores profesionales. El ejemplo de Sevilla», *Edad de Oro*, XVI, 1997, pp. 297-304.

Sepúlveda, Ricardo, *El corral de la Pacheca*, Madrid, Librería de Fernando Fe, 1888.

Serralta, Fréderic, «Juan Rana homosexual», *Criticón*, vol. 50, 1990, pp. 81-92.

Shergold, Norman D., «Ganassa and the "Commedia dell'Arte" in Sixteenth-Century Spain», *Modern Language Review*, LI, 1956, pp. 359-368.

—— y Varey, John E., *Los autos sacramentales en Madrid en la época de Calderón. 1637-1681. Estudio y documentos*, Madrid, Edhigar, 1961.

—— (eds.), *Genealogía, origen y noticias de los comediantes de España*, Londres, Tamesis Books, 1985, Londres.

Shortland, Michael, «Unnatural Art and Passion on the Mid-Eighteenth-Century Stage», *Theatre Research International*, vol. XII, núm. 2, 1987, pp. 93-110.

Siddons, Henry, *Practical Illustrations of Rethòrical Gesture and Action Adapted to the English Drama. From a work of the subject by M. Engel* [sic] *[...] Embellished with numerous engraving, expressive of the various passions and representing the modern costume of the London Theatres*, Londres, Printed for Richard Phillips, 1807.

Sirera, Josep Lluís, «Actor seductor: técnicas de seducción en el teatro peninsular de los siglos XV y XVI», en Elena Real Ramos (ed.), *El arte de la seducción en el mundo románico medieval y renacentista,* Valencia, Universitat de València, 1995, pp. 323-336.

Sito Alba, Manuel, «El mimema. Unidad primaria de la teatralidad», en AA. VV., *Actas del Séptimo Congreso de la Asociación Internacional de Hispanistas,* Roma, Bulzoni, 1982, pp. 971-978.

——, «L'influenza italiana nella formazzione del modo spagnolo di rappresentare», en Rinato Tomasino (ed.), *Il suono del Teatro. Atti del Convegno Nazionale di Studi,* Palermo, Acquario, 1982, pp. 121-132.

Smart, Alastair, «Dramatic Gesture and Expression in the Age of Hogarth and Reynolds», *Apollo*, LXXXII, 42, agosto 1965.

Smith, H. Dansey, *Preaching in the Spanish Golden Age*, Londres, Oxford University Press, 1978.

Solís de los Santos, José, «Un testimonio desconocido en la controversia sobre la licitud del teatro en el Siglo de Oro: Araoz *De bene disponenda bibliotheca* (Matrite 1631)», *Habis*, núm. 26, 1995, pp. 227-242.

Sommi, Leone de, *Quattro dialoghi in materia di rappresentazioni sceniche* (ed. de Ferruccio Marotti), Milán, 1967.

Spivack, Charlotte, «Woman on the Jacobean Stage: Type and Antitype», en David G. Allen y Robert A. White (eds.), *Traditions and Innovations. Essays on Bri-*

tish Literature of the Middle Ages and the Renaissance, Newark, University of Delaware Press, 1990, pp. 177-186.

Stanislavski, Constantin, *El trabajo del actor sobre sí mismo,* Buenos Aires, Editorial Quetzal, 1983.

——, *La construcción del personaje,* Madrid, Alianza, 1975.

Stein, Louise K., *Songs of mortals, dialogues of the Gods. Music and Theatre in Seventeenth Century Spain,* Oxford, Oxford Clarendon Press, 1993.

Suárez García, José Luis, «Un nuevo texto de la controversia sobre la licitud del teatro en el Siglo de Oro. Edición del discurso segundo de la *Noticia de los juegos antiguos, comedias y fiestas de toros de nuestros tiempos* (Granada, 1642) del Licenciado Juan Herreros de Almansa», *Criticón,* núm. 59, 1993, pp. 127-159.

——, «La controversia sobre la licitud del teatro en el reinado de Carlos V», en Barbara Mújica y Sharon D. Voros (eds.), *Looking at the Comedia in the Year of the Quincentennial. Proceedings of the 1992 Symposium on Golden Age Drama at The University of Texas, El Paso,* Lanham, University of America Press, 1993, pp. 235-243.

——, «Enemigos del teatro en el siglo XVI: el caso del Padre Mariana», en Ysla Campbell (ed.), *El escritor y la escena III. Estudios en honor de Francisco Ruiz Ramón. Actas del III Simposio Internacional de la Asociación Internacional del Teatro Español y Novohispano de los Siglos de Oro,* Ciudad Juárez, Universidad Autónoma, 1995, pp. 119-133.

——, «Enemigos del teatro en el siglo XVI: el caso del Padre Rivadeneira», en José Luis Suárez (ed.), *Texto y Espectáculo. Selected Proceedings of the Fourteenth International Golden Age Theatre Symposium at The University of Texas, El Paso,* York, Spanish Literature Publications Company, 1995, pp. 109-124.

——, «Apologistas y detractores del teatro en la segunda mitad del siglo XVI», en Carmen Hernández Valcárcel (ed.), *Teatro, historia, sociedad. Seminario Internacional sobre Teatro del Siglo de Oro Español (Murcia, 24-25 octubre 1994),* Murcia, Universidad de Murcia/Universidad Autónoma de Ciudad Juárez, 1996, pp. 53-69.

Subirá Puig, José, *El gremio de representantes españoles y la Cofradía de Nuestra Señora de la Novena,* Madrid, Instituto de Estudios Madrileños, 1960.

Taladoire, Berthelémey A., «La tecnica degli attori romani: la testimonianza dei retori», en Nicola Savarese (ed.), *Teatri romani. Gli spettacoli nell'antica Roma,* Bolonia, Il Mulino, 1996, pp. 133-156.

Tatarkiewicz, Wladyslaw, «Theatrica, the science of entertainment from the XIIth to the XVIIth century», *Journal of History of Ideas,* XXVI, 1965, pp. 263-272.

Taviani, Ferdinando, *La Commedia dell'arte e la società barocca. La fascinazione del teatro,* Roma, Bulzoni, 1970.

——, «Un vivo contrasto. Seminario su attrici e attori della *Commedia dell'Arte*», *Teatro e Storia,* núm. 1, 1986, pp. 25-75.

——, «Imagini rivoltate», *Immagini di Teatri. Biblioteca Teatrale. Rivista trimestrale di studi e ricerche sullo spettacolo,* núm. 37-38, 1996, pp. 39-59.

—— y Schino, Mirella, *Il segreto della Commedia dell'Arte. La memoria delle compagnie italiane del XVI, XVII e XVIII secolo,* Florencia, La Casa Usher, 1986.

Taylor, Samuel S., «Le geste chez les *maîtres* italiens de Molière», *XVIIe Siècle*, núm. 132, 1981, pp. 285-301.

Teofrasto, *Los caracteres morales* (ed. bilingüe de Manuel Fernández Galiano), Madrid, Instituto de Estudios Poéticos, 1956.

Terrones del Caño, F., *Instrucción de predicadores* (ed. de Félix G. Olmedo), Madrid, Espasa Calpe, 1960.

Tessari, Roberto, *Commedia dell'Arte: la Maschera e l'Ombra*, Milán, Mursia Editore, 1989.

——, *La Commedia dell'arte nel Seicento. "Industria" e "arte giocosa" della civiltà barocca*, Florencia, Olschki, 1969.

Thompson, Peter, «Juan Rana, a Gay Golden Age Gracioso», en Eduard H. Friedman, H.J. Manzari y Donald D. Miller (eds.), *A Society on Stage. Essays on Spanish Golden Drama*, New Orleans, University Press of the South, 1998, pp. 239-251.

Tiechem, Philippe Van, *Les grands comédiens (1400-1900)*, París, PUF, 1960.

Tordera Sáez, Antonio, «Actor, espacio, espectador: el teatro», *Cuadernos de Filología. Teoría: Lenguajes I*, 1980, pp. 143-158.

——, «El circuito de apariencias y afectos en el actor barroco», en José M.ª Díez Borque (ed.), *Actor y técnica de representación del teatro clásico español*, Londres, Tamesis Books, 1989, pp. 121-140.

——, «Historia e historias del teatro: la actriz Rita Luna», en Evangelina Rodríguez Cuadros (ed.), *Del oficio al mito: el actor en sus documentos*, Valencia, Universitat de València, 1997, t. II, pp. 339-359.

Tormey, Alan, *The concept of Expression. A Study in Philosophical Psychology and Esthetics*, Princeton, Princeton University Press, 1971.

True Brown, Moses, *The Synthetic Philosophy of Expression as applied to the arts of reading, oratory, and peroration*, Boston, Nueva York-Chicago, Houghton, Mifflin and Company, 1886.

Uribe, M.ª Luz, «Las influencias de la Comedia del Arte en España», en Ricard Salvat (ed.), *El teatre durant l'Edat Mitjana i el Renaiximent*, Barcelona, Publicacions i edicions de la Universitat de Barcelona, 1986, pp. 13-20.

Urrutia, Jorge, «De la posible imposibilidad de la crítica teatral y reivindicación del texto literario», en *Semió(p)tica*, Valencia, Fundación Instituto Shakespeare-Instituo de Cine y Televisión, 1985, pp. 45-76.

——, «El público en el teatro (del espectador y del lector)», en *Semió(p)tica*, Valencia, Fundación Instituto Shakespeare-Instituto de Cine y Televisión, 1985, pp. 79-106.

Valentin, J. M., «Boufons ou religieux, le débat sur le théâtre dans l'Allemagne catholique au début du XVIIe siècle», *Revue d'Allemagne*, t. XII, núm. 4, oct.-dic. 1980, pp. 442-480.

Varey, John E., «Titiriteros y volatines en Valencia (1587-1785)», *Revista Valenciana de Filología*, tomo III, núm. 1-4, 1953, pp. 215-276.

——, «Staging and Stage Directions», en Frank P. Casa y Michael McGaha (eds.), *Editing the Comedia*, Michigan Romance Studies, s.a., pp. 146-161.

——, «Ganassa en la Península Ibérica en 1603», en José Manuel de Abida y Augusta López Bernasocchi (eds.), *De los romances-villancico a la poesía de Claudio*

Rodríguez. 22 ensayos sobre las literaturas españolas e hispanoamericanas en homenaje a Gustav Siebemann, Madrid, José Esteban Editor, 1981, pp. 455-462.

——, «The use of Costume in Some Plays of Calderón», en Kurt Levy, Jesús Ara, Gettin Hughes y Wolfred Laurier (eds.), *Calderon and the Baroque Tradition*, Ontario, University Press, 1985, pp. 109-118.

—— y Davis, Charles, «Los actores y la movilidad social en las primeras décadas del siglo XVIII», en VV.AA., *Teatro del Siglo de Oro. Homenaje a Alberto Navarro González*, Kassel, Reichenberger, 1990, pp. 629-638.

Veinstein, André, *La mise en scène théâtrale et sa condition esthétique*, París, Flammarion, 1955.

Veltrusky, Jarmila, «Engel's ideas for a theory of acting», *The Drama Review*, vol. 24, núm. 4, 1980, pp. 71-80.

——, «Cualidades sonoras del texto y la actuación del actor», *Gestos*, 8, noviembre 1989, pp. 33-48.

Villiers, André, *El arte del comediante*, Buenos Aires, Eudeba, 1954.

Warner, Francis, *Physical Expression. Its modes and Principles*, Nueva York, D. Appleton and Company, 1866.

Wells, Samuel R., *New Physiognomy or Signs of Character, as manifested through Temperament and External Forms and especially in «The Human Face Divine»*, Nueva York, Fowlwe & Wells Publishers, 1883.

Wilski, Zbigniew, «La situation sociale des acteurs en Europe du XVIᵉ au XVIII siècle», *Revue d'Histoire du Théâtre*, vol. 41, núm. 4, 1989, pp. 411-421.

Wilson, Michael S., *«Ut Pictura Tragoedia*: An Extrinsic Approach to British Neoclassic and Romantic Theatre», *Theatre Research International*, vol. 12, núm. 3, 1987, pp. 201-220.

Zabaleta, Juan de, *El día de fiesta por la mañana y por la tarde* (ed. de Cristóbal Cuevas), Madrid, Castalia, 1983.

Zorzi, Ludovico, «Figurazione pittorica e figurazione teatrale», *Storia dell'arte italiana*, Turín, Einaudi, 1979, vol. I, pp. 419-462.

Zucchelli, Bruno, *Ypokrités. Origine e storia del termine*, Génova, Istituto di Filologia, 1962.

——, *La denominazione latina dell'attore*, Brescia, Paideia, 1964.

Zumthor, Paul, *La letra y la voz de la «literatura» medieval*, Madrid, Cátedra, 1989.

ÍNDICE ONOMÁSTICO

ESTE LIBRO
SE TERMINÓ DE IMPRIMIR
EL DÍA 25 DE NOVIEMBRE DE 1998.